9급 계리직 **시험대비**

박문각 공무원

기본서

브랜드만족 **1위** 박문각

최신판

합격까지 함께
계리직 만점 기본서

보기 쉬운 목차 정리

간결한 문구와 표 정리

상세한 예시와 법률규정 포함

정인영 편저

동영상 강의 www.pmg.co.kr

정인영 계리직 우편일반

정인영 계리직
우편일반

이 책의 머리말

우정직 공무원 시험이 일반 공무원직으로 편입된 이후 급격히 변해가는 수험시장에서 우정직 공무원을 준비하는 수험생들의 고민이 많을 것으로 생각됩니다. 다른 시험과 발맞추어 시험과목이 5과목 100문제로 확대됨에도 불구하고 우정직 응시인원은 줄어들지 아니하고 오히려 응시인원은 늘어나고 있습니다. 이런 현 우정직 공무원 채용 시험하에서 자신의 목표를 명확히 설정하고 그에 따른 현명한 공부 방법이 무엇보다 더 요구된다 할 것입니다. 그렇기 때문에 지난 기출문제에 대한 철저한 분석과 핵심적인 예상문제를 통하여 준비하는 것이 중요합니다.

첫째, 새로운 학습자료에 대한 완벽한 분석과 반영

이에 본서는 최종 정리가 가능하도록 핵심적인 내용을 해당 목차 아래 추가하여 효율적인 리마인드가 가능하도록 구성하였습니다. 이러한 본서의 특징을 염두에 두고 공부할 때 항상 옆에 두고 학습한다면 보다 효율적인 우편 · 금융상식 학습 방법이 될 것이고, 아울러 기본이론 교재를 병행한다면 2025년 우정직 채용 시험에서 우편일반만큼은 고득점의 목표를 달성할 수 있으리라 생각합니다. 본서가 수험생의 합격이라는 목표 달성에 하나의 이정표가 되길 염원해 봅니다.

둘째, 기본자료보다 보기 좋은 목차와 정리

기본교재를 통해서 이론과 내용을 학습하면서 동시에 출제가 가능한 영역에서의 강조를 위한 교재입니다. 25년에 제공된 교재를 보다 쉽고 편리하게 접근할 수 있도록 목차와 내용을 편집을 하였습니다. 문제를 풀기 위한 전제로 좋은 기본 교재로 학습 능력을 키워야만 합격의 열매를 가질 수 있다는 기존의 수험에서의 얻은 경험을 통해서 교재를 준비하였습니다.

마지막으로 여러분의 합격에 좋은 교재가 될 수 있도록 최선을 다하여 준비하였습니다. 앞으로 여러분 합격의 그날까지 함께하겠습니다. 감사합니다.

2025년 4월

정인영 씀

CONTENTS

이 책의 차례

Part 01 국내우편

Chapter 01 총론 8

Chapter 02 우편서비스 종류와 이용조건 15

Chapter 03 우편물의접수 29

Chapter 04 국내우편물의 부가서비스 32

Chapter 05 그 밖의 우편서비스 49

Chapter 06 우편에 관한 요금 62

Chapter 07 손해배상 및 손실보상 83

Chapter 08 그 밖의 청구와 계약 89

Part 02 우편물류

Chapter 01 발착 및 운송작업 96

Chapter 02 우편물 수집 및 배달 117

Part 03 국제우편

Chapter 01 국제우편의 총설 160

Chapter 02 국제우편물 종별 접수요령 185

Chapter 03 국제우편요금 206

Chapter 04 부가서비스 및 제도 217

Chapter 05 EMS 프리미엄 서비스 231

Chapter 06 각종 청구제도 236

Chapter 07 국제우편물 및 국제우편요금의 반환 246

Chapter 08 국제우편 수수료 및 우편요금 고시 251

부록 우편관련 법령

우편법 280

우편법 시행령 293

우편법 시행규칙 306

우편업무 규정 342

국제우편규정 425

정인영 계리직 우편일반

합격까지 박문각

Part

01

국내우편

Chapter 01 총론

Chapter 02 우편서비스 종류와 이용조건

Chapter 03 우편물의접수

Chapter 04 국내우편물의 부가서비스

Chapter 05 그 밖의 우편서비스

Chapter 06 우편에 관한 요금

Chapter 07 손해배상 및 손실보상

Chapter 08 그 밖의 청구와 계약

Chapter 01 총론

제1절 우편의 의의 및 사업의 특성

❶ 우편(역무)의 의의

협의의 우편	우정사업본부가 책임지고 서신 등의 의사를 전달하는 문서나 통화 그 밖의 물건을 나라 안팎으로 보내는 업무
광의의 우편	우편관서가 문서나 물품을 전달하거나 이에 덧붙여 제공하는 업무를 통틀어 이르는 말

① 우편은 국민이 일상생활에서 평균적인 삶을 꾸릴 수 있도록 국가가 제공하는 기본적인 사회 서비스 가운데 하나를 말한다. 이에 따라 우리나라뿐만 아니라 많은 나라에서 의무적으로 **보편적 우편 서비스**를 제공할 것을 **법령에 규정**하고 있다.

※ 우정(郵征)이란
우정(郵征)이란 용어가 최초로 사용된 것은 구한국시대인 1884년 우편제도를 처음 실시하면서부터이다. 당시 우리 정부는 근대적인 우편업무를 준비하면서 우편과 관련된 용어를 제정했는데, 일본의 것이 아닌 독창적인 용어를 만들어 '**우표(郵票)**'는 '**우초(郵鈔)**'로, '**우편**'은 '**우정(郵征)**'으로, '**배달부**'는 '**분전인(分傳人)**'으로, '**우편함**'은 '**우정함(郵征函)**'으로 불렀다. 그러니까 우정은 곧 우편과 같은 뜻의 옛말인 셈이다. 한편 서울 충무로에 있는 우정박물관의 '우정'은 한자 '우정(郵政)'을 쓴다. 곧 **우편과 그것에 관계된 행정제도를 모두** 포괄하는 말이라 할 수 있다.

② 우편은 정치, 경제, 사회 등 많은 분야에서 **정보를 전달**하는 중추신경과 같은 임무를 수행하는 주요 **통신수단** 중 하나에 해당한다.

③ **서신**이나 물건 등의 실체를 전달한다는 점에서 전기적인 방법으로 정보를 전달하는 전기정보통신과는 구별된다.

※ 서신(신서)이란?
서신은 의사 전달을 위하여 특정인이나 특정주소로 송부하는 것으로서 문자·기호·부호 또는 그림 등을 표시한 유형의 문서 또는 전단을 말한다.(다만, 대통령령으로 정하는 신문, 정기간행물, 서적, 상품안내서 등은 서신 대상에서 제외)

❷ 우편사업의 특성

① 우편사업은 「정부기업예산법」에 따라 정부기업*으로 정해져 있다. 구성원이 국가공무원일 뿐만 아니라 사업의 전반을 법령으로 정하고 있기 때문에 경영상 제약이 많지만, 적자가 났을 때에는 다른 회계에서 지원을 받을 수 있다.

* 정부기업 [政府企業, government-operated enterprise] : 국민의 이익을 추구하기 위해 정부가 출자 · 관리 · 경영하는 기업

정부기업[정부 부처형 공기업]은 일반 행정기관과 같이 정부조직법의 적용을 받으며 소관 부처(所管部處)가 관리통제하게 된다. 이러한 유형의 공기업은 가장 오래된 전통적인 공기업의 조직 형태로서, 우리나라의 경우 과학기술정보통신부 소속의 우정사업본부의 우편사업 · 우체국금융사업이나 기획재정부의 외청인 조달청의 조달사업 등이 이에 해당된다.

우리나라 정부기업의 주요 특징은, 첫째 매년 국회의 의결을 거친 예산으로 운영된다는 점. 둘째, 기업성(企業性)[경제적 이윤]보다 공익성((公益性)→공익)에 더 큰 비중을 둔다는 점. 셋째, 일반 행정기관과는 달리 정부기업예산법을 적용하여 특별회계를 마련하고, 독립채산제를 취하고 있다는 점. 넷째, 소속 직원은 공무원의 신분이라는 점. 다섯째, 정부기업은 당사자능력이 없기 때문에 민사소송이 제기될 경우 국가의 명의(名義)로 하게 된다는 점 등이다.

이와 같이 정부기업은 비록 독립채산제로 운영되고 있으나 기업성보다 공익성을 더 추구하며, 조직의 경직성(硬直性)으로 인해 조직 운영에 있어서 자율성과 능률성이 제한되어 최근에는 그 형태를 탈피하여 공사형((公社型) → 공사)이나 주식회사형 공기업으로 전환되어 가고 있는 추세이다.

② 우편사업의 회계 제도는 경영 합리성과 사업운영 효율성을 확보하고 예산을 신축적으로 사용하기 위해 특별회계로서 독립채산제를 채택하고 있다. 우편사업은 정부기업으로서의 공익성과 회계상의 기업성을 다 가지고 있으므로 이 두면의 조화가 과제이다.

※ 특별회계 [特別會計, special account, Spezialetat]

특수한 목적을 위해 수입 · 지출을 일반회계로부터 분리해 독립적으로 경리하는 회계를 말한다. 정부에서 수행하는 사업의 성질에 따라 예산은 일반회계와 특별회계로 구분된다. 특별회계는 사업적 성격이 농후하거나 일반회계와 분리하는 것이 예산 운영에 능률성이 있을 것으로 판단되는 것으로서 세입은 주로 자체수입, 일반회계로부터의 전입금 등으로 구성된다. 특별회계는 예산통일의 원칙과 예산 단일의 원칙에 예외가 된다. 특별회계의 종류로는 국가에서 특정한 사업을 운영하기 위해 마련한 기업특별회계로 통신사업 · 양곡관리 · 조달등의 특별회계가 있고, 국가가 특정한 자금을 운영하는 특별회계로 재정융자 특별회계 등이 있으며, 특정한 세입으로 특정한 세출에 충당하기 위해 일반회계와 구분한 군인연금 특별회계 · 국유임야관리 특별회계 등이 있다.

※ 독립채산제 [獨立採算制, business accountability, autonomous accounting system]

공기업을 국가 또는 지방자치단체의 재정에서 분리해 독자적으로 경영하는 것도 독립채산제에 속한다. 독립채산제는 i) 수지적합의 원칙, ii) 자본 자기 조달의 원칙, iii) 이익금의 자기처분 원칙을 모두 충족할 경우에 성립된다.

③ 우편사업은 콜린 클라크(Colin Clark)의 산업분류에 의하면 노동집약적 성격이 강한 3차 산업에 속한다. 많은 인력이 필요한 사업 성격 때문에 인건비는 사업경영에 있어서 큰 부담이 되고 있다.

※ 콜린 클라크(Colin Clark)의 산업분류

콜린 클라크(Colin Clark)에 의한 산업분류로서 제1차 산업에는 농업 · 임업 · 수산업 · 목축업 · 수렵업 등이 포함되며, 제2차 산업에는 제조업 · 광업 · 건설업 · 전기수도 가스업이, 그리고 제3차 산업에는 상업 · 운수통신업 · 금융업 · 공무 · 가사 · 자유업 등이 포함되어 있다.

❸ 우편의 이용관계

① 이용자가 **우편 서비스 제공을 목적**으로 마련된 인적·물적 시설을 **이용**하는 관계

② 우편 이용자와 우편관서 간의 우편물 송달 계약을 내용으로 하는 **사법상의 계약 관계**(통설). 다만, 우편사업 경영 주체가 국가이며 **공익적** 성격을 띠고 있어, 이용관계에서 **다소 권위적인 면**이 있으나 이는 보편적인 우편서비스를 제공하기 위한 최소한의 제한에 해당한다.

③ **우편 이용관계 당사자: 우편관서, 발송인, 수취인**의 권리와 의무관계

우편관서의 권리와 의무관계	우편물 송달의 의무, 요금·수수료 징수권 등
발송인의 권리와 의무관계	요금·수수료 납부의무. 송달 요구권, 우편물 반환청구권 등
수취인의 권리와 의무관계	우편물 수취권, 수취거부권 등

④ **우편이용계약의 성립시기**

우체국 방문한 경우	우체국 창구에서 직원이 접수한 때(접수 시)
우체통 이용의 경우	우체통에 넣은 때(투입 시)
방문 접수와 집배원이 접수한 경우	영수증을 교부한 때(교부 시)

❹ 우편사업 경영주체 및 관계법률

1. 경영주체

① 우편사업은 국가가 경영하며, 과학기술정보통신부장관이 관장한다. 다만, 과학기술정보통신부장관은 우편사업의 일부를 개인, 법인 또는 단체 등으로 하여금 경영하게 할 수 있으며, 그에 관한 사항은 따로 법률로 정한다. (「우편법」 제2조 제1항)

※ "관장"이라 함은 관리와 장악을 말함. 또한 경영주체는 소유주체를 의미함.

② 전국에 체계적인 조직을 갖춰 적정한 요금의 우편 서비스를 신속하고 정확하게 제공하기 위해 **국가가 직접 경영한다.**

2. 우편에 관한 법률

(1) 우편법

우편법은 사실상의 우편에 관한 기본법으로서 우편사업 경영 형태·우편 특권·우편 서비스의 종류·이용 조건·손해 배상·벌칙 등 기본적인 사항을 규정하고 있다.

※ 최초제정: 법률 제542호(1960.2.1.), 최근 개정 법률 제20063호(2024.7.24.)

(2) 우체국창구업무의 위탁에 관한 법률

이 법은 개인이 우편창구 업무를 위임받아 운영하는 우편취급국의 업무, 이용자보호, 물품 보급 등에 대한 사항을 규정한 법령이다. 우편취급국은 국민의 우체국 이용 수요를 맞추기 위해 일반인에게 우편창구의 업무를 위탁하여 운영하게 한 사업소이다.

※ 최초제정: 법률 제3601호 (1982.12.31.), 최근 개정 법률 제14839호(2017.7.26.)

(3) 우정사업 운영에 관한 특례법

우정사업의 경영 합리성과 우정 서비스의 품질을 높이기 위한 특례 규정이다. 사업 범위는 우편・우편환・우편대체・우체국예금・우체국보험에 관한 사업 및 이에 딸린 사업이다. 조직・인사・예산・경영평가, 요금 및 수수료 결정, 우정재산의 활용 등을 규정하고 있다.

※ 최초제정: 법률 제5216호(1996.12.30.), 최근 개정 법률 제20149호(2024.1.30.)

(4) 별정우체국법

이 법은 개인이 국가의 위임을 받아 운영하는 별정우체국*의 업무, 직원 복무・급여 등에 대한 사항을 규정한 법령이다.

* 별정우체국: 우체국이 없는 지역의 주민 불편을 없애기 위해, 국가에서 위임을 받은 일반인이 건물과 시설을 마련하여 운영하는 우체국

※ 최초제정: 법률 제683호(1961.8.17.), 최근 개정 법률 제20060호(2024.1.23.)

(5) 국제법규

1) UPU 조약

① 만국우편연합헌장(조약 제197호 1966. 5. 20. 공포)

② 만국우편연합헌장 제9추가의정서(2018. 1. 1.)

③ 만국우편연합총칙 제1추가의정서(2018. 1. 1.)

④ 만국우편협약 및 최종의정서

⑤ 우편지급업무약정

⑥ 만국우편협약 통상우편규칙 및 최종의정서

⑦ 만국우편협약 소포우편규칙 및 최종의정서

⑧ 우편지급업무약정규칙

2) 아시아・태평양우편연합(APPU) 조약

1962년 4월 1일 창설된 APPU(아시아・태평양 우편연합, 종전 아시아・대양주 우편연합의 개칭)는 아시아와 태평양 지역에 있는 우정청 간에 광범위한 협력관계를 설정하고 이를 발전시킬 것을 목적으로 한다. 이 조약은 회원국 간의 조약으로 회원국 상호 간의 우편물의 원활한 교환과 우편사업 발전을 위한 협력증진을 목적으로 하고 있다.

3) 표준다자간 협정 또는 양자협정

국제특급우편(EMS)을 교환하기 위하여 우리나라와 해당 국가(들) 사이에 맺는 표준 다자간 협정 또는 양자협정(쌍무협정)이 있다.

※ 양해각서(Memorandum of Understanding: MOU): 우리나라와 상대국 사이에 이루어지는 문서로 된 합의

5 우편사업의 보호규정

우편사업은 성격상 국민생활에 많은 영향을 미친다. 그래서 공공의 이익과 국민의 권리를 보호하고 안정적인 우편 서비스를 제공하기 위하여 법률로 보호 규정을 두고 있다.

1. 서신독점권

① 우편법 제2조 제2항에서 "누구든지 제1항과 제5항의 경우 외에는 타인을 위한 서신의 송달 행위를 업(業)으로 하지 못하며, 자기의 조직이나 계통을 이용하여 타인의 서신을 전달하는 행위를 하여서는 아니 된다."라고 규정함으로써 서신독점권이 국가에 있음을 분명히 하고 있다.

② 독점권의 대상은 서신이다. "서신"이라 함은 의사전달을 위하여 특정인이나 특정 주소로 송부하는 것으로서 문자・기호・부호 또는 그림 등으로 표시한 유형의 문서 또는 전단을 말한다.(우편법 제1조의2 제7호) 다만, 다음에 해당하는 경우에는 제외로 한다.(「우편법 시행령」 제3조)

시행령 제3조(서신의 제외 대상)

1) 「신문 등의 진흥에 관한 법률」 제2조 제1호에 따른 신문
2) 「잡지 등 정기간행물의 진흥에 관한 법률」 제2조 제1호 가목에 따른 정기간행물
3) 다음 각 목의 요건을 모두 충족하는 서적
   ① 표지를 제외하고 48쪽 이상인 책자의 형태로 인쇄와 제본되었을 것
   ② 발행인・출판사・인쇄소의 명칭 중 어느 하나를 표시하여 발행되었을 것
   ③ 쪽수를 표시하여 발행되었을 것
4) 상품의 가격・기능・특성 등을 문자・사진・그림으로 인쇄한 16쪽 이상(표지를 포함한다)인 책자 형태의 상품안내서
5) 화물에 첨부하는 봉하지 아니한 첨부서류나 송장
6) 외국과 주고받는 국제 서류
7) 국내에서 회사(「공공기관의 운영에 관한 법률」에 따른 공공기관을 포함한다)의 본점과 지점 간 또는 지점 상호 간에 주고받는 우편물로서 발송 후 12시간 이내에 배달이 요구되는 상업용 서류
8) 「여신전문금융업법」 제2조제3호에 해당하는 신용카드

③ "타인"이라 함은 자기 이외의 자를 말하며, 자연인이거나 법인임을 불문하며, 자기의 서신을 자기가 송달하는 행위는 금지되지 아니한다.

④ "업"이라 함은 일정한 행위를 계속적이고 반복적으로 하면서 유무형의 이익을 얻는 것을 말한다.

⑤ "조직" 또는 "계통"이라 함은 일정한 목적을 실현시키기 위하여 두 사람 이상이 의식적으로 결합한 활동체를 의미하며, 신문사, 통신사, 운송기관, 각종 판매조직 등 조직규모의 대소를 불문한다.

⑥ 조직 또는 계통을 이용하여 타인의 서신을 송달할 경우에는 서신송달의 정부독점권을 침해할 가능성이 많으므로 단 1회의 송달을 하는 것도 금지한다.

⑦ 타인을 위한 서신의 송달행위를 업(業)으로 하거나 자기의 조직 또는 계통을 이용하여 타인의 서신을 전달하는 행위가 금지됨은 물론 그러한 행위를 하는 자에게 서신의 송달을 위탁하는 행위도 금지된다. 단, 중량이 350그램을 넘거나 기본통상우편요금의 10배를 넘는 서신은 위탁이 가능하지만 국가기관이나 지방자치단체에서 발송하는 등기취급 서신은 위탁이 불가하다.

⑧ 서신송달의 "위탁"이라 함은 당사자의 일방이 서신송달을 요청하고 상대방이 이를 승낙하므로써 성립되는 계약이며, 보수 기타의 반대급부를 조건으로 하는가의 여부를 불문한다.

2. 우편물 운송요구권(동법 제3의2)

① 우편관서는 철도, 궤도, 자동차, 선박, 항공기 등의 경영자에게 운송요구권을 가진다. 이 경우 우편물을 운송한 자에 대하여 정당한 보상을 한다.

② 따르지 않을 경우 100만 원 이하의 벌금을 부과 한다.

※ 요구대상 : 철도·궤도사업 경영자 및 자동차·선박·항공기 운송사업 경영자에 요구한다.

3. 운송원 등의 조력청구권(동법 제4조)

① 우편업무를 집행 중인 우편운송원, 우편집배원과 우편물을 운송 중인 항공기, 차량, 선박 등이 사고를 당하였을 때에는 주위에 조력을 청구할 수 있으며, 조력의 요구를 받은 자는 정당한 사유 없이 이를 거부할 수 없다. 이 경우 우편관서는 도움을 준 자의 청구에 따라 적절한 보수를 지급하여야 한다.

② 정당한 까닭 없이 요청을 거부할 경우 100만 원 이하의 벌금을 부과한다.

4. 운송원 등의 통행(동법 제5조)

① 우편운송원, 우편집배원과 우편물을 운송 중인 항공기, 차량, 선박 등은 도로의 장애로 통행이 곤란할 경우에는 담장이나 울타리 없는 택지, 전답, 그 밖의 장소를 통행할 수 있다. 이 경우 우편관서는 피해자의 청구에 따라 손실을 보상하여야 한다.

② 통행을 방해한 사람은 100만 원 이하의 벌금을 부과한다.

5. 통행료 면제

① 우편물 운송 중인 우편운송원, 우편집배원은 언제든지 도선장의 도선을 요구할 수 있으며(법 제5조제3항), 우편업무 집행 중에 있는 운송원 등에 대하여는 도선장, 운하, 도로, 교량 기타의 장소에 있어서 통행요금을 지급하지 아니하고 통행할 수 있다.(법 제5조제2항) 그러나, 청구권자의 청구가 있을 때에는 우편관서는 정당한 보상을 하여야 한다.

② 위의 사항을 방해한 사람은 100만 원 이하의 벌금을 부과한다.

6. 우편업무 전용 물건의 압류 금지와 부과면제(동법 제7조)

① 우편업무 전용 물건의 압류 금지 : 우편업무를 위해서만 사용하는 물건과 우편업무를 위해 사용 중인 물건은 압류할 수 없다.

② 우편업무 전용 물건의 부과면제 : 우편업무를 위해서만 사용하는 물건(우편에 관한 서류를 포함)에 대해서는 국세·지방세 등의 제세공과금을 매기지 않는다.

7. 공동해상 손해부담의 면제(해손불분담)(동법 제7조)

공동해상 손해부담이라 함은 선박이 위험에 직면하였을 때 선장은 적하되어 있는 물건을 처분할 수 있으나, 이때의 손해에 대하여는 그 선박의 화주전원이 적재화물 비례로 공동 분담하는 것을 말하며(상법) 이 경우에도 우편물에 대하여는 이를 분담 시킬 수 없다.

8. 우편물의 압류거부권(동법 제8조)

우편관서에서 **운송 중**이거나 **발송 준비를 마친** 우편물에 대해서 압류를 거부할 수 있는 권리를 말한다.

9. 우편물의 우선검역권(동법 제9조)

① 우편물이 전염병의 유행지에서 발송되거나 유행지를 통과할 때 등에는 검역법에 의한 검역을 최우선으로 받을 수 있다.

② 방해 시 100만 원 이하의 벌금을 부과한다.

10. 제한능력자의 행위에 대한 법률적 판단(동법 제10조)

우편물의 발송·수취나 그 밖에 우편 이용에 관하여 제한능력자의 행위라도 능력자가 행한 것으로 간주된다. 이에 따라 제한능력자의 행위임을 이유로 우편관서에 대하여 임의로 이용관계의 무효 또는 취소를 주장할 수 없다. 다만, 법률행위에 하자가 발생한 경우에는 관련규정에 따른다. 제한능력자라 함은 민법상의 제한능력자를 말하며, 행위제한능력자(미성년자, 피한정후견인, 피성년후견인)와 의사제한능력자(만취자, 광인 등)를 모두 포함한다.

※ 제한능력자: 독립적으로(혼자서) 유효한 법률 행위를 할 수 없는 사람으로서 유아, 만취한 사람 등 자기 행위에 따르는 결과를 판단할 수 없는 의사무능력자도 포함된다.

관련 법령

미성년자(민법 제5조), 피성년후견인(민법 제9조), 피한정후견인(민법 제12조), 피특정후견인(민법 제14조의2)

Chapter 02 우편서비스 종류와 이용조건

제1절 우편서비스의 구분 및 배달기한

근대우편이 발전하는 실마리가 된 것은 1840년 영국에서 이룩된 우편개혁이었다. 이것은 R.힐이 1832년 팸플릿에 의해 근대우편을 제안하였으나 정부의 지지를 받지 못하고 여론의 뒷받침에 의하여 실현된 것이다.

그 요점은 ① 우편요금을 저렴하게 하여 중량 1온스 이하의 서장은 전국 어디서나 거리에 관계없이 1페니로 하고(페니 우편), ② 특권계급의 무료우편을 없애고 요금전납제를 택한다는 것인데 요금전납의 방법으로 세계 최초로 우표가 발행되었다(페니 우표). 이로부터 영국의 우편이용은 비약적으로 증가하여 근대우편의 기초가 확립되었으며 세계 각국도 이 제도를 따르게 되었다. 우편제도가 발전됨에 따라 1863년 미국의 제창으로 '각국 간의 우편 · 교통 간이화'에 관한 국제회의가 프랑스 파리에서 열렸다. 이것이 계기가 되어 1874년 제2회 국제회의가 스위스 베른에서 개최되어 독일의 슈테판의 원안에 따라 '우편총연합 창설에 관한 조약'이 체결되어 만국우편연합(UPU)이 창설되었다.

❶ 우편서비스의 구분

구분	내용
보편적 우편서비스	① 국가가 국민에게 제공해야 할 **가장 기본적인 보편적 통신서비스**, 전국에 **체계적인 조직**을 두고, 모든 국민이 **공평하게 적정 요금**으로 이용 제공하는 것이 핵심. ② 국가가 국민에게 제공하여야 할 가장 기본적인 보편적 통신서비스 ③ 전국에 걸쳐 효율적인 우편송달에 관한 체계적인 조직을 갖추어 모든 국민이 공평하게 적정한 요금으로 보내고 받을 수 있는 기본 우편서비스를 제공한다.
선택적 우편서비스	① **고객 필요**에 따라 제공하는 **보편적 우편서비스 외**의 서비스 ② 보편적 우편서비스에 부가하거나 부수하여 제공하는 서비스로 이용자가 선택적으로 이용할 수 있는 서비스

※ 국가가 제공하는 일반적인 보편적 우편서비스는 기본적으로

① 우편물을 보내고 배달하는 체계적인 조직을 전국에 갖출 것

② 모든 국민이 공평하게 적정한 요금으로 우편서비스를 이용할 수 있게 할 것

③ 우편물의 수집 · 배달 횟수, 송달에 걸리는 시간, 이용 조건 등 우편서비스 이용에 필요한 사항을 고시해야 함.

❷ 우편서비스의 대상

보편적 우편서비스	① 2kg 이하의 **통상우편물** ② 20kg 이하의 **소포우편물** ③ '①' 또는 '②'의 우편물의 기록취급 등 **특수하게 취급하는 우편물** ④ 그 밖에 **대통령령으로 정하는 우편물**
선택적 우편서비스	① **2kg을 초과**하는 **통상우편물** ② **20kg을 초과**하는 **소포우편물** ③ '①' 또는 '②'의 우편물의 기록취급 등 **특수하게 취급하는 우편물** ④ 우편과 **다른 기술 또는 서비스**가 **결합된 우편서비스**: 전자우편, 모사전송(FAX) 우편, 우편물 방문접수 등 ⑤ **우편시설, 우표, 우편엽서,** 우편**요금 표시 인영이 인쇄된** 봉투 또는 **우편차량장비** 등을 **이용하는 서비스** ⑥ **우편** 이용과 **관련된 용품의 제조 및 판매** ⑦ 그 밖에 **우편서비스에 부가**하거나 **부수**하여 제공하는 서비스

❸ 우편서비스의 배달기한

1. 우정사업본부가 약속한 우편물 배달에 걸리는 기간

2. 우편물 배달기한

구 분	송달기준	비 고
통상우편물(등기포함) 일반소포	접수한 **다음날부터 3일 이내**	
익일특급	접수한 **다음날**	※ 제주선편: **D+2일** (D: 우편물 접수한 날)
등기소포		

※ 'D'는 우편물을 접수한 날을 말하며, 공휴일과 우정사업본부장이 배달하지 않기로 정한 날은 배달기한에서 제외한다.

3. 도서 · 산간 오지 등의 배달기한

(1) 우편물 배달기한은 수집이나 접수한 날의 다음 날부터 8일 이내로 하며, 교통 여건 등으로 인해 우편물 운송이 특별히 어려운 곳은 관할 지방우정청장이 별도로 배달 기한을 정하여 공고한다.

(2) **일반적인 배달기한 적용이 어려운 지역 선정 기준**

① 접수 우편물 기준: 접수한 그날에 관할 집중국으로 운송하기 어려운 지역

② 배달 우편물 기준: 관할 집중국에서 배달국의 당일 배달 우편물 준비 시간 안에 운송하기 어려운 지역

(3) 운송 곤란 지역의 배달기한 계산 방법

① 접수·배달 우편물의 운송이 모두 어려운 곳은 각각의 필요 일수를 배달기한에 합하여 계산한다.

② 다른 지방우정청에서 다르게 적용하도록 공고한 지역이 있는 경우에도 각각의 필요 일수를 합하여 계산한다.

(4) 배달기한 적용의 예외

1) 예외 규정: 일반우편물을 다음날까지 배달하도록 정한 규정

2) 예외 대상

① 「신문 등의 진흥에 관한 법률」제9조에 따라 주 5회 발행하는 일간신문

② 「관보규정」에 따른 관보는 일반우편물을 다음날까지 배달하도록 정하였다.(규칙 제14조)

제2절 통상우편물

❶ 개념

서신 등 **의사전달물** 및 **통화**(송금통지서 포함) 및 **소형포장**우편물

구분	내용
서신	**특정한 의사전달을 위해 특정인이나 특정 주소로 송부**하는 것.(문자·기호·부호·그림 등으로 표시한 **유형의 문서** 또는 전단을 포함한다)
의사전달물	의사전달이 목적이지만 **'서신'의 조건을 갖추지 못한 것.(대통령령으로 서신에서 제외한 통상우편물)** ※ 신문, 정기간행물, 서적, 상품안내서, 화물 첨부 서류 혹은 송장, 외국과 수발하는 국제서류, 본점과 지점 상호 간 또는 지점 상호 간 12시간 이내 수발하는 서류, 신용카드
통화	유통 수단이나 지불 수단으로 기능하는 화폐, 보조 화폐, 은행권 등
소형포장우편물	우편물의 용적, 무게와 포장방법 고시 규격에 맞는 작은 물건

❷ 발송요건

(1) 통상우편물은 봉투에 넣어 봉함하여 발송하는 것을 원칙으로 한다.

① **다만, 봉투에 넣어 봉함하기가 적절하지 않은 우편물은 우정사업본부장이 정하여 고시한 기준에 적합하도록 포장하여 발송할 수 있다.**

② 예외적으로 우정사업본부장이 발행하는 우편엽서와 사제엽서 제조요건에 적합하게 제조한 사제엽서 및 전자우편물은 그 특성상 봉함하지 아니하고 발송할 수 있다.

③ 우편물 정기발송계약을 맺은 정기간행물은 고시에서 정하는 바에 따라 띠종이 등으로 묶어서 발송할 수 있다.

(2) 우편이용자는 우편물 접수 시 우편물의 외부에 다음 각 호의 사항을 표시하여 발송하여야 한다.

① **발송인 및 수취인의 주소, 성명과 우편번호**

② 우편요금의 납부표시

❸ 통상우편물의 규격요건 및 외부표시(기재) 사항

1. 봉투에 넣어 봉함하거나 포장하여 발송하는 우편물의 규격요건 및 외부표시(기재) 사항

※ 위반 시 규격외 취급

요건		내용
(1) 크기	세로 (D)	최소 90mm, 최대 130mm(허용오차 ±5mm)
	가로 (W)	최소 140mm, 최대 235mm(허용오차 ±5mm)
	두께 (T)	최소 0.16mm, 최대 5mm(누르지 않은 자연 상태)
(2) 모양		직사각형 형태
(3) 중량		최소 3g, 최대 50g
(4) 재질		종이(창문봉투의 경우 다른 소재로 투명하게 창문 제작)
(5) 우편번호 기재		수취인 우편번호(국가기초구역 체계로 개편된 5자리 우편번호)를 정확히 기재해야 하며, 일체 가려짐이 없어야 함 수취인 우편번호 여백규격 및 위치 • 규격: 상·하·좌·우에 4mm 이상 여백 • 위치: (7)의 공백 공간 밖, 주소·성명 등의 기재사항의 아래쪽 수취인 기재영역 좌우 너비 안쪽의 범위에 위치 ※ 해당 영역에는 우편번호 외 다른 사항 표시 불가 우편번호 작성란을 인쇄하는 경우에는 5개의 칸으로 구성하여야 함 ※ 단, 여섯자리 우편번호 작성란이 인쇄(2019년 10월 이전)된 봉투를 이용한 통상우편물은 우편번호 숫자를 왼쪽 칸부터 한 칸에 하나씩 차례대로 기입하고 마지막 칸은 공란으로 두어야 함
(6) 표면 및 내용물		문자·도안 표시에 발광·형광·인광물질 사용 및 기계판독률을 떨어뜨릴 수 있는 배경 인쇄 불가 봉할 때는 풀, 접착제 사용(스테이플, 핀, 리벳 등 도드라진 것 사용불가) 우편물의 앞·뒤, 상·하·좌·우는 완전히 봉해야 함(접착식 우편물 포함) 특정부분 튀어나옴·눌러찍기·돋아내기·구멍뚫기 등이 없이 균일해야 함 ※ 종이·수입인지 등을 완전히 밀착하여 붙인 경우나 점자 기록은 허용
(7) 기계처리를 위한 공백 공간 * 허용오차 ±5mm		앞면: 오른쪽 끝에서 140mm × 밑면에서 17mm, 우편번호 오른쪽 끝에서 20mm 뒷면: 왼측 끝에서 140mm × 밑면에서 17mm

규격봉투 부도(일반봉투 규격)

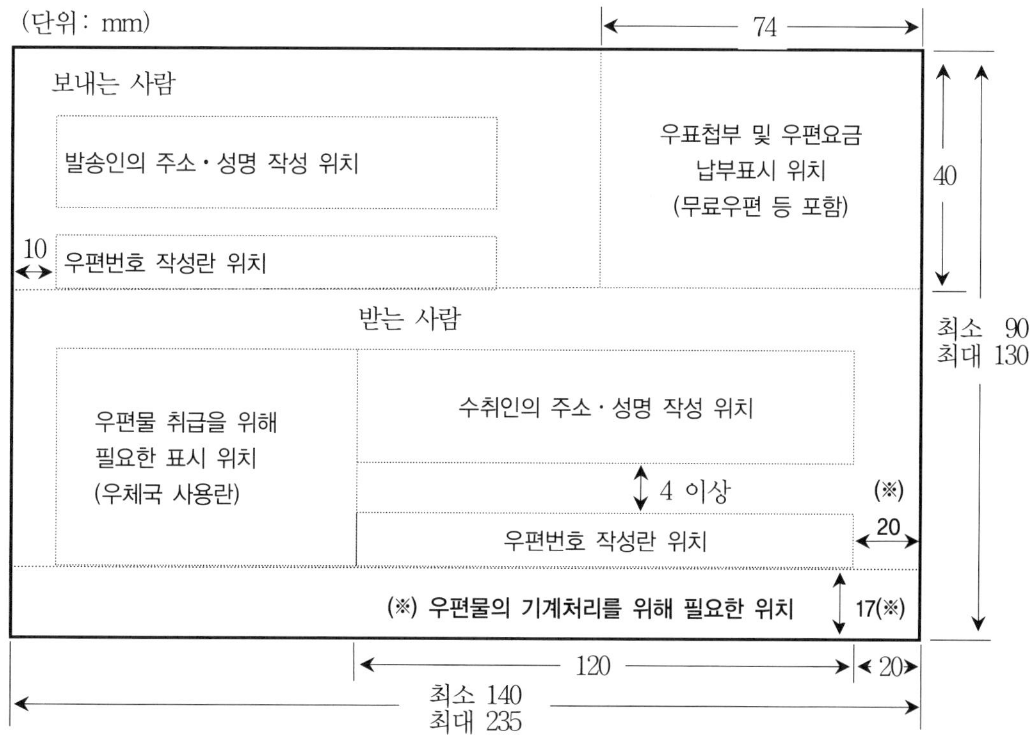

2. 우정사업본부에서 발행하는 우편엽서(관제엽서)의 규격 요건

※ 위반 시 규격외 취급

요 건		내 용
(1) 크기	세로(D) 가로(W)	최소 90mm, 최대 120mm (허용 오차 ±5mm) 최소 140mm, 최대 170mm (허용 오차 ±5mm)
(2) 형식		직사각형 형태 별도 봉투로 봉함하지 않은 형태
(3) 무게		최소 2g, 최대 5g (다만, 세로 크기가 110mm를 넘거나 가로 크기가 153mm를 넘는 경우에는 최소 4g, 최대 5g)
(4) 재질		종이

(5) 우편번호 기록 〈개정시행 2015. 8. 1.〉	수취인 우편번호(국가기초구역 체계로 개편된 5자리 우편번호)를 정확히 기재해야 하며, 일체의 가려짐 및 겹침이 없어야 함 수취인 우편번호 여백규격 및 위치 • 규격: 상・하・좌・우에 4mm 이상 여백 • 위치: (7)의 공백 공간 밖, 주소・성명 등의 기재사항의 아래쪽 수취인 기재영역 좌우 너비 안쪽의 범위에 위치 ※ 해당 영역에는 우편번호 외 다른 사항 표시 불가 우편번호 작성란을 인쇄하는 경우에는 5개의 칸으로 구성하여야 함 ※ 단, 여섯자리 우편번호 작성란이 인쇄(2019년 10월 이전)된 봉투를 이용한 통상우편물은 우편번호 숫자를 왼쪽 칸부터 한 칸에 하나씩 차례대로 기입하고 마지막 칸은 공란으로 두어야 함
(6) 표면과 내용물	문자 도안 표시에 발광 형광 인광물질 사용 및 기계판독률을 떨어뜨릴 수 있는 배경 인쇄 불가 특정부분 튀어나옴 눌러찍기 돋아내기 구멍 뚫기 등이 없이 균일해야 함 ※ 종이・수입인지 등을 완전히 밀착하여 붙인 경우나 점자 기록은 허용
(7) 기계처리를 위한 공백 공간 *허용오차 ±5mm	앞면: 오른쪽 끝에서 140mm × 밑면에서 17mm, 우편번호 오른쪽 끝에서 20mm

3. 사제엽서의 규격 요건: 우정사업본부에서 발행하는 우편엽서의 규격요건 및 외부표시(기록) 사항을 충족하여야 한다.

※ 50g까지 규격외 엽서는 450원(규격봉투 25g 초과 50g까지) 요금을 적용

(1) 색상은 70% 이상 반사율을 가진 흰 색이나 밝은 색

(2) 지질(재질)은 70g/㎡ 이상, 불투명도 75% 이상, 창봉투 창문은 불투명도 20% 이하

(3) 정해진 위치에 우표를 붙이거나 우편요금납부 표시

(4) 봉투 뒷면, 우편엽서 기재란, 띠종이 앞면의 윗부분 1/2과 뒷면 전체 등 허락된 공간에만 원하는 사항을 표시할 수 있음

(5) 우편물의 뒷면과 우편엽서의 허락된 부분에는 광고 기재 가능

(6) 우편엽서의 경우 평판(오프셋)으로 인쇄, 다만 사제엽서는 예외

(7) 정기간행물 등을 묶어 발송하는 띠종이의 요건

① 띠종이의 크기

신문형태 정기간행물용 띠종이 크기	세로(70mm이상) × 가로(최소 90mm~최대 235mm)
다른 형태 정기간행물용 띠종이 크기	우편물을 전부 덮는 크기

② 그 밖의 사항

㉠ 우편물 **아랫부분**에 고정하여 움직이지 않게 밀착

㉡ **신문형태의 경우** 발송인 주소・성명・우편번호는 **뒷면** 기재

㉢ **신문형태가 아닌** 정기간행물 크기가 A4(297mm×210mm) 이하인 경우 우편물 원형 그대로 띠종이 사용. 다만, 접어 둔 상태가 편편하고 균일한 것은 접어서 발송 가능

❹ 통상우편물의 규격외 취급 대상

① 위의 ❸ 1.항을 위반한 경우 통상우편물의 규격외 취급
② 위의 ❸ 2.항을 위반한 경우 우편엽서의 규격외 취급

❺ 우편물의 외부표시(기재) 사항

(1) 우편번호는 우편물 구분을 편리하게 할 수 있도록 만든 일종의 코드로서, 문자로 기재된 수취인의 주소정보를 일정한 기준에 따라 숫자로 변환한 것
- 우편번호는 국가기초구역 도입에 따라 지형지물을 경계로 구역을 설정한 5자리 국가기초구역 번호로 구성

국가기초구역 체계의 우편번호 구성 체계도

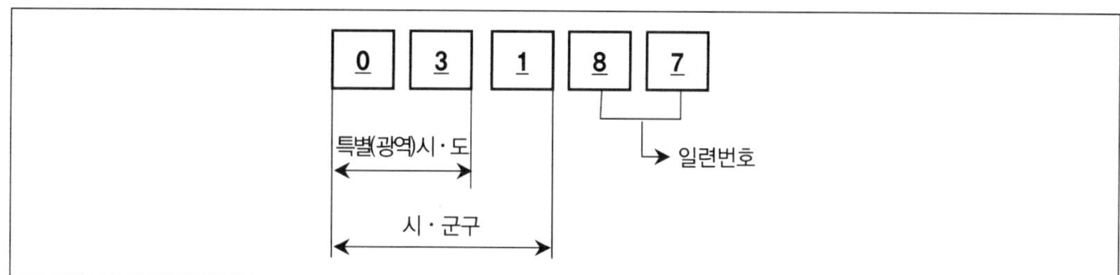

(2) 집배코드는 우편물의 구분 · 운송 · 배달에 필요한 구분정보를 가독성이 높은 단순한 문자와 숫자로 표기한 것
- 집배코드는 총 9자리로 도착집중국 2자리, 배달국 3자리, 집배팀 2자리, 집배구 2자리로 구성

집배코드 구성 체계

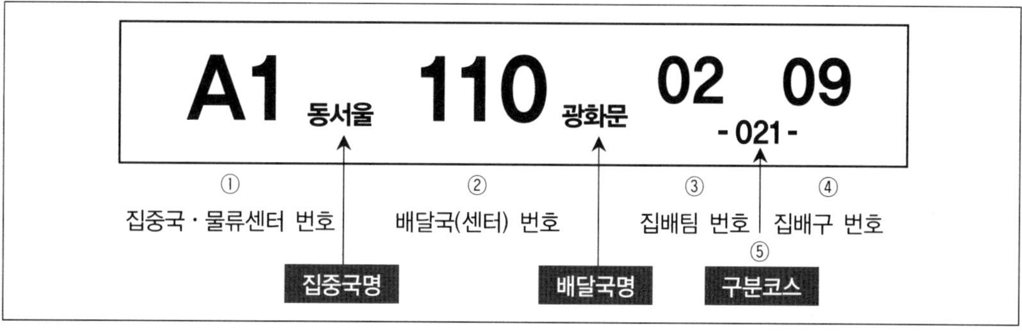

(3) **외부기재사항 표시**
① 우편물에는 집배코드를 기재할 수 있다.
② 통상우편물 감액을 받기 위해서는 집배코드별로 구분하여 제출하여야 한다.

6 우편물의 외부표시(기재) 금지사항

(1) 우체국과 협의되지 않은 우편요금 표시인영은 표시할 수 없다.

(2) 공공의 안녕질서나 미풍양속을 저해하는 것으로 인정되는 사항은 기재할 수 없다.
① 인간의 존엄성, 국가 안전, 사회 공공질서를 해치는 내용
② 폭력, 마약 등 반사회적・반인륜적인 행태를 조장하는 내용
③ 건전한 성도덕을 해치는 음란하고 퇴폐적 내용
④ 청소년의 정신적, 신체적 건강에 해를 끼칠 우려가 있는 내용

(3) 개인정보보호 법령에 따른 주민등록번호 등 고유식별정보는 기재할 수 없다.

(4) 그 밖에 우편법령이나 다른 법령에서 금지하는 사항

7 제한용적 및 중량

1. 최대용적

(1) 서신 등 의사전달물 및 통화
① 가로・세로 및 두께를 합하여 90cm
② 원통형은 “지름의 2배”와 길이를 합하여 1m
③ 다만, 어느 길이나 60cm를 초과할 수 없다.

(2) 소형포장우편물
① 가로・세로 및 두께를 합하여 35cm 미만 (서적・달력・다이어리: 90cm)
② 원통형은 “지름의 2배”와 길이를 합하여 35cm 미만 (단, 서적・달력・다이어리 우편물은 1m까지 허용)

2. 최소용적

평면의 크기가 길이 14cm, 너비 9cm 이상, 원통형으로 된 것은 직경의 2배와 길이를 합하여 23cm (다만, 길이는 14cm 이상이어야 한다.)

3. 제한중량

최소 2g~최대 6,000g
단, 정기간행물과 서적・달력・다이어리로서 요금감액을 받는 우편물은 1,200g, 요금감액을 받지 않는 서적・달력 ・다이어리는 800g, 국내특급은 30kg이 최대 중량이다.

제3절 소포우편물

❶ 소포우편물

통상우편물 외의 물건을 포장한 우편물을 말한다. 다만 "우체국소포(KPS)"는 소포우편물 방문접수의 브랜드명이다.

보편적 우편서비스	**20kg 이하의 소포**우편물(기록 취급되는 특수취급우편물 포함)
선택적 우편서비스	**20kg 초과의 소포**우편물(기록 취급되는 특수취급우편물 포함)

❷ 소포우편물의 대상

① 서신 등 의사전달물, 통화 이외의 물건을 포장한 우편물을 취급함.

※ 백지노트 등 **의사 전달 기능이 없는 물건은 소포로 취급**해야 함

② 우편물 크기에 따라서 **소형포장우편물**과 **소포우편물**로 나뉘나, **소형포장우편물**은 **통상우편물**로 구분하여 취급한다.

③ 소포우편물에는 원칙적으로 서신을 넣을 수 없으나 물건과 관련이 있는 납품서, 영수증, 설명서, 감사인사 메모 등은 함께 보낼 수 있다.

예 우체국쇼핑 상품설명서, 선물로 보내는 소포와 함께 보내는 감사인사 메모

❸ 제한중량 및 용적

1. 최대 중량: 30kg

2. 최대 용적

가로, 세로, 높이를 합하여 160cm 이내 (다만, 어느 길이도 1m를 초과할 수 없다.)

3. 최소 용적

① 가로・세로・높이 세 변을 합하여 35cm(단, 가로는 17cm 이상, 세로는 12cm 이상)

② 원통형은 "지름의 2배"와 길이를 합하여 35cm(단, 지름은 3.5cm 이상, 길이는 17cm 이상)

4. 기타사항

우편관서의 장과 발송인이 「계약소포우편물의 우편요금 및 이용요건 등에 관한 고시」에 따라 체결한 계약에서 취급 중량의 기준을 달리 정한 경우에는 그 기준에 따른다.

4 소포우편물의 접수

1. 접수검사

(1) 내용품 문의

① 폭발물 · 인화물질 · 마약류 등의 우편금지물품의 포함 여부

② 다른 우편물을 훼손시키거나 침습을 초래할 가능성 여부

(2) 의심우편물의 개봉 요구

① 내용품에 대하여 발송인이 허위로 진술한다고 의심이 가는 경우에는 개봉을 요구하고 내용품을 확인한다.

② 발송인이 개봉을 거부할 때에는 접수를 거절할 수 있다.

(3) 우편물의 포장상태 검사

내용품의 성질, 모양, 용적, 중량 및 송달거리 등에 따라 송달 중에 파손되지 않고 다른 우편물에 손상을 주지 않으며 질긴 종이 등으로 튼튼하게 포장하였는지를 확인해야 한다.

2. 요금납부

① 우편요금은 현금이나 신용카드 결제로 납부가 가능하며, 월간의 이용요금을 합산하여 익월에 후납고지서에 의하여 납부할 수도 있다.

② 또한 우표로도 결제가 가능하며 우표로 결제하고자 하는 때에는 우표를 창구에 제출(우표납부)하거나 우편물 표면에 첩부(우표첩부)한다.

③ 착불소포는 우편물 수취인에게 우편요금(수수료 포함)을 수납하여 세입 처리한다.

3. 수기접수 시 표시인 날인

① 소포우편물의 표면 왼쪽 중간에는 “소포” 표시를 한다.

② 소포우편물의 내용에 대하여 발송인에게 문의하여 확인한 후에는 우편물 표면 왼쪽 중간부분에 “내용문의 끝냄”을 표시한다.

4. 소포등기번호 부여 및 운송장, 기타 안내스티커 부착

① 소포등기번호는 우편물류시스템에서 접수국 일련번호로 자동으로 부여된다.

② 소포등기번호의 표시는 발송인/수취인 주소, 등기번호, 접수국명, 중량 및 요금을 표시한 소포운송장을 우편물의 표면 왼쪽 하단에 부착한다.

③ 요금별 · 후납 등기소포는 우편물의 표면 오른쪽 윗부분에 요금별 · 후납 표시인을 날인해야 한다.

④ 부가서비스 안내 스티커는 우편물의 품위를 유지하면서 잘 보이는 곳에 깨끗하게 부착한다.

⑤ 등기소포와 일반소포와의 차이

구분	등기소포	일반소포
취급방법	접수에서 배달까지의 송달과정에 대해 **기록**	기록하지 않음
요금납부 방법	현금, 우표첩부, 우표납부, 신용카드 결제 등	현금, 우표첩부, 신용카드 결제 등
손해배상	분실・훼손, 지연배달 시 **손해배상청구** 가능	없음
반송료	반송 시 **반송수수료** (등기통상취급 수수료 해당금액) 징수	없음
부가취급서비스	**부가취급서비스 가능**	불가능

※ 보통소포(×) – 일반소포(○) // 일반등기통상(×) – 등기통상(○)

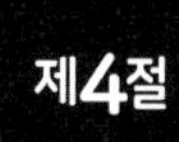

제4절 방문접수소포(우체국택배)

❶ 개요

① 우체국소포는 소포우편물 방문접수의 브랜드로 업무표장이다.
※ 영문표기: (KPS(Korea Parcel Service))

② 소포우편물 방문접수의 공식 브랜드 및 업무표장으로서 소포우편물의 방문접수를 나타낸다.

③ 소포우편물 방문접수와 관련한 모든 업무를 대표할 수 있는 명칭으로 사용할 수 있다.

❷ 종류

발송인의 요청 또는 발송인과 우편관서 간 사전계약에 따라 발송인을 방문하여 접수하는 등기소포 우편물로 그 종류는 다음과 같다.

① **개별방문소포**: 방문소포 중 발송인의 요청에 따라 방문하여 접수하는 등기소포 우편물

② **계약소포**: 방문소포 중 발송인과 우편관서 간 우편물 발송(수취)에 관한 별도의 계약에 따라 접수하는 등기소포 우편물

❸ 접수 지역

① 4급 또는 5급 우체국이 설치되어 있는 시・군의 시내 배달구(시내지역)

② 그 외 관할 우체국장이 방문접수를 실시하는 지역

❹ 이용 방법

① 우체국에 전화: 전국 국번 없이 1588-1300번
② 인터넷우체국(www.epost.go.kr)을 통하여 방문접수 신청
③ 소포우편물을 자주 발송하는 경우에는 정기・부정기 이용계약을 체결하여 별도의 전화 없이도 정해진 시간에 방문하여 접수한다.
④ 요금수취인부담(요금 착불)도 가능하다.
⑤ 방문소포 기표지 및 접수번호는 총괄국장이 창구접수 소포번호와 구분되게 부여한다.

❺ 계약 소포

1. 계약요금

우편관서와 발송인이 발송물량, 우편물의 규격, 처리비용 등을 종합적으로 고려하여 상호계약에 의해 결정하는 계약소포의 요금

(1) 규격・물량단계별 요금

계약요금 중 규격・물량단계에 따라 각 단계별로 구분하여 적용하는 요금

(2) 평균 요금

계약요금 중 규격・물량단계별 요금을 발송물량의 규격별 점유비에 따라 산출된 요금을 합산하여 적용하는 단일요금. 단, 발송물량이 월 평균 1,000통 이상의 연간계약자에 한하여 적용 가능하며, 규격 구간별 평균요금을 적용할 수 있다.

(3) 초소형 특정 요금

초소형 계약소포에 대하여 규격・물량 단계별 요금 및 평균요금을 적용하지 않고 본부장 또는 지방우정청장 승인으로 적용하는 요금. 단, 월 평균 10,000통 이상 발송업체 중 초소형 물량이 90% 이상인 경우, 적용 가능

2. 특별감액: 승인권한이 있는자가 특별히 감액하여 주는 금액

① **지방우정청장 특별감액**: 지방우정청장이 특별히 감액하여 주는 금액
② **총괄국장 특별감액**: 총괄국장이 특별히 감액하여 주는 금액

3. 연간계약: 계약기간이 12개월(1년)로 그 종류는 다음과 같다.

(1) 일반 계약

개인 또는 업체가 월평균 100통 이상 계약소포 발송을 위해 우편관서와 체결하는 일반적인 계약

(2) 연합체 발송계약

물류단지, 지식산업센터, 상가(빌딩), 시장 및 농장 등 일정 장소에 입주한 사업자 또는 임의단체 회원들이 1개의 우편관서와 계약을 체결하고 한 장소에 집하하여 계약소포를 발송하는 것

(3) 다수지 발송계약

계약자(계약업체)가 주계약 우편관서를 지정하여 계약을 체결하고 여러 우편관서에서 별도의 계약 없이 계약소포를 이용・발송하는 것

(4) 반품계약

반품하는 물품 발송을 위해 체결하는 계약

4. 한시적 발송계약

각종 행사 등 1개월 이내에 한시적으로 계약소포를 발송하기 위해 체결하는 계약

5. 요금수취인 지불소포(착불소포)

계약소포 수취인이 요금을 납부하는 소포

6. 집하발송

우편관서와 발송인이 사전 계약에 따라 계약소포 물품을 일정한 장소에 모아 일괄하여 계약소포로 발송하는 것(예 편의점택배 등)

7. 반송우편물

수취거절, 수취인불명, 주소불명 등으로 수취인에게 배달하지 못한 우편물을 발송인에게 다시 되돌려 보내는 우편물

8. 반품우편물

수취인에게 정상적으로 배달한 우편물을 수취인 또는 발송인의 요구로 재접수하여 발송인에게 보내는 우편물

9. 맞교환우편물

수취인의 교환 요청에 따라 발송인이 접수한 새로운 물품 배달 시 수취인으로부터 회수하여 발송인에게 돌려보내는 우편물

10. LMS(Long Message Service) 문자전송 서비스

계약소포 발송 전에 「업체명, 내용품, 발송시각, 주소, 이벤트 홍보문안」 등을 문자로 미리 알려 주는 서비스

11. 초소형 소포

중량이 1kg 이하이고 크기는 50cm 이하 계약 소포

❻ 소포우편물 접수 시 유의사항

1. 포장불량 소포우편물의 접수 거절

① 포장방법이 포장기준에 적합하지 아니한 때에는 보완을 요구하고 이를 발송인이 거절한 때에는 그 우편물의 접수를 거절할 수 있다.

② 포장이 부실한 것을 알면서도 발송인의 요청을 거절하지 못하고 접수하여 다른 우편물을 오염 또는 훼손시킨 사례(화장품 파손, 유리액자 파손, 고추장 또는 김치 등의 누출)가 종종 발생하여 민원의 대상이 되고 있다.

☞ 파손 변질에 취약한 물품 재포장 : 내부 완충재(에어캡, 비닐봉투 등)와 테이프를 이용 재포장

2. 기표지가 탈락할 우려가 있는 우편물은 보완하여 발송해야 한다.

3. 우편물류통합시스템에 관련 접수정보를 정확히 입력하여 분실을사전에 예방하여야 한다.

4. 내용품에 적합하게 포장된 소포우편물의 포장용 끈 사용 억제

우편집중국의 소포 구분기에 소포우편물 포장용 끈이 끼어 운행 장애가 자주 발생되기 때문에 내용품에 적합하게 포장된 소포우편물은 끈으로 묶지 않도록 안내한다. 단, 끈으로 묶는 소포우편물도 송달과정에서 끈이 풀리지 않도록 확인해야 한다.

Chapter 03 우편물의 접수

제1절 우편물의 접수검사

❶ 우편물 접수 시 검사사항

① 우편물 접수할 때에는 발송인·수취인 등 기재사항이 제대로 적혀져 있는지 먼저 확인해야 한다.
② 검사 결과 규정에 위반된 것을 발견하였을 때에는 발송인이 보완하여 제출해야 하며, 불응할 때에는 접수를 거부할 수 있다. 다만 이때에는 이유를 자세히 설명해야 한다.

❷ 우편금지물품

1. 다음과 같은 우편물은 접수 불가

폭발성 물질, 화약류, 폭약류, 화공품류, 발화성 물질, 인화성물질, 유독성물질, 강산류, 방사성물질

2. 다음과 같은 경우에는 예외로 한다.

(1) 독약류

독약 및 극약으로 관공서(학교 및 군대를 포함), 의사(군의관 포함), 치과의사, 한의사, 수의사, 약사, 제약업자, 약종상 또는 한약종상의 면허 또는 허가를 받은 자가 등기우편으로 발송하는 것은 예외로 한다.

(2) 병균류

살아 있는 병균 또는 이를 함유하거나 부착되어 있다고 인정되는 물건으로 관공서 방역연구소, 세균검사소, 의사(군의관 포함), 치과의사, 수의사 또는 약사의 면허를 받은 자가 등기우편으로 발송하는 것은 예외로 한다.

(3) 공안방해와 그 밖의 위험성의 물질

음란한 문서, 도화 그 밖의 사회질서에 해가 되는 물건으로서 법령으로 이동, 판매, 반포를 금하는 것으로 법적·행정적 목적으로 공공기관에서 등기우편으로 발송하는 것은 예외로 한다.

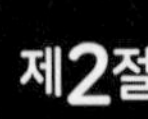

제2절 우편물의 포장

❶ 우편물의 포장 검사 시 유의 사항

① 내용품의 성질상 송달도중 파손되거나 다른 우편물에 손상을 주지 않을 것인가
② 띠종이로 묶어서 발송하는 정기간행물의 경우 포장용 띠종이 크기는 발송요건에 적합한가
③ 칼, 기타 위험한 우편물은 취급도중 위험하지 않도록 포장한 것인가
④ 액체, 액화하기 쉬운 물건, 냄새나는 물건 또는 썩기 쉬운 물건은 적정한 용기를 사용하여 내용물이 새지 않도록 포장한 것인가
⑤ 독 · 극물 또는 생병원체를 넣은 것은 전호와 같이 포장을 하고 우편물 표면에 품명 및 "위험물"이라고 표시하고 발송인의 자격 및 성명을 기재한 것인가
⑥ 독 · 극물은 두가지 종류를 함께 포장한 것이 아닌가
⑦ 혐오성이 없는 산동물은 튼튼한 상자 또는 기타 적당한 용기에 넣어 완전히 그 탈출 및 배출물의 누출을 방지할 수 있는 포장을 한 것인가

❷ 물품에 따른 포장방법

구분	포장방법
칼 · 기타 이에 유사한 것	적당한 칼집에 넣거나 싸서 상자에 넣는 등의 방법으로 포장할 것
액체 · 액화하기 쉬운 물건	안전누출방지용기에 넣어 내용물이 새어나지 않도록 봉하고 외부의 압력에 견딜 수 있는 튼튼한 상자에 넣고, 만일 용기가 부서지더라도 완전히 누출물을 흡수할 수 있도록 솜, 톱밥 기타 부드러운 것으로 충분히 싸고 고루 다져 넣을 것
독약 · 극약 · 독물 및 극물과 생병원체 및 생병원체를 포유하거나 생병원체가 부착한 것으로 인정되는 것	① 전호의 규정에 의한 포장을 하고 우편물 표면 보기 쉬운 곳에 품명 및 "위험물"이라고 표시할 것 ② 우편물 외부에 발송인의 자격 및 성명을 기재할 것 ③ 독약 · 극약 · 독물 및 극물은 이를 2가지 종류로 함께 포장하지 말 것
산꿀벌 등 일반적으로 혐오성이 없는 살아 있는 동물	튼튼한 병, 상자 기타 적당한 용기에 넣어 완전히 그 탈출 및 배설물의 누출을 방지할 장치를 할 것

제3절 우편물의 제한 부피 및 무게

❶ 통상우편물

구분		내용
최대 부피	서신 등 의사전달물 및 통화	① 가로・세로 및 두께를 합하여 90cm ② 원통형은 "지름의 2배"와 길이를 합하여 1m ③ 다만, 가로 세로 어느 쪽이나 60cm를 초과할 수 없음
	소형포장우편물	① 가로・세로・두께의 합이 35cm 미만(다만, 서적・달력・다이어리 우편물은 90cm까지 허용) ② 원통형은 "지름의 2배"와 길이를 합하여 35cm 미만(다만, 서적・달력・다이어리 우편물은 1m까지 허용)
최소 부피	① 평면의 길이 14cm, 너비 9cm ② 원통형은 "지름의 2배"와 길이를 합하여 23cm(단, 길이는 14cm 이상)	
최대 무게	① 최소 2g~최대 6,000g ② 단, 정기간행물, 서적, 달력, 다이어리로서 요금감액을 받는 우편물은 1,200g, 요금감액을 받지 않는 서적과 달력, 다이어리는 800g, 국내특급은 30kg이 최대 무게임	

❷ 소포우편물

구분	내용
최대부피	① 가로・세로・높이 세 변을 합하여 160cm ② 다만, 어느 변이나 1m를 초과할 수 없음
최소부피	① 가로・세로・높이 세 변을 합하여 35cm (단, 가로는 17cm 이상, 세로는 12cm 이상) ② 원통형은 "지름의 2배"와 길이를 합하여 35cm (단, 지름은 3.5cm 이상, 길이는 17cm 이상)
무게	30kg 이내이어야 함
기타사항	우편관서의 장과 발송인과의 사전계약에 따라 발송인을 방문하여 접수하는 경우에는 그 계약으로 달리 정할 수 있음

Chapter 04 국내우편물의 부가서비스

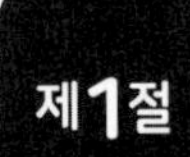

제1절 등기취급

❶ 등기취급 제도의 의의

1. 개념

① 우편물의 접수번호 기록에 따라 접수에서부터 받는 사람에게 배달되기까지의 모든 취급과정을 기록하며, 만일 우편물이 취급 도중에 분실되거나 훼손된 경우에는 그 손해를 배상하는 제도로서 우편물 부가취급의 기본이 되는 서비스이다.

② 다른 여러가지 특수취급을 부가하기 위해서는 기본적으로 등기취급이 되어야 한다.

③ 2kg 이하의 통상우편물과 20kg 이하의 소포우편물에 대한 등기취급을 보편적 우편서비스로 정함으로써 국민의 권리를 더욱 폭넓게 보장할 수 있다.

2. 특징

① 등기취급은 각 우편물의 접수번호 기록에 따라 접수에서 배달에 이르는 모든 과정을 기록 취급함으로써 취급과정을 명확하게 추적할 수 있다.

② 보험취급이나 내용증명, 배달증명, 특급취급, 그 밖의 부가취급 우편물 등 고가의 물품을 송달하거나 공적증명을 요구하는 물품 송달에 유리하다.

③ 잃어버리거나 훼손하면 이용자의 불만이 많고 손해배상의 문제가 생기는 유가물이나 주관적 가치가 있다고 인정되는 신용카드나 중요서류 등은 접수 검사할 때 내용품에 적합한 보험취급으로 발송하게 하고 이에 응하지 않을 때는 접수를 거절할 수 있다.

④ 우편물 취급과정에서 분실, 훼손 등의 사고가 일어날 경우에는 등기취급우편물과 보험등기우편물의 손해 배상액이 서로 다르므로 이용자에게 사전에 반드시 고지하여 발송인이 선택하도록 조치하여야 한다.

3. 등기취급의 대상

고객이 우편물의 취급과정을 기록할 필요가 있다고 판단한 우편물과 우편물의 내용이 통화, 귀중품, 주관적으로 가치가 있다고 신고하는 것

❷ 선택등기 서비스

1. 개념

등기취급 및 발송인의 우편물의 반환거절을 전제로 우편물을 배달하되, 그 우편물을 수취인에게 배달할 수 없는 경우에는 준등기 취급에 따라 우편물을 배달하는 특수취급제도이다.

※ 2회 배달(하루에 1회 배달) 시까지는 일반등기처럼 배달을 시도하고, 폐문 부재인 경우 우편함에 투함(우편함 투함 시 수취인의 수령여부는 확인되지 않음. 보험취급 · 내용증명 불가)

2. 취급대상

6kg까지 통상우편물(특급 취급 시 30kg 가능)

3. 요금체계

중량별 통상우편요금 + 선택등기 취급수수료 2,100원

4. 부가취급 서비스

전자우편, 익일특급, 발송 후 배달증명, 계약등기

단, 발송 후 배달증명은 수령인의 수령사실 확인 후 배달완료된 경우(무인우편함 포함)에 한해 청구가 가능하고, 우편함에 배달완료된 경우에는 청구가 불가하다.

5. 배달기한

접수한 다음 날부터 3일 이내

6. 배달방법

① 1회차 : 대면 배달(수령인 확인)

② 2회차 : 대면 배달 시도 후 폐문 부재일 경우 우편 수취함에 배달

7. 손해배상

손실, 분실에 한하여 최대 10만원까지 손해배상을 제공하며, 배달완료(우편함 등) 후에 발생된 손실, 분실은 손해배상 대상에서 제외

❸ 계약등기 서비스

1. 개념

등기취급을 전제로 우체국장과 발송인과 별도의 계약에 따라 접수한 통상우편물을 배달하고, 배달결과를 발송인에게 전자적 방법 등으로 알려주는 부가취급제도이다.

2. 종류와 취급대상

(1) 일반형 계약등기

① 등기취급을 전제로 부가취급서비스를 선택적으로 포함하여 계약함으로써, 고객이 원하는 우편서비스 제공하는 상품

② 한 발송인이 1회에 100통 이상, 월 5,000통 이상(두 요건 모두 충족) 발송하는 등기통상 우편물

(2) 맞춤형 계약등기

① 등기취급을 전제로 신분증류 등 배달 시 특별한 관리나 서비스가 필요한 우편물로 표준요금을 적용하는 상품

② 1회 및 월 발송물량에 제한이 없다.

③ 취급상품과 요금에 대해서는 과학기술정보통신부장관이 고시한다.

3. 계약업무

(1) 계약체결관서

우편집중국, 5급 이상 공무원이 우체국장으로 배치된 우체국

단, 맞춤형 계약등기는 소속국(별정국, 우편취급국 제외)도 접수관서로 계약이 가능하다.

(2) 계약기간

1년, 계약기간 만료 1개월 전까지 계약체결 관서나 이용자가 계약 해지・변경에 관한 의사 표시가 없을 경우에는 1년 단위로 자동 연장

4. 부가취급 서비스

(1) 착불배달

① 계약등기 우편물의 요금을 배달할 때 수취인에게 받는 부가취급제도

② 우편요금 등을 수취인이 지불하기로 발송인이 수취인의 승낙을 얻은 계약등기 우편물이어야 한다.

③ 발송인이 우편요금을 납부하지 않고, 우편요금(등기취급수수료 포함)과 착불배달 수수료를 수취인에게서 받는다.

④ 수취인에게 배달하지 못하고, 발송인에게 반송된 착불배달 계약등기 우편물은 발송인에게 우편물을 반환하고, 발송인에게서 착불수수료를 제외한 우편요금(등기취급수수료 포함)과 반송수수료를 징수하되 맞춤형 계약등기는 착불수수료를 제외한 우편요금(등기취급수수료 포함)만 징수한다.

(2) 회신우편

① 등기취급을 전제로 우체국과 발송인과 별도의 계약에 따라 수취인을 직접 만나서 우편물을 배달하면서 서명이나 도장을 받는 등 응답이 필요한 하는 사항을 받거나 서류를 넘겨받아 발송인이나 발송인이 지정하는 자에게 회신하는 부가취급제도

② 발송인이 사전에 배달과 회신에 대한 상세한 사항을 계약관서와 협의하여 정한 계약등기 우편물이어야 한다.

③ 수취인을 직접 만나서 우편물을 배달하고, 회송통지서(개인정보 활용동의서 등)에 필요한 서명, 날인을 받거나 수취인이 넘겨주는 서류를 인계받아 발송인 또는 발송인이 지정한 자에게 회신한다.

(3) 본인지정배달

① 등기취급을 전제로 우편물을 수취인 본인에게만 배달하여 주는 부가취급제도

② 수취인이 개인정보 누출이나 재산상의 피해를 예방하기 위하여 발송인이 수취인 본인에게 배달하도록 지정한 우편물이다.

③ 수취인 본인에게만 배달한다.

(4) 우편주소 정보제공

① 등기취급을 전제로 이사 등 거주지 이전으로 우편주소가 바뀐 경우 우편물을 바뀐 우편주소로 배달하고, 수취인의 동의를 받아 발송인에게 바뀐 우편주소정보를 제공하는 부가취급제도

② 이용조건: 발송인이 계약관서와 미리 서비스에 대해 이용과 요금후납이 계약되어 있고, 수취인의 바뀐 주소정보를 발송인에게 알려주기 위해 배달할 때 수취인의 동의를 받은 우편물이어야 한다.

③ 취급방법: 우편주소 변경사유(이사감, 주소불명, 수취인 미거주 등)가 생긴 때 해당 우편물을 바뀐 수취인의 주소지로 전송해 주고 수취인의 동의를 받아 발송인에게 바뀐 우편주소 정보를 제공한다.

(5) 반송수수료 사전납부

① 대상: 일반형 계약등기 우편물

② 납부방법: 우편물 접수 시 우편요금 반송률을 적용한 반송수수료를 합산하여 납부한다.

③ 반송률 산정

최초 적용 기준	최초 1년은 등기우편물 반환율에 0.5%를 가산하여 적용한다. 등기우편물 반송률 적용 시에는 계약하고자 하는 등기우편물과 동일한 종류의 등기우편물 반송률, 계약하고자 하는 등기우편물과 가장 유사한 종류의 등기우편물 반송률, 전체 등기우편물 반송률 순으로 적용한다.
재산정 적용 기준	계약 우편물의 최근 1년간 반송률을 산정하여 적용한다.

5. 요금 체계

(1) 일반형 계약등기: 통상요금 + 등기취급수수료 + 부가취급수수료

※ 통상 우편요금: 현행 무게별 요금체계 적용

(2) 맞춤형 계약등기: 표준요금 + 중량 구간별 요금 + 부가취급수수료

※ 100g까지 표준요금(등기취급수수료 포함)을 적용하고, 100g 초과할 때마다 국내통상 우편요금의 중량 구간별 요금을 적용

1) 표준요금: 상품별 서비스 수준에 맞추어 과학기술정보통신부장관 고시로 정한 요금

2) 중량 구간별 요금 적용

① 100g까지는 종별 표준요금을 적용한다.

② 100g부터 초과 100g마다 240원씩 추가한다.(통상우편 초과 100g마다 추가요금 기준)

3) 부가취급수수료

부가취급서비스	수수료	비고
회신우편	1,500원	일반형 및 맞춤형 계약등기
본인지정배달	1,000원	
착불배달	500원	
우편주소 정보제공	1,000원	
반송수수료 사전납부	반송수수료 × 반송률	일반형 계약등기

※ 맞춤형 계약등기는 익일특급이 기본으로 전제된 서비스이며, 반송수수료는 면제됨

6. 일반형 계약등기의 반송수수료 일부 면제

(1) 대상

우편법 시행령 제3조 제8호에 의거 서신 제외 대상인 신용카드 우편물

(2) 면제조건

면제적용 월 직전 3개월의 평균물량이 10만 통 이상이고, 해당 월 접수물량이 10만 통 이상인 경우

※ 월 단위 산정은 매월 1일에서 말일까지로 한다.

(3) 면제비율: 월 접수물량의 1~3%

① 10만 통 이상 20만 통 미만: 1% 이내

② 20만 통 이상 30만 통 미만: 2% 이내

③ 30만 통 이상: 3% 이내

(4) 징수방법

매월 면제비율에 의해 반송수수료의 일부를 면제하여 정산 후 우편요금과 동일하게 후납으로 징수한다.

❹ 선납 라벨 서비스

1. 선납등기통상라벨

(1) 개념

등기번호 및 발행번호가 부여된 선납라벨을 우체국 창구 등에서 구매하여 첨부하면 우편창구 외(우체통, 무인우편접수기)에서도 등기우편물을 접수할 수 있도록 하는 서비스

(2) 대상: 등기통상 우편물

(3) 접수채널: 전 관서 우편창구 및 우체통 투함, 무인우편접수기

(4) 판매가격: 중량별 차등 적용되는 등기통상우편물의 요금

① 기본: 중량별 일반통상우편요금 + 등기취급 수수료

② 선택: 익일특급 수수료, 배달증명 수수료

(5) **등기우편물로서 효력발생 시점**
① 창구접수: 우체국 창구 접수 시
② 우체통 투함: 수거 후 우체국 창구 접수 시
③ 무인우편접수기 이용: 무인우편접수기 접수 완료 시

2. 선납선택등기통상라벨

(1) **개념**
등기번호 및 발행번호가 부여된 선납라벨을 우체국 창구 등에서 구매하여 첩부하면 우편창구 외에서도 선택등기우편물을 접수할 수 있도록 하는 서비스

(2) **대상**: 선택등기 우편물

(3) **접수채널**: 전 관서 우편창구 및 우체통 투함

(4) **판매가격**: 중량별 차등 적용되는 선택등기통상우편물의 요금
① 기본: 중량별 일반통상우편요금 + 선택등기취급 수수료
② 선택: 익일특급 수수료

(5) **등기우편물로서 효력발생 시점**
① 창구접수: 우체국 창구 접수 시
② 우체통 투함: 수거 후 우체국 창구 접수 시

3. 선납준등기통상라벨

(1) **개념**
준등기 번호 및 발행번호가 부여된 선납라벨을 우체국 창구 등에서 구매하여 첩부하면 우편창구 외(우체통, 무인우편접수기)에서도 준등기 우편물을 접수할 수 있도록 하는 서비스

(2) **대상**: 준등기 우편물 - 준등기우편 발송요건에 맞지 않는 경우 접수 불가

(3) **접수채널**: 전 관서 우편창구 및 우체통 투함, 무인우편접수기

(4) **판매가격**: 200g까지 1,800원(정액(단일)요금)

(5) **준등기우편물로 취급 시점**
① 창구접수: 우체국 창구 접수 시
② 우체통 투함: 수거 후 우체국 창구 접수 시
③ 무인우편접수기 이용: 무인우편접수기 접수 완료 시

4. 선납일반통상라벨

(1) **개념**
우편요금과 발행번호가 부여된 선납라벨을 우체국 창구에서 구매 후 일반통상우편물에 우표 대신 첩부하여 우편물을 접수할 수 있도록 하는 서비스

(2) **대상**: 일반통상 우편물(등기우편물에도 부착 가능)

(3) **접수채널**: 전 관서 우편창구 및 우체통 투함, 무인우편접수기

(4) **판매가격**: 중량별 일반통상우편요금

5. 공통사항

(1) **이용원칙**: 발송인은 우편물 당 1개의 선납라벨만 부착
– 우편물 봉투 우측 상단(우표 부착위치)에 부착

(2) **판매채널**: 전국 우체국 우편창구(별정우체국 · 우편취급국 포함)

(3) **유효기간(권장 사용기간)**: 구입 후 1년 이내 사용
※ 선납통상라벨은 시간이 경과하면 인쇄상태가 흐려질 수 있으므로 유효기간 내 사용을 권장하며, 다만 유효기간이 경과하더라도 고객 요청 시 재출력 가능
※ 선납등기(선택등기, 준등기) 라벨의 경우 유효기간 경과에 따른 고객의 라벨 재출력 요청 시 판매일자 기준으로 1년, 2년, 3년 중 유효기간 연장 선택하여 처리

(4) 선납라벨 사용기간 권장 사용기간(1년 이내) 경과로 인해 인쇄상태가 불량하거나 라벨 일부 훼손 등으로 사용이 어려운 경우, 해당 라벨 소지 후 우체국에 방문하여 동일한 발행번호와 금액으로 재출력 받을 수 있다.

(5) 선납라벨 훼손 정도가 심각하여 판매정보(발행번호, 바코드, 요금 등)의 식별이 불가능한 경우에는 재출력이 불가하다.

(6) 선납라벨로 접수된 우편물에 대해 접수를 취소하면, 선납라벨을 재출력하여 교부한다.

(7) 선납라벨 구매 취소 및 환불은 구매 당일에 한해 구매자가 영수증을 소지하고, 판매우체국에 방문 시 환불 가능하고, 부분 환불은 불가하다.

(8) 선납라벨을 부착한 우편물 접수 시 실제 우편요금보다 선납라벨 금액이 많은 경우 차액은 환불이 불가하다.

(9) 미사용 선납 등기(선택등기, 준등기) 통상라벨은 라벨금액 범위 내에서 1매 이상의 선납일반통상라벨로 교환하여 발행 받을 수 있다.

(10) 미사용 선납일반통상라벨은 라벨금액 범위 내에서 2매 이상의 선납일반통상라벨로 분할하여 발행 받을 수 있다.

제2절 보험취급

❶ 보험취급 우편물의 종류

① 보험통상: 통화등기, 물품등기, 유가증권등기, 외화등기
② 보험소포: 안심소포

❷ 보험통상

1. 통화등기

(1) 개념

① 우편을 이용해서 현금을 직접 수취인에게 배달하는 제도로서 만일 취급하는 중에 잃어버린 경우에는 통화등기 금액 전액을 변상하여 주는 보험 취급제도
② 주소지까지 현금이 직접 배달되므로 우편환이나 수표와 같이 해당 관서를 방문해야 하는 번거로움이 없어 방문시간이 절약되고 번잡한 수속절차를 생략할 수 있으므로 소액 송금제도로서 많이 이용된다.

(2) 취급조건

① 취급대상: 강제 통용력이 있는 국내통화에 한정
※ 다음의 것은 통화등기로 취급할 수 없음
- 현재 사용할 수 없는 옛날 통화
- 마모・오염・손상의 정도가 심하여 통용하기가 곤란한 화폐
- 외국화폐

② 통화등기 취급의 한도액: 10원 이상 100만 원 이하의 국내통화로서 10원 미만의 단수는 붙일 수 없다.
③ 통화등기우편물은 등기취급우편물로 발송하여야 한다.
④ 우편요금과 취급수수료 계산방법

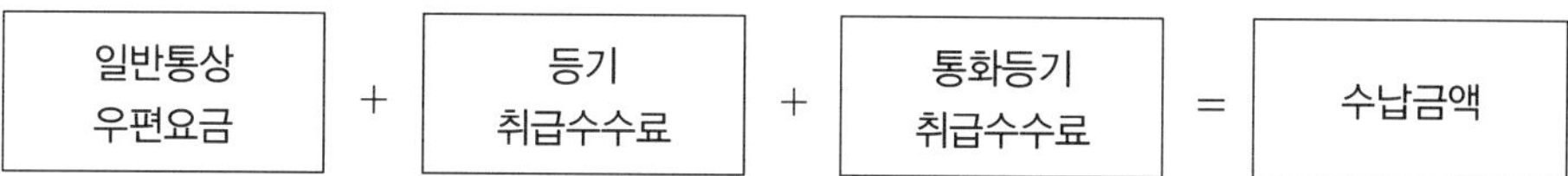

- 부가취급(배달증명, 특급취급 등)이 있을 때에는 그 수수료를 가산
- 보험등기 봉투요금은 별도로 계산한다

2. 물품등기

(1) 귀금속, 보석, 옥석, 그 밖의 귀중품이나 주관적으로 가치가 있다고 신고하는 것을 보험등기 봉투에 넣어 수취인에게 직접 송달하고 취급도중 분실되거나 훼손한 경우 표기금액을 배상하는 보험취급 제도의 하나로 통상우편물에 한정한다.

(2) 취급대상

① 귀금속: 금, 은, 백금 및 이들을 재료로 한 제품
② 보석류: 다이아몬드, 진주, 자수정, 루비, 비취, 사파이어, 에메랄드, 오팔, 가닛 등 희소가치를 가진 것
③ 주관적 가치가 있다고 신고되는 것: 응시원서, 여권, 신용카드류 등

(3) 취급가액

물품등기의 신고가액은 10원 이상 300만 원 이하의 물건만 취급하며, 10원 미만의 단수를 붙일 수 없다.

(4) 취급조건

① 물품 가액은 발송인이 정하며, 취급 담당자는 가액 판단에 관여할 필요가 없다.
② 물품등기우편물은 등기취급우편물로 발송하여야 한다.
③ 발송할 물품의 가액은 취급한도액을 초과한 것이 아닌지를 확인하여야 한다. 다만, 취급한도액을 초과한 것은 취급할 수 없으나 발송인이 취급한도액까지만 기록하기로 하고 취급을 요구할 때에는 취급할 수 있다.

3. 유가증권등기

(1) 현금과 교환할 수 있는 우편환증서나 수표 따위의 유가증권을 보험등기봉투에 넣어 직접 수취인에게 송달하는 서비스로 우편물을 분실하거나 훼손한 경우에는 봉투표면에 기록된 금액을 배상하여 주는 보험 취급제도이다.

(2) 취급대상 및 한도액

액면 또는 권면가액이 10원 이상 2천만 원 이하의 송금수표, 국고수표, 우편환증서, 자기앞수표, 상품권, 선하증권, 창고증권, 화물상환증, 주권, 어음 등의 유가증권으로 취급할 수 있다. 다만, 10원 미만의 단수를 붙일 수 없다.

※ 사용된 유가증권류, 기프트카드 등에 대하여 보험취급을 원할 경우 유가증권등기로 취급할 수 없으나 물품등기로는 접수가 가능하다.

(3) 취급조건

① 발송할 유가증권의 액면 금액과 봉투표기 금액을 대조하여 일치하는지 확인한다.
② 등기취급우편물로 발송하여야 한다.
③ 발송할 물품의 가액은 취급한도액을 초과한 것이 아닌지를 확인하여야 한다. 다만, 취급한도액을 초과한 것은 취급할 수 없으나 발송인이 취급한도액까지만 기록하기로 하고 취급을 요구할 때에는 취급할 수 있다.

4. 외화등기

① 우체국과 금융기관과의 계약을 통해 외국통화(현물)를 고객에게 직접 배달하는 맞춤형 우편서비스

② 맞춤형 계약등기(보험취급 + 본인지정 + 익일특급)

③ 이용방법: 금융기관과의 계약을 통하여 외화현금을 접수 · 배달

접수우체국	계약에 따라 지정된 우체국
배달우체국	전국 우체국(익일특급 배달 불가능 지역은 제외함)

④ 취급 통화: 계약기관별로 계약에 따라 지정된 외화

⑤ 취급 금액: 최소 10만원 이상 150만원 이하(원화 환산 시 기준, 지폐만 가능)

⑥ 적용요금: 표준요금 통당 10,000원

※ 중량구간별 요금 미적용, 과금에 의한 반송 등을 모두 포함한 금액

❸ 보험소포: 안심소포

1. 개념

고가의 상품 등 등기소포우편물을 대상으로 하며, 손해가 생기면 해당 보험가액을 배상하여 주는 부가취급제도

※ 안심소포는 보험가액 한도 내에서 실 손해액을 배상한다.(안심소포가 제한되는 전자제품은 분실의 경우만 청구 · 배상 가능)

2. 취급조건

(1) 취급 대상

① 등기소포를 전제로 보험가액 300만 원 이하의 고가품, 귀중품 등 사회통념상 크기에 비하여 가격이 높다고 발송인이 신고한 것으로서 그 취급에 특히 유의할 필요가 있는 물품과 파손, 변질 등의 우려가 있는 물품

② 귀금속, 보석류 등의 소형포장우편물은 물품등기로 접수하도록 안내해야 한다.

③ 부패하기 쉬운 냉동 · 냉장 물품은 이튿날까지 도착이 가능한 지역이어야 한다.

※ 우편물 배달기한 내에 배달하기 곤란한 지역으로 가는 물품은 접수 제외

(2) 취급가액

① 안심소포의 가액은 10만 원 이상 300만 원 이하의 물건에 한정하여 취급하며 10원 미만의 단수를 붙일 수 없다.

② 신고가액은 발송인이 정하는 가격으로 하며 취급담당자는 상품가액의 판단에 관여할 필요가 없다.

(3) 취급조건

① 등기소포 안의 내용물은 발송인이 참관하여 반드시 확인하여야 한다.

② 발송할 물품의 가액은 취급한도액을 초과한 것이 아닌지를 확인하여야 한다.

③ 취급한도액을 초과한 것은 취급할 수 없으나 발송인이 취급한도액까지만 기록하기로 하고 취급을 요구할 때에는 취급할 수 있다.

제3절 증명취급

❶ 내용증명

1. 개념

① 발송인이 수취인에게 어떤 내용의 문서를 언제 발송하였다는 사실을 우편관서가 공적으로 증명해 주는 우편서비스이다.

② 내용증명제도는 개인끼리 채권·채무의 이행 등 권리의무의 득실 변경에 관하여 발송되는 우편물의 문서내용을 후일의 증거로 남길 필요가 있을 경우와 채무자에게 채무의 이행 등을 최고(催告)하기 위하여 주로 이용되는 제도이다.

③ 우편관서는 내용과 발송 사실만을 증명할 뿐, 그 사실만으로 법적 효력이 발생되는 것은 아님에 주의해야 한다.

2. 접수할 때 유의할 사항

(1) 문서의 내용

① 내용문서는 한글이나 한자 또는 그 밖의 외국어로 자획을 명확하게 기록한 문서에 한정하여 취급하며, 숫자, 괄호, 구두점이나 그 밖에 일반적으로 사용하는 단위 등의 기호를 함께 적을 수 있다.

② 공공의 질서나 선량한 풍속에 반하는 내용이 아니어야 하며 내용문서의 원본과 등본이 같은 내용임이 쉽게 식별되어야 한다.

③ 내용증명의 대상은 문서에 한정하며 문서 이외의 물건(예 우표류, 유가증권, 사진, 설계도 등)은 그 자체 단독으로 내용증명의 취급대상이 될 수 없다.

④ 내용문서의 원본과 관계없는 물건을 함께 봉입할 수 없다.

(2) 내용문서의 원본 및 등본

① 내용증명의 발송인은 내용문서의 원본과 그 등본 2통을 제출하여야 한다. 단, 발송인에게 등본이 필요하지 않은 경우에는 등본 1통만 제출이 가능하며, 이 경우 우체국보관 등본 여백에 "발송인 등본 교부 않음"이라고 표시해야 한다.

② 동문내용증명 우편물(문서의 내용은 같으나 2인 이상의 각기 다른 수취인에게 발송하는 내용증명 우편물)인 경우에는 각 수취인의 주소와 이름을 전부 기록한 등본 2통과 각 수취인 앞으로 발송할 내용문서의 원본을 함께 제출하여야 한다.

③ 내용문서의 원본이나 등본의 문자나 기호를 정정·삽입·삭제한 경우에는 정정·삽입·삭제한 문자와 정정·삽입·삭제한 글자 수를 난외나 끝부분 빈 곳에 적고 그곳에 발송인의 인장 또는 지장을 찍거나 서명을 하여야 하며, 고치거나 삭제한 문자나 기호는 명료하게 알아볼 수 있도록 하여야 한다.

④ 내용증명 우편물의 내용문서의 원본과 등본에 기록한 발송인과 수취인의 주소 · 성명은 우편물의 봉투에 기록한 것과 같아야 한다. 다만, 동문내용증명 우편물인 경우 각 수취인의 주소 · 성명을 전부 기록한 등본은 예외로 한다.

⑤ 다수인이 연명으로 발송하는 내용문서의 경우 그 발송인들 중 1인의 이름, 주소만을 우편물의 봉투에 기록한다.

(3) 내용증명우편물 취급수수료의 계산

① 내용증명 취급수수료는 글자 수나 행 수와는 관계없이 A4 용지 규격을 기준으로 내용문서(첨부물 포함)의 매수에 따라 계산한다.

② 내용문서의 원본과 등본의 작성은 양면을 사용하여 작성할 수 있으며, 양면에 내용을 기록한 경우에는 2매로 계산한다.

③ 내용문서의 크기가 A4 용지 규격보다 큰 것은 A4 용지의 크기로 접어서 총 매수를 계산하고, A4 용지보다 작은 것은 이를 A4 용지로 보아 매수를 계산한다.

④ 내용문서의 매수가 2매 이상일 경우에는 2매부터 최초 1매의 반값으로 계산한다.

⑤ 동문내용증명의 경우 수취인 수 1명 초과마다 내용문서 매수와 관계없이 내용문서 최초 1매의 금액으로 계산한다.

(4) 취급요령

① 수취인에게 발송할 내용문서의 원본, 우체국에서 보관할 등본, 발송인에게 교부할 등본에는 우편날짜도장으로 계인한다. 다만, 동문내용증명인 때에는 우체국에서 보관하는 등본에 기록된 수취인의 주소 · 성명 아래쪽에 걸치도록 우편날짜도장으로 계인한다.

② 내용문서의 원본이나 등본의 수량이 2장 이상일 때에는 내용문서의 원본 및 등본의 글자를 훼손하지 않도록 빈 여백에 우편날짜도장으로 간인하거나, 천공기로 간인하여야 한다.

※ 발송인의 인장이나 지장으로 간인하지 않음에 주의해야 한다.

③ 내용증명 취급수수료에 해당하는 우표는 우체국에 보관하는 등본의 빈 곳에 붙이고 우편날짜도장으로 소인한다. 다만, 즉납으로 출력된 요금증지를 첨부하거나 날짜가 표시되어 있는 후납인을 날인하는 경우에는 소인을 생략하며, 후납인 아래에 취급수수료 금액을 표시하여야 한다.

3. 내용증명의 재증명과 열람 청구

(1) 개념

내용증명 발송인 또는 수취인이 내용증명 문서의 등본(수취인인 경우는 원본)을 분실하였거나 새로 등본이 필요할 때 우체국의 등본 보관기간인 3년에 한정하여 발송인 · 수취인이나 발송인 · 수취인으로부터 위임을 받은 사람의 재증명 청구에 응하거나 열람 청구에 응하는 것을 말한다.

(2) 재증명 청구 기간

내용증명 우편물을 접수한 다음 날부터 3년 이내

(3) 청구국

전국 우체국(우편취급국 포함) 및 인터넷우체국

(4) 청구인

내용증명 우편물의 발송인 또는 수취인, 발송인이나 수취인에게서 위임을 받은 사람

※ 인터넷우체국으로 신청할 경우 발송인 및 수취인 본인만 가능(아이핀, 휴대폰 본인인증 실시)

(5) 재증명 취급수수료

재증명 당시 내용증명 취급수수료의 반액을 재증명 문서 1통마다 각각 징수한다.

※ 10원 미만의 금액이 발생할 경우에는 절사한다.

(6) 재증명 취급수수료의 계산시점

재증명을 요청한 때

(7) 열람 수수료

열람 당시의 내용증명 취급수수료 반액에 해당하는 수수료를 징수한다.

(8) 열람 방법

반드시 취급담당자가 보는 앞에서 열람(보고 옮겨 쓰는 것 포함)하도록 한다.

(9) 타국 접수 내용증명 재증명 절차

1) 내용증명 등본보관국 외 (타국) 재증명 청구

① 청구인 본인(또는 대리인)임을 확인한 후, 발송 후 내용증명을 신청한다.

② 등본보관국 외에 신청하는 경우에는 우편(규격외, 익일특급)으로 발송한다.

③ 등본보관국에서는 D+1일 이내에 내용증명 등본을 복사한 후, 재증명 처리하여 우편(익일특급 + 우편사무)으로 청구인에게 발송한다.

2) 등본보관국에서 확인하기 전까지는 취소가 가능하다. 하지만 등본보관국 확인 후에는 내용문서 복사로 인해 취소가 불가능하다.

3) 내용증명 재증명 우편발송서비스 요금

내용증명 재증명 수수료(내용증명 수수료 1/2) + 우편요금(규격외 중량별 요금) + 등기취급수수료 + 익일특급수수료 + 복사비(장당 50원) + 대봉투(100원)

❷ 배달증명

1. 개념

① 수취인에게 우편물을 배달하거나 교부한 경우 그 사실을 배달우체국에서 증명하여 발송인에게 통지하는 부가취급 우편 서비스

② 배달증명은 등기우편물을 발송할 때에 청구하는 발송 때의 배달증명과 등기우편물을 발송한 후에 필요에 따라 사후에 청구하는 발송 후의 배달증명으로 구분할 수 있다.

2. 취급대상: 등기우편물에 한정하여 취급할 수 있다.

3. 요금체계

(1) 통상우편물 배달증명을 접수할 때

일반통상 우편요금 + 등기취급 수수료 + 배달증명취급 수수료 + 배달증명서 송달요금 (5g 일반통상 우편요금) = 수납금액

(2) 소포우편물 배달증명 접수할 때

등기소포 우편요금 + 배달증명취급 수수료 + 배달증명서 송달요금 (5g 일반통상 우편요금) = 수납금액

4. 발송 후의 배달증명 청구

(1) 개념

등기우편물을 발송할 당시에는 배달증명을 청구하지 않고 발송하였으나, 사후에 등기우편물의 배달사실의 증명이 필요하게 된 경우에 발송인이나 수취인이 우체국에 청구하는 제도

(2) 처리절차

전국 우체국과 인터넷우체국에서 신청할 수 있으며, 청구 접수국은 정당한 발송인이나 수취인임을 확인한 후 처리한다.

(3) 청구기간

발송한 다음 날부터 1년

단, 내용증명우편물에 대한 배달증명 청구는 발송한 다음 날부터 3년

5. 인터넷우체국 발송 후 배달증명 서비스

① 우체국을 방문하지 않고 인터넷으로 조회하여 프린터로 직접 인쇄하는 서비스

② 등기우편물의 발송인이나 수취인만 신청할 수 있다.

③ 배달완료일 D+2일부터 신청이 가능하다.

④ 신청기한 : 등기우편물 발송한 다음 날부터 1년 이내(다만, 내용증명은 3년)

⑤ 이용요금 : 1건당 1,600원

⑥ 인터넷우체국 회원에 대해서만 신청이 가능하다.(회원전용 서비스)

⑦ 결제 후 다음 날 24시까지 (재)출력이 가능하다.

제4절 특급취급

❶ 국내특급

1. 개념

등기취급을 전제로 국내특급우편 취급지역 상호 간에 수발하는 긴급한 우편물을 통상의 송달 방법보다 더 빠르게 송달하기 위하여 접수된 우편물을 약속한 시간 내에 신속히 배달하는 특수취급제도

2. 종류 및 배달기한

국내특급우편은 익일특급(통상우편물 한)이 있으며 배달기한은 다음과 같다.

• 익일특급: 접수 익일 배달

3. 취급조건

① 취급 대상: 등기취급하는 우편물에 한정하여 취급

② 제한 중량: 익일특급 통상우편물의 취급제한중량은 30kg

③ 접수우체국

익일특급우편물: 전국 모든 우체국

④ 접수마감시각 및 배달시간: 접수지정 우체국별 접수마감시각 및 배달우체국의 배달시간은 관할 지방우정청장이 정하여 고시한다.

⑤ 국내특급 취급지역: 익일특급의 취급지역은 전국으로 하되, 접수한 날의 다음날까지 배달이 곤란한 지역에 대해서는 별도의 추가일수 및 사유 등을 관할 지방우정청장이 고시한다. 이 경우 익일특급 우편물의 배달기한에 토요일, 공휴일(일요일 포함)은 산입하지 아니한다.

제5절 그 밖의 부가취급

❶ 특별송달

1. 개념

특별송달은 다른 법령에 따라 「민사소송법」이 정하는 방법으로 송달하여야 하는 서류를 내용으로 하는 등기통상 우편물을 송달하고 그 송달의 사실을 우편송달 통지서로 발송인에게 알려주는 부가취급 서비스

2. 취급조건

등기 취급하는 통상우편물에 한하여 취급할 수 있다.

3. 취급대상

「민사소송법」 제187조에 따라 송달하여야 한다는 뜻을 명시하고 있는 서류에 한정하여 취급할 수 있다.

① 법원에서 발송하는 것
② 특허청에서 발송하는 것
③ 「군사법원법」에 따라 발송하는 군사재판절차에 관한 서류
④ 국제심판소, 소청심사위원회 등 준사법기관에서 관계규정에 의하여 발송하는 재결절차에 관한 서류
⑤ 공증인이 「공증인법」에 따라 발송하는 공정증서의 송달(「공증인법」제56조의5)서류
⑥ 병무청에서 「민사소송법」 제187조에 따라 송달하도록 명시한 서류
⑦ 선관위에서 「민사소송법」 제187조에 따라 송달하도록 명시한 서류
⑧ 검찰청에서 「민사소송법」 제187조에 따라 송달하도록 명시한 서류
⑨ 그 밖의 다른 법령에서 특별송달로 하도록 명시된 서류

4. 요금체계

(1) 송달통지서가 1통인 소송서류를 발송하는 경우

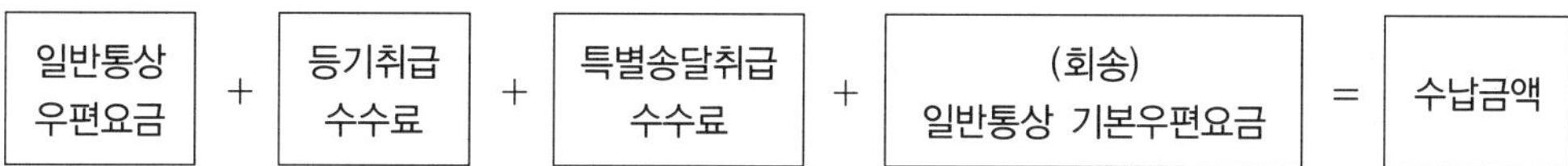

(2) 송달통지서가 2통 첨부된 소송서류를 발송할 경우

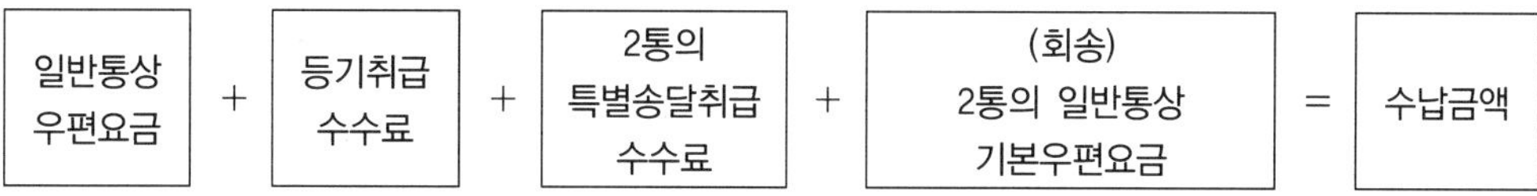

(3) 특별송달우편물에 첨부된 우편송달통지서 용지의 무게는 우편물의 무게에 합산한다.

(4) 일반통상 기본우편요금은 25g 규격 우편물을 기준으로 한다.

❷ 민원우편

1. 개념

국민들의 일상생활에 필요한 각종 민원서류를 관계기관에 직접 나가서 발급받는 대신 우편이나 인터넷으로 신청하고 그에 따라 발급된 민원서류를 등기취급하여 민원우편 봉투에 넣어 일반우편물보다 우선하여 송달하는 부가취급 서비스

2. 제도의 특징

① 민원우편의 송달에 필요한 왕복우편요금과 민원우편 부가취급수수료를 접수(발송)할 때 미리 받는다.
② 우정사업본부에서 발행한 민원우편 취급용 봉투(발송용, 회송용)를 사용해야 한다.
③ 민원발급수수료와 회송할 때의 민원발급수수료 잔액을 현금으로 우편물에 봉입하여 발송할 수 있다.
④ 민원발급수수료의 송금액을 5,000원으로 제한한다.(민원발급수수료가 건당 5,000원을 초과하는 경우는 예외)
⑤ 민원우편은 익일특급의 배달방법에 따라 신속히 송달한다.
⑥ 우정사업본부장이 정하여 고시하는 민원서류에 한정하여 취급할 수 있다.

3. 요금

발송할 때의 취급요금(우편요금 + 등기취급수수료 + 익일특급수수료)과 회송할 때의 취급요금(50g 규격우편요금 + 등기취급수수료 + 익일특급수수료)을 합하여 접수 시에 선납한다.

4. 회송용 봉투의 요금선납 날짜도장 날인

민원우편 회송용 봉투에 날인하는 요금선납 날짜도장은 최초의 발송 민원우편 접수 우체국의 접수한 날의 우편날짜도장으로 날인하는 것이며, 회송민원우편 접수우체국에서 날인하는 것이 아님에 주의하여야 한다.

5. 발송용 봉투의 봉함

발송인이 봉함할 때는 인장(지장) 또는 서명(자필 서명)으로 한다.

6. 회송용 봉투의 봉함

회송용 민원우편물의 봉함은 민원발급기관의 취급담당자(우체국 취급담당자가 아님)가 인장(지장) 또는 서명(자필)을 날인하여 봉함하여야 하며, 수수료 잔액 등 내용품 확인에 대하여는 우체국 담당자는 참관하지 않는다.

❸ 착불배달 우편물

① 등기취급 소포우편물과 계약등기우편물 등의 요금을 발송인이 신청할 때 납부하지 않고 우편물을 배달받은 수취인이 납부하는 제도
② 취급대상: 수취인이 우편요금 등을 지불하기로 발송인이 수취인의 승낙을 얻은 등기우편물
③ 발송인이 수취인의 승낙을 얻은 경우 착불배달 우편물로 접수할 수 있다.
④ 착불배달 우편물이 수취인 불명, 수취거절 등으로 반송되는 경우 발송인에게 우편요금 및 반송수수료를 징수한다. 다만, 맞춤형 계약등기는 우편요금(표준요금 + 중량구간별 요금)만 징수한다.
※ 접수담당자는 발송인에게 위 사항을 반드시 설명해야 한다.

Chapter 05 그 밖의 우편서비스

제1절 우체국쇼핑

❶ 개념

전국 각 지역에서 생산되는 특산품과 중소기업 우수 제품을 우편망을 이용하여 주문자나 제3자에게 직접 공급하여 주는 서비스

구분	주요 내용
특산물	검증된 우수한 품질의 농·수·축산물을 전국 우편망을 이용해 생산자와 소비자를 연결해주는 서비스
제철식품	출하시기의 농수산 신선식품, 소포장 가공식품, 친환경 식품 등을 적기에 판매하는 서비스
생활마트	경쟁력을 갖춘 우수 중소기업의 공산품 판매 서비스
B2B	우수 중소기업상품의 판로를 확보하고 기업의 구매비용 절감과 투명성을 높이기 위하여 기업과 기업 간의 거래환경을 제공하는 서비스
꽃배달	우체국이나 인터넷을 이용하여 꽃배달 신청을 할 경우 전국의 업체에서 지정한 시간에 수취인에게 직접 배달하는 서비스
전통시장	대형 유통업체의 상권 확대로 어려워진 전통시장 소상인들의 판로 확보를 위해 전국의 전통시장 상품을 인터넷몰에서 판매하는 서비스
창구판매	창구에서 우체국쇼핑상품을 즉시 판매하는 서비스

❷ 손실·분실 등에 따른 반품우편물의 처리

1. 반품요청 접수관서에서의 처리

우체국쇼핑 상품이 운송 중 손실·분실·내용품 훼손 등의 사유로 수취인이 수취를 거절하는 경우에는 반품우편물의 교환, 환불 요구의 여부를 확인하고 우편물류시스템 반품관리에 등록한 후 우편물을 회수하여 반송 처리한다.

2. 공급우체국에서의 처리

우체국쇼핑 상품의 반품우편물이 도착하면 우편물류시스템의 반품확인 관리에서 '반품확인' 처리하고, 지정된 우체국 공급계좌에 환불 요금 입금 여부를 수시로 확인하여 환불 요금이 입금되는 즉시 등록된 입금계좌로 환불 요금을 송금처리하고 우편물류시스템 환불관리에서 '환불처리'로 등록하여야 하며 신용카드로 결제한 경우에는 '신용카드결제 취소'로 처리하여야 한다.

❸ 꽃배달 서비스

1. 주문 및 환불: 특산물과 동일

2. 상품배달

(1) 공급업체에서는 상품 주문내용(주문 상품, 수취인, 배달날짜, 시간, 리본 표시사항 등)을 확인하고 발송상품을 제작한다.

※ 상품 발송할 때 반드시 우체국 꽃배달 태그를 동봉하여야 한다.

(2) 주문자가 지정한 시간에 수취인에게 상품을 배달해야 한다.

3. 배달결과 입력: 공급업체에서 직접 입력한다.

※ 입력과 동시에 배달결과가 주문자의 SMS나 이메일로 자동적으로 통보된다.

4. 상품 배상

(1) 상품을 수취인에게 배달하는 중에 공급업체의 잘못으로 상품에 결함이 생기면 모든 비용은 공급업체에서 부담한다. 소비자가 교환이나 환불을 요구할 때에는 즉시 보상해야 한다.

(2) **전액 환불 조치**

① 상품을 정시에 배달하지 못한 경우
② 신청인이 배달 하루 전 주문을 취소할 경우
③ 상품에 하자(상품의 수량·규격 부족, 변질, 훼손 등)가 발생할 경우
④ 주문과 다른 상품이 배달된 경우

(3) **상품 교환 조치**

상품의 훼손, 꽃송이의 부족 등으로 교환을 요구할 경우

(4) **일부 환불 조치**

수취인이 수취거부할 경우 신청인이 환불요구 시 공급업체는 꽃의 경우 30%, 화분의 경우 50%, 케이크포함 상품의 경우 케이크 제외한 금액의 30%를 환불해야 한다. 단, 배송정보 기재 오류 등 신청인의 귀책사유로 인한 교환 및 환불 불가

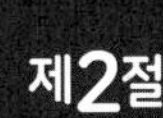

제2절 전자우편서비스

❶ 개념

고객(정부, 지자체, 기업체, 개인 등)이 우편물의 내용문과 발송인·수취인 정보(주소·성명 등)를 전산매체에 저장하거나 정보통신망을 통하여 우체국에 접수 또는 인터넷우체국을 이용하여 신청하면 내용문 출력과 봉투 제작 등 우편물 제작에서 배달까지 전 과정을 우체국이 대신하여 주는 서비스로서 편지, 안내문, DM 우편물을 빠르고 편리하게 보낼 수 있는 서비스

❷ 종류

구분		주요내용	규격	전자우편 이용수수료
봉함식	소형	편지, 안내문, 고지서 등의 안내문(최대 6장)을 편지형태로 인쇄하여 규격봉투에 넣어 발송하는 우편 서비스(동봉서비스 최대 6매 포함)	흑백(A4)	– 기본 1매: 90원 – 추가 1매(5매까지): 30원
			칼라(A4)	– 기본 1매: 280원 – 추가 1매(5매까지): 180원
			동봉서비스(A4)	– 기본 1매: 20원 – 추가 1매(5매까지): 10원
	대형	다량의 편지 등 내용문(최대 150장)을 A4용지에 인쇄하여 대형봉투에 넣어 발송하는 우편 서비스(동봉서비스 최대 20매 포함)	흑백(A4)	– 기본 1매: 130원 – 추가 1매(149매까지): 30원
			칼라(A4)	– 기본 1매: 340원 – 추가 1매(149매까지): 180원
			동봉서비스(A4)	추가 1매(20매까지): 15원
접착식		주차위반과태료, 교통범칙금, 통지서 등을 봉투 없이 제작 발송하는 우편 서비스	흑백(A4/B5)	– 단면: 60원 – 양면: 80원 – 폼지: 30원
			칼라(A4)	– 단면: 220원 – 양면: 370원
그림엽서		동창회 모임안내 등 내용문을 간략하게 그림엽서에 인쇄하여 발송하는 우편 서비스	148 × 105mm	1통: 40원

※ 전자우편 제작발송 시 부과요금

예 등기우편 이용 시 부과요금: 통상우편요금 + 특수취급 수수료(요금) + 전자우편 이용수수료

※ 동봉서비스(A4규격만 취급 가능) 이용 시 규격봉투(소형)에는 최대 6장, 대형봉투에는 최대 20장까지 동봉 가능하며 전자우편 이용수수료는 아래와 같이 적용

- 내용문이 있는 경우: 규격봉투(소형) 규격은 기본 1장에는 20원, 초과 분량은 장당 10원, 대형봉투 규격은 구분 없이 장당 15원 적용
- 내용문이 없는 경우: 기본 1장은 해당 규격 흑백 이용수수료를 적용

예 봉함식(소형) 규격봉투 규격에 동봉물 2장만 발송할 경우: 1장 흑백 이용수수료(90원) + 1장 동봉서비스 이용수수료(20원) = 합산 적용(110원)

3 부가 서비스

전자우편은 통상우편물로서 취급방법에 따라 일반우편물과 등기우편물로 나누어지며, 반송불필요는 고객이 원하는 경우에 적용함

부가서비스 명	서비스 내용	제작 수수료
내용증명	전자우편을 이용하여 다량의 내용증명을 제작, 발송	기존 제작수수료와 같음
계약등기	전자우편을 이용하여 우편물을 제작하고 계약등기로 배달	
한지(내지)	전자우편 내지의 기본 사양인(A4복사용지) 대신 고급 한지 이용	제작수수료에 30원 추가

4 접수방법

1. 우체국 창구(우편취급국 포함) 접수

우체국 창구접수는 발송인이 제출한 접수정보에 대하여 접수심사를 완료한 후 발송인에게서 우편요금과 제작수수료 수납으로 성립한다.

※ 우편물의 접수 취소 또는 수정

발송인이 우편물 접수를 철회하거나 해당 우체국 접수 담당자의 잘못으로 우편물 접수를 취소하거나 수정할 경우에는 접수 화면에서 해당 우편물의 접수번호를 검색한 후 접수 취소(수정)처리한다. 다만, 접수 취소나 수정은 위탁제작센터에 접수한 당일(접수정보를 전송하기 전)에만 할 수 있다.

2. 인터넷우체국 접수

이용자가 인터넷우체국이 제공하는 접수방법에 따라 접수하고, 우편요금 및 수수료 결제가 완료되면 접수가 성립된 것으로 본다.

3. 계약고객 전용시스템 접수

우체국과 계약을 통해 정기적으로 등기우편물을 발송하는 고객이 계약고객시스템에서 주소록 및 내용문 파일을 가접수하고, 계약 우체국에서 가접수 내용을 검색하여 연계 접수하고 결제가 완료되면 접수가 성립된 것으로 본다.

4. 기관연계시스템 접수

각 기관에서 외부연계(행정공동망, ESB, 상용솔루션)를 통해 우정정보관리원으로 접수정보 데이터를 전송하면 자체 검증 후 편집센터(현재 포스토피아)로 송수신하고(한국우편사업진흥원은 데이터 수신 후 선제작, 후결제), 송수신 작업이 완료되면 계약우체국에서 접수정보를 조회/결제가 완료되면 접수가 성립된 것으로 본다.

5 기타 서비스

1. 동봉 서비스

① 봉함식(소형봉투와 대형봉투) 우체국전자우편(e-그린우편)을 이용할 때 내용문 외에 다른 인쇄물을 추가로 동봉하여 보낼 수 있는 서비스

② 이용할 때 별도의 수수료를 납부하여야 하며, 우체국 창구에서 신청할 때만 이용이 가능하다.
※ 인터넷우체국은 이용불가

③ 동봉서비스로 접수된 동봉물은 최선편으로 위탁제작센터가 지정한 제작센터로 무료등기 소포우편물(무게 20kg까지)로 발송한다.

④ 동봉물이 20kg을 초과하면 초과분에 대해 등기소포 우편요금을 적용하고 신청인이 그 요금을 납부하여야 한다.

2. 고객맞춤형 서비스

다량으로 발송할 때 봉투 표면(앞면・뒷면) 또는 그림엽서에 발송인이 원하는 로고나 광고문안(이미지)을 인쇄하여 발송할 수 있는 서비스

제3절 기타 부가서비스

1 월요일 배달 일간신문

① 토요일 자 발행 조간신문과 금요일 자 발행 석간신문(주3회, 5회 발행)을 토요일이 아닌 다음주 월요일에 배달(월요일이 공휴일인 경우 다음 영업일)하는 일간신문

② 신문사가 토요일 자 신문을 월요일 자 신문과 함께 봉함하여 발송하려 할 때에 봉함을 허용하고 요금은 각각 적용한다.

❷ 모사전송(팩스) 우편서비스

1. 개념: 팩시밀리(이하 '팩스'라 함)를 수단으로 통신문을 전송하는 서비스

2. 이용수수료

① 시내, 시외 모두 동일한 요금을 적용한다.
② 최초 1매 500원, 추가 1매 당 200원, 복사비 1장 당 50원

3. 취급조건

① 취급대상은 서신, 서류, 도화 등을 내용으로 한 통상우편물이어야 한다.
② 통신문 용지의 규격은 A4규격(210mm × 297mm)에 통신내용을 기록, 인쇄한 것으로 한다.
③ 통신문은 몹시 치밀하여 판독이 어려워서는 안 되고, 선명하여야 하며 검은색이나 진한 파란색으로 표시한 것이어야 한다. 다만, 발신・수신 시 원형 그대로 재생이 곤란한 칼라통신문은 취급은 하지만 그에 따른 불이익은 의뢰인이 부담한다.
④ 우정사업본부장이 지정 고시하는 우체국에서만 취급할 수 있다.
㉠ 우편취급국은 제외
㉡ 군부대 내에 소재하는 우체국은 우정사업본부장이 지정, 고시하는 우체국만 가능

❸ 나만의 우표

1. 개념

개인의 사진, 기업의 로고・광고 등 고객이 원하는 내용을 신청받아 우표를 인쇄할 때 비워놓은 여백에 컬러복사를 하거나 인쇄하여 신청고객에게 판매하는 IT기술을 활용한 신개념의 우표 서비스

2. 종류: 기본형, 홍보형, 시트형, 카드형

3. 접수 방법

① 전국 우체국(별정우체국, 우편취급국 포함), 인터넷우체국, 모바일 앱, (재)한국우편사업진흥원 및 접수위탁기관에서 접수할 수 있다.
② 신청인에게 신청서를 작성하게 한 후 사진, 데이터 파일 등과 함께 제출하도록 안내한다.
③ 신청서에 배달 희망주소와 이름, 우편번호, 전화번호 등이 정확히 기록하였는지 확인한다.
④ 신청자가 사진을 제출한 경우 사진 뒷면에 이름과 전화번호를 기록한다.
⑤ 접수할 때 제작과 발송에 걸리는 기간, 신청수량, 판매가격, 할인율 등을 신청자에게 안내한다.
⑥ 기본형은 고객 이미지 1종이 기본이며, 홍보형 및 시트형은 기본 종수(1종) 외에 큰 이미지 1종을 무상으로 제공한다.

※ 기본이미지 외 이미지 추가 요청 시 1종 추가마다 600원씩 추가됨. 단, 신청량이 전지 기준 101장부터 추가 이미지(최대 20종) 무료 제공

전지 신청량	1~100장	101장 이상
이미지 서비스 수량 (기본 종수)	1종	20종

⑦ 접수자는 신청서에 우편날짜도장으로 날인하여 원본은 우체국에 1년 동안 보관하고, 신청자에게 사본 1부를 접수증으로 교부하며, 1부는 제작기관에 사진이나 데이터와 함께 송부한다.

4. 접수할 때 거절해야 하는 사항

① 공공의 질서와 선량한 풍속, 국민의 건전한 소비생활에 해를 끼치는 내용
② 국가 정책을 비방하거나 우정사업에 지장을 주는 내용
③ 선거법 등 각종 법령에서 제한하는 내용
④ 과대 또는 거짓임이 명백한 내용, 다른 사람을 모독하거나 명예를 훼손하는 내용
⑤ 정치적 · 종교적 · 학술적 논쟁의 소지가 있는 소재
⑥ 그 밖에 사회적으로 물의를 일으킬 수 있다고 판단되는 내용

5. 접수 시 유의사항

① 나만의 우표를 신청하는 사람은 사진 등의 자료를 사용할 수 있는 권한이 있어야 하며, 자료의 내용이 초상권, 저작권 등 다른 사람의 권리를 침해하면 이에 대한 법적 책임이 있다는 것을 설명해야 한다.

② 접수할 때 신청 자료의 내용이 다른 사람의 초상권, 저작권 등을 침해한 것으로 확인된 경우에는 신청 고객이 해당 권리자에게서 받은 사용허가서나 그 밖의 사용 권한을 증명할 수 있는 서류를 제출하도록 안내한다.

※ **서류 보관기간**: 접수한 날부터 5년(이미지: 3개월)

③ 접수자는 선명도가 낮은 사진 등에 대해서는 우표품질이 떨어진다는 사실을 설명한 후 신청자가 원하는 경우에만 접수하고, 그렇지 않은 경우에는 보완하여 제출하게 한다.

④ 접수자는 사진 등 관련 자료는 명함판(반명함판)이 적정하나 제출한 사진 자료의 크기가 너무 크거나 작을 경우에는 축소 또는 확대 복사, 인쇄에 따라 선명도가 낮아질 수 있음을 설명해야 한다.

⑤ 나만의 우표를 우편물에 붙인 경우 고객의 사진부분에 우편날짜도장이 날인될 수 있음을 사전에 설명해야 한다.

⑥ 접수된 이미지나 자료는 우표 제작이 완료된 후에 신청고객이 반환을 요구하는 경우에만 반환하고 반환하지 않은 이미지는 제작기관에서 일정기간 보관 후 폐기한다는 것을 설명한다.

⑦ 영원우표가 아닌 구 권종(300원, 270원, 250원권 등)은 판매가 중지되었다.

❹ 고객맞춤형 엽서

1. 개념

우편엽서에 고객이 원하는 그림· 통신문과 함께 발송인과 수취인의 주소·성명, 통신문 등을 인쇄하여 발송까지 대행해 주는 서비스

2. 종류

(1) 기본형

① 우편엽서의 앞면 왼쪽이나 뒷면 한 곳에 고객이 원하는 내용을 인쇄하여 신청고객에게 판매하는 서비스

② 앞면 왼쪽에 고객이 원하는 내용을 인쇄하는 경우에는 희망 고객에 한하여 발송인이나 수취인 주소·성명을 함께 인쇄

(2) 부가형

① 우편엽서의 앞면 왼쪽과 뒷면에 고객이 원하는 내용을 인쇄하여 신청 고객에게 판매하는 서비스

② 희망하는 고객에게만 발송인·수취인의 주소·성명, 통신문까지 함께 인쇄하여 신청고객이 지정한 수취인에게 발송까지 대행

3. 접수방법

(1) 접수창구

전국 우체국(별정우체국, 우편취급국 포함), 인터넷우체국 및 모바일앱

(2) 접수 시 안내사항

① 고객맞춤형 엽서를 신청하는 사람은 사진 등의 자료를 사용할 수 있는 권한이 있어야 하며, 자료의 내용이 초상권, 저작권 등 다른 사람의 권리를 침해하면 이에 대해 법적 책임이 있다는 사실을 설명해야 한다.

② 접수할 때 신청 자료의 내용이 다른 사람의 초상권, 저작권 등을 침해한 것으로 확인한 경우에는 신청고객이 해당 권리자에게서 받은 사용허가서나 그 밖의 사용권한을 증명할 수 있는 서류를 제출하도록 안내한다.

※ 서류 보관기간: 접수한 날부터 5년(이미지: 3개월)

(3) 접수에 따른 고지사항

① 고객맞춤형 엽서를 우편물로 발송하기 이전에는 엽서에 표기되어 있는 액면금액만을 우편요금으로 인정하며, 교환을 청구할 때에는 훼손엽서의 처리규정을 적용함을 안내해야 한다.

※ 다만, 부가형은 교환대상에서 제외

② 신청고객이 제출한 사진이나 이미지 데이터가 수록된 저장매체의 자료는 신청고객 본인이나 그 데이터의 소유자가 사용을 허락한 것으로 간주하며, 법적인 문제가 생길 경우에는 모든 손해배상 책임은 신청고객에게 있음을 안내한다.

③ 신청고객이 제출한 사진이나 이미지 데이터의 선명도가 낮은 경우에는 신청고객이 원하는 경우에만 접수하고, 그렇지 않은 경우에는 보완하여 제출하게 한다.

④ 사진이나 이미지 데이터의 규격이 너무 크거나 작을 경우에는 축소하거나 확대하여 인쇄해야 하므로 선명도가 낮아질 수 있음을 설명해야 한다.

4. 고객맞춤형 엽서의 교환

고객이 교환을 요청한 때에는 훼손엽서로 규정하여 교환금액(현행 10원)을 수납한 후 액면금액에 해당하는 우표, 엽서, 항공서간으로 교환해 준다.

❺ 인터넷우표

1. 개념

① 고객이 인터넷우체국을 이용하여 발송 우편물에 해당하는 우편요금을 지불하고 본인의 프린터에서 직접 우표를 출력하여 사용하는 서비스

② 인터넷우표는 고객편의 제고와 위조, 변조를 방지하기 위하여 단독으로 사용할 수 없으며 수취인 주소가 함께 있어야 한다.

2. 종류

① 일반통상과 등기통상 두 종류가 있으며, 등기통상의 경우 익일특급 서비스도 부가할 수 있다.

② 국제우편물과 소포우편물은 이용대상이 아니다.

3. 결제 방법

신용카드, 즉시계좌이체, 전자지갑, 휴대폰, 간편결제 등

4. 구매 취소

① 구매한 후 출력하지 않은 인터넷 우표에 한정하여 구매 취소가 가능하다.

② 요금을 결제한 우표 중 일부 출력 우표가 있는 경우에는 구매 취소를 할 수 없다.

※ 1회에 10장을 구입하여 1장을 출력한 경우이면 구매 취소가 불가하다.

③ 결제 취소는 결제일 다음날 24시까지 가능하다.

※ 다만, 휴대폰 결제인 경우 당월 말까지 취소가 가능하다.

5. 재출력 대상

① 인터넷우표 출력 도중 비정상 출력된 우표

② 요금은 지불하였으나, 고객 컴퓨터의 시스템 장애로 출력하지 못한 우표

③ 정상 발행되었으나 유효기간 경과한 우표

④ 그 밖에 다시 출력할 필요가 있다고 인정되는 우표

6. 우표류 교환

① 정가 판매한 인터넷우표는 우표류 교환 대상에서 제외한다.

② 인터넷우표는 장기간 보유하지 않으며, 수취인 주소가 기록되어 있어 다른 이용자에게 판매할 수 없기에 우표류 교환 대상에서 제외한다.

7. 유효기간

① 인터넷우표는 국가기관이 아닌 개별 고객의 프린터에서 출력하여 사용하기 때문에 우표의 품질이 일정하지 않으며, 또 장기간 보관에 따른 우표의 오염이나 훼손 우려가 있어 출력일 포함 10일 이내에 사용하도록 하였다.

② 유효기간이 경과한 인터넷 우표를 사용하려 할 경우에는 유효기간 경과 후 30일 이내에 재출력을 신청하여야 사용이 가능하다.

6 준등기 우편

1. 개념

우편물의 접수에서 배달 전(前)단계까지는 등기우편으로 취급하고 수취함에 투함하여 배달을 완료하는 제도로 등기우편으로 취급되는 단계까지만 손해배상을 하는 서비스

2. 대상: 200g 이하의 국내 통상우편물

3. 요금: 1,800원(정액 요금)

※ 전자우편 제작수수료 별도

4. 접수채널: 전국 우체국(우편집중국, 별정우체국 및 우편취급국 포함)

5. 부가역무: 전자우편(우편창구 및 연계 접수에 한한다.)

6. 우편물의 처리

(1) **배달기한**: 접수한 다음 날부터 3일 이내

(2) **전송**: 준등기 우편물로 처리(수수료 없음)

(3) **반송**: 일반 우편물로 처리(수수료 없음)

(4) **반환**: 일반 우편물로 처리

우편물이 우편집중국으로 발송되기 전까지 반환청구 수수료는 무료이나, 우편물이 우편집중국으로 발송한 후에는 반환청구 수수료를 징수해야 한다. 반환청구 수수료는 통상우편 기본요금을 적용한다.

7. 번호체계: 첫째 자리가 "5"로 시작하는 13자리 번호 체계로 구성

8. 알림서비스

① 발송인은 준등기 우편서비스의 배달결과를 문자 또는 전자우편(e-Mail)으로 통지받을 수 있다.
② 다만, 우편물 접수 시에 발송인이 연락처 정보를 제공하지 않는 경우에는 배달결과 서비스를 받지 못함을 발송인에게 안내한 후 준등기 우편을 접수해야 한다.
③ 집배원이 배달결과를 PDA에 등록하면 배달결과 알림 문자가 자동으로 발송인에게 전송하며, 접수 시 발송인이 '통합알림'을 신청한 경우에는 배달완료일 다음날(최대 D+4일)에 발송인에게 배달결과를 함께 전송한다.

9. 종적조회

접수 시부터 수취함 투함 등 배달완료 시까지 배달결과에 대한 종적조회가 가능(전송우편 포함)하다. 다만, 반송 시에는 결과 값이 반송우편물로만 조회가 되고, 발송인에게 도착되기까지의 종적 정보는 제공되지 않는다.

10. 손해배상

우체국 접수 시부터 배달국에서 배달증 생성 시까지만 최대 5만원까지 손해배상을 제공하며, 배달 완료 후에 발생된 손실·분실은 손해배상 제공대상에서 제외된다.

7 인터넷우체국

1. 개념

우정사업본부장이 우체국 서비스를 컴퓨터, 스마트폰 등 정보통신설비를 이용하여 거래할 수 있도록 설정한 가상의 영업장

2. 접속방법 및 회원가입

(1) PC(www.epost.go.kr), 우체국 앱으로 접속하여 회원·비회원으로 이용

(2) 가입절차

① 연령 제한은 없으며, 개인회원, 외국인회원, 사업자 회원, 아동회원으로 구분
② 가입할 때는 본인확인(아이핀인증 또는 휴대폰인증)을 거친 후 '이용약관', '개인정보수집 및 이용안내', '개인정보 취급위탁', '개인정보 제3자 제공(선택)'에 대해 동의해야만 회원가입 가능

3. 인터넷우체국 서비스 종류

(1) 우편 서비스

① e-그린우편(소형봉투, 대형봉투, 접착식), 맞춤형 편지 등 전자우편 서비스
② 생활정보홍보우편 신청접수 및 증명서비스(내용증명, 발송 후 내용증명, 발송 후 배달증명)
③ 간편사전접수서비스(등기통상, 창구소포, 국제우편물), 주소라벨(등기통상)인쇄, 간편사전접수 우체통접수서비스
④ 현금배달, 주거이전서비스, 수취인 배달장소 변경, 무인우체국 가입, 전자지갑 등 부가서비스
⑤ 기념우표 사전예약판매, 우표류 판매(일반우표, 우표책·첩 및 초일봉투, 인터넷우표), 나만의 우표 제작, 우표역사·우표이야기·우표제작방법을 안내하는 한국우표포털 등 우표 서비스
⑥ 그림엽서, 기념엽서, e-그린엽서, 고객맞춤형엽서, 모바일엽서, 축하카드, 연하카드 등 엽서류·축하카드 서비스
⑦ 방문결제영수증출력, 모바일영수증 보관함, 우편물배달조회(등기, EMS), 우편번호검색(지번·도로명), 우체국전화번호안내, 우체국·우체통 위치안내, 국내·국제 우편요금 조회 등 고객 편의 서비스
⑧ 우편물 손해배상 신청(모바일만 제공)

(2) 우체국소포

① 방문접수소포 예약, 방문접수소포 반품예약, 창구소포접수 예약, 창구(다량)소포라벨인쇄
② 착불배달우편물결제 서비스

(3) 우체국EMS · 국제우편

① 국제우편스마트접수: 국제특급(EMS), EMS프리미엄, 국제소포(항공·선편), 등기소형포장물(항공), K-Packet
② 통관절차대행수수료 납부 행방조회/조사청구

(4) 우체국쇼핑

① 농산물, 수산물, 농산가공품, 축산물/공예품, 전통주 등 우리특산물 서비스
② 신선 농산물, 신선 수산물, 즉석/가공식품, 건강식품 등 제철식품 서비스
③ 의류/패션/화장품, 가구/생활/유아/가전, 가공식품 등 생활마트 서비스
④ 꽃테마, 커뮤니티 등 꽃배달 서비스
⑤ 국내산 식품의 해외판매를 위한 해외배송몰 서비스
⑥ 전국의 전통시장 상품을 판매하는 전통시장 서비스
⑦ 기업고객 대상 빠른구매, 입찰구매, 법적의무 구매 등 우체국B2B 서비스
⑧ 임직원 대상 직원몰 및 우체국보험 FC를 위한 선장품몰 서비스
⑨ 결제수단으로 신용카드, 즉시계좌이체, 무통장, 간편결제 등 제공

(5) 우체국알뜰폰

① 이동통신 재판매로써 기존 휴대전화 고객을 위한 저가형 휴대전화 서비스
② 알뜰폰 소개, 요금제 안내, 단말기 안내, 가입절차, Q&A 등 안내 서비스
③ 알뜰폰 온라인 숍, 판매우체국 찾기 등 가입 서비스
④ 본인인증수단으로 우체국, 신용카드, 간편인증 등 제공

(6) 우체국골드바

① 금 시세 안내 서비스

② 미니골드바, 우표형골드바 등 판매 서비스

(7) 계약고객전용시스템

1) 이용절차

① 우체국과 계약((계약)고객번호 부여)

※ 계약체결 세부내용은 제3편 제2장 제5절 계약등기, 제7절 계약소포 및 제3장 제5절 국제우편 이용계약 참고

② 회원가입 : 인터넷우체국(www.epost.go.kr)

신규고객인 경우	고객회원종류 선택(개인, 사업자) >> 약관동의 >> 기본정보 입력 시 계약고객번호 입력 및 고객유효성검증 >> 가입완료
기존고객인 경우	로그인 후 고객정보수정에서 계약고객번호 입력 >> 고객유효성검증

※ 계약고객번호를 모를 경우 계약우체국에 문의

③ 시스템 접속

- 인터넷우체국(www.epost.go.kr) → 계약고객전용 클릭
- 계약고객전용시스템(http : //biz.epost.go.kr) 직접 접속

④ 시스템 사용설정

사용할 시스템(계약소포, 계약EMS/K-Packet, 다량등기, e-그린우편, 소포기업간 연계) 및 접수우체국 설정

2) 서비스 종류

① 계약고객 대상 계약소포, 계약EMS, 기업간연계, 다량등기 및 E-그린우편 등 계약고객 전용 서비스

② 오픈 API(우편번호조회, 국내우편물 종추적, EMS/K-Packet 종추적, EMS/K-Packet신청, 소포신청, 집배코드조회, 공지사항조회, 우체국명조회)

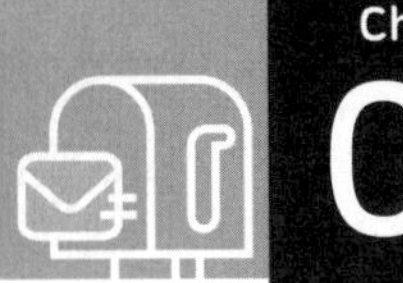

Chapter 06 우편에 관한 요금

제1절 요금별납 우편물

1 개념

① 동일인이 동시에 우편물의 종류, 중량, 우편요금 등이 동일한 우편물을 다량으로 발송할 경우에 개개의 우편물에 우표를 첩부하여 요금을 납부하는 대신 우편물 표면에 "요금별납"의 표시만을 하고, 요금은 일괄하여 현금(신용카드 결제 등 포함)으로 별도 납부하는 제도로서 관할 지방우정청장이 지정하는 우체국(우편취급국 포함)에서만 취급이 가능하다.

② 발송인이 개개의 우편물에 우표를 붙이는 일과 우체국의 우표 소인을 생략할 수 있어 발송인 및 우체국 모두에게 편리한 제도이다.

2 취급조건

(1) 우편물의 종별, 중량, 우편요금 등이 같고 동일인이 동시에 발송해야 한다.

(2) **취급기준**

① 10통 이상의 통상우편물이나 소포우편물 발송 시 이용이 가능하다.

② 동일한 10통 이상의 우편물에 중량이 다른 1통 이상의 우편물이 추가되는 경우에도 별납으로 접수가 가능하다.

(3) 발송인이 우편물 표면에 '요금별납'을 표시해야 한다.

(4) 관할 지방우정청장이 별납우편물을 접수할 수 있도록 정한 우체국이나 우편취급국에서 이용이 가능하다.

3 접수요령

① 발송인이 요금별납 표시를 하지 않은 경우에는 라벨 증지를 출력하여 붙이거나, 우체국에 보관된 요금별납 고무인을 사용하여 표시해야 한다.

② 요금별납 고무인은 책임자(5급 이상 관서 : 과장, 6급 이하 관서 : 국장)가 수량을 정확히 파악해서 보관해야 하며, 담당자는 책임자에게 필요할 때마다 받아서 사용한다.

③ 요금별납 우편물은 책임자가 보는 앞에서 접수하고, 접수담당자와 책임자는 요금별납 발송신청서의 해당 칸에 각각 서명한다.
④ 요금별납 우편물에는 원칙적으로 우편날짜도장을 찍지 않는다.
⑤ 요금별납 우편물은 창구업무 시간 내에 접수하는 것이 원칙이다.
⑥ 요금별납 우편물은 우편창구에서 접수하는 것이 원칙이다.

제2절 요금후납 우편물

❶ 개념

① 우편물의 요금(부가취급수수료 포함)을 우편물을 발송할 때에 납부하지 않고 1개월간 발송 예정 우편요금액의 2배에 해당하는 금액을 담보금으로 제공받고, 1개월간의 요금을 다음 달 20일까지 납부하는 제도
② 접수 시 신용카드로 결제할 수 있다.
③ 이 제도는 우편물을 자주 발송하는 공공기관, 은행, 회사 등이 요금납부를 위한 회계 절차상의 번잡함을 줄이는 동시에 우체국은 우표의 소인 절차를 생략할 수 있다.

❷ 취급대상

1. 대상우편물

① 한 사람이 매월 100통 이상 발송하는 통상·소포우편물
② 모사전송(팩스)우편물, 전자우편물
③ 우편요금표시기 사용 우편물
④ 우편요금 수취인부담 우편물
⑤ 반환우편물 중에서 요금후납으로 발송한 등기우편물
⑥ 발송우체국장이 정한 조건에 맞는 국가 또는 지방자치단체 우편물
⑦ 우체통에서 발견된 습득물 중 우편물에서 이탈된 것으로 인정되지 않는 주민등록증

2. 이용 가능 우체국

① 우편물을 발송할 우체국 또는 배달할 우체국
② 우편취급국은 총괄우체국장의 사전 승인을 받은 후 이용 가능

❸ 요금후납 계약을 위한 담보금

1. 담보금의 제공

(1) 담보금액

계약자가 납부할 1개월 분의 우편요금을 개략적으로 추산한 금액의 2배 이상

(2) 제공방법

보증금, 본부장이 지정하는 이행보증보험증권이나 지급보증서

(3) 담보금액의 조정

납부한 담보금액이 실제 1개월 발송 우편요금의 2배액에 미달되거나 초과되는 경우에는 담보금액을 증감 조치할 수 있다.

2. 담보금의 면제

(1) 1/2 면제 대상

최초 계약한 날부터 체납하지 않고 2년간 성실히 납부한 사람

(2) 전액 면제 대상

① 국가, 지방자치단체, 공공기관, 은행법에 따른 금융기관과 특별법에 따라 설립된 공공기관
② 최초 후납계약일부터 체납하지 않고 4년간 성실히 납부한 사람
③ 우체국장이 신청자의 재무상태 등을 조사하여 건실하다고 판단한 사람
④ 1개월간 납부하는 요금이 100만 원 이하인 사람
⑤ 신용카드사 회원으로 등록하고, 그 카드로 우편요금을 결제하는 사람
⑥ 우체국소포 및 국제특급(EMS) 계약자 면제(다음의 기준을 모두 충족하는 경우)

- 우편관서 물류창고 입점업체로서 담보금 수준의 물품을 담보로 제공하는 사람
- 최근 2년간 체납하지 않은 사람
- 신용보증 및 신용조사 전문기관의 신용평가 결과가 B등급 이상인 사람

3. 담보금 제공 면제의 취소

(1) 담보금 제공을 면제받은 후 2년 이내에 요금을 2회 이상 체납한 경우

① 담보금 1/2 면제 대상인 경우 담보금 제공 면제 취소
② 담보금 전부 면제 대상인 경우 담보금 제공 1/2 면제

(2) 담보금 전부 면제 대상이 담보금 제공을 면제받은 후 2년 이내에 요금을 3회 이상 체납한 경우: 담보금 제공 면제 취소

(3) 우체국소포 및 국제특급(EMS) 계약자인 경우

① 신용보증 및 신용조사 전문기관의 평가 결과가 B등급 미만으로 하락한 경우
② 담보금 제공을 면제받은 후 요금납부기준일부터 요금을 1개월 이상 체납한 경우
③ 담보금 제공을 면제받은 후 요금을 연속 2회 이상 체납하거나, 최근 1년 이내에 3회 이상 체납한 경우

(4) 계약우체국장은 우편요금 체납을 이유로 면제 취소를 받은 사람에 대해서 담보금 면제 혜택을 2년간 금지할 수 있다.

❹ 요금후납 계약국 변경 신청 제도

1. 개념: 계약자가 다른 우체국으로 요금후납 계약국을 변경하는 제도

2. 신청 대상: 모든 우편요금후납 계약

3. 처리 절차

① 이용자의 요금후납 계약국에 변경신청서를 제출한다.

② 접수국은 인수하는 우체국이 업무처리가 가능한지 검토한다.

> **고려해야 할 사항**
> - 인수하는 우체국의 운송 여력과 운송시간표
> - 인수하는 우체국의 업무량 수준
> - 고객 불편이 예상되는 경우 사전 안내하여 변경 신청 여부를 다시 확인

③ 계약국 변경이 가능한 경우에는 계약국, 이관국, 이용자에게 변경사항을 알리고 우편요금후납 계약서류와 담보금을 이관국으로 송부한다.

※ 이행보증증권(피보험자 = 계약우체국장)인 경우 계약국 변경 시 보증증권 재발행 필요

④ 인수국은 계약사항을 우편물류시스템에 입력한 후 후납계약 업무를 시작한다.

제3절 요금수취인부담 우편물

❶ 개념

① 요금수취인부담이란 배달우체국장(계약등기와 등기소포는 접수우체국장)과의 계약을 통해 그 우편요금을 발송인에게 부담시키지 않고 수취인 자신이 부담하는 제도이다.

② 통상우편물은 주로 "우편요금수취인부담"의 표시를 한 사제엽서 또는 봉투 등을 조제하여 이를 배부하고 배부를 받은 자는 우표를 붙이지 않고 그대로 발송하여 그 요금은 우편물을 배달할 때에 또는 우체국의 창구에서 교부받을 때는 수취인이 취급수수료와 함께 지불하거나 요금후납 계약을 체결하여 일괄 납부하는 형태이다.

③ 일반통상우편물은 통신판매 등을 하는 상품 제조회사가 주문을 받기 위한 경우 또는 자기 회사의 판매제품에 관한 소비자의 의견을 알아보기 위한 경우 등에 많이 이용되고 있다.

❷ 취급 방법

(1) 취급대상은 통상우편물, 등기소포우편물, 계약등기이며, 각 우편물에 부가서비스도 취급할 수 있다.

(2) **국가기관 등에 있어서의 발송 유효기간**
발송 유효기간은 요금수취인부담 계약일로부터 2년이 원칙이다. 다만, 국가기관, 지방자치단체 또는 정부투자기관에 있어서는 발송 유효기간을 제한하지 아니할 수 있어 2년을 초과하여 발송 유효기간을 정할 수 있다.

(3) **발송 유효기간의 표시의 생략**
국가기관, 지방자치단체 또는 정부투자기관에 있어서는 발송 유효기간을 표시하지 아니할 수 있다.

(4) **발송 유효기간을 경과한 요금수취인부담우편물 처리**
발송 유효기간을 경과하여 발송한 요금수취인부담 우편물은 발송인에게 반환한다.

(5) 계약의 해지 후 발송 유효기간 내에 발송된 요금수취인부담 우편물은 수취인에게 배달한다.

(6) 요금수취인부담 우편물에는 우편날짜도장의 날인을 생략한다.

(7) **요금의 징수**
① 요금수취인부담 우편물의 우편요금은 수취인이 우편물을 받을 때에 납부한다. 다만, 요금후납 계약을 맺은 때에는 요금후납의 예에 준하여 처리한다.
② 우편요금은 부가취급 수수료를 포함한 금액의 110%이다. 우편요금 합계금액에 원 단위가 있을 경우에는 절사한다.
예 우편요금이 430원인 경우 수수료는 10%인 43원, 우편요금 합계금액은 470원(원 단위 3원 절사)

제4절 우편요금의 감액

❶ 우편요금 감액제도 개요

1. 개요

우편 이용의 편의와 우편물의 원활한 송달을 확보할 수 있는 방법으로 발송하는 다량우편물에 대하여 그 요금의 일부를 감액할 수 있다.

❷ 통상우편물의 감액

1. 정기간행물

(1) 감액대상

신문 등의 진흥에 관한 법률(이하"신문법"이라 함) 제2조제1호에 따른 신문(관련된 회외 · 부록 또는 증간을 포함)과 잡지 등 정기간행물의 진흥에 관한 법률(이하 "잡지법"이라 함) 제2조제1호가목 · 나목 및 라목의 정기간행물(관련된 호외 · 부록 또는 증간을 포함)

- 발행주기를 일간 · 주간 또는 월간으로 하여 월 1회 이상 정기적으로 발송해야 한다.
- 요금별납 또는 요금후납 일반우편물로서 무게와 규격이 같아야 한다.

(2) 감액 제외대상

① 신문법 제9조에 따라 등록하지 않은 신문과 잡지법 제15조, 16조에 따라 등록 또는 신고하지 않은 정기간행물, 잡지법 제16조에 따라 신고한 정보간행물 및 기타간행물 중 상품의 선전 및 그에 관한 광고가 앞 · 뒤 표지 포함 전 지면의 60%를 초과하는 정기간행물

② 우편물의 내용 중 받는 사람에 관한 정보나 서신 성격의 안내문이 포함되어 있는 경우

(3) 우편요금 감액요건

1) 우편물 정기발송계약

① 계약당사자

㉠ 신문법 제2조제3호에 따른 '신문사업자'

㉡ 신문법 제2조제7호에 따른 '발행인'

㉢ 신문법 제2조제11호에 따른 '지사 또는 지국장'

㉣ 잡지법 제2조제2호에 따른 '정기간행물사업자'

㉤ 잡지법 제2조제3호에 따른 '발행인'

㉥ 잡지법 제2조제5호에 따른 '지사 또는 지국장'

㉦ 정기간행물의 원활한 보급을 위하여 보급업무를 대행하는 자(이하'보급대행인'이라 함)

※ 보급대행인이란 정기간행물의 보급 및 배포를 위하여 정기간행물의 발행인과 계약을 통하여 맺은 이해관계인을 말한다.

※ 계약당사자가 아닌 대리점, 영업사원, 개인 등이 발송하는 정기간행물은 감액대상에서 제외한다.

② 계약을 체결할 우체국

㉠ 우편집중국(우편물 접수부서가 없는 집중국에 설치된 우체국 포함)

㉡ 직접 배달할 우체국

㉢ 5급 이상 공무원이 우체국장으로 배치된 우체국

③ 계약 체결에 필요한 사항

㉠ 우편물 정기발송계약신청서, 계약서

㉡ 사업자등록증 사본

㉢ 신문 또는 잡지 사업 등록증, 정보간행물, 기타 간행물 신고증(최근 6개월 이내인 것으로 한다.)

㉣ 미등록물은 발행주기와 동일하게 계속해서 계약일 이전 일간은 10회 이상, 주간은 5회 이상, 월간은 3회 이상의 발행 실적을 증빙하는 서류 및 기 발행된 간행물(또는 표지)을 제출할 것

㉤ 계약체결 신청인이 신문(정기간행물)사업자, 발행인이 아닌 지사 또는 지국일 경우 그 설치를 입증할 수 있는 서류 사본, 보급대행인일 경우 보급 대행에 관한 계약을 입증할 수 있는 서류를 추가적으로 제출해야 한다.

④ 계약 내용의 변경 신고

정기간행물의 등록사항 변경과 휴간, 정간 등의 사유가 생기거나 계약서의 내용이 변경되었을 경우에는 그 사유가 발생한 날로부터 10일 이내에 서면으로 신고하여야 하며, 이에 따른 정기간행물은 정기 발송일에 발송한 것으로 간주한다. 단, 휴간 횟수는 최근 6개월간(일간은 1개월간) 정기발송 횟수의 20% 이하로 제한한다.

⑤ 계약의 해지

㉠ 우편물의 정기 발송일에 우편물을 3회(일간은 10회) 이상 계속해서 발송하지 아니하는 경우

㉡ 최근 6개월간(일간은 1개월간) 우편물 발송 횟수가 80%에 미달한 경우

㉢ 우편요금 감액대상이 아닌 우편물을 우편물 정기발송계약에 따라 발송한 경우

㉣ 정기간행물의 등록사항 변경과 휴간, 정간 등의 사유가 생기거나 정기발송 계약서의 내용이 변경되었음에도 그 사유가 발생한 날로부터 10일 이내에 서면으로 신고하지 아니한 경우

⑥ 계약해지 후 재계약의 제한

계약 해지일로부터 1년(일간신문은 4개월)이 지나야 재계약이 가능하다.

⑦ 계약체결 우체국의 이관

계약당사자가 계약체결 우체국 변경을 요청할 경우 당초 계약체결 우체국은 관련서류를 계약변경 우체국으로 옮겨야 한다.

2) 감액대상 우편물 취급 우체국

① 계약을 체결한 우체국

② 요금후납으로 계약한 정기간행물은 계약을 체결하지 않은 배달국 관할 우편집중국에도 접수 가능

③ 결제방법을 요금별납으로 계약한 정기간행물은 계약우체국에타국접수 신청을 한 후 계약을 체결하지 않은 우체국(우편집중국 포함)에도 접수 가능

3) 1회 발송 최소 우편물 수

기본 감액	구분 감액	비고
요금별납 100통 요금후납 50통	요금별납 2천통 요금후납 1천통	우편법 시행규칙 제14조 관련 우편물은 '1회 발송 최소 우편물 수'의 적용을 받지 않음

4) 기본 감액 적용 요건

① 우편물의 발송은 발행 주기와 같아야 한다.

② 우편물에는 본지 또는 부록의 게재 내용과 관련된 물건(이하 '부록'이라 함)이나 호외 등을 첨부하거나 제본할 수 있다.

㉠ 부록은 본지의 부록임을 알 수 있도록 본지 및 부록의 표지에 '부록'의 문자를 표시해야 하며, 호외는 표지에 '호외'의 문자를 표시해야 한다.(부록 및 호외임을 판단하기 어려운 경우에는 감액을 받을 수 없다.)

㉡ 부록은 본지와 별도로 발송할 때는 감액을 받을 수 없으나, 호외는 본지와 별도로 발송 시 감액을 받을 수 있다.

③ 본지, 부록, 호외 등을 포함한 우편물 1통의 총 무게는 1,200g을 초과할 수 없으며, 본지 외 내용물의 무게가 본지의 무게를 초과해서는 안 된다. 다만, 1통의 우편물에 여러 부의 간행물을 함께 넣어 발송하는 경우에는 350g을 초과할 수 없다.

④ 관보는 우편물 1통의 무게 및 부록의 매수에 제한없이 접수할 수 있다.

⑤ 우편물을 봉함하여 발송할 경우에는 우편물의 표면 왼쪽 중간 부분에 '정기간행물'이라고 표시해야 한다.

5) 구분 감액 적용 요건

기본 감액 적용에 필요한 기준을 준수한 자는 감액대상 우편물 취급 우체국에 따라 「서적우편물, 다량우편물 및 상품광고우편물의 우편요금 감액대상, 감액요건, 감액범위 등에 관한 고시」의 '구분 감액 적용 요건'을 갖춘 감액대상 우편물에 대하여 구분 감액을 받을 수 있다. 다만, 우편물을 직접 배달할 우체국을 제외한 5급 이상 공무원이 우체국장으로 배치된 우체국에 접수하는 경우에는 구분 감액을 받을 수 없다.

(4) 우편요금 감액범위

1) 기본 감액률

요금감액대상			요금 감액률	비고
종별		간별		
등록	신문	일간	62%	주 3회 이상 발행하여 발송하는 정기간행물
	신문/잡지	주간	59%	월 4회 이상 발행하여 발송하는 정기간행물, 단, 월 4회 미만 발행하여 발송하는 격주간 신문 등은 잡지(월간) 감액률 적용
	잡지	월간	50%	월 1회 이상 발행하여 발송하는 정기간행물
미등록		일간/주간/월간	37%	– 잡지법 제2조제1호나목・라목에 의한 정기간행물 – 신문법 제9조제1항 단서조항 및 동법 시행령 제7조제1호에 의한 신문 – 잡지법 제15조제1항 단서조항 및 동법 시행령 제8조제1항제1호에 의한 잡지 – 잡지법 제16조제1항 단서조항 및 동법 시행령 제8조제2항제1호에 의한 정보간행물, 기타간행물

※ 신문법 제9조 및 잡지법 제15조, 제16조에 의거 등록관청에 등록 및 신고하지 아니하는 정기간행물 중 국가 및 지방자치단체가 발행하는 정기간행물은 그 간별에 따라 신문 또는 잡지에 해당하는 감액률을 적용

2) 구분 감액률

<table>
<tr><th colspan="3" rowspan="2">구 분</th><th colspan="2">규격·규격외 우편물</th><th>규격</th><th>규격외</th><th colspan="2">비고(최고)</th></tr>
<tr><th>접수국 기준</th><th>우편 집중국별 운반차적재</th><th>수취인 주소 인쇄규격</th><th>우편 집중국별 (배달국별) 적재</th><th>규격</th><th>규격 외</th></tr>
<tr><td rowspan="5">집배코드</td><td rowspan="2">배달 국별 구분</td><td>집중국 접수</td><td>0.5%</td><td>1%</td><td>0.5%</td><td>0.5%</td><td>2.0%</td><td>2.0%</td></tr>
<tr><td>집중국 접수 (배달국관할)</td><td>3%</td><td></td><td>0.5%</td><td>0.5%</td><td>3.5%</td><td>3.5%</td></tr>
<tr><td rowspan="3">배달국 – 집배 팀별 구분</td><td>집중국 접수</td><td>2%</td><td>1%</td><td>0.5%</td><td>0.5%</td><td>3.5%</td><td>3.5%</td></tr>
<tr><td>집중국 접수 (배달국관할)</td><td>4%</td><td></td><td>0.5%</td><td>0.5%</td><td>4.5%</td><td>4.5%</td></tr>
<tr><td>배달국 접수</td><td>6%</td><td></td><td>0.5%</td><td></td><td>6.5%</td><td>6.0%</td></tr>
</table>

※ 구분 감액률은 정기간행물·서적우편물·다량우편물·상품광고우편물에만 적용

① 집배코드 배달국별 구분 시 묶음의 우편물은 팀번호가 오름차순으로 되어 있어야 함

② 집배코드 배달국별-팀별 구분 시 묶음의 우편물은 집배구 번호 연번식으로 되어 있어야 함

3) 감액률 상한기준

기본 감액률과 구분 감액률 합계가 신문(일간) 67%, 신문(주간) 64%, 잡지 55%, 잡지외미등록물 42%를 초과하지 않는 범위 내에서 감액률 적용한다.

4) 일간신문의 물량감액 적용

다량우편물에 적용하는 물량감액 적용 기준에 따라 감액

2. 서적 우편물

(1) 감액대상 우편물

표지를 제외한 쪽수가 48쪽 이상인 책자의 형태로 인쇄·제본되어 발행인·출판사 또는 인쇄소의 명칭 중 어느 하나와 쪽수가 각각 표시되어 발행된 종류와 규격이 같은 서적으로서 '(2) 우편요금 감액요건'을 갖춰 접수하는 요금별납 또는 요금후납 일반 우편물. 다만, 상품의 선전 및 광고가 전지면의 10%를 초과하는 것은 감액대상에서 제외한다.

① 공중이 이용할 수 있도록 가격정보(출판물에 가격이 표시된) 또는 국제표준도서번호(International Standard Book Number; ISBN), 국제표준일련간행물번호(International Standard Serial Number; ISSN)가 인쇄된 출판물에 대해 감액을 적용한다.

② 비정기적으로 발간되는 출판물에 대해서만 감액을 적용한다. 다만, "정기간행물의 우편요금 감액대상, 감액범위, 감액요건 등에 관한 고시"에 따라 감액을 적용 받지 않는 정기간행물(격월간, 계간 등)은 비정기적 간행물로 간주한다.

③ 우편물의 표면 왼쪽 중간 부분에 '서적'이라고 표기해야 한다.

④ 우편엽서, 빈 봉투, 지로용지, 발행인(발송인) 명함은 각각 1장만 동봉이 가능하고, 이를 본지 및 부록과 함께 제본할 때는 수량의 제한이 없다.

⑤ 우편물에는 본지의 게재내용과 관련된 물건(이하 '부록'이라 함)을 첨부하거나 제본할 수 있다.
㉠ 부록은 본지에는 부록이 첨부되었음을 표시하고, 부록의 표지에는 '부록'이라고 표기해야 한다.
㉡ 부록을 본지와 별도로 발송하거나 부록임을 판단하기 어려운 경우에는 감액을 받을 수 없다.
⑥ 본지, 부록 등을 포함한 우편물 1통의 총 무게는 1,200g을 초과할 수 없으며, 본지 외 내용물(부록, 기타 동봉물)의 무게는 본지의 무게를 초과해서는 안 된다.
⑦ 서신성 인사말, 안내서, 소개서, 보험안내장을 본지(부록 포함)에 제본하거나 동봉하는 우편물은 감액을 받을 수 없다.

(2) 우편요금 감액요건

1) 우편물을 제출할 우체국
① 우편물을 직접 배달할 우체국
② 5급 이상 공무원이 우체국장으로 배치된 우체국
③ 우편집중국(우편물 접수부서가 없는 우편집중국에 설치된 우체국 포함)
2) 1회에 발송할 최소 우편물 수

구분	물량(기본) 감액	구분 감액
서적우편물	요금별납 100통 이상 요금후납 50통 이상	요금별납 2천통 요금후납 1천통

3) 물량(기본) 감액 적용요건
① 우편물 집배코드별로 구분하여 제출
㉠ 집배코드를 사용하여 배달국 번호 또는 배달국-집배팀 번호별로 구분하여 제출하여야 한다.
㉡ 1개의 묶음 및 용기에는 집배코드의 배달국 번호가 동일한 우편물을 담아 제출해야 한다.
② 묶음 제출
㉠ 묶음 1개의 두께는 20cm 이하로 하여야 하며, 흐트러지지 않도록 가로, 세로 ' + ' 형태 등으로 단단히 묶어야 한다.
㉡ 각 묶음에는 정확한 행선지별 집배코드, 배달국명 등을 표시한 표지를 잘 보이도록 앞에 끼워야 한다. 단, 집배코드 글자 크기가 14포인트 이상일 경우 표지 부착을 생략할 수 있다.(한글 표기 도착 집중국명과 배달국명은 최소 9포인트 가능)
③ 발송인이 준비한 종이상자에 담아서 제출
㉠ 상자 표면에는 상자 속에 들어 있는 우편물의 행선지별 집배코드, 배달국명 등을 정확히 표시해야 한다.
㉡ 종이 상자는 크기, 재질 등이 같고 우편물 운반 시 변형되지 않는 골판지 등을 사용해야 한다.
④ 우정사업본부장이 지정하는 운반차(pallet)에 실어서 제출
㉠ 우편물은 도착 우편집중국별로 분류하여 운반차(pallet)에 실어야 하며, 운반차(pallet) 높이 기준으로 최소 50% 이상, 최대 100% 이하를 실어야 한다.
㉡ 우편물은 집배코드 순서로 정렬하거나 도착 우편집중국별 기계구분계획 순서(sorting plan)(규격 우편물), 우편집중국별(시,군,구)(규격외 우편물)로 정렬하되, 구별할 수 있도록 종이 등을 끼워야 한다.(집배코드 정렬 시에는 배달국번호 단위로 간지 삽입) 다만, 대형우편물(가로 360mm, 높이 265mm, 두께 20mm 초과)과 띠지, 반봉투를 사용한 우편물은 묶어서 실어야 한다.

⑤ 우편물의 종류, 구분정도, 묶음 및 용기 수, 우편물 수 등을 기재한 접수신청서와 일련번호, 집배코드, 우편물 수 등을 기재한 접수목록표를 제출해야 한다.

◎ 접수국별 접수신청서 및 접수목록표 제출방법

구분	제출방법
접수신청서	서면
접수목록표	파일(엑셀)

※ 서적우편물 소량 접수분은 접수우체국과 협의한 경우 접수목록표 생략 가능

4) 기타 사항

① 수취인 주소, 우편번호, 요금인영 등 우편물의 외부기재 사항이 국내 통상우편물 기준에 적합해야 하며, 수취인의 주소는 한글로 표기해야 한다.

② 집배코드 표기는 다음 항목별 규격에 모두 적합해야 한다.

<table>
<tr><th colspan="2">항목</th><th>규격</th></tr>
<tr><td rowspan="4">글꼴 및 속성</td><td>글씨체</td><td>바탕체, 명조체, 고딕체, 굴림체, 돋움체, 중고딕, 맑은고딕 등</td></tr>
<tr><td>글씨크기</td><td>9 point이상(최소)</td></tr>
<tr><td>글씨모양</td><td>기울임체, 밑줄, 위줄, ( )를 제외한 특수문자* 사용 제한
* @, /, - (하이픈), &, 쉼표 등</td></tr>
<tr><td>인쇄품질</td><td>200dpi 이상(최소)</td></tr>
<tr><td colspan="2">단어간 공백</td><td>단어와 단어 사이는 일정 간격을 유지
(예 키보드 자판의 스페이스 1칸 이상)</td></tr>
<tr><td colspan="2">인쇄 위치</td><td>우편번호 하단에 표기하되 우편물 밑면에 17mm 이상, 오른쪽 면에 20mm 이상 여백 필요)
※ 우편물의 표기면이 부족할 경우 우편번호 바코드 인쇄 생략 가능</td></tr>
<tr><td colspan="2">표기 형식</td><td>- 집배코드와 도착집중국 및 배달국명 표기
- 도착집중국명과 배달국명은 한글 표기하되 집배코드 바로 하단 또는 집배코드와 나란히 기재
[A111001 05 / 동서울집 광화문] 또는 [A1(동서울집) 110(광화문) 01 05]</td></tr>
</table>

③ 요금후납 표시 인영에는 우편물을 접수하는 우체국(우편집중국 포함)의 이름으로 표기해야 한다.

④ 요금후납 계약 체결 우편집중국이 아닌 배달국 관할 우편집중국으로 접수 시에는 계약승인번호를 제출해야 하며, 요금납부는 계약 체결 시에 등록된 신용카드로 결제해야 한다.

5) 구분 감액 적용 요건

① 기본요건

물량(기본) 감액 적용요건 충족하되 집배코드를 사용하여야 한다.

② 우편집중국에 접수하는 경우 적용되는 감액항목별 요건

㉠ 올바른 집배코드 사용 인증

ⓐ 집중국(우체국)에서 발급한 "올바른 집배코드 사용률 인증서(유효기간 : 발급일로부터 1개월)"를 우편물과 함께 제출해야 한다.

ⓑ 배달국별 구분감액은 집배코드의 집배팀 번호 정확도가 92% 이상, 배달국 – 집배팀별 구분감액은 집배구 번호 정확도가 92% 이상 되어야 감액을 적용한다.

ⓒ 올바른 집배코드 사용률 인증서의 발급을 위해서는 최근 1개월간 발송한 우편물량(1개월 이내 발송물량이 없을 경우 최근 3개월 이내 발송한 우편물량) 중 1회 접수물량(정기 발송하는 고지서 등 동일한 내용의 우편물을 분할 접수하는 경우에는 분할 접수한 물량을 합산) 최대치의 90% 이상의 '주소목록 전산자료(우편번호, 주소, 집배코드 9자리)'를 제출해야 하며, 접수국은 그중 10만건을 무작위 추출(제출된 주소 목록이 10만건 이하일 경우 제출 목록 전체)하여 사용한다.

ⓓ 올바른 집배코드 사용률 인증서 발급 신청 시 제출한 주소목록 전산자료를 가지고 도로명 주소 사용률 인증서 발급을 동시에 신청할 수 있다.

ⓔ 배달국별로 구분(묶음)하여 제출할 경우 1개의 묶음에 들어 있는 우편물은 배달국이 동일하여야 하며, 동일 묶음내의 우편물은 집배팀 번호가 오름차순으로 정렬되어 있어야 한다.

ⓕ 배달국-집배팀별로 구분(묶음)하여 제출할 경우 1개의 묶음에 들어 있는 우편물은 집배팀이 동일하여야 하며, 동일 묶음 내의 우편물은 집배구 번호가 연번으로 정렬되어 있어야 한다. 다만, 묶음 두께가 10cm 이하의 자투리 물량은 2개 이상의 팀을 한 묶음으로 제출할 수 있으며, 이때 집배팀은 연번으로 정렬하고 팀간에 간지를 삽입해야 한다.

㉡ 도로명주소 사용

ⓐ 우편집중국에서 발급한 "도로명주소 사용률 인증서(유효기간 : 발급일로부터 3개월)"를 우편물과 함께 우편집중국에 제출해야 한다.

ⓑ 도로명주소 사용률은 50% 이상 되어야 감액을 적용한다.

ⓒ 도로명주소 사용률 인증서의 발급을 위해서는 최근 3개월간 발송한 우편물량 중 1회 접수물량 최대치의 90% 이상의 '주소목록 전산자료(DB)'를 제출해야 하며, 정기 발송하는 고지서 등 동일한 내용의 우편물을 분할 접수하는 경우에는 분할 접수한 물량을 합산한다.

ⓓ 발송우편물이 도로명주소 사용률 인증서에 제시된 사용률 대비 80% 이하인 경우에는 발송인에게 해당 사실을 통보하고, 통보한 날의 다음 달부터 3개월간 도로명주소 사용 감액 적용을 받을 수 없다. 다만, 도로명주소 사용이 전체 우편물의 50% 이상인 경우에는 감액을 적용한다.

㉢ 수취인 주소 인쇄 규격 준수

ⓐ 우편집중국에서 발급한 "수취인 주소 인쇄규격 사용 인증서(유효기간 : 발급일로부터 3개월)"를 우편물과 함께 우편집중국에 제출해야 한다.

ⓑ 우편물의 수취인 주소의 인쇄표기는 다음 항목별 규격에 모두 적합해야 한다.

항목		규격(필수 요구사항)
1. 글꼴 및 속성	1-1. 글씨체	바탕체, 명조체, 고딕체, 굴림체, 돋움체, 중고딕, 맑은 고딕, Arial 등
	1-2. 글씨크기	9~14 Point
	1-3. 글씨모양	– 볼드체, 이탤릭체(기울임체), 주소 밑줄, 윗줄 사용 금지 – 주소 정보 표현 특수 문자(@, /, -(하이픈), (,), [,], &, ,(쉼표)) 이외의 특수문자 사용금지
	1-4. 인쇄품질	200dpi 이상(최소)
2. 글자간격	2-1. 최소	0.35mm 이상
3. 단어 간 공백	3-1. 최소	단어와 단어 사이는 일정간격(예 키보드 자판의 스페이스 1칸 이상)을 유지해야 함
4. 문단간격	4-1. 최소	1.5mm 이상
5. 주소와 바코드 간격	5-1. 상하	2mm 이상(최소)
	5-2. 좌우	7mm 이상(최소)
6. 주소와 홍보문구사이의 공백확보(도안 포함)	6-1. 상하	10mm 이상(최소)
	6-2. 좌우	10mm 이상(최소)
7. 행정구역 명칭	7-1 명칭 표기 방법	"시","군","동","읍","면","리","가", "길","로","대로" 등은 생략 금지(지번, 도로명 주소 공통사항) 예 수원시 권선구 권선동 (○), 수원 권선 권선 (×) 수원시 권선구 권선대로 (○), 수원 권선 권선 (×)

㉣ 우편집중국별 운반차(pallet) 적재

ⓐ 1개의 운반차(pallet)에는 단일 우편집중국에서 처리할 우편물만 실어야 한다.

ⓑ 운반차(pallet) 높이 기준으로 80% 이상을 채워야 한다.

㉤ 집중국(시, 군, 구)별 적재

집중국 관할지역(우정사업본부 홈페이지에 게시)에 따라 묶음 제출의 형태로 집중국별로 운반차(pallet)에 실어서 접수해야 한다.

③ 우편물을 직접 배달할 우체국에 접수하는 경우 적용되는 감액항목별 요건

㉠ 집배코드의 배달국 – 집배팀 단위로 구분 제출

ⓐ 묶음 제출 및 발송인이 준비한 종이상자에 담아서 제출 방법을 준수하여야 한다.

ⓑ 집배코드 인쇄 시 한글 표기 도착 집중국명과 배달국명은 생략을 할 수 있다.

㉡ 올바른 집배코드 사용 인증: ②-㉠ 참고

㉢ 도로명주소 사용: ②-㉡참고

주소목록 전산자료(DB)의 제출이 곤란할 경우 우편물을 구분하여 제출해야 하며, 수작업에 의한 도로명주소 사용 여부를 검사하여 감액을 적용한다.

㉣ 수취인 주소 인쇄규격 준수: ②-㉢ 참고

④ 우편물을 직접 배달할 우체국을 제외한 5급 이상 공무원이 우체국장으로 배치된 우체국인 경우: 구분 감액 해당사항 없음

(3) **우편요금 감액률**

① 물량(기본) 감액률: 일반우편요금의 40%

② 구분 감액률: 정기간행물 구분감액률과 동일

3. 다량 우편물

(1) **감액대상우편물**

우편물의 종류, 무게 및 규격이 같고, '(2) 우편요금 감액요건'을 갖춰 접수하는 요금 별납 또는 요금 후납 일반우편물

(2) **우편요금 감액요건**

1) 우편물을 제출할 우체국

① 우편물을 직접 배달할 우체국

② 5급 이상 공무원이 우체국장으로 배치된 우체국

③ 우편집중국(우편물 접수부서가 없는 우편집중국에 설치된 우체국 포함)

2) 1회에 발송할 최소 우편물 수

구분	물량(기본) 감액	구분 감액
다량우편물	1만 통 이상	요금별납 2천통 요금후납 1천통

3) 물량(기본) 감액 적용요건

서적우편물 요건과 동일

4) 기타 사항

서적우편물 요건과 동일

5) 구분 감액 적용 요건

서적우편물 요건과 동일

(3) **우편요금 감액률**

1) 물량(기본) 감액률

구분 \ 1회 접수물량	1만 통 이상		5만 통 이상		10만 통 이상	
	동일지역	타지역	동일지역	타지역	동일지역	타지역
다량우편물	1%	0.5%	2%	1%	3%	1.5%

① 우편물의 1회 접수물량, 우편물 접수·배달권역(동일지역 또는 타지역)에 따라 감액률을 적용

② 동일지역 타지역 미 구분 시 전체물량에 대해 타지역 감액률 적용

③ 동일지역(우편물 접수지역과 배달지역을 권역화하여 권역내인 경우)과 타지역(접수지역과 배달지역을 달리할 경우)으로 구분함

◎ **우편물 접수 · 배달권역 분류 기준**

구분	동일지역(아래 표 1개의 지역을 1개의 권역으로 구분)									타지역
지역명	서울 경기 인천	부산 울산 경남	대전 충남 세종	광주 전남	대구 경북	충북	전북	강원	제주	접수권역과 다른 권역으로 배달되는 우편물

2) 구분 감액률 : 정기간행물 감액률과 동일

4. 상품광고 우편물

(1) 감액대상 우편물

① 상품의 광고에 관한 우편물로서 종류와 규격이 같고, '(2) 우편요금 감액 요건'을 갖춰 접수하는 요금별납 또는 요금후납 일반우편물

② 부동산을 제외한 유형상품에 대한 광고를 수록한 인쇄물(별도 쿠폰 동봉) 또는 시디(CD)(디브이디(DVD) 포함)에 대해서만 감액을 적용한다.

(2) 우편요금 감액요건

1) 우편물을 제출할 우체국

① 우편물을 직접 배달할 우체국

② 5급 이상 공무원이 우체국장으로 배치된 우체국

③ 우편집중국(우편물 접수부서가 없는 우편집중국에 설치된 우체국 포함)

2) 1회에 발송할 최소 우편물 수

구분	물량(기본) 감액	구분 감액
상품광고 우편물	1만 통 이상	요금별납 2천통 요금후납 1천통

3) 물량(기본) 감액 적용요건

서적우편물 요건과 동일

4) 기타 사항

서적우편물 요건과 동일

5) 구분 감액 적용 요건

서적우편물 요건과 동일

(3) 우편요금 감액률

1) 물량(기본) 감액률

구분 \ 1회 접수물량	1만 통 이상		5만 통 이상		10만 통 이상	
	동일지역	타지역	동일지역	타지역	동일지역	타지역
상품광고 우편물	1%	0.5%	2%	1%	3%	1.5%

① 우편물의 1회 접수물량, 우편물 접수・배달권역(동일지역 또는 타지역)에 따라 감액률을 적용
② 동일지역 타지역 미 구분시 전체물량에 대해 타지역 감액률 적용
③ 동일지역(우편물 접수지역과 배달지역을 권역화하여 권역 내인 경우)과 타지역(접수지역와 배달지역을 달리할 경우)으로 구분함

◎ **우편물 접수・배달권역 분류 기준**

구분	동일지역(아래 표 1개의 지역을 1개의 권역으로 구분)									타지역
지역명	서울 경기 인천	부산 울산 경남	대전 충남 세종	광주 전남	대구 경북	충북	전북	강원	제주	접수권역과 다른 권역으로 배달되는 우편물

2) 구분 감액률: 정기간행물 감액률과 동일

5. 비영리민간단체 우편물

(1) 요금 감액대상

비영리민간단체지원법 제4조에 따라 등록된 비영리민간단체가 공익활동을 위하여 발송하는 요금별납 또는 요금후납 일반우편물로 공익활동을 위한 직접적인 내용이어야 한다.

(2) 우편요금 감액요건

1) 우편물을 제출할 우체국
① 5급이상 공무원이 우체국장으로 배치된 우체국
② 우편집중국(우편물 접수부서가 없는 우편집중국에 설치된 우체국 포함)

2) 우편물의 제출방법
① 집배코드를 사용하여 배달국 번호 또는 배달국-집배팀 번호별로 구분하여 제출해야 한다.
② 1묶음은 100통 이내로 하여야 하며 그 두께는 20cm를 초과할 수 없다.
③ 각 묶음에는 집배코드의 배달국 번호와 배달국명, 우편물 수량을 기재한 표지를 끼워야 한다. 단, 집배코드 글자 크기가 14 포인트 이상일 경우 표지 부착을 생략할 수 있다.(한글 표기 도착집중국명과 배달국명은 최소 9포인트 가능)
④ 우편물 제출 시에는 우편물의 종류, 구분정도, 묶음 및 용기 수, 우편물 수 등을 기재한 접수신청서와 일련번호, 집배코드, 우편물 수 등을 기재한 접수목록표를 같이 제출하여야 한다.
⑤ 접수국별 접수신청서 및 접수목록표 제출방법

구 분	제출방법
접수신청서	서면
접수목록표	파일(엑셀)

⑥ 우편물 제출 시(최초) 비영리민간단체는 주무장관이나 시・도지사에게 등록된 비영리민간단체 등록증 사본을 제출해야 한다.
⑦ 우편물 발송은 비영리민간단체 또는 대표 명의로 발송해야 한다. 다만, 비영리민간단체의 하부기관(지사, 지점 등)에서 발송 시에는 비영리민간단체 등록증사본과 본사와의 관계를 증명하는 서류를 제출해야 한다.

(3) 우편요금 감액률

① 일반 우편요금의 100분의 25를 감액한다.

② 다만, 우정사업본부장이 고시한 감액율이 100분의 25를 상회하는 정기간행물, 서적, 상품광고 우편물은 그 감액기준을 적용한다.

6. 상품안내서(카탈로그) 우편물

(1) 요금 감액대상

각각의 파렛에 적재되는 중량·규격이 같은 16면 이상(표지 포함)의 책자 형태로서 상품의 판매를 위해 가격·기능·특성 등을 문자·사진·그림으로 인쇄한 요금후납 일반우편물

① 상품안내서(카탈로그) 한 면의 크기는 최소 120mm×190mm 이상, 최대 255mm×350mm 이하, 두께는 20mm 이하로 한다.

② 상품안내서(카탈로그) 중 최대·최소 규격의 범위를 벗어나는 내용물이 전지면의 10%를 초과하지 못한다.

③ 책자 형태에 포함되지 않은 추가 동봉물은 8매까지 인정한다.

④ 우편물 1통의 무게는 1,200g을 초과할 수 없으며, 추가 동봉물은 상품안내서(카탈로그)의 무게를 초과하지 못한다.

⑤ 봉함된 우편물 전체의 내용은 광고가 80% 이상이어야 한다.

(2) 우편요금 감액요건

1) 우편물 발송 계약 체결

① 계약 당사자

우편집중국장과 상품안내서(카탈로그) 우편물 발행인

※ 우편집중국장은 계약 체결 전 소속 지방우정청장과 사전 협의 필요

② 계약 체결 시 구비 사항

카탈로그 요금제 우편물 발송 계약 신청서

2) 우편물 제출 요건

① 우편물은 모든 우편집중국에 접수 가능(우편물 접수부서가 없는 집중국에 설치된 우체국 포함)

② 우편물의 우편번호별 또는 집배코드별로 구분하여 제출

ⓐ 우편번호를 사용하여 5자리까지 구분하거나, 집배코드를 사용하여 배달국- 집배팀 번호별로 구분하여 제출해야 한다.

ⓑ 1개의 묶음에 들어 있는 우편물은 우편번호 또는 집배코드의 배달국-집배팀 번호가 동일하여야 한다. 다만, 10통 미만의 자투리 물량은 우편번호 앞에서 셋째 자리 또는 배달국별로 묶거나 집배코드의 배달국 번호별로 묶어서 제출할 수 있다.

③ 묶음 처리된 우편물은 우정사업본부장이 지정하는 운반차(pallet)에 실어서 제출

ⓐ 묶음 1개의 두께는 30cm 이하로 최소 10통 이상이어야 하나, 동일한 행선지의 자투리 우편물은 10통 이내로 할 수 있다.

ⓑ 우편물을 묶을 때에는 흐트러지지 않도록 가로, 세로 '＋' 형태 등으로 견고하게 묶어야 한다.

ⓒ 각 묶음에는 정확한 행선지별 우편번호 또는 집배코드 및 배달국명이 기재된 표지가 잘 보이도록 앞뒤에 끼워야 한다. 단, 집배코드 글자 크기가 14 포인트 이상일 경우 표지 부착을 생략할 수 있다.

ⓓ 운반차(pallet)에는 우편집중국별로 분류하여 실어야 하며, 운반차(pallet) 높이 기준으로 최소 50% 이상, 최대 100% 이하를 실어야 한다.

ⓔ 운반차(pallet) 적재한 후 자투리 물량도 접수 우편집중국의 요청에 따라 우편집중국별로 구분할 수 있도록 표시하여야 한다.

ⓕ 각 운반차(pallet)에는 도착 우편집중국명과 우편번호 3자리 또는 집배코드 배달국 번호를 기재한 국명표(표지)를 붙여야 한다.

ⓖ 우편물을 운반차(pallet) 제출 시에는 운반차(pallet)에 공간이 최소화되도록 가지런히 실어야 한다.

④ 올바른 집배코드 사용 인증(집배코드별로 구분할 경우)

ⓐ 우편집중국에서 발급한 "올바른 집배코드 사용률 인증서(유효기간 : 발급일로부터 1개월)"를 우편물과 함께 우편집중국에 제출해야 한다.

ⓑ 집배구 번호 정확도가 92% 이상 되어야 감액을 적용한다.

ⓒ '올바른 집배코드 사용률 인증서'의 발급을 위해서는 최근 1개월간 발송한 우편물량(1개월 이내 발송물량이 없을 경우 최근 3개월 이내 발송한 우편물량) 중 1회 접수물량(동일한 내용의 우편물을 분할 접수하는 경우에는 분할 접수한 물량을 합산) 최대치의 90% 이상의 '주소목록 전산자료(우편번호, 주소, 집배코드 9자리)'를 제출해야 하며, 접수국은 그중 10만건을 무작위 추출(제출된 주소 목록이 10만건 이하일 경우 제출 목록 전체)하여 사용한다.

ⓓ 배달국-집배팀별로 구분(묶음)하여 제출하되 1개의 묶음에 들어 있는 우편물은 집배팀이 동일하여야 하며, 동일 묶음 내의 우편물은 집배구 번호가 연번으로 정렬되어 있어야 한다. 다만, 10통 미만의 자투리 물량은 2개 이상의 팀을 한 묶음으로 제출할 수 있으며, 이때 집배팀은 연번으로 정렬하고 팀 간에 간지를 삽입해야 한다.

⑤ 우편물 제출 시에는 우편물의 종류, 구분정도, 묶음 및 용기 수, 우편물 수 등을 기재한 접수신청서와 일련번호, 우편번호(또는 집배코드), 우편물 수 등을 기재한 접수목록표를 같이 제출하여야 한다.

◎ 접수국별 접수신청서 및 접수목록표 제출방법

구분	제출방법
접수신청서	서면
접수목록표	파일(엑셀)

(3) 우편요금 감액범위

1회 접수물량	동일지역		타지역	비고
	배달국 관할 집중국	기타 집중국		
10,000통 이상	46%	40%	38%	'배달국 관할 집중국 현황'은 우정사업본부 홈페이지에 게시
50,000통 이상	48%	43%	40%	
100,000통 이상	50%	45%	42%	

7. 등기통상우편물

(1) 접수물량 기준

① 일반등기: 요금별납 또는 요금후납이고, 1회에 10통 이상 발송하는 등기우편물

② 계약등기: 1회 500통 이상이고 월 10,000통 이상 발송하는 일반 및 맞춤형 계약등기우편물

③ 선택등기: 요금별납 또는 요금후납이고, 1회에 10통 이상 발송하는 등기우편물로 하되, 1회 100통 이상인 경우 접수물량 감액 적용

(2) 우편물 제출요건

① 1회 접수하는 우편물은 그 크기와 무게가 같아야 한다.

② 등기번호 순서대로 제출해야 한다.

(3) 감액요건 및 범위

1) 접수방법 감액

구분	접수방법	감액률
일반등기 선택등기 계약등기	접수정보 On-Line 연계 제출	2%
	바코드 자체제작 라벨부착	1%
	집배코드 인쇄 및 연번식 제출	0.5%

2) 접수물량 감액

구분	접수물량	100통 이상	1,000통 이상	1만통 이상
선택등기	감액률	2%	3%	4%

※ 감액기준요금

① 일반등기, 선택등기: 우편요금 및 등기수수료 합산액
→ 보험취급·증명취급·특급·특별송달 수수료 및 민원우편의 특급수수료는 감액 제외

② 계약등기: 우편요금(또는 표준요금)과 부가요금을 포함한 전체금액
→ 착불배달을 이용하는 경우, 감액 제외

③ 선택등기: 접수방법 감액 및 접수물량 감액 동시 적용

❸ 창구접수 및 방문접수 소포우편물의 감액

① 감액대상: 창구접수(등기소포), 방문접수 우편요금(부가취급수수료 제외)

※ 창구접수 감액은 접수정보(주소록 등)를 고객이 사전에 제공(모바일·인터넷 우체국 등) 하는 경우에만 적용한다.

② 감액접수 대상관서: 전국 모든 우편관서(우편취급국 포함)

③ 요금감액 범위

구분		3%	5%	10%	15%
창구접수	요금즉납	1~2개	3개 이상	10개 이상	50개 이상
	요금후납	-	70개 이상	100개 이상	130개 이상
방문접수	접수정보 사전연계	개당 500원 감액 (접수정보 입력, 사전결제, 픽업장소 지정 시)			
분할접수		중량 20kg 초과 소포 1개를 2개로 분할하여 접수할 경우 2,000원 감액 ※ 동일 시간대, 동일 발송인, 동일 수취인이고, 분할한 소포 1개의 무게는 10kg을 초과할 것			

제5절 우편요금 등의 반환청구

❶ 개념

① 우편요금은 과학기술정보통신부가 제공하는 우편의 서비스에 대한 대가로 납부하는 것이기 때문에 이 서비스를 제공하지 않은 경우에는 채무불이행으로 요금을 발송인에게 반환해야 하며, 또 발송인이 요금을 초과 납부한 경우에는 부당이득이 되므로 발송인에게 반환해야 한다.

② 그러나 이 모든 경우에 요금을 반환하면 반환사유의 인정이 극히 곤란한 경우가 있을 뿐만 아니라, 이의 해결을 위해 시간이 걸리므로 우편업무의 신속성을 해칠 염려가 있어 한 번 납부한 요금이나 초과 납부한 요금은 원칙적으로 반환하지 않으나, 대통령령으로 정한 경우에만 납부한 사람의 청구에 따라 요금을 반환하고 있다.

2 우편요금 등의 반환사유, 반환범위 및 반환청구기간

1. 우편요금 등의 반환사유, 반환범위 반환기간(「우편법 시행령」 제35조)

반환사유 및 반환범위	근거규정	반환청구우체국	청구기간
우편관서의 과실로 인하여 과다징수한 우편요금등	영 제 35조 제1항 제2호	해당 우편요금 등을 납부한 우체국	해당우편요금 등을 납부한 날부터 60일
우편관서에서 우편물의 특수취급의 수수료를 받은 후 우편관서의 과실로 인하여 특수취급을 하지 아니한 경우 그 특수취급수수료	영 제35조 제1항 제2호	〃	〃
사설우체통의 사용을 폐지하거나 사용을 폐지시킨 경우 그 폐지한 다음날부터의 납부수수료 잔액	영 제35조 제1항 제3호	〃	폐지한 날로부터 30일
납부인이 우편물을 접수한 후 우편관서에서 발송이 완료되지 아니한 우편물의 접수를 취소한 경우	영 제35조 제1항 제4호	〃	우편물 접수 당일

2. 우편요금 반환 청구서의 접수

청구인의 반환청구를 검토하여 지급하기로 결정한 때에는 우편요금반환청구서에 해당사항을 적은 후에 봉투 등의 증거자료를 첨부하여 제출하도록 한다.

3. 우편요금 등의 반환

(1) 우표로 반환하는 경우

우표로 반환할 때에는 우선 창구에서 보관 중인 우표로 반환 금액에 상당하는 우표를 청구인에게 교부하고 영수증을 받는다.

(2) 현금으로 반환하는 경우

현금으로 반환할 때에는 지출관이 반환금 등에서 반환 후 청구인에게서 영수증을 받는다.

Chapter 07 손해배상 및 손실보상

제1절 국내우편물의 손해배상제도

❶ 개념 및 성격

1. 개념

우편관서가 고의나 잘못으로 취급 중인 국내우편물에 끼친 재산적 손해에 대해 물어 주는 제도

2. 성격

① 손해배상은 위법한 행위에 대한 보전을 말하는 것

② 적법한 행위 때문에 생긴 손실을 보전하는 손실보상과 재산적인 손해와 상관없이 일정 금액을 지급하는 이용자 실비지급 제도와는 성격상 차이가 있다.

❷ 손해배상의 범위 및 금액

우편법령의 규정에 의하여 발송된 우편물로서 손해를 배상하는 경우 및 배상금액은 다음과 같다. 다만, 손실액이 최고 손해배상금액보다 적을 때에는 그 실제 손해액으로 한다.

<table>
<tr><th colspan="3">구분</th><th>손실, 분실
(최고)</th><th>지연배달</th></tr>
<tr><td rowspan="4">통상</td><td colspan="2">일반</td><td>없음</td><td>없음</td></tr>
<tr><td colspan="2">준등기</td><td>5만원</td><td>없음</td></tr>
<tr><td colspan="2">등기취급</td><td>10만원</td><td>D+5일 배달분부터: 우편요금과 등기취급수수료</td></tr>
<tr><td>국내
특급</td><td>익일
특급</td><td>10만 원</td><td>D+3일 배달분부터: 우편요금 및 국내특급수수료</td></tr>
<tr><td rowspan="3">소포</td><td colspan="2">일반</td><td>없음</td><td>없음</td></tr>
<tr><td colspan="2">등기취급</td><td>50만 원</td><td rowspan="2">D+3일 배달분부터: 우편요금 및 등기취급수수료</td></tr>
<tr><td colspan="2">안심소포*</td><td>300만 원</td></tr>
</table>

* 안심소포: 보험소포우편물

(1) 분실 또는 훼손된 우편물은 손해배상액 한도 범위 내에서 실 손해액을 배상(기대이익등 간접손해 제외)하며, 안심소포는 보험가액 한도 내에서 실 손해액을 배상한다.(안심소포가 제한되는 전자제품은 분실의 경우만 청구・배상 가능)

(2) 등기 취급하지 않은 우편물은 손해배상을 하지 않는다.

(3) 'D'는 우편물을 접수한 날을 말하며, 공휴일과 우정사업본부장이 배달하지 않기로 정한 날은 배달기한에서 제외한다.

(4) 다음과 같은 경우 지연 배달로 보지 않는다.

① 설・추석 등 특수한 기간에 우편물이 대량으로 늘어나 늦게 배달되는 경우

② 우편번호 잘못 표시, 수취인 부재 등 발송인이나 수취인의 책임으로 지연배달 되는 경우

③ 천재지변 등 불가항력*으로 인하여 지연배달되는 경우

* 태풍, 홍수, 호우, 대설, 지진, 감염병 등

3 손해배상 청구권

① 우편물 발송인

② 우편물 발송인의 승인을 얻은 수취인

4 손해배상 제한사유

① 우편물의 손해가 주소 오표기, 포장부실* 등 발송인의 잘못 또는 수취인 부재, 수취거절 등 수취인의 사정으로 지연배달된 경우

* 내용품에 적합한 포장이 아님을 안내하였음에도 동일한 방식으로 포장하거나, 완충재 등의 포장 없이 발송하여 파손이 발생한 경우

② 우편물의 성질・결함 또는 불가항력적인 이유로 손해가 생긴 경우

③ 우편물을 배달(교부)할 때 외부에 파손 흔적이 없고, 무게도 차이가 없는 경우

④ 수취인이 우편물을 정당하게 받았을 경우

5 손해배상을 청구할 때의 업무절차

1. 우편물 수취거부와 손해배상 접수

(1) 발송인이나 수취인이 우편물에 이상이 있다고 주장하는 경우, 우편물의 수취를 거부하고 신고하도록 안내한다.

(2) 손해배상 결정(처리)관서

① 우체국 모바일앱, 우편고객센터(1588-1300) 및 우체국(자국 처리 제외) 청구건: 우편고객센터

※ 손해배상액, 사고경중 등을 고려하여 필요시 사고조사국(집중국, 배달국 등) 확인

② 우체국 청구건 중 자국 처리가 가능한 건: 손해배상 접수우체국

※ 우편고객센터에서 처리하는 것이 원칙이나, 사고 원인이 명백하게 규명되어 추가 조사가 불필요하고 즉시 지급처리가 가능한 경우 우체국 종결처리

2. 손해사실 조사

손해사실의 신고를 받은 우편고객센터와 우체국에서는 즉시 당해 우편물의 외장 또는 중량의 이상 유무, 우편관서의 고의·과실 유무 등을 검사한다.(필요시 접수·배달국에 조사 요청)

3. 손해검사조서 작성 및 등록

(1) 손해검사 조서에는 각 항목을 명확히 기재하여 결과등록 및 승인

① 청구금액(우체국창구 청구 시 손해배상액 지급결정을 위한 증빙서류는 스캔하여 저장)

② 청구사유 및 손해발생원인 등을 구체적으로 작성

(2) 우편고객센터의 조사 요청시에는 당해 우편물의 접수 및 운송과정상 배상책임이 있는 관서에서 손해발생 원인 등을 조사하여 우편물류시스템 결과등록 및 승인

4. 손해배상 심사

손해배상청구를 받았을 때에는 다음 사항을 심사하여야 한다.

① 우편물을 발송한 날로부터 1년 내에 청구한 것인가(우편법 제43조제2호)

② 청구서의 사항이 구비되어 있는가

③ 책임원인의 제한 이유가 있는가(우편법 제39조)

④ 손해배상의 제한 사유가 있는가(우편법 제40조)

⑤ 우편물을 수취한 후에 이의를 제기한 것은 아닌가(우편법 제41조)

⑥ 청구자가 수취인인 경우에는 발송인의 승인을 얻은 것인가(우편법 제42조)

5. 손해배상 결정

① 손해배상청구를 심사한 결과, 손해를 배상할 것으로 결정하였을때에는 사고조사결과 등 손해배상지급 결정 내용을 청구인에게 안내한다.(알림톡, SMS 등)

② 사고우편물 접수등록부터 우편물 배상금액이 결정되어야 하며, 등록된 배상액과 지급요구서상의 정보를 대사하여 일치할 경우에만 금융시스템에서 지급 가능하다.

6. 우편물의 처리

① 손해를 배상한 우편물은 배상한 우체국에서 반송불능우편물 처리방법에 따라서 처리한다. 다만, 수리비용 등 일부 손해를 배상한 경우에는 우편물을 교부할 수 있다.

② 검사결과 손해가 없는 것으로 판명된 경우에는 손해검사조사서 1통은 우편물과 함께 수취 거부자에게 보내고 1통은 해당 우체국에서 보관한다.

③ 손해가 있다고 신고한 우편물을 우체국에서 보관하거나 총괄우체국으로 보내는 경우, 우편물 상태를 책임자가 정확하게 확인하고 주고받아야 하며 손해 상태가 달라지지 않도록 취급해야 한다.

④ 손해배상금 지급 후 발견한 우편물은 배상금 수령자에게 우편물의 발견사실과 3개월 이내에 배상금을 반환하고 당해 우편물을 수령할 수 있는지의 여부 등을 확인해야 한다. 다만, 발견통보를 받은 날로부터 3개월 이내에 배상금 수령자로부터 우편물의 교부청구가 없을 경우에는 반송불능우편물의 처리 예에 의하여 취급한다.

7. 기타 법적 사항

① 손해배상 청구권은 우편물을 발송한 날부터 1년이다. 다만, 손해배상 결정서를 받은 청구인은 우편물을 받은 날부터 5년 안에 배상액을 청구할 수 있다. 그 이후에는 시효로 인해 권리가 소멸된다.
② 손해배상에 이의가 있을 때는 결정통지를 받은 날부터 3개월 안에 민사소송을 제기 할 수 있다.
③ 해당 손해배상에 대해 공무원의 고의 또는 중대한 잘못이 있는 경우, 배상책임을 물을 수 있다.

제2절 손실보상제도

❶ 손실보상 등의 범위

① 우편업무를 수행중인 운송원 · 집배원과 항공기 · 차량 · 선박 등이 통행료를 내지 않고 도로나 다리를 지나간 경우
② 우편업무를 수행 중에 도로 장애로 담장 없는 집터, 논밭이나 그 밖의 장소를 통행하여 생긴 손실에 대한 보상을 피해자가 청구하는 경우
③ 운송원이 도움을 받은 경우 도와준 사람에게 보상한다.

❷ 손실보상 청구

① 도와준 사람에게 줄 보수나 손실보상을 청구할 때에는 청구인의 주소, 성명, 청구사유, 청구금액을 적은 청구서를 운송원 등이 소속하고 있는 우체국장을 거쳐 관할 지방우정청장에게 제출하여야 한다. 이때 소속우체국장은 손실보상의 청구내용에 대한 의견서를 첨부하여야 한다.
② 청구서와 의견서를 받은 지방우정청장은 그 내용을 심사하여 청구내용이 정당하지 아니하다고 인정하는 때에는 그 사유서를 청구인에게 보내고, 청구내용이 정당하다고 인정하는 때에는 청구한 보수나 손실 보상금을 청구인에게 지급하여야 한다.
③ 지방우정청장은 필요하다고 인정하는 경우에는 청구인의 출석을 요구하여 질문하거나 관계자료를 제출하도록 할 수 있다.
④ 그 사실이 있었던 날부터 1년 이내에 청구하여야 한다.

❸ 보수 및 손실보상금액의 산정

(1) 보수 및 손실보상금액은 청구인이 입은 희생 및 조력의 정도에 따라 다음 기준에 의하여 판단한 금액으로 결정한다.

① 우편법 제4조제1항에 의한 조력자의 경우에는 일반노무비, 교통비, 도움에 소요된 실비

② 우편법 제5조의 택지나 전답을 통행한 경우에는 그 보수비나 피해를 입은 당시의 곡식 등의 가액

③ 도선이나 유료 도로 등을 통행한 경우에는 그 도선료나 통행료

④ 운송의 편의를 위하여 시설을 제공한 경우에는 그 보관료나 주차료 등

(2) 보수와 손실보상금액은 현금으로 일시불로 지급해야 한다.

❹ 손실보상 등 결정에 대한 불복

보수 또는 손실보상의 결정에 대하여 불복하는 사람은 그 통지를 받은 날부터 3개월 이내에 소송을 제기할 수 있다.

제3절 이용자 실비지급제도

❶ 의의

① 우정사업본부장이 공표한 기준에 맞는 우편서비스를 제공하지 못할 경우에 예산의 범위에서 교통비 등 실비의 전부나 일부를 지급하는 제도

② 부가취급 여부 · 재산적 손해 유무를 요건으로 하지 않고 실비를 보전하는 점에서 손해배상과 성질상 차이가 있다.

❷ 지급조건 및 지급액

1. 사유가 발생한 날부터 15일 이내에 해당 우체국에 신고해야 한다.

2. 지급 여부 결정

이용자가 직원의 불친절한 안내 때문에 2회 이상 우체국을 방문하였다고 문서, 구두, 전화, 이메일 등으로 신고한 경우에는 해당 부서 책임자는 신고내용을 참고하여 신속히 지급 여부를 결정해야 한다. (무기명 신고자는 제외)

3. 실비지급 제한

우편서비스 제공과 관계없이 스스로 우체국을 방문한 때

4. 이용자 실비지급제도의 범위와 지급액

구분	지급 사유	실비 지급액
모든 우편	우체국 직원의 잘못이나 불친절한 응대 등으로 2회 이상 우체국을 방문하였다고 신고한 경우	1만원 상당의 문화상품권 등 지급
EMS	종. 추적조사나 손해배상을 청구한 때 3일 이상 지연 응대한 경우	무료발송권(1회 3만원권)
	한 발송인에게 월 2회 이상 손실이나 분실이 생긴 때	무료발송권(1회 10kg까지) ※ 보험가입여부와 관계없이 월 2회 이상 손실이나 분실이 생긴 때

Chapter

08 그 밖의 청구와 계약

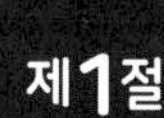

제1절 국내우편물 수취인의 주소 · 성명 변경청구 및 우편물의 반환청구

❶ 개념

1. 수취인의 주소 · 성명의 변경 청구

우편물이 배달되기 전에 발송인이나 수취인이 수취인의 주소나 성명을 바꾸려고 하는 경우 우편관서에 요청하는 청구(단, 수취인은 주소 변경 청구만 가능)

2. 우편물의 반환 청구

발송인이 우편물을 보낸 후, 그 우편물이 배달되지 않아야 하는 이유가 생겼을 때 우편관서에 요청하는 청구

❷ 처리요령

1. 청구의 수리 여부 검토

(1) 청구인의 정당 여부 확인

① 발송인: 증명서, 신분증, 영수증 등

② 수취인: 증명서, 신분증, 배달안내 문자 또는 우편물 도착통지서

(2) 청구가능 우편물 여부 확인

① 발송인이 수취인의 주소나 성명을 변경청구한 경우 내용증명 우편물이 아닌지 확인해야 한다.

② 내용증명 우편물의 수취인 주소 · 성명을 변경할 경우 우편물을 반환한 뒤 새로운 내용물로 다시 작성하여 발송하거나, 봉투와 원본, 등본의 내용을 모두 같게 고친 후 발송해야 한다.

③ 수취인 주소 변경청구인 경우, 배달우체국에 도착한 등기우편물 중에서 관련 고시에서 제외하고 있는 특별송달, 내용증명, 선거우편, 외화현금배달우편물, 냉장 · 냉동 보관이 필요한 우편물이 아닌지 확인한다.

(3) 우편물이 이미 배달(교부)되었거나 배달준비가 완료된 것은 아닌지 확인한다.

(4) 우편물이 이미 발송되었거나 발송준비가 완료가 된 경우 우편물 배달 전에 배달국에 알릴 수 있는 상황인지 확인한다.

(5) 우편물 배달기한을 생각할 때 청구가 실효성이 있을지 확인한다.

(6) 그 밖에 발송인의 청구를 받아들여도 업무상 지장이 없는지 확인한다.

2. 청구서의 접수

수리를 결정한 때에는 청구서를 교부하여 접수하고 수수료를 받는다. ※ 취급수수료

구분	서비스 이용 구간	수수료
발송인 청구에 의한 성명·주소 변경 및 우편물 반환	① 우편집중국으로 발송 전	무료
	② 우편집중국으로 발송 후	일반우편물: 기본통상우편요금
		등기우편물: 등기취급수수료*
수취인 청구에 의한 주소변경		등기취급수수료**

* 수취인 성명 변경 및 동일 총괄우체국 내 주소 변경 시 기본통상우편요금 징수

** 동일 총괄우체국 내 변경 청구 시 무료

3. 우편물의 처리

(1) 발송준비 완료 전이나 자국 배달 전인 경우

수취인의 주소·성명 변경 청구	변경 전의 사항은 검은 선을 두 줄 그어 지우고, 그 밑에 새로운 사항을 기록한다.
우편물 반환 청구	접수 취소로 처리(우편물·수납요금 반환, 라벨·증지 회수)하거나 반환청구에 준해서 처리(라벨·증지 회수 불필요. 우편물만 반환하고 요금은 미반환)한다.

(2) 배달 완료 전이나 배달준비 완료 전인 경우

취인의 주소·성명 변경 청구	변경 전의 사항은 검은 선을 두 줄 그어 지우고, 그 밑에 새로운 사항을 기록한다.
우편물 반환 청구	우편물에 반환사유를 적은 쪽지를 붙여 발송인에게 반송한다.

제2절 국내우편물 보관우편물의 보관국 변경청구 및 배달청구

❶ 개념

(1) 보관우편물이란 '우체국 보관' 표시가 있는 우편물과 교통 불편 등의 이유로 일반적인 방법으로 접근하기 어려운 지역으로 배달하는 우편물로써, 배달우체국의 창구에서 보관한 후 수취인에게 내어주는 우편물을 말한다.

(2) **해당 개념에 포함되지 않는 보관우편물**

① 수취인 부재 등의 이유로 우체국에서 보관하고 있는 우편물

② 우편함 설치대상 건축물(「우편법」 제37조의2)인데도 이를 설치하지 않아 배달우체국에서 보관·교부하는 우편물(「우편법 시행령」 제51조제2항)

(3) **보관우체국이 변경된 경우에는 보관기간이 다시 시작된다.**

❷ 처리요령

(1) 요청한 고객이 정당한 수취인인지 확인(정당한 수취인만 가능)

(2) 보관국 변경청구인 경우, 이미 다른 우체국을 보관국으로 변경 청구한 것은 아닌지 확인(1회만 가능)

(3) 해당 우편물을 수취인이 수령하지 않았는지 확인(수령 전 우편물만 가능)

(4) 특히, 청구인이 수취인이 아닌 경우에는 정당하게 위임을 받은 사람인지 제출한 서류를 근거로 주의해서 확인하여야 한다.

1) 일반적인 경우

① 위임장과 위임인(수취인)의 인감증명서, 대리인의 신분증 확인 인감증명서는 본인발급분이나 대리발급분 모두 가능하며, '본인서명 사실확인서'도 가능

② 위임하는 사람이 법인의 대표인 경우에는 대표자의 위임장과 법인인감증명서, 대리인 신분증 확인

2) 정당한 청구권자가 특별한 상황인 경우

① 수감자: 위임장과 교도소장의 위임사실 확인(명판과 직인 날인), 대리인 신분증 확인

② 군복무자: 위임장과 부대장(대대장 이상)의 위임사실 확인(명판과 직인 날인), 대리인 신분증 확인

제3절 우편사서함 사용계약

❶ 개요

우편사서함이란 신청인이 우체국장과 계약을 하여 우체국에 설치된 우편함에서 우편물을 직접 찾아가는 서비스이다. 우편물을 다량으로 받는 고객이 우편물을 수시로 찾아갈 수 있으며, 수취인 주거지나 주소변경에 관계없이 이용할 수 있는 장점이 있다.

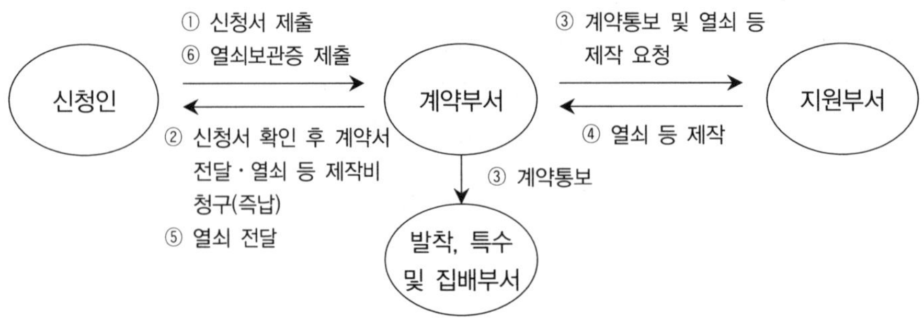

❷ 사용계약

1. 신청서 접수

(1) 우편사서함의 사용계약을 하려는 사람은 주소 · 성명 등을 기록한 계약신청서와 등기우편물 수령을 위하여 본인과 대리수령인의 서명표를 사서함 시설이 갖춰진 우체국에 제출한다.

① 우편물 수령을 위한 서명표를 받고 우체국에 우편물 수령인으로 신고한 사람의 인적사항과 서명 이미지를 우편물류시스템에 등록하고 관리해야 한다.

② 법인, 공공기관 등 단체의 우편물 수령인은 5명까지 등록 가능하며, 신규 개설할 때나 대리수령인이 바뀐 때에는 미리 신고할 경우에만 가능하다.

(2) 사용인과 신청인의 일치 여부는 주민등록증의 확인으로 하되, 대리인이 신청하는 경우에는 위임장, 대리인의 신분증 등을 확인하고 접수해야 한다.

(3) 사서함 신청을 받은 우체국장은 국가기관, 지방자치단체, 일일 배달 예정물량이 100통 이상인 다량이용자, 우편물 배달 주소지가 사서함 설치 우체국의 관할구역인 신청자 순서로 우선적으로 계약할 수 있다.

(4) 사서함을 2인 이상이 공동으로 사용할 수 없다.

(5) 사서함 관리를 위해 필요한 경우 신청인(사서함 사용 중인 사람 포함)의 주소, 사무소나 사업소의 소재지를 확인할 수 있다.

❸ 신고사항의 처리

1. 사서함 사용자는 다음 각 호의 경우에는 즉시 계약 우체국장에게 알려야 한다.

① 사서함이 훼손된 경우
② 사서함의 열쇠를 분실한 경우
③ 사서함 사용자의 주소 또는 명의가 변경된 경우
④ 사서함 우편물 대리수령인이 바뀐 경우
※ 사서함 사용자의 주소 이전 여부를 파악하기 위하여, 수시로 연락하거나 그 밖의 통지 사항을 사용자 주소지에 무료우편물로 보내는 방법으로 사용자 거주 여부를 확인하여야 한다.

2. 신고사항 처리절차

(1) 변경신고서 접수
① 사서함 사용자에게서 변경사항에 대한 신고서를 접수한다.
② 변경사항의 확인이 필요한 경우에는 증빙서류를 제출하도록 안내한다.
③ 기록사항을 원부와 대조하여 확인한다.

(2) 원부정리
① 원부의 변경사항을 정정하거나 해지사항을 기록한다.
② 우편물 대리수령인이 바뀐 경우 인적사항과 서명표를 재작성해야 한다.

(3) 통보
① 인적사항과 서명표를 다시 작성하였을 때에는 사서함 우편물 교부 담당자에게 인적사항과 서명표를 통보하고 송부해야 한다.
② 주소, 상호, 명의 변경, 대리수령인 변경 시에는 변경신고서를 공람하게 하고 담당자에게 통보한다.

❹ 사용계약의 해지

(1) 사서함 사용계약 우체국장은 다음의 경우 사서함 사용계약을 해지할 수 있다.
① 사서함에 배달된 우편물을 정당한 사유 없이 30일 이상 수령하지 않을 경우
② 최근 3개월간 계속하여 사서함에 배달된 우편물의 총 수량이 월 30통에 미달한 경우
③ 우편 관계 법령을 위반한 때
④ 공공의 질서나 선량한 풍속에 반하여 사서함을 사용한 때

(2) 사서함 사용자가 사서함 사용을 해지하려 할 때에는 해지예정일 10일 전까지 해지예정일 및 계약을 해지한 후의 우편물 수취장소 등을 기록하여 계약우체국에 통보해야한다.

(3) 사서함 사용계약을 해지한 경우 원부, 대리수령인 인적사항, 서명표를 정리해야 한다.
※ 해지 사유가 생긴 때에는 사용자에게 충분한 설명하여, 사용자의 의사와 관계없이 일방적으로 취소하는 일이 없도록 해야 한다.

(4) 열쇠는 반납할 필요가 없다.

❺ 사서함의 관리

사서함을 운영하고 있는 관서의 우체국장은 연 2회 이상 운영 실태를 점검하고 사용계약 해지 대상자 등을 정비하여야 한다.

정인영 계리직 우편일반

합격까지 박문각

Part

02

우편물류

Chapter 01 발착 및 운송작업
Chapter 02 우편물 수집 및 배달

Chapter 01 발착 및 운송작업

제1절 우편물의 처리과정

우편물의 처리과정은 우편물의 접수부터 배달까지의 전반적인 과정을 말한다. 우편물의 흐름에 따른 처리과정을 살펴보면 다음 그림과 같다.

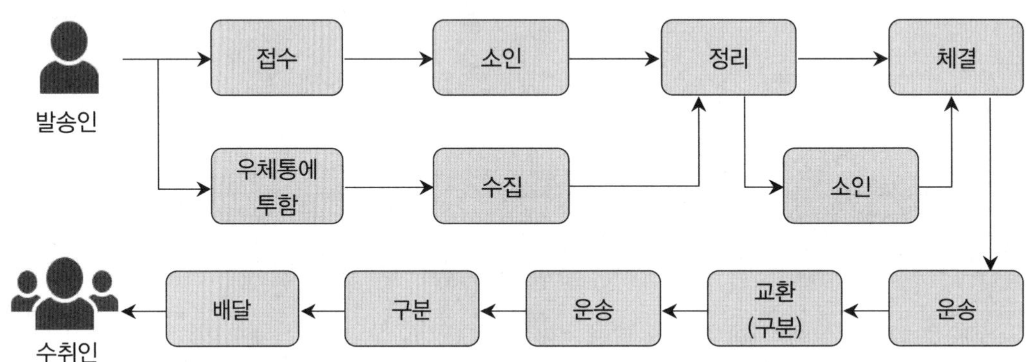

02

제2절 발착업무

❶ 개념

우편물 발착업무는 접수된 우편물을 행선지별로 구분하여 발송하거나, 배달할 우편물을 배달국 집배원별 또는 팀별로 구분하여 넘겨주는 작업을 말하며, 그 처리과정은 분류 · 정리, 구분, 발송, 도착 작업으로 구성된다.

발착업무의 범위 (※ 점선 내)

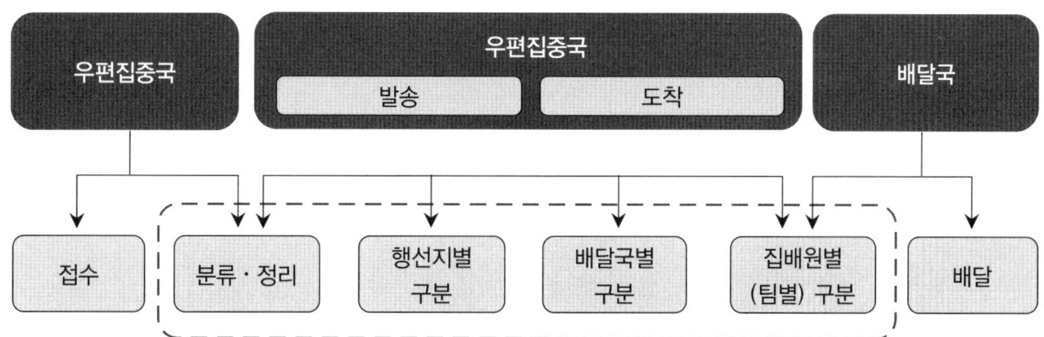

※ 발송우편집중국(발송집중국): 우편물을 접수한 우체국(접수국)을 관할하는 우편집중국으로서 접수된 우편물은 발송집중국으로 운송된다.

※ 도착우편집중국(도착집중국): 우편물을 배달하는 우체국(배달국)을 관할하는 우편집중국으로서 도착집중국은 우편물을 배달국으로 운송한다.

❷ 작업내용

1. 분류 · 정리 작업

① 우편물을 우편물 종류별로 구분

② 구분작업을 쉽게 하기 위하여 기계구분 우편물과 수구분 우편물로 분류하여 구분기계에 넣을 수 있도록 정리하는 등의 작업

2. 구분작업: 발송구분과 도착구분, 우편집중국별 구분과 집배원별(또는 팀별) 구분 등의 작업이다.

3. 발송작업: 구분이 완료된 우편물을 보내기 위한 송달증 생성, 체결, 우편물 적재 등의 작업이다.

4. 도착작업: 도착한 운송용기를 검사하고 개봉하여 확인하는 작업이다.

❸ 우편물의 분류

1. 우편집중국(물류센터)에서 구분 작업을 쉽게 할 수 있도록 우편물의 접수국에서는 우편물 종류별, 기계구분 우편물과 수구분 우편물, 자국접수-자국배달 우편물 등으로 분류해야 한다.

2. **우편물 종류별 분류 :** 통상, 등기, 소포 등 우편물 종류별로 분류한다.

3. 기계구분 우편물과 수구분 우편물로 분류

(1) 기계구분 우편물

① 기계구분이 가능한 우편물로 규격에 적합하면 기계구분우편물로 분류한다.

② 다만, 부가취급우편물은 규격과 관계없이 수구분우편물로 분류하되, 등기통상 구분기가 설치된 우편집중국과 권역국에서는 규격의 소형 등기통상 우편물 또한 기계구분우편물로 분류할 수 있다.

(2) 수구분 우편물

① 부가취급우편물, 잘못 도착한 우편물, 반송우편물, 기계구분 불가능 우편물은 수작업으로 구분 · 분류한다.

② 기계구분 불가능우편물은 다음과 같다.

- 주소와 우편번호를 기재하지 않은 우편물
- 주소와 우편번호를 기록한 위치가 적정하지 않은 우편물
- 주소와 우편번호를 손 글씨로 흘려 쓴 우편물
- 주소와 우편번호 주위에 다른 문자가 표시된 우편물
- 주소와 우편번호 문자의 선명도가 낮은 우편물
- 표면이 고르지 아니한 우편물(도장, 동전, 병 덮개 등을 넣은 우편물)
- 봉투 색상이 짙은 우편물
- 봉투의 끝부분이 접혀있거나 봉함되지 아니한 우편물
- 스테이플러, 핀 등으로 봉투를 봉함한 우편물
- 내용물의 글씨가 봉투에 비치는 우편물
- 둥근 소포, 쌀자루, 취약소포 등

4. 자국접수 – 자국배달 우편물 등의 분류

① 접수우편물 중 자국에서 배달할 우편물은 별도로 분류하여 자국 집배실로 인계한다.

② 다만, 일반통상 다량우편물의 경우, 자국 배달분의 추출과 집배원(팀)별 구분이 곤란할 때에 한하여 우편물을 구분하지 않고 우편집중국으로 발송할 수 있다.

③ 요금 부족 · 미납 우편물, 습득물 등의 법규 위반 우편물은 골라내어 규정대로 처리한다.

4 우편물의 정리

(1) 우편물을 우편상자에 넣을 때에는 주소가 적힌 면을 같은 방향으로 정리하고, 주소 등이 적힌 앞면이 위쪽으로 향하도록 담는다.

(2) 소포우편물을 우편운반차(팔레트)에 적재할 때는 수취인 주소가 적힌 앞면이 위쪽으로 향하도록 적재한다.

(3) 우편물 정리 시 유의사항

① 전산용지로 만든 우편물은 양쪽 끝 천공 부분을 제거하고 정리한다.

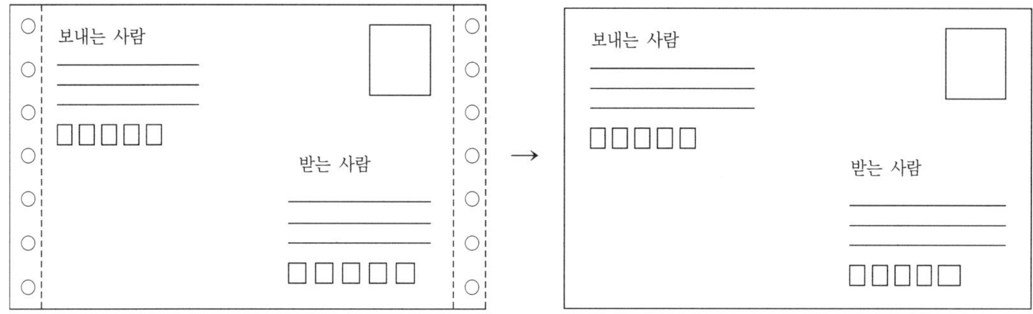

② 봉투를 봉하거나 우표를 붙이기 위한 풀 등 접착제로 인해 여러 통의 우편물이 붙어 있는 경우, 우편물을 낱개로 분리하여 정리한다.

제3절 우편물의 구분

1 구분의 원칙

① 우편물은 주소에 따라 구분하는 것이 원칙이며, 기계로 구분할 때에는 주소와 우편번호, 바코드로도 구분할 수 있다.

② 우편물은 구분칸을 이용하여 구분하나 형태상 불가피한 경우에는 운송용기에 직접 구분할 수 있다.

③ 우편집중국과 배달국에서는 작업시간 등 소통 여건을 고려하여 우편물의 종별 (익일특급, 소포, 등기, 일반우편물 순)에 따라 구분한다.

④ 우편물을 구분할 때는 잘못 구분하는 일이 없도록 정확히 해야 하고 잘못 도착한 우편물은 발견 즉시 최선편에 연결될 수 있도록 우선 구분한다.

⑤ 배달국에서는 특급우편물이 배달기한일(시)까지 배달이 가능하도록 도착 즉시 구분하여 집배원에게 넘겨준다.

❷ 구분 수단

1. 기계구분

(1) **기계구분의 종류**: 소형통상구분기, 대형통상구분기, 소포구분기, 등기통상구분기, 우편상자구분기 등

(2) **기계구분의 판독방식**

① 광학문자판독: 우편물의 주소나 우편번호를 자동으로 인식하여 판독

② 바코드판독: 우편물의 바코드를 인식하여 판독

2. 수구분

① 낱개구분: 우편물을 낱개로 수작업 구분칸에서 구분

② 묶음구분: 우편물 묶음을 우편자루와 우편운반차(팔레트)에서 구분

※ 우편물의 묶음: 취급과정에서 빠지거나 풀어지지 않도록 이를 간추려서 '＋'자 형이 되게 단단하게 묶어야 함

수구분 묶음구분의 예시

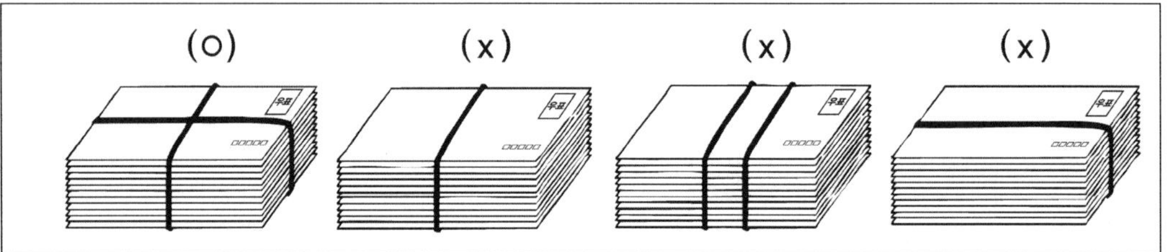

❸ 구분을 위한 기능별 지정

1. 우편집중국(물류센터)

(1) 우편물의 발송구분과 도착구분을 구분기계 등으로 집중 처리하는 국

(2) **발송구분**: 접수우편물을 행선지별로 구분하는 작업

① 도착우편집중국별

② 도착우편집중국의 배달국팀별

③ 도착우편집중국의 배달국별

(3) **도착구분**: 배달우편물을 구분하는 작업

① 배달국별

② 집배원팀별 또는 동별

③ 배달국의 집배원별 또는 집배팀별

2. 배달국

① 배달국에서는 배달우편물을 집배원별로 구분한다.

② 잘못 도착한 우편물과 반송우편물은 우편집중국별로 구분하되 다시 잘못 구분되지 않도록 주소에 따라 정확히 구분해야 한다.

❹ 기계 구분

1. 우편집중국(물류센터)

(1) **개념**: 우체국에서 분산하여 처리하던 우편물 발송구분·도착구분 업무를 우편물량과 운송거리를 고려하여 관할권역을 설정하여 한곳에 모아 우편기계시설 등을 이용하여 대량으로 일괄 처리하는 우편물처리 전담국이다.

(2) **주요기능**: 다량우편물을 직접 접수하는 한편 관할권역 내의 우체국 등에서 접수한 우편물을 수집하여 우편집중국별로 구분·발송하고 다른 지역에서 도착한 우편물을 구분하여 관할권역 내의 배달국으로 배분하는 역할을 한다.

① 관할지역(권역) 내 우체국에서 접수한 우편물의 발송구분과 관할지역(권역) 내 배달국에서 배달할 배달우편물의 도착구분을 한다.

② 다량우편물 접수

③ 전국 운송망의 운송거점 구실

④ 운송용기 수급관리 주관

(3) **우편물 처리 과정**

① 각 우체국이나 다량우편 접수창구 등에서 접수한 우편물은 우편운반차(팔레트)나 상자운반차(트롤리)에 실려온다.

② 도착한 우편물은 소형통상, 대형통상, 소포, 부가취급우편물로 분류하여 해당 작업장으로 운반된다.

③ 해당 작업장에서는 기계구분과 수작업 우편물로 구분한다.

④ 기계구분우편물은 기계운영방법 설정 여부와 우편물 구분정리를 확인하여 각종 구분기계(소형통상구분기, 대형통상구분기 등)에 넣는다.

⑤ 기계 구분된 우편물은 잘못 구분하지 않았는지 확인하고 우편상자에 싣는다.

⑥ 우편물을 담은 우편상자를 우편상자구분기 또는 우편운반차를 이용하여 발송장으로 보내면 행선지별로 자동 구분된다.

⑦ 발송장에서는 구분된 우편상자를 행선지별 우편운반차(팔레트) 또는 상자운반차(트롤리)에 실어서 발송한다.

2. 기계를 운용할 때의 고려사항

(1) 안전사고 예방을 위한 기계 운용 주의사항

① 기계를 운전할 때에는 움직이는 기계장치에 손이나 다른 물체가 닿지 않도록 주의한다.

② 막힘 등으로 기계를 멈출 때는 완전히 정지한 후에 우편물을 제거한다.

③ 느슨한 옷은 이송벨트나 롤러에 낄 수 있으므로 입지 않는다.

④ 기계를 재가동하기 전에 기계가 움직이는 부분에 관련 직원이 접촉하고 있는지 확인한 후 가동을 시작한다.

⑤ 교육을 받지 않은 사람은 기계를 운전할 수 없다.

⑥ 비상스위치 위에는 다른 물체를 올려놓거나 가까이 두면 안된다.

(2) 소형통상우편물을 인입할 때 알아두어야 할 사항

1) 창문봉투 우편물

① 주소 또는 우편번호가 창문봉투의 창문이 아닌 부분에 감춰진 우편물은 주소와 우편번호가 보이게 정리한 후 인입한다.

② 비닐창문의 접착력 때문에 겹침(Double Feeding)이 될 수 있는 우편물은 분리하여 인입한다.

2) 끝부분에 구멍이 뚫린(천공된) 우편물은 구멍 부분을 제거한다.

3) 우편번호를 잘못 읽을 우려가 있는 우편물 중 우편번호의 표기가 아래 사항에 해당되는 경우에는 해당 우편물을 골라내어 접수한 고객에게 알려준다.

① 도트프린터로 흐리게 인쇄된 우편물

② 인쇄체 중 숫자 하나의 인쇄 상태가 진한 부분과 옅은 부분이 섞여 있을 경우

예 "4" ➡ "1" 또는 "7"로 잘못 읽음

③ 우편번호 기록란의 테두리가 검정색일 경우

예 "1 2 3 4 5" ➡ 우편번호 기록란이 없는 것이 판독하기 쉬움

④ 주소의 번지가 우편번호와 가깝게 적혀 있거나 큰 숫자로 적혀 있을 경우

⑤ 주소나 우편번호 주위에 상표나 그 밖의 표식이 있을 경우

예 "㉾ 04081", "우) 04081"

⑥ 지나치게 내용물이 비치는 우편물

⑦ 우편번호가 정정된 우편물 중 기존 우편번호 위에 정정한 것

예 우편번호 "0 4 0 8 1"을 "0 **6** 0 8 1"로 정정한 경우 잘못 읽을 수 있음

※ 고객(흑색)바코드가 인쇄된 우편물은 우편번호가 적힌 우편물보다 판독률이 높고 광학판독에 따른 구분은 우편번호 인쇄체의 경우 바탕체, 그래픽체, 명조체보다 굴림체가 판독률이 높음

⑧ 인입하는 우편물의 두께가 너무 얇으면 겹치고(Double Feeding), 두꺼우면 기계에 부담이 되어 잼이 발생할 수 있음

3. 소형통상 우편물의 구분

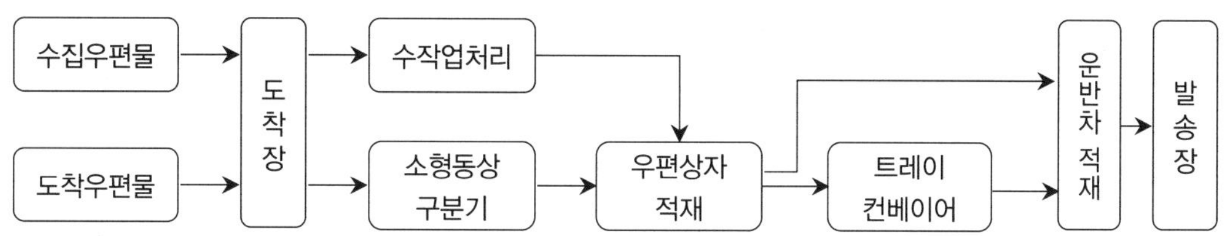

4. 대형통상 우편물의 구분

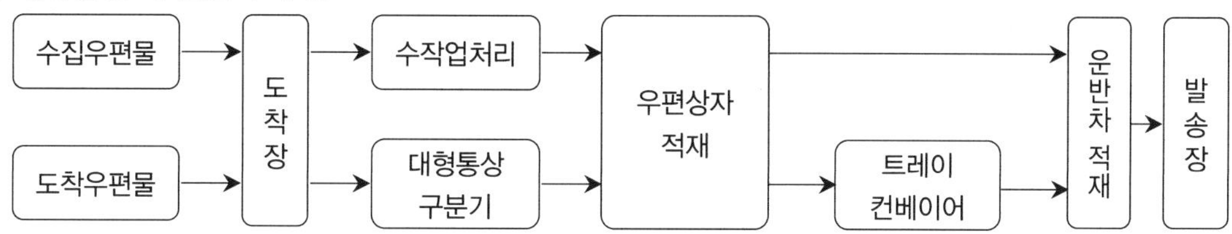

5. 소포 우편물의 구분

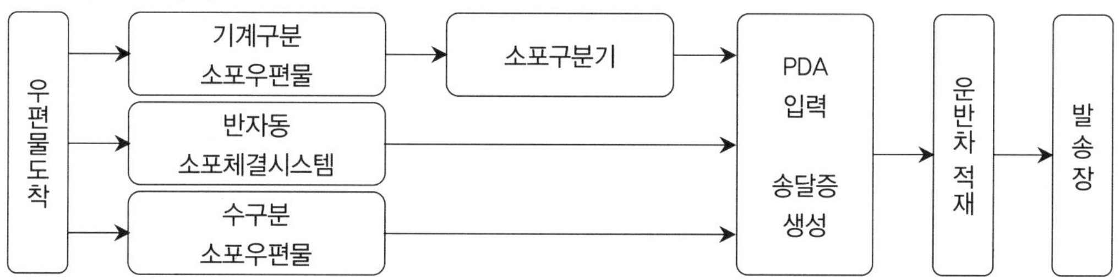

❺ 수작업 구분

1. 구분선반과 구분칸

(1) 구분선반의 비치

① 우편집중국: 발송구분선반과 도착구분선반을 비치해야 한다.

② 배달국: 집배원별 구분선반과 우편집중국별 구분선반을 비치해야 한다.

(2) 구분칸 지정 원칙

① 우편물량이 많은 지역은 구분선반의 중앙 부위에 위치하도록 배열한다.

② 같은 지역에서는 우편번호 순서에 따라 좌·우 또는 상·하로 순차 배열한다.

③ 최적의 작업동선을 고려하여 배열해야 함. 다만, 미숙련자는 우편번호 순서에 따라 배열할 수 있다.

2. 우편집중국에서의 수작업 구분

(1) 구분기준

① 부가취급우편물, 잘못 도착우편물, 반송우편물, 그 밖의 기계로 구분하기 어려운 우편물은 수작업으로 구분한다.

② 발송구분은 우편집중국별로 구분하며, 다만 같은 지방우정청 내에 있는 우편집중국은 관할 지방우정청장이 지역특수성, 물량 등을 고려하여 달리 구분할 수 있다.

③ 도착구분은 우편집중국장과 배달우체국장이 협의하여 집배원별, 집배원팀별, 동별로 구분한다.

(2) 기계구분 불가능 우편물 등

① 기계구분 후 기계 미판독칸으로 구분된 기계구분 불가능 우편물 등은 우편상자 등에 담고 우편물의 형태 등을 고려하여 해당 수작업장으로 이동시킨다.

② 기계구분이 불가능한 요인을 제거할 수 있을 때에는 제거하여 구분기계에 재투입한다.

③ 국별 사정에 맞게 배치된 수작업장에서 구분한다.

④ 구분칸별 우편물량이 적은 경우에는 고무밴딩이나 끈으로 묶어서 행선지별 우편상자에 적재한다.

(3) 부가취급 우편물

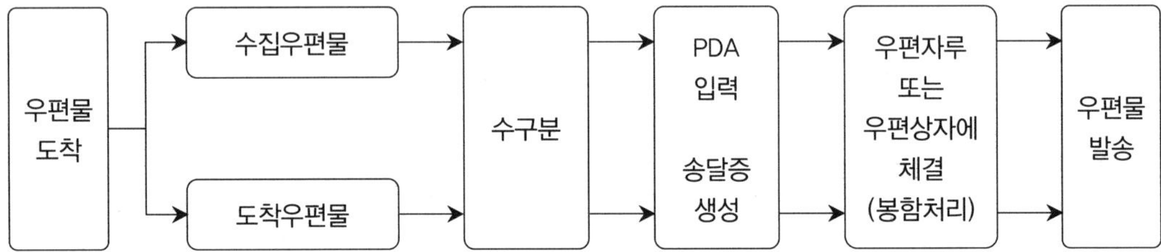

* 규격 소형 등기통상 우편물은 등기통상구분기가 설치된 우편집중국에서만 기계구분을 할 수 있음

① 부가취급부서에 도착한 운송용기를 개봉하여 특급우편물과 그 외의 등기우편물로 분류하고 종류별 부가취급우편물 송달증과 현품의 수량일치 여부를 확인한다.

② 특급우편물을 최우선으로 구분한다.

③ 구분된 우편물은 부가취급 우편물 송달증을 작성한다.

④ 전산으로 부가취급 우편물 송달증의 수량과 현품의 수량 일치 여부를 확인한다.

⑤ 책임자나 책임자가 지정하는 사람이 참관하여 현품 수량 일치 여부가 확인된 우편물을 운송용기에 담아 운송용기 묶음 끈으로 묶어 봉함하여 발송한다.

3. 배달국에서의 구분

(1) 우편집중국에서 집배원(팀)별로 구분되지 아니하고 도착된 우편물은 집배원(팀)별 또는 국 실정에 맞게 구분하여 집배실에 넘긴다.

(2) **일반통상우편물**

① 순로구분기로 기계구분한 집배원별 우편물은 집배실에 넘긴다.

㉠ 집배원별 순로구분된 우편물

㉡ 다량배달처 일반통상 우편물은 순로구분하지 않고 바로 집배실 인계

※ **순로(順路)**: 사전적 의미로는 '원래의 순서에 따른 길 또는 방향'을 말하며, 우편분야에서는 효율적인 집배업무를 위한 코스를 뜻함

② 집배원별로 구분되지 않은 상태로 도착한 우편물은 발착요원 또는 집배원 등이 구분한다.

③ 집배원별 구분율 향상을 위하여 배달우체국장은 우편집중국의 기계구분계획이 최적으로 설정될 수 있도록 집배구 조정 등에 관한 정보를 제공하고 우편집중국장과 상호 협조체계를 유지해야 한다.

④ 순로구분기는 한글 주소를 인식하여 집배원이 이동하는 경로(순로)에 따라 우편물을 정렬해 주게 된다.

(3) **등기통상우편물**

① 부가취급우편물 취급부서에서는 우편물을 집배원별로 구분한 후 전산 입력하여 집배원에게 넘겨준다.

② 집배원 귀국 시 아직 배달되지 않은 등기통상 우편물은 부가취급 우편물 취급부서에 넘긴다.

(4) **소포우편물**

① 소포전담팀 또는 집배원별 등으로 구분한 후 전산 입력하여 넘긴다.

② 등기소포 우편물을 소포위탁배달원에게 넘겨줄 경우에는 책임자나 책임자가 지정하는 사람이 참관하여야 한다.

4. 잘못 도착한 우편물의 구분과 처리

(1) **잘못 도착한 우편물의 구분**: 우편집중국이나 배달국에서는 도착우편집중국별로 구분한다.

(2) **잘못 도착한 우편물의 처리**

1) 취급 원칙: 우편물 표면의 '우체국 사용란'에 반드시 **[우선취급]** 표시를 하고 최선편으로 발송한다.

2) 표시방법

① **[우선취급]**의 사양

㉠ 크기: 가로 5cm, 세로 2cm(글씨 크기: 고딕체 32)

㉡ 글씨와 테두리 색상: 붉은색

예시 우편물의 표시

경북 김천시 혁신로 274 우정사업조달센터
전화 : (054)429-0278 팩스 : 0505-005-1078
물류자동화과 이몽룡
3 9 6 6 0

우 표

받는 사람

(우체국 사용란)

세종특별자치시 도움5로 19, 정부세종청사 8동
우정사업본부 우편사업단 물류기획과
성춘향 귀하
3 0 1 1 4

우선취급

3) 관서별로 잘못 도착한 우편물의 전담 처리자를 지정하여 운영한다.

4) 처리절차

① 발견국 : 잘못 도착한 우편물 골라내기 ➡ 오도착우편물 표면의 '우체국 사용란'에 반드시 우선취급 표시 ➡ 잘못 도착한 우편물의 과오취급명세를 우편물류시스템에 등록하여 과오취급국에 시정 통지 ➡ 적재한 운송용기에 잘못 도착한 우편물임을 표시하여 최선편에 발송한다.

② 우편집중국 및 배달국 : 우선취급 우편물은 최선편으로 구분 · 발송 · 배달한다.

③ 취급우편물 발견국에서는 그 명세를 우편물류시스템에 등록하고, 과오취급국에서는 매일 그 시스템의 입력사항을 확인하여 시정 조치한다.

④ 과오취급우편물 입증자료 확보와 확인

㉠ 과오취급우편물 발견국은 시스템 입력사항에 대한 입증자료를 확보(촬영, 복사 등)하여 과오취급국에서 자료를 요청할 때는 서로 그 명세를 확인할 수 있도록 조치한다.

㉡ 과오취급우편물 발견국에서 잘못 도착한 우편물이 너무 많아 입증자료를 확보하기가 곤란하거나 입증자료를 확인하면서 분쟁이 있을 경우는 발견국과 과오취급국 관할 지방우정청에서 협의하여 조치한다.

6 집배코드

1. 개요

(1) 집배코드는 우편물의 구분 · 운송 · 배달에 필요한 구분정보를 가독성이 높은 단순한 문자와 숫자로 표기한 것을 말한다.

(2) **구조**

① 집배코드는 총 9자리로 도착집중국 2자리, 배달국 3자리, 집배팀 2자리, 집배구 2자리로 구성된다.

② 도착집중국 2자리와 배달국 3자리는 기본값으로 확정이 되어 있으나 집배팀 2자리와 집배구 2자리는 배달국에서 배달환경에 맞게 부여할 수 있게 되어 있으며 탄력적으로 운용이 가능하다.

※ 배달국 3자리는 배달 환경에 따라 통상과 소포로 분리사용 가능

③ 집배코드의 집배구 부여는 단순히 집배원 당 하나의 집배구를 부여하는 것이 아니며, 배달환경에 따라 1명의 집배원에 여러 개의 집배구를 할당하거나 배달단위별로 부여하는 것도 가능하다.

집배코드 구성 체계

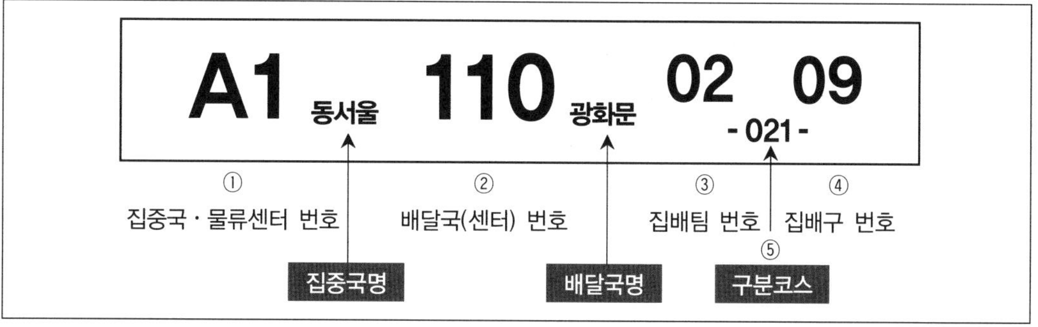

집중국 약호(번호) 및 명칭

* IMC(Integrated Mail Center) : 광역우편물류센터의 약자로 현재 중부권IMC를 운영중임

㉠ 집중국 · 물류센터 번호(약호) : 수도권과 강원청 소속 집중국은 알파벳, 지방권 집중국은 한글로 시작함

㉡ 배달국(센터) 번호 : 첫 자리는 청번호, 두 번째는 일련번호

- 청번호 : 서울청(1), 강원청(2), 충청청(3), 경인청(4), 전남청(5), 부산청(6), 경북청(7), 전북청(8), 제주청(9)

◎ (구분코스 I) 현재처럼 여러개 구분코드 입력(구분계획, 기계구분에 활용)

소포위탁배달원	주배달점	구분코스 I 구분계획 적용 (실 구분코드)	구분코스 II(신설) *기표지에 인쇄 (수작업용 구분코드)
홍길동	경기도 성남시 분당구 새나리로6번길 7	011	411
	경기도 성남시 분당구 새나리로6번길 17	011	411
	경기도 성남시 분당구 새나리로6번길 16-4	027	411
	경기도 성남시 분당구 새나리로6번길 16-3	027	411

◎ **(구분코스Ⅱ) 수작업 구분용으로 활용(대표코드 입력, 기표지 인쇄)**

예시 홍길동 1:1 구분계획: 462011, 462027 ⇒ 대표번호 462411 기표지 구분코드 인쇄: 411(대표번호 표시) (구분코스Ⅰ) 구분계획 작성 시에만 활용(기표지 인쇄 ×) (구분코스Ⅱ) 수작업 개인별분류 구분용으로만 활용(기표지 인쇄 ○)

2. 집배코드 검색 방법

① 인터넷우체국(http://www.epost.go.kr)
② 계약고객전용시스템(http://biz.epost.go.kr)
③ 우편번호(주소) 찾기 프로그램
④ OPEN API(개방형API – Application Programming Interface)

제4절 발송작업

❶ 발송원칙

1. 운송용기의 일반원칙

① 모든 우편물은 운송용기에 담아서 발송한다. 다만, 부피가 크고 외부포장이 단단한 소포우편물은 그 외장을 운송용기로 인정할 수 있다.
② 일반우편물과 부가취급우편물은 별도의 운송용기에 담으며 모든 운송용기에는 운송용기 관리기준에 따라 합당한 우편물을 담아야 한다.
③ 발송할 운송용기는 수수 시각 등을 고려하여 운송편의 연결에 지장이 없도록 준비하고, 각 작업장마다 우편물 운송시각표를 작성하여 게시한다.

2. 운송용기의 발송준비 기준

① 모든 우편물은 우편상자에 담거나 운반차에 실어야 하나, 우편물 운송과 발착 시설의 여건 등 불가피한 경우에는 제한적으로 우편자루를 사용할 수 있다.
② 모든 운송용기에는 행선지와 일치하는 해당 국명표 바코드를 부착한다.
※ 국명표: 111p 참조

◎ 운송용기와 국명표의 사용

우편종류별		운송용기와 운반차 적재	운반차 국명표	묶음끈 사용 여부
일반통상	소형통상	소형우편상자 → 상자운반차	운반차에 끼움	미사용
	대형통상	중형·대형우편상자 → 상자운반차	운반차에 끼움	미사용
	선구분우편물	우편물다발(우편상자) → 우편운반차(상자운반차)	운반차에 끼움	미사용
특수취급	등기통상	소형·중형 우편상자, 등기우편자루	상자덮개, 자루에 끼움	사용
소포		낱개 소포(무용기) → 우편운반차	운반차에 끼움	미사용

❷ 우편물의 발송

1. 발송기준

① 발송·도착구분 작업이 끝난 우편물은 운송방법지정서에서 지정한 운송편에 따라 발송한다.
② 우편물은 특급우편물, 등기우편물, 일반우편물 순으로 발송한다.
③ 우편물을 발송할 때 운송확인서를 운전자와 교환하여 발송한다.

2. 우편물 발송의 우선순위 (「우편업무규정」 제265조)

1편의 운송편에 발송 또는 운송할 우편물량이 많아서 일시에 발송 또는 운송할 수 없을 경우에는 다음 각 호의 규정순위에 의하여 처리해야 한다.

① 1순위 : EMS
② 2순위 : 익일특급우편물, 등기소포우편물, 일반등기·선택등기우편물 및 준등기우편물, 국제항공우편물
③ 3순위 : 일반소포우편물, 일반통상우편물, 국제선편우편물

3. 일반우편물

① 일반우편물을 담은 운송용기는 운송송달증을 등록한 후 발송한다.
② 우편물은 형태별로 분류하여 해당 우편상자에 담되 우편물량이 적을 경우에는 형태별로 묶어 담고 운송용기 국명표는 혼재 표시된 국명표를 사용한다.

4. 부가취급우편물

① 부가취급우편물을 운송용기에 담을 때에는 책임자나 책임자가 지정하는 사람이 참관하여 우편물류시스템으로 부가취급우편물 송달증을 생성하고 송달증과 현품 수량을 대조 확인한 후 발송. 다만, 관리 작업이 끝난 우편물을 발송할 때 부가취급우편물 송달증은 전산 송부한다.
② 덮개가 있는 우편상자에 담아 덮개에 운송용기 국명표를 부착하고 묶음끈을 사용하여 반드시 봉함한 후에 발송한다.

5. 운반차의 우편물 적재

① 분류하거나 구분한 우편물은 섞이지 않게 운송용기에 적재한다.
② 여러 형태의 우편물을 함께 넣을 때에는 작업을 쉽게 하기 위하여 일반소포 → 등기소포 → 일반통상 → 등기통상 → 중계우편물의 순으로 적재한다.
③ 소포우편물을 적재할 때에는 우편물이 파손되지 않도록 가벼운 소포 및 파손에 취약한 소포를 상단에 적재하여야 한다.

6. 우편물의 교환: 행선지별로 구분한 우편물을 효율적으로 운송하기 위하여 운송거점에서 운송용기(우편자루, 우편상자, 운반차 등)를 서로 교환하거나 중계하는 작업이다.

(1) 용기 직접교환

① 교환에 참가하는 집중국끼리 직접 교환할 수 있도록 생산된 운반차를 교환국에서 직접 교환하는 작업을 말한다.
② 다음의 수구분우편물은 전량 직접 교환할 수 있도록 생산한다.
  ㉠ 무게 초과 우편물(30Kg 이상): 구분기계시설 파손 우려 때문
  ㉡ 규격 외 소포
  ㉢ 취약소포: 냉동식품과 액즙류 등
③ 용기를 직접 교환할 할 수 있도록 운반차(운반대)에는 다른 우체국으로 가는 우편물을 적재하면 안된다.
④ 우편물이 같은 도착국으로 발송되는 물량이 차량 1대 이상일 때에는 해당국으로 직접 차량으로 운송한다.

(2) 재구분: 만재율을 높이기 위해 한 대의 운반차에 교환에 참가하는 다수국의 우편물을 적재한 혼재 운반차일 경우에는 우편물을 교환센터에서 다시 구분한다.

(3) 교환절차

① 우편집중국 단위로 묶여진 운반차는 도착장에서 전동견인차를 이용하여 교환을 실시한다.
② 1대의 운반차에 여러 행선지의 우편상자나 우편자루가 섞여서 적재된 경우에는 운반차를 열고 행선지별로 다시 구분한다.
③ 차량용적에 초과하지 않는 범위에서 우편자루가 적재된 운반차 윗부분에 우편상자를 적재할 수 있다.
④ 다시 구분하여 적재한 운반차에 행선지별로 국명표를 삽입한다.
⑤ 운송차량 단위로 발송 처리한다.

❸ 국명표의 사용

1. 개념: 우편용기의 도착/발송국번호, 용기종류, 서비스종류, 우편물형태 등 해당 운반차(운반대) 나 운송용기 등의 운송에 관한 사항이 기재된 표지

예시 **국명표**

2. 국명표의 작성

(1) 국명표는 국명표 발행기나 우편물류시스템에서 발행하여 사용하고, 발행할 때는 용기종류, 서비스종류, 우편물 형태, 취급표시 등을 정확히 선택한다.

① 용기종류: 우편상자(소형, 중형, 대형), 우편운반차(팔레트), 상자운반차(트롤리), 자루, 무용기, 우편운반대(팔레트), 접수상자

② 서비스종류: 일반, 등기, 국내특급, 국제일반, 국제등기, EMS, EMS프리미엄

③ 우편물형태: 서장, 플랫, 패킷, 소포

④ 취급표시: 적(자청, 타청, 혼재), 통적(자청, 타청, 혼재), 소포(자청, 타청, 혼재), 익일특급(여권, 자청, 타청, 혼재), 특송반송, 계약등기반송 등

※ 자청: 발송하는 우체국이 속한 지방우정청

타청	발송하는 우체국이 속한 지방우정청이 아닌 그외의 지방우정청
혼재	자청과 타청으로 가는 우편물을 함께 넣는 경우

(2) 우편물의 종별에 따라 사용하는 운송용기의 국명표 색상

① 일반우편물: 하얀색

② 특급우편물: 하늘색

(3) 발송할 준비가 된 운송용기에 발송국명 · 도착국명 등 필요 사항을 표시한 운송용기 국명표를 빠지지 않게 국명표집에 끼운다.

(4) 국명표를 사용할 때에는 기존에 부착되어 있는 국명표를 제거하고 새 국명표를 삽입한 후 발송우편물의 행선지와 일치하는지 여부를 반드시 확인한다.

3. 국명표 바코드의 체계와 종류

(1) **체계**: 16자리

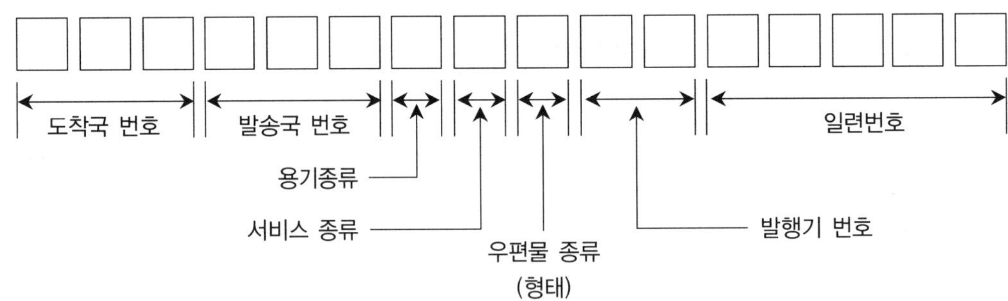

<table>
<tr><th>항목</th><th colspan="2">상세내용</th></tr>
<tr><td>도착국 번호</td><td colspan="2">집중국 집배국 식별번호</td></tr>
<tr><td>발송국 번호</td><td colspan="2">– 집중국 집배국 식별번호
– 발행기에 발송국 번호 세팅</td></tr>
<tr><td rowspan="2">용기종류</td><td>우편상자용</td><td>소형(1), 중형(2), 대형(3)</td></tr>
<tr><td>운송용기용</td><td>우편운반차(팔레트)(4), 상자운반차(트롤리)(5). 자루용(6), 무용기(7), 우편운반대(평팔레트)(8)</td></tr>
<tr><td>서비스 종류</td><td colspan="2">일반(1), 등기(2), 국내특급(5), 국제일반(6), 국제등기(7), EMS(8), EMS프리미엄(9)</td></tr>
<tr><td>우편물 종류(형태)</td><td colspan="2">서장(1), 플랫(2), 패킷(3), 소포(4)</td></tr>
</table>

(2) **종류**: 운반차, 우편자루용 국명표 바코드, 우편상자용 국명표 바코드

4. 국명표의 정보를 이용한 작업

① 등기우편물이 담길 우편상자의 국명표 바코드를 전산입력하고 등기번호 바코드를 전산 입력하여 부가취급우편물 송달증을 생성한다.(우편상자와 등기우편물 간 모자관계 형성)

② 우편상자를 상자운반차에 적재하고 상자운반차의 국명표 바코드를 전산 입력하여 용기송달증을 생성한다.(상자운반차와 우편상자 간 모자관계 형성)

③ 도착국명과 운송확인서번호(운송선로 및 운송차량정보)를 입력하고 운반차의 국명표 바코드를 전산 입력하여 운송송달증을 생성한다.

02

제5절 우편물의 운송

❶ 개념

① 우편물(운송용기)을 발송국에서 도착국까지 운반하는 업무이다.
② 운송계획에 따라 정기운송, 임시운송, 특별운송으로 구분된다.

❷ 종류

1. 정기운송

우편물의 안정적인 운송을 위하여 관할 지방우정청장이 운송구간, 수수국, 수수시각, 차량톤수 등을 우편물 운송방법 지정서에 지정하고 정기운송을 시행한다.

2. 임시운송

(1) 우편물의 증감에 따라 정기운송편 이외의 방법으로 운송하는 것

(2) **운송선로의 임시운송 방법**

구분	종류	내용
운행을 변경할 때	감편	우편물의 발송량이 적어 정기편을 운행하지 아니하는 것
	증편	우편물의 과다 증가 등으로 정기편 외 추가로 운행하는 것
	결편	해당 편을 운행하지 않음
거리를 변경할 때	거리연장	운송구간에 추가로 수수국을 연장하여 운행하는 것
	거리감축	정기운송편 수수국의 일부 구간을 운행하지 아니함
차량의 톤급 변경 시	증차	우편물의 과다 증가로 운송편의 톤급을 상향 조정하는 것 (예 2.5톤 → 4.5톤)
	감차	우편물 감소로 운송편의 톤급을 하향 조정하는 것 (예 4.5톤 → 2.5톤)

(3) 정기 운송편에 발송한 후 잔량이 있을 것으로 예상이 되면 정기 운송편 증차 또는 거리연장 하는 등 정기편을 변경하여 운송한다.

(4) 이후에도 발송할 잔량이 있는 경우 1순위~3순위(※ 109p '우편물 발송의 우선순위' 참조) 우편물에 대하여는 운송물량을 고려하여 다음과 같이 별도의 운송편을 확보하여 즉시 발송하여야 한다.
  ① 해당 운송업자와 협의하여 임시운송편을 증회함. 다만, 다음 운송편으로 발송하여도 우편물의 송달에 지장이 없는 경우에는 그 운송편으로 다른 우편물에 우선하여 발송한다.
  ② 항공편인 경우에는 최선편으로 발송한다.

3. 특별운송

① 우편물의 일시적인 폭증과 교통의 장애 등 그 밖의 특별한 사정이 있다고 인정되는 경우에는 우편물의 원활한 송달을 위하여 전세차량 · 선박 · 항공기 등을 이용하여 운송한다.

② 우편물 정시송달이 가능하도록 최선편에 운송하고 운송료는 사후에 정산한다.

❸ 운송선로

1. 개념: 우편물을 운송하는 경로를 말한다.

2. 운송선로의 구분

(1) 운송수단에 따른 구분: 육로우편운송선로, 항공우편운송선로, 선편우편운송선로, 철도우편운송선로

(2) 운영방법에 따른 구분

① 운영방법에 따라 우체국 보유 차량으로 운송하는 직영운송과 운송업체에 위탁하여 운송하는 위탁운송으로 구분

② 위탁운송은 우정사업본부장이 지정하는 비영리법인 및 운송사업자 등에게 우편물을 위탁하여 운송하는 방식으로 육로위탁운송, 항공위탁운송, 선편위탁 운송, 철도위탁운송 등으로 구분

3. 운송선로 용어 설명

① 구간: 최초 발송국에서 최종 도착국까지의 운송경로

② 편: 정해진 운송구간을 운송형태별(교환, 수집, 배분 등)로 운행(예 수집 1호, 배분 1호, 배집 1호)

③ 수집: 접수한 우편물을 우편집중국 등으로 모아오는 운송형태

④ 배분: 우편집중국 등에서 배달할 우편물을 배달국으로 보내는 운송형태

⑤ 배집: 배분과 수집이 통합된 운송형태

4. 운송선로 조정

지방우정청장은 예산의 범위에서 관할 지역 내 운송선로를 합리적으로 신설 · 폐지 · 변경을 할 수 있으며 그 내용을 우정사업본부장에게 보고한다.

4 운송용기

1. 개념

우편물 보호, 차량적재, 발송 · 도착, 운반 작업을 효율적이고 원활하게 할 수 있도록 만든 규격화된 용기

2. 운송용기의 종류와 용도

종류		용도	비고
운반차/운반대	우편운반차(롤팔레트)	통상 · 소포우편물, 우편상자, 우편자루의 담기와 운반	
	우편운반대(평팔레트)	소포 등 규격화된 우편물 담기와 운반	
	상자운반차(트롤리)	우편상자(소형, 중형, 대형) 담기와 운반	
우편상자	소형상자	소형통상우편물 담기	부가취급우편물을 적재할 때에는 상자덮개를 사용하여 봉함하여야 함
	중형상자	얇은 대형통상우편물 담기	
	대형상자	두꺼운 대형통상우편물 담기	
접수상자		소형통상 다량우편물 접수, 소형통상우편물 담기	
우편자루	일반 우편자루	일반우편물(통상 및 소포) 담기	크기에 따라 가호, 나호
	특수 우편자루	등기통상 및 준등기우편물 담기	가호, 나호

제6절 도착작업 및 우편물 수수

1 운송용기의 도착검사

(1) 운송용기가 도착한 때에는 책임자나 책임자가 지정하는 사람이 참관하고, 담당자는 다음사항에 적합한지를 검사한 후 운송송달증을 조회하여 확인한다.

① 운송용기의 외장과 봉함 상태는 이상이 없어야 한다.

② 용기송달증의 기록내용과 종류별 운송용기 수가 일치해야 한다.

③ 국명표와 우편물의 행선지가 일치해야 한다.

(2) 운송용기의 도착 검사가 끝난 후에 해당 부서에 넘기고 중계우편물을 담은 운송용기는 해당 운송편에 연결될 때까지 안전하게 보관한다.

(3) 도착장에 도착하는 일반통상우편물, 소포우편물, 등기우편물은 그 내용과 운송송달증을 대조 확인한 후 해당 작업장으로 이동한다.
① **소형통상우편물**: 소형우편물 작업장
② **대형통상우편물**: 대형통상 작업장
③ **소포와 등기우편물**: 소포 작업장과 특수계 작업장
※ 부가취급우편물을 담은 운송용기는 해당부서에 곧바로 넘겨야 함

❷ 운송용기의 개봉작업

(1) 도착검사가 끝난 운송용기가 해당 부서에 도착하면 운송용기에 부착된 국명표를 제거하고 다음과 같이 처리한다.
① 인계 · 인수가 끝난 우편물은 익일특급 등기우편물, 그 외 등기우편물 순으로 개봉하여 처리한다.
② 부가취급우편물을 담은 운송용기를 개봉할 때는 책임자 또는 책임자가 지정하는 사람이 참관하고, 담당자는 부가취급우편물 송달증의 기록명세와 우편물의 등기번호 · 통수에 이상이 없는지 확인해야 한다.
③ 개봉이 끝난 운송용기는 운송용기 관리지침에 따라 처리하고, 우편자루는 완전히 뒤집어서 남은 우편물이 없는가를 확인해야 한다.

❸ 우편물의 수수

(1) 우편물을 인수인계할 때는 운송송달증, 용기송달증, 접수송달증에 따라 수수하는 방법 등이 있다.
(2) **운송송달증에 따른 수수**: 운송차량에 적재한 운반차 등의 명세를 수수한다.
예 의정부우편집중국 ↔ 서울중랑우체국, 동서울우편집중국 ↔ 우체국물류지원단
(3) **용기송달증에 따른 수수**: 운반차 등에 적재한 운송용기 명세를 수수한다.
예 부가취급부서(특수계) ↔ 발송부서(발착계)
(4) **접수송달증에 따른 수수**: 접수된 부가취급우편물 명세를 수수한다. 예 접수부서 ↔ 발송부서

Chapter 02 우편물 수집 및 배달

제1절 집배의 정의

집배국에서 근무하는 집배원이 우체통에 투입된 우편물을 지정한 시간에 수집하고, 우편물에 표기된 수취인(반송하는 경우에는 발송인)의 주소지로 배달하는 우편서비스이다.

제2절 우편물의 수집

❶ 개요

(1) 수집이란 우체통에 투입된 우편물을 지정한 시간에 수거하여 집배국으로 모아오거나 처리하는 업무이다.

(2) 통상구 집배원은 관할 배달구역 내에 설치된 우체통에 투함된 우편물을 1일 1회 수집한다.

(3) 우편창구 직원은 국전(우체국 앞) 우체통에 투함된 우편물을 수거하고 시스템에 물량 등을 등록한다.

(4) 우체통 수집시간은 각 관서별 환경을 고려하여 해당 우체국에서 결정하며, 수집시간이 기록된 안내문을 우체통에 게시한다.

❷ 우체통의 수집

1. 우체통 수집방법

(1) 우체통에서 수집할 때의 유의사항

① 집배원이 우체통의 우편물을 수집할 때에는 관할구역 내의 우체통을 수집시각과 순로에 따라 빠짐없이 돌아다니면서 우체통에 이상이 없는지 확인한 후 투함된 우편물을 수집한다.

② 우편물을 수집한 우체통에는 수집할 때마다 수집확인증을 바꾸어 넣고 반드시 잠가야 한다.(다만, 전자적 방식을 활용하는 경우, 수집물량을 우편물류시스템에 등록하고 책임자의 일일결재를 받음)

③ 수집과 배달을 함께할 때에는 수집우편물과 배달우편물이 섞이지 않도록 유의해야 한다.

④ 수집우편물량이 많아 일시에 수집할 수 없을 때에는 즉시 소속국에 요청하여 지원이나 지시를 받아야 한다. 이 때 가까운 곳에 우체국이 있을 때에는 수집우편물을 일시 보관하고 소속국에 지원을 요청한 후 계속 수집한다.

⑤ 우체통 훼손·청소 상태 등을 반드시 확인하고 필요한 경우 조치한다.

(2) 수집확인증을 사용한 우체통 수집

① 집배책임자는 수집확인증을 조제하여 우체통마다 갖추어 놓고 우편물의 수집상황을 확인한다.

② '①'의 수집확인증 중 수집을 완료한 수집편의 확인증은 우체통에 넣어두고 나머지 확인증은 책임자가 보관한다.

③ 집배원이 우편물을 수집하기 위하여 우체국을 떠날 때에는 그 수집편의 확인증을 집배책임자에게서 받아 우체통에서 우편물을 꺼낸 다음 우체통에 넣어 둔 수집확인증과 바꾸어 넣고 우체통에서 꺼낸 수집확인증은 우체국에 돌아와서 집배책임자에게 반납한다.

(3) 개인휴대용단말기(PDA)를 활용한 우체통 수집

1) 우체통 수집업무 확인용 바코드 출력 방법

① 우편물류시스템에 접속한 후 등기용 국기호 5자리와 우체통 번호 3자리를 입력하여 수집용 바코드를 생성한 후 출력한다.

② 출력된 바코드는 손상되지 않도록 코팅하여 우체통 내부에 부착한다.

2) 우체통 수집방법

① 우체통을 열어 우편물을 수집한 후 개인휴대용단말기(PDA)를 이용하여 바코드 스캔작업을 실시한다.

② 개인휴대용단말기(PDA)로 스캔한 수집자료를 실시간으로 전송, 실시간 처리가 안될 경우 귀국 후 개인휴대용단말기(PDA)로 스캔한 수집자료를 컴퓨터로 전송한다.

③ 우편물류시스템에서 우체통별 수집 기록을 확인 후 책임자의 일일결재를 받는다.

수집업무 확인용 바코드

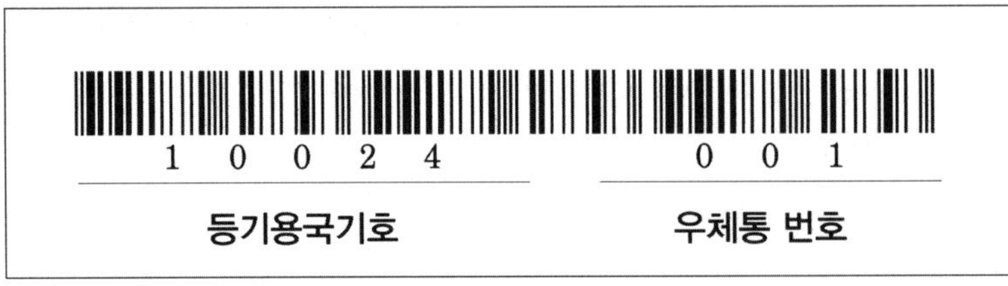

(4) 우체통 열쇠의 관리(「우편업무 규정」제313조)

① 우체통의 열쇠는 책임자가 일정한 장소(함)에 보관하고 집배원이 출발할 때마다 내어준다.

② 우편물의 수집도중 잠금장치가 고장이 난 우체통을 발견하였을 때에는 우체통의 우편물 투입구에 '고장'이라고 써 붙이고 집배책임자에게 즉시 보고한다.(※ 이후 우체통에 투함된 우편물, 습득물 등의 분실을 예방하기 위함임)

2. 국가기관 등의 구내우체통 수집(「우편업무 규정」 제315조)

(1) 국가기관, 공공단체와 법인 등 일정한 구내에 있는 우체통의 우편물은 그 기관의 근무시간 내에 수집한다.

(2) (1)의 경우, 우체통이 있는 기관의 장이 우체통까지의 통로를 개방해야 한다.

3. 사설우체통 우편물 수집(「우편업무 규정」 제324조)

사설우체통의 우편물은 사전에 약속하여 정한 수집회수와 수집시각에 따라서 수집하되, 수집방법은 일반적인 우체통 수집방법에 따라 실시한다.

❸ 수집우편물의 처리

1. 수집우편물의 정리

(1) 수집해온 우편물은 소인 작업에 편리하도록 종류와 형태별로 분류하여 우표나 요금인면을 바르게 간추려 우표면에 날짜도장을 찍는다.

(2) 국제우편물은 국제날짜도장을 찍으며, 항공우편물은 국제우편물류센터로, 선편우편물은 부산국제우체국으로 발송한다.

(3) 부가취급에 해당하는 우표를 붙인 우편물은 '취급 중 발견' 표시 후 우편창구에서 접수 처리한다.

(4) 이탈품과 습득물은 책임자에게 인계한다.

2. 요금미납이나 요금부족 우편물의 처리

(1) 수집우편물 중 우표를 붙이지 않은 경우(요금미납 우편물)와 우편물 표면에 붙여진 우표의 액면가격이 해당 일반우편요금보다 부족한 우편물(요금부족 우편물)이 발견되면 반환사유를 적고 우편날짜도장을 날인한 부전지를 그 우편물에 붙여 발송인에게 반환한다.

(2) 다음의 우편물 중 요금미납이나 요금부족 우편물을 발견한 경우, 발견국에서 그 우편물 표면에 '요금미납부족인'을 찍고, 받아야 할 요금(부족 요금의 2배)과 발견국명을 적은 후 수취인에게 보낸다.

① 발송인 성명 미상, 주소 불명 등의 사유로 인하여 우편물을 반환할 수 없는 경우

② 외국에서 도착한 국제우편물

③ 해외근로자가 귀국인편을 통하여 국내에서 발송한 우편물

(3) 요금부족우편물을 발송인에게 반환할 경우에는 붙어있는 우표에 날짜도장을 찍지 않고 반환한다.

3. 취급 중 발견한 등기우편물의 처리

(1) 수집우편물의 정리와 요금검사결과 우편요금과 부가취급수수료에 해당하는 우표가 붙어 있는 우편물을 발견한 경우에는 다음과 같이 처리한다.

① 우편요금과 등기취급수수료에 해당하는 우표가 붙어있고 다른 규정에 위반되지 않는 우편물은 표면 여백에 '취급 중 발견'이라 표시하고 등기우편물로 접수한다.

② 민원우편, 통화등기우편물 등 시한성 우편물과 내용품의 확인이 필요한 것은 창구에서 접수하도록 발송인에게 안내한다.

③ 부가취급(배달증명)의 표시가 있고 그 수수료에 해당하는 우표를 붙인 우편물은 그에 해당하는 부가취급을 해야한다.

(2) 우편물 표면에 '등기' 표시를 하였더라도 등기취급수수료에 미달되는 금액의 우표를 붙인 우편물은 일반우편물로 취급한다.

4. 이탈품의 처리

(1) **정의**: 우편물 취급 중 우편물에서 이탈된 것으로 인정되는 물건

(2) **처리방법**

① 이탈품이 들어있던 우편물을 확인할 수 있을 때에는 그 우편물에 다시 넣고 보수한 후 그 사유를 밝혀 적은 부전지를 붙여 보낸다.

② 이탈품이 들어있던 우편물의 확인이 불가능할 때에는 발견 일시, 장소(다른 우체국에서 도착한 운송용기에서 발견된 것은 발송국명, 발송편명, 도착시간)등 조사에 필요한 사항과 '이탈품'이라 기록한 부전지를 붙여 반송불능우편물의 취급 방법에 따라 처리. 이때 반송불능우편물 송부서 원부의 비고란에도 이와 같은 내용을 기록한다.

5. 우체통 발견 습득물의 처리

(1) **정의**: 우체통에서 발견된 것 중 우편물 및 이탈품이 아닌 것

(2) **습득물의 종류별 처리 방법**

1) 공무원의 각종 신분증은 '습득물송부서'에 따라서 그 발행기관장 앞으로 일반 무료우편물로 송부한다.

2) 주민등록증의 처리방법

① 주소지의 시・군・구청에 송부서 없이 봉투에 넣어 등기통상우편물로 발송하며, 주민등록증 상의 주소지와 주민등록증이 발견된 시・군이 동일한 경우에도 요금 징수한다.(우편요금은 수취인후납부담)

② 봉투표면에는 빨간색으로 '습득주민등록증 송부'라고 표시한다.

③ 요금미납 표시인을 날인한 후 받아야 할 요금을 기록한다.(무게에 따라 등기통상 우편요금 징수)

※ 발송 당일 동일 지자체에 1건 이상의 습득주민등록증을 발송할 경우, 일괄등기번호 부여 후 1건의 등기우편물로 발송

3) 여권

① 습득 우체국과 가까운 여권사무 대행기관으로 등기우편 발송한다. (우편요금은 수취인후납부담)

㉠ 송부서 없이 봉투에 넣어 등기통상우편물로 발송하되, 봉투표면에는 "습득여권재중"이라 빨간색으로 표시하고 요금미납 표시인을 날인하여 징수할 요금을 기재하여야 함

② 발송 당일 동일 여권사무대행기관으로 1건 이상의 습득 여권을 발송할 경우, 한 개의 봉투에 동봉하여 묶음 발송

※ 묶음발송을 위해 습득일이 다른 여권을 모아두면 아니 되며, 습득 당일 발송 조치해야 함

※ 외국여권은 경찰서로 발송함

4) 우편관서에서 발행한 각종 증서(우편환 증서 등)와 현금은 반송불능우편물의 취급에 따라 처리한다.

5) 여러 가지 물건이 함께 들어있는 습득물의 처리 방법

① 경찰관서로 보내는 경우

㉠ 재산물건: 현금, 유가증권, 귀금속, 신용카드 등

㉡ 재산물건과 비재산물건이 포함된 습득물: 지갑 등

㉢ 비재산물건으로서 분실인의 주소를 확인할 수 없는 습득물

㉣ 송부방법

ⓐ 모든 물건은 1개의 물건으로 처리하며, 습득물송부서에 따라서 가까운 경찰서로 등기우편으로 발송하거나 직접 인계한다.

ⓑ 유가증권류(우편환증서 제외)는 습득물송부서의 원본에 해당 증권류의 사본을 붙여서 보관한다.

ⓒ 1개의 지갑 안에 신분증 등 여러 종류의 물건이 있을 경우에는 그 내용을 습득물송부서에 모두 적어야 한다.

② 우체국에서 직접 분실인에게 송부하는 경우

㉠ 대상: 비재산물건으로서 분실인의 주소를 확인할 수 있는 물건

㉡ 송부방법

ⓐ 경찰서장 명의의 유실물소포로 분실인에게 보내고 그 명세(발송등기번호 포함)를 경찰서에 알린다.

ⓑ 송부업무와 관련하여 분실물의 조사, 판단, 정확한 분류와 안전한 배달을 위해 현장방문 등의 조치가 필요한 경우에는 관할 경찰서에 협조 요청한다.

ⓒ 발송한 습득물 소포가 수취거절, 수취인 불명, 주소불명 등으로 수취인에게 배달하지 못하는 경우에는 관할 경찰서로 반송한다.

ⓓ 우체통에서 발견되는 습득물과 관련된 민원은 경찰관서에서 접수처리한다.(다만, 우체국 업무와 관련된 민원은 우체국에서 접수하여 처리)

(3) 우체국에서의 발송 절차 [우편물류과 집배(물류)실]

① 경찰서 앞으로 발송할 습득물과 우체국 직접 발송 습득물로 구분하고, 습득물마다 번호를 부여하여 습득물 명세서 순번과 일치하도록 해야 한다.

② 습득물 명세서는 엑셀로 작성하여(수취인 주소, 성명 포함) 접수부서에서 운송장을 쉽게 출력할 수 있도록 조치한다.

③ 습득물 명세서와 함께 경찰서 발송 습득물은 경찰관서로, 우체국 직접 발송 습득물은 접수부서에 인계한다.

6. 우표가 떨어진 우편물의 처리(「우편업무 규정」 제18조)

(1) 우편물을 취급할 때에는 우표가 떨어졌거나 일부러 떼어낸 흔적이 있는지 철저히 검사하고 우표가 떨어진 흔적이 있는 우편물은 다음과 같이 처리한다.

① 떨어진 우표가 있으면 해당 우편물을 확인하여 원상태로 붙여서 발송하고, 해당 우표가 없을 때에는 우편물 표면에 '우표 떨어짐' 표시 도장을 날인하고, 일부러 떼어낸 흔적이 있는 우편물은 발송국에 사고를 알린 후 송달한다.

② 우표를 일부러 떼어낸 우편물에 대하여 조사가 필요할 때에는 수취인의 양해를 구하고 그 우편물의 봉투를 회수한다.

③ 외국으로부터 도착한 우편물 중 우표가 떨어지거나 파손된 우편물을 국제우편 교환우체국이나 통관우체국에서 발견하였을 때에는 '현상도착표시인'을 날인한 후 우체국명 밑에 취급 직원의 도장을 찍거나 서명한 후 송달한다.

(2) 취급부서 간에 우편물을 주고받을 때 우표가 떨어지거나 일부러 떼어낸 것을 발견하였을 때에는 그 내용을 우편물수수부에 기록한다.

(3) 우표가 떨어진 우편물이 있는 경우에는 해당 우편물을 확인하여 떨어진 우표를 원상태로 다시 붙여서 송달한다.

(4) 떨어진 우표를 발견하였거나 해당 우편물이 없을 때에는 소인된 것과 소인되지 않은 것을 구분하여 '떨어진 우표처리부'에 붙이고 발견장소, 발견상황, 발견일시(편명) 등을 기록하여 보관한다.

(5) 우표가 떨어졌다는 신고나 확인요청을 받았을 때에는 '떨어진 우표처리부'에서 확인하여 교부하고 동 처리부에 교부일시, 교부받은 사람의 주소, 성명을 기록한다.

4 무인우체국 우편물의 수집과 처리

1. 무인우체국 접수 · 배달 통합기의 우편물 수집방법

(1) 우편물 수집 횟수와 시간은 영업일 기준 1회 이상으로 관할우체국장이 정한다.

(2) **우편물 수집업무 처리 기준**

① 일반통상, 등기통상, 일반소포, 등기소포로 구분하여 수집한다.

② 등기통상은 특급과 특급이 아닌 것을 구분하여 수집한다.

③ 등기소포는 같은 지역, 다른 지역, 제주지역으로 구분하여 수집한다.

(3) **접수함 만재 확인**

우편물류시스템을 이용해 무인우체국 접수함 운영현황을 조회하여 접수함이 가득 찼는지 확인한 후 우편물을 수집하여야 한다.

(4) **편마감**: 고지된 일 마감 시간 전에 수집 작업을 하였을 경우에는 편마감 처리한다.

(5) **일마감**: 일마감 처리 시간에 수집작업을 마쳤을 경우에는 일마감 처리한다.

(6) **마감 이후 우편물 처리**

① 일마감 처리 후 추가로 접수된 우편물을 수집한 경우에 그날 접수부서로 인계되어 배송작업 진행이 불가능할 때에는 편마감 처리한다.

② 일마감 처리가 끝난 상태에서 추가로 접수된 우편물이 일마감 처리에 포함될 수 있도록 하려면 일마감을 취소한 후 다시 일마감 처리한다.

제3절 우편물의 배달

02

참고 수취인과 수령인의 정의

- 수취인 : 우편물을 받는 사람으로 우편 송달계약의 수혜자
- 수령인 : 우편물 표면에 표시된 주소지에 있는 수취인 또는 그 외의 수취인에 준하는 사람

❶ 우편물 배달 흐름도

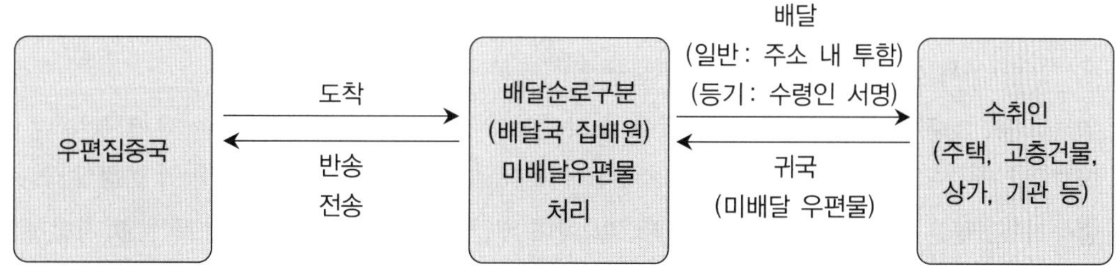

❷ 배달의 일반원칙

① 우편물은 그 표면에 기재된 곳에 배달한다. 다만, 대통령령으로 정하는 경우는 그러하지 아니한다.(「우편법」 제31조)

② 2인 이상을 수취인으로 정한 우편물은 그중 1인에게 배달한다.(「우편법 시행령」 제42조 제1항)

③ 우편사서함 번호를 기록한 우편물은 당해 사서함에 배달한다.(「우편법 시행령」 제42조 제2항)

④ 취급과정을 기록하는 우편물은 정당 수령인으로부터 그 수령사실의 확인(서명(전자서명 포함) 또는 날인)을 받고 배달하여야 한다.(「우편법 시행령」 제42조 제3항, 「우편법 시행규칙」 제28조)

❸ 우편물 배달 기준

(1) 일반통상우편물은 우편물이 도착한 날 순로 구분을 하여 다음날에 배달한다. 단, 순로구분기 설치국에 오후 시간대에 도착한 우편물은 도착한 다음날 순로 구분을 하여, 순로 구분한 다음날에 배달한다.

(2) 통상우편물(일반 · 등기)과 일반소포우편물은 접수한 다음날부터 3일 이내 배달하나, 도서 · 산간오지등 교통이 불편하여 우편물의 운송이 특히 곤란한 지역에 대하여는 지역별 또는 지역상호간에 적용할 우편물송달기준을 달리 정하여, 수집이나 접수한 날의 다음 날부터 8일 이내에 배달한다.(「우편업무규정」 제4조의3(도서 · 산간오지 등의 우편물 송달기준))

(3) 시한성 우편물, 익일특급 우편물, 등기소포 우편물은 배달국에 도착한 날 구분하여 당일 배달한다.

(4) 특수(등기)취급우편물의 배달은 2회 배달, 4일 보관 후 반환을 원칙으로 하며, 2회째 배달(재배달)의 경우 우편물의 표면에 표기된 수취인(배달되지 못한 우편물이 발송인에게 반환(반송)되는 경우에는 발송인)이 보관기간 내 우체국 영업일 중 특정일을 배달일로 정하여 우체국에 재배달 신청 시 1회에 한하여 실시한다. 단, 다음 각 호의 경우는 원칙의 예외로 하며, 예외 우편물의 2회째 배달은 수취인(반환하는 경우에는 발송인)의 신청이 없어도 우체국에서 재배달한다.

① **특별송달**: 3회 배달, 보관하지 않고 반환(반송)
② **맞춤형 계약등기(외화 제외)**: 3회 배달, 2일 보관 후 반환(반송)
③ **외화 맞춤형 계약등기**: 2회 배달, 보관하지 않고 반환(반송)
④ **내용증명, 보험취급(외화제외), 선거우편, 등기소포**: 2회 배달, 2일 보관 후 반환(반송)
⑤ **선택등기우편물, 복지등기통상우편물**: 2회 배달, 수취인 폐문부재 시 우편수취함 배달
⑥ **복지등기소포우편물**: 2회 배달, 수취인 폐문부재 시 주소지 문앞에 배달
⑦ 그 밖의 특별한 사유로 우정사업본부장이 정하는 경우
⑧ 그 밖의 특별한 사유로 관할지방우정청장이 정하는 경우

(5) 위 '(4)'에도 불구하고 통상집배구 수 등을 고려하여 우정사업본부장이 승인하는 우체국은 「우편물 배달기준 처리의 예외 고시」에서 정하는 바에 따라 배달 및 보관의 원칙을 달리하여 운영할 수 있다.

(6) 준등기우편물은 접수한 날의 다음날부터 3일 이내 배달한다. 다만, 특별한 사유로 관할 지방청장이 정하는 경우는 예외로 한다.

(7) 국제우편물은 「국제우편규정」 제23조 제1항에 따라 배달하되, 국제특급우편물의 배달은 국내특급우편물 배달의 예에 따름. 단, 도서지역 등 배달이 곤란한 지역일 경우, 국제특급우편물은 국내특급우편물 취급 예에 의하지 아니할 수 있다.

④ 배달의 우선순위

(1) 배달할 우편물량이 많아서 분할하여 배달할 때에는 다음 순서에 따라서 배달한다.

① **제1순위**: 기록취급우편물, 국제항공우편물
② **제2순위**: 준등기우편물, 일반통상우편물(국제선편통상우편물 중 서장 및 엽서 포함)
③ **제3순위**: 제1순위, 제2순위 이외의 우편물

(2) 제1순위부터 제3순위까지의 우편물 중 한 번에 배달하지 못하고 잔량이 있는 경우에는 다음편에서 다른 우편물에 우선하여 배달해야 한다.

5 배달의 특례

1. 동일건물 내의 일괄배달

① 같은 건축물이나 같은 구내의 수취인에게 배달할 우편물은 그 건축물이나 구내의 관리사무소, 접수처, 관리인에게 배달이 가능하다. 예 공공기관, 단체, 학교, 병원, 회사, 법인 등

② 관리사무소, 접수처, 관리인 등이 없는 경우에는 일반우편물은 우편함에 배달하고 우편함에 넣을 수 없는 우편물(소포 · 대형 · 다량우편물)과 부가취급우편물, 요금수취인부담우편물을 수취인에게 직접 배달한다.

2. 우편물의 사서함 교부

(1) 사서함우편물 교부방법

① 우편사서함에 교부하는 우편물은 운송편이나 수집편이 도착할 때마다 구분하여 즉시 사서함에 투입한다.

② 등기우편물, 요금수취인부담, 요금미납부족우편물과 용적이 크거나 수량이 많아 사서함에 투입할 수 없는 우편물은 이를 따로 보관하고, 우편물을 따로 보관하고 있다는 내용(사용자가 외국인인 경우에는 'Please, Contact the counter for your mail')의 표찰을 사서함에 투입한다.

③ 사서함 이용자가 사서함에서 안내 표찰을 꺼내 창구에 제출하면 담당자는 따로 보관하고 있는 우편물을 내어준다.

④ 등기우편물을 내줄 때에는 주민등록증 등 신분증으로 정당한 수령인(본인이나 대리수령인)인지 반드시 확인한다.

⑤ 전자서명방식(개인휴대용단말기(PDA), 펜패드(PENPAD) 등)으로 수령인의 서명을 받고 배달결과를 우편물류시스템에 등록한다.

(2) 사서함번호만 기록한 우편물은 해당 사서함에 정확하게 넣고 수취인에게 우편물 도착사실을 알려주며, 생물 등 변질이 우려되는 소포는 냉동 · 냉장고에 보관하였다가 수취인에게 내어준다.

(3) 사서함번호와 주소가 함께 기록된 우편물도 사서함에 넣을 수 있으며, 특별송달, 보험취급, 맞춤형 계약등기 우편물은 주소지에 배달한다.

(4) 우편사서함 번호를 기록하지 않은 우편물이라도 우편사서함 사용자에게 가는 우편물이 확실할 때에는 우편사서함에 투입 가능. 다만 특별송달, 보험취급, 맞춤형 계약등기, 등기소포 우편물은 사서함에 넣지 않고 주소지에 배달한다.

3. 보관우편물 교부

(1) 자국에서 보관 교부할 우편물이 도착하였을 때에는 해당 우편물에 도착날짜도장을 날인하고 따로 보관한다.

(2) 종이배달증의 처리

등기취급한 보관우편물은 배달증의 적요란에 '보관'이라고 적은 후 수취인에게 내어줄 때까지 보관한다.

(3) 우편물 교부

① '우체국보관'의 표시가 있는 우편물은 그 우체국 창구에서 수취인에게 우편물을 내어준다. 이때, 등기우편물은 정당한 수취인인지 확인한 후 수령인의 서명(전자서명 포함)을 받고 우편물을 내어주고 우편물류시스템에 배달결과를 등록한다.

② (1)의 따른 보관기간은 우편물이 도착한 다음 날부터 계산하여 10일로 한다. 다만, 교통이 불편하거나 그 밖의 사유로 수취인이 10일 이내에 우편물을 교부받을 수 없다고 인정될 때에는 20일의 범위 안에서 교부기간을 연장할 수 있다.

4. 수취인 청구에 의한 창구교부

① 집배원 배달 전이나 배달하지 못해 반송하기 전 보관하고 있는 우편물은 수취인의 청구에 의해서 창구 교부한다.

② 선박이나 등대로 가는 우편물에 대해서도 창구에서 교부한다.

5. 공동우편함 배달

교통이 불편한 도서・농어촌 지역, 공동생활 지역 등 정상적인 우편물의 배달이 어려울 경우, 마을 공동수취함을 설치하고 우편물을 배달한다.

6. 수취인 신고에 의한 등기우편물 대리수령인 배달

(1) 장기간 집을 비우는 경우나 많은 세대가 사는 아파트 같은 경우 수취인과 대리수령인의 신고를 통해서 '등기우편물 대리수령인'을 지정할 수 있다.

(2) 등기우편물 대리수령인 신고의 접수

① 등기우편물 대리수령인 지정・해지를 신고하는 사람이 '등기우편물 대리수령인 신고서'를 작성하여 수취인 관할 우체국이나 집배원에게 제출한다.

㉠ 수취인이 장기간 집을 비우는 경우에는 개별적으로 이웃주민 등을 대리 수령인으로 지정하여 대리수령인의 확인을 받아 접수한다.

㉡ 수취인이 빈번하게 부재하는 여러 세대가 공동으로 아파트 경비실(빌딩, 상가관리실) 근무자 등 특정인을 선정하여 세대주의 이름을 이어 쓴 뒤 대리수령인의 확인을 받아 우체국에 접수한다.

※ 수취인과 대리수령인 본인의 동의 필요

② 등기우편물 대리수령인 신고서를 접수할 때에는 다음 사항을 확인한다.

㉠ 수취인이 지정하는 등기우편물 대리수령인은 수취인 주소지와 같은 집배구(인접 집배구 가능) 내에 거주하고 사리를 분별할 수 있는 사람인가?

㉡ 대리수령인의 동의를 받은 것인가?

㉢ 주민등록증 등의 신분증에 따른 신고인의 신분 등

(3) 대리수령인 배달

① 신고인 주소로 가는 우편물 중 일반우편물은 원래 주소지에 배달하고 등기우편물은 1차 배달할 때 수취인 부재일 경우에만 지정된 대리수령인에게 배달한다.

참고 등기우편물 대리수령인에게 배달할 수 없는 우편물

특별송달, 배달증명, 내용증명, 보험등기(안심소포), 맞춤형계약등기(회신, 본인 지정)

㉠ 등기우편물을 대리수령인에게 배달한 경우에는 정당한 수취인에게 대리배달 사실을 문자메시지 등으로 안내한다.

㉡ 매일 낮 시간대에 부재일 경우 1차 배달할 때부터 대리수령인에게 배달하는 것도 가능하다.

② 대리수령인이 이사하였거나 대리수령을 거부하는 경우에는 그 사실을 신고서 빈곳에 적은 뒤 책임자가 확인하고 대리수령인 지정이 자동해지된 것으로 처리한다.

③ 대리수령인의 장기부재 등으로 대리수령인에게 배달이 불가능한 경우에는 부전지에 대리수령인에게의 배달이 불가능한 사유를 적어 우편물에 붙이고 일반적인 등기우편물 배달 방법에 따라 신고인에게 배달한다.

④ 등기우편물을 대리수령인에게 배달할 경우, 배달증 여백에 '대리'라고 기록하거나 우편물류시스템에 배달결과를 등록할 때 수취인과의 관계를 '대리수령인'으로 입력한다.

7. 수취인 장기부재시 우편물 배달

휴가 등으로 수취인이 장기간 집을 비울 때 등기우편물은 다음과 같이 배달할 수 있다.

(1) 주소지에 동거인이 있는 경우에는 그 동거인에게 배달한다.

(2) 수취인 장기부재신고서에 돌아올 날짜를 미리 신고한 경우

① 15일 이내 : 수취인이 돌아올 날짜의 다음날에 배달한다.

② 15일 이후 : "수취인장기부재"라고 표시한 후 반송한다.

8. 무인우편물보관함 배달

(1) 무인우편물보관함의 형태와 위치

① 무인우편물보관함은 수취인이나 수취인의 동의를 받은 사람만 수령할 수 있도록 기계적 · 전자적으로 수령이 가능한 것에 한정하여 배달한다.

② 무인우편물보관함은 영수증이나 모니터 화면 등 우편물 보관에 대한 증명자료가 제공되는 것에 한정한다.

③ 수취인이 우편물 배달을 신청하거나 동의한 무인우편물보관함은 수취인과 같은 집배구에 자리하고 있는 것에 한정하여 배달한다.

(2) 무인우편물보관함에의 배달 방법

① 수취인이 부재하여 무인우편물보관함에 배달할 때에는 수취인의 동의를 받은 후 배달해야 한다. 다만 사전에 수취인이 무인우편물보관함에 배달해 달라고 신청한 경우에는 수취인을 방문하지 않고 배달할 수 있다.

② 특별송달, 보험등기 등 수취인의 직접 수령한 사실의 확인이 필요한 우편물은 무인우편물보관함에 배달할 수 없다.

(3) 무인우편물보관함 배달 증명자료의 보관

① 우편물을 무인우편물보관함에 배달 후 무인우편물보관함에서 제공하는 영수증을 개인휴대용단말기(PDA)로 촬영하여 이미지로 보관한다.

② 영수증이 제공되지 않고 모니터로 보관내용을 표시하는 무인우편물보관함의 경우에는 모니터 화면을 개인휴대용단말기(PDA)로 촬영하여 보관 가능하다.

(4) **무인우편물보관함 배달사항의 기록**: 무인우편물보관함에 우편물을 배달한 경우 배달증 여백에 '무인우편물보관함'이라고 기록하거나 전산시스템에 '무인배달'이라고 등록한다.

참고 무인우편물보관함에 배달할 수 없는 우편물

- 보험취급우편물(「우편법 시행규칙」 제25조 제1항 제2호에 따른 우편물)
- 특별송달우편물(「우편법 시행규칙」 제25조 제1항 제6호에 따른 우편물)
- 착불배달우편물(「우편법 시행규칙」 제25조 제1항 제16호에 따른 우편물) 다만, 수취인에게서 착불요금을 받을 수 있는 경우에는 배달
- 계약등기우편물(「우편법 시행규칙」 제25조 제1항 제17호에 따른 우편물)로서 회신우편(「우편법 시행규칙」 제25조 제1항 제18호에 따른 우편물) 및 본인지정배달(「우편법 시행규칙」 제25조 제1항 제19호에 따른 우편물)을 부가취급으로 지정한 우편물
  ※ 관련고시 외 상하기 쉬운 소포우편물 등 무인우편물보관함에 부착된 '이용약관' 등에 고지되어 있는 배달제한우편물의 경우 주소지 배달을 원칙으로 함. 다만, 수취인의 동의를 받은 경우 무인우편물보관함에 배달 가능

9. 주거이전 우편물의 전송

(1) 주거를 이전한 우편물의 수취인이 주거이전 우편물 전송서비스를 신청한 경우, 서비스 기간 동안 표면에 구주소지가 기재된 우편물을 이전한 주소지로 전송한다.

(2) 우편물을 전송하는 때에는 주거이전 신고된 주소를 기재한 부전지를 해당 우편물에 붙여 관할 우체국으로 송부한다.

(3) 주거이전신고를 철회한 경우와 우편물 전송기간이 만료된 후에 도착하는 우편물은 발송인에게 반송한다.

(4) 우편물의 수취인이 해외 이주한 경우에는 우편물을 전송하지 아니하고 발송인에게 반송한다.

(5) 주거이전을 신고한 날부터 3개월이 경과하거나 우편물 전송 시 상당한 비용이 소요되는 경우 과학기술정보통신부장관이 정하여 고시하는 수수료를 수취인에게 내게 하고 우편물을 전송한다.

① 주거이전을 신고한 날부터 3개월이 지난 후에 도착하는 우편물을 수취인이 받기를 신고한 경우

② 수취인이 주거를 이전한 곳으로 우편물을 전송하는 데 상당한 비용이 소요되는 경우

(6) (5)에 따라 수수료를 내고 우편물을 전송받는 자가 해당 전송기간 중 철회를 요청할 경우에는 납입한 수수료에서 사용기간에 해당하는 금액을 일할 계산하여 공제하고 남은 금액을 반환하여 준다.

10. 수취인의 배달장소 변경

우편물 표기 주소지에서 우편물 수령이 어려운 등기우편물의 수취인이 배달장소 변경을 신청한 경우 수취인이 지정한 수령지로 배달한다.

6 고층건물 내 우편물의 배달

1. 고층건물 우편수취함의 설치

① 3층 이상인 건축물의 소유자나 관리인은 해당 건축물의 출입구에서 가까운 내부의 보기 쉬운 곳에 그 건축물의 주거시설, 사무소, 사업소별로 규격에 맞는 우편수취함을 설치하여야 한다. 다만, 건물 구조상 한 곳에 전부를 설치하기가 곤란한 경우에는 3층 이하의 위치에 3개 장소 이내로 분리하여 설치할 수 있다.

※ 건축법시행령 제87조(건축설비 설치의 원칙) ⑧ 건축물에 설치하여야 하는 우편수취함은 「우편법」 제37조의2의 기준에 따른다.

② 설치대상 건물로서 1층 출입구, 관리사무소, 경비실 등에 우편물 접수처가 있는 경우에는 우편수취함을 설치하지 않을 수 있다.(「우편법 시행규칙」 제131조)

2. 주소지 배달

(1) 우편수취함 배달

① 관리사무실이나 경비실 등이 없는 고층건물 내에 배달되는 일반우편물은 해당 건축물에 설치된 우편수취함에 배달한다.

② 우편수취함에 투함된 우편물은 장기간 방치 여부와 관계없이 그대로 두되, 고객이 요청하거나 이사 등으로 수취인이 없음을 확인하였을 경우에는 반송 처리한다. 다만, 우편수취함 주변에 방치된 우편물은 반송함에 투함하여 반송처리기준 예에 따라 처리한다.

(2) 수취인 직접 배달(「우편법 시행규칙」 제134조)

부가취급우편물, 요금수취인부담우편물, 양이 많거나 부피가 커서 고층건물 우편수취함에 넣을 수 없는 우편물은 수취인에게 직접 배달한다.

3. 관리사무소 등 일괄 배달

① 고층건물 내의 우편물은 우편수취함이나 수취인에게 직접 배달을 원칙으로 하되 같은 건축물 또는 같은 구내의 수취인에게 배달할 우편물은 그 건축물이나 구내의 관리사무소, 접수처, 관리인에게 배달할 수 있다. 다만, 보험등기(통화, 유가증권, 물품), 특별송달, 맞춤형 계약등기 등은 수취인에게 직접 배달하여야 한다.

② 등기로 취급하는 우편물은 수령인에게서 그 수령 사실의 확인을 받고 배달하여야 한다.

※ 등기우편물을 대리수령인에게 배달한 경우에는 정당 수취인에게 대리배달 사실을 문자메시지 등으로 안내함

※ 등기통상의 경우, 수취인이 알림톡, 전화 등을 통해 경비실, 관리사무소를 배달장소로 지정했다 하더라도 동 장소 근무자와 사전에 협의된 경우에 한하여 배달 가능함

4. 우편물 반송함의 설치

① 건축물 소유자는 공동주택(아파트, 연립, 빌라, 다가구 주택 등), 상가, 빌딩 등의 건축물에 우편수취함이 한 장소에 2개 이상 설치되어 있는 곳에는 우편물 반송함을 1개 이상 설치하여야 한다.(각 세대별 또는 우편수취함이 1개 설치되어 있는 개인주택 등에는 반드시 설치할 필요 없음)

② 우편물 반송함의 규격은 고층건물용 우편수취함 규격에 따른다.

5. 우편물 반송함에 투함된 우편물의 처리(「우편업무 규정」 제397조 제2항)

① 반송함에 투함된 우편물 중 반송(사유)의 표시가 있는 우편물은 즉시 전송하거나 반송 처리한다.

② 반송(사유)의 표시가 없는 우편물은 오배달 사례를 방지하기 위하여 봉투 표면 여백 또는 접착식 메모지 등에 날짜 및 반송사유 표기를 요청하는 내용을 기록하여 1회에 한하여 해당 우편함에 재투함하거나, 또는 수취인에게 문의한 후 반송처리한다.

6. 우편수취함을 설치하지 않았을 때의 보관 교부(「우편법 시행령」 제51조)

① 우편수취함을 설치하여야 하는 건축물에 우편수취함 또는 우편물 접수처를 설치하지 아니하였을 때에는 일반통상과 보통소포우편물에 한정하여 배달우체국에서 보관교부할 수 있다.

② ①의 경우 배달우체국에서는 보관교부 실시일 5일 전까지 건물관리인과 입주자에게 우편수취함 설치를 촉구하고 다음 내용의 우편물 보관교부 통지서를 발송한다.

예시 고층건물 우편물 보관교부 통지서

고층건물 우편물 보관교부 통지서

수신 ○○○ 귀하

귀하(사)께서 입주(관리)하고 있는 건물에는 「우편법」 제37조의2와 같은 법 시행령제50조에서 정한 바에 따라 우편수취함을 설치하지 아니하였으므로(훼손하였으므로) 같은 법 시행령 제51조 제2항에 따라 20 년 월 일부터 귀하(사)께 가는 일반통상과 보통소포 우편물을 다음과 같이 우리국에서 보관하겠으니 오셔서 수령해 가시기 바랍니다.다만 보관교부 실시 일까지 우편수취함을 설치(보수)하면 배달하여 드리겠습니다.

1. 보관 장소: ○○우체국 우편물류과 ○○실
2. 우편물 수취방법
   가. 대표자를 선정하여 수취하여도 무방함
   나. 주민등록증 지참
3. 보관기간: 우편물이 도착한 다음 날부터 10일간
4. 제3호의 보관기간이 경과하여도 우편물을 수취하지 아니하시면 발송인에게 반송하겠습니다.

○ ○ 우 체 국 장 직인

시행 우편물류과-24 (2024.12.09.) 접수 ( )
㉾ 03187 서울시 종로구 종로 6 / 110.epost.go.kr
전화 02-222-1234 / 전송 02-222-1235 / /비공개

③ 보관교부 실시일 이후에 도착하는 우편물은 해당 우편물에 도착날짜도장을 날인하여 날짜별로 묶어서 안전한 장소에 보관

④ 보관 교부할 우편물의 보관기간은 도착한 날의 다음 날부터 10일로 하며 이 기간이 경과하여도 우편물을 수취하지 않을 때에는 '보관기간 경과하여 반송'이라 표시하고 발송인에게 반송

7 무인우체국 우편물의 배달

1. 취급가능 우편물

(1) 대상우편물

1) 수취인 주소가 무인우체국 배달함으로 기록된 우편물

① 서비스 가입고객: 보통소포, 등기통상, 등기소포우편물

② 서비스에 가입하지 않은 고객: 등기통상, 등기소포우편물

2) 수취인이 부재할 때는 무인우체국에 배달하기로 수취인에게서 배달 동의를 얻은 등기통상과 등기소포우편물

※ 소포우편물은 우편상자 5호 이하와 30kg 이하인 경우에만 배달

(2) 서비스 제외 우편물

① 보험취급, 특별송달, 계약등기(회신, 본인지정)우편물 등 우정사업본부 고시 제2022-32호에서 규정한 무인우편물 보관함에 배달할 수 없는 우편물

② 국제우편물(국제통상 · 국제등기 · 국제소포 · EMS 등)

2. 처리절차

(1) 우편물 배달 절차

① 회원번호 입력은 서비스 가입자 우편물을 배달하는 경우에만 입력한다.

② 부재중 우편물 배달이나 서비스 미가입자인 경우 비회원배달을 선택한다.

③ 무인우체국의 배달함에 우편물을 넣고 닫으면 배달완료로 자동 처리된다.

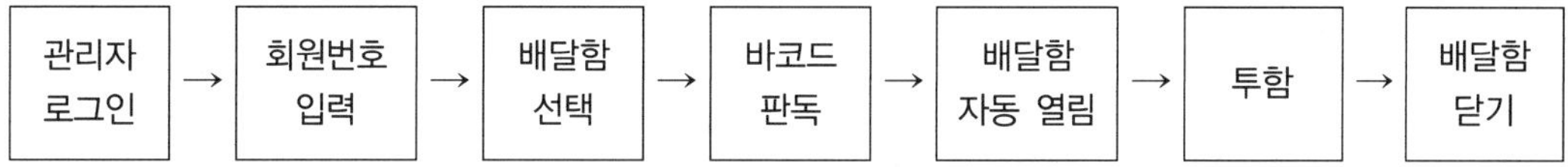

(2) 우편물을 배달 처리할 때의 유의사항

① 수취인의 주소가 무인우체국으로 기록된 우편물은 무인우체국 배달함에 배달한다.

※ 부패 우려가 있는 소포우편물은 수취인의 동의를 얻은 후 배달

② 서비스 가입회원의 회원번호와 회원명이나 관계인명이 일치하는 우편물만을 배달한다.

③ 고객 부재 우편물을 무인우체국 배달함에 배달하려는 경우에는 고객과의 통화 등 동의를 얻은 후 배달한다.

④ 서비스에 가입하지 않은 회원 접수 우편물과 고객부재 우편물 중 등록 · 확인이 된 이동전화번호가 유효하지 않은 우편물은 반송 처리한다.

⑤ 무인우체국 배달함에 배달 요청된 착불우편물은 배달 직전까지 착불 요금이 수납 완료된 경우에 배달 가능하다.

⑥ 배달함이 부족한 경우, 고객의사를 확인하여 수취인의 관내 주소지나 관할 우체국에 배달한다.

⑦ 배달함 부족으로 관할 우체국에 배달한 경우, 무인우체국에 여유 배달함이 생기면 우선적으로 무인우체국 배달함에 배달한다.

⑧ 특별소통기간에 배달함이 부족한 경우, 수령인의 관내 주소지로 우선 배달하고, 이때 고객의사 확인 절차는 생략 가능하다.

⑨ 특별송달 등 배달제한 우편물은 수령인의 관내 주소지로 배달

⑩ 배달함에 배달한 후 3일 이내에 우편물을 받지 않았을 때에는 '반송'처리하고, 이때 재배달 · 전송 · 보관기간 연장은 불가하다.

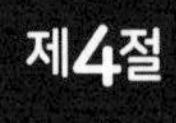

제4절 등기취급(부가취급 특수취급) 우편물의 배달

❶ 정당 수령인

① 우편물 표면에 기재된 주소지의 수취인이나 동거인(같은 직장 근무자 포함)

② 같은 건축물 및 같은 구내의 관리사무소, 접수처, 관리인

③ 대리수령인으로 지정되어 우편관서에 등록된 사람

④ 수취인과 같은 집배구에 있고 수취인의 배달동의를 받은 무인우편물보관함

❷ 수령인의 확인

① 등기로 취급하는 우편물을 수취인이나 그 대리인에게 배달(교부)할 때에는 수령인에게 확인(전자서명 포함)을 받아야 한다.

② 수령인의 확인 방법은 수령인이 인장을 날인하거나 수령인 성명을 직접 자필로 기록하게 하며(외국인 포함), 수령인이 본인이 아닌 경우에는 수취인과의 관계를 정확히 기록하여야 하고, 실제 우편물을 수령한 수령인을 반드시 입력한다.

※ 대리인이 수령할 때 수취인 이름(표면에 기록된)으로 서명금지(주민등록번호와 수령인 얼굴 등 사진촬영 금지)

③ 수령인이 한글 해독 불가능자 또는 기타의 사유로 서명이 불가능한 경우에는 우편물 여백에 인장이나 지장을 날인하게 한 후 PDA에 장착된 카메라로 촬영하여 수령 확인한다.

④ '무인우편물 보관함'에 배달하는 경우에는 '무인우편물 보관함'에서 제공하는 배달확인이 가능한 증명자료(영수증 또는 배달완료 모니터 화면)를 PDA(개인휴대용단말기)에 장착된 카메라로 촬영하여 수령사실을 갈음할 수 있다.

❸ 우편물 배달처리 기준 → 「❸ 우편물 배달 기준」(123p) 참조

❹ 우편물 도착 안내

등기우편물을 수취인 부재 등의 사유로 배달하지 못한 경우와 대리수령인에게 배달한 경우에는 "우편물 도착안내서"를 수취인이 잘 보이는 장소에 부착하거나 메시지 서비스(문자 메시지, 카카오톡, 포스트톡 등)를 통해 수취인에게 우편물 도착사실을 알린다.

❺ 보험취급 우편물의 배달

1. 통화등기우편물

(1) 취급 시 유의사항

① 통화등기 송금통지서와 현금 교환업무 취급 시 반드시 참관자를 선정하여 서로 확인하고 봉투의 표면에 처리자와 참관자가 확인하여 날인한다.

② 국내특급으로 취급된 통화등기 우편물이 현금출납업무 마감시간 이후(또는 공휴일・토요일・일요일)에 도착했을 때는 시간외 현금 중에서 대체하여 배달하고, 시간외 현금이 없으면 다음날 현금출납업무 시작 즉시 처리한다.

③ 통화등기 우편물을 배달할 때에는 수취인으로 하여금 집배원이 보는 앞에서 그 우편물의 내용물을 확인하게 하여 내용금액과 표기금액을 서로 비교 확인한다.

(2) 통화등기 우편물의 반송 및 전송

① 반송 또는 전송하는 곳을 관할하는 집배국 앞으로 송금통지서 및 원부를 발행하여 우편물에 넣은 후 반송 또는 전송한다.

② 송금통지서 및 원부의 금액란 말미와 송금액 수수부 비고 란에는 '반송' 또는 '○○국 전송'이라 표시한다.

(3) 반송불능 통화등기 우편물: 통화를 넣은 상태로 반송불능우편물로 처리한다.

2. 물품등기우편물

(1) 배달 시 유의사항

① 우편물을 확인하지 않고, 수취인에게 봉투와 포장상태의 이상유무만 확인하게 한다.

② 이후 사고발생으로 인한 민원발생 및 우편서비스 품질이 저하되는 사례가 없도록 유의한다.

3. 유가증권등기우편물

(1) 배달 시 유의사항

① 수취인에게 겉봉을 열어 확인하게 한 후 표기된 유가증권 증서류명, 금액, 내용을 서로 비교 확인한다.

② 관공서, 회사 등 다량의 등기우편물 배달 시 유가증권 등기우편물이 포함된 사실을 모르고 상호대조 확인 없이 일괄 배달하는 사례가 없도록 유의한다.

4. 안심소포 우편물

(1) 배달 시 유의사항

① 배달국에서는 안심소포가 도착하면 집중국에서 알려준 정보를 가지고 신속히 골라내어 배달부서로 넘긴다

② 집배원 등 배달업무 담당자는 수취인에게 전화하여 1회에 배달이 성공할 수 있도록 조치한다.

③ 배달할 때에는 안심소포의 포장 상태, 파손, 무게 상이 등을 고객에게 확인하게 한 후 배달한다.

6 증명취급 우편물의 배달

1. 내용증명우편물의 배달(「우편법 시행규칙」 제52조~제55조)

(1) 발송인이 수취인에게 어떤 내용의 문서를 언제 발송하였다는 사실을 우편관서가 공적으로 증명하는 등기우편물을 말한다.

(2) 내용증명우편물을 반송할 때의 유의사항

① 수취인 주소가 불분명하더라도 해당 주소지 또는 인근을 반드시 방문하여 확인한 후 반송한다.

② 배달할 수 없는 우편물은 수취인이나 발송인의 연락처가 기록된 경우에는 미리 전화로 확인한 후 반송 조치한다.

참고 내용증명우편물의 반환청구

- 일반적인 방법에 의해 처리하되, 발송인이 아닌 접수국으로 반송하여야 함
- 접수국에서는 원본 및 등본 2부 모두에 반환청구 사유와 교부 명세를 적고 우체국 보관 등본에는 청구서 사본을 첨부하여 보관함

2. 배달증명우편물의 배달

(1) **개요**: 수취인에게 우편물을 배달하거나 교부한 경우 그 사실을 우체국에서 증명하여 발송인에게 알려주는 우편 서비스

(2) 배달증명서의 출력

① 배달증명서는 배달증명우편물 발송인 주소지 관할 집배국에서 출력하며 출력기준일은 배달 완료 등록 후 D+2일 이다.

② 배달증명서는 우편물 발송 시 발급 신청할 수 있을 뿐만 아니라 우편물 발송 후라도 전국 우체국 창구에서 발급이 가능하므로 우편물 배달 시 배달결과(수령인명 · 관계 등)를 정확히 입력해야 한다.

(3) 배달증명우편물의 전송 및 반송

① 주거이전 신고된 배달증명우편물은 이사 간 주소로 전송처리 하여야 하며, 전송된 우편물을 배달할 경우 정당한 주소와 본인 여부를 확인하여 배달한다.

② 배달증명우편물이 반송되었을 때에는 반송우편물 처리 방법에 따라 처리한다.

제5절 특급취급 우편물의 배달(익일특급)

1 개요 (「우편법 시행규칙」 제61조, 「우편업무 규정」 제350조~제354조)

등기취급을 전제로 관할 지방우정청장이 고시하는 지역 사이에서 주고받는 긴급한 우편물을 통상의 송달방법보다 더 빠르게 약속한 시간 내에 배달하는 제도이다.

2 배달기한

① 접수한 다음 날까지 수취인에게 배달한다.

② 취급지역은 관할 지방우정청장(규칙 제61조 제6항)이 고시하되, 접수한 날의 다음 날까지 배달이 곤란한 지역에 대해서는 별도로 추가일수를 더하여 고시한다.

③ 우체국 축하카드, 온라인환, 민원우편은 익일특급으로 처리한다.

3 재배달 · 전송 · 반송 처리

① 재배달할 우편물은 2회째에는 가장 빠른 방법으로 배달한다.

② 수취인 부재 시에는 재방문 예정시각을 기재한 '우편물 도착안내서'를 주소지에 부착하고 수취인이 전화 등으로 재배달을 요구할 경우 재배달한다.

③ 특급우편물을 전송하거나 반송하는 경우에는 전송 또는 반송하는 날의 다음 근무일까지 배달한다.

제6절 그 밖의 부가취급우편물의 배달

❶ 특별송달우편물의 배달

(「우편법 시행규칙」 제62조 · 제63조, 「우편업무 규정」 제362조~제368조)

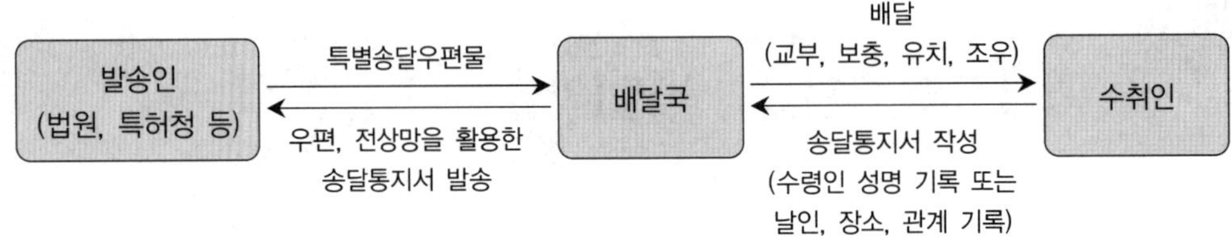

1. **정의**: 민사소송법이 정하는 방법으로 송달하여야 할 서류를 내용으로 하는 등기통상 우편물을 배달하고, 배달한 사실은 우편송달통지서 등을 통하여 발송인에게 알려주는 서비스

2. **배달절차**

① 특별송달우편물을 배달하는 때에는 우편송달통지서의 해당란에 수령자의 서명(자필 성명 기재)이나 도장 또는 지장을 받아야 한다.(전자서명 포함)

② 특별송달우편물의 수취인이 부재 시에는 그 사무원, 고용인 또는 동거자에게 배달하여야 한다.

③ 수취인이 일시 부재중이고 사리를 판별할 수 없는 나이가 어린 사람만 있는 경우에는 다음편에 다시 배달하여야 한다.

④ 군부대 또는 선박에 있는 자와 교도소 또는 구치소에 수감된 자에게 배달하는 특별송달우편물은 그 기관의 장 또는 접수처에 배달하여야 한다.

⑤ 특별송달우편물을 수령할 사람이 수령을 거절하는 경우에는 해당 특별송달우편물을 수령할 사람이 보는 곳에 두고 올 수 있다.

⑥ 그 밖의 특별송달우편물의 배달에 관한 사항은 대법원 “재판예규 제943-21호”를 따른다.

⑦ 1차 배달한 때에 수취인이 부재한 경우: 우편물 도착안내서를 발행하여 부착하고, 다음 근무일에 다시 배달하되, 총 3차까지 배달을 실시한다.(우편물 도착안내서는 2차 때까지 발행하여 부착함)

⑧ 3차 때까지도 수취인이 부재하여 배달하지 못한 경우 2일간 보관하지 않고 3차 배달일 다음 근무일 최선편으로 반송처리한다.

⑨ 재배달 기간 중 수취인이 우체국을 방문하여 수령하려 할 경우에는 우체국에서 보관하였다가 교부하되, 이 경우에는 본인만 수령할 수 있다.

※ 위임장 등 그 밖의 서류를 가지고 올 경우에도 본인이 아닌 경우에는 내어줄 수 없으므로 우체국 방문수령을 희망할 경우에는 본인만 수령가능함을 설명(조우송달 참조)

⑩ 배달결과는 반드시 배달한 그날에 전산 입력하며 정확하게 등록한다. 전산 등록한 배달결과는 다음 날 00시 00분을 기준으로 법원 재판사무시스템으로 자동 전송되며, 기전송된 건의 배달결과를 수정하더라도 법원 재판사무시스템 에는 반영되지 않는다.

※ 비록 재판사무시스템에는 반영되지 않는다 하더라도 민원 예방 등을 위하여 우편물류시스템에는 배달결과를 정상적으로 수정 등록해야 함

⑪ 특별송달우편물 표면에 '본인 외 배달금지', '배우자에게 주지 마세요' 등의 문구가 적혀 있는 경우에는 반드시 우편물 표면에 기록된 내용에 따라 배달한다.

※ 특히, 가정법원에서 발송하는 우편물은 이혼소송, 친족확인 등 주로 가족관계와 관련된 서류로 배달대상에 대한 제한이 많으므로 가정법원에서 발송한 우편물에 대해서는 우편물 표면의 기록사항을 확인 후 배달해야함

3. 송달방법의 종류

(1) 교부송달(「민사소송법」 제178조, 제183조)

① 교부송달은 우편물 표면에 기록된 주소지에서 수취인이나 이에 준하는 사람에게 배달하는 경우를 말한다.

※ 특별송달우편물 배달의 기본원칙임

② 교부송달에서 수취인에 준하는 사람은 미성년자, 법인, 피구속자 등 예외적인 경우로서 법령으로 지정된 정당한 수취인을 말한다. (「민사소송법」 제179조~제182조)

◎ 수취인에 준하는 사람

수취인	정당 수령인
미성년자, 피성년후견인, 피한정후견인, 피특정후견인	법정대리인(친권자, 후견인)
법인(회사)	법인(회사)의 대표자
국가를 대상으로 한 소송	검찰청 검사장이나 소송수행자
피구속자	구속된 교도소장(구치소장)
군사용의 청사	청사의 장
선박에 속하는 사람	선박의 선장

※ 위의 경우 대부분 우편물 표면에 수취인 외 추가로 정당한 수취인이 기록되어 있음

(2) 보충송달(「민사소송법」 제186조 제1항, 제2항)

① 보충송달은 우편물에 표기된 주소지에서 수취인을 만나지 못하여 배달할 수 없을 때 그 사무원, 고용인, 동거인 등에게 배달하는 것으로 수취인을 대신할 수 있는 사람에게 배달하는 경우를 말한다.

② 보충송달의 수령자는 소송서류를 수취인을 대신하여 수령할 수 있는 사람으로, 그 정당한 수령자의 범위는 상당히 제한적이다.

※ 「우편법」의 동거인, 회사동료의 범위와는 다르므로 보충송달의 정당한 수령인 여부를 철저히 확인한 후 배달해야 한다.

◎ **보충송달의 정당한 수령인**

구분	정당 수령인
사무원	• 법인의 대표자에 속한 사무소, 영업소 근무자 • 수취인, 무능력자, 송달영수대리인의 사무원
고용인	• 수취인의 업무 보조자로서 사무원이 아닌 사람 – 수취인이 고용한 경비원, 수위, 관리인, 청소부, 가정부, 운전기사
동거인	• 생계를 같이하는 같은 세대 거주자

③ 보충송달을 하는 경우에 동거인의 나이 제한은 없으나, 법원에서 누구에게 보내는 편지라고 말하여 그 취지를 이해하는 정도(초등학교 5~6학년 이상)이면 가능하다.(「대법원 재판예규」제712호 라. 수령대행인에 대한 보충송달 ③동거인)

(3) 유치송달(「민사소송법」 제186조 제3항)

1) 유치송달은 수취인 본인이나 그 사무원, 고용인, 동거인(보충송달이 가능한 사람)이 정당한 사유 없이 수령을 거부할 경우 송달장소에 특별송달우편물을 두고 오는 경우를 말한다.

2) 유치송달을 할 수 없는 경우

① 수취인의 장기 부재 등으로 대리수령자가 우편물을 수취인에게 전달할 수 없는 경우

㉠ 수취인이 행방불명일 때

㉡ 교도소나 구치소에 수감 중일 때

㉢ 군 복무 중일 때

② 우편물 표면의 주소지에 수취인이 거주하지 않을 경우

③ 주소지에서 만난 사람이 보충송달 대상이 아닌 경우

(4) 조우송달(「민사소송법」 제183조 제3항, 제4항)

① 조우송달은 우편물의 표면에 기록된 주소지가 아닌 곳에서 수취인 본인을 만나 배달하는 경우를 말한다.

※ 우체국 창구에서 교부하는 경우도 조우송달의 하나임

② 조우송달은 수취인 본인에 한정하며, 신분증으로 본인 여부를 확인한 후 자필서명을 받고 배달하되, 배달장소를 배달특이사항란에 기록한다.

※ 우체국 창구에서 교부한 경우 배달장소를 '우체국 창구'로 기록

③ 우체국 창구에서 내어줄 때는 수취인의 위임장, 인감증명서, 신분증 등을 지니고 오더라도 동거인, 사무원 등에게는 내어줄 수 없다.

※ 법원 소송서류의 대리 수령은 「민사소송법」에서 규정한 송달영수인제도만 허용하고 있으며, 「민법」에서 규정한 대리인의 규정은 적용되지 않음

※ 수취인과 관계가 없는 도로, 건물 앞에서는 조우송달을 지양함

4. 반송처리 방법과 절차

① 3차 배달 시도에도 수취인이나 동거인 등을 만나지 못하는 등 배달할 수 없는 사유가 발생한 경우에는 우편물의 앞 표면에 미배달날짜도장(반송날짜도장)을 날인하고 그 사유를 표기한 후 법원으로 반송 처리한다.

※ 최초에 반송불필요 우편물로 접수되었을 경우 그에 따라 처리함 (→ 157p '8. '반송불필요' 표시가 적힌 우편물의 처리' 참조)

※ '반송불필요'와 '반송불요'는 동일한 의미로 이하 혼용함

◎ **배달하지 못한 이유(반송사유)**

반송 사유	배달하지 못한 이유
수취인부재	수취인이 장기 여행 중, 군 입대 복무 중, 교도소 수감 등으로 현재 부재중인 경우 (장기부재만 해당)
폐문 부재	우편물에 표기된 주소지에 문이 잠겨 있고 아무도 있지 않은 경우
수취인불명	우편물에 표기된 주소지에서 수취인이 누구인지 알 수 없는 경우
주소 불명	• 도로명주소의 도로명과 건물번호 등을 적지 않았거나 잘못 적어 수취인을 찾을 수 없는 경우 • 지번 주소에 '동'이나 '리'만 표시하고 번지를 적지 않은 경우 • 같은 번지에 호수가 많아서 주소 확인이 어려운 경우 • 같은 번지에 같은 호수가 많아 통반을 알지 못해 수취인을 찾을 수 없는 경우
이사 불명	수취인이 이사하였는데 이사 간 주소를 모르는 경우

※ 등기우편물의 반송사유와 다른 것은 수취인부재와 폐문부재로 일반 등기우편물에서는 수취인부재를 더 넓은 의미로 사용하나, 특별송달우편물에서는 '폐문부재'를 더 광범위하게 사용

5. 특별송달우편물을 배달할 때의 유의사항

① 다른 우편물과 섞이지 않도록 분리하여 별도로 배달한다.

② 우편물류시스템의 '배달특이사항'란은 법적 다툼이 예상되는 송달우편물의 보충자료 구실을 하는 중요한 사항으로 적극 활용하되 유용한 정보가 입력되도록 해야 한다.

③ 우체국 창구에서 교부할 때에는 배달결과를 반드시 그날 전산 입력한다.

④ 수령인명, 배달일자, 관계 등 법원 송달 규정을 준수하고 배달결과를 정확히 입력한다.

⑤ 개인휴대용단말기(PDA)로 수령인의 서명을 받아 정상적으로 배달하였으나 이미지가 삭제된 경우 수취인에게 다시 서명을 받거나, 다시 서명하기를 거부할 경우 실제 배달 사실을 우편물류시스템의 '배달특이사항'란에 입력한다.

❷ 계약등기우편물의 배달(「우편업무 규정」 제127조의2)

1. 개요

등기취급을 전제로 우체국장과 발송인과 별도의 계약에 따라 접수한 통상우편물을 배달하고, 배달결과를 발송인에게 전자적 방법 등으로 알려주는 부가취급 제도이다.

2. 배달방법

(1) 계약등기의 일반적인 배달방법은 등기취급 우편물의 배달 규정에 따라 처리하되 배달서비스 수준을 제고하기 위하여 지속적으로 노력한다.

(2) 배달국에서는 개인휴대용단말기(PDA)를 활용하여 배달결과 정보를 100% 등록한다.

① 우편물 배달명세는 고객이 요구할 때 제공해야 하는 정보이므로 결과를 반드시 등록하고 우편물류시스템에 전송해야 한다.

* 배달명세: 배달일자, 수령인, 수취인과의 관계, 서명이미지 등

② 특히, 배달국 책임자는 서명이미지 등록 여부를 수시로 확인하고, 배달결과 등록 상황을 철저히 관리한다.

(3) 계약등기우편물 우편주소 정보제공 서비스 제공 시 부가취급수수료가 추가되므로 배달결과를 입력할 때 '전송'과 '반송' 구분에 유의하여 그날에 정확하게 입력한다.

참고 계약등기 부가취급 서비스의 종류

- 착불배달(요금수취인지불): 계약등기 우편물에 대하여 그 요금을 배달할 때 수취인에게서 받는 부가취급 제도
- 회신우편: 등기취급을 전제로 우체국과 발송인과 별도의 계약에 따라 수취인을 직접 만나서 우편물을 배달하면서 서명이나 도장을 받는 등 응답이 필요한 하는 사항을 받거나 서류를 넘겨받아 발송인이나 발송인이 지정하는 자에게 회신하는 부가취급 제도
- 본인지정배달: 우편물을 수취인 본인에게만 배달하여 주는 부가취급 제도
- 우편주소 정보제공: 이사 등 거주지 이전으로 우편주소가 바뀐 경우 우편물을 바뀐 우편주소로 배달하고, 수취인의 동의를 받아 발송인에게 바뀐 우편주소정보를 제공하는 부가취급 제도
- 반송수수료 사전납부: 발송인이 계약관서와의 계약에 따라 미리 우편물을 접수할 때 우편요금과 반송률을 적용한 반송수수료를 합산하여 사전 납부하는 부가취급 제도
- 전자우편 연계: 우편물 제작과 관련하여 발송인이 요구하는 서비스를 집중국 내 전자우편 제작센터 등과 연계하여 우편물 제작편의를 제공하는 서비스

(4) **수령인 범위 제한**: 수령인의 범위는 '본인지정배달' 선택 여부에 따라 변경된다.

① 경비실·관리실·문서실 등에 배달은 원칙적으로 불가하다.

② '본인지정배달' 선택 또는 우편물 특성상 수령인 범위가 제한된 우편물에 대해서는 제한된 범위의 수령인에게만 배달한다.

③ 수령인 미지정 우편물은 일반 등기우편물의 배달 범위에 대한 기준을 적용한다.

(5) 배달결과는 우정정보관리원에서 5년간 전산시스템에 보존한다.

※ 다만, 보험실효예고통지서의 배달결과는 10년간 보존함

참고 등기우편물의 배달결과 보존 기한

- 공통: 1년
- 내용증명 우편물: 3년
- 계약등기 우편물(보험실효예고통지서 제외): 5년
- 계약등기 우편물 중 보험실효예고통지서: 10년

3. 외화 현금배달: 계약등기우편물의 한 종류로, 우체국과 금융기관과의 계약을 통해 외국통화(현물)를 고객에게 직접 배달하는 서비스

(1) **배달범위**: 본인에 한하여 배달 가능하며 신분증을 꼭 확인하여야 한다.

(2) **배달방법**

① 수취인으로 하여금 집배원이 보는 앞에서 당해 우편물을 열어 내용물의 금액이 맞는지 확인하게 하여야 한다.

② 2회까지 미배달 시 보관처리 없이 즉시 반환(반송)한다.

③ 보험취급, 본인지정, 익일특급 서비스가 부가취급되어 있다.

❸ 민원우편물의 배달 (「우편법 시행규칙」 제25조, 「우편업무 규정」 제167조)

1. 개념

국민들의 일상생활에 필요한 각종 민원서류를 관계기관에 직접 나가서 발급받는 대신 우편이나 인터넷으로 신청하고 그에 따라 발급된 민원서류를 등기취급하여 민원우편 봉투에 넣어 일반우편물에 우선하여 송달하는 부가취급 제도

2. 민원우편물의 배달

① 민원(발송이나 회송)우편물이 도착하면 익일특급에 준하여 배달한다.

② 수취인 부재 등의 사유로 배달하지 못하여 다시 배달하는 경우와 배달하지 못한 우편물을 반송하거나 전송하는 경우 모두 익일특급으로 처리한다.

❹ 착불배달우편물의 배달

1. 개요

등기취급 소포우편물과 계약등기우편물의 우편요금 등을 수취인이 지불하도록 발송인이 수취인의 승낙을 얻은 등기우편물을 말한다.

2. 착불배달우편물을 배달할 때의 처리 방법

(1) 오전에 도착하는 착불소포는 골라내어 전담요원을 지정하고 책임자가 철저히 관리한다.

(2) 집배원은 해당 우편물을 수취인에게 배달하고 우편요금을 징수한 다음 영수증을 교부한다.

① 수취인에게서 징수한 우편요금은 즉시납부 처리한다.

② 요금후납승인을 받은 고객은 후납처리 한다.

3. 착불배달우편물의 반송

(1) 수취인이 수취를 거부하는 경우 착불배달우편물 표면에 반송날짜도장을 날인하여 발송인에게 반송 처리한다.

(2) '착불'로 접수한 소포와 계약등기 우편물이 반송된 경우에는 발송인으로부터 반송 취급수수료와 소포요금을 징수하여 즉시납부 처리하고 착불수수료를 징수하지 않는다. 다만, 맞춤형 계약등기는 우편요금만 징수한다.

❺ 준등기우편물의 배달

① **개요**: 우편물의 접수에서 배달 전(前) 단계까지의 취급과정을 기록하는 우편물의 취급 제도

② 담당집배원은 일반통상우편 취급방법과 동일하게 준등기 우편물을 수취함 등에 투함하고, 배달 결과를 PDA로 등록한다.

③ 배달과 등록 시 '수취함'(기본 값으로 설정됨)과 '기타' 중에서 선택하여 결과를 등록하고, '기타'를 선택 시에는 '수취함' 이외의 실제 배달장소를 집배원이 직접 입력한다.

④ **배달결과 알림**: 배달결과를 등록하면 배달결과는 발송인에게 SMS 등으로 자동으로통보되며, 다만, 접수시 전자우편(e-Mail)으로 통보되도록 한 경우에는 발송인에게 D+4일에 배달결과가 통보된다.

⑤ **장기방치 및 반송우편물 처리**: 준등기 우편물의 우편함 장기방치 및 반송 시에는 일반통상우편 취급방법과 동일하게 처리한다.(반송취급수수료 징수 없음)

❻ 선택등기우편물의 배달

① **개요**: 등기취급과 발송인의 우편물 반환거절(반송불요)을 전제로 우편물을 배달하되, 그 우편물을 수취인에게 배달할 수 없는 경우에는 준등기취급에 따라 우편물을 배달하는 우편물의 취급 제도

② **배달방법**: 2회까지 등기우편 배달방법에 의하여 배달을 시도하고, 2회차에 폐문부재로 미배달 되었을 경우, 우편함에 투함하여 배달완료 처리한다.

③ **배달장소 지정 및 재배달 희망일 신청**: 선택등기 우편은 수취인의 배달장소 지정 및 재배달 희망일 신청이 불가하다.

④ **장기방치 처리**: 우편함에 배달된 후 장기 방치된 선택등기 우편물은 일반통상우편 취급방법과 동일하게 처리한다.

※ 반송불요가 전제되어 있는 우편물이므로 발송인에게 반송되지 않음

⑤ **전송 처리**: 선택등기 우편물은 주거이전 우편물 전송서비스 대상이며, 접수부터 운송·발송·도착 및 배달까지 등기우편물 취급 예에 따라 취급한다.

❼ 복지등기 우편물의 배달

1. 개요

우체국 네트워크를 통해 복지사각지대 위기가구를 발굴하여 조기에 복지지원이 가능하도록 함으로써 우체국의 공적역할을 제고하고자 취급하는 우편제도이다.

2. 배달방법: 선택등기 및 반송불요 우편물에 준하여 처리한다.

3. 복지정보 수집 및 전송

복지기관(국가 또는 지자체)이 복지 사각지대 의심가구로 발송한 복지정보가 담긴 우편물을 집배원이 배달하면서 관찰 및 면담 등을 통해 기초정보(주거환경, 생활실태 등)를 수집하여 PDA에 저장하면 복지기관에 해당 내용이 전자적 방법으로 전달된다.

제7절 배달하지 못한 우편물의 처리

❶ 미배달 우편물의 처리

1. 미배달 우편물의 개념

우편물을 배달할 때 수취인 부재, 주소·이사불명, 수취거절 등으로 그날에 배달하지 못하고 재배달, 전송, 반송, 반송불능 등으로 처리되는 우편물

2. 미배달 우편물의 처리(「우편업무 규정」 제392조)

① 집배원이 미배달날짜도장(부전인)을 우편물 여백에 날인하고 그 사유를 표시한다. 다만, 1차 배달할 때 수취인 부재 등으로 배달할 수 없는 우편물은 미배달날짜도장(부전인)을 날인하지 않고, 배달날짜, 보관기간 등을 표시한 후 수취인이 보관기간 내 재배달을 신청 시 희망일에 다시 배달한다.

※ 미배달 사유인 날인 시점: 수취인부재, 주소불명, 이사불명 및 수취거절 등으로 수취인에게 배달할 수 없는 우편물로 판명되어 반송할 때나 반송불능우편물로 처리할 때

② 우편용 부전에 관하여 다른 규정이 없거나 ①의 미배달날짜도장(부전인)으로 미배달 사유를 표시하기 곤란한 경우에는 다음 예시와 같은 부전지를 사용한다.

3. 미배달날짜도장(부전인) 사유별 의미

미배달 사유	분류기준과 예시
이사 감 (이사 불명)	수취인이 이사 가고 주거이전 신고를 하지 않아 전송할 수 없는 경우
수취인부재	우편물 표면에 기재된 수취인이 부재하여 우편물을 배달할 수 없는 경우(여행, 군 입대, 교도소 수감 등 장기부재 포함)
수취인불명 (수취인 미거주)	표기된 주소는 정확하나 수취인이 누구인지 알 수 없는 경우
폐문 부재	우편물에 표기된 주소지에 문이 잠겨 있고 아무도 있지 않은 경우
주소 불명	• 봉투에 도로명주소를 불명확하게 기록한 경우 • 봉투에 '동'이나 '리'만 표시하고 번지를 기록하지 않아 수취인의 주소를 알 수 없는 경우 • 같은 번지에 호수가 많아서 주소를 찾을 수 없는 경우 • 같은 번지, 같은 호수가 많고 통, 반을 알지 못하여 수취인을 찾을 수 없는 경우
수취거절	수취인이 우편물 수령을 거부한 경우
기타	위 항목에 해당되지 않는 경우

4. 배달하지 못한 우편물의 검사와 재검사(「우편업무 규정」 제393조)

(1) **대상**: 수취인 불명, 주소 불명, 이사 불명, 수취 거절 등으로 배달이 불가능한 우편물

(2) **검사할 사항**

① 수취인이 이전신고를 하거나 전송을 청구한 것은 아닌가?

② 수취인의 소재를 파악할 수 있는 방법은 없는가?(전화연락 포함)

③ 옛 지명을 표시한 것이 아닌가?

④ 수취인의 주소나 성명에 오자나 탈자가 있는 것은 아닌가?

⑤ 우편물 배달이 안 되었다는 신고나 조회 중인 것은 아닌가?

(3) **최종확인**

책임자가 배달하지 못한 사유를 재검사한 후 재조사가 필요한 우편물은 '재조사'라 표시하여 다시 배달해야 한다. 다만, 다시 배달할 경우에는 부전인란의 '반송' 표시를 지운다.

5. 미배달날짜도장 관리 철저

① 미배달날짜도장을 날짜도장검사부에 날인하고 검사책임자를 지정하여 확인한다.

② 검사책임자는 우편물류과가 편성되어 있는 우체국은 과장, 그 밖의 우체국은 국장으로 지정한다.

❷ 재배달우편물의 처리

1. 재배달

(1) 재배달 우편물('재조사' 표시)로 분류되었거나 수취인이 재배달 희망일을 지정한 우편물은 해당 재배달일자에 최선편으로 다시 배달하며, 수취인 전화번호가 기록된 우편물은 사전에 전화 등으로 설명한 후 다시 배달한다.

(2) **수취인이 부재한 때의 재배달**

1) 수취인이 장기부재인 때에는 다음과 같이 처리한다.

① 수취인 주소지에 동거인이 있을 때에는 그 동거인에게 배달한다.

② 수취인이 장기부재신고서에 따라 돌아올 날짜를 신고한 때에는 그 돌아올 날짜의 다음날에 배달. 다만, 돌아올 날짜가 배달한 날부터 15일 이후인 때에는 '수취인 장기부재'라 표시하여 반송한다.

2) 1회 배달 때 수취인이 없을 경우, 우편물도착안내서 등으로 우편물도착사실을 안내하고 다음 날부터 4일 동안 보관하다가 수취인이 재배달 신청 시 해당일에 다시 배달한다. 이때 (두 번째도 배달하지 못하였을 경우를 포함하여) 처음 배달한 날의 다음 날부터 보관기간 4일 동안 수취인이 교부 신청을 하지 않을 때는 반송한다.

① 우편물류시스템에 배달결과를 등록할 때 보관일수를 입력한다.('보관 □일')

※ 단, 1회째 미배달일 경우 보관 체크 및 4일 보관이 자동으로 설정됨

② 「관공서의 공휴일에 관한 규정」에 따른 공휴일(일요일 포함), 그 밖에 다른 법령에 따른 유급휴일, 토요일, 우정사업본부장이 배달하지 않기로 정한 날은 보관일수(4일)에 포함하지 않는다.

※ 보관기간 종료일이 토·일요일, 공휴일인 경우에는 그 다음 날까지 보관함

③ 우편물도착안내서 기록방법

우편물의 종류, 발송인의 성명, 주·야간 교부처 전화번호, 담당집배원 전화번호 등을 기록한다.
– 수취인 성명 중 일부 마스킹(*) 처리하여 기록(예 홍*동)

④ 다세대 공동주택의 경우 도로명(또는 번지)은 정확하나 동·호수를 기록하지 않아 우편물 배달을 할 수 없을 경우에는 즉시 반송 처리하지 말고 수취인별로 우편물도착안내서를 발행 후 부착하여 우편물 도착 사실을 안내한다.

2. 배달하지 못한 우편물의 창구 교부(「우편법 시행령」 제43조 제3호)

① 집배원이 우편물 배달을 위하여 주소지에 방문한 때 수취인 부재 등 부득이한 사유로 배달하지 못한 우편물을 수취인(정당한 대리인 포함)이 우체국을 방문하여 내어줄 것을 요청할 경우, 우체국 창구에서 내어준다.(집배원이 배달을 위하여 우편물을 갖고 출국한 경우에는 내어주는 것이 불가능함)

② 우체국에 보관된 등기우편물을 우체국 창구에서 대리수령인에게 교부할 경우에는 수취인과의 관계를 확인하고 우편물을 교부한 후 우편물류시스템에 배달결과를 등록한다.

대리수령인을 확인할 때의 증빙서류	우편물도착안내서, 위임장, 대리인의 신분증, 수취인과의 관계를 알 수 있는 서류 등
대리수령인에게 교부할 수 없는 등기우편물	특별송달, 맞춤형 계약등기(회신, 본인지정), 내용증명, 보험(물품, 통화, 유가증권)등기, 안심소포우편물

> **유의사항**
> - 내용증명 · 보험등기 · 안심소포우편물은 우편물의 성격 · 중요성 등의 이유로 인하여 대리수령인에게 교부를 제한하는 것으로, 정당한 위임사실이 서류 등으로 확인된 경우에는 교부가 가능함
>   ① 위임장, 위임인의 인감증명서*, 대리인 신분증으로 확인
>   * 인감증명서는 본인과 대리발급 모두 가능하며 '본인서명사실확인서'도 가능
>   ※ 위임장은 임의양식이며 위임장에 날인하는 인감은 인감증명서의 인감과 같아야 함
>   ② 위임인이 법인인 경우에는 대표자의 위임장, 법인인감증명서, 대리인 신분증 확인
>   ③ 외국인인 경우에는 여권 등으로 본인 여부를 확인하고 해외거주자는 위임장, 주재국 영사의 위임사실 확인, 대리인 신분증으로 확인
>   ④ 가족관계서류 등의 서류 확인 후 동거가족에게 교부할 때에는 수취인에게 유선 확인을 실시하는 등 위임사실을 필수로 확인해야함

3. 재배달우편물의 반송 처리

① 대상: 수취인의 희망에 따라 재배달을 시도하였으나 수취인 부재 등의 사유로 배달하지 못해 다시 보관처리를 하였음에도 창구교부 기간(처음 배달시도한 날의 다음 날부터 4일, 보관기간) 중 교부를 요청하지 않은 우편물

② 재배달 우편물의 반송일은 보관기간이 종료된 다음 날이며 해당일에 반송 처리한다.

❸ 우편물 도착안내서 발행

수취인 성명 중 일부 마스킹(*) 처리하여 기록(예 홍*동)

1. 우편물 도착안내서 발행이력 정보화

① 우편용 PDA로 배달결과 입력 시 우편물 도착안내서 발행여부를 체크하면 우편물 도착안내서 내용이 포스트넷에 저장된다.

② 포스트넷에서 발행내역 조회를 통해 등기우편물 우체국 방문수령 고객 응대 등에 활용한다.

❹ 우편물의 전송

1. 전송의 개념

우편물의 수취인이 주거지를 변경한 경우에 그 이전한 곳이 분명한 때에는 그 우편물을 수취인이 이전한 곳으로 보내주는 서비스를 말한다.

2. 전송절차

(1) 전송절차

우편물을 전송하는 때에는 우편물을 전송하여야 할 주소를 적은 부전지를 해당 우편물에 붙여 변경한 주소지를 관할하고 있는 배달국으로 보낸다.

(2) 해외전출

우편물의 수취인이 해외로 전출하였을 때에는 그 우편물은 전송하지 않고 발송인에게 반송한다.

3. 배달 후의 전송

(1) 일반통상우편물의 배달 후 전송

① 한번 배달한 일반통상우편물의 전송을 요청받았을 때에는 수령한 다음 날부터 7일 이내의 개봉하지 않은 우편물인 경우에만 전송할 수 있다. 이 경우, 우편물 표면 여백에 '배달 후 전송'이라고 적는다.

② ①의 경우 배달일자가 분명하지 아니한 것은 해당 우편물을 접수한 후의 송달에 걸리는 일수를 참조하여 배달한 날을 추정하고 조사가 불가능할 때에는 배달일자를 수취인에게 문의하여 처리한다.

(2) 기간이 경과되거나 개봉된 일반통상우편물의 배달 후 전송

① 수령 후 7일이 경과되거나 개봉된 일반통상 우편물의 전송요청을 받았을 때에는 해당 요금의 우표를 새로 붙여서 제출하도록 하고 날짜도장으로 소인한 다음 그 옆에 '재접'이라 표시한 후 발송한다.

② ①에도 불구하고 최초에 오배달 등이 발생하여 이를 정당한 주소지로 전송하는 경우에는 기간과 상관없이 우표를 붙이지 않고 익일특급우편 취급 방법에 따라 처리한다.

(3) 등기우편물의 배달 후 전송이나 반송

① 이미 배달된 등기우편물의 전송이나 반송 요청을 받았을 때에는 우편요금과 수수료에 해당하는 우표를 새로 붙여(소포우편물인 경우 현금) 제출하게 하고 우편물로 접수하되 우편물 표면의 여백과 영수증에 '재접'이라고 표시하여 발송한다.

② 계약소포우편물로 접수한 방문소포를 배달한 후에 수취인이 발송인에게 반품을 요청할 때에는 '착불소포'로 접수할 수 있다.(착불소포우편물에는 계약요금제 적용)

③ 이미 배달한 등기우편물에 새로 우편요금과 수수료에 해당하는 우표를 붙여서 우체통에 넣은 우편물을 발견하였을 때에는 '우체통 재접'이라 표시하고 전송 처리한다.

④ ①의 경우 잘못 배달 등의 사유로 정당한 주소지로 전송하는 것인 때에는 등기우편물 방법에 따라 배달한다.

⑤ 국가기관, 학교, 법인 등 많은 사람이 근무하는 단체에 배달한 등기우편물의 전송을 요청받은 때에는 그 우편물을 배달한 다음 날부터 7일이 경과하지 않고 우편물의 봉함 등에 흠이 없는 것에 한정하여 전송한다.

4. 주거이전 신고처리절차

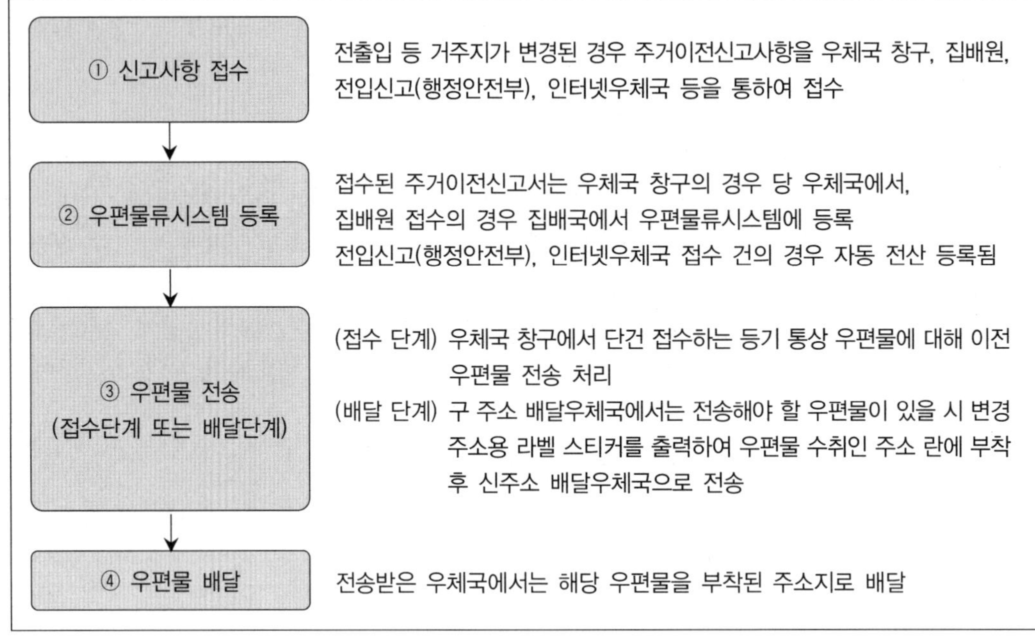

① 신고사항 접수
전출입 등 거주지가 변경된 경우 주거이전신고사항을 우체국 창구, 집배원, 전입신고(행정안전부), 인터넷우체국 등을 통하여 접수
② 우편물류시스템 등록
접수된 주거이전신고서는 우체국 창구의 경우 당 우체국에서, 집배원 접수의 경우 집배국에서 우편물류시스템에 등록
전입신고(행정안전부), 인터넷우체국 접수 건의 경우 자동 전산 등록됨
③ 우편물 전송 (접수단계 또는 배달단계)
(접수 단계) 우체국 창구에서 단건 접수하는 등기 통상 우편물에 대해 이전 우편물 전송 처리
(배달 단계) 구 주소 배달우체국에서는 전송해야 할 우편물이 있을 시 변경 주소용 라벨 스티커를 출력하여 우편물 수취인 주소 란에 부착 후 신주소 배달우체국으로 전송
④ 우편물 배달
전송받은 우체국에서는 해당 우편물을 부착된 주소지로 배달

(1) 주거이전신고 등록

① 집배원이나 수집원이 업무수행 도중 주거이전신고를 받은 경우에는 신청인의 신분증 등으로 본인 여부를 확인하고 주거이전신고서를 접수한다.

㉠ 출국 전 주거이전신고서를 가져와 양식에 맞게 접수하고, 귀국한 후 우편물류시스템에 등록한다.

㉡ 신고서의 접수확인자란에는 접수한 집배원이 서명한다.

㉢ 집배원은 주거이전신고 접수증을 출력하여 신청인에게 사후 교부한다.

주거이전신고를 접수할 때의 유의사항

① 신고자가 다른 세대원의 주거이전신청을 같이 신고한 경우 무분별한 신고방지를 위해서 다른 세대원의 동의 여부를 신고인에게 확인
※ 거주지를 달리하는 가족의 주거이전 신청은 다른 가족이 신청 불가

② 법인 신청의 경우 법인등기부등본 등의 서류로 법인 이전사실 확인하고, 재직증명서(사원증) 등으로 대리인 정당여부 확인

③ 소송이 진행 중인 경우에는「민사소송법」제185조 제1항에 따라 별도로 법원에 변경한 송달장소를 신고 등 유의사항 안내

④ 주거이전 신고인이 이전된 주소공개에 동의한 것이 아니므로, 발송인에게 이전된 주소가 노출되지 않도록 주의

④ 2016. 하반기부터 주거이전을 신고한 날부터 3개월이 경과하거나 우편물 전송시 상당한 비용이 소요되는 경우 유료화 안내

② 집배책임자는 주거이전신고목록(또는 주거이전스티커)을 출력하여 담당 집배원에게 넘겨주며, 주거이전신고서는 따로 보관한다.

③ 담당 집배원은 인계받은 주거이전신고목록을 확인하고 개인별 집배정밀도 뒷면에 주소 변경 사항을 정리한다. 정리된 신고서는 책임자에게 넘겨주며 책임자는 반환받은 주거이전신고서를 일별・월별로 묶어 1년 동안 보관 후 폐기한다.

④ 집배구 변경, 순환복무, 배달 분담할 때에는 반드시 책임자가 참관하여 전송 자료를 인수인계한다.

⑤ 우체국 창구 접수분이나 집배원 접수분 중 신청자와 신고자가 다른 경우(법인인 경우 사업자등록증에 신고된 대표자 외 다른 사람이 신고할 때), 세대원이 있는 경우에는 주거이전신고 안내문을 전산 출력하여 발송한다.

⑵ 주거이전신고의 철회

주거이전 신청 후 주거이전 신청의 전체나 일부를 철회하는 것

① 철회신청을 접수할 때 기존 신청건의 라벨지는 전량 회수하여 폐기처리하고 일부를 철회할 때는 반드시 철회처리 후 새 주소의 라벨지를 다시 출력 하여 집배원에게 교부한다.

② 철회신청 가능 관서 : 주거이전신고를 접수한 우체국이나 구주소지 배달우체국

⑶ 주거이전신고우편물의 배달(전송)

① 모든 주거이전신고 우편물을 전송하거나 배달할 때에는 전송용 라벨지를 출력하여 수취인 주소란에 붙여 처리한다.

② 주거이전신고우편물은 서비스를 시작한 날부터 3개월 동안 전송하되 그 이후에 도착되는 우편물은 그 사유를 기록하여 발송인에게 반송한다. 다만, 기존 주거이전신고사항과 같은 내용으로 신고한 경우에는 전송하지 않는다.

③ 주거이전신고우편물 중 지속적으로 계속 보내오는 우편물과 고지서 등 시한성 우편물에 대해서는 담당 집배원이 대상우편물을 골라내어 전송에 필요한 부전지를 붙여 책임자에게 넘겨준다.

5 우편물의 반송

1. 반송의 개념

수취인에게 배달할 수 없거나 수취인이 수령을 거부한 우편물을 발송인에게 되돌려 보내는 업무를 말함(법령을 위반한 우편물도 원칙적으로 발송인에게 반송)

2. 반송절차

① 우편물을 반송할 때에는 미배달날짜도장 등에 반송사유와 반송일자를 정확히 표시하여 발송인에게 송부한다. 다만, 반송처가 적혀 있는 경우는 반송처의 주소지로 송부한다.
② ①의 우편물 중 발송인에게서 징수할 요금 등이 있을 경우에는 그 요금액을 표시한다.
③ 등기로 취급하는 우편물을 반송할 때에는 반송일자, 반송사유, 반송할 때 징수할 요금을 적는다.
④ 반송일자는 우편물의 반송이 결정된 날짜를 표시하며, 보관하지 않고 반송하는 우편물은 마지막 배달일 다음 근무일에 반송하고, 보관기간 경과로 반송하는 우편물은 보관기간 종료일 다음 근무일에 반송한다.

3. 반송대상 우편물: 다음에 해당하는 우편물은 반송한다.

① 수취인이 받기를 거부한 우편물
② 이사불명, 주소불명, 수취인불명으로 배달할 수 없는 우편물
③ 보관기간 경과 우편물
④ 사서함 사용계약이 해지된 날부터 10일이 지난 우편물
⑤ 유효기간이 지난 요금수취인부담 우편물
⑥ 법령위반 우편물
⑦ 발송인이 반환 청구한 우편물

4. 발송인의 주소가 불명확한 우편물의 처리

① 반송할 우편물이 발송인의 주소나 성명이 불명확하여 발송인에게 반송할 수 없다고 인정될 때에는 반송불능우편물로 처리한다.(153p 참조)
② 발송인의 주소가 명확하지 않더라도 그 지역적 사정이나 발송인의 신분 등으로 보아 접수국에서 발송인에게 배달할 수 있다고 판단될 때에는 그 국으로 송부한다.
③ 반송불능사유를 표시한 미배달 반송인을 날인하고 집배책임자가 확인한다.
④ 발송인의 주소가 불명확한 요금 별납 · 후납 · 요금수취인부담 우편물은 접수국으로 송부한다.

5. 반송우편물의 배달

① 반송우편물의 배달은 수취인에게 배달하는 방법에 따라 발송인에게 배달하되 일반우편물 취급에 준하여 처리한다. 다만, 익일특급,민원우편은 익일특급우편물로 반송

주의

반송할 때 모든 우편물을 일반우편물로 취급하는 것은 아니며 다른 법령(지침) 에서 정한 대로 반송처리해야 함

② 발송인에게 요금 등을 징수할 우편물은 이를 징수하고 배달한다.

③ 발송인이 배달우체국과 우편요금 후납을 계약하였을 경우에는 다른 우편물 요금과 함께 후납 요금으로 징수할 수 있다.

④ 착불배달우편물은 발송인에게 반송수수료와 소포요금(착불수수료는 제외)을 징수한다.(다만, 맞춤형 계약등기는 우편요금만 징수)

6. 수령인이 등기우편물을 개봉한 후에 수취를 거절할 때(반송요구 등)의 응대 요령

① 일단 겉봉을 뜯은(개봉한) 우편물은 반송하지 않는다고 설명한다.

② ①에 응하지 않을 때는 별도의 우편물로 우표 붙임 '재접수' 절차를 안내한다.

7. 발송인이 수취를 거부할 때의 처리

① 발송인이 반송되어 온 우편물의 수취를 거부할 때에는 규정(「우편법」 제32조)을 제시하고 수취할 것을 권유하여야 하며 그래도 수취하지 않으면 그 내용을 기록한 부전지를 붙여 책임자에게 제출한다.

② 집배책임자가 ①의 우편물을 받았을 때에는 규정에 따라 수취를 거부할 수 없다는 뜻의 공문서나 소속우체국장의 직인을 날인한 부전지를 붙여 다시 배달한다.

③ ②의 조치에 상관없이 불구하고 발송인이 수취를 거부하면 소속국장에게 보고하여 고발 등 필요한 조치를 취한다.(「우편법」 제54조의2)

8. '반송불필요' 표시가 적힌 우편물의 처리

① 발송인이 우편물을 발송할 때 우편물 표면 왼쪽 중간에 '반송불필요'라고 적힌 우편물은 반송불능우편물 처리 방법에 따라서 처리한다. 대상물 중 유가물(有價物)인 경우에는 보관한 날부터 1개월 간 해당 우편관서의 게시판에 그 사실을 게시하고, 1년 간 보관한 후 내어줄 것을 청구하는 사람이 없을 경우 국고에 귀속시킨다.

② 유가물이 아닌 경우에는 1개월 간 보관하고 청구권자가 없을 경우 폐기처리한다.

참고

'반송불필요' 우편물은 발송인에게 돌려줄 필요가 없는 우편물이므로 배달국에서 접수국으로 별도 송부하지 않도록 하여 불필요한 업무가 생기지 않게 함

참고 '반송불필요' 표시의 표준(권장) 모양과 크기

반송불필요	가로 2.5cm × 세로 0.7cm

6 배달하거나 반송할 때의 우편요금징수

1. 수취인부담요금과 취급수수료(「우편업무 규정」 제406조)

① 요금의 수취인 부담 표시가 있는 통상우편물은 배달할 때마다 같은 수취인에게 가는 것을 합하여 별도 서식의 '요금수취인 부담우편물 배달기록부'에 적은 후 우편요금영수증과 그 원부를 작성하여 우편요금영수증은 우편물과 함께 집배원에게 내어주고 그 원부는 배달국에서 보관한다. 다만, 수취인의 요청이 있을 때에는 며칠간의 분량을 모아 함께 배달할 수 있다.

② ①의 우편물을 배달할 때에는 우편요금과 수수료(해당 우편요금의 100분의 10에 해당하는 금액)에 해당하는 요금과 우편요금영수증을 서로 주고받는다. 현금을 받았을 때에는 영수증원부에 현금 수납인을 날인하고 즉시납부 처리한다.

③ 요금후납 계약을 한 요금수취인부담우편물인 때에는 요금영수증과 그 원부를 작성하지 않고 ①의 요금수취인부담배달기록부의 비고란에 '후납'이라고 적고, 배달할 때에는 별도 서식의 우편물영수증을 받아 우편요금후납고지의 증거서로 삼는다.

주의

요금 수취인 부담 수수료는 같은 날짜, 같은 수취인에게서 받을 수수료 합계금액이 10원 미만일 경우에는 계산하지 않음

2. '착불배달' 요금의 징수 절차

① '착불'로 접수한 방문소포나 계약등기 우편물 도착 시 우편물이 도착한 때에는 배달기록부에 내용을 적은 후 우편요금 영수증과 그 원부를 작성한다.

② 우편요금 영수증은 우편물과 함께 집배원에게 교부하고 그 원부는 배달국에서 보관한다.

③ 집배원은 해당 우편물을 수취인에게 배달하고 그 우편요금을 징수하여 영수증 원부에 현금수납인을 날인하고 즉시납부 처리한다.

④ 반송된 착불배달우편물은 발송인에게 배달하고 소포요금(착불수수료는 제외)과 반송수수료를 징수한다. 다만, 맞춤형 계약등기는 우편요금만 징수한다.

⑤ 요금후납 계약우편물은 반송수수료와 착불소포요금 등은 요금후납으로 받을 수 있다.

3. 반송수수료(「우편법 시행규칙」 제84조, 「우편업무 규정」 제407조)

(1) 반송수수료를 징수할 우편물을 배달하거나 교부할 때에는 발송인에게서 등기취급 수수료에 해당하는 금액의 우표를 받아 배달증(우체국 사정에 따라 별도의 반송배달장으로 통합하여 사용할 수 있음)에 붙여 소인하고, 현금을 받은 경우에는 집배책임자가 모아서 이를 즉시 납부 처리한다.

① 현금출납이 마감되어 즉시납부처리 못한 때에는 그 다음 날 업무 개시 즉시 납부 처리한 후 그 사유를 우편요금즉시납부서의 여백에 기록한다.

② 반송수수료를 우표나 현금으로 수납하였을 경우 고객이 영수증을 청구하면 반드시 영수증 발행 절차에 따라 교부한다.

(2) 요금후납 승인을 받은 우편물의 반송수수료나 착불소포요금 등은 요금후납으로 납부할 수 있다.

(3) (1)의 배달증의 적요란에 '반송수수료 ○○원'이라 기록한다.

(4) 배달증명, 특별송달, 민원우편물, 회신우편물의 반송수수료는 최초 우편물 접수 시 그 요금에 포함되어 있으므로 반송 배달할 때는 반송료를 징수하지 말고 배달증의 적요란에 '배증반송', '특송반송', '민원반송', '맞춤형계약등기'라고 기록한 후 처리한다.

(5) 등기우편물의 반송 도중 등기취급수수료에 변동이 있는 경우, 반송취급 수수료는 해당 등기우편물의 발송인 주소지 배달우체국에 도착한 날을 기준으로 징수한다.

(6) 우체국과 발송인과의 사전계약에 따라 발송하는 소포우편물과 계약등기우편물을 반송하는 경우에는 그 계약에서 정한 반송수수료를 징수한다.

4. 영수증의 사전발행(「우편업무 규정」 제74조)

「우편법 시행규칙」 제84조에 따른 등기우편물 반송수수료 징수에서 영수증의 발행을 요구하는 사람이나 「국가재정법」의 적용을 받는 국가기관 등에 반송되는 반송수수료 징수대상우편물에 대하여는 우편요금영수증을 사전에 발행하여 해당 우편물에 첨부해 배달할 수 있다.

5. 미납이나 부족 우편요금 등(「우편업무 규정」 제408조)

① 요금 미납이나 부족의 일반통상우편물에 대하여는 별도서식의 '미납·부족우편 요금영수증과 그 원부'를 작성하여 영수증은 우편물과 함께 집배원에게 교부하고 그 원부는 배달국에서 보관한다.

② ①의 우편물을 배달할 때에는 미납이나 부족 요금의 2배에 해당하는 금액을 현금으로 받고 미납부족 우편요금영수증과 해당 우편물을 함께 교부한다.

③ ①의 우편물을 집배원에게 교부할 때나 2.의 요금 등을 집배책임자에게 인계할 때에는 반드시 수수부에 따라 확인하고 주고받아야 하며 징수된 요금 등은 즉시납부 처리한다.

④ 요금 미납이나 부족 우편물을 받는 사람이 국가기관 등인 경우에는 ②와 ③에도 상관없이 우표로 수납할 수 있으며 이 경우에는 미납부족우편요금영수증원부에 붙여 소인한다.

6. 요금징수 불능 우편물의 처리

요금 등을 징수할 수 없을 때에는 우편요금영수증, 배달증, 미납부족요금영수증의 여백에 그 사유를 기록하고 이를 그 원부에 붙여야 한다.

❼ 반송불능우편물 및 반송불필요우편물의 처리

1. 개요

① 반송불능우편물: 고객이 발송한 우편물을 배달하지 못해 반송 처리해야 함에도 불구하고 발송인의 주소가 확인되지 않아 처리할 수 없는 우편물

② 반송불필요우편물: 고객이 발송한 우편물을 수취인불명, 이사불명 등으로 배달하지 못할 경우에 반송배달을 원하지 않는 고객의 요구에 따라 반송 처리하지 않고 배달국에서 반송불능 우편물의 취급 방법에 따라 처리하는 우편물

2. 반송불능(불필요)우편물 업무처리 절차

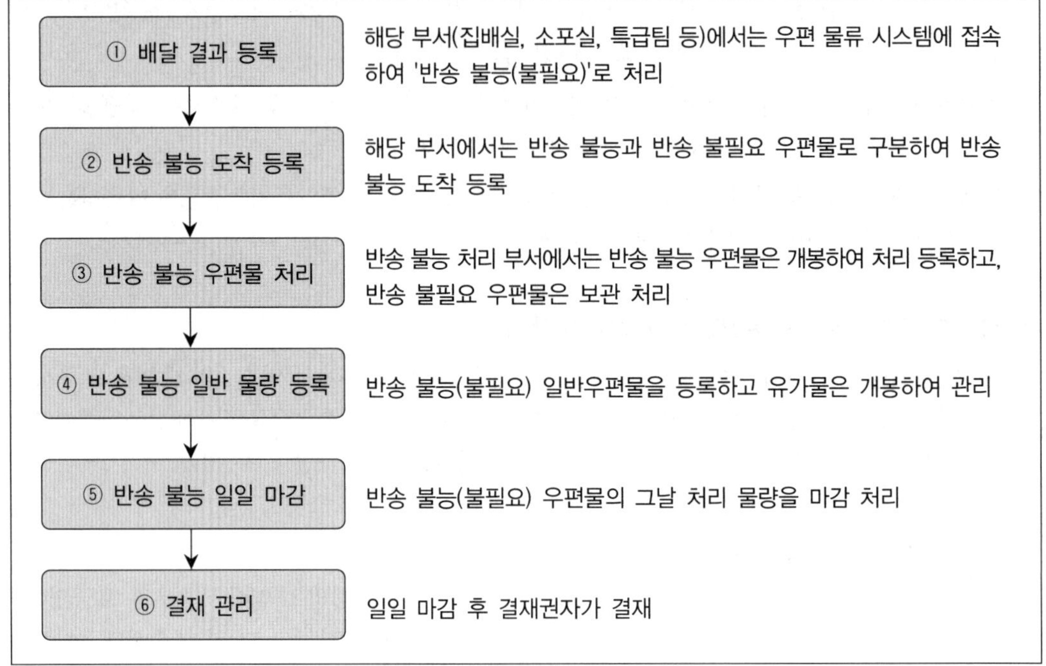

① 배달 결과 등록
해당 부서(집배실, 소포실, 특급팀 등)에서는 우편 물류 시스템에 접속하여 '반송 불능(불필요)'로 처리
② 반송 불능 도착 등록
해당 부서에서는 반송 불능과 반송 불필요 우편물로 구분하여 반송 불능 도착 등록
③ 반송 불능 우편물 처리
반송 불능 처리 부서에서는 반송 불능 우편물은 개봉하여 처리 등록하고, 반송 불필요 우편물은 보관 처리
④ 반송 불능 일반 물량 등록
반송 불능(불필요) 일반우편물을 등록하고 유가물은 개봉하여 관리
⑤ 반송 불능 일일 마감
반송 불능(불필요) 우편물의 그날 처리 물량을 마감 처리
⑥ 결재 관리
일일 마감 후 결재권자가 결재

3. 우체국의 처리방법

(1) 반송불능(불필요) 우편물의 송부(「우편업무 규정」 제410조)

반송할 수 없는 우편물(이하 '반송불능우편물'이라 함)과 발송인의 의사에 따른 반송불필요 우편물은 다음 요령에 따른다.

1) 반송불능우편물에는 담당집배원이 그 사유를 표시한 미배달 날짜도장을 날인하고 반드시 책임자가 확인 검사한다.
2) 1)의 검사를 한 우편물은 그 종별과 수량을 기록한 송부서와 우편물을 함께 소속 총괄국에 보내거나 관내 배달우체국에서 3개월 동안 보관한다.

① 총괄국의 배달 관련 부서에서는 반송불능(불필요) 우편물이 생긴 때에는 우편물류시스템에 접속하여 집배관리 > 반송불능관리 > 반송불능도착등록 처리한 후 자국의 반송불능우편물 처리부서로 보낸다.

※ 이때, 반송불능우편물 인수인계서를 출력하여 증명서로 활용할 수 있음

② 등기취급 반송불능(불필요) 우편물을 소속 총괄국으로 보낼 때에는 우편물류시스템에서 송부명세서를 인쇄하여 해당 우편물과 함께 다른 봉투에 넣고 해당 봉투표면에는 '반송불능우편물'이라고 적어 발송한다.

③ 유가물을 소속 총괄국으로 보낼 때에는 우편물류시스템에서 반송불능도착 등록 처리한 후 발송한다.
㉠ 반송불능(불필요) 우편물을 보낼 때에는 자료를 조회하여 송부국을 정확히 입력해야 한다.
㉡ 책임자는 반송불능 우편물의 도착·교부·폐기여부를 반드시 확인하고 결재 한다.

④ 다른 우체국에서 보낸 우편물이 도착한 경우에도 도착 등록하여야 한다.

3) 통화가 들어 있는 반송불능우편물은 그 명세가 포함된 문서와 함께 보낸다.
4) 발송인의 주소가 불명확해 발송인에게 반송할 수 없는 요금별납·후납· 요금수취인부담 우편물은 접수국으로 송부한다.
5) 배달증명서와 민원회송우편물을 수취인 불명 등으로 배달할 수 없을 때에는 배달국에서 3개월 동안 보관 후 폐기처리한다. 다만, 접수국에 우편물의 정당 주소지를 확인을 할 수 있는 수단이 있을 경우, 이를 활용하여 정당인에게 보낸다.

(2) 반송불능우편물의 교부 청구(「우편업무 규정」 제411조)

우체국에서 반송불능우편물의 교부청구를 받았을 경우, 우체국에서 보관하고 있는 유가물이 아닌 우편물이 그 보관이 시작된 날부터 3개월의 보관기간이 경과되지 않았을 때에는 이 청구에 응하고 다음의 방법으로 처리

① 반송불능우편물의 반환청구서에 청구수수료(25g 통상규격요금) 상당의 우표를 붙여 제출하게 하고 청구내용을 확인하여 자국에서 보관하고 있는 우편물인 경우에는 우편물 창구교부 방법에 따라 교부하되 등기우편물을 교부하는 경우에는 반송수수료를 징수하고 교부한다.

② 청구내용을 확인하여 관할 총괄국에 보내진 것일 때에는 곧바로 문서로 반환 청구를 하되 해당 우편물의 반송사유와 송부조서번호를 명기한다.

③ 총괄국에서 반송되어 온 반송불능우편물은 관계 송부서에 처리내용을 기록하고 곧바로 배달하되 등기취급하는 우편물을 발송인에게 배달할 때에는 반송수수료를 징수한다.

④ 반송불필요 우편물을 발송인이 보관국(수취인의 배달국)에 방문하여 교부 받는 경우에는 반송수수료를 징수하지 않는다.(우편집중국 발송 이전용 청구 수수료(25g 통상규격요금)만 징수함)

주의

배달증명, 특별송달, 민원우편물, 회신우편물은 반송수수료를 받지 않고 교부

4. 총괄국의 취급방법

(1) 송달할 수 있는 우편물의 처리(「우편업무 규정」 제412조)

① 관내우체국(자국분 포함)에서 반송불능우편물을 송부 받은 때에는 총괄국의 반송불능우편물 담당부서에서 일반통상(소포)우편물과 등기취급 우편물로 구별하여 따로 정리하고 송부서의 기록내용과 현품을 대조 확인한 후 총괄국장이 지정한 직원 2명이 참관하고 책임자가 개봉하여 송달방법 유무를 조사하고 송달할 수 있는 것은 송달한다.

② 다만, 등기취급 우편물인 경우에는 문서로서 배달국에 송부하고 배달국에서는 관계 송부서에 처리내용을 기록하고 곧바로 배달하되 등기로 취급하는 우편물을 발송인에게 배달할 때는 반송수수료를 징수한다.

참고

우편물을 개봉한 후에는 속에 있는 물건, 유가 여부, 새로운 연락처 등을 우편물류 시스템에 입력

③ ①의 경우 개봉한 부분을 다시 봉함한 후 '「우편법」 제35조에 따라 개봉하였다는 요지, 날짜, 총괄국명'을 기록한 부전지를 붙인 후 처리한다.

예시 **반송불능우편물 부전지**

[예시 ①]

반송불능우편물 부전지

박 문 각 귀하

이 우편물은 수취인과 발송인의 주소 · 성명이 불명확하여 배달할 수 없으므로 「우편법」 제 35조에 따라 개봉한 바 수취인의 주소로 판명되어 재배달하오니 다음에 우편물을 발송할 때에는 반드시 주소를 명확히 기록하여 주십시오.

2024. 12. 09.
○ ○ 우 체 국 장

[예시 ②]

처리 번호	1
개봉 날짜	2024. 12. 09.
개봉자	홍길동
입회자	성춘향
내용품	청첩장
「우편법」 제 35조에 따라 개봉하였음 ○ ○ 우 체 국 장	

(2) **송달할 수 없는 우편물 등의 처리(「우편법」 제36조, 「우편업무 규정」 제413조)**

① 조사결과 송달할 방법이 없는 반송불능우편물과 송부 받은 이탈품이나 습득물로서 유가물인 것은 다음 요령에 따라 취급

㉠ 유가물 중 환증서류가 아닌 것은 발송인과 수취인의 성명, 우편물의 종별 · 내용품 · 금액 등을 명기(등기우편물인 경우에는 그 접수국명, 접수일자, 반송불능사유 등을 명기)하여 회계담당부서로 보낸다.

㉡ 회계담당부서에서 유가물로서 멸실되거나 훼손될 우려가 있는 것 또는 보관비용이 많이 드는 것은 곧 매각하여 그 대금을 보관하되, 매각에 필요한 비용은 매각대금으로 충당한다. 이 때에는 반드시 입회자를 선정하여 참관하게 하여야 한다.

㉢ 우편환 등이 반송불능우편물 담당부서에 도착하면 온라인 환증서 반송처리 절차에 따라 송금국에 보내지 않고 자국 온라인 환 발행담당자에게 환증서를 인계한다.

※ 환증서를 인계할 때 명확하게 인수인계하기 위하여 수기장부에 기록

② 유가물이 아닌 것은 총괄국의 반송불능우편물 담당부서에서 3월간 보관한 후 청구자가 없을 때에는 폐기처리하고 유가물과 매각대금은 해당 우편물을 보관한 날부터 1년 이내에 교부를 청구하는 사람이 없을 때에는 국고에 귀속한다.

③ 송부국에서 반송불능우편물의 반환청구를 할 때에는 관계 장부에 처리내용을 기록하고 내용품을 확인하여 곧바로 문서로 반송한다.

④ 별도서식의 반송불능우편처리부와 일계부를 갖추어 놓고 ①부터 ③까지의 처리상황을 기록 확인한다.

(3) 반송불능(반송불필요)우편물의 전산처리

① 반송불능(반송불필요)우편물의 교부 · 송부 · 폐기를 할 때에 우편물류시스템에 등록한다.

㉠ 반송불능우편물을 교부할 때에는 교부자와 수령인명을 입력한다.

㉡ 반송불능우편물을 송부할 때에는 송부국을 입력한 후 송부서를 출력하여 우편물과 동봉하여 발송한다.

㉢ 유가우편물을 회계부서에 이관한 경우 우편물류시스템에 '이관'으로 등록한 후 인수인계한다.

㉣ 일반우편물인 경우에는 일반우편물 전용 화면에서 도착, 교부, 송부, 이관, 폐기물량, 개봉한 후의 재리품 등의 명세를 입력해야 한다.

주의

> 보관기간이 지난 반송불능(반송불필요) 우편물을 위탁 폐기하기 위해 집중국으로 보낼 때에는 전산등록을 '송부'로 등록하지 않고 '폐기'로 등록함(우체국에서는 폐기우편물과 명세서를 집중국으로 송부하고 집중국에서는 별도의 전산등록 없이 명세의 일치 여부만 확인)

② 그날에 처리한 명세를 집계하기 위해 일마감 등록하며, 마감 취소는 취소사유가 발생한 날부터 30일 전까지 가능하다.

③ 책임자는 우편물류시스템에 접속하여 매일 처리명세를 확인한 후 결재한다.

8 일반통상 별 · 후납우편물의 반송 처리

1. 원칙: 일반통상 별 · 후납우편물은 발송인에게 반환(반송)하지 않는다. → 반송불필요 처리

2. 예외: 우편물의 반환(반송)이 필요한 발송인이 우편물 표면 왼쪽 중간에 '반 환' 표시를 한 경우, 예외적으로 우편물을 발송인에게 반환(반송)한다.

[예시] 별 · 후납우편물 반환을 위한 표기방법

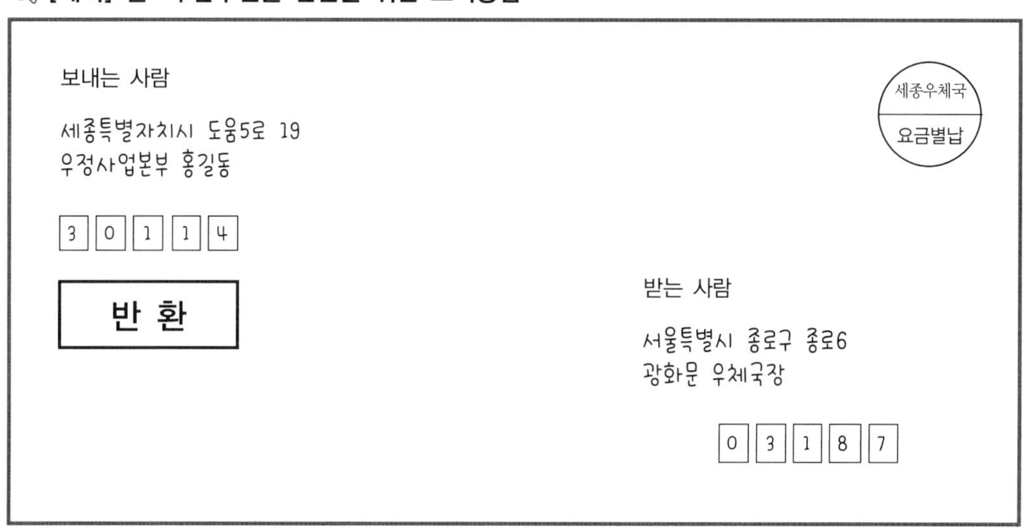

9 우편함 장기방치우편물의 처리

① 수취함에 투함된 우편물은 장기방치우편물(배달일로부터 15일이 경과된 우편물) 여부와 관계없이 그대로 두되, 고객의 요구 시나 이사 등으로 수취인이 없음을 확인하였을 경우에는 반송 또는 전송 처리한다.

② 반송함에 투함된 우편물 중 그 사유가 표시되어 있는 우편물은 즉시 전송 또는 반송처리하며, 반송사유를 확인할 수 없는 우편물은 오배달 사례를 방지하기 위하여 1회에 한하여 재 투함한다.

Part

03

정인영 계리직 우편일반

국제우편

Chapter 01 국제우편의 총설
Chapter 02 국제우편물 종별 접수요령
Chapter 03 국제우편요금
Chapter 04 부가서비스 및 제도
Chapter 05 EMS 프리미엄 서비스
Chapter 06 각종 청구제도
Chapter 07 국제우편물 및 국제우편요금의 반환
Chapter 08 국제우편 수수료 및 우편요금 고시

합격까지 박문각

Chapter 01 국제우편의 총설

제1절 국제우편의 의의

❶ 국제우편의 의의

국제우편	국가 또는 그 관할 영토 경계선을 넘어 상호 간에 의사나 사상을 전달, 매개하거나 물건을 송달하는 제도.
국제우편물	국제우편과 같은 목적으로 취급되는 우편물을 말한다.

① 초창기에는 개별 당사국 간의 조약에 의해 국제우편물을 교환하였음. 운송수단 발달, 교역 확대 등에 따른 우편수요의 증가와 이용조건 및 취급방법의 **상이함에서 오는 불편 등을 해소**하기 위하여 범세계적 국제우편기구 **만국우편연합(UPU)**을 창설하였다.

② 국제우편은 나라(지역)와 나라(지역)사이의 우편 교환이기 때문에 요금의 결정방법, 우편물의 통관, 우정청 간의 요금 및 운송료의 정산 등 **국내우편과 비교해** 볼 때 **차별되고 독특한 취급내용과 절차**가 있다.

③ 우정시스템을 표준화한 것은 영국의 1835년 로랜드 힐(Rowland Hill, 1795~1879)

제2절 우편에 관한 국제기구

❶ 만국우편연합(UPU : Universal Postal Union)

1. UPU의 창설

① 1868년 북부독일연방의 우정청장인 하인리히 본 스테판이 문명국가 사이에 우편연합(Postal Union of civilized Countries)의 구성을 제안

② 1874년 스위스 베른에서 독일 · 미국 · 러시아 등 22개국의 전권대표들이 회합을 하여 스테판이 기초한 조약안을 검토하여 같은 해 10월 9일에 서명함으로써 국제우편 서비스를 관장하는 최초의 국제협약인 '1874 베른 조약(1874 Treaty of Bern)'이 채택됨. 2025년 2월 현재 192개 회원국으로 구성됨

③ 이에 따라 일반우편연합(General Postal Union)이 창설되었으며 1875년 7월 1일에 이 조약이 발효됨. 1878년의 제2차 파리총회에서 만국우편연합(Universal Postal Union)이라 개명됨.

2. UPU의 임무

전 세계 사람들 사이의 통신을 증진하기 위하여 다음과 같이 효율적이고 편리한 보편적 우편서비스의 지속적인 발전을 촉진

① 상호 연결된 단일 우편 영역에서 우편물의 자유로운 교환을 보장
② 공정하고 공통된 표준을 채택하고, 기술 이용을 촉진
③ 이해관계자들 간의 협력과 상호작용의 보장
④ 효과적인 기술협력 증진
⑤ 고객의 변화하는 요구에 대한 충족을 보장

3. UPU의 기관

총회(Congress)		**연합최고의결기관. 매 4년마다** 개최. 전회원국 전권대표로 구성. 전세계 우편사업 기본 발전방향 설정.
연합의 상설기관	관리이사회 (Council of Administration : CA)	우편에 관한 정부정책 및 감사 등과 관련된 사안을 담당
	우편운영이사회 (Postal Operations Council : POC)	우편업무에 관한 운영적, 상업적, 기술적, 경제적 사안을 담당
	국제사무국 (International Bureau : IB)	연합업무의 수행, 지원, 연락, 통보 및 협의기관으로 기능

4. UPU에 관한 기타 사항

① **기준화폐** : 국제통화기금(IMF)의 국제준비통화인 SDR(Special Drawing Right). 국제우편에 관한 모든 요금, 중계료, 운송료, 각종 할당요금 등은 모두 SDR을 기초로 하여 일정 비율의 자국 통화로 환산함.

② **공용어** : 공용어는 프랑스어(만국우편연합헌장 제6조)이며, 국제사무국 내에서는 업무용 언어로 프랑스어 및 영어 사용(만국우편연합총칙 제154조). 따라서 조약문의 해석상 문제가 있을 때에는 프랑스어 기준하지만 UPU에서 1개 언어만을 사용하면 불편이 많으므로 각종 회의와 문서 발간을 위하여 프랑스어, 영어, 아랍어, 스페인어, 러시아어, 중국어, 독일어, 포르투갈어를 함께 사용함.

5. 우리나라와 UPU와의 관계

① 우리나라는 **1897년 제5차 워싱턴 총회에 참석**하여 가입신청서 제출 하였으며 **1900년 1월 1일에 '대한제국(Empire of Korea)'** 국호로 정식 가입. 1922년 일본이 '조선(Choseon)'으로 개칭하였으나 **1949년 '대한민국(Republic of Korea)'** 국호로 회원국 자격 회복하였음.

※ 북한은 1974년 6월 6일에 로잔느 총회에서 가입

② 1952년 제13차 UPU 브뤼셀총회 때부터 대표를 계속 파견하여 왔으며 1989년 UPU 워싱턴총회에서 집행이사회(EC) 이사국으로 선출, EC의 10개 위원회 중 우편금융위원회 의장직 5년간 수행

③ 1994년 8월 22일부터 9월 14일까지 제21차 UPU 총회를 서울에서 성공리에 개최. 서울총회 개최국으로서 1995년부터 1999년까지 관리이사회(CA) 의장국으로 활동, 우편운영이사회(POC) 이사국으로 선출되어 2012년까지 활동. 2016년 이스탄불총회에서 다시 양대 이사국으로 재선출되어 활동. 2021년 아비장총회에서 우편운영이사회(POC) 이사국으로 당선

❷ 아시아 · 태평양우편연합(APPU : Asian-Pacific Postal Union)

1. 개요

① 한국과 필리핀이 공동 제의하여 1961년 1월 23일 마닐라에서 한국, 태국, 대만, 필리핀 4개국이 협약에 서명함으로써 창설.

② 이에 따라 서명된 아시아 · 태평양 우편협약이 1962년 4월 1일에 발효되었으며 이후 지역 내 상호 협력과 기술 협조에 기여.

③ 대만은 UN 및 UPU의 회원 자격이 중국으로 대체됨에 따라 1974년에 이 연합의 회원자격도 중국이 대체함.

④ 사무국은 태국 방콕에 소재하고 있으며 현재 회원국은 32개국

2. 설립 목적

① 지역우편연합의 구성을 허용하고 있는 UPU 헌장 제8조에 따라, 지역 내 각 회원국 간의 우편관계를 확장 · 촉진 · 개선하고 우편업무 분야에서 국제협력을 증진하는 것이 목적임.

② 구체적 실현 방법으로 우편업무의 발전과 개선에 관한 연구를 목적으로 우정 직원을 서로 교환하거나 독자적 파견하기 위한 협정을 체결할 수 있음.

③ 공용어는 영어를 사용함.

3. APPU의 기관

총회(Congress)	연합의 최고 기관이며 4년마다 개최되는 비상설기구. 회원국의 전권대표로 구성되며 APPU 헌장 및 총칙의 수정하거나 공동 관심사 토의를 위해 소집. 제9차 총회는 2005년에 한국의 서울에서, 제10차 총회는 2009년에 뉴질랜드의 오클랜드에서, 제11차 총회는 2013년에 인도의 뉴델리에서 개최
집행이사회 (Executive Council)	총회와 총회 사이에 연합 업무의 계속성을 유지하기 위하여 원칙적으로 매년 1회 개최. 총회의 결정에 따라 부여받은 임무를 수행하고 연합의 연차 예산 검토 · 승인 ※ 우리나라는 제9차 APPU 총회를 2005년에 개최하여 2006년부터 2009년까지 집행이사회 의장국으로 활동

아시아 · 태평양우정대학 (APPC : Asian-Pacific Postal College)	① 아 · 태지역의 우편업무 개선 · 발전을 위한 우정직원 훈련을 목적으로 1970년 9월 10일에 4개국(우리나라, 태국, 필리핀, 대만)이 유엔개발계획(UNDP)의 지원을 받아 창설한 지역훈련센터로, 태국 방콕에 소재 ※ 설립 당시 명칭 : 아 · 태 우정연수소(APPTC : Asian-Pacific Postal Training Center) ② 우리나라는 연수소의 창설국인 동시에 관리이사국(GB)으로서 초대 교수부장을 비롯한 교수요원과 자문관을 파견했으며, 교과과목으로는 우편관리자과정(PMC)을 비롯하여 20여 과목. 1971년부터 매년 연수생 약 15명을 파견
사무국(Bureau)	집행이사회의 감독 아래 회원국을 위한 연락, 통보, 문의에 대하여 중간 역할을 함. 태국 방콕에 소재

❸ 카할라 우정연합(Kahala Posts Group)

1. **결성** : 아시아 · 태평양 연안 지역 내 6개 우정당국(한국, 미국, 일본, 중국, 호주, 홍콩)이 국제특송 시장에서의 주도권 확보 및 국제특급우편(EMS) 경쟁력 향상을 목적으로 2002년 6월에 결성하여 회원국을 유럽까지 확대하고 있음. 사무국은 홍콩에 소재하고 있으며, 회원국은 10개국('24.12월 현재)이 가입되어 있음

※ Kahala는 최초 회의가 개최된 미국(하와이)내 지명(地名)

※ 회원국 : 한국, 미국, 일본, 중국, 호주, 홍콩, 스페인, 영국, 프랑스, 태국, 캐나다

우정사업본부 KOREA POST	JP JAPAN POST	ไปรษณีย์ไทย THAILAND POST	UNITED STATES POSTAL SERVICE	Australia Post
CANADA POSTES POST CANADA	中国邮政 CHINA POST	Correos	LA POSTE GROUPE	Hongkong Post 香港郵政

2. **주요사업**

① 국제특급우편(EMS) 서비스 품질 향상(정시배달 목표 96%)을 추진하고 항공운송구간 문제점 해소를 위한 최적 운송방안 마련

② 민간특송사에 대한 경쟁력 확보를 위한 사전통관 정보 제공 및 카할라 우정연합 국가간 서비스 품질을 제고하여 국제특급우편(EMS) 매출 성장에 기여

③ 슬로건 : 「The Power to Deliver」

④ EMS배달보장서비스 : 공동으로 구축한 단일 통합네트워크를 기반으로 2005년 7월부터 시행. 배달보장일수 계산 프로그램에 따라 우편물 접수 시 발송지(접수우체국)와 수취인 주소의 우편번호 입력을 기반으로 예상배달 일자를 계산 및 정시배달을 보장해 주며, 배달이 지연된 경우 납부한 국제 우편요금을 전액 배상해 주는 서비스

4 우정사업분야 국제협력 확대

1. 만국우편연합 활동 참여로 한국우정 위상 제고

① 한국은 UPU 우편운영이사회(POC) 및 관리이사회(CA), 고위급 포럼 등에 대표단을 지속적으로 파견하고 있고, UPU 지역회의를 후원하며, 전자상거래 회의, IT 회의, 통관회의 등에 참가하여 UPU와의 협력활동을 계속하고 있음.

② 1990년부터 한국정부는 UPU 국제사무국에 전문가를 파견하여 UPU 활동에 기여하는 동시에 국제우편 전문가를 양성하고 있음

2. 아 · 태우편연합(APPU) 활동 참여

① 한국은 2005년 제9차 APPU 총회 주최국으로서 총회 이후 집행이사회 의장직 수행, 2009년 3월 9일부터 13일까지 진행된 뉴질랜드 오클랜드의 APPU 총회에서 다음 의장 · 부의장의 선출을 끝으로 4년간의 집행이사회 의장직을 성공적으로 마무리하였음.

② 특히, 4년간의 APPU EC 의장국으로 인터넷 및 IT 확산 등 우편 환경 변화에 대응하기 위한 공동 활동과 EMS 등 우편 서비스의 경쟁력 강화로 APPU 소속 각 우정당국의 품질개선에 이바지 하였음.

③ APPU 총회 기간 중 한국 우정의 우정IT 홍보와 함께 회원국 대표들과의 협력 관계를 더욱 공고히 하였으며 앞으로도 아 · 태 지역 내 우편발전을 선도할 예정

참고 UPU 회원국 현황

번호	국가명	약호	가입일	APPU
1	AFGHANISTAN (아프가니스탄)	AF	1928-4-01	○
2	ALBANIA (알바니아)	AL	1922-3-01	
3	ALGERIA (알제리)	DZ	1907-10-01	
4	ANGOLA (앙골라)	AO	1977-3-03	
5	ANTIGUA AND BARBUDA (앤티과바부다)	AG	1994-1-20	
6	ARGENTINA (아르헨티나)	AR	1878-4-01	
7	ARMENIA (아르메니아)	AM	1992-9-14	
8	Aruba, Curaçao and Sint Maarten	AW	1875-7-01	
9	AUSTRALIA (오스트레일리아)	AU	1907-10-01	○
10	AUSTRIA (오스트리아)	AT	1875-7-01	
11	AZERBAIJAN (아제르바이잔)	AZ	1993-4-01	
12	BAHAMAS (바하마)	BS	1974-4-24	
13	BAHRAIN (바레인)	BH	1973-12-21	
14	BANGLADESH (방글라데시)	BD	1973-2-07	○
15	BARBADOS (바베이도스)	BB	1967-11-11	

번호	국가명	약호	가입일	APPU
16	BELARUS (벨라루스)	BY	1947-5-13	
17	BELGIUM (벨기에)	BE	1875-7-01	
18	BELIZE (벨리세)	BZ	1982-10-01	
19	BENIN (베냉)	BJ	1961-4-27	
20	BHUTAN (부탄)	BT	1969-3-07	○
21	BOLIVIA (볼리비아)	BO	1886-4-01	
22	BOSNIA AND HERZEGOVINA (보스니아헤르체고비나)	BA	1993-1-26	
23	BOTSWANA (보츠와나)	BW	1968-1-12	
24	BRAZIL (브라질)	BR	1877-7-01	
25	BRUNEI DARUSSALAM (브루네이)	BN	1985-1-15	○
26	BULGARIA (REP.) (불가리아)	BG	1879-7-01	
27	BURKINA FASO (부르키나파소)	BF	1963-3-29	
28	BURUNDI (부룬디)	BI	1963-4-06	
29	CAMBODIA (캄보디아)	KH	1951-12-21	○
30	CAMEROON (카메룬)	CM	1960-7-26	
31	CANADA (캐나다)	CA	1878-7-01	
32	CAPE VERDE (카보 베르데)	CV	1976-9-30	
33	CENTRAL AFRICAN REP. (중앙아프리카)	CF	1961-6-28	
34	CHAD (차드)	TD	1961-6-23	
35	CHILE (칠레)	CL	1881-4-01	
36	CHINA (PEOPLE'S REP.) (중국)	CN	1914-3-01	○
37	COLOMBIA (콜롬비아)	CO	1881-7-01	
38	COMOROS (코모로)	KM	1976-7-29	
39	CONGO (REP.) (콩고)	CG	1961-5-23	
40	COSTA RICA (코스타리카)	CR	1883-1-01	
41	CÔTE D'IVOIRE(REP.) (코트디부아르)	CI	1961-5-23	
42	CROATIA (크로아티아)	HR	1992-7-20	
43	CUBA (쿠바)	CU	1902-10-04	
44	CYPRUS (사이프러스)	CY	1961-11-23	
45	CZECH REP. (체코)	CZ	1993-3-18	

번호	국가명	약호	가입일	APPU
46	DEM PEOPLE'S REP. OF KOREA (북한)	KP	1974-6-06	
47	DEMOCRATIC REPUBLIC OF THE CONGO (콩고민주공화국)	CD	1886-1-01	
48	DENMARK (덴마크)	DK	1875-7-01	
49	DJIBOUTI (지부티)	DJ	1978-6-06	
50	DOMINICA (도미니카 연방)	DM	1980-1-31	
51	DOMINICAN REPUBLIC (도미니카 공화국)	DO	1880-10-01	
52	ECUADOR(에콰도르)	EC	1880-7-01	
53	EGYPT(이집트)	EG	1875-7-01	
54	EL SALVADOR(엘살바도르)	SV	1879-4-01	
55	EQUATORIAL GUINEA(적도기니)	GQ	1970-7-24	
56	ERITREA(에리트리아)	ER	1993-8-19	
57	ESTONIA(에스토니아)	EE	1992-4-30	
58	ESWATINI(에스와티니)	SZ	1969-11-07	
59	ETHIOPIA (에티오피아)	ET	1908-11-01	
60	FIJI (피지)	FJ	1971-6-18	○
61	FINLAND (INCLUDING THE ÅLAND ISLANDS)(핀란드)	FI	1918-2-12	
62	FRANCE (프랑스)	FR	1876-1-01	
63	GABON (가봉)	GA	1961-7-17	
64	GAMBIA (감비아)	GM	1974-10-09	
65	GEORGIA (조지아)	GE	1993-4-01	
66	GERMANY (독일)	DE	1875-7-01	
67	GHANA (가나)	GH	1957-10-10	
68	GREAT BRITAIN (영국)	GB	1875-7-01	
69	GREECE (그리스)	GR	1875-7-01	
70	GRENADA (그레나다)	GD	1978-1-30	
71	GUATEMALA (과테말라)	GT	1881-8-01	
72	GUINEA (기니)	GN	1959-5-06	
73	GUINEA-BISSAU (기니비소)	GW	1974-5-30	
74	GUYANA (가이아나)	GY	1967-3-22	
75	HAITI (아이티)	HT	1881-7-01	
76	HONDURAS (REP.) (온두라스)	HN	1879-4-01	
77	HUNGARY (헝가리)	HU	1875-7-01	

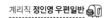

번호	국가명	약호	가입일	APPU
78	ICELAND (아이슬란드)	IS	1919-11-15	
79	INDIA (인도)	IN	1876-7-01	○
80	INDONESIA (인도네시아)	ID	1877-5-01	○
81	IRAN (ISLAMIC REP.) (이란)	IR	1877-9-01	○
82	IRAQ (이라크)	IQ	1929-4-22	
83	IRELAND (아일랜드)	IE	1923-9-06	
84	ISRAEL (이스라엘)	IL	1949-12-24	
85	ITALY (이탈리아)	IT	1875-7-01	
86	JAMAICA (자메이카)	JM	1963-8-29	
87	JAPAN (일본)	JP	1877-6-01	○
88	JORDAN (요르단)	JO	1947-5-16	
89	KAZAKHSTAN (카자흐스탄)	KZ	1992-8-27	
90	KENYA (케냐)	KE	1964-10-27	
91	KIRIBATI (키리바티)	KI	1984-8-14	
92	KOREA REP. (대한민국)	KR	1900-1-01	○
93	KUWAIT (쿠웨이트)	KW	1960-2-16	
94	KYRGYZSTAN (키르기즈스탄)	KG	1993-1-26	
95	LAO PEOPLE'S DEM. REP. (라오스)	LA	1952-5-20	○
96	LATVIA (라트비아)	LV	1992-6-17	
97	LEBANON (레바논)	LB	1946-5-15	
98	LESOTHO (레소토)	LS	1967-9-06	
99	LIBERIA (라이베리아)	LR	1879-4-01	
100	LIBYA (리비아)	LY	1952-6-04	
101	LIECHTENSTEIN (리첸슈테인)	LI	1962-4-13	
102	LITHUANIA (리투아니아)	LT	1992-1-10	
103	LUXEMBURG (룩셈부르크)	LU	1875-7-01	
104	MADAGASCAR (마다가스카르)	MG	1961-11-02	
105	MALAWI (말라위)	MW	1966-10-25	
106	MALAYSIA (말레이시아)	MY	1958-1-17	○
107	MALDIVES (몰디브)	MV	1967-8-15	○
108	MALI (말리)	ML	1961-4-21	
109	MALTA (몰타)	MT	1965-5-21	
110	MAURITANIA (모리타니)	MR	1967-3-22	

번호	국가명	약호	가입일	APPU
111	MAURITIUS (모리셔스)	MU	1969-8-29	
112	MEXICO (멕시코)	MX	1879-4-01	
113	MOLDOVA (몰도바)	MD	1992-11-16	
114	MONACO (모나코)	MC	1955-10-12	
115	MONGOLIA (몽골)	MN	1963-8-24	○
116	MONTENEGRO (REP.) (몬테네그로)	ME	2006-7-26	
117	MOROCCO (모로코)	MA	1920-10-01	
118	MOZAMBIQUE (모잠비크)	MZ	1978-10-11	
119	MYANMAR (미얀마)	MM	1949-10-04	○
120	NAMIBIA (나미비아)	NA	1992-4-30	
121	NAURU (나우루)	NR	1969-4-17	○
122	NEPAL (네팔)	NP	1956-10-11	○
123	NETHERLANDS (네덜란드)	NL	1875-7-01	
124	NEW ZEALAND (INCLUDING THE ROSS DEPENDENCY) (뉴질랜드)	NZ	1907-10-01	○
125	NICARAGUA (니카라과)	NI	1882-5-01	
126	NIGER (니제르)	NE	1961-6-12	
127	NIGERIA (나이지리아)	NG	1961-7-10	
128	NORWAY (노르웨이)	NO	1875-7-01	
129	OMAN (오만)	OM	1971-8-17	
130	Overseas Territories (United Kingdom of Great Britain and Northern Ireland)		1877-4-01	
131	PAKISTAN (파키스탄)	PK	1947-11-10	○
132	PANAMA (REP.) (파나마)	PA	1904-6-11	
133	PAPUA NEW GUINEA (파푸아뉴기니)	PG	1976-6-04	○
134	PARAGUAY (파라과이)	PY	1881-7-01	
135	PERU (페루)	PE	1879-4-01	
136	PHILIPPINES (필리핀)	PH	1922-1-01	○
137	POLAND (폴란드)	PL	1919-5-01	
138	PORTUGAL (포르투갈)	PT	1875-7-01	
139	QATAR (카타르)	QA	1969-1-31	
140	Republic of North Macedonia (북마케도니아)	MK	1993-7-12	
141	ROMANIA (루마니아)	RO	1875-7-01	

번호	국가명	약호	가입일	APPU
142	RUSSIAN FEDERATION (러시아)	RU	1875-7-01	
143	RWANDA (르완다)	RW	1963-4-06	
144	Saint Christopher (Saint Kitts) and Nevis	KN	1988-1-11	
145	Saint Lucia (세인트루시아)	LC	1980-7-10	
146	Saint Vincent and the Grenadines	VC	1981-2-03	
147	SAMOA (사모아)	WS	1989-8-09	○
148	SAN MARINO (산마리노)	SM	1915-7-01	
149	Sao Tome and Principe (상투메프린시페)	ST	1977-8-22	
150	SAUDI ARABIA (사우디아라비아)	SA	1927-1-01	
151	SENEGAL (세네갈)	SN	1961-6-14	
152	SERBIA (REP.) (세르비아)	RS	2001-6-18	
153	SEYCHELLES (세이셸)	SC	1977-10-07	
154	SIERRA LEONE (시에라리온)	SL	1962-1-29	
155	SINGAPORE (싱가포르)	SG	1966-1-08	○
156	SLOVAKIA (슬로바키아)	SK	1993-3-18	
157	SLOVENIA (슬로베니아)	SI	1992-8-27	
158	SOLOMON ISLANDS (솔로몬 제도)	SB	1984-5-04	○
159	SOMALIA (소말리아)	SO	1959-4-01	
160	SOUTH AFRICA (남아프리카 공화국)	ZA	1994-8-22	
161	SOUTH SUDAN (REP.) (남수단)	SS	2011-10-04	
162	SPAIN (스페인)	ES	1875-7-01	
163	SRI LANKA (스리랑카)	LK	1949-7-13	○
164	SUDAN (수단)	SD	1956-7-27	
165	SURINAME (수리남)	SR	1976-4-20	
166	SWEDEN (스웨덴)	SE	1875-7-01	
167	SWITZERLAND (스위스)	CH	1875-7-01	
168	SYRIAN ARAB REP. (시리아)	SY	1946-5-15	
169	TAJIKISTAN (타지키스탄)	TJ	1994-6-09	
170	TANZANIA (UNITED REP.) (탄자니아)	TZ	1963-3-29	
171	THAILAND (타이(태국))	TH	1885-7-01	○
172	Timor-Leste (Dem. Rep.) (동티모르)	TL	2003-11-28	
173	TOGO (토고)	TG	1962-3-21	
174	TONGA (INCLUDING NIUAFO'OU) (통가)	TO	1972-1-26	

번호	국가명	약호	가입일	APPU
175	TRINIDAD AND TOBAGO (트리니다드 토바고)	TT	1963-6-15	
176	TUNISIA (튀니지)	TN	1888-7-01	
177	TURKEY (터키)		1875-7-01	
178	TURKMENISTAN (투르크메니스탄)	TM	1993-1-26	
179	TUVALU (투발루)	TV	1981-2-03	
180	UNITED ARAB EMIRATES (아랍에미리트)	AE	1973-3-30	
181	UGANDA (우간다)	UG	1964-2-13	
182	UKRAINE (우크라이나)	UA	1947-5-13	
183	URUGUAY (우루과이)	UY	1880-7-01	
184	UNITED STATES OF AMERICA (미국)	US	1875-7-01	
185	UZBEKISTAN (우즈베키스탄)	UZ	1994-2-24	
186	VANUATU (바누아투)	VU	1982-7-16	○
187	VATICAN (바티칸)	VA	1929-6-01	
188	VENEZUELA (베네수엘라)	VE	1880-1-01	
189	VIET NAM (베트남)	VN	1951-10-20	○
190	YEMEN (예멘)	YE	1930-1-01	
191	ZAMBIA (잠비아)	ZM	1967-3-22	
192	ZIMBABWE (짐바브웨)	ZW	1981-7-31	

제3절 국제우편물의 종류 및 취급우체국의 구분

❶ 개요

1. 국제우편물은 통상우편물, 소포우편물, 특급우편물(EMS) 그 밖에 과학기술정보통신부장관이 필요하다고 인정하여 고시하는 우편물로 구분(국제우편규정 제3조)

2. 국제통상우편물

만국우편협약 제13조에 따라 통상우편물은 취급 속도나 내용물에 근거하여 분류하며, 이는 각 국가의 우정당국이 자유롭게 선택하여 발송우편물의 종류 및 취급 방법을 적용

(1) **우편물의 내용물을 근거로 하여 구분(우리나라 구분방식)**

① 서장(Letters), 소형포장물(Small packet) : 무게한계 2kg

② 인쇄물(Printed papers) : 무게한계 5kg

③ 시각장애인용 우편물(Items for the blind) : 무게한계 7kg

④ 우편자루 배달인쇄물(M bag) : 10kg~30kg

⑤ 기타 : 항공서간(Aerogramme) 무게한계 5g, 우편엽서(Postcard)

※ 부피중량 : 원칙적으로 항공우편물에 적용되는 개념으로 대상우편물은 소형포장물(항공), 국제소포(항공), K-Packet, 국제특급(비서류)이며, 실제중량(Actual weight)과 부피중량 (Volume weight) 두가지 중량을 비교하여 더 큰 중량의 요금을 적용

※ 실중량 = 실제중량 = 무게중량 = 저울중량 = Actual weight, 부피중량 = 체적중량 = Volume weight

※ 부피(체적)중량 산출식 : 가로(cm)×세로(cm)× 높이(cm)÷6,000 = ( )kg

(2) **취급속도에 따라 우선취급우편물(Priority items)과 비우선취급우편물(Non-priority items)로 구분 (일부국가 구분방식)**

① 우선취급우편물 : 우선적 취급을 받으며 최선편(항공 또는 선편)으로 운송되는 우편물(무게 한계 2kg)

② 비우선취급우편물 : 우선취급 우편물보다 상대적으로 송달이 늦고 요금도 상대적으로 싼 우편물 (무게한계 2kg)

3. 국제소포우편물

① 만국우편연합 소포우편규칙에 규정된 바에 따라 우정당국 간에 교환하는 소포

② 국제소포는 모두 기록 취급하는 우편물로 발송(운송)수단에 따라 항공소포(Air Parcel)와 선편소포(Surface Parcel)로 구분

4. K-Packet : 2kg 이하 소형물품의 해외배송에 적합한 국제우편우편서비스

① 계약고객과 개인고객(시범운영) 모두 이용 가능

② 주소 등 발송(접수)관련 정보는 계약고객은 계약고객전용 정보시스템(API)시스템을 통해 입력, 개인고객은 국제우편스마트접수를 통해 사전접수 후 우체국에 방문하여 최종 접수

③ 계약고객은 다량 이용자에 따른 요금감액 혜택 제공

5. 국제특급우편물(EMS : Express Mail Service)

(1) 서류와 상품의 우편으로써 실물 수단에 따른 국제우편물 중 다른 우편물보다 최우선으로 취급하는 가장 신속한 우편업무

(2) 만국우편협약 제36조에 근거, 국가 간 표준 다자간 협정이나 양자 협정으로 합의한 내용에 따라 취급

(3) 서류와 비서류로 구분하여 취급하며, 통신문, 서류, 물품을 매우 짧은 시간 내에 접수・운송・배달 (서류와 비서류 모두 세관검사 대상에 해당함)

① 서류(Document) : 편지, 유학 서류, 각종 서류 등에 해당하며, 서류용 기표지(운송장) 사용

② 비서류(Non-Document) : 서류용 국제특급에 해당하지 않는 내용품(상품견본<Sample>과 물품 <Gift, Merchandise> 등)에 해당하며, 비서류용 기표지(운송장) 사용

6. 해상특송우편물(POST Sea Express)

(1) **한중해상특송**: 30kg 이하 물품의 해외 다량발송에 적합한 서비스로서 우체국과 계약하여 이용하는 전자상거래 전용 국제우편서비스

① e-Shipping을 이용하는 고객에 한하여 이용 가능

② 운송수단: 인천-위해(威海, Weihai)간 운항하는 여객선 및 화물선

(2) **한일해상특송(시범운영)**: 부산-하카타 간 운항하는 페리노선 활용

7. 그 밖의 운송편에 따른 구분

운송편에 따라 항공우편물(Air Mail), 선편우편물(Surface Mail)로 구분

8. 국제우편물 취급우체국의 구분

(1) **교환국**

① 대상: 국제우편물류센터, 부산국제우체국, 인천해상교환우체국

② 개념: 국제우편물을 직접 외국으로 발송하고, 외국에서 오는 우편물을 받는 업무를 수행하는, 즉 교환업무를 취급하는 우체국. 현재 국제우편물류센터, 부산국제우체국, 인천해상교환우체국 세 곳이 있으며, 국제우편물류센터와 부산국제우체국은 통관국과 통상국의 업무를 겸하고 있으며, 인천해상교환우체국은 통관국의 업무를 수행하고 있음. 국제우편물류센터는 항공우편물의 교환업무, 부산국제우체국은 선편우편물의 교환업무, 인천해상교환우체국은 해상특송우편물, 복합환적우편서비스*의 교환업무 담당. 국제우편의 관문 구실을 함

* 복합환적우편서비스(Sea to Air): 중국 등 제3국에서 미국·캐나다 등 제3국으로 발송하는 전자상거래 상품을 EMS, K-Packet, 등기소형포장물 등으로 유지·발송하는 복합환적 서비스 시범운영 추진

(2) **통관국**

① 대상: 통관업무 취급국

② 개념: 「관세법」제256조에 따라 관세청장이 지정한 우체국으로써, 세관 공무원이 주재하거나 파견되어 국제우편물의 수출입에 관한 세관검사를 실시하는 우체국. 현재 국제우편물류센터, 부산국제우체국, 인천해상교환우체국 세 곳이 있음.

(3) **통상국**

① 대상: 일반우체국

② 개념: 국제우편물의 접수와 배달 업무를 수행하는 일반우체국

※ 국제우편물류센터와 부산국제우체국은 통상국의 업무를 수행하나 인천해상교환우체국은 통상국 업무를 하지 않음.

참고 국제우편물의 종류(분류)

<table>
<tr><td rowspan="10">국제 통상우편물</td><td rowspan="8">내용물에 따른 구분</td><td rowspan="3">LC</td><td>서장(Letters)</td><td rowspan="8">우리나라 구분방식</td></tr>
<tr><td>우편엽서(Postcard)</td></tr>
<tr><td>항공서간(Aerogramme)</td></tr>
<tr><td rowspan="5">AO</td><td>인쇄물(Printed papers)</td></tr>
<tr><td>소형포장물(Small packet)</td></tr>
<tr><td>시각장애인용점자우편물
(Literature for the blind)</td></tr>
<tr><td>우편자루 배달인쇄물(M bag)</td></tr>
<tr><td></td></tr>
<tr><td rowspan="2">취급 속도에 따른 구분</td><td colspan="2">우선취급(Priority)우편물</td><td rowspan="2">일부국가 구분방식(우리나라는 사용하지 않는다)</td></tr>
<tr><td colspan="2">비우선취급(Non-priority)우편물</td></tr>
<tr><td>국제 소포우편물</td><td colspan="4">「만국우편연합 소포우편규칙」에 규정된 바에 따라 우정당국 간에 교환하는 소포</td></tr>
<tr><td>K-Packet</td><td colspan="4">우리나라가 개발한 상품으로 계약고객이 e-Shipping으로 접수하는 2kg 이하의 소형물품</td></tr>
<tr><td rowspan="2">국제 특급 우편물(EMS)</td><td>서류(EE)</td><td colspan="3">세관검사가 필요 없는 서류 등을 발송할 때 이용하며, 번호가 주로 EE로 시작하는 운송장을 이용(서류기준: 종이로 된 문서 형식의 편지류, 계약서, 입학 서류, 서류와 함께 보내는 팸플릿 등 홍보용 첨부물. 다만, 서적, CD, 달력 등은 비서류 취급)</td></tr>
<tr><td>비서류(EM)</td><td colspan="3">세관검사를 거쳐야 하는 서류 이외의 우편물을 발송할 때 이용하며, 일반적으로 번호가 EM으로 시작하는 운송장을 사용</td></tr>
</table>

※ 사전통관정보제공 대상우편물: 비서류(국제소포우편물[항공, 선편], K-Packet, EMS[비서류], 해상특송우편물[한중, 한일]), EMS(서류), 소형포장물

❷ 국제통상우편물 종별 세부내용

1. 서장(Letters)

(1) 특정인에게 보내는 통신문(Correspondence)을 기록한 우편물(타자한 것을 포함)

(2) 일반적으로 서장이라 함은 통신문의 성질을 갖는 서류를 말하나 국제우편에 있어서는 그 이외에 ① 서장 이외의 종류로 정해진 조건을 충족시키지 못한 것, 즉 타종에 속하지 않는 우편물, ② 멸실성 생물학적 물질(Perishable biological substance)이 들어있는 서장 및 방사성 물질이 들어있는 우편물도 포함

(3) 서장에 관한 요건

① 서장은 규격 우편물과 우편물의 포장에 관련된 규정을 따름

② 봉투에 넣은 우편물은 취급 중 어려움이 없도록 직사각형 형태일 것

③ 우편엽서와 모양은 다르지만 지질이 같은 우편물도 직사각형 봉투에 넣어야 함

④ 물량이나 포장 상태를 보아 할인 요금을 미리 낸 우편물과 혼동할 수 있는 우편물인 경우에는 우편물의 주소 면에 서장임을 표시하는 'Letter'라는 단어를 추가

(4) 서장 취급 예시

1) 법규 위반 엽서

① 우편엽서의 형태(직사각형), 지질, 규격을 갖추지 못한 것

② 앞면의 우측 절반을 수취인 주소 · 성명, 우표, 우편물취급과 관련된 지시 사항 등 이외의 것을 기재하거나 붙인 것

③ 우편엽서의 앞면 표제에 Postcard(우편엽서)임을 분명히 표시하지 않은 엽서(다만, 그림엽서의 경우에 Postcard임을 분명히 표시하지 않은 엽서라도 꼭 서장으로 취급해야 하는 것은 아님)

2) 법규 위반 항공서간

① 원형을 변경하여 사용한 것

㉠ 우표 이외의 것을 붙이거나 넣어 발송한 것

② 사제항공서간 조제 기준에 적합하지 않은 것

㉠ 과학기술정보통신부 고시 내용에 부적합한 것

㉡ 발송인이 아닌 사람의 광고를 게재한 것

㉢ 우편요금을 표시하는 증표를 인쇄한 것

2. 우편엽서(Postcard)

(1) 의의

① 우편엽서는 조약에 규정된 조건에 따라 정부가 발행하는 것(관제엽서)과 정부 이외의 사람이 조제하는 것(사제엽서)으로 구분. 관제엽서는 우편요금을 표시하는 증표 인쇄 가능

② 사제엽서는 관제엽서에 준하여 조제하되 우편요금을 표시하는 증표를 인쇄할 수 없음

(2) 요건

① 우편엽서는 직사각형이어야 하고 우편물 취급에 어려움이 없도록 튼튼한 판지나 견고한 종이로 제조하여야 하며, 튀어나오거나 도드라진 양각 부분이 없어야 함

② 앞면 윗부분에 우편엽서를 뜻하는 영어나 프랑스어로 표시(Postcard 또는 Carte postale). 다만 그림엽서의 경우에 꼭 영어나 프랑스어로 표시해야 하는 것은 아님

③ 엽서는 봉함하지 않은 상태로 발송

④ 적어도 앞면의 오른쪽 반은 수취인의 주소와 성명 · 요금납부표시, 업무지시나 업무 표지를 위하여 사용할 수 있도록 통신문을 기록하지 않고 남겨두어야 함

⑤ 엽서에 관한 규정을 따르지 아니한 우편엽서는 서장으로 취급함

3. 항공서간(Aerogramme)

(1) 의의: 항공통상우편물로써 세계 어느 지역이나 단일 요금으로 보낼 수 있는 국제우편 특유의 우편물 종류. 항공서간은 종이 한 장으로 되어 있으며 편지지와 봉투를 겸한 봉함엽서의 형태로 되어 있어 간편하고 편리할 뿐 아니라 요금이 저렴함

(2) 요건

① 직사각형이어야 하며, 우편물 취급에 지장이 없도록 제작

② 항공서간에는 외부에 'Aerogramme' 표시

(3) 종류

① 정부에서 발행하는 항공서간과 사제(私製) 항공서간으로 구분

② 정부 발행하는 항공서간에는 우편요금을 표시하는 증표를 인쇄할 수 있으나 사제항공서간에는 우편요금을 표시하는 증표를 인쇄할 수 없음

참고 항공서간 견본 예시

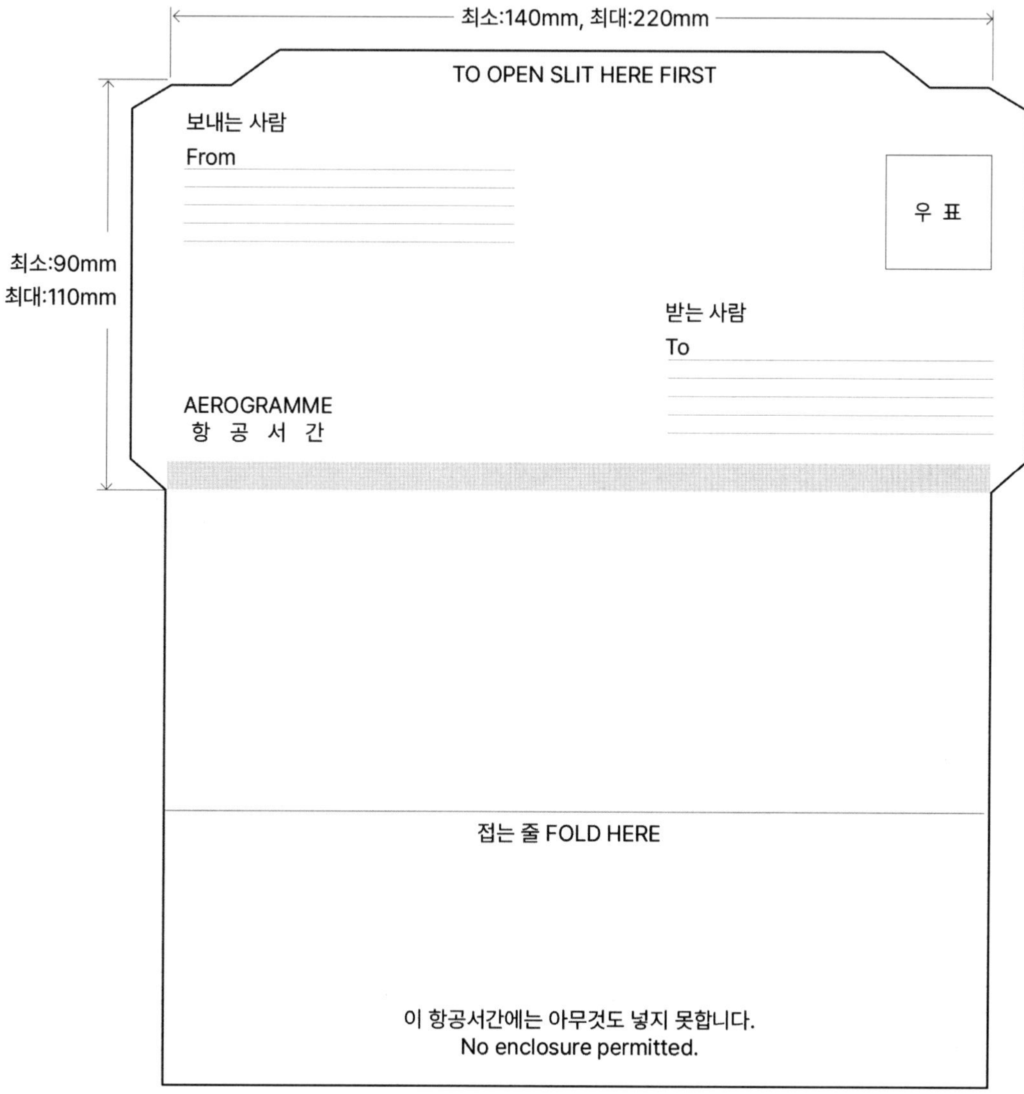

⑷ 사제항공서간의 조제 기준

① 「항공서간의 견본과 무게」에 따라서 과학기술정보통신부장관이 고시한 다음 내용에 적합할 것

최대규격	110×120mm, 허용오차 2mm
최소규격	90×140mm, 허용오차 2mm
가로와 세로의 비율	가로는 세로의 1.4배 이상 비율
무게	5g 이내
색깔	바탕은 연청색, 전면 가장자리는 적색 및 청색
표면 기록사항과 그 밖의 규격	관제(官製) 항공서간에 준함
기타주의 사항	① 발송인이 아닌 자의 광고를 게재하지 말 것 ② 우편요금을 표시하는 증표를 인쇄하지 말 것

⑸ 주요 발송 조건

① 원형을 변경하여 사용할 수 없으며 등기로 발송 가능

② 항공서간에는 우표 이외의 물품을 붙이지 못하며 어떠한 것도 넣을 수 없음

4. 인쇄물(Printed papers) : 무게제한 5kg까지

⑴ 종이, 판지나 일반적으로 인쇄에 사용되는 재료에 접수국가 우정당국이 인정한 방법에 따라 여러 개의 동일한 사본으로 생산된 복사물

⑵ 요건

① 허용된 물질(종이, 판지나 일반적으로 인쇄에 사용되는 재료 등)에 2부 이상을 생산한 복사물일 것

② 인쇄물에는 굵은 글자로 주소 면(가급적 왼쪽 윗부분, 발송인의 주소 · 성명이 있을 경우 그 아래)에 인쇄물의 표시인 'Printed papers' 또는 'Imprimé'를 표시할 것

③ 인쇄물은 신속하고 간편하게 검사를 받을 수 있으면서도 그 내용품이 충분히 보호받을 수 있도록 포장하여야 함

⑶ 인쇄물 접수 물품

① 접수 가능 물품: 서적, 정기간행물, 홍보용 팸플릿, 잡지, 상업광고물, 달력, 사진, 명함, 도면 등

② 접수 불가 물품: CD, 비디오테이프, OCR, 포장박스, 봉인한 서류

※ 종이, 판지 등의 인쇄물 형태로 정보 전달의 내용이 포함된 인쇄물에 한함

※ 종이류로 제작된 포토카드는 인쇄물로 취급이 가능하나 플라스틱, 알루미늄 등을 활용하여 제작한 것은 인쇄물 적용 불가

⑷ 인쇄물의 요건을 갖추지 않은 것 중 인쇄물로 취급하는 것

① 관계 학교의 교장을 통하여 발송하는 것으로 학교의 학생끼리 교환하는 서장이나 엽서

② 학교에서 학생들에게 보낸 통신강의록, 학생들의 과제 원본과 채점 답안(다만, 성적과 직접 관계되지 않는 사항은 기록할 수 없음)

③ 소설이나 신문의 원고

④ 필사한 악보
⑤ 인쇄한 사진
⑥ 동시에 여러 통을 발송하는 타자기로 치거나 컴퓨터 프린터로 출력한 인쇄물

(5) 인쇄물에 기록할 수 있는 사항

① 발송인과 수취인의 주소·성명(신분, 직업, 상호 기록 가능)
② 우편물의 발송 장소와 일자
③ 우편물과 관련되는 일련번호와 등기번호
④ 인쇄물 본문 내용의 단어나 일정 부분을 삭제하거나 기호를 붙이거나 밑줄을 친 것
⑤ 인쇄의 오류를 정정하는 것
⑥ 간행물, 서적, 팸플릿, 신문, 조각 및 악보에 관한 주문서, 예약신청서 또는 판매서에는 주문하거나 주문받은 물건과 그 수량, 물건의 가격과 가격의 주요 명세를 표시한 기록, 지불 방법, 판, 저자 및 발행자명, 목록 번호와 'paper-backed', 'stiff-backed' 또는 'bound'의 표시
⑦ 도서관의 대출 업무에 사용되는 용지에는 간행물명, 신청·송부 부수, 저자, 발행자명, 목록 번호, 대출 일수, 대출 희망자의 성명
⑧ 인쇄한 문학작품이나 예술 작품에는 간단한 관례적 증정 인사말
⑨ 신문이나 정기간행물에서 오려낸 것에는 이를 게재한 간행물의 제목, 발행 일자, 발행사
⑩ 인쇄용 교정본에는 교정, 편집, 인쇄에 관한 변경·추가 및 'Passed for press', 'Read-passed for press'와 같은 기록 또는 발행과 관련된 이와 비슷한 표시. 여백이 없을 경우, 별지에 추가 기록 가능
⑪ 주소변경 통지서에는 신·구 주소와 변경 일자

(6) 인쇄물의 첨부물

① 우편물 발송인의 주소나 원래의 우편물의 접수국가나 배달국가 내의 대리인의 주소를 인쇄한 카드, 봉투, 포장재 첨부 가능, 이 첨부물에는 반송을 위하여 원래 우편물 배달국가의 우표나 우편요금선납인, 우편요금선납도장으로 요금 선납 가능
② 인쇄된 문학작품과 예술적 작품에는 관련 송장(송장 사본, 대체 용지)
③ 패션 간행물에 대하여는 그 간행물의 일부를 이루는 도려낸 옷본

5. 소형포장물(Small packet) : 중량제한 2kg까지

(1) **의의**: 소형으로 무게가 가벼운 상품이나 선물 등 물품을 그 내용으로 하는 것으로서 성질상으로는 그 내용품이 소포우편물과 같은 것이나 일정한 조건에서 간편하게 취급할 수 있도록 통상우편물의 한 종류로 정함

(2) 소형포장물의 특색

① 소형포장물은 「만국우편협약」에 따라 정하여진 우편물 종류로서 소포우편물과는 달리 이용 조건 등에 각국 공통점이 많아 이용이 편리
② 발송 절차가 소포에 비해 간단. 첨부해야 하는 세관신고서는 내용품의 가격에 따라 300SDR 이하인 경우는 기록 요령이 간단한 CN22를, 300SDR을 초과하는 경우는 CN23을 이용
※ SDR(Special Drawing Right; **특별인출권)환율**: 1SDR = 1,749원(2020.09.01.우정사업본부 고시 제2020-45호)

(3) **발송 요건**

① 주소기록이면 좌측 상단이나 발송인 주소 · 성명기록란 아래에 굵은 글씨로 소형포장물을 나타내는 'Small packet' 또는 'Petit paquet'를 표시

② 현실적이고 개인적인 통신문과 같은 성질의 그 밖의 서류 동봉 가능. 다만, 그러한 서류는 해당 소형포장물의 발송인이 아닌 다른 발송인이 작성하거나 다른 수취인 앞으로 주소를 쓸 수 없음

③ 소형포장물을 봉할 때에 특별 조건이 필요한 것은 아니나, 내용품 검사를 위하여 이를 쉽게 열어볼 수 있도록 하여야 함

(4) **소형포장물의 첨부물 등 기타 사항**

1) 소형포장물의 내부나 외부에 상품송장(Invoice) 첨부 가능

2) 우편물의 내부나 외부에 다음 사항 기록 가능

① 상거래용 지시 사항

② 수취인과 발송인의 주소 · 성명

③ 제조회사의 마크나 상표

④ 발송인과 수취인 사이에 교환되는 통신문에 관한 참고 사항

⑤ 물품의 제조업자 또는 공급자에 관한 간단한 메모, 일련번호나 등기번호, 가격 · 무게 · 수량 · 규격에 관한 사항, 상품의 성질, 출처에 관한 사항

6. 시각장애인용 점자우편물(Literature for the blind)

(1) **의의**: 시각장애인이나 공인된 시각장애인기관에서 발송하거나 수신하는 경우에 해당하며, 녹음물, 서장, 시각장애인용 활자를 표시된 금속판을 포함함

(2) **요금의 면제**: 항공부가요금을 제외한 모든 요금을 면제. 즉 선편으로 접수할 때에는 무료로 취급하며 항공 등기로 접수할 때에는 등기요금은 무료, 항공부가요금만 징수

(3) **발송요건**

① 시각장애인용 우편물은 신속하고 간편하게 확인을 받을 수 있으면서도 그 내용물을 보호할 수 있도록 포장되어야 함

② 시각장애인용 문자(점자)를 포함하고 있는 서장과 시각장애인용 활자가 표시된 금속판을 포함
※ 위의 우편물에는 어떠한 내용도 적을 수 없음

③ 소인 여부를 떠나 우표나 요금인영증지나 금전적 가치를 나타내는 어떠한 증서도 포함할 수 없음

④ 시각장애인용 점자우편물의 수취인 주소가 있는 면에 이용자가 아래의 상징이 그려진 흰색 표지 부착

⑤ 봉투 겉표지에 'Items for the blind'를 고무인으로 날인

(크기 52×65mm): 52×65mm)

7. 우편자루배달 인쇄물(M-bag)

(1) 의의

① 동일인이 동일수취인에게 한꺼번에 다량으로 발송하고자 하는 인쇄물 등을 넣은 우편자루를 한 개의 우편물로 취급

② 보낼 수 있는 우편자루배달인쇄물의 내용물

㉠ 인쇄물에 동봉하거나 첨부하여 발송하는 물품: 디스크, 테이프, 카세트, 제조업자나 판매자가 선적하는 상품 견본, 또는 관세가 부과되지 않는 그 밖의 상업용 물품이나 재판매 목적이 아닌 정보 자료

㉡ 인쇄물과 함께 발송되는 인쇄물 관련 물품

㉢ 위 ㉠항에서 언급한 물품을 담고 있는 각 우편물의 무게는 2kg을 초과할 수 없음

③ 인쇄물을 넣은 우편자루 하나를 하나의 우편물로 취급하는 것이며 제한무게는 10kg 이상 30kg까지

(2) 접수우체국: 전국의 모든 우체국(우편취급국은 제외)

(3) 취급 조건

① 10kg 이상 인쇄물에 한하여 접수, kg 단위로 요금 계산

② 일반으로는 어느 나라든지 보낼 수 있으나, 등기는 취급하는 나라가 제한됨

※ 미국, 캐나다는 우편자루배달인쇄물 등기 미취급(2021.12.현재)

③ 부가취급 가능: 등기, 배달통지

④ 첨부해야 하는 세관신고서는 내용품 가격에 따라 300SDR 이하인 경우는 CN22를, 300SDR을 초과하는 경우는 CN23을 이용

⑤ M bag에 담긴 인쇄물의 각 묶음에 수취인의 주소를 표시하여 동일주소의 동일 수취인에게 발송

⑥ M bag에는 발송인의 수취인에 관한 모든 정보를 기록한 직사각형 운송장을 첨부해야 하며, 운송장은 다음과 같아야 함

㉠ 충분히 견고한 천, 튼튼한 판지, 플라스틱, 양피지나 나무에 접착한 종이로 만들어 진 것이어야 하며, 구멍이 있을 것

㉡ 우편자루에 매달 수 있도록 끈으로 연결되어 있을 것

㉢ 90×140mm 이상일 것(허용 오차 2mm)

❸ 국제소포우편물

1. 의의

서장(letters)과 통화 이외의 물건을 포장한 만국우편연합 회원국 또는 지역 상호 간에 교환하는 우편물

2. 종류

(1) 기록 취급하며 항공, 배달통지 등의 부가취급* 가능

* 국가별 취급여부는 국제우편 발송조건(포스트넷 또는 인터넷우체국) 참조

(2) 국제소포는 서비스 적용에 따라 일반적으로 다음과 같이 분류

1) 보통소포(Ordinary parcel)
2) 보험소포(Insured parcel): 내용품을 보험에 가입하여 만일 내용품의 전부나 일부가 분실·도난·훼손이 된 경우에는 보험가액 한도 내에서 실제로 발생한 손해액을 배상하는 소포
3) 우편사무소포(Postal Service parcel): 우편업무와 관련하여 만국우편협약 제7조 제1.1항에서 정한 기관 사이에서 교환하는 것으로서 모든 우편 요금이 면제되는 소포
① UPU 국제사무국에서 우정청과 지역우편연합에 발송하는 소포
② 회원국 우정청(우체국)끼리 또는 국제사무국과 교환하는 소포
4) 전쟁 포로 및 민간인 피억류자 소포(Prisoner-of-war and civilian internee parcel): 전쟁 포로에게 보내거나 전쟁 포로가 발송하는 우편소포 및 「전쟁 포로의 대우에 관한 1949년 8월 12일의 제네바협약」에서 규정한 민간인 피억류자에게 보내거나 민간인 피억류자가 발송하는 우편소포
① 전쟁 포로에게 보내거나 전쟁 포로가 발송하는 통상우편물, 우편소포, 우편 금융 업무에 관한 우편물은 항공부가요금을 제외한 모든 우편 요금이 면제(「만국우편협약」제7조제2.1항)
② 「전시에 있어서의 민간인 보호에 관한 1949년 8월 12일의 제네바협약」에서 규정한 민간인 피억류자에게 보내거나 민간인 피억류자가 발송하는 우편물, 우편소포, 우편 금융 업무에 관한 우편물에도 항공부가요금을 제외한 모든 우편 요금을 면제
③ 소포는 무게 5kg까지 우편 요금이 면제되지만, 다음의 경우에는 10kg까지 발송 가능
㉠ 내용물을 분할할 수 없는 소포
㉡ 포로에게 분배하기 위하여 수용소나 포로 대표자에게 발송되는 소포
5) 이외 속달소포, 대금교환소포 등(다만, 우리나라에서는 취급하지 않음)

❹ K-Packet

1. 의의: 「국제우편규정」 제3조, 제9조에 따라 과학기술정보통신부장관이 고시한 국제우편서비스

2. 명칭: 'Korea'를 뜻하는 'K'를 상품명에 넣어 K-Packet으로 정함

> **해외 전자상거래용 우편서비스**
> 중국: e-Packet, 일본: e-small packet, 싱가포르: e-pak, 홍콩: e-express

3. 특징

(1) **성격**: EMS와 같은 선택적우편서비스이며, 소형물품(2kg 이하)의 해외배송에 적합한 서비스로 'L'로 시작하는 등기번호를 사용하며, 1회 배달 성공률 향상을 위해 수취인 서명 없이 배달(국내우편 준등기와 유사)

※ 선택적 우편서비스: UPU회원국 간에 교환하는 보편적우편서비스(통상 및 소포우편물)의 상대적 개념(개별 국가의 자의적 선택에 의해 실시하는 우편서비스)

(2) **접수**: 계약고객 및 개인고객(시범기간 중) 모두 이용가능

① 계약고객: 인터넷우체국의 계약고객전용시스템에서 API시스템을 이용고객의 사이트에 설치하여 접수

※ API(Application Program Interface)시스템: 이용자의 정보시스템과 인터넷우체국 사업자포털시스템 간 우편번호, 종추적정보, 접수정보 등을 교환할 수 있도록 제공하는 IT서비스

② 개인고객: 인터넷우체국의 국제우편스마트접수 이용

※ 기존 계약고객전용상품에서 개인고객도 접수가능(시범운영 중)

(3) **평균송달기간**: 평균 7~10일

(4) **요금감액**: 계약고객은 월 이용금액에 따라 이용요금 감액

(5) **계약관서**: 지방우정청, 총괄우체국

※ 총괄국 소속우체국(별정국 포함)은 총괄국장의 승인을 받아 계약가능, 총괄국에서 인력 및 차량 등 접수의 어려움이 있는 경우 우편취급국을 접수국으로 지정하여 계약가능

(6) 국내에서 K-Packet을 등기소형포장물보다 우선 취급

(7) 보험 등 부가서비스 이용 불가

(8) **취급조건**

① 제한무게: 2kg,

② 제한규격: 최대길이 60cm, 가로 + 세로 + 높이≤90cm

4. 손해배상

① 발송우정당국 책임으로 손해배상 처리절차는 기존 국제등기우편과 동일하지만, 종추적 배달결과가 없는 경우에 한하여 행방조사 청구가 가능함에 유의(e-Shipping 고객에 대한 사전안내 필요)

※ 배상액: 기존 국제등기우편물 손해배상 지급기준과 동일

② 미국행 K-Packet 은 상대국가에서 제공하는 종추적 정보 외의 행방조사, 손해배상 등 기타 청구는 할 수 없음

5. K-Packet 접수 가능 국가 ('25.1.20. 기준)

뉴질랜드, 말레이시아, 미국, 베트남, 브라질, 싱가포르, 영국, 호주, 인도네시아, 일본, 중국, 캐나다, 태국, 대만, 프랑스, 필리핀, 홍콩

※ K-Packet 제휴(서비스)국가는 우정사업본부장이 고시로 정함

5 국제특급우편(EMS)

1. 의의

① 만국우편협약 제36조에 근거하여 다른 우편물보다 최우선으로 취급하는 가장 신속한 선택적우편서비스

② 국가 간 EMS 표준다자간 협정이나 양자 협정으로 합의한 내용에 따라 취급(국가별 상세한 취급 사항은 EMS 운영 가이드에 따름)

※ EMS 운영 가이드(EMS Operational Guide): UPU 산하 EMS 협동조합(Cooperative)에서 각국의 EMS 취급 조건을 모아서 웹사이트에 게시

2. 명칭

EMS에 대하여 만국우편협약에서 정한 공통로고가 있지만, 그 명칭은 나라마다 다름

※ (한국) EMS 국제특급우편, (미국) Express Mail International, (일본) EMS 국제스피드우편, (호주) Express Post International

우리나라는 UPU에서 정한 공통 로고규정에 맞춰
다음과 같은 EMS 브랜드 공공디자인을 개발하여 사용

3. 특성

① 신속성・신뢰성・정기성・안전성 보장

② 모든 우체국과 우편취급국에서 접수 및 발송 가능

③ 각 접수우체국마다 그날 업무마감시간이 제한되어 있어, 마감시간 이후 분은 다음 날 국외 발송 승인 후 접수

④ 행방조사 결과 우체국의 잘못으로 송달예정기간*보다 48시간 이상 지연배달된 것으로 판정된 경우 납부한 우편요금 환불(다만, 배달을 시도했으나 수취인이 부재한 경우와 공휴일 및 통관 소요일은 송달예정기간에서 제외)

* 송달예정기간은 포스트넷 '발송조건'의 '배달소요일수'를 기준으로 함

※ EMS 배달보장서비스 적용 우편물의 경우, 우체국에서 제공한 배달예정일보다 하루라도 늦어진 경우 우편요금 반환(세관계류 등은 기간에서 제외)

⑤ 외국에서 국내 배달우체국에 도착한 국제특급우편물은 국내익일특급우편물의 예에 따라 배달

4. 종류

(1) 계약국제특급우편(Contracted EMS)

① 국제특급우편물을 발송하는 사람이 우체국과 계약하고 그 계약에 따라 우체국에서 우편물을 수집(접수)・발송

② 월 50만원을 초과하여 EMS를 발송하는 고객이 계약을 맺을 수 있으며, 월간 이용 금액에 따라 4%에서 최대 18%까지 할인

⑵ **수시국제특급우편(On demand EMS)**

① 이용자가 정기발송 계약을 체결하지 아니하고 발송물량이 있을 때마다 수시로 발송(대부분의 우체국 창구접수 일반고객을 말함)

② 1회에 30만원을 초과하여 EMS를 발송하는 이용자에 대하여 50만원까지는 3%, 50만원을 초과하는 금액에 대하여는 계약국제특급우편 감액률을 적용하여 할인

※ 수시특급우편 감액률 적용은 창구접수에 한함(방문접수분 제외)

5. 국제특급우편으로 보낼 수 있는 물품

접수 가능 물품	접수 금지 물품
가. 업무용 서류(Business Documents) 나. 상업용 서류(Commercial papers) 다. 컴퓨터 데이터(Computer data) 라. 상품 견본(Business samples) 마. 마그네틱 테이프(Magnetic tape) 바. 마이크로 필름(Microfilm) 사. 상품(Merchandise : 나라에 따라 취급을 금지하는 경우도 있음)	가. 동전, 화폐(Coins, Bank notes) 나. 송금환(Money remittances) 다. 유가증권류(Negotiable articles) 라. 금융기관 간 교환 수표(Check clearance) 마. UPU 일반우편금지물품(Prohibited articles) ⑴ 취급상 위험하거나 다른 우편물을 더럽히거나 깨뜨릴 우려가 있는 것 ⑵ 마약류 및 향정신성 물품 ⑶ 폭발성, 가연성 또는 위험한 물질 ⑷ 외설적이거나 비도덕적인 물품 등 바. 가공 또는 비가공의 금, 은, 백금과 귀금속, 보석 등 귀중품 사. 상대국가에서 수입을 금하는 물품 아. 여권을 포함한 신분증

※ 국가별 통관 규정이나 국내 법규 등에 따라 수시로 변경되므로, 반드시 『포스트넷(내부망) 발송조건 또는 인터넷우체국(외부망)』 확인하여 접수

6. 배달국가와 우편물 접수 관서

① 배달(교환) 국가 : 홍콩, 일본과 1979년 7월 1일 업무 개시 이후 계속 배달(교환) 국가를 확대.

※ 항공편 사정, 천재지변, 상대국 통관, 배달 상황 등에 따라 배달(취급) 중지되는 경우가 있으므로 EMS 우편물 접수할 때 취급 가능한 국가를 반드시 국제우편물 발송조건(포스트넷 또는 인터넷우체국)에서 확인해야 함.

② 접수 관서 : 전국의 모든 우체국 및 우편취급국

7. 주요 부가취급의 종류(EMS는 항공 및 등기를 기본으로 취급)

① 배달통지

② 보험취급

③ 배달보장서비스(카할라 우정연합 국가에 한함)

❻ 해상특송우편물(POST Sea Express)

※ 표기법 중 한중 = 한·중, 한일 = 한·일 동일한 우편물을 의미

1. 한중해상특송우편물

30kg 이하 물품의 해외 다량발송에 적합한 서비스로서 우체국과 계약하여 이용하는 전자상거래 전용 국제우편서비스

(1) e-Shipping을 이용하는 고객에 한하여 이용 가능

(2) **운송수단**: 인천-위해(威海, Weihai)간 운항하는 여객선 및 화물선

(3) **특징**

① EMS와 같은 경쟁서비스이며 고객맞춤형 국제우편 서비스로서 표준 송달기간은 평균적으로 중국 6일, 한국 4일

② 온라인으로 판매되는 물품의 중국배송에 적합한 국제우편 서비스

③ 월 발송물량에 따라 이용 요금 감액

④ 지방우정청, 총괄우체국에서 이용계약 가능하며 6급 이하 우체국(별정국, 우편취급국 포함)은 총괄우체국장의 승인을 받은 경우에 한함

2. 한일해상특송우편물(계약고객전용으로 시범운영)

① 부산항-하카타(博多)항 간 운항하는 페리노선 활용

② 상품 종류, 제한 중량 및 규격

구분	규격 및 중량	배달 방식
유팩 (Yu-Pack)	• 규격 - 세변의 합(길이 + 폭 + 두께) : 1600mm 이하 • 중량 - 최대 10kg 이하	1회 배달 시도 후 수취인 부재 등에 따라 배달 불가할 경우 고객에게 재배달 안내 및 배달우체국 내 7일 보관 - 수취인이 요청할 경우 대리 인도 및 서명하여 배달 완료 가능
유패킷 (Yu-Packet)	• 규격 - 세변의 합(길이 + 폭 + 두께): 600mm 이하 - 최대 길이: 340mm 이하 - 두께: 30mm 이하 - 무게: 최대 1kg 이하	수취인 서명 없이 우편함 투함으로 배달 완료

③ 손해배상: 분실·파손 발생 시 20만원 범위 내 실손해액(단, 유패킷은 손해배상 불가)

※ 실손해액은 세관 신고를 위해 기재한 상품가액(달러 등 외화는 지급일 기준 환율 적용)

※ 유패킷은 상대국가에서 제공하는 종추적정보 외의 행방조사, 손해배상 등 기타 청구 불가

Chapter 02 국제우편물 종별 접수요령

제1절 국제우편물의 접수

❶ 접수검사

(1) 우편물이 접수된 때부터 우편이용관계 발생, 우편관서와 발송인 사이에 우편물송달계약 성립. 따라서 우편관서에서는 접수한 우편물을 도착국가로 안전하게 송달하여야 할 의무가 있으며 발송인은 국제우편 이용관계에 따른 각종 청구권을 갖는 등 권리의무가 성립

※ 국제우편물의 접수와 관련하여 발송인이'발송'하였다는 의미는 우편관서에 '접수'하였다는 의미임

(2) 국내우편물과 마찬가지로 우편물을 우체통에 넣거나 우체국에서 접수. 다만, EMS, K-packet 등은 발송인의 요청에 따라 우체국에서 발송인을 방문하여 접수 가능

1) 다음 우편물은 우체통에 투함 불가하며, 우체국직원을 통해서만 접수가능

① 소포우편물, 국제특급우편물(EMS), 한중해상특송우편물

② 부가취급을 요하는 우편물

③ 소형포장물, K-Packet

④ 통관검사를 받아야 할 물품이 들어있는 우편물

⑤ 요금별납, 요금후납, 요금계기별납으로 하는 우편물

⑥ 항공취급하는 시각장애인용우편물

⑦ 만국우편협약에서 정한 우편요금감면대상 우편물

2) 용적이 크기 때문에 우체통에 넣을 수 없는 우편물과 한꺼번에 여러 통을 발송하는 우편물의 경우, 이를 우체국 창구에 제출 가능

(3) **통상우편물은 우편물에 붙인 우표 소인. 다만, 우편사무우편물, 요금별납, 요금후납, 요금계기별납에 따른 우편물은 우편날짜도장을 날인하지 않음**

(4) **국제우편물의 소인, 그 밖의 업무취급에는 국제우편날짜도장 사용**

❷ 일반 사항

1. 접수우편물의 점검

(1) 통상우편물 접수(창구접수, 수집)할 때 주요 확인할 사항

① 도착국가는 접수 가능 국가인지
② 통상우편물로 발송할 수 있는 내용인가. 내용품은 우편 금지물품이 아닌지
③ 종별은 무엇인지
④ 부가취급 요청은 없는지
⑤ 부가취급은 이를 상대 국가에서 취급을 허용하는 것인지
⑥ 용적·무게 및 규격의 제한에 어긋나는 것은 아닌지
⑦ 포장은 적절한지
⑧ 투명창문봉투를 사용하고 있는 우편물은 창문을 통하여 주소를 쉽게 읽을 수 있는지
⑨ 봉투 전부가 투명한 창문으로 된 것을 사용하고 있는지
⑩ 외부 기록 사항은 적당한지
⑪ 각종 표시는 어떠한지
⑫ 첨부 서류는 어떠한지

(2) 검사 결과 규정 위반이 발견된 때, 발송인에게 보완하여 제출하도록 요구. 이에 거부할 때는 그 이유를 상세히 설명하고 접수 거절

2. 수집 우편물의 처리

(1) 국제특급우편물은 따로 가려내어 가장 빠른 운송편으로 송달

(2) 요금 검사 철저. 요금 미납·부족 우편물은 다음과 같이 처리

① 수집우체국에서는 부전을 붙여 발송인에게 반송, 미납 요금 보정 요구
② 발송인의 주소가 없는 우편물은 수집우체국에서 국제우체국으로 별도 송부하고 국제우체국에서는 'T' 처리하여 발송
③ 국제우체국에 보내진 발송우편물 중 요금 등의 전부나 일부가 납부되지 아니한 우편물의 처리
㉠ 발송인 주소·성명이 기록된 우편물에 대하여는 해당 우편물에 '요금미납' 등의 표시를 하여 수취인에게 발송, 그 사실과 미납 요금액을 발송인에게 통지, 발송인에게 미납·부족 요금 징수. 미납·부족 요금 추징이 불가능할 경우 사유를 확인한 후 관서장 판단으로 종결 처리
㉡ 발송인의 주소와 성명이 분명하지 아니한 우편물은 'T' 처리 후 발송. 항공보통통상우편물은 항공편으로, 선편보통통상우편물은 선편으로 발송
④ 등기우편물, 소포우편물, 특급우편물 등의 요금이 부족하게 납부되거나 미납된 사실을 발견한 경우에는 다음과 같이 처리
㉠ 우편물은 정당 수취인 앞으로 우선 발송
㉡ 발견우체국에서 접수우체국으로 사고통지서 발송
㉢ 접수우체국에서는 접수담당자 책임으로 미납·부족 요금을 즉납 처리

(3) 요금 검사결과 등기취급요금 상당의 우표가 붙여진 우편물은 '취급 중 발견'으로 취급

제2절 종류별 접수 방법

❶ 주요 통상우편물의 접수

1. 우편자루배달인쇄물(M bag)의 접수

(1) 등기취급의 경우에는 도착국가가 등기로 발송 가능한 나라인지를 국제우편요금, 발송 조건표, 우편물류시스템을 이용하여 확인(미국, 캐나다 등기 취급불가, 2021.12.현재)

(2) 접수할 때에는 하나의 통상우편물로 취급

(3) 국제우편자루에 우편물을 넣도록 하되, 접수우체국에서 국제우편자루 미확보 등 부득이한 경우에는 국내우편자루를 활용하고, 국제우편물류센터에서 국제우편자루로 다시 묶을 수 있음

(4) 주소기록용 꼬리표(90×140mm, 두꺼운 종이 또는 플라스틱이나 나무에 붙인 종이 등으로 만들고, 두 개의 구멍이 있어야 함)를 2장 작성하여, 1장은 우편물에 붙이고 1장은 우편자루 목에 묶어 봉인

(5) 요금은 우표나 우편요금인영증지를 주소기록용 꼬리표(우편자루 목에 붙인 꼬리표) 뒷면이나 우편물 표면(꼬리표를 달기 어려울 때)에 부착

(6) 통관대상물품이 들어 있는 경우에 세관신고서는 300SDR 이하에는 CN22를 작성하여 붙이고 300SDR을 초과 할 경우에는 CN23을 작성하여 붙임

(7) 통관절차대행수수료 4,000원 징수(우편요금과 별도로 징수)

(8) 우편물을 넣은 국제우편자루(M-bag)를 다시 국내용 우편자루에 넣어 교환우체국으로 발송하되, 국명표와 송달증에'M' 표시

① 항공편일 경우에는 국제우편물류센터로 발송

② 선편일 경우에는 부산국제우체국으로 발송

참고 CN22

(앞면)

CUSTOMS DECLARATION 세관신고서	May be opened officially 공식적으로 개피될 수 있음		CN 22
Designated operator **Korea Post**		Important! See instructions on the back(뒷면 확인)	
☐ Gift(선물)	☐ Commercial sample(상업샘플)		
☐ Documents(서류)	☐ Other(기타)		
Quantity and detailed description of contents(1) 내용품명, 수량 등 자세한 설명		Weight (in kg)(2)	value (3) 가격
For commercial items only if known, HS tariff number(4) and country of origin of goods(5)(상업물품인 경우 원산지 및 HS코드(상품분류번호) 기입		Total weight (in kg) (6)	Total value (7)
I, the undersigned, whose name and address are given on the item, certify that the particulars given in this declaration are correct and that this item does not contain any dangerous article or articles prohibited by legislation or by postal or customs regulations 신고서에 신고한 물품이 정확하며, 법류, 우편 및 관세법에 규정된 금지물품이나 위험물품을 포함하지 않음을 증명합니다. Date and sender's signature(8)			

(뒷면)

Instruction(안내말씀)

To accelerate customs clearance, fill in this form in English, French or in a language accepted by the destination country. If the value of the contents is over 300 SDR, you must use a CN23 form. You must give the sender's full name and address on the front of the item. 내용품이 524,700원 이상은 CN23양식을 사용, 반드시 발송인 이름과 주소를 우편물 앞 표면에 기입할것

(1) Give a detailed description, quantity and unit of measurement for each article, e.g. 2 men's cotton shirts, especially for articles subject to quarantine(plant, animal, food products, etc.) 내용품 수량 및 자세한 내용 기입(예, 남자면셔츠2개로 표시, 동식물검역대상 특히 주의)

(2),(3),(6), and (7) Give the weight and value of each article and the total weight and value of the item. Indicate the currency used, e.g. CHF for Swiss francs.(각각 중량 및 가액 기입, 단위표시 반드시 기재)

(4) and (5) The HS tariff number(6-dugit) must be based on the Harmonized Commodity Description and Coding System developed by the World Customs Organization. Country of origin means the country where the goods originated, e.g. were produced, manufatured or assembled. It is recommended you supply this information and attach an invocie to the outside as this will assist Customs in processing the items.

-www.hscode.co.kr 에서 상품에 부여된 HS코드 확인 가능

원산지국가란 상품이 생산된 국가로 즉 제조, 조립 또는 생산된 경우

(8) Your signature and the date confirm your liability for the item.

발송인 서명 및 일자 기입

(규격 74 × 105mm, 흰색 또는 초록색)

참고 CN23

(Designated operator)				CUSTOMS DECLARATION		CN 23
From	Name	Sender's Customs reference (if any)		No. of item (barcode, if any)	May be opened officially	Important! See instructions on the back
	Business					
	Street					
	Postcode City					
	Country					
To	Name					
	Business					
	Street			Importer's reference (if any) (tax code/VAT No./importer code) (optional)		
	Postcode City			Importer's telephone/fax/e-mail (if known)		
	Country					

Detailed description of contents (1)	Quantity (2)	Net weight (in kg) (3)	Value (5)	For commercial items only HS tariff number (7)	Country of origin of goods (8)
		Total gross weight (4)	Total value (6)	Postal charges/Fees (9)	

Category of item (10) ☐ Gift ☐ Documents	☐ Commercial sample ☐ Returned goods ☐ Other	Explanation:	Office of origin/Date of posting
Comments (11): (e.g.: goods subject to quarantine, sanitary/phytosanitary inspection or other restrictions)			I certify that the particulars given in this customs declaration are correct and that this item does not contain any dangerous article or articles prohibited by legislation or by postal or customs regulations
☐ Licence (12) No(s). of licence(s)	☐ Certificate (13) No(s). of certificate(s)	☐ Invoice (14) No. of invoice	Date and sender's signature (15)

Size 210 x 148 mm

2. 시각장애인용 우편물의 접수

① 시각장애인용우편물 취급 요건 충족 여부
② 봉투 표면에 'Items for the blind' 및 시각장애인우편물 상징그림 표시
③ 항공우편으로 발송할 때에는 항공요금을 부가하여 수납
※ 포스트넷에 운송편을 항공으로 선택 시 자동으로 요금 계산됨
④ 등기를 접수할 때 등기료는 무료
⑤ AIR MAIL 또는 SURFACE MAIL 고무인
⑥ 국제우편날짜도장으로 소인

3. 항공서간 등: 항공서간 취급 요건 충족 여부 확인, 국제우편날짜도장 소인

❷ 소포우편물의 접수

1. 보통소포우편물의 접수

(1) 접수 검사

① 도착국가와 우리나라의 소포 교환 여부, 접수 중지 여부
② 금지물품 여부(도착국가 취급불가, 항공보안 위반 등), 포장상태
③ 용적과 중량제한(국제우편요금, 발송조건표, 포트스넷 참조)
④ 운송장 기록 사항
㉠ 내용품의 영문 표기 및 수량과 가격 표기
㉡ 잘못을 발견하였을 때에는 발송인에게 보완 요구, 불응하면 접수 거절

(2) 국제소포우편물 운송장의 작성과 첨부

① 발송인으로 하여금 국제소포우편물 기표지(운송장)를 작성하게 하여 소포우편물 외부에 떨어지지 않도록 부착(발송인 작성원칙)
② 국제소포우편물 기표지(운송장)은 5연식으로 되어 있으며, 별도의 복사지 없이도 제1면의 기록 내용이 제5면까지 복사됨(2019년 이후부터 2023년 10월 현재까지 제조된 기표지 기준)
㉠ 제1면: 주소, 세관신고서, 부가취급 등 작성
㉡ 제2면: 접수우체국보관용
㉢ 제3면: 발송인보관용
㉣ 제4, 5면: 세관신고서
③ 국제소포우편물 운송장에는 도착국가에서 필요한 서식(송장・세관신고서)이 포함되어 있으므로 별도 작성할 필요 없음. 다만, 발송인이 필요하다고 인정하는 경우, 우리나라와 도착국가에서의 통관수속에 필요한 모든 서류(상업송장, 수출허가서, 수입허가서, 원산지증명서, 건강증명서 등) 첨부 가능

④ 발송인이 기표지(운송장)를 기재할 때 'Sender's instruction in case of non-delivery 배달불능 시 다음과 같이 처리 바람'은 배달국가에서 배달불능 시 처리 방법을 명확히 하는데 필요할 뿐 아니라, 소포우편물이 반송되는 경우에 발송인으로부터 반착료(반송료)를 징수하는 근거가 되므로 매우 중요함

Sender's instructions in case of non-delivery 배달불능 시 다음과 같이 처리 바람 (반송비는 발송인 부담)		
□ Treat as abandoned 포기	Return 반송	□ 항공 · 우선편 Priority □ 선박 · 비우선편 non-Priority

㉠ 발송인이 배달불능 우편물을 반송받기를 원치 않을 경우 '□ Treat as abandoned 포기'를 선택한다.

㉡ 발송인이 배달불능 우편물을 반송받기를 원할 경우 'Return 반송'의 '항공 · 우선편 priority' 또는 '선편 · 비우선편 non-priority' 중 하나를 선택한다. (국가에 따라 항공 또는 선편 반송이 불가능한 나라가 있으므로 우편물류시스템에 확인 후 선택하여야 한다.)

㉢ 발송인 선택사항이 없거나 모순되는 경우에는 별도 통보 없이 소포우편물을 반송 조치토록 되어 있음에 유의

⑤ 발송인이 작성 제출한 주소기표지(운송장)에는 도착국가명, 중량, 요금, 접수우체국명/접수일자 등을 접수담당자가 명확히 기재

㉠ 이 경우 100g 미만의 단수는 100g 단위로 절상

※ 소포우편물 중량이 5kg 740g인 경우 5,800g으로 기록

㉡ 실제중량(Actual weight)과 부피중량(Volume weight)을 기록한 후 두 가지 중량 중 높은 쪽의 중량에 해당하는 요금을 적용한다.(선편소포는 부피중량 적용대상이 아님)

※ 부피중량 산정을 위해 우편물의 가로(cm) · 세로(cm) · 높이(cm)를 정확히 기재한다.

Width 가로	Length 세로	Height 높이	Actual weight 실중량	Volume weight 부피중량
cm	cm	cm	g	g

㉢ 운송장의 소포우편물 중량과 요금은 고쳐 쓸 수 없으므로 잘못 적지 않도록 각별히 주의

⑥ 소포우편물의 운송편(편별)에 따라 'AIR 항공', 'SURFACE 선편'의 해당 □속에 체크 표시(∨ 또는 ×)를 명확하게 표시하여 발송

(3) 기타

① 요금납부방법: 현금, 신용카드(체크카드 포함), 우표

② 접수된 우편물은 발송전에 처리부서 책임자가 반드시 정당 요금 징수여부를 검사하고 국제소포우편물 운송장, 국제발송소포우편물송달증, 별 · 후납 취급기록, 우편요금즉납서 등과 철저히 대조 확인

2. 보험소포우편물의 접수

(1) 접수검사

① 보험소포우편물은 특히 포장을 튼튼히 한 후 뜯지 못하도록 봉함

② 국가별로 보험소포 취급여부와 보험가입 최대한도액이 상이하므로 포스트넷에 확인하여 고객안내 및 접수

③ 그 밖의 사항은 보통소포우편물의 접수 검사 절차와 동일

(2) 국제보험소포우편물 기표지(운송장)의 작성 및 첨부

1) 국제보험소포우편물 운송장의 구성, 통관에 필요한 첨부서류 추가, 배달이 불가능할 때의 처리방법에 관한 지시사항 표시 등에 관하여는 앞에 서술한 보통소포우편물 접수 예와 같음

2) 보험소포우편물의 중량은 10g 단위로 표시, 10g 미만의 단수는 10g 단위로 절상

※ 중량이 7kg 542g인 경우 7,550g 으로 기록

※ 우편요금산정을 위한 실제중량과 부피중량의 적용방법에 대해서는 앞에 서술한 보통소포우편물의 접수 예와 같음

3) 보험가액을 기록할 때의 유의 사항

① 내용품은 반드시 객관적인 가치가 있는 물품이어야 함

② 보험가액은 소포우편물 내용물의 실제 가격을 초과할 수 없지만 소포우편물 가격의 일부만을 보험에 가입하는 것은 허용

③ 보험가액은 발송인이 'Insured Value-words 보험가액-문자'란과 'Figures 숫자'란에 영문과 아라비아 숫자로 원화(KRW) 단위로 기재(접수담당자가'보험가액-문자'작성 등에 도움을 주는 것이 바람직함)

Insured Value-words 보험가액-문자	Figures 숫자

④ 보험가액을 잘못 기재한 경우 지우거나 수정하지 말고 주소기표지(운송장)를 다시 작성하도록 발송인에게 요구

⑤ 발송우체국은 발송인이 원화(KRW)로 기록한 보험가액을 SDR로 환산하여 기표지(운송장) 해당란에 기록하며 환산할 때에는 소수점 둘째자리 미만은 올려서 소수점 둘째자리까지 기록함. 이 가액은 어떠한 경우에도 고쳐 쓸 수 없음(보험가액 최고한도액 4,000SDR이나 국가마다 보험 취급여부와 한도금액이 다름)

※ 포스트넷에 원화입력 시 SDR환산금액을 알 수 있음

Insured Value SDR 보험가액
SDR

⑥ 소포우편물 내용물의 실제 가격보다 높은 가액을 보험가액으로 할 수 없으며 이러한 경우 사기보험으로 간주.

(3) 그 밖의 사항: 보통소포우편물의 경우에 준하여 처리

3. 소포우편물 접수 시 유의사항

① 주소기표지(운송장) : ‘보통소포 · 보험소포 겸용(Parcel)’기표지를 사용하되 부피중량 기재가 가능한 신형주소기표지를 사용(구 기표지 사용금지)

② 소포 표면에 붙인 주소기표지는 전산 처리되므로 운송 도중 탈락되지 않도록 부착(바코드 부분을 제외하고 기표지 가장자리에 투명테이프를 사용하여 부착)하고 바코드 부분은 구겨지거나 손상되지 않도록 각별히 유의

③ 주소기표지의 크기보다 작은 소포를 접수할 경우 등기우편을 권유하거나 최소한 주소기표지(운송장)보다 크게 포장을 해서 접수

④ 당일 우편물 접수내역은 반드시 전산입력 및 자료 전송을 해야 함

⑤ 주소 기표지(운송장) 양식

■ 주의: 뒷면 내용을 반드시 읽으신 후 작성바랍니다.(우편배달문의, 행방조사 및 손해배상 청구는 접수 다음날부터 6월이내에 하셔야 합니다.)

보통소포·보험소포 겸용 (Parcels)

By 편별 ☐ Air 항공 ☐ Surface 선편

From 보내는사람(영문)
Name (Tel:)
Address
※작성된 개인정보는 사전통관정보제공 시행국가에 전자적으로 전송됩니다.
( ) Rep. of KOREA

Item No. 소포번호

The item/parcel may be opened officially 이 우편물은 검사를 위해 개봉될수 있음

To 받는사람(영문)
Name (Tel:)
Address
City (도시명)
Postal code (우편번호)
Country (국가명) (영문) (한글)

Category of parcel 소포의 종류
☐ Ordinary 보 통 ☐ Insured 보 험 ☐ A R 배달통지

Insured Value-words 보험가액-문자 | Figures 숫자

Cash-on-delivery amount-words 대금교환금액-문자 | Figures 숫자

Itemized list of contents 내용품명(품목별로 기재바람)	Number(개수)	Net weight(순중량)	Value(가격:US$)	HS Tariff Number(HS Code)	Country of Origin(생산지)

☐ Commercial sample 상품견본 ☐ Documents 서 류 ☐ Gift 선 물 ☐ Merchandise 상 품

Width 가로	Length 세로	Height 높이	Actual weight 실중량	Volume weight 부피중량	Insured Value SDR 보험가액
cm	cm	cm	g	g	SDR

Sender's instructions in case of non-delivery 배달불능 시 다음과 같이 처리 바람
(반송비는 발송인 부담)
☐ Treat as abandoned 포기 Return 반송 ☐ 항공우선편 Priority ☐ 선박비우선편 non-Priority

요금 Won

Office of origin/Date of posting 접수우체국명/접수일자

Date and sender's signature 일자 및 발송인 서명
I certify that the particalars given in the customs declaration are correct and that this item does not contain any dangerouis article prohinited by postal regualtions. I also agree to pay the costs related to my adjacent instruction in case of non-delivery.
세관신고서에 적은 내용이 정확하고 우편금제품으로 규정된 위험한 물품이 들어있지 않음을 확인함.
또한 배달불능의 경우 위 내용대로 처리함에 따라 발생되는 비용을 지불하겠음. 뒷면 작성요령을 확인함.
Date and Sender's signature 일자 및 발송인 서명

Date and declaration by addressee 일자 및 수취인 서명
I have received the parcel described on this note.
이 기표지에 기재된 물품을 수령하였음.
Date and addressee's signature 일자 및 수취인 서명

국제소포우편물 주소기표지

REPUBLIC OF KOREA 우체국(전화: 1588-1300)

210×151mm NCR 56g/㎡

참고 선편우편물 접수 국가(29국) (2019. 8월 현재)

<table>
<tr><td colspan="2">직접운송 국가(8국)</td><td>• 1지역: 중국, 홍콩, 일본
• 2지역: 태국
• 3지역: 호주, 캐나다, 독일, 미국</td></tr>
<tr><td rowspan="2">중계국가</td><td>홍콩 (13국)</td><td>• 2지역: 방글라데시, 말레이시아, 싱가포르, 인도네시아
• 3지역: 핀란드, 프랑스, 영국, 아일랜드, 네덜란드, 노르웨이, 폴란드, 스페인, 스웨덴</td></tr>
<tr><td>일본 (8국)</td><td>• 1지역: 대만
• 2지역: 필리핀, 베트남
• 3지역: 인도, 러시아
• 4지역: 남아프리카공화국,페루, 브라질</td></tr>
</table>

참고 선편반송 중지국가 목록

연번	국가명	약호	연번	국가명	약호
1	UNITED ARAB EMIRATES	AE	23	GREECE	GR
2	ARGENTINA	AR	24	GUINEA BISSAU	GW
3	AUSTRIA	AT	25	CROATIA	HR
4	AZERBAIJAN	AZ	26	HUNGARY	HU
5	BELGIUM	BE	27	ITALY	IT
6	BOLIVIA	BO	28	JORDAN	JO
7	CENTRAL AFRICA	CF	29	KYRGYZSTAN	KG
8	SWITZERLAND	CH	30	COMOROS Is.	KM
9	COOK Is.	CK	31	LEBANON	LB
10	CHILE	CL	32	LIBERIA	LR
11	CAMEROON	CM	33	LITHUANIA	LT
12	CYPRUS	CY	34	MADAGASCAR	MG
13	DENMARK	DK	35	MONTENEGRO	MJ
14	FAROE Is.	FO	36	MOROCCO	MO
15	GABON	GA	37	MAURITANIA	MR
16	GHANA	GH	38	MALTA	MT
17	GIBRALTAR	GI	39	MALAWI	MW
18	GREENLAND	GL	40	NIGERIA	NG
19	GAMBIA	GM	41	PAPUA NEW GUINEA	PG
20	GUINEA	GN	42	PORTUGAL	PT
21	GUADELOUPE	GP	43	SERBIA-Kosovo	RB
22	EQUATORIAL GUINEA	GQ	44	REUNION	RE

45	SAUDI ARABIA	SA	53	TURKMENISTAN	TM
46	St. HELENA	SH	54	UKRAINE	UA
47	SENEGAL	SN	55	UZBEKISTAN	UZ
48	SURINAME	SR	56	VATICAN City	VA
49	SAO TOME AND PRINCIPE	ST	57	VENEZUELA	VE
50	SWAZILAND	SZ	58	YUGOSLAVIA	YU
51	TAJIKISTAN	TJ	59	ZIMBABWE	ZW
52	EAST TIMOR	TL			

❸ K-Packet 접수

1. 일반사항

(1) 내용품이 파손되거나 이탈되지 않도록 단단하게 포장하되 사각형태의 상자에 포장하고 액체는 내용물이 새지 않도록 봉하여 외부 압력에 견딜 수 있는 용기에 넣어 포장

※ 2개 이상의 포장물품을 테이프, 끈 등으로 묶어 K-Packet 하나로 발송 금지

(2) **라벨기표지 작성**

① 계약고객은 인터넷 접수시스템(API)에 개인고객은 국제우편스마트접수에 발송인과 수취인의 주소, 내용품명, 내용품가액 등 필수 입력사항을 영문과 아라비아숫자로 입력

② 계약고객은 기표지(운송장)을 작성할 때에는 요금을 올바르게 계산하기 위해 반드시 규격 및 무게를 정확히 기재

※ 개인고객은 우체국에서 규격과 무게를 확인하여 요금계산

③ 표시한 무게와 실제 우편물 무게가 달라 요금에 차이가 발생한 경우 즉시 이용고객에게 알림

④ 기표지(운송장)의 발송인 란에는 통관, 손해배상, 반송 등의 업무처리를 위하여 반드시 한 명의 주소·성명을 기재

2. 우편물의 접수 장소

① 계약고객: 계약 관서의 장은 인력과 차량의 사정에 따라 K-Packet을 방문접수할지 별도의 장소에서 접수할지를 협의하여 결정하고 이를 계약사항에 표시할 수 있음

② 개인고객: 국제우편스마트접수를 통해 사전 접수 후 우편물을 가지고 우체국에 직접방문하여 접수

3. 접수제한 물품: 「만국우편협약」과 「우편법」 제17조 제1항(우편금지물품)에서 정한 폭발성 물질, 발화성물질, 인화성물질, 유독성물질, 공공안전의 위해를 끼칠 수 있는 물질, 그 밖의 위험성 물질 등

❹ 국제특급우편물(EMS)의 접수

1. EMS 기표지 기재요령

(1) 접수우체국 기재 사항

① 해당칸에 접수 년・월・일・시・분까지 기재

② 중량: 10g 단위로 기재, 우편물의 가로(cm)・세로(cm)・높이(cm), Actual weight(실중량), Volume weight(부피중량) 등을 접수담당자가 명확하게 기재(부피중량 기재란이 없는 구 기표지 사용금지)

③ 우편요금: 원화표시 및 아라비아 숫자로 기재

④ 배달보장서비스: 해당 국가(카할라우정연합 국가)에 한하여 포스트넷 조회결과 일자를 기재

⑤ 도착국명: 영문과 한글로 기재

⑥ 요금납부방법 및 기타: 해당 칸에 표시

⑦ 보험이용여부 및 보험가액: 고액의 물품일 경우 반드시 고객에게 보험이용여부 문의 후 이용 시 해당 칸에 표시. 보험가액은 원화로 기재

(2) 발송인 기재사항: 우체국(취급국)은 아래 기재사항의 이상 유무를 반드시 확인 후 우편물 접수

① 보내는 사람 및 받는 사람의 전화번호: 보내는 사람뿐만 아니라 받는 사람 란의 전화번호를 반드시 기재(일부 국가의 경우 전화번호가 기재되지 않는 경우 배달지연 요소로 작용함을 안내)

② 보내는 사람 및 받는 사람의 성명 및 주소: 보내는 사람의 성명・주소 란도 영문으로 기재(상대국에서 배달 및 행방조사 시 유용함)

③ 우편번호(Postal code): 신속한 통관 및 정확한 배달을 위하여 필요하므로 반드시 기재

④ 세관신고서(CN22, 서류용 주소기표지): 내용품명, 개수, 가격 등을 해당란에 정확히 기재하고 내용품 구분(서류, 인쇄물) 란의 해당 칸에 표시

※ 주소 기표지(운송장) 가격의 화폐 단위는 미화(USD)로 기재

⑤ 세관신고서(CN23, 비서류용 주소기표지): 내용품명, 개수, 순중량, 가격, HS 코드번호, 생산지 등을 품목별로 정확히 기재하고, 상품견본용, 개인용, 판매용 중 해당되는 칸 (□안)에 ∨ 또는 × 표시

⑥ 발송인 서명: 성명, 주소, 전화번호, 세관표지 또는 세관신고서 기재 내용에 틀림이 없음을 확인하는 것이므로 반드시 발송인이 직접 서명

2. EMS 보험취급

(1) 보험취급한도액 및 수수료

보험취급 한도액	보험취급수수료
4,000SDR 또는 7백만원 ※ EMS프리미엄: 5천만원	• 보험가액 최초 65.34 SDR 또는 최초 114,300원까지: 2,800원 • 보험가액 65.34 SDR 또는 114,300원 추가마다: 550원 추가

(2) 우리나라와 EMS를 교환하는 모든 나라로 발송하는 EMS에 대하여 보험취급이 가능(상대국의 보험취급 여부와 관계 없이 취급)

※ 중국행 EMS는 예외적으로 보험취급불가

(3) 보험가액의 기재

① 보험가액은 내용품의 실제 가치를 초과할 수 없으며, 이를 속여 기재한 경우 보험사기로 취급
② 내용품은 주관적인 가치가 아니고 객관적인 가치를 갖고 있는 것
③ 보험가액은 주소기표지 보험가액란에 'OOO원(예시 150,000원)'으로 기재하고 보험취급수수료는 별도 기재 없이 요금에 포함하여 기재
④ 기타 사항에 대하여는 보험소포우편물의 취급요령에 준하여 처리

◎ EMS 접수 시 안내 및 확인 사항

접수 시 안내	확인사항
국가별 휴일정보	• 인터넷우체국에서 각 국가별 휴일정보 확인(월별 업데이트) • 중동지역 일부 국가의 경우 목, 금이 우리나라 주말과 개념이 같음
금제품 (우편금제품)	• 주화, 항공권, 유레일패스, 신용카드, 여권 • 금융분석 및 귀금속, UPU금제품, 항공기탑재 금제품 ※ 금제품은 손해배상 대상이 아님
보험가입 권유	• 고액물품(10만원 이상) 우편물 ※ 10만원 이상인 물품의 경우 중량이 무거운 접수물은 손해배상액을 살펴본 후 보험 권유
보험취급 (보험한도액)	• EMS : 7백만원 • EMS프리미엄 : 5천만원
선적, 유학, 상업서류 (선하증권, 계약서 등)	• EMS프리미엄으로 접수 − 미배달 시 간접적으로 손실우려가 있는 것 / 주소지 P.O Box는 접수 불가 ※ 간접손실은 손해배상 대상이 아님 • 유학서류는 학교 MailRoom으로 배달됨 • 유학서류 및 선하증권이 포함된 우편물은 EMS접수불가 (EMS프리미엄으로 접수) (국제사업과-325, 2021. 2.23. 국제특급우편 접수제한 안내)
세관신고서 작성	• 내용품명은 반드시 영문 기재 • 내용품 가격(물품가)은 미화(USD)로 기재(종이 기표지 기준) • 영문 발송인 직필 기재 • 손해배상 시 기재한 금액만큼 배상됨을 안내 • Sample도 내용품 가격 기재
전자제품 (보험취급불가)	• 전자제품(특히, 컴퓨터 및 노트북)은 약간의 충격에도 파손의 우려가 크며, 외관에 이상은 없으나 기능 미작동에 따른 대형 민원이 제기되므로 접수 지양하도록 정중히 안내 • 부득이하게 접수하여야 하는 경우는 우편물 내부와 외부의 견고한 포장을 안내장을 확인하여 접수

음식물	• 김치, 한약, 액젓, 고추장, 된장 등과 같은 부패성 음식물 – 기후, 기온, 기압 등에 의하여 운송 중 파손의 우려가 크고 – 상대국 세관에서 압수를 이유로 폐기하는 경우가 발생하며 – 약간의 지연에도 내용물이 상하여 쓸모없게 됨 ☞ 파손되더라도 내용물이 유출되지 않도록 충분한 완충제를 넣고 겉으로 포장되었는지 확인하고 접수 • 모든 음식물은 통관보류 및 불법판정을 받는 경우가 다수 발생 ※ 보험취급 불가(지연되어 음식물이 상한 경우 내용물에 대한 손해배상은 없고 우편요금만 배상. 단, 통관에 의한 지연은 제외)
주소가 P.O Box인 경우	• EMS프리미엄 접수 시 원칙적으로 사서함 발송 불가 – 도착국에서 일반보통우편으로 전환되어 종추적 불가(특히, 미국, 캐나다) • 예외적으로 중동지역 사서함 발송 가능(반드시 전화번호 기재) – 오만, 예멘, 아랍에미리트, 이란, 카타르, 쿠웨이트, 사우디아라비아 ※ EMS사서함 취급하지 않는 국가 : 중국, 독일, 프랑스, 영국, 인도, 터키, 스웨덴, 말레이시아 등
통관 진행방법	• 세관신고서(CN23)란에 Sample 상품견본용, Gift 개인용, Merchandise 판매용 반드시 체크 • 샘플 또는 상품인 경우 Invoice 3부 작성 – Invoice 원본이 필요한 국가 : 프랑스, 동유럽국가, 남미 등 ※ Invoice 작성예시는 바로 뒷장에 첨부되어 있음 • 프랑스행 EMS(비서류) 접수 시 개인물품, 상업물품 모두 면세한도와 관계없이 Invoice를 반드시 작성해야 함
통관대행불가	• 세관계류 시 수취인이 직접 통관 – 통관으로 인한 배달지연에 대한 손해배상 불가함 • 서류도 통관대상 ※ 현지국 사정에 따라 통관대행이 발생할 수 있음(수수료부과가능)
기타	음식물 관련 포장상자(사과, 배, 포도, 고구마, 감자 등이 그려진 농산물 박스)에 해당 음식물이나 다른 내용물을 포장 발송하는 경우 통관이 지연될 수 있음

참고 상품(상업)송장 작성요령

상업송장(Commercial Invoice) 작성요령

1. 상업송장 필요수량
   상업 송장은 총 3부 필요함
   (물품 부착용 1부 / 발송지 통관용 1부 / 목적지 통관용 1부)
2. 상업송장 작성언어
   신속한 통관을 위하여 상업송장은 반드시 영문(English)으로 작성함
3. 상업송장 양식
   샘플 상업송장 양식은 권유 양식이며, 대다수의 국가의 통관규정에 바탕하여 작성된 것임
4. 상업송장 기재내용
   화물의 신속한 통관과 관세 등의 정확한 부과를 위하여, 상업송장에 기입되어야 할 항목들을 확인하고 내용을 정확히 기재함
   ① Shipper/Seller: 발송인 성명(상호), 주소 기재
   ② Consignee: 수취인 성명(상호), 주소 기재
   ③ Departure Date: 화물을 적재한 비행기 등의 출발일자를 기재하며, 우편물 기표지상의 일자와 일치시켜야 한다. 송장 작성시점에서는 정확한 날짜를 알 수 없으므로, 우편물 접수 예상일자의 7일 전후로 기재하면 된다.
   ④ From: 화물 적재지로 예정된 공항 등의 명칭을 기재. ex) Incheon Korea
   ⑤ To: 화물이 도착하기로 예정된 최종 목적지인 공항 등의 명칭 기재
   ⑥ Invoice No. and Date: 발송인이 상업송장에 부여한 참조번호 및송장 발행일자 기재
   ⑦ L/C No. and date: 신용장 번호 및 발행일자 기재
   ⑧ Buyer(if other than consignee): 우편물 수취인과 수입자(구매자)가 다른 경우, 화물 수입자의 성명(상호) 및 주소를 기재한다.
   ⑨ Other reference: 기타 참조사항을 기재하는 난이며, 보통 원산지(country of origin) 등을 기재한다.
   ⑩ Terms of delivery and payment: 인도조건과 지불조건을 기재한다.
   ⑪ Shipping marks: 화물에 표시된 화인을 기재한다.
   ⑫ No. & kinds of Pkgs: 화물 포장의 개수와 포장형태를 기재한다.
   ⑬ Goods Description: 해당 물품의 규격, 품질 등 정확한 명세를 기재한다.
   ⑭ Quantity: 물품의 단위당 수량을 기재한다.
   ※ 수량 단위: piece(개수), set(세트), case(상자), bag(포대), kg(킬로그램), ton(톤) 등
   ⑮ Unit price: 단위 수량당 가격, 즉 단가를 기재
   ⑯ amount: 단가에 수량을 곱한 총금액을 기재한다.
   ⑰ HS Code: HS Code를 물품별로 각각 기재한다.
   ※ 위의 작성요령은 대다수 국가의 통관규정에 바탕하여 작성하였음. 그러나 이 내용은 각국의 사정에 따라 통보 없이 변경될 수 있음. 추가 정보가 필요하신 경우에는 우체국콜센터(1588-1300)로 문의할 것

03

참고 상업(상품)송장 예시

① Shipper/Seller	⑥ Invoice No. and date
	⑦ L/C No. and date
② Consignee	⑧ Buyer(if other than consignee)
	⑨ Other references
③ Departure date	
④ From	⑩ Terms of delivery and payment
⑤ To	

⑪ Shipping Marks	⑫ No.&kind of packages	⑬ Goods description	⑭ Quantity	⑮ Unit price	⑯ Amount
					⑱ Signed by

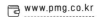

참고 프랑스행 EMS 개인발송용 인보이스(Invoice) 작성요령

프랑스행 EMS 개인발송용 인보이스(Invoice) 작성요령

1. 필요수량
   상업송장은 총 2부가 필요함
   (물품 부착용 1부 / 목적지 통관용 1부)
2. 작성언어
   신속한 통관을 위하여 상업송장은 반드시 영문(English)으로 작성함
3. 기재내용 : 화물의 신속한 통관과 관세 등의 정확한 부과를 위하여, 상업송장에 기입되어야 할 항목들을 확인하고 내용을 정확히 기재하여야 함.
   ① Date : 우편물 접수일자
   ② Sender : 발송인 성명(상호), 주소 기재
   ③ Addressee : 수취인 성명(상호), 주소 기재
   ④ Item number : 우편물(등기)번호
   ⑤ Designation : 해당 물품명, 규격, 품질 등 정확한 명세 기재
   ⑥ Quantity : 물품의 단위당 수량 기재
   ⑦ Unit price : 단위 수량 당 가격, 즉 단가 기재(현재 가격)
   ⑧ Total Value : 단가에 수량을 곱한 총금액 기재
   ⑨ Total : 품목별 합계

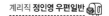

참고 프랑스행 상품(상품)송장 예시

PROFORMA INVOICE

① Date :

② Sender :

③ Addressee :

④ Item number :

⑤ Designation	⑥ Quantity	⑦ Unit Price	⑧ Total Value
⑨ Total			

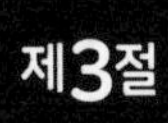

제3절 기타 특수취급우편물의 접수

❶ 등기(Registered)

1. 의의

우편물에 등기번호를 부여하고 접수한 때부터 배달되기까지의 취급과정을 그 번호에 따라 기록하여 우편물 취급과 송달의 확실성을 보장하기 위한 제도. 망실·도난·파손의 경우 손해배상 청구 가능

2. 대상

① 모든 통상우편물은 등기로 발송될 수 있음. 등기우편물을 발송하는 사람은 일반우편요금 이외에 등기취급수수료를 납부

② 도착국의 국내법이 허용하는 경우 봉함된 등기서장에 각종 지참인불 유가증권, 여행자수표, 백금, 금, 은, 가공 또는 비가공의 보석과 그 밖의 귀중품을 넣을 수 있음(국내 관련 법규에서 허용하는 범위에서만 취급)

3. 발송요건 (「만국우편협약 통상우편규칙」제18-101조)

(1) 주소를 연필로 쓰거나, 그 밖에 지워질 우려가 있거나 약자로 기록한 우편물은 등기로 접수하지 않음. 다만, 투명 창문봉투에 넣어 발송하는 우편물 이외 우편물의 주소는 복사용 잉크 연필로 표시 가능

(2) **국제등기접수증은 우편물 접수 시 등기우편물의 발송인에게 무료 발행**

① 창구 접수 시 등기번호 자동 부여하거나 등기라벨 사용 시 국제등기접수증 원부 작성 제출(등기번호 RR~, RM~)

※ 전자상거래 업체 등 주소, 내용품 정보를 전산으로 관리하는 경우에는 우체국과 협의하여 발송인이 직접 작성해 온 접수증 원부 사용 가능

② 국제등기우편물 주소기표지(등기번호 RA~, VA~)를 사용하거나 포스트넷(우편물접수시스템)에 우편물 정보 입력 시에는 접수증 원부 제출 생략

③ 국제등기접수증 원부는 행방조사 청구, 손해배상 지급 등의 사유 발생 시 기초자료로 사용되므로 고객이 작성한 주소, 내용품 가액 등 정당 여부 확인 철저

(3) 등기우편물에는 굵은 문자로 명확하게 등기임을 표시하는 'Registered'를 가능한 한 왼쪽 윗부분 발송인의 주소·성명 아래에 기록하거나 표시함

(4) 접수우체국에서는 국제등기번호표(등기라벨) CN04를 우편물 앞면의 알맞은 자리에 부착

❷ 배달통지(Advice of delivery)

1. 의의

배달통지는 우편물 접수 시 발송인의 청구에 따라 우편물을 수취인에게 배달하고 수취인에게서 수령 확인을 받아 발송인에게 알려주는 제도이며, 국내우편의 배달증명과 유사한 서비스

2. 취급대상우편물: 모든 우편물(통상우편물, 소포우편물, 특급우편물)에 가능

3. 취급방법

① 배달통지를 청구한 우편물에는 발송인의 주소·성명 아래에 굵은 활자로 A.R.(또는 Avis de reception)를 기록하거나 표시함(소포의 경우 기표지(dispatch note)에 A.R.인영 표시)

② 배달통지(A.R.) 서식(CN07)은 발송인이 로마문자로 서식의 여러 해당 항목을 정확히 기록. 앞면은 접수우체국에서 기록하여 우편물에 단단히 부착(소포의 경우 기표지(dispatch note) 바로 옆에 단단히 부착)

③ 배달통지 수수료: 1,500원

참고 **배달통지서**

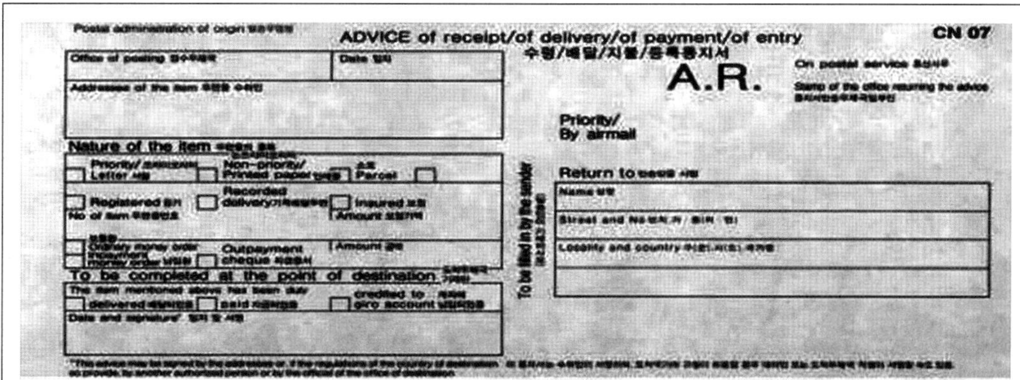

ADVICE of receipt/of delivery/of payment/of entry
수령/배달/지불/등록통지서

CN 07

A.R.

Office of posting

Date

Addressee of the item

Priority/
By airmail

Nature of the item

Priority/ Letter

Non-priority/ Printed paper

Parcel

Registered

Recorded delivery

Insured

No. of item

Amount

Ordinary money order

Inpayment money order

Outpayment cheque

Amount

To be completed at the point of destination

The item mentioned above has been duly

delivered

paid

credited to giro account

Date and signature

On postal service

Stamp of the office returning the advice

Return to

Name

Street and No.

Locality and country

To be filled in by the sender

- 명칭: 수령/배달/지불/등록 통지서(CN07)
- 규격: 210×105mm, 붉은색
- 사용명세: 배달통지 우편물을 접수할 때 사용
  - 기존에 보급된 식지를 사용하거나 포스트넷에서 출력 사용 다만, 출력할 경우에는 붉은색 용지를 사용하여야 함
- 출력방법: 우편물을 접수할 때 자동으로 발행

❸ 보험취급(Insured)

1. **의의**: 수표 등의 유가증권, 금전적 가치가 있는 서류나 귀중품 등이 들어있는 우편물을 내용품의 실제적·객관적 가치에 따라 보험취급하여 송달하고, 분실·훼손되거나 도난당한 경우 보험가액의 범위에서 실제로 생긴 손해액을 배상하는 제도

2. **대상우편물**: 보험취급은 모든 우편물(통상, 소포, 특급)에 가능
   ※ 보험취급되는 통상우편물은 등기보험서장(Insured Letter)이며, 소포우편물은 보험소포(Insured parcel). 신중하게 취급하기 위해 중요 서류, 유가증권 등 부피가 작은 귀중품은 등기보험서장으로 접수 권유

3. **취급우체국**: 모든 우체국(우편취급국 포함)

4. **대상국가**: 국제우편물 발송조건(포스트넷·인터넷우체국)에서 취급국가및 보험가액 최고한도액 확인

5. 보험가액 및 보험료

(1) 보험가액

① 보험가액 최고한도액은 4,000 SDR(7백만원)까지이나, 우편물 종별에 따라 국가별 최고한도액이 다르므로 국제우편물발송조건을 참고
※ EMS프리미엄의 경우 5천만원

② 보험가액은 내용품의 실제 가치를 초과할 수 없으며, 이를 위반하면 보험사기로 취급

③ 내용품의 일부가치만 보험취급 가능

④ 그 가치가 작성비용에 있는 서류의 보험가액은 분실의 경우 이를 대치하는 데 소요되는 비용을 초과할 수 없음

⑤ 보험취급 대상 내용품은 객관적인 가치가 있는 것이어야 하며, 주관적인 가치로 평가되는 물품은 보험 취급 불가

(2) 보험료

1) 통상

① 기본요금: 550원

② 추가배달료(보험가입 시 필수): 1,300원

③ 추가요금(보험가액 65.34 SDR 또는 114,300원 초과마다): 550원

2) 소포 및 EMS

① 기본요금: 2,800원

② 추가요금(보험가액 65.34 SDR 또는 114,300원 초과마다): 550원

6. 보험취급하여 발송할 수 있는 물건

① 수표, 지참인불 유가증권
② 우표, 복권, 기차표 등과 같은 금전적 가치가 있는 서류
③ 귀금속, 보석류
④ 고급시계, 만년필 등 귀중품
⑤ 수출입관련 법령(「대외무역법」 등)에서 허용하는 범위에서 취급
※ 발송조건은 포스트넷 또는 인터넷우체국 참조
※ 보험취급 가능 품목 비교

국제통상	EMS(국제특급)
수표, 지참인불 유가증권, 우표, 복권, 기차표, 귀금속, 보석류, 고급시계, 만년필 등 귀중품	물품류(10만원 이상), 우표(일부가능)

※ 국제통상과 EMS(국제특급)의 보험취급 가능 품목은 다를 수 있음

7. 보험취급하여 발송할 수 없는 물건

(1) 국제우편에 관한 조약에서 취급을 금지하는 품목
① 마약류, 항정신성물질
② 폭발성·가연성 물질, 그 밖의 위험한 물질, 방사성물질
③ 외설적이거나 비도덕적인 물품
④ 배달국가에서 수입이나 유포를 금하는 물품

(2) 우편관계 국내 법규에서 우편취급을 금지하는 품목

(3) 상대국에서 수입을 금지하는 물품(국제우편물 발송조건 참조)

(4) **기타** : 동전 등 화폐(수집용도의 화폐도 발송할 수 없음)

(5) 전자제품, 음식물, 파손되기 쉬운 물품(도자기, 유리컵 등)(과학기술정보통신부장관 고시 제2018-62호, 국제우편물의 종류별 이용조건 및 취급절차)

8. 접수 시 보험 관련 고객 안내 사항

① 손해배상 기준액보다 물품가액이 낮은 경우 보험에 가입하여도 손해배상금액이 동일함을 안내(보험가입의 실익이 없음)
② 손해배상 기준액 보다 물품가액이 높은 경우 보험가입에 대한 안내 강화

Chapter 03 국제우편요금

제1절 개요

❶ 국제우편요금의 결정

① 만국우편협약에서 정한 범위 안에서 과학기술정보통신부장관이 결정(정함)

② 국제우편요금이 결정되면 고시하여야 함

❷ 국제우편 요금체계

(1) 운송편별에 따라 선편요금과 항공요금으로 구분

① 선편우편요금은 접수부터 배달까지 선편으로 송달할 경우에 납부하여야 하는 요금으로 통상우편물의 요금, 소포우편물의 요금과 한중 해상특송우편물의 요금으로 구분

② 항공우편요금은 항공통상우편물의 요금, 항공소포우편물의 요금, 국제특급우편물의 요금과 K-Packet요금으로 구분

(2) 우편물 종별에 따라 통상우편물, 소포우편물, EMS(국제특급), K-Packet, 한중해상특송의 요금 등으로 구분하며, 부가취급에 따른 부가취급수수료가 있음

(3) 구성내용에 따라 국내취급비, 도착국까지의 운송요금과 도착국내에서의 취급비로 구분

❸ 국제우편요금 적용방식

1. 실중량(무게중량, 실제중량, 저울중량) 적용

물품을 포함하지 않은 서장 등의 항공우편물, 선편우편물

2. 실중량(Actual weight)과 부피중량(Volume weight) 병행 적용

(1) **개요**: 실제중량과 부피중량* 중 더 큰 중량의 요금을 적용하여 우편요금 계산

* **부피중량**: 항공화물 부피를 kg 단위로 전환하기 위해 국제항공운송협회(IATA)에서 정의한 개념으로 항공화물시장에서 통용되는 용어(우체국에서는 부피중량과 체적중량을 혼용하여 같은 의미로 사용하고 있음)

(2) **대상**: 소형포장물(항공), K-Packet, 국제소포(항공), 국제특급(비서류), EMS프리미엄(비서류)
※ 국제항공우편물 및 민간과 제휴하여 제공하는 국제우편서비스 일부에 제공

(3) **부피중량 산식**: 가로(cm) × 세로(cm) × 높이(cm) ÷ 부피계수 6,000

> (부피중량 적용 예시)
> 가로 20cm, 세로 20cm, 높이 20cm인 우편물의 실제 중량이 1kg인 경우, 부피중량은 1.33kg(20 × 20 × 20 ÷ 6000)로 부피중량이 실제중량보다 더 높으므로 부피(체적)중량을 적용하여 우편요금 계산

(4) **부피측정 방식**

① 포장된 우편물의 모양이 사각형이 아닐 경우에는 우편물의 가장 튀어나온 곳을 기준으로 가로·세로·높이의 길이를 측정

② 서로 다른 크기의 상자 2개를 연결하였을 경우에는 각각의 부피를 구해 더하지 않고 1개의 물건으로 간주하여 가장 긴 길이를 측정

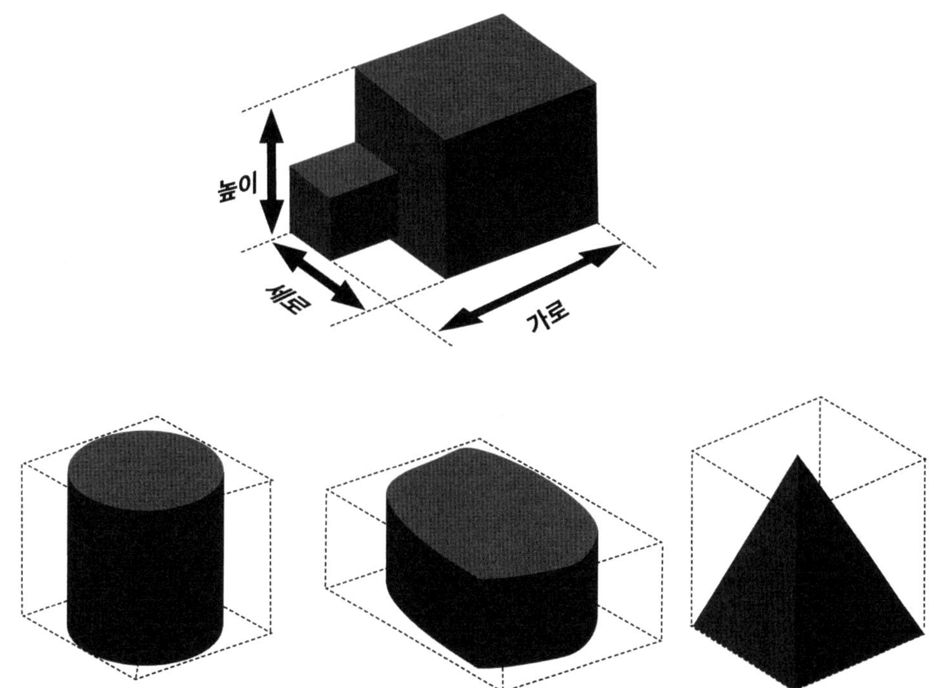

제2절 국제우편요금의 별납

❶ 정의

한 사람이 한 번에 같은 우편물(동일무게)을 보낼 때에 우편물 외부에 POSTAGE PAID(날인 또는 인쇄) 표시를 하여 발송하고 우편요금은 우표첩부 없이 별도로 즉납하는 제도

❷ 취급우체국: 우편취급국을 제외한 모든 우체국

❸ 취급요건

(1) **통상우편물**: 10통 이상

※ 우편물의 종별, 무게, 우편요금 등이 같고 한 사람이 한 번에 발송하는 우편물

(2) 국제특급우편물과 소포우편물의 우편요금은 현금과 신용카드(혹은 체크카드)로 결제하므로 별납 취급에 특별한 요건이 없음

❹ 취급요령

1. 발송인이 적어 제출한 별납신청서를 접수(별납신청서는 전산으로 출력)

2. 접수검사

신청서 기록사항과 현물과의 다른 점은 없는지 확인

3. 외부 기록사항 확인

① 우편물 앞면의 오른쪽 윗부분에 요금별납표시(날인 또는 인쇄) 유무

② 발송인이 표시를 하지 아니한 경우에는 우체국에서 요금별납인 날인

참고 국제우편 요금별납 및 요금후납 표시

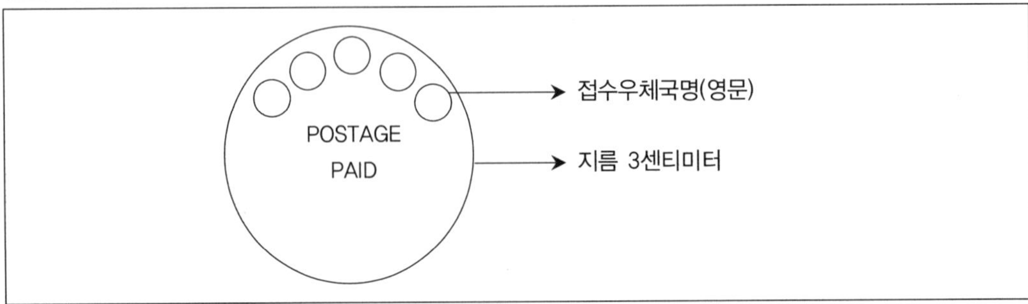

4. 접수와 참관

① 요금별납우편물의 접수담당자는 접수담당책임자(6급 이하 관서의 경우에는 국장)가 보는 앞에서 확인·접수

② 접수와 입회 확인 절차는 국내우편요금별납의 취급 예에 따름

5. 요금별납우편물에는 우편날짜도장의 날인은 생략

6. 접수된 우편물은 국제우편물류센터나 부산국제우체국 앞으로 별도 우편자루 체결·발송을 원칙으로 함. 다만, 물량이 적을 경우에는 단단히 묶어서 다른 우편물과 함께 발송

7. 별납신청서 처리

(1) 요금별납 접수 시 발송신청서(접수창구보관용, 발착부서보관용), 접수증(발송인교부용, 국제우체국송부용) 총 4부가 전산으로 출력됨

(2) 요금별납 발송신청서와 접수증은 다음과 같이 처리

① **발송신청서**: 접수창구보관용 1부는 우편날짜도장 날인 후 접수담당부서 보관, 발착부서 보관용 1부는 우편물 발송담당부서에서 보관

② **접수증**: 발송인교부용 1부는 우편날짜도장 날인 후 발송인 교부, 국제우체국 송부용 1부는 우편날짜도장 날인 후 우편물과 함께 국제우편물류센터(항공), 부산국제우체국(선편)으로 보냄

제3절 국제우편요금의 후납

❶ 의의

국제우편물의 요금(특수취급수수료 포함)을 우편물을 접수할 때에 납부하지 않고 발송우체국의 승인을 얻어 1개월 간 발송예정 우편물 요금액의 2배에 해당하는 금액을 담보금으로 제공하고 1개월 간의 요금을 다음달 20일까지 납부하는 제도

※ 다만, 카드로 납부할 때에는 담보금 면제

❷ 취급조건

한 사람(후납승인을 받은사람)이 매월 100통 이상 발송하는 통상 및 국제 소포우편물

❸ 취급우체국

후납계약을 맺은 우체국에서 발송(우편취급국 포함)

※ 다만, 취급국의 경우 등기취급우편물과 공공기관에서 발송하는 일반 우편물에만 허용

❹ 취급요령

1. 우편물 및 발송표의 제출

우편물의 발송인은 국제우편 요금후납우편물 발송신청서를 작성하여 우편물과 함께 요금후납 계약 우체국에 제출

2. 우편물 및 발송신청서의 검사

※ 발송신청서, 발송표, 발송접수증은 동일한 양식을 의미

(1) 우편물의 검사

① 요금후납우편물이 우리나라를 발송국으로 하는지 확인

② 우편물의 오른쪽 윗부분에는 요금별(후)납(Postage Paid)의 표시 확인

③ 발송인이 표시를 하지 아니한 경우에는 우체국 보관 요금별(후)납인 날인

(2) 발송신청서의 검사

① 요금후납우편물 발송표 기록사항이 발송하는 우편물과 다름없는지 확인

② 발송표의 그 밖의 기록사항 확인

3. 접수 및 입회 확인

① 요금후납우편물의 접수담당자는 접수담당책임자(6급 이하 관서의 경우에는 국장)가 보는 앞에서 확인・접수

② 요금후납우편물 발송신청서는 요금별납우편물 접수 및 입회확인방법에 준하여 상호 확인인을 날인

4. 날짜도장 날인: 요금후납우편물에는 우편날짜도장 날인 생략

5. 요금후납우편물 발송신청서의 처리

(1) 접수검사가 끝난 요금후납우편물 발송표는 우편날짜도장을 날인한 후 접수담당부서에서 보관, 발송접수증을 비롯한 서류는 다음과 같이 처리(수령증과 접수통지서는 전산에서 출력하여 처리)

① **우편물 발송표**: 접수창구에 보관

② **우편물 수령증**: 발송인에게 교부

③ **우편물접수통지서**: 항공은 국제우편물류센터로, 선편은 부산국제우체국으로 송부

(2) 접수우체국에 보관하는 요금후납우편물 발송표는 일련번호를 매기고 매월분을 정리해야 하며, 발송기간과 발송표 매수를 적은 표지를 붙여 보관

참고 국제우편 요금후납우편물 발송표

국제우편 요금후납우편물 발송표

승인번호
NO. 14

구분	종별	편별	지역	통당 무게	통당 요금	통수	합계 금액	비고
일반통상	서장	항공	1	21	0	840	1	840
등기통상	소형포장물	항공	1	44	0	1,220	1	1,220
계							2	2,060

위 명세와 같이 발송하여 주시기 바랍니다.

20 . .

발송인 주소
상호
성명 (인)

우체국장 귀하

결재	담당	팀장	인수자	과장	우편날짜도장 날인
	접수 당무자	접수 책임자	발송 책임자	영업 과장	

제4절 국제우편요금 수취인부담 (International Business Reply Service : IBRS)

정의	우편물을 외국으로 발송하는 자가 국내 배달우체국과 계약을 체결하여 **회신요금**을 자신이 부담할 수 있도록 하는 제도
취급우체국과 발송가능 국가	① 취급우체국: 집배우체국에 한하여 취급 ② 발송가능국가: 불가리아를 제외한 모든 국가
취급 대상 우편물	**인쇄물(봉투)과 엽서에 한함**
요금징수	① 수취인이 우편물을 받을 때 납부하며 **후납 취급**도 가능 ② 인쇄물(봉투): 1,100원 / 엽서: 500원
이용계약	① IBRS의 이용계약을 체결하려는 자는 신청서와 수취할 우편물의 견본 2매를 배달우체국에 제출 ② 계약체결 후 우편물을 발송하는 자는 우편물 표시사항과 배달우체국장이 부여한 계약번호를 수취할 봉투 또는 엽서에 인쇄한 견본 2매를 배달 우체국에 제출
IBRS 접수 우체국의 취급	① IBRS 우편물은 **발송유효기간에 한정**하여 발송. 발송유효기간이 끝난 다음에 발송한 IBRS 우편물은 발송인에게 돌려보냄 ② IBRS 우편물에는 **날짜도장을 날인하지 않음** ③ IBRS 우편물은 모두 **항공 취급**하며, 그 밖의 **부가취급 불가** ④ 유효기간 등이 정상적으로 표시된 IBRS 우편물은 접수시스템에 별도로 입력하지 않고 국제항공우편물과 같이 국제우편물류센터로 보냄
외국에서 도착된 IBRS 우편물의 취급	국내우편요금 수취인부담 우편물의 배달 예에 준해 배달하고 '4항'의 요금 징수
최대중량	50g

Priority/Priontaire
By airmail/Par avion

IBRS/CCRI N°:

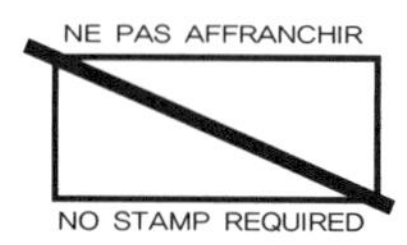

REPLY PAID/RÉPONSE PAYÉE
GREAT BRITAIN/GRANDE-BRETAGNE

MESSRS.T.Smith & Co.
99 Temple Street
PRESTON
GREAT BRITAIN
PR1 1ZY

제5절 해외 전자상거래용 반품서비스 (IBRS EMS)

정의	인터넷쇼핑몰 등을 이용하는 온라인 해외거래 물량 증가에 따라 늘어나는 반품 요구를 충족하기 위해 기존의 국제우편요금수취인부담 제도를 활용하여 반품을 수월하게 하는 제도
취급우체국과 발송가능국가	① 취급우체국: **계약국제특급 이용우체국(집배국) 한정** ② 발송가능국가: **일본**
취급대상 우편물	① 종류: **EMS에 한정함(최대 무게 2kg)** ② 우편물의 규격: 국가별 EMS 발송조건의 규격과 같음 ③ 구매자가 반품을 요청할 경우 반품서비스 이용계약을 체결한 판매자는 전자적인 방법으로 아래 서식의 반품서비스 라벨을 구매자에게 전송, 구매자는 해당 우편물 표면에 반품서비스 라벨을 부착하여 접수 ※ 라벨의 규격: 최소 90 × 140mm, 최대 140 × 235mm
부가취급	EMS 우편물로 취급, **그 밖의 부가취급은 할 수 없음**
요금의 징수	① IBRS EMS 우편물의 요금은 수취인이 우편물을 받을 때 납부하게 하며 후납 취급도 가능 ② 수취인으로부터 징수할 IBRS EMS 우편물의 요금은 **통당 10,000원**

표시 내용	표시 위치
NO STAMP REQUIRED/ NE PAS AFFRANCHIR(우편요금납부 불요)	라벨 오른쪽 윗부분
REPLY PAID/ RESPONSE PAYEE(우편요금수취인부담) 및 KOREA(SEOUL) – 두 줄의 횡선 사이에 대문자로 인쇄 • 선의 굵기: 3mm 이상 • 선의 길이: 90mm 이상 • 두선의 인접변의 간격: 14mm	수취인 주소·성명 표시란 윗부분
수취인의 주소·성명 – 당초 판매물품의 발송 주소와 반송처가 다를 경우 반송처 주소 표시	'REPLY PAID' 표시 아랫부분
EMS 표시	라벨 좌측 상단
IBRS/CCRI No. (승인번호)	'EMS' 표시 아랫부분

REPLY PAID/REPONSE PAYEE
KOREA(SEOUL)/COREA(SEOUL)

IBRS/CCRI N°:

MESSRS.T.Smith & Co.
99 Jongno, Jongno-gu
SEOUL
SEOUL, 110-110, KOREA

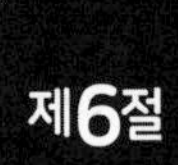

제6절 국제반신우표권 (International Reply Coupons)

❶ 개요

① 국제회신우표권(IRC)은 수취인에게 회신요금의 부담을 지우지 아니하고 외국으로부터 회답을 받는데 편리한 제도

② 국제회신우표권은 UPU 총회가 개최되는 매 4년마다 총회 개최지명으로 국제회신우표권을 발행하며(4년마다 디자인 변경) 국제회신우표권의 유효기간은 앞면 우측과 뒷면 하단에 표시

※ 2004년 베이징(중국), 2008년 나이로비(케냐), 2012년 도하(카타르), 2016년 이스탄불(터키), 2021년 아비장(코트디부아르, 코로나19로 1년 연기)

③ 만국우편연합 국제사무국에서 발행하며 각 회원국에서 판매. 국제회신우표권 1장은 그 나라에서 외국으로 발송되는 항공보통서장 최저 요금의 우표와 교환

❷ 판매

(1) 우리나라에서 1매당 1,450원에 판매

(2) 판매할 때에는 국제회신우표권의 왼쪽 해당란에 우편날짜도장을 날인(의무사항은 아님)

(3) 국제회신우표권의 수급을 원활하게 조절하고, 통신목적 이외의 용역·물품대금 지급수단으로 이용하거나 환투기 목적의 사용을 방지하기 위하여, 다음과 같이 판매수량을 제한

① **판매제한내용**: 20장 이하는 자유판매, 20장 초과 판매를 요구할 때에는 구체적인 사용 목적을 확인한 후 판매하는 등 판매수량을 합리적으로 제한

② **다량 판매를 요구할 때에는 판매방법**: 신청서에는 최소한 신청인의 주소·성명과 사용 용도를 기록하도록 함

판매 제한과 거절 사유

① 현재 필요한 상태에 있지 않으면서 한꺼번에 다량 구매를 요구하는 경우

② 외국에 서적대금 지불수단 등으로 사용하려는 경우 - 외국의 우표를 다량 구입할 수단으로 다량 구매를 요청하는 경우

참고 이스탄불 및 아비장 국제회신우표권 판매 및 처리일정(2021~2026)

날짜	주요 내용	비고
2021. 8. 31.	이스탄불 국제회신우표권 판매 마감	우체국
2021. 9. 1.	아비장 국제회신우표권 판매 시작	우체국
2021. 12. 31.	이스탄불 국제회신우표권 교환 마감(유효기간 만료)	우체국
2022. 1. 31.	이스탄불 국제회신우표권 미판매분 및 교환분 반납 마감	우체국 → 조달센터
2022. 4. 30.	이스탄불 국제회신우표권 미판매분 및 교환분 반납 마감	조달센터 → UPU
2025. 8. 31.	아비장 국제회신우표권 판매 마감	우체국
2025. 12. 31.	아비장 국제회신우표권 교환 마감(유효기간 만료)	우체국
2026. 1. 31.	아비장 국제회신우표권 미판매분 및 교환분 반납 마감	우체국 → 조달센터
2026. 4. 30.	아비장 국제회신우표권 미판매분 및 교환분 반납 마감	조달센터 → UPU

※ 국제회신우표권 판매 시 교환 마감일(유효기간) 안내 철저

※ 우표류와 교환을 마친 국제회신우표권은 발생 즉시 수시로 조달센터로 반납 가능

참고 국제회신우표권 (2021년 아비장총회 발행 유효기간 : 2025. 12. 31.)

앞면	뒷면

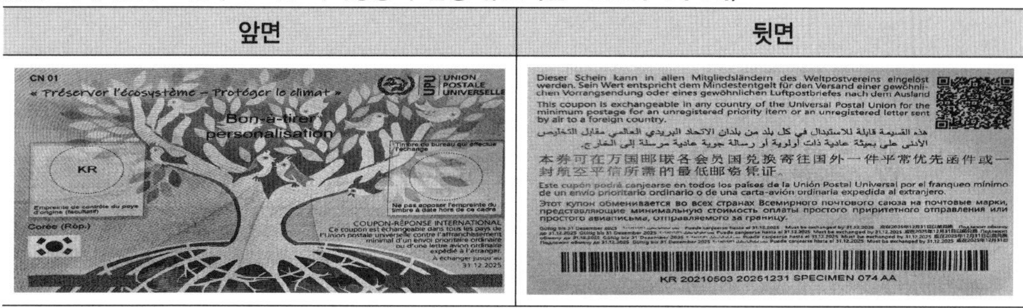

❸ 교환

(1) 외국에서 판매한 국제회신우표권은 우리나라에서 외국으로 발송되는 항공보통서장의 4지역 20g 요금(850원)에 해당하는 우표류*와 교환

* '우표류'란 과학기술정보통신부장관이 발행한 우표(소형시트 포함), 우편요금을 표시하는 증표와 우표책, 우편물의 부가취급에 필요한 봉투 등
* 국제회신우표권은 '우표류'에 속하나 할인판매 불가

(2) 우리나라에서 판매된 국제회신우표권은 우리나라에서 교환할 수 없음

(3) 국제회신우표권을 교환하여 줄 때에는 반드시 진위 여부를 검사 (UPU의 문자가 선명하게 인쇄되었는지 등)하여야 하며, 오른쪽 해당란에 국제날짜도장을 날인(유효기간이 경과한 국제회신우표권은 교환 불가능)

(4) 우표류와 교환을 마친 국제회신우표권은 포스트넷에 '반납 및 인수증(청구 및 송증)'을 등록(첨부)하고 우정사업조달센터로 반납

참고 국제회신우표권 다량구입 신청서

<table>
<tr><th colspan="3">국제회신우표권 다량구입 신청서</th></tr>
<tr><td rowspan="3">신청인</td><td>성명</td><td></td></tr>
<tr><td>주소</td><td></td></tr>
<tr><td>연락처</td><td></td></tr>
<tr><td>구매수량</td><td>장</td><td>*20장 이상 다량구매의 경우 아래 사항 필수 확인</td></tr>
<tr><td rowspan="2">사용목적</td><td colspan="2"></td></tr>
<tr><td colspan="2">※ 아래의 경우 판매가 제한됩니다.
• 현재 필요하지 않으면서 한꺼번에 구매하는 경우
• 외국에 서적대금 지불 수단 등으로 사용하는 경우
• 외국의 우표를 다량 구입할 수단으로 구매 요청하는 경우</td></tr>
<tr><td colspan="3">확인사항</td></tr>
<tr><td colspan="3">1. 구입한 국제회신우표권은 수취인의 우편물 회신용도 외 다른 용도로 사용하지 않음을 확인합니다.
2. 국제회신우표권을 구입한 후 제1항과 관련 없는 곳에 동 우표권이 사용되어 일어난 일련의 사고에 대해서는 판매 우체국에 책임을 묻지 않겠습니다.

년 월 일

신청인서명 또는 (인)

우체국장 귀하</td></tr>
<tr><td colspan="3">주의사항</td></tr>
<tr><td colspan="3">1. 우리나라에서 판매된 국제회신우표권은 우리나라에서 교환할 수 없습니다.
2. 국제회신우표권의 유효기간을 반드시 확인하시기 바랍니다.
3. 국제회신우표권은 현금으로 교환 불가능합니다.</td></tr>
</table>

<table>
<tr><th colspan="4">개인정보 수집이용 동의서(구입고객)</th></tr>
<tr><td colspan="4">개인정보보호법 제15조 제1항 제1호에 따라 구매내역 및 본인확인을 위해 개인정보를 수집·이용함에 동의합니다.</td></tr>
<tr><td>수집·이용항목</td><td>수집·이용목적</td><td>보유 및 이용기간</td><td>동의확인</td></tr>
<tr><td>구매자의 성명,
주소, 연락처</td><td>구매내역 및
정당본인 확인</td><td>1년</td><td>[]</td></tr>
<tr><td>동의를 거부할
권리 및 불이익</td><td colspan="3">개인정보를 수집·이용함에 동의를 거부할 권리가 있으며, 동의를 거부할 경우에는 서비스 이용에 제한이 있을 수 있습니다.</td></tr>
</table>

<table>
<tr><td rowspan="2">정당 본인 확인필</td><td>담당자</td><td>팀장</td><td>책임자</td></tr>
<tr><td></td><td></td><td></td></tr>
</table>

Chapter 04 부가서비스 및 제도

제1절 EMS 배달보장 서비스

1 정의

① 카할라 우정연합체 국가로 발송하는 EMS에 대해 배달보장일자를 고객에게 제공하며, 제공한 배달예정일보다 하루라도 지연배달된 경우 우편요금을 배상해 주는 고품질 서비스

EMS배달보장일계산프로그램에 발송지* 및 수취인 우편번호를 입력하면 항공기 스케줄, 상대국 공휴일 및 근무일 등을 고려한 배달보장일 조회 및 제공
* 발송지는 접수우체국 우편번호로 자동입력(다른 지역 우편번호로 변경불가)

② 단, 상대국 통관 보류 혹은 수취인 부재 등의 사유로 미배달 시는 배달완료로 간주

2 배달보장서비스 실시국 (카할라 우정연합 회원국)

한국, 일본, 미국, 중국, 호주, 홍콩, 스페인, 프랑스, 태국, 캐나다 등 10개국
※ 해당국가 사정에 따라 중지될 수 있음

3 서비스 최초 시행일: 2005. 7. 25.

4 서비스 요약

구분	주요내용
대상지역	10개 국가 우정당국 간 공동시행(카할라 우정연합체) – 10개 우정당국이 모든 지역에 대해 EMS 배달보장서비스 제공
배달기한	• 배달보장기간계산프로그램 활용 – 배달보장일 계산프로그램에서 안내되는 배달보장일자가 EMS 배달보장서비스 배달기한이 됨 – 아시아지역: 접수 + 2일 이내 배달보장 – 미국, 호주, 유럽: 접수 + 3일 이내 배달보장
배달기준보다 지연시 손해배상	귀책사유가 있는 우정당국의 책임과 배상
우정당국 정산방법	• 우정청 간 상호 정산 책임소재 확인 후 발송우정청 변상 및 사후 우정청 간 정산

제2절 수출우편물 발송확인 서비스

❶ 정의

외국으로 발송하는 국제우편물중 수출신고 대상물품이 들어 있는 경우 우체국에서 해당 우편물의 발송 사실을 세관에 확인하여 주는 서비스

❷ 절차

사후증빙 또는 관세 환급 심사를 위하여 수출하고자 하는 물품을 세관에 수출신고한 후 필요한 검사를 거쳐 수출신고를 받아 물품을 외국무역선에 적재하기까지의 절차

❸ 대상우편물

발송인이 사전에 세관에 수출신고를 하여 수리된 물품이 들어 있는 우편물

※ 수출신고수리를 받은 물품은 관세법상 외국물품으로, 수리일로부터 30일내에 선(기)적 하여야 하며, 이 기일까지 선(기)적하지 아니한 경우에는 과태료(10만원) 부과와 수출신고수리가 취소될 수 있음. 또한, 수출신고가 수리된 물품이 관세청의 전산시스템상 선(기)적 확인이 되지 않는 경우에는 관세 등의 환급이 불가

❹ **취급국**: 전국우체국(별정우체국 및 우편취급국 포함)

❺ **포스트넷 입력**: 통합접수 > 접수관리 > 수출우편물관리 > 수출우편물 등록

❻ 이용매체

전산으로 입력, EDI(Electronic Data Interchange) 시스템을 이용 전송

7 유의사항

(1) 수출신고 수리물품으로서 선적(우편발송)이 완료된 물품은 관세 등 환급대상이 되므로 수출신고필증상의 품명, 규격, 수량과 동일성 여부 확인에 특히 유의하여야 함(만일, 수출신고 수리물품과 상이한 물품이 우편발송 확인되어 부정 수출이나 부정·부당 환급이 발생되는 경우에는 관세법 등 관련법규에 따라 엄중 처벌을 받게 됨에 유의)

(2) 발송인이 수출우편물 발송 확인을 요청할 경우 수출신고필증상의 신고 물품과 현품의 종류, 수량, 무게 등을 확인한 후 발송하여야 함
① 전량 발송인 경우에는 수출신고필증상의 총 수량과 발송 포장 개수가 일치하여야 함
② 수출신고필증상 1건당 1건의 우편물 발송을 원칙으로 하되(우편물 하나에 수출신고필증상 2건 이상 포장 불가), 분할하여 발송할 수 있음

(3) 발송인에게 분할 발송 여부를 확인하여야 하며 분할 발송인 경우에는 분할 발송 부호로 전송
① 전량 발송으로 전송한 신고번호는 이후 분할 발송으로 다시 전송 할 수 없음. 다만, 오류 전송으로 부득이한 경우에는 최초 전송 건을 정정
② 분할 발송한 수출신고번호를 이후 전량 발송으로 전송한 경우에는 오류 처리됨

(4) **분할 발송물품의 수량(무게) 과부족 처리**
① 우체국장이 수출신고필증과 현품을 확인하여 이상 없음을 확인하여 전송한 것이므로 세관에서 접수는 하지만 수량 과부족에 의한 미선적으로 처리
② 분할 발송인 경우에는 수량 일치 또는 무게 선적완료 기준(±5%)에 해당하여 선적이 완료된 경우에 우편발송확인서는 접수됨
③ 이 경우 세관이 발송인(수출자)에게 수량 과부족 원인을 규명하여 조치하도록 통보

(5) 반드시 수출신고 수리 확인 후(관세사로부터 수출신고필증 팩스를 받은 후) 우편물 발송
※ 수출신고 수리 전에 발송할 경우 '관세법 제241조와 제269조제3항에 따라 3년 이하의 징역이나 물품원가 이하에 상당하는 벌금에 처한다'고 규정되어 있음

(6) 선적완료 처리된 이후에는 우편발송확인서는 정정할 수 없음

참고 **수출우편물 발송 확인 서비스 입력 완료 후 생성되는 출력물**

우편 발송 확인서

<table>
<tr><td rowspan="2">① 수출신고번호</td><td colspan="2">② 전량, 분할 발송여부
(해당란에 “○, ×” 표)</td></tr>
<tr><td>전량</td><td>분할</td></tr>
<tr><td>010-10-00-0038035</td><td>×</td><td>O</td></tr>
<tr><td colspan="3">③ 품명, 규격</td></tr>
<tr><td colspan="3">TV CAMERA</td></tr>
<tr><td colspan="3">④ 확인내용</td></tr>
</table>

우편물번호	등록일자	발송일자	포장개수	중 량
EM123456789KR	20년 00월 00일	20년 00월 00일	1 C/T	12.0kg
EM123456790KR	20년 00월 00일	20년 00월 00일	1 C/T	15.0kg
EM123456791KR	20년 00월 00일	20년 00월 00일	1 C/T	18.0kg
⑤ 비고				

상기물품은 수출신고수리를 받은 물품과 동일한 물품으로서, 상기와 같이 우편물로 발송하였음을 확인 함.

20○○ 년○○월 ○○일

○○우체국장 (인)

붙임: 수출신고수리필증 사본 1부.끝.

제3절 사전 통관정보 제공

❶ 의의

국가 간 수출입우편물에 대한 상세정보 취득을 통한 투명하고 신속한 관세 행정, 안전사고 예방을 위해 관세당국에서 사전통관정보제공을 의무화

❷ 개요

통관검사에 필요한 국제우편물 접수정보(발송인·수취인 주소, 성명, 전화번호, 내용품명/수량/단가 등)를 우편물이 상대국에 도착하기 전에 EDI(전자자료교환) 방식으로 상대국 우정에 제공하고 상대국 우정은 해당국 관세당국에 통관정보 제공

참고 사전통관정보 업무 개요도

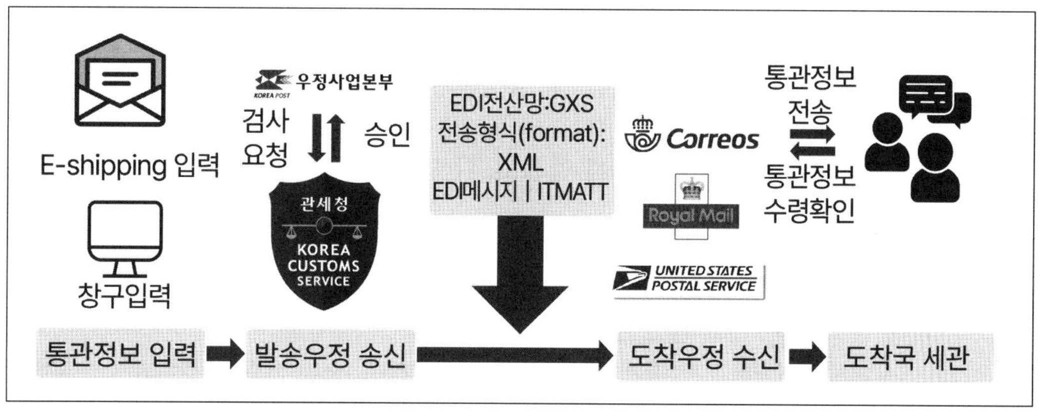

① 대상 관서: 전국 우체국(우편취급국 포함)
② 대상 우편물: 비서류(국제소포(항공, 선편)우편물, K-Packet, EMS[비서류], 해상특송우편물[한중, 한일]), EMS(서류), 소형포장물
③ 대상국가: UPU 회원국가 중 우리나라와 우편물을 교환하는 국가('24.01.~)
④ 우편물에 부착되는 주소기표지(운송장) 및 세관신고서 작성: 영어 및 아라비아숫자
⑤ 포스트넷(시스템) 입력 방법: 문자는 영문으로 숫자는 아라비아 숫자로 입력
⑥ 사전 통관정보 제공 순서: 통관정보 입력(영문) → 통관정보 전송 → 도착우정 수신 ↔ 세관 제공

⑦ 통관정보 제공 데이터 항목

발송인	등록구분	수취인	등록구분	내용품	등록구분
성명	**필수**	성명	**필수**	내용품유형	**필수**
상세주소	**필수**	상세주소	**필수**	내용품명	**필수**
우편번호	**필수**	우편번호	**필수**	순중량	**필수**
전화번호	**필수**	전화번호	선택	산지	**필수**
Email	선택	Email	선택	HS Code	**필수**
				개수	**필수**
				가격	**필수**

※ 수취인 전화번호 입력은 원칙적으로 선택사항이나, 배달예정 및 통관사항 등 중요 안내사항을 전화로 하는 국가가 다수이므로 필수항목에 준하여 기재하도록 고객안내

3 유럽연합의 ICS2 (Import Control System 2)

1. 개요

① ICS2 대상국가로 발송하는 우편물은 도착국가 세관으로부터 반드시 승인 완료(AC)를 받은 경우에만 운송수단 탑재 및 발송 가능

※ AC(Assessment Complete 상대국가에서 승인완료 운송수단 탑재가능)

② 도착국 세관은 사전통관정보를 통해 안전성·위험성 등을 확인하여 승인완료

참고 업무 개요도

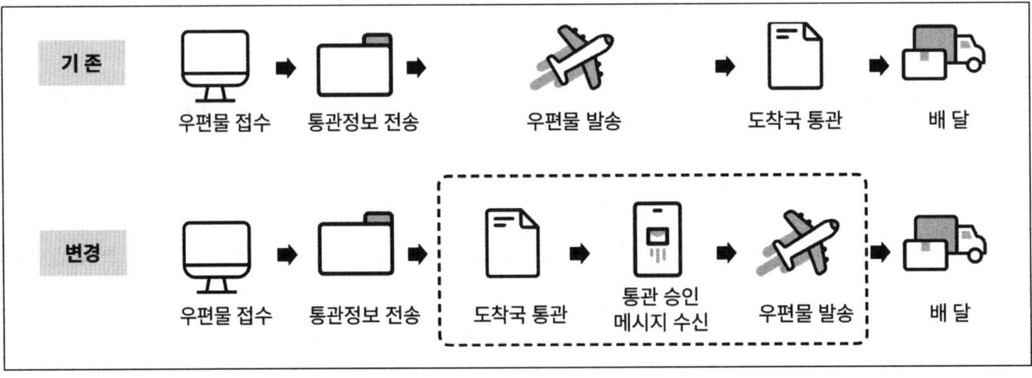

2. 대상국가: 총 30개 국가(EU27국 + 3국[스위스, 노르웨이, 리히텐슈타인])

구분	국가(30)						
유럽(27)	그리스	네덜란드	덴마크	독일	라트비아	루마니아	룩셈부르크
	리투아니아	몰타	벨기에	불가리아	스웨덴	스페인	슬로바키아
	슬로베니아	아일랜드	에스토니아	오스트리아	이탈리아	체코	크로아티아
	키프로스	포르투갈	폴란드	프랑스	핀란드	헝가리	
기타(3)	노르웨이	리히텐슈타인	스위스				

3. 시행관서: 전국 우체국(우편취급국 포함)

4. 대상우편물: 물품(Goods)을 포함한 모든 비서류 우편물* 해당

* EMS(비서류), 항공소포, 소형포장물(packet류)

5. 시행일자: 2023. 9. 25(월) 접수분부터

6. 고객안내사항

① 입력언어: 영어 및 영문 알파벳으로 입력 가능한 도착국가 언어, 특수문자는 사용금지

② 주소: 발송인 및 수취인 주소의 우편번호 반드시 입력(3단 주소 입력 의무화)

> **ICS2 관련 주소입력 오류사항**
> - 주소입력란에 고객주문번호(또는 IOSS번호)를 입력하여 에러 발생
> - 수취인주컬럼과 도시컬럼입력 시 항목에 맞지 않게(예시: 주컬럼에 상세주소 입력) 입력하여 에러 발생

③ 성명: 발송인 및 수취인 성명란에 정확히 영어로 기재

④ 물품 가격 및 무게: 숫자로 기입(0으로 기입 금지)

⑤ 물품명: 내용품을 구체적으로 기재

> **물품명 입력 예시**
> Gifts(×), Dolls(○), Remote Control Cars(○) / Clothing(×), Wool Pants(○), Leather Skirts(○)

❹ HS코드(Harmonized Commodity Description and Coding System)

1. HS코드 의의

① 수출입 물품에 대해 HS협약에 의해 부여되는 품목분류* 코드

* **품목분류**: 전 세계에서 거래되는 각종 물품을 세계관세기구(WCO)가 정한 국제통일상품분류체계(HS)에 의거 하나의 품목번호에 분류하는 것

② 상품분류체계의 통일을 기하여 국제무역을 원활히 하고 관세율 적용의 일관성을 유지하는 역할을 함

2. HS코드 입력목적

(1) 신속한 통관

① 최근 많은 국가에서 국제우편물이 배달국가에 도착하기 전에 HS코드를 포함한 통관정보를 제공해야 하는 '사전통관정보제공'제도 시행을 공포

② 사전통관정보가 미제공된 우편물에 대해서는 통관연기, 배달지연, 반송 등의 조치를 취하겠다고 선언

(2) 정확한 관세율 적용

(3) HS코드의 구조

① 6자리까지는 국제적으로 공통으로 사용하는 코드이며, 7자리부터는 각 나라에서 6자리 소호의 범위 내에서 이를 세분화하여 10자리까지 사용

② 우리나라에서는 10자리까지 사용하며 이를 HSK(HS of Korea)라 지칭(EU는 8, 일본은 9자리 사용)

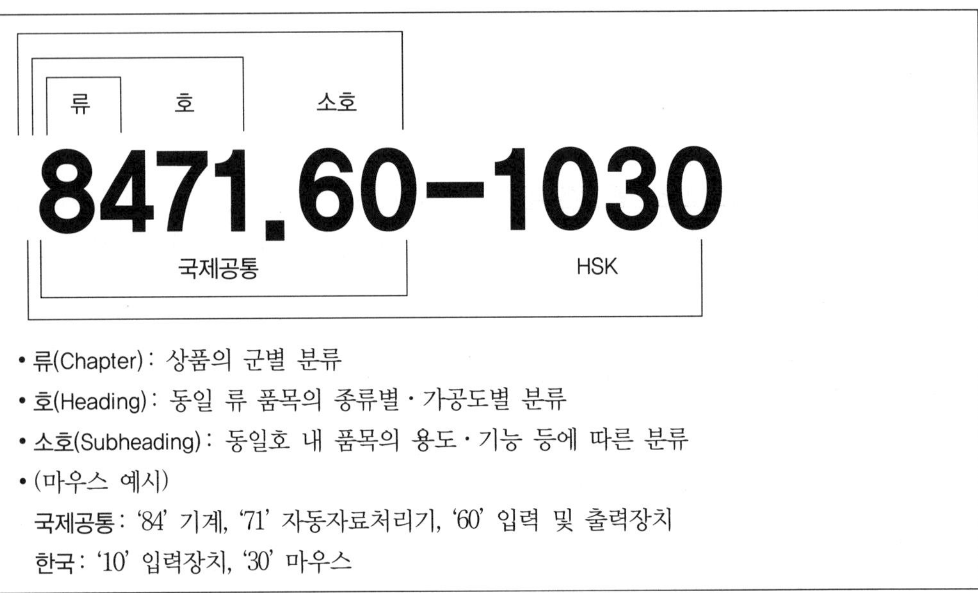

- 류(Chapter): 상품의 군별 분류
- 호(Heading): 동일 류 품목의 종류별・가공도별 분류
- 소호(Subheading): 동일호 내 품목의 용도・기능 등에 따른 분류
- (마우스 예시)

  국제공통: '84' 기계, '71' 자동자료처리기, '60' 입력 및 출력장치

  한국: '10' 입력장치, '30' 마우스

제4절 국제우편 요금감액 제도

❶ 대상우편물

1. 특급우편물(EMS · EMS프리미엄)

계약특급우편	우편관서와 발송인과의 이용계약에 따라 특급우편 (EMS · EMS프리미엄)을 발송하는 이용자
수시특급우편	별도의 이용계약을 맺지 않고 특급우편(EMS · EMS 프리미엄)을 발송하는 창구접수 이용자
일괄특급우편	우편관서와 발송인과의 이용계약에 따라 접수우체국을 통해 특급우편(EMS · EMS프리미엄)을 발송하는 본사와 지사, 협회와 회원사, 다문화가정 이용

2. K-Packet : 우편관서와 발송인과의 이용계약에 따라 K-Packet을 전산시스템으로 접수(e-shipping)하여 발송하는 이용자

3. 소형포장물 : 우편관서와 발송인이 이용계약을 하거나 별도의 이용 계약을 맺지 않고 소형포장물을 발송하는 이용자

4. 한 · 중 해상특송(Post Sea Express) : 우편관서와 발송인과의 이용계약에 따라 전자상거래(B2C) 물량을 전산시스템으로 접수(e-shipping)하여 발송하는 이용자

❷ 취급요건과 감액범위

1. 특급우편(EMS · EMS프리미엄) (단위 : 1개월, 1회, 만원)

이용금액 / 구분	30초과 ~50	50초과 ~150	150초과 ~500	500초과 ~1,000	1,000초과 ~2,000	2,000초과 ~5,000	5,000초과 ~10,000	10,000초과 ~20,000	20,000 초과
계약특급	-	4%	6%	8%	10%	12%	14%	16%	18%
수시특급	3%	4%	6%	8%	10%	12%	14%	16%	18%
일괄특급	-	2%		3%	4%	5%	6%	7%	8%

※ 계약특급의 18%이상 감액률은 우정사업본부장의 승인 후 적용함

※ 계약특급은 1개월, 수시특급은 1회당 이용금액 기준임

※ 감액 시 기준금액은 고시된 요금(EMS프리미엄은 「EMS 프리미엄 서비스 요금 및 이용에 관한 수수료」(과학기술정보통신부 고시)) 기준이며, 수수료는 제외한다.

2. K-Packet, 등기소형포장물 (단위: 1개월, 만원)

이용금액	50초과 ~100	100초과 ~200	200초과 ~300	300초과 ~400	400초과 ~500	500초과 ~1,000	1,000초과 ~3,000	3,000초과 ~5,000	5,000초과 ~10,000	10,000 초과
감액률	5%	6%	7%	8%	9%	10%	12%	13%	14%	15%

※ 감액 시 기준금액은 고시된 요금이며, 수수료는 제외한다.

※ K-Packet 및 등기소형포장물 감액은 계약고객에 한하여 적용한다.

3. 한 · 중 해상특송(Post Sea Express) (단위: 1개월, 만원)

이용금액	50초과 ~150	150초과 ~500	500초과 ~1,000	1,000초과 ~2,000	2,000초과 ~5,000	5,000초과 ~10,000	10,000 초과
감액률	4%	6%	8%	10%	12%	14%	16%

※ 감액 시 기준금액은 고시된 요금이며, 수수료는 제외한다.

4. 국가기관, 지자체 등 공공기관과의 업무협약으로 발송하는 우편, 다량우편물(월 4,000통 이상 발송 또는 월 이용금액 3억원 초과)로서 우정사업본부장이 특별히 인정하는 경우에는 40%이내에서 감액률 등을 별도로 정할 수 있다.

❸ 특별감액

구분	감액요건	감액률	대상
장기이용	계약기간이 1년을 초과하고 직전 계약기간 동안의 이용금액이 600만 원 이상인 경우	1%p 이하	EMS, EMS프리미엄 K-Packet, 등기소형포장물, 한 · 중 해상특송
	계약기간이 3년을 초과하고 직전 계약기간 동안의 이용금액이 1억 원 이상인 경우 ※ 감액조건의 금액은 고시된 요금(EMS 프리미엄은 요금표) 기준이며, 일괄계약 이용고객은 제외 ※ 직전 계약기간 중 6월 이상 이용실적이 있는 경우에 적용	2%p 이하	
접수비용 절감	인터넷 또는 우체국앱을 통해 접수한 계약 고객	3%p 이하	EMS, EMS프리미엄 등기소형포장물
	인터넷 또는 우체국앱을 통해 접수한 비계약 고객	5%p	EMS, 소형포장물
	인터넷 또는 우체국앱으로 수출우편물 정보 또는 수출신고번호 제공 시(계약고객 한정)	2%p 이하	EMS, EMS프리미엄

<table>
<tr><td>발송비용 절감</td><td>국제우편물 해외 발송 전 국내 최종 도착지(국제우편물류센터 등)로 우편물을 직접 운송한 경우</td><td>2%p 이하</td><td>EMS,
EMS프리미엄
K-Packet,
소형포장물,
한·중 해상특송</td></tr>
<tr><td rowspan="3">전자
상거래
활성화</td><td>전자상거래 플랫폼(쇼핑몰 등)을 통해 고객의 주문을 받은 상품을 발송하는 업체</td><td>3%p 이하</td><td>EMS,
EMS프리미엄</td></tr>
<tr><td>• EMS 국가별 특별 감액
– 중량: 7kg 이하
– 대상국가
• 중국, 일본, 싱가포르
• 대만, 인도네시아, 말레이시아, 태국</td><td>15%p 이하
5%p 이하</td><td>EMS</td></tr>
<tr><td>• 동일사업자 물류창고 통합감액
※ 3개 이내의 물류창고를 가진 전자상거래기업과 이용계약을 체결한 경우 물류창고별 전체 이용금액을 합하여 감액 적용</td><td></td><td>EMS,
EMS프리미엄</td></tr>
<tr><td>청장
감액</td><td>우편물 접수 또는 발송 편의 확보, 지역별 특수성 등 지방우정청장이 필요하다고 인정하는 경우</td><td>2%p 이하</td><td>EMS,
EMS프리미엄</td></tr>
<tr><td>이용
활성화</td><td>• 우정사업본부가 이용활성화를 위하여 지정한 특정 기간 동안에 대상우편물을 이용하는 경우
• 신규 상품 또는 서비스 도입 등을 위해 시범운영을 하는 경우
※ 별도 계획에 따라 실시</td><td>0.5%
~50%</td><td>EMS,
EMS프리미엄,
K-Packet,
소형포장물,
한·중 해상특송,
국제물류,
보세화물우편</td></tr>
</table>

제5절 그 밖의 주요 부가서비스 및 제도

❶ 국제우편스마트접수(우체국과 계약고객은 별도의 계약업무처리 지침에 따름)

(1) 고객이 PC 또는 스마트폰으로 인터넷우체국(또는 우체국 앱)에 발송정보(발송인 · 수취인 주소, 성명, 통관정보 등)를 사전 입력, 우체국에서는 입력한 발송정보를 포스트넷 시스템과 연계하여 주소기표지를 출력 및 접수

(2) **대상우편물**: EMS(EMS프리미엄), 국제소포(항공 · 선편), 등기소형포장물(항공), K-Packet

① EMS(EMS프리미엄): 요금 5% 할인 (EMS프리미엄은 요금할인 없음), 고객 선택에 따라 우체국 창구접수 및 방문접수(방문접수수수료 납부 필요) 모두 가능

※ 우체국별로 우체국직원 방문접수 불가지역이 있음(EMS프리미엄 방문접수 불가)

※ 방문접수는 우체국직원이 고객을 방문하여 우편물을 접수하는 것을 말함

② 국제소포: 요금할인 없음, 고객이 우체국에 직접방문(방문접수 불가)

③ 등기소형포장물: 요금 5% 할인, 고객이 우체국에 직접방문(방문접수 불가)

④ K-Packet: 요금할인 없음, 고객이 우체국에 직접방문(방문접수 불가)

(3) **시스템 처리도(우체국 창구접수)**

① 발송인 · 수취인 주소, 성명, 통관정보 등 입력

② 접수번호생성 – 등기번호생성

③ 접수번호 또는 발송인 핸드폰 번호 제출

④ 기표지 작성을 별도로 하지 않음

⑤ 연계접수 메뉴 활용

⑥ 요금결제, 영수증출력

⑦ 기표지 출력(A4사이즈)

(4) **기대효과**

① 접수방법 다양화를 통한 이용고객 편의증진 및 서비스경쟁력 제고

② 주소기표지 조제비용 절감에 따른 경영 수지 기여

③ 발송과 관련된 각종 기록을 DB로 저장함에 따라 향후 고객분석에 용이

④ 주소 및 사전통관제도 고객 직접입력에 따른 우체국직원의 접수부담 경감

❷ 우체국 쇼핑 해외배송 서비스

1. 개요

(1) 1,200여종의 우수한 우체국쇼핑 상품을 전세계 43여 개 국가로 각 지역 공급우체국에서 직접 배송하는 서비스

(2) 인터넷 우체국쇼핑(www.epost.kr)에서 접수 가능(창구 접수 불가) 배송가능 국가

① 1지역(8) : 대만, 마카오, 캄보디아, 라오스, 말레이시아, 몽고, 태국, 베트남

② 2지역(1) : 부탄

③ 3지역(25) : 알바니아, 오스트리아, 바레인, 벨기에, 불가리아, 캐나다, 크로아티아, 체코, 덴마크, 에스토니아, 그리스, 헝가리, 아일랜드, 룩셈부르크, 뉴질랜드, 노르웨이, 폴란드, 포르투칼, 루마니아, 사우디아라비아, 스웨덴, 스위스, 터키, 우즈벡, 핀란드

④ 특정지역(9) : 일본, 홍콩, 중국, 호주, 미국, 싱가폴, 영국, 프랑스, 스페인

※ 국가별 구분은 상황에 따라 변동될 수 있음

2. 배송방법 : EMS(국제특급), 항공소형포장물(등기)

3. 결제방법

(1) 신용카드

※ 카드 회사별 상황에 따라 변동될 수 있음

1) 한글몰

국내에서 발행한 모든 신용카드 및 페이팔, 해외에서 발행한 카드 중 3D-SECURE 인증카드(VISA, MASTER, JCB, UNION PAY)만 가능 (온라인 송금, 즉시 계좌이체, 휴대폰결제, 카카오페이는 한국어 매장만 가능)

2) 영/일문몰

① 신용카드 해외에서 발행한 카드 중 3D-SECURE 인증카드 (VISA, MASTER, JCB, UNION PAY)

② 알리페이(중문몰에서만 가능), 페이팔

❸ 미국행 식품 우편물 FDA신고

1. 배경

미국의 '공공보건 안전 및 바이오 테러리즘 대응 법률'에 따라 미국으로 식품반입 시 FDA(Food & Drug Administration)에 사전신고해야 한다는 조항의 적용 실시(2004년 8월 13일 미국 도착 기준)

2. 사전신고 대상우편물 : 미국행 국제(항공 · 선편)우편물 전량

3. 사전신고 면제 및 유예 우편물

① 면제: 가정에서 조제(만든)한 식품을 우편으로 발송하는 경우

② 유예: 개인이 자기 자신, 가족 또는 친지에게 선물로 발송하는 비상업적 식품으로 인정되는 경우

사전신고	대상	비고
면제	가정에서 제조한 비상업적 목적의 식품	
유예	개인(자기 자신, 가족 또는 친구)이 개인에게 보내는 비상업적 목적의 식품	사전 신고가 원칙이나 관련법의 적용을 유예함. 단, 개인 간 발송하는 상업적 목적의 식품은 사전신고 대상에 해당함
해당	기관, 협회 또는 회사가 발송인 또는 수취인인 경우	

※ EMS프리미엄은 입으로 들어가는 모든 식품에 대해 접수금지

4. 사전신고 대상우편물의 처리

① 미국 FDA에서 운영하는 사전신고 인터넷 사이트를 통해 신고

※ 해당 사이트에 계정을 먼저 개설한 후, 사전신고 등록, 우편 및 전화 등에 의한 신고는 불가능

② 사전신고 확인서를 인쇄

③ 확인번호 12자리 숫자(우측하단, Confirmation Number)를 주소기표지 세관신고서에 물품명과 병기

④ 확인서는 우편물 외부에 부착하여 발송

5. 사전신고 대상우편물의 처리(먼저 계정을 개설한 후, 사전등록 처리)

① FDA 홈페이지를 통해 사전신고

② 사전신고 확인서를 인쇄

③ 확인번호 12자리 숫자(우측하단, Confirmation Number)를 주소기표지 세관신고서에 물품명과 병기

④ 확인서는 우편물 외부에 부착하여 발송

6. 우편물 지연 및 발송인의 책임에 대한 안내

① 미국 내 식품반입에 대한 안전검색 강화로 인해 통관 및 배달이 다소 지연될 수 있음

② 부패성 식품을 우체국을 통해 발송한 후 내용품의 특성상 운송도중 부패한 경우는 발송인 책임임

Chapter 05

EMS 프리미엄 서비스

제1절 EMS 프리미엄 서비스(민간 국제특송사 제휴서비스)

❶ 배경 및 의의

구분	내용
배경	국제우편서비스 경쟁력 제고를 위해 2001년 TNT(민간특송업체)와의 전략적 제휴로 시작되었으며, TNT와의 계약종료 후 2012년부터 UPS(글로벌 특송업체)를 제휴사업자로 선정하여 운영
의의	EMS 프리미엄 서비스는 공익성을 추구하는 공기업과 이윤추구를 목적으로 하는 사기업의 제휴를 통한 시너지 제고

❷ 서비스 개요

1. 접수가능 우체국 : 전국 모든 우체국

2. 업무흐름

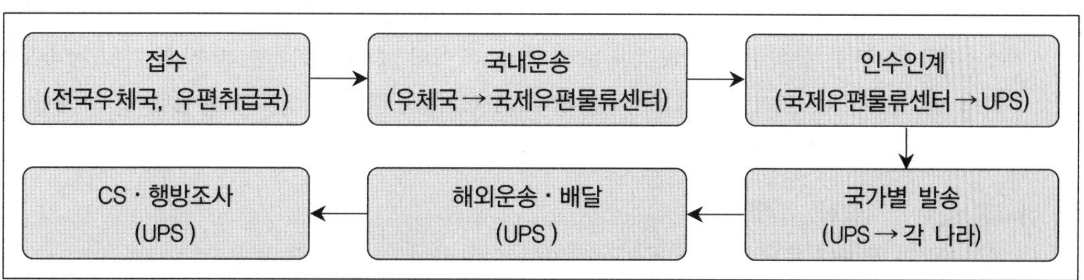

※ 홍보, 영업, 정산은 우정사업본부와 UPS에서 공동수행

3. 서비스 내역(반송 시 반송료〈반착료〉부과)

(1) **지역 및 대상 구분** : 1~5, 러시아 지역으로 구분

(2) **대상구분** : 서류와 비서류로 구분

(3) **중량제한** : 70kg까지 (포스트넷 국가별 접수중량 제한기준 확인하여 접수)

※ 6급 이하 관서는 30kg까지 접수 가능

(4) **부피제한**

① 우편물의 길이와 둘레의 합이 400cm를 초과할 수 없음

※ 최대길이 274cm이하, 둘레 300cm가 넘는 우편물 UPS측에 연락 후 접수

② **길이와 둘레의 합 계산**: (가로 + 세로)×2 + 높이(가장 긴 변을 높이로 간주함) 단위는 cm로 표시

(5) **무게 산정**: 실중량과 체적중량 중 무거운 중량 적용

※ **체적중량**: 가로(cm)×세로(cm)×높이(cm) ÷ 6,000 = OO(Kg)

4. EMS 미 취급 국가를 비롯한 국제특송우편물의 해외 송달

5. 국가별 EMS 제한무게를 초과하는 고중량 국제특송우편물 송달

6. EMS 프리미엄 부가서비스 7종 제공

❸ EMS프리미엄 접수

1. EMS프리미엄 접수

(1) 접수는 우체국(우편취급국 포함)에서, 해외운송은 UPS가 수행

(2) **등기번호체계**: UP 000 000 000 KR 예시 UP123456789KR

(3) **서류 접수**

① **적용기준**: 종이로 된 문서형식의 편지류, 계약서, 선적·입학서류

② 국가별 서류 가능 품목은 EMS프리미엄 홈페이지(www.emspremium.com)확인 또는 EMS 프리미엄 업무관련 UPS 담당부서로 전화문의

③ **사서함 주소(P.O. Box) 접수 불가(도착국에서 배달확인 불가능)**: 아프리카 및 중동 지역, 수취인의 주소가 개인주소 없이 P.O. Box로만 되어 있는 지역의 경우 예외적으로 접수 가능(발송동의서 작성 및 첨부(EMS프리미엄 홈페이지) 필수). P.O. Box 주소로 배달을 요청할 경우 배달 지연, 배달 불가 등에 대한 손해배상 등 민원 제기 불가

(4) **비서류 접수**: 취급한도 70Kg

1) **체적중량과 무게(저울)중량의 적용**: 두가지를 비교하여 높은 중량 적용

※ **체적(부피)중량 계산방법**: 산출 공식은 가로(cm)×세로(cm)×높이(cm)÷6,000임. 계산결과는 kg단위로 표시. 체적(부피)중량과 무게(실, 실제, 저울)중량을 비교하여 높은 쪽을 요금으로 적용함

예시 무게가 6kg이고, 가로가 30cm, 세로가 50cm, 높이가 40cm인 우편물 ⇒ 체적무게 30×50×40÷6,000 = 10kg이므로 요금은 10kg 요금을 적용

2) **비서류 요금입력**: 전산에 입력할 때 '종별란'에서 반드시 '비서류'를 선택하여 요금을 입력

3) **세관신고서 작성 방법(상업송장[인보이스 Invoice] 작성 포함)**

① 상업용 비서류 발송 시 인보이스(Invoice) 3부를 반드시 첨부

② 내용품명, 물건 개수, 물품가격을 정확하게 영문으로 기록해야 함

③ 상업송장(Invoice) 물품가격이 2백만원(미화 약 2천불) 초과 또는 주소 기표지에 수출에 체크한 경우 정식 수출신고 후 발송하게 됨(기업 및 개인고객 모두 해당)

④ **인보이스 원본필수 국가:** 원본 Invoice는 손으로 작성할 수 없으며 Invoice에 파란색 잉크를 사용하여 서명하거나 도장을 찍어야 함

대륙별	국가 (Country)
아시아	BANGLADESH(방글라데시), CHINA(중국), INDIA(인도), INDONESIA(인도네시아), MACAO(마카오), MALAYSIA(말레이시아), NEPAL(네팔), PHILIPPINES(필리핀)
중동	BAHRAIN(바레인), ISRAEL(이스라엘), KUWAIT(쿠웨이트), PAKISTAN(파키스탄), QATAR(카타르), REUNION ISLAND(레위니옹), SAUDI ARABIA(사우디아라비아), UNITED ARAB EMIRATES(아랍에미리트)
유럽	ALBANIA(알바니아), BOSNIA(보스니아), BULGARIA(불가리아), CANARY ISLAND(카나리군도), CROATIA(크로아티아), ESTONIA(에스토니아), HUNGARY(헝가리), LATVIA(라트비아), ITHUANIA(리투아니아), MARTINIQUE(마르티니크), MONTSERRAT(몬트세랫), NETHERLANDS(네델란드), POLAND(폴란드), ROMANIA(루마니아), RUSSIA(러시아), SERBIA(세르비아), SLOVAKIA(슬로바키아), TURKEY(터키), (대부분의 동유럽 국가)
북미 · 남미	ARGENTINA(아르헨티나), BAHAMAS(바하마), BRAZIL(브라질), CHILE(칠레), GUYANA(기아나), GUATEMALA(과테말라), MARTINIQUE(마르티니크), PERU(페루), URUGUAY(우루과이), COLOMBIA(콜롬비아), VENEZUELA(베네수엘라)
아프리카	ALGERIA(알제리), SOUTH AFRICA(남아프리카공화국), ZAMBIA(잠비아), ZIMBABWE(짐바브웨)
오세아니아	SAMOA(사모아), HAITI(아이티), NEW ZEALAND(뉴질랜드)

4) 국가별 공통사항 금지품목(국가별 기타 세부 금지품목은 포스트넷 발송조건을 확인 후 접수)

금지 품목	
알코올 첨가된 음료	향수나 알코올이 포함된 스킨도 금지
담배나 담배관련 제품	전자담배 포함
탄약	화약, 총알 등 폭발성이 있다고 분류된 물품은 국제적으로 발송금지
소형화기 및 무기, 모형 총기	무기, 총기류(장난감 포함)
드라이아이스	냉매제도 포함되며, 위험품으로 간주
가공되지 않은 동물성 생산품 (Animal Products – Non-domesticated)	• 암소, 염소, 양, 돼지는 가축으로, 그 외 다른 동물들은 가공되지 않은 동물들로 여겨지며, 이들에게서 나온 아이템이나 제품들은 발송금지 • 가공되지 않은 동물들에게서 나온 제품은 옷(신발, 벨트, 지갑, 핸드백), 장식품(보석, 실내장식)이나 그 외 부산물(by-products)이며, 다음과 같은 아이템 등으로 만든 것들임 – 양서류, 조류, 갑각류, 어류, 산호, 조개류, 동물성 해면스펀지, 뿔, 발톱, 발굽, 손톱, 상아, 치아, 부리, 거북딱지, 고래수염(이 제품들의 가루(powder) 및 폐기물(waste)을 포함)

5) **음식물 및 의약품**: 대부분의 음식물 및 의약품은 통관이 어렵거나 불가함으로 인해 사실상 접수 금지품목에 해당함(해당 국가에서 부여한 수입허가증, 자격 등이 요구되는 경우가 많음) 따라서 EMS프리미엄은 개인의 음식물 및 의약품 접수를 제한하고 있으며, 해당 물품의 반송 또는 폐기 사유가 발생하여도 민원제기 불가(식약품전문취급 업체 간의 발송인 경우 EMS고객센터로 문의 후 접수 및 발송)

6) 화학약품, 배터리, 소형가전 제품 접수 시 MSDS(물질안전보건자료)*로 발송 가능 여부를 사전 확인 및 발송 가능할 경우 MSDS를 반드시 첨부

예 잉크, 페인트, 액상 모기약, 렌즈 클리너, 본드, 화장품 원료, 의약품 원료, 합성수지(Resin) 등

* MSDS(Meterial Safety Data Sheet): 화학물질을 안전하게 사용·관리하기 위해 필요한 정보(제조자명, 제품명, 성분과 성질, 취급상 주의사항, 사고가 생겼을 때 응급처치방법 등)를 기록한 서류, MSDS는 EMS프리미엄 이외의 다른 국제우편물의 접수 및 발송 등 업무에도 사용함

7) 그 밖의 유의사항

① 파손될 우려가 크거나 고가의 물품인 경우에는 보험가입을 권유

② 모든 물품은 정상적으로 단단히 포장이 되어야 하며, 파손되기 쉬운 물품이나 전자제품은 완충제로 충분히 보호한 후 나무로 포장

2. EMS 프리미엄 주요 부가서비스(7종)

서비스명	대상고객	서비스내용 및 요금
고중량 (Heavy Weight)	모든 고객 (개인 및 EMS계약 고객)	• 30kg 초과 70kg 이하의 고중량우편물 배송 • 접수관서: 전국 총괄우체국(5급국 이상) • 취급지역: 203개 지역(경우에 따라 변동이 있을 수 있음) • 고중량 우편물의 개인, 계약고객에 대한 방문접수는 5급 이상 총괄우체국에서 수행
고중량화물 (WorldWide Express Freight)	EMS 계약고객	• 70kg 초과 2,000kg 이하의 고중량화물 배송 • 접수관서: 전국 총괄우체국(5급국 이상) • 취급지역: 67개 지역(경우에 따라 변동이 있을 수 있음) • 부가요금: 우편요금에 합산하여 자동부가(요금표에 따름)
보험 (Declared Value)	모든 고객 (개인 및 EMS 계약고객)	• 우편물 분실 및 파손에 대비 내용품 가액에 대한 보험가입을 통해 보상 • 접수관서: 전국 우체국(우편취급국 포함) • 취급지역: 전 지역 • 보험가입한도: 5,000만원(EMS는 700만원) • 부가요금: EMS와 같음(기본 2,800원 + 추가* 550원씩) * 보험가액 65.34 SDR 또는 114,300원 초과마다 추가
수출신고서 발급 및 통관대행 (Export Declaration Issued Agencies)	모든 고객 (개인 및 EMS 계약고객)	• 접수우편물의 수출 통관 시 수출신고서 발급 및 통관 대행(고객이 관련서류 제출) • 접수관서: 전국 우체국(우편취급국 포함) • 취급지역: 전 지역 • 부가요금: 무료

Export 수취인 요금부담 (Export Freight Collect)	요금후납 계약 고객 (수집대행 업체 제외)	• 우편물 발송 시 요금을 도착국의 수취인이 지불하는 서비스로 발송인 및 수취인의 UPS 고객번호를 부여받아 기재하여야 함 • **접수관서**: 전국 총괄우체국(5급국 이상) • **취급지역**: 178개 지역(경우에 따라 변동이 있을 수 있음) • **부가요금**: 무료
Import 수취인 요금부담 (Import Freight Collect)	요금후납 계약 고객 (수집대행 업체 제외)	• 외국에서 한국행 수입물품에 대해 수취인이 발송요금을 지불하는 서비스로 UPS 고객번호를 부여받아 운송장에 기재하고 배달은 UPS가 수행 • **접수관서**: 전국 총괄우체국(5급국 이상) • **취급지역**: 184개 지역(경우에 따라 변동이 있을 수 있음) • **부가요금**: 요금표에 따름
발송인 관세 및 세금 부담 (Free domicile)	요금후납 계약 고객 (수집대행 업체 제외)	• 발송한 우편물의 도착국가에서 발생한 관세 및 부가세 등 제반비용을 발송인이 지불하는 서비스 • **접수관서**: 전국 총괄우체국(5급국 이상) • **취급국가**: 167개 지역(경우에 따라 변동이 있을 수 있음) • **부가요금**: 25,000원(발송 시 부가)

Chapter 06 각종 청구제도

제1절 행방조사청구제도

❶ 개요

① 발송인이나 수취인의 청구에 따라 국제우편물의 행방을 추적 조사하고 그 결과를 청구자에게 알려주는 제도

② 조사결과 우편관서에서 취급하던 중 일어난 사고로 판명되고 해당 우편물이 손해배상 대상이 되는 경우에는 발송인이나 수취인의 청구에 따라 손해배상 실시

③ 단순 행방조사는 발송인이 직접 인터넷우체국 등을 통해 쉽게 할 수 있으나, 우편관서에 청구하는 행방조사는 대부분 손해배상문제와 직결되므로 정확하고 신속히 처리가 필요

❷ 주요 내용

1. **청구대상우편물**: 등기우편물, 소포우편물, 국제특급우편물 등 기록취급하는 우편물

2. **청구기한**: 발송인이 우편물을 발송한 다음 날부터 계산하여 6개월(다만, 국제특급 우편물의 경우에는 4개월 이내)

※ EMS프리미엄의 행방조사 청구기한은 발송한 날부터 3개월, 배달보장서비스는 30일 이내, K-packet은 발송한 날로부터 6개월 이내

※ 카할라 우정연합 국가의 배달보장서비스로 인한 지연배상 대상 행방조사 청구는 30일 이내지만 분실이나 기타 행방조사 청구는 배달보장서비스와는 별개로 4개월 이내 청구

3. **종류**: 우편을 이용, 모사전송(팩스)을 이용, 전자우편 · 전자전송방식(인터넷, 모바일우체국어플)을 이용하는 행방조사

※ 행방조사와 관련하여 국가별로 전산시스템의 수준 차가 컸던 가까운 과거에 비해, 현재는 UPU 회원국 간에 UPU가 보급한 전산시스템을 활용 및 기타 편의에 의한 개별 인터넷 수단 등을 활용하므로 고객의 요금납부가 필요한 행방조사 청구실적은 거의 없음(UPU의 전산망 표준화 노력등의 결과에 기인하기도 함). 고객 또한 인터넷을 통해 손쉽게 행방조사 청구가 가능하므로 비용을 들여서 행방조사를 청구하지 않는 추세임.

4. 청구권자: 발송인이나 수취인

① 분실된 경우: 발송인

② 파손된 경우: 발송인이나 수취인

※ 많은 국가에서 발송인 청구 위주로 행방조사를 진행함(미국, 독일, 프랑스 등). 특히, EMS의 경우 발송우정당국 책임을 기본원칙으로 하고 있어 분실/파손 등 사고 발생 시 발송인이 발송우정당국에 청구해야 하며 배달우정당국에 과실이 있더라도 발송우정당국에서 발송인에게 손해배상을 지급함

5. 발송국가와 도착국가(배달국가)는 물론이고 제3국에서도 청구 가능

6. 행방조사청구 요금

① 항공우편에 의한 청구: 무료

② 모사전송(팩스)에 의한 청구: 해당 모사전송(팩스) 요금

③ 국제특급우편에 의한 청구: 해당 국제특급우편요금(청구요금은 우표로 받아 청구서 뒷면에 붙이고 소인 처리)

④ 처음에 배달통지청구우편물로 발송한 우편물의 배달통지서(CN07)가 통상적인 기간 안에 회송되어 오지 아니한 경우에 청구하는 행방조사청구는 이른바 '무료행방조사청구'로서 청구료를 징수하지 아니함

7. 행방조사 처리기관

① 사고처리국: POSA 국제우편팀 – 항공 · 선편 우편물의 행방조사

※ POSA(Korea Postal Service Agency): 한국우편사업진흥원

※ 항공 및 선편우편물 사고처리국이 부산국제우체국에서 POSA국제우편팀으로 일원화

② 사고접수국, 사고처리국(새로 시행되는 제도 중 매우 중요)

구분	내용
사고 접수국	민원인으로부터 손해배상 청구를 접수 받은 국(기관) • 손해배상은 행방조사 청구로부터 시작하므로 행방조사를 접수한 기관을 의미 • 행방조사 접수채널(기관, 방법)은 우체국, 인터넷, 모바일 등이 있음(전화접수×)
사고 처리국	사고원인 조사(행방조사포함), 사고결과 승인(반송, 미처리) 등을 처리한 국(기관) • POSA국제우편팀으로 일원화(부산국제우체국은 사고처리국에서 제외)

※ 조사완료(손해배상 배상금액 등록 및 배상결정) 및 사고조사결과 고객통보는 POSA국제우편팀으로 일원화

<신설 2014. 11. 17.>

국제우편물 행방조사청구서(고객 작성용)
Inquiry (International mail)

※ 흰색란에 해당 사항을 적어 주시기 바랍니다.

접수번호	접수일자	처리기간	즉시

조사대상 우편물 Mail of inquiry	우편물 종류 Item under inquiry	등기 (Register) [ ] 서장(Letter) [ ] 인쇄물(Printed paper) [ ] 소형포장물(Small packet) [ ] 우편자루인쇄물(M-bag)	[ ] 국제소포(Ordinary & Insured Parcel) [ ] K-packet [ ] EMS 서류(Doc.) [ ] EMS 비서류(Mer.)
	접수일자 Posted Date		접수우체국 Office of origin
	우편물 번호 No. of item		무게 Weight (g)
	내용품명(필수) Contents	* 내용품명 및 수량을 구체적으로 기재하지 않으면 상대 우정당국에 행방조사 청구 불가	
발송인 Sender	성명(Name)		연락처(Tel no.(mobile))
	주소(Full address)		
수취인 Addressee	성명(Name)		연락처(Tel no.(mobile))
	주소(Full address) 국가명(country)우편번호(Zip Code)		
청구사유 Reason for Inquiry	[ ] 행방조사(Item not arrived) [ ] 지연(Delay) [ ] 내용품 분실(Missing Contents) [ ] 파손(Damage) [ ] 기타(Others)		
E-mail e-mail address for response	* 기재하신 e-mail을 통해 행방조사 진행 상황이 통보됩니다.		
그 밖의 사항 remarks			

위와 같이 국제우편물에 대한 행방조사를 청구합니다.
Inquiry of international mail has been made as above.

신청일자(Date of inquiry) 년 월일

신청인(Name & Signature)(서명 또는 인)

우체국장귀하

구비 서류 (Required document)	우편물 접수영수증(Receipt)

개인정보 수집 · 이용 동의서

이 내용은 본 서비스 이용을 위해 필수적인 사항이므로,「개인정보 보호법」제15조제1항제1호에 따라 동의하지 않는 경우 서비스 이용이 불가능하거나 제한됩니다.

필수 정보 내용	수집 · 이용 목적	보유 및 이용기간	동의 확인
성명, 주소, 전화번호, 이메일	업무처리 및 정당 본인 확인	「공공기록물 관리에 관한 법률 시행령」제25조에 따른 보존기간까지(1년)	[]

정당 본인 · 서류 확인필	담당자	팀장	책임자

8. 행방조사 청구의 접수 · 처리

(1) 항공우편 · 모사전송(팩스) · 전자전송방식에 따른 행방조사 청구

1) 청구 접수우체국의 업무처리 절차

① 행방조사를 청구 받았을 때에는 국제우편물 행방조사청구서(고객작성용)를 고객에게 작성토록 함. 고객에게 우편물 접수영수증을 제시하게 하고, 정당한 발송인이나 수취인인지와 그 관계 및 청구기한 확인

② 청구자에게서 다음 사항을 정확히 확인하고, 행방조사 청구내용을 기록관리

㉠ 청구사유

㉡ 우편물의 종류, 접수번호와 무게, 부가취급내용

㉢ 발송인과 수취인의 주소 · 성명

㉣ 우편물의 접수일, 접수우체국명

㉤ 우편물의 내용품과 포장상태 (봉투, 상자, 포장지의 색깔 등 조사가 수월하도록 구체적으로 기록)

㉥ 그 밖의 조사 처리에 필요한 사항

※ 가능한 한 우편물의 접수증을 복사한 사본 1부를 첨부

③ 위의 확인된 사항을 포스트넷을 이용하여 POSA국제우편팀(구, 국제우편행방조사실; IMIC)으로 전송

④ 한 발송인이 같은 수취인 앞으로 같은 우체국에서 한꺼번에 같은 편(선편, 항공편)으로 부친 여러 통의 우편물일지라도 상대국 조사요청 및 배상지급처리를 위해서는 반드시 각각 조사청구를 해야 함

2) POSA국제우편팀 처리절차

① 접수우체국이 우편물류시스템(포스트넷)으로 청구한 내용과 보내온 청구서의 기록내용을 검토하고 필요한 사항을 보완

㉠ 사고조사 관리 ⇒ 포스트넷 접수 건은 '사고조사요청 수락/반송' 메뉴에서 수락하고, 청구를 반려할 경우 사유를 기재하여 반송처리하며, 인터넷 청구분은 'epost 접수등록' 메뉴에서 선택 접수처리

㉡ 사고조사이력 등록(처리유형, 메일내용, 사고 유형, 책임소재 등 입력)

㉢ 행방조사 청구서 출력

ⓐ 우체국 또는 청구자에 의해 입력된 국제우편물 행방조사 청구 내용에 의해 작성된 행방조사청구서(CN08)를 출력하거나 전자파일 형태로 보관한다.

ⓑ **국제소포, 국제등기**: 국제우편물 행방조사청구서(CN08)

ⓒ **국제특급우편물**: 국제특급용 행방조사청구서

② 등기우편물이나 소포우편물 가운데 행방조사 시스템을 사용하지 않는 우정의 경우 완전히 작성된 행방조사청구서를 봉함한 봉투에 넣어 즉시 항공등기우편으로 관계 국가에 보내거나 모사전송(팩스)으로 발송

③ 국제특급우편물의 경우 가능한 한 인터넷의 행방조사시스템을 이용하여 해당 국가에 행방조사 청구. 인터넷이 가능하지 않은 국가에 대하여는 모사전송(팩스)으로 관계 국가에 발송하며, 팩스 전송이 쉽지 않은 경우에만 행방조사청구서를 즉시 항공등기우편으로 관계 국가로 발송

④ 청구서 발송내용을 다음 양식의 행방조사청구서 관리기록부에 기록하고 그 처리사항을 관리

참고 국제우편물 행방조사청구 접수 관리기록부 양식

일련 번호	접수 일자	행방조사서 번호 및 국명	우편물번호 및 접수국명	처리일자	처리내용	비고

(2) **국제특급우편에 따른 행방조사 청구**

1) 청구서 접수우체국의 업무처리 절차

① 상대국가가 국제특급우편을 취급하고 있는 국가인 경우에만 가능

② 여기서 국제특급우편에 따른 청구란 CN08 청구서를 국제특급우편으로 상대 국가로 보내는 것을 의미하며 청구대상우편물의 종류(등기 · 소포 · 국제특급 등)와는 무관

③ 청구의 접수방법(관리방법)은 위의 항공우편 · 팩스전송 · 전자전송방식에 따른 청구의 경우와 같음

④ 청구요금은 우표로 징수하여 청구서 뒷면에 붙이고 소인

⑤ 청구서 원본은 국내 익일특급우편으로 POSA국제우편팀으로 보내고 사본 1부는 자국에서 보관

2) POSA국제우편팀 업무처리절차

① 위의 항공우편 · 팩스전송 · 전자전송방식을 이용한 행방조사 청구의 경우와 같음

② 다만, 청구서를 외국으로 보낼 때에는 국제특급우편(EMS)으로 발송

(3) **다른 나라에서 발송된 우편물에 대한 행방조사 청구**

① 우편물의 행방조사 청구가 있는 경우에는 우편물 접수국가에 발송인이 직접 행방조사를 신청하도록 권유

② 접수국가에서 발송인이 직접 행방조사를 신청할 수 없어 우리나라에서 청구하는 경우에는 CN08을 작성하게 하고, 우편물 접수증 및 기표지를 반드시 제시하도록 함(CN08에는 'Seen, certificate of posting No ..... issued on ..... by the office of .....'(○년 ○월 ○일 ○○우체국에서 발행한 접수증 제○호를 확인)라 표시

③ 접수우체국은 반드시 포스트넷을 이용하여 청구내용을 등록하여 전송하고 부득이한 경우에는 청구서를 국내 익일특급우편으로 POSA국제우편팀으로 발송

④ POSA국제우편팀에서는 이 청구서를 보완하여 해당 우편물의 발송 우체국으로 송부. 다만, 관계 우정당국이 중앙우정청 또는 특별히 정한 우체국으로 송부하도록 요청한 경우는 그 요청에 따름

⑤ 그 밖의 청구서 작성과 발송에 필요한 사항은 앞의 (2) 1), 2)의 내용에 따름

9. 회답처리(POSA국제우편팀)

① 외국우정당국에서 행방조사청구에 대한 회답을 보내온 때에는 청구인 또는 청구서 접수우체국에 곧바로 그 내용을 알림

② 회신내용이 분실 · 파손 등 손해배상에 해당되는 경우, 관련 문서(내용) 사본을 첨부하여 서울지방우정청으로 보고하고, 손해배상 처리절차에 따라 처리. 서울지방우정청은 분기별로 이를 분석하여 우정사업본부에 보고

10. 청구서에 대한 회신 독촉(POSA국제우편팀)

① 청구서 발송 후 2개월(단 EMS에 대한 행방조사의 경우 1개월)이 지나도록 회신이 없는 경우 POSA국제우편팀에서는 독촉처리 명세와 근거서류 사본을 첨부하여 청구서 접수우체국 또는 청구인에게 (인터넷 청구분은 직접 통보) 행방조사 임시 종결사항을 통지

② 임시종결 처리 후 상대 우정당국에서 행방조사 회신이 도착할 경우는 앞에서 서술한 9.의 ① 항을 따름

11. 외국에서 도착한 행방조사청구서의 처리

① 외국에서 접수한 행방조사청구서가 도착하면 POSA국제우편팀에서는 청구서를 보관하고 해당 우편물의 송달순로에 따라 배달우체국까지의 취급 모양을 조회

② POSA국제우편팀에서는 '행방조사청구서 관리기록부'를 작성 비치하고 그 처리내용을 기록 관리

참고 국제우편물 도착 행방조사청구서 관리기록부 양식

일련 번호	접수 연월일	우편물 종별과 번호	조사결과	회송 연월일	비고

③ 행방조사청구의 회답은 가능한 한 빠른 시일 내에 처리하여야 하며, 행방조사를 청구한 날부터 계산하여 늦어도 2개월 이내에 행방조사청구서를 발송우정당국에 반송(상대국에서 청구한 방식과 동일하게 회신: 등기우편, 팩스, 전자적 수단 등 가장 빠른 방법으로 회신)하거나, 인터넷의 행방조사 시스템을 이용하여 기간 내에 회신하지 않은(청구서가 반송되지 않거나 정당하게 작성 완료되지 않은 청구서를 보낸) 경우에는 손해배상 의무를 확정

제2절 국제우편 손해배상제도

❶ 정의

행방조사 결과 우편물의 분실 및 파손 등으로 발송인 또는 수취인이 재산상으로 손해를 입은 것으로 확정되었을 때 일정한 조건과 규정에 따라 손해를 보전하는 제도

❷ 손해배상 청구권자

① 청구권자: 발송인 또는 수취인

② 원칙적으로 수취인에게 배달되기 전까지는 발송인이 되며, 배달된 후에는 수취인에게 청구 권한이 있음

❸ 우정당국 간 손해배상 책임(「만국우편협약 우편규칙」제22-001조)

① 우편물의 분실, 파손 또는 도난 등 사고에 대한 책임이 있는 우정당국
② 국제특급의 경우 지급된 배상금은 원칙적으로 발송우정당국이 부담하고 있으나 상대국에 따라 귀책사유가 있는 우정당국이 배상하는 경우도 있음

❹ 손해배상의 면책

① 화재, 천재지변 등 불가항력에 의해 발생한 경우
② 발송인 귀책사유에 의한 경우: 포장부실, 내용품의 성질상 훼손된 경우 등
③ 도착국가의 국내법에 따라 압수 및 금지물품 등에 해당되어 몰수, 폐기된 경우
④ 내용품의 실제가격을 초과 사기하여 보험에 든 경우 등

❺ 손해배상의 요건

1. 우편물에 실질적인 손해가 발생해야 함.

(1) 우편물을 잃어버리거나, 내용품의 일부나 전부가 파손되거나 도난당하는 등 우편물 자체에 직접적인 손실이 발생하여야 함

※ 포장상자 등이 파손된 경우에는 판매 또는 구매물품이라고 할지라도 직접적인 손실로 보지 않음

(2) 지연배달 등으로 발송인이 입은 간접적 손실(예 음식물의 부패, 창고이용료 등)에 대해서는 배상하지 않음

1) 등기우편물, 보험우편물(보험서장, 보험소포), 보통소포우편물

① 분실·도난·파손에 대하여 배상
② 지연배달 등에 대하여는 배상하지 않음

2) K-Packet 우편물

① 통상우편물이므로 위 1)항의 등기우편물과 동일하게 배상

※ 단, K-Packet은 보험 등 부가서비스를 취급할 수 없으므로 해당 사항에 대한 손해배상은 원천적으로 불가

② 배달시도 혹은 배달완료 정보가 확인된 경우는 행방조사 청구불가(단, 종적정보상 실제 수취인 주소와 전혀 다른 곳으로 배달한 것이 확인될 경우는 행방조사 청구 진행 가능)
③ 미국행 K-Packet은 상대국가에서 제공하는 종추적정보 외의 행방조사, 손해배상 등 기타 청구는 할 수 없다.
④ 기타 사항은 K-Packet 계약업무처리 지침 참고

3) 국제특급(EMS)우편물

① 분실·도난·파손, 지연배달에 대하여 배상
② 지연배달은 포스트넷에서 검색한 배달소요기간로부터 48시간 이상 배달이 지연된 경우(다만 발송인이나 수취인의 잘못 때문인 경우, 상대국의 공휴일, 통관으로 말미암은 지연, 불가항력 등의 경우는 지연배달 기간에서 제외)

③ EMS배달보장서비스는 카할라 우정연합 국가 간 EMS배달보장일 계산프로그램에 따라 발송지와 수취인의 우편번호를 입력하면 상대국 공휴일, 근무일, 항공스케줄 등을 고려하여 배달보장일자가 제공되고 제공된 배달보장일자보다 늦어진 경우 지연사실을 확인하여 우편요금을 배상해 주는 보장성 서비스

2. 우편관서의 과실이 있어야 함

※ 이유 없이 배달하지 않고 반송된 경우 우편요금 배상

3. 행방조사 청구가 기한 내에 이루어져야 함(제6장 제1절 참조)

❻ 국제우편물 유형별 손해배상액

종류별	손해배상의 범위	배상금액
등기우편물	• 분실, 전부 도난 또는 전부 훼손된 경우 • 일부 도난 또는 일부 훼손된 경우	• 52,500원 범위 내의 실손해액과 납부한 우편요금(등기료 제외) • 52,500원 범위 내의 실손해액
등기우편낭 배달 인쇄물	• 분실, 전부 도난 또는 전부 훼손된 경우 • 일부 도난 또는 일부 훼손된 경우	• 262,350원과 납부한 우편요금(등기료 제외) • 262,350원 범위 내의 실손해액
보통소포우편물	• 분실, 전부 도난 또는 전부 훼손된 경우 • 일부 분실·도난 또는 일부 훼손된 경우	• 70,000원에 1Kg당 7,870원을 합산한 금액 범위내의 실손해액과 납부한 우편요금 • 70,000원에 1Kg당 7,870원을 합산한 금액범위 내의 실손해액
보험서장 및 보험소포우편물	• 분실, 전부 도난 또는 전부 훼손된 경우 • 일부 분실·도난 또는 일부 훼손된 경우	• 보험가액 범위 내의 실손해액과 납부한 우편요금(보험취급수수료 제외) • 보험가액 범위 내의 실손해액
국제특급우편물 (EMS)	• 내용품이 서류인 국제특급우편물의 분실 • 내용품이 서류인 국제특급우편물이 일부 도난 또는 훼손된 경우 • 내용품이 서류가 아닌 국제특급우편물이 분실·도난 또는 훼손된 경우 • 보험취급한 국제특급우편물이 분실·도난 또는 훼손된 경우 • 배달예정일보다 48시간 이상 지연 배달된 경우 단, EMS 배달보장서비스는 배달예정일보다 지연배달된 경우	• 52,500원 범위 내의 실손해액과 납부한 국제특급우편요금 • 52,500원 범위 내의 실손해액과 납부한 국제특급우편요금 • 70,000원에 1Kg당 7,870원을 합산한 금액 범위 내의 실손해액과 납부한 국제특급우편요금 • 보험가액 범위 내의 실손해액과 납부한 국제특급우편요금(보험취급수수료 제외) • 납부한 국제특급우편요금(보험취급수수료 제외)

※ 실손해액: 세관신고서에 기재한 물품가액(달러 등 외화는 지급일 기준 환율 적용)

※ 수취인의 주소·성명이 정확하게 기록된 우편물을 우편관서의 과실로 발송인에게 돌려주는 경우에는 납부한 국제우편 요금 지급

※ 지연배달 등으로 인한 간접손실 또는 수익의 손실은 배상하지 않도록 규정함

7 손해배상 업무처리 순서 및 담당기관

(1) **사고처리국의 일원화**: 항공, 선편 우편업무 모두 POSA국제우편팀으로 일원화

(2) **행방조사 및 손해배상 처리**: POSA국제우편팀

① 배상결정 및 배상금액 등록: POSA국제우편팀

② 사고결과 고객통보: POSA국제우편팀(IMIC) → 이메일, 모바일 활용

③ 사고조사 안내채널: 이메일, 모바일(포스트톡, 카카오톡, 네이버톡톡, SNS, LMS)

03

<개정 2014. 11. 17.>

국제우편 손해배상 청구서

※ 흰색란에 해당 사항을 적어 주시기 바랍니다.

접수번호	접수일자	처리기간 7일

청구인	성명	전화
	주소	

청구 내용	우편물 종류 통상[ ], 소포[ ], 등기번호(등기인 경우)[]		
	수취인 주소 · 성명		
	내용품명 · 수량 · 가격 · 무게		
	청구금액(A+B)	A 배상액(보험금액)	B 우편요금(보험료 · 등기료 · 할인금액 제회)
	청구사유(피해내용을 구체적으로 작성)		

년 월 일

청구인 (서명 또는 인)

우체국장귀하

※ 달러 등 외화는 지급일 기준 환율 적용

※ 「국제우편규정」 제36조 제1항 제4호~제5호까지에 따라 국제우편요금 등을 지급하는 경우 등기 및 보험 취급수수료는 제외됩니다.

개인정보 수집 이용 동의서			
이 내용은 본 서비스 이용을 위해 필수적인 사항이므로,「개인정보 보호법」제15조제1항제1호에 따라 동의하지 않는 경우 서비스 이용이 불가능하거나 제한됩니다.			
필수 정보 내용	수집 · 이용 목적	보유 및 이용기간	동의 확인
성명, 주소, 전화번호	업무처리 및 정당 본인 확인	「공공기록물 관리에 관한 법률 시행령」 제25조에 따른 보존기간까지(1년)	[ ]

정당 본인 확인필	담당자	팀장	책임자

210mm×297mm[백상지 80g/m²(재활용품)]

Chapter 07 국제우편물 및 국제우편요금의 반환

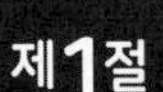

제1절 국제우편물의 외부기록사항 변경 · 정정 또는 반환

❶ 외부 기재사항에 대한 변경(정정) 청구 및 우편물 반환

1. 외부 기재사항에 대한 변경 및 정정 청구 요건

① 외부 기재사항을 잘못 기재하여 발송한 경우
② 발송 후 수취인의 주소가 변경된 것을 알게 된 경우

2. 우편물 반환 청구 요건: 수취인에게 보낼 필요가 없게 된 경우

❷ 청구 개요

1. 청구시한: 우편물이 수취인에게 배달되기 전 청구서가 해당우체국에 도착되어 적절하게 조치할 수 있는 시점

2. 청구권자: 발송인

※ 반환청구접수는 우편물접수관서에서만 가능
※ 국제사업과-2101, 2020.11.30.국제우편반환청구처리절차 개선안내

3. 대상우편물: 등기, 소포, 특급우편 및 보통통상 등 모든 국제우편물이 해당되나 청구서 접수 시 청구의 수리 가능 여부 검토하여 접수

※ 기록취급하지 않는 우편물의 청구는 '접수국 발송 전'인 경우에 한함

4. 외국으로 발송준비 완료 전인 경우

(1) 발송인이 외부 기록사항의 변경 · 정정이나 반환청구를 한 때에는 다음 사항을 검토하여 청구의 수리 여부를 결정

① 청구인이 정당한 발송인인지(신분증명서, 우편물접수증 등으로 확인)
② 국내송달 시간을 고려하여 청구대상 우편물이 '외국으로 발송준비 완료 전' 교환국(국제우편물류센터, 부산국제우체국, 인천해상교환우체국)에 청구서 도착이 가능한지 확인

※ **외국으로 발송준비 완료 전**: 우편물 종적구분 값 '발송교환국에 도착'

③ 외국으로 발송준비 완료 전에 청구서가 교환국에 도착이 불가능할 것으로 예상되는 경우에는 외국으로 발송준비 완료 후 절차에 따라 처리하여야 함

※ 외국으로 발송준비 완료 후: 우편물 종적구분 값 '발송준비'

④ 외국으로 발송준비 완료 전과 완료 후의 상태가 정확하게 판단이 되지 않을 경우 교환국 담당에게 직접 전화로 확인하여 결정

(2) (1)항의 검토 결과 청구를 받아들이기로 한 경우에는 '국제우편 우편물 환부 · 주소변경 등 청구서(CN17)'접수 및 청구수수료 징수

① 우편물이 접수국에서 교환국으로 발송하기 전 접수국에 있는 경우, 수수료를 받지 않음

② 우편물이 접수국에서 떠나 교환국으로 가고 있거나 도착한 경우, 발송된 우편물을 찾아서 반환하기 위한 인적 · 물적 비용을 고려하여 '국내등기 취급수수료'를 받아야 함

◎ **수취인 주소 · 성명 변경청구와 우편물 반환청구 수수료**

구분	청구 수수료
접수우체국 발송 전	무료
접수우체국 발송 후	국내등기취급수수료

③ 우편물 반환청구 시 청구수수료 수납하고'반송취급료'를 공제한 우편요금 환불 처리

◎ **외국 발송 전 국제우편물의 국내 반송취급료**

우편물 종류	반송취급료
등기통상/K-Packet/EMS(서류)	국내등기통상우편요금
국제소포/EMS(비서류)/한 · 중 해상특송	국내등기소포요금

주의

① 반환청구로 우편요금을 환불했을 경우 추후 반환청구 철회가 불가능함에 따라 반환 가능여부 및 정당 등기번호 입력 확인 철저

② 반환청구 철회 요청 시에는 반송 우편물 수령 후 신규로 접수해야 함을 고객에게 반드시 안내

반송취급료 예시

- 일본행 500g K-Packet의 반송취급료를 공제하고 환불해줘야 할 우편요금은?
  : 9,340원(K-Packet 요금) – 3,700원(국내등기우편요금) = 5,640원
- 미국행 5.0kg EMS(비서류)의 반송취급료를 공제하고 환불해줘야 할 우편요금은?
  : 88,000원(EMS 요금) – 4,500원(국내등기소포요금) = 83,500원

※ 반환청구 수수료는 별도 공제

(3) 청구서를 접수한 우체국은 포스트넷 입력뿐만 아니라 교환국에 FAX로 청구내역을 반드시 통지

(4) 교환국에서는 청구대상 우편물을 '발송인 주소지'로 반송 처리

(5) 발송인 주소지 배달국에서는 별도 수수료 징수 없이 배달 처리 완료

5. 외국으로 발송할 준비를 완료하였거나 이미 발송한 경우

※ 반환처리는 의무사항이 아닌 협조사항으로 도착국가가 허용하는 경우에 가능하며, 반송도착되는 모든 우편물은 우편요금 환불 불가

(1) 청구서 접수우체국의 업무처리절차

① 발송준비 완료 후인 경우에는 다음 우편물에 한정하여 청구할 수 있음

㉠ 도착국가가 청구를 허용하는 경우

㉡ 도착국가의 법령에 따라 몰수되거나 폐기처분되지 아니한 경우(금지물품이 들어 있지 않은 경우 등)

㉢ 해당 우편물이 수취인에게 배달되지 않은 경우

② 청구인이 해당 우편물의 발송인이 맞는지 확인(기록취급우편물인 경우에는 접수증 등으로 확인)

③ 청구인에게 국제우편물 반환 및 주소변경・정정청구서(CN17)를 배달국가 현지문자*및 영문과 아라비아 숫자로 정확하게 적도록 하여야 함. 한 발송인이 같은 수취인 앞으로 한 우체국에서 한꺼번에 부친 여러 개의 우편물에 대하여는 하나의 서식을 사용하게 할 수 있음

* 주소 등 기재내용 변경에 한하여 현지어로 기재된 경우 청구를 받고 있음

※ 포스트넷(통합접수 – 민원청구관리 – 국제민원청구접수)에서 CN17 양식 다운로드 및 접수양식 업로드 가능

④ 수수료는 청구서를 해외로 발송하는 방법에 따라 현금, 신용카드, 우표첩부 등으로 징수

㉠ **우편으로 청구서 발송하는 경우**: 1,800원

㉡ **모사전송(팩스)로 청구서 발송하는 경우**: 4,800원

⑤ 청구인이 청구서를 작성하여 우체국에 제출하면 접수담당자는 기록내용을 확인하고 수수료 징수 후, 청구서 발송방법에 따라 다음과 같이 처리

㉠ 청구서를 우편으로 발송하는 경우에는 원본과 우편물접수증(일반통상우편물의 경우 우편물의 주소 기록내용) 사본을 익일특급으로 국제우체국으로 발송하고 청구서 사본 1부는 자국에 보관

㉡ 청구서를 모사전송(팩스)으로 발송하는 경우에는 청구서를 교환국으로 팩스(fax)로 송신하고, 국제우체국 수신결과 확인 후 원본은 자국에 보관(수신 결과가 좋지 않으면 우편 발송)

참고 반환 및 반송 관련 수수료

구분	외국 발송 전		외국 발송 후	
	항공보안 반송	발송인 반환청구	발송인 반환청구	배달불능 반송
개요	국제우편물류센터에 도착하여 X-ray 검색 시 항공탑재금지물품 포함으로 반송된 우편물(항공보안 반송 스티커 부착)	항공사 인계 전 발송인의 반환청구에 따라 국제우편물류센터에서 반송된 우편물	항공사 인계 후 발송인의 반환청구에 따라 배달되지 아니하고 반송된 우편물 (CN17 서식 사용)	배달 시도하였으나 수취인 불명 등에 따라 배달되지 아니하고 반송 처리된 우편물 (CN15 서식 부착)
청구 수수료	없음	• 접수우체국 발송 전 : 무료 • 접수우체국 발송 후 : 국내등기 취급수수료	• 우편청구 : 1,800원 • FAX청구 : 4,800원	없음
반송 취급료	• 등기통상/국제특급(서류) : 국내등기통상요금 • 국제소포/국제특급(비서류) : 국내등기소포요금		• 등기통상 : 국내등기취급수수료 • 국제소포 : 반송도착료(배달국가에서 부과하는 반송처리에 소요되는 비용) • 국제특급 : 무료	
우편 요금 환불	반송취급료를 제외한 국제우편요금		없음	
반송 취급료 징수 및 요금환불 시점	우편물 교부 시	반환청구 시	우편물 반송배달 시	
배달 방법	접수국 배달 (접수국에서 교부)	발송인 주소지 배달	발송인 주소지 배달	
종추적 정보 표시	항공보안 반송	반환청구 반송	반환청구 반송	반송

제2절 국제우편요금의 반환청구

1 청구 개요

① 납부한 국제우편요금에 상응하는 역무를 이용자에게 제공하지 아니하였을 때 제한된 범위 내에서 청구에 의해 요금을 환불하는 것

② 청구기한: 우편물을 발송한 다음날로부터 기산하여 1년 이내

③ 처리흐름도

반환 청구 시(고객 요청 ○)

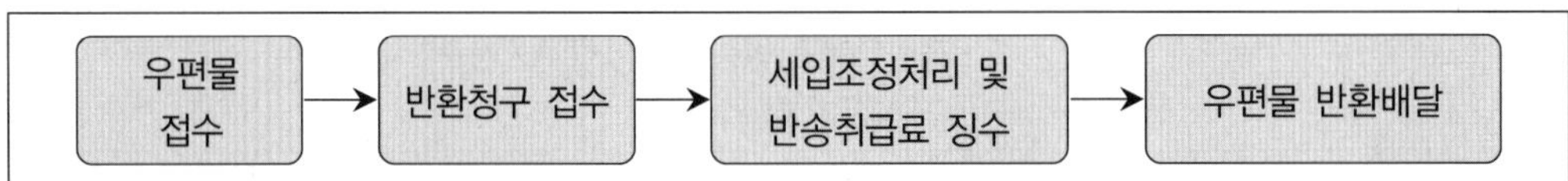

금제품 포함 반송 시(고객 요청 ×)

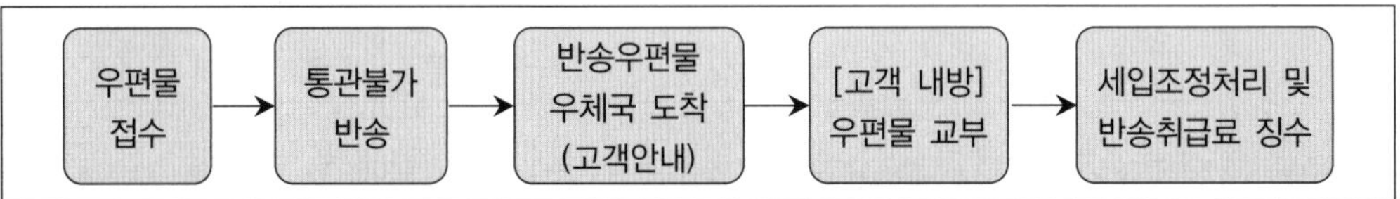

2 요금 반환 요건

① 우편관서의 과실로 과다징수한 경우: 과다징수한 국제우편요금 등

② 부가취급 국제우편물의 국제우편요금 등을 받은 후 우편관서의 과실로 부가취급을 하지 아니한 경우 : 부가취급 수수료

③ 항공서간을 선편으로 발송한 경우: 항공서간 요금과 해당 지역의 선편 보통서신 최저요금의 차액

④ 등기우편물·소포우편물 또는 보험취급된 등기우편물·소포우편물의 분실·전부도난 또는 완전파손 등의 경우: 납부한 국제우편요금 등 (등기·보험취급수수료 제외)

⑤ 특급우편물 또는 보험취급된 특급우편물의 분실·도난 또는 파손 등의 경우: 납부한 국제우편요금 등 (보험취급 수수료 제외)

⑥ 행방조사청구에 따른 조사결과 우편물의 분실 등이 우편관서의 과실로 발생하였음이 확인된 경우: 행방조사청구료

⑦ 수취인의 주소·성명이 정확하게 기재된 우편물을 우편관서의 과실로 발송인에게 반환한 경우: 납부한 국제우편요금 등

⑧ 외국으로 발송하는 부가취급되지 아니한 통상우편물이 우편관서의 취급과정에서 파손된 경우: 납부한 국제우편요금 등

⑨ 다른 법령에 따른 수출금지 대상이거나 그 밖의 부득이한 사유로 발송인에게 반환된 경우: 납부한 국제우편요금 등 (우편물의 반환에 따른 국내우편요금 및 수수료 공제) 단, 발송인의 고의 또는 중대한 과실이 있는 경우 반환하지 아니함

⑩ 다른 법령 또는 상대국의 규정에 따라 압수되는 등의 사유로 반환되지 아니하는 우편물에 대한 국제우편요금 등은 반환 불가

Chapter 08 국제우편 수수료 및 우편요금 고시

제1절 우정사업본부 고시

우정사업본부 고시 제2024-19호

「국제우편규정」 제9조와 「행정권한의 위임 및 위탁에 관한 규정」 제21조의2의규정에 따라 국제우편 이용에 관한 수수료(우정사업본부 고시 제2020-45호)를 다음과 같이 일부 개정하여 고시합니다.

2024년 3월 29일

우정사업본부장

국제우편 이용에 관한 수수료

1. 통상우편물

가. 국제반신 우표권
- 판 매: 1,450원
- 교 환: 항공서장 4지역 20g 해당요금

나. 등기료: 2,800원

다. 통관절차대행수수료
- 통관 대상 발송 우편물: 1,000원
- 관세 부과된 도착 우편물: 2,000원
- 우편자루 배달 인쇄물: 4,000원

라. 행방조사 청구료
- 항공우편청구: 무료
- 국제특급우편(EMS) 청구: 해당요금

마. 배달통지청구료(등기한): 1,500원

바. 주소변경 및 환부 청구료
- 외국으로 발송준비 완료 전
  - 접수국 발송준비 완료 전: 무료
  - 접수국 발송 후: 국내등기취급수수료

• 외국으로 발송준비 완료 후
  – 항공우편 청구: 1,800원
  – 팩스 청구: 4,800원

사. 등기우편물 반송료(반송취급료): 국내우편등기료(무료등기는 제외)

아. 보험료
- 기본요금: 550원
- 추가배달료(보험가입 시 필수): 1,300원
- 추가요금(보험가액 65.34 SDR 또는 114,300원 초과마다): 550원

자. 국제우편요금 수취인 부담(IBRS) 취급 수수료
- 인쇄물(봉투) 50g까지: 1,100원
- 엽서: 500원

2. 특급우편물(EMS)

가. 통관절차대행수수료
- 관세 부과된 도착 우편물: 4,000원

나. 배달통지청구료: 1,500원

다. 주소변경 및 환부 청구료
- 외국으로 발송준비 완료 전
  - 접수국 발송준비 완료 전: 무료
  - 접수국 발송 후: 국내등기취급수수료
- 외국으로 발송 후
  - 항공우편 청구: 1,800원
  - 팩스 청구: 4,800원

라. 초특급 서비스 수수료
- 접수익일(J + 1): 4,500원
- 대상국가(도시): 홍콩, 베트남(하노이, 호치민)
- 접수관서 및 접수마감시각: 서울 · 경인지방우정청 국내특급우편 취급 고시사항의 당일특급 접수우체국 및 취급시간 참조

마. 보험료
- 기본요금: 2,800원
- 추가요금(보험가액 65.34 SDR 또는 114,300원 초과마다): 550원

바. EMS 방문접수 수수료(계약고객 제외)
- 1회 방문 1통 당 3,000원, 추가 1통 당 1,000원(최대 5,000원)

사. 해외 전자상거래용 반품서비스(IBRS) 수수료
- 적용 대상: 2kg 이하의 소형 물품
- 취급 지역: 일본
- 취급수수료(IBRS EMS): 통당 10,000원

3. 소포우편물

가. 통관절차대행수수료
- 관세 부과된 도착 및 반착 우편물: 4,000원

나. 행방조사 청구료
- 항공우편청구: 무료
- 특급우편(EMS) 청구: 해당요금

다. 배달통지청구료: 1,500원

라. 주소변경 및 환부 청구료
- 외국으로 발송준비 완료 전
  - 접수국 발송준비 완료: 무료
  - 접수국 발송 후: 국내등기취급수수료
- 외국으로 발송 후
  - 항공우편 청구: 1,800원
  - 팩스 청구: 4,800원

마. 등기우편물 반송료(반송취급료): 배달국가의 반송요금

바. 보험료
- 기본요금: 2,800원
- 추가요금(보험가액 65.34 SDR 또는 114,300원 초과마다): 550원

4. 특별인출권 환율(SDR)

통화명	환율	화폐단위
SDR(Special Drawing Rights)	1,749	원(Won)

5. 국제항공우편물 특별운송수수료: 다음 각 목의 국제우편물에 대하여 우정사업본부장이 공고하는 바에 따름

가. 국제항공우편물

나. 국제선편우편물

6. 재검토기한: 이 고시의 재검토기한은 2024년 4월 1일을 기준으로 매 3년이 되는 시점(매 3년째의 3월 31일을 말한다)으로 한다.

부칙 〈제2024-19호, 2024. 3. 29.〉

이 고시는 2024년 3월 29일부터 시행한다.

제2절 과학기술정보통신부 고시

과학기술정보통신부 고시 제2020-80호

우편법 시행령 제12조 및 국제우편규정 제9조에 의하여 고시한 『국제우편에 관한 요금』(과학기술정보통신부 고시 제2020-32호)을 다음과 같이 개정 고시합니다.

2020년12월14일

과학기술정보통신부장관

국제우편에 관한 요금

1. 항공통상우편요금 〔별표 1과 같다〕
2. 선편통상우편요금 〔별표 2와 같다〕
3. 소포우편요금 〔별표 3과 같다〕
4. K-Packet우편요금 〔별표 4와 같다〕
5. 국제특급우편요금 〔별표 5와 같다〕
6. 한・중 해상특송우편요금 〔별표 6과 같다〕
7. 보세화물우편요금 〔별표 7과 같다〕
8. 국제우편요금 적용지역별 국가명 〔별표 8과 같다〕
9. 항공통상우편 중 항공소형포장물, 소포우편 중 항공소포, K-Packet, 국제특급우편 중 비서류, 보세화물우편은 실제중량과 부피중량 중 더 큰 중량의 요금을 적용한다.
   ※ 부피중량 산출식: 가로(cm)×세로(cm)×높이(cm)÷6,000

부 칙

1. (시행일) 이 고시는 2020년 12월 15일부터 시행한다.
2. (재검토 기한) 이 고시의 재검토기한은 2020년 12월 15일을 기준으로 매 3년이 되는 시점(매 3년째의 12월 31일까지를 말한다)으로 한다.

[별표1] 항공통상우편요금

1. 항공서간

세계단일요금	480원

2. 항공엽서

세계단일요금	430원

3. 항공서신

중량 단계(g)	지역별 요금 (원)			
	1지역	2지역	3지역	4지역
10까지	570	610	700	720
20 〃	610	690	780	850
30 〃	690	840	1,010	1,090
40 〃	830	990	1,240	1,390
50 〃	960	1,120	1,470	1,710
60 〃	1,110	1,270	1,710	2,000
70 〃	1,250	1,410	1,930	2,310
80 〃	1,400	1,570	2,160	2,620
90 〃	1,540	1,710	2,400	2,920
100 〃	1,740	1,860	2,630	3,220
150 〃	2,280	2,730	3,590	4,570
200 〃	2,820	3,590	4,570	5,910
250 〃	3,360	4,470	5,540	7,380
300 〃	3,910	5,340	6,520	8,850
350 〃	4,450	6,210	7,480	10,310
400 〃	4,990	7,080	8,460	11,770
450 〃	5,530	7,960	9,430	13,240
500 〃	6,070	8,830	10,410	14,590
550 〃	6,630	9,700	11,370	15,920
600 〃	7,170	10,570	12,350	17,280
650 〃	7,710	11,450	13,320	18,610
700 〃	8,250	12,310	14,300	19,950
750 〃	8,790	13,190	15,260	21,310
800 〃	9,340	14,060	16,240	22,640
850 〃	9,880	14,940	17,210	23,980
900 〃	10,420	15,790	18,190	25,330
950 〃	10,960	16,670	19,150	26,670

단계(g) \ 중량	지역별 요금 (원)			
	1지역	2지역	3지역	4지역
1,000 〃	11,440	17,550	20,130	28,030
1,050 〃	11,910	18,260	21,100	29,120
1,100 〃	12,400	19,000	22,080	30,220
1,150 〃	12,890	19,730	23,040	31,310
1,200 〃	13,370	20,450	24,020	32,400
1,250 〃	13,840	21,180	24,990	33,520
1,300 〃	14,330	21,900	25,970	34,610
1,350 〃	14,820	22,630	26,930	35,710
1,400 〃	15,290	23,360	27,910	36,800
1,450 〃	15,770	24,080	28,870	37,920
1,500 〃	16,260	24,810	29,860	39,010
1,550 〃	16,750	25,540	30,820	40,110
1,600 〃	17,210	26,270	31,800	41,200
1,650 〃	17,700	27,000	32,760	42,300
1,700 〃	18,190	27,720	33,750	43,410
1,750 〃	18,680	28,450	34,720	44,510
1,800 〃	19,140	29,170	35,690	45,600
1,850 〃	19,630	29,900	36,650	46,700
1,900 〃	20,120	30,620	37,640	47,810
1,950 〃	20,600	31,340	38,610	48,910
2,000 〃	21,080	32,080	39,580	50,000

4. 항공인쇄물

단계(g) \ 중량	지역별 요금 (원)			
	1지역	2지역	3지역	4지역
20까지	460	520	640	700
40 〃	640	700	820	930
60 〃	820	870	1,050	1,280
80 〃	990	1,050	1,280	1,630
100 〃	1,180	1,230	1,520	1,990
120 〃	1,350	1,400	1,760	2,350

중량 / 단계(g)	지역별 요금 (원)			
	1지역	2지역	3지역	4지역
140 〃	1,520	1,580	1,990	2,690
160 〃	1,700	1,760	2,230	3,050
180 〃	1,880	1,930	2,470	3,400
200 〃	2,050	2,110	2,690	3,760
300 〃	2,640	3,000	3,530	5,290
400 〃	3,220	3,870	4,710	7,060
500 〃	3,820	4,760	5,880	8,830
600 〃	4,400	5,640	7,060	10,590
700 〃	4,990	6,530	8,240	12,360
800 〃	5,590	7,410	9,410	14,120
900 〃	6,170	8,290	13,540	15,890
1,000 〃	7,350	9,170	14,950	17,660
1,200 〃	7,940	10,940	17,780	21,190
1,400 〃	8,520	12,700	20,600	24,720
1,600 〃	9,120	14,470	23,420	28,250
1,800 〃	9,700	16,240	26,250	31,790
2,000 〃	10,290	18,000	29,190	35,320
2,200 〃	10,880	19,770	32,010	38,850
2,400 〃	11,470	21,540	34,840	42,380
2,600 〃	12,060	23,300	37,670	45,920
2,800 〃	12,650	25,070	40,490	49,450
3,000 〃	13,240	26,830	43,320	52,980
3,200 〃	13,820	28,600	46,140	56,510
3,400 〃	14,420	30,370	48,970	60,040
3,600 〃	15,000	32,130	51,920	63,580
3,800 〃	15,590	33,900	54,750	67,110
4,000 〃	16,180	35,670	57,560	70,640
4,200 〃	16,770	37,430	60,390	74,170
4,400 〃	17,350	39,200	63,220	77,710
4,600 〃	17,950	40,960	66,050	81,240
4,800 〃	18,530	42,730	68,880	84,770
5,000 〃	19,120	44,500	71,820	88,300

※ 캐나다, 아일랜드는 2kg까지만 접수가능

5. 항공소형포장물

중량 단계(g)	지역별 요금 (원)				
	1지역	2지역	3지역	4지역	미국
100까지	4,460	5,020	5,120	5,450	8,410
200 〃	4,990	5,740	6,130	6,580	9,420
300 〃	5,520	6,460	7,140	7,710	10,430
400 〃	6,050	7,180	8,150	8,840	11,440
500 〃	7,130	8,630	10,200	11,140	13,490
600 〃	7,840	9,220	11,150	12,550	14,440
700 〃	8,550	9,810	12,100	13,960	15,390
800 〃	9,260	10,400	13,050	15,370	16,340
900 〃	9,970	10,990	14,000	16,780	17,290
1,000 〃	10,680	11,540	14,940	18,230	18,230
1,100 〃	11,380	13,040	16,840	19,630	20,130
1,200 〃	12,080	13,940	18,140	21,030	21,430
1,300 〃	12,780	14,840	19,440	22,430	22,730
1,400 〃	13,480	15,740	20,740	23,830	24,030
1,500 〃	14,180	16,490	21,620	24,910	24,910
1,600 〃	14,880	17,590	22,920	26,910	26,210
1,700 〃	15,580	19,290	23,920	28,910	28,110
1,800 〃	16,280	20,990	24,920	30,910	30,010
1,900 〃	16,980	22,690	25,920	32,910	31,910
2,000 〃	17,680	24,390	26,920	34,910	33,810

6. 항공부가요금

종별/ 지역별	지역별 요금 (원)			
	1지역	2지역	3지역	4지역
서신 10g마다	30	60	100	140
기타 20g마다	20	50	100	130

※ 시각장애인을 위한 우편물(점자우편물), 전쟁포로 및 민간인 피억류자 등 우편물

7. 항공우편자루배달인쇄물 (M Bag)

중량 단계(g)	지역별 요금 (원)			
	1지역	2지역	3지역	4지역
10까지	30,320	48,870	96,570	132,290
11 〃	33,280	53,640	106,110	145,430
12 〃	36,360	58,410	115,650	158,580
13 〃	39,330	63,180	125,190	171,610
14 〃	42,290	67,950	134,730	184,760
15 〃	45,260	72,720	144,270	197,900
16 〃	48,230	77,490	153,810	211,050
17 〃	51,200	82,260	163,350	224,080
18 〃	54,170	87,030	172,890	237,230
19 〃	57,130	91,800	182,430	250,370
20 〃	60,210	96,570	191,970	263,520
21 〃	63,180	101,340	201,510	276,550
22 〃	66,140	106,110	211,050	289,700
23 〃	69,110	110,880	220,590	302,840
24 〃	72,080	115,650	230,130	315,990
25 〃	75,050	120,420	239,670	329,020
26 〃	78,020	125,190	249,210	342,170
27 〃	80,980	129,960	258,750	355,310
28 〃	84,060	134,730	268,290	368,350
29 〃	87,030	139,500	277,830	381,490
30 〃	89,990	144,270	287,370	394,640

※ 우편자루배달 인쇄물의 경우 미국, 캐나다는 등기 미 취급

[별표2] 선편통상우편요금

종별	중량단계(g)	요금(원)	비고
서 신	20 까지	470	
	50 〃	950	
	100 〃	1,430	
	250 〃	2,400	
	500 〃	4,200	
	1,000 〃	6,590	
	2,000 〃	10,800	
엽 서		310	
인쇄물	20 까지	340	5kg까지 (단, 캐나다,아일랜드는 2kg)
	50 〃	580	
	100 〃	820	
	250 〃	1,400	
	500 〃	2,940	
	1,000 〃	4,710	
	2,000 〃	7,060	
	3,000 〃	9,410	
	4,000 〃	11,770	
	5,000 〃	14,120	
시각장애인을 위한 우편물(점자우편물)		무료	

종별	중량단계(kg)	요금(원)
우편자루배달 인쇄물	10 까지	23,740
	11 〃	26,180
	12 〃	28,510
	13 〃	30,950
	14 〃	33,280
	15 〃	35,720
	16 〃	38,050
	17 〃	40,490
	18 〃	42,820
	19 〃	45,260
	20 〃	47,590
	21 〃	50,030
	22 〃	52,360
	23 〃	54,800
	24 〃	57,130
	25 〃	59,570
	26 〃	61,900
	27 〃	64,340
	28 〃	66,670
	29 〃	69,110
	30 〃	71,440

※ 우편자루배달 인쇄물의 경우 미국, 캐나다는 등기 미 취급

[별표3] 소포우편요금

1. 항공소포

중량단계 (kg)	항공소포 요금(원)							
	호주	브라질	캐나다	중국	프랑스	독일	홍콩	인도네시아
0.5 까지	18,500	28,000	23,000	17,000	25,000	19,500	17,000	17,000
1.0 〃	21,000	32,000	27,000	19,500	27,000	23,000	19,000	20,000
1.5 〃	24,500	36,000	31,000	21,000	29,000	26,500	20,500	23,000
2.0 〃	28,500	40,000	35,000	23,500	31,000	29,500	22,000	25,000
2.5 〃	32,500	43,000	39,000	25,000	33,000	33,000	23,500	26,500
3.0 〃	36,500	49,500	43,000	27,500	34,000	36,500	25,000	28,000
3.5 〃	40,000	55,500	47,000	29,000	36,000	40,000	26,500	30,000
4.0 〃	44,000	62,000	51,000	31,000	37,000	43,500	28,000	32,000
4.5 〃	48,000	68,000	55,000	33,000	38,000	47,000	29,500	33,500
5.0 〃	52,000	74,500	59,000	35,000	39,000	50,000	31,000	35,500
5.5 〃	56,000	80,500	63,000	37,000	40,500	53,500	32,500	37,500
6.0 〃	60,000	86,500	67,000	39,000	43,000	57,000	34,000	39,500
6.5 〃	64,000	93,000	71,500	41,000	46,000	60,500	35,500	41,500
7.0 〃	68,000	99,000	75,000	43,000	48,500	64,000	37,000	43,000
7.5 〃	72,000	105,000	79,500	44,500	51,000	67,500	38,500	45,000
8.0 〃	75,500	111,500	83,500	46,000	53,500	70,500	40,000	47,000
8.5 〃	79,500	117,500	87,500	47,500	56,000	74,000	41,500	49,000
9.0 〃	83,500	124,000	91,500	49,000	58,500	77,500	43,500	51,000
9.5 〃	87,500	130,000	95,500	50,500	61,000	81,000	44,500	52,500
10.0 〃	91,500	136,000	99,500	52,000	64,000	84,500	46,000	54,500
10.5 〃	95,500	142,500	103,500	53,500	66,500	88,000	47,500	56,500
11.0 〃	99,500	148,500	107,500	55,000	69,000	91,000	49,500	58,500
11.5 〃	103,000	155,000	111,500	56,500	71,500	94,500	51,000	60,000
12.0 〃	107,000	161,000	115,500	58,000	74,000	98,000	52,500	62,000
12.5 〃	111,000	167,000	119,500	59,500	76,500	101,500	54,000	64,000
13.0 〃	115,000	173,500	123,500	61,000	79,500	105,000	55,500	66,000
13.5 〃	119,000	179,500	127,500	62,500	82,000	108,000	57,000	68,000
14.0 〃	123,000	186,000	131,500	64,000	84,500	111,500	58,500	70,000
14.5 〃	127,000	192,000	136,000	65,500	87,000	115,000	60,000	71,500
15.0 〃	130,500	198,500	139,500	67,000	89,500	118,500	61,500	73,500
15.5 〃	134,500	204,500	143,500	68,500	92,000	122,000	63,000	75,500
16.0 〃	138,500	210,500	147,500	70,000	95,000	125,000	64,500	77,500
16.5 〃	142,500	217,000	151,500	71,500	97,500	128,500	66,000	79,000
17.0 〃	146,500	223,000	156,000	73,000	100,000	132,000	67,500	81,000
17.5 〃	150,500	229,500	159,500	74,500	102,500	135,500	69,000	83,000
18.0 〃	154,500	235,500	163,500	76,000	105,000	139,000	70,500	85,000
18.5 〃	158,500	241,500	167,500	77,500	107,500	142,000	72,000	87,000
19.0 〃	162,000	248,000	172,000	79,000	110,500	145,500	73,500	89,000
19.5 〃	166,000	254,000	176,000	80,500	113,000	149,000	75,000	90,500
20.0 〃	170,000	260,500	180,000	82,000	115,500	152,500	76,500	92,500

중량단계 (kg)	항공소포 요금(원)							
	일본	말레이시아	뉴질랜드	필리핀	러시아	싱가포르	스페인	대만
0.5 까지	17,000	16,000	19,500	16,000	26,500	16,500	19,500	14,000
1.0 〃	18,000	19,000	23,500	19,000	31,500	18,000	23,000	16,000
1.5 〃	19,500	21,500	27,000	21,500	36,000	19,500	26,500	18,000
2.0 〃	21,000	24,500	30,000	24,500	41,000	21,000	30,000	20,000
2.5 〃	22,500	25,000	33,500	25,500	45,500	25,500	33,500	20,500
3.0 〃	23,500	27,300	37,000	27,000	50,000	26,000	37,000	22,000
3.5 〃	25,000	29,600	40,500	28,500	55,000	26,500	40,500	23,500
4.0 〃	26,000	31,900	44,000	30,000	59,500	27,000	44,000	25,000
4.5 〃	27,500	34,200	47,500	31,500	64,000	28,500	47,000	26,500
5.0 〃	28,500	36,500	51,000	33,000	69,000	30,000	50,500	28,000
5.5 〃	30,000	38,800	54,500	34,500	73,500	31,500	54,000	29,500
6.0 〃	31,500	41,100	58,000	36,000	78,500	33,000	57,500	31,000
6.5 〃	32,500	43,400	61,500	37,500	83,000	34,500	61,000	32,500
7.0 〃	34,000	45,700	65,000	39,000	87,500	36,000	64,500	34,000
7.5 〃	35,000	48,000	68,500	40,500	92,500	37,500	68,000	35,500
8.0 〃	36,500	50,300	72,000	42,000	97,000	39,000	71,500	37,000
8.5 〃	38,000	52,600	75,500	43,500	102,000	40,500	75,000	38,500
9.0 〃	39,000	54,900	79,000	45,000	106,500	42,000	78,500	40,000
9.5 〃	40,500	57,200	82,500	46,500	111,000	43,500	81,500	41,500
10.0 〃	42,000	59,500	86,000	48,000	116,000	44,500	85,000	43,000
10.5 〃	43,000	61,800	89,500	49,500	120,500	46,000	88,500	44,500
11.0 〃	44,500	64,100	92,500	51,000	125,000	48,000	92,000	46,000
11.5 〃	46,000	66,400	96,000	52,500	129,500	49,500	95,500	47,500
12.0 〃	47,000	68,700	99,500	54,000	134,500	50,500	99,000	49,000
12.5 〃	48,500	71,000	103,000	55,500	139,000	52,500	102,500	50,500
13.0 〃	50,000	73,300	106,500	57,000	144,000	53,500	106,000	52,000
13.5 〃	51,000	75,600	110,000	58,500	148,500	55,000	109,500	53,500
14.0 〃	52,500	77,900	113,500	60,000	153,000	56,500	113,000	55,000
14.5 〃	54,000	80,200	117,000	61,500	158,000	58,000	116,500	56,500
15.0 〃	55,000	82,500	120,500	63,000	162,500	59,500	119,500	58,000
15.5 〃	56,500	84,800	124,000	64,500	167,000	61,000	123,000	59,500
16.0 〃	57,500	87,100	127,500	66,000	172,000	62,500	126,500	61,000
16.5 〃	59,000	89,400	131,000	67,500	176,500	64,000	130,000	62,500
17.0 〃	60,500	91,700	134,500	69,000	181,000	65,500	133,500	64,000
17.5 〃	61,500	94,000	138,000	70,500	186,000	67,000	137,000	65,500
18.0 〃	63,000	96,300	141,500	72,000	190,500	68,500	140,000	67,000
18.5 〃	64,500	98,600	144,500	73,500	195,500	70,000	143,500	68,500
19.0 〃	65,500	100,900	148,500	75,000	200,000	71,500	147,000	70,000
19.5 〃	67,000	103,200	151,500	76,500	205,000	73,000	150,500	71,500
20.0 〃	68,000	105,500	155,000	78,000	209,500	74,500	154,000	73,000

중량단계 (kg)	항공소포 요금(원)							
	태국	영국	미국	베트남	1지역	2지역	3지역	4지역
0.5 까지	17,000	26,000	23,500	12,500	13,500	18,000	20,500	22,000
1.0 〃	20,000	30,500	28,000	14,000	15,500	21,500	24,500	27,500
1.5 〃	23,000	32,000	31,000	15,500	17,000	24,500	28,000	33,500
2.0 〃	25,500	34,000	37,000	17,000	19,000	27,500	31,500	39,000
2.5 〃	26,000	35,500	42,500	18,500	21,000	31,000	35,000	45,500
3.0 〃	27,500	37,000	48,000	20,500	23,000	34,000	39,000	52,000
3.5 〃	29,000	40,500	54,000	22,000	24,500	37,000	42,500	58,500
4.0 〃	30,500	44,000	59,500	24,000	27,000	40,000	46,000	65,000
4.5 〃	32,000	47,500	65,500	26,000	28,500	43,500	49,500	71,500
5.0 〃	33,500	51,000	71,000	28,000	30,500	46,500	53,500	78,000
5.5 〃	35,000	54,500	77,000	30,000	32,500	49,500	57,000	84,500
6.0 〃	36,500	58,000	82,500	31,500	34,500	53,000	60,500	91,000
6.5 〃	38,000	61,500	88,000	33,500	36,500	56,000	64,500	97,500
7.0 〃	39,500	65,000	94,000	35,500	38,500	59,000	68,000	104,500
7.5 〃	41,000	68,500	99,500	37,500	40,500	62,000	71,500	110,500
8.0 〃	42,500	72,000	105,500	39,000	42,000	65,500	75,000	117,500
8.5 〃	44,500	75,500	111,000	41,000	44,000	68,500	78,500	124,000
9.0 〃	46,500	79,000	117,000	43,000	46,000	71,500	82,500	130,500
9.5 〃	48,500	82,500	122,500	45,000	48,000	74,500	86,000	137,000
10.0 〃	50,500	86,000	128,000	47,000	50,000	78,000	89,500	143,500
10.5 〃	52,500	89,500	134,000	48,500	52,000	81,000	93,500	150,000
11.0 〃	54,500	93,000	139,500	50,500	54,000	84,000	97,000	156,500
11.5 〃	56,500	96,500	145,500	52,500	56,000	87,500	100,500	163,000
12.0 〃	58,500	100,000	151,000	54,500	57,500	90,500	104,000	169,500
12.5 〃	60,500	103,500	157,000	56,000	59,500	93,500	108,000	176,000
13.0 〃	62,500	107,000	162,500	58,000	61,500	97,000	111,500	182,500
13.5 〃	64,500	110,500	168,500	60,000	63,500	100,000	115,000	189,000
14.0 〃	66,500	114,000	174,000	62,000	65,500	103,000	118,500	195,500
14.5 〃	68,500	117,500	179,500	63,500	67,500	106,000	122,500	202,000
15.0 〃	70,500	121,000	185,500	65,500	69,000	109,500	126,000	209,000
15.5 〃	72,500	124,500	191,000	67,500	71,500	112,500	129,500	215,000
16.0 〃	74,500	128,000	197,000	69,500	73,000	115,500	133,000	221,500
16.5 〃	76,500	131,500	202,500	71,500	75,000	119,000	136,500	228,500
17.0 〃	78,500	135,000	208,500	73,000	77,000	122,000	140,500	235,000
17.5 〃	80,500	138,500	214,000	75,000	79,000	125,000	144,000	241,500
18.0 〃	82,500	142,000	219,500	77,000	81,000	128,000	147,500	248,000
18.5 〃	84,500	145,500	225,500	79,000	83,000	131,500	151,000	254,500
19.0 〃	86,500	149,000	231,000	80,500	85,000	134,500	155,000	261,000
19.5 〃	88,500	152,500	237,000	82,500	86,500	137,500	158,500	267,500
20.0 〃	90,500	156,000	242,500	84,500	88,500	140,500	162,000	274,000

2. 선편소포

중량 단계(Kg)	지역별 요금 (원)			
	1지역	2지역	3지역	4지역
1까지	9,900	11,000	12,000	13,000
2 〃	15,500	17,000	18,500	20,000
4 〃	20,000	21,500	24,500	27,500
6 〃	24,500	26,000	30,500	35,500
8 〃	29,000	30,500	37,000	43,000
10 〃	34,000	35,500	43,000	50,500
12 〃	38,500	40,000	49,000	58,500
14 〃	43,000	44,500	55,500	66,000
16 〃	47,500	49,000	61,500	74,000
18 〃	52,500	54,000	67,500	81,500
20 〃	57,000	58,500	74,000	89,000

[별표4] K-Packet 우편요금

중량 단계(g)	K-Packet 요금(원)					
	호주	브라질	캐나다	중국	프랑스	홍콩
100까지	4,670	5,410	5,540	4,680	5,510	4,160
200까지	6,080	7,030	7,240	5,920	7,180	5,250
300까지	7,500	8,660	8,920	7,140	8,850	6,340
400까지	8,920	10,280	10,610	8,370	10,530	7,420
500까지	10,360	11,900	12,310	9,620	12,220	8,540
600까지	11,460	13,380	13,620	10,600	13,520	9,410
700까지	12,560	14,870	14,930	11,580	14,820	10,280
800까지	13,660	16,350	16,240	12,570	16,120	11,140
900까지	14,770	17,840	17,560	13,540	17,420	12,010
1,000까지	15,890	19,340	18,890	14,530	18,750	12,890
1,100까지	16,910	21,310	20,780	15,400	19,710	13,660
1,200까지	17,930	23,270	22,670	16,260	20,670	14,430
1,300까지	18,950	25,240	24,560	17,130	21,630	15,200
1,400까지	19,970	27,210	26,460	17,990	22,590	15,960
1,500까지	20,990	29,160	28,340	18,900	23,550	16,770
1,600까지	22,010	30,920	29,430	19,410	24,510	17,230
1,700까지	23,030	32,690	30,520	19,940	25,470	17,690
1,800까지	24,050	34,450	31,620	20,460	26,430	18,150
1,900까지	25,070	36,210	32,710	20,970	27,390	18,610
2,000까지	26,090	37,970	33,800	21,520	28,350	19,100

중량 단계(g)	K-Packet 요금(원)					
	인도네시아	일본	말레이시아	뉴질랜드	필리핀	싱가포르
100까지	4,680	4,550	4,880	4,560	4,480	4,710
200까지	5,800	5,730	6,040	5,950	5,550	5,830
300까지	6,910	6,930	7,210	7,330	6,620	6,960
400까지	8,030	8,120	8,380	8,720	7,690	8,090
500까지	9,150	9,340	9,540	10,120	8,760	9,210
600까지	10,210	10,290	10,650	11,200	9,770	10,280
700까지	11,270	11,240	11,750	12,270	10,790	11,340
800까지	12,330	12,190	12,860	13,350	11,800	12,410
900까지	13,390	13,130	13,960	14,430	12,820	13,480
1,000까지	14,450	14,090	15,070	15,520	13,830	14,540
1,100까지	15,650	14,930	15,950	17,080	14,980	15,750
1,200까지	16,850	15,770	16,830	18,630	16,130	16,960
1,300까지	17,500	16,610	17,710	20,190	17,270	17,160
1,400까지	18,210	17,450	18,590	21,750	18,420	18,000
1,500까지	18,930	18,330	19,470	23,290	19,580	18,500
1,600까지	19,640	18,840	20,350	24,680	20,460	19,500
1,700까지	20,360	19,340	21,230	26,070	21,340	20,000
1,800까지	21,070	19,840	22,110	27,450	22,220	21,000
1,900까지	21,790	20,350	22,990	28,840	23,100	22,000
2,000까지	22,500	20,880	23,870	30,260	23,980	23,000

중량단계 (g)	K-Packet 요금(원)				
	대만	태국	영국	미국	베트남
100까지	4,330	4,620	5,170	8,090	5,090
200까지	5,460	5,720	6,740	8,980	5,860
300까지	6,590	6,830	8,300	11,060	6,620
400까지	7,720	7,930	9,870	13,170	7,380
500까지	8,880	9,040	11,470	15,280	8,140
600까지	9,790	10,090	12,690	16,910	8,910
700까지	10,690	11,130	13,910	18,530	9,670
800까지	11,590	12,180	15,120	20,160	10,430
900까지	12,500	13,220	16,340	21,780	11,190
1,000까지	13,410	14,270	17,590	23,430	11,950
1,100까지	14,210	15,460	19,090	25,780	12,720
1,200까지	15,000	16,640	20,590	28,130	13,480
1,300까지	15,800	17,370	22,090	30,480	14,240
1,400까지	16,600	18,100	23,590	32,810	14,740
1,500까지	17,450	18,830	25,090	35,160	15,240
1,600까지	17,920	19,570	26,590	37,270	15,740
1,700까지	18,400	20,300	28,090	39,350	16,240
1,800까지	18,880	21,000	29,590	41,440	16,740
1,900까지	19,350	21,800	31,090	43,530	17,240
2,000까지	19,870	22,500	32,590	45,690	17,740

[별표5] 특급우편(EMS)요금

1. 특급우편요금(서류)

중량단계 (kg)	특급우편 서류 요금(원)							
	호주	브라질	캐나다	중국	프랑스	독일	홍콩	인도네시아
0.3 까지	20,500	28,500	26,500	20,000	23,500	28,000	19,000	15,500
0.5 〃	22,500	30,500	28,500	22,000	25,500	30,000	21,000	17,500
0.75 〃	25,500	33,500	30,500	23,500	27,500	32,500	22,000	18,500
1.0 〃	28,500	36,500	32,500	25,000	29,000	34,500	23,000	19,500
1.25 〃	31,500	39,500	34,500	26,500	31,000	36,500	24,000	21,000
1.5 〃	34,500	43,000	36,500	28,500	32,500	38,500	25,000	22,000
1.75 〃	38,000	46,000	39,000	30,000	34,500	40,500	26,000	23,000
2.0 〃	41,000	49,000	41,000	31,000	36,000	43,000	27,000	24,000

중량단계 (kg)	특급우편 서류 요금(원)							
	일본	말레이시아	뉴질랜드	필리핀	러시아	싱가포르	스페인	대만
0.3 까지	20,000	14,000	21,000	15,000	30,000	12,500	26,000	15,000
0.5 〃	22,000	16,000	23,000	17,000	32,000	14,500	28,000	17,000
0.75 〃	23,000	17,500	25,500	18,000	35,000	16,000	30,000	17,500
1.0 〃	24,000	19,000	27,500	19,000	38,000	17,500	32,000	18,500
1.25 〃	26,000	20,500	30,000	20,000	41,000	19,000	34,500	19,500
1.5 〃	27,000	22,000	32,000	21,500	44,000	20,500	36,500	20,500
1.75 〃	29,500	23,500	34,500	22,500	47,500	22,000	39,000	21,000
2.0 〃	31,500	25,000	37,000	23,500	50,500	23,500	41,000	22,000

중량단계 (kg)	특급우편 서류 요금(원)							
	태국	영국	미국	베트남	1지역	2지역	3지역	4지역
0.3 까지	15,000	30,500	24,000	15,000	18,000	18,000	28,000	30,500
0.5 〃	17,000	32,500	26,000	17,000	20,000	20,000	30,000	32,500
0.75 〃	18,500	34,500	29,500	17,500	21,000	21,500	32,000	35,500
1.0 〃	19,500	36,500	33,000	18,500	22,000	23,000	34,000	38,500
1.25 〃	20,500	38,500	36,500	19,500	23,000	24,500	36,000	41,500
1.5 〃	21,500	40,500	40,000	20,500	24,000	26,000	38,000	44,500
1.75 〃	22,500	42,000	43,500	21,000	25,000	27,500	40,000	47,500
2.0 〃	23,500	44,000	47,000	22,000	26,000	29,000	42,000	50,500

2. 특급우편요금(비서류)

중량단계 (kg)	특급우편 비서류 요금(원)							
	호주	브라질	캐나다	중국	프랑스	독일	홍콩	인도네시아
0.5 까지	23,000	32,000	29,000	23,500	26,000	30,500	22,500	19,000
0.75 〃	26,000	35,000	31,000	25,000	28,000	33,000	23,500	20,000
1.0 〃	29,000	38,000	33,000	26,500	29,500	35,000	24,500	21,000
1.25 〃	32,000	41,000	35,000	28,000	31,500	37,000	25,500	22,500
1.5 〃	35,000	44,500	37,000	30,000	33,000	39,000	26,500	23,500
1.75 〃	38,500	47,500	39,500	31,500	35,000	41,000	27,500	24,500
2.0 〃	41,500	50,500	41,500	32,500	36,500	43,500	28,500	25,500
2.5 〃	46,500	56,500	45,500	34,000	40,000	47,000	30,000	27,500
3.0 〃	51,000	62,000	49,000	35,500	43,000	50,500	31,500	30,000
3.5 〃	56,000	68,000	53,000	37,000	46,500	54,000	33,000	32,000
4.0 〃	60,500	74,000	57,000	39,000	50,000	58,000	34,500	34,000
4.5 〃	65,500	79,500	60,500	40,500	53,000	61,500	35,500	36,000
5.0 〃	70,000	87,500	64,500	42,000	56,500	65,000	37,000	38,000
5.5 〃	75,000	95,500	68,500	44,000	59,500	68,500	38,500	40,000
6.0 〃	80,000	103,500	72,000	45,500	63,000	72,500	40,000	42,000
6.5 〃	84,500	111,500	76,500	47,000	66,000	76,000	41,500	44,000
7.0 〃	89,500	119,500	80,500	48,500	70,500	80,000	43,000	46,000
7.5 〃	94,000	128,000	84,500	50,500	75,000	84,500	44,500	48,000
8.0 〃	99,000	136,000	89,000	52,000	79,500	88,500	46,000	50,000
8.5 〃	104,000	144,000	93,000	53,500	84,000	93,000	48,000	52,000
9.0 〃	108,500	152,000	97,500	55,500	88,500	97,000	50,000	54,000
9.5 〃	113,500	160,000	101,500	57,000	93,000	101,000	52,000	56,000
10.0 〃	118,000	168,000	105,500	58,500	97,500	105,500	54,000	58,500
10.5 〃	123,000	176,000	110,000	60,000	101,500	109,500	56,000	61,500
11.0 〃	127,500	184,000	114,000	62,000	106,000	114,000	58,000	64,000
11.5 〃	132,500	192,000	118,500	63,500	110,500	118,000	60,000	67,000
12.0 〃	137,500	200,000	122,500	65,000	115,000	122,500	62,000	69,500
12.5 〃	142,000	208,000	126,500	67,000	119,500	126,500	64,000	72,000
13.0 〃	147,000	216,000	131,000	68,500	124,000	130,500	66,000	75,000
13.5 〃	151,500	224,000	135,000	70,000	128,500	135,000	68,000	77,500
14.0 〃	156,500	232,000	139,500	72,000	133,000	139,000	70,000	80,500
14.5 〃	161,500	240,000	143,500	73,500	137,500	143,500	72,000	83,000
15.0 〃	166,000	248,000	148,000	75,000	141,500	147,500	74,000	86,000

중량단계 (kg)	특급우편 비서류 요금(원)							
	호주	브라질	캐나다	중국	프랑스	독일	홍콩	인도네시아
15.5 〃	171,000	256,000	152,000	76,500	146,000	152,000	76,000	88,500
16.0 〃	175,500	264,000	156,000	78,500	150,500	156,000	77,500	91,500
16.5 〃	180,500	272,000	160,500	80,500	155,000	160,500	79,500	94,000
17.0 〃	185,000	280,000	164,500	82,500	159,500	164,500	81,500	97,000
17.5 〃	190,000	288,000	169,000	84,500	164,000	168,500	83,500	99,500
18.0 〃	195,000	296,000	173,000	86,500	168,500	173,000	85,500	102,000
18.5 〃	199,500	304,500	177,000	88,500	173,000	177,000	87,500	105,000
19.0 〃	204,500	312,500	181,500	90,000	177,500	181,500	89,500	107,500
19.5 〃	209,000	320,500	185,500	92,000	181,500	185,500	91,500	110,500
20.0 〃	214,000	328,500	190,000	94,000	186,000	190,000	93,500	113,000
20.5 〃	219,000	336,500	194,000	96,000	190,500	194,000	95,500	116,000
21.0 〃	223,500	344,500	198,000	98,000	195,000	198,000	97,500	118,500
21.5 〃	228,500	352,500	202,500	100,000	199,500	202,500	99,500	121,500
22.0 〃	233,000	360,500	206,500	102,000	204,000	206,500	101,500	124,000
22.5 〃	238,000	368,500	211,000	103,500	208,500	211,000	103,500	126,500
23.0 〃	243,000	376,500	215,000	105,500	213,000	215,000	105,500	129,500
23.5 〃	247,500	384,500	219,000	107,500	217,500	219,500	107,500	132,000
24.0 〃	252,500	392,500	223,500	109,500	221,500	223,500	109,500	135,000
24.5 〃	257,000	400,500	227,500	111,500	226,000	228,000	111,500	137,500
25.0 〃	262,000	408,500	232,000	113,500	230,500	232,000	113,500	140,500
25.5 〃	266,500	416,500	236,000	115,500	235,000	236,000	115,500	143,000
26.0 〃	271,500	424,500	240,000	117,000	239,500	240,500	117,000	146,000
26.5 〃	276,500	432,500	244,500	119,000	244,000	244,500	119,000	148,500
27.0 〃	281,000	440,500	248,500	121,000	248,500	249,000	121,000	151,500
27.5 〃	286,000	448,500	253,000	123,000	253,000	253,000	123,000	154,000
28.0 〃	290,500	456,500	257,000	125,000	257,500	257,500	125,000	156,500
28.5 〃	295,500	464,500	261,500	127,000	261,500	261,500	127,000	159,500
29.0 〃	300,500	472,500	265,500	129,000	266,000	265,500	129,000	162,000
29.5 〃	305,000	481,000	269,500	130,500	270,500	270,000	131,000	165,000
30.0 〃	310,000	489,000	274,000	132,500	275,000	274,000	133,000	167,500

중량단계 (kg)	특급우편 비서류 요금(원)							
	일본	말레이시아	뉴질랜드	필리핀	러시아	싱가포르	스페인	대만
0.5 까지	23,500	17,500	23,500	18,500	32,500	15,000	28,500	17,500
0.75 〃	24,500	19,000	26,000	19,500	35,500	16,500	30,500	18,000
1.0 〃	25,500	20,500	28,000	20,500	38,500	18,000	32,500	19,000
1.25 〃	27,500	22,000	30,500	21,500	41,500	19,500	35,000	20,000
1.5 〃	28,500	23,500	32,500	23,000	44,500	21,000	37,000	21,000
1.75 〃	31,000	25,000	35,000	24,000	48,000	22,500	39,500	21,500
2.0 〃	33,000	26,500	37,500	25,000	51,000	24,000	41,500	22,500
2.5 〃	34,500	29,000	41,500	26,500	56,000	26,000	45,500	24,000
3.0 〃	36,500	31,500	45,500	28,500	60,500	28,500	49,500	25,500
3.5 〃	38,000	34,000	50,000	30,000	65,500	30,500	53,500	27,000
4.0 〃	40,000	36,500	54,000	32,000	70,500	33,000	57,500	28,500
4.5 〃	41,500	39,000	58,500	33,500	75,500	35,500	62,000	29,500
5.0 〃	43,000	41,500	62,500	35,500	80,500	37,500	66,500	31,000
5.5 〃	45,000	44,000	67,000	37,000	85,000	40,000	71,000	32,500
6.0 〃	46,500	46,500	71,000	39,000	90,000	42,500	75,500	34,000
6.5 〃	48,500	49,000	75,500	40,500	95,000	44,500	80,000	36,000
7.0 〃	50,000	51,500	80,000	42,500	100,000	47,000	84,500	37,500
7.5 〃	51,500	54,500	84,000	44,500	104,500	49,500	88,500	39,500
8.0 〃	53,500	57,000	88,500	46,500	109,500	51,500	93,000	41,500
8.5 〃	55,000	60,000	93,000	48,500	114,500	54,000	97,500	43,500
9.0 〃	57,000	63,000	97,500	50,500	119,500	56,500	102,000	45,500
9.5 〃	58,500	66,000	101,500	53,000	124,500	58,500	106,500	47,000
10.0 〃	60,000	68,500	106,000	55,000	128,500	61,000	111,000	49,000
10.5 〃	62,000	71,500	110,500	57,000	132,500	63,500	115,000	51,000
11.0 〃	63,500	74,500	115,000	59,000	137,000	65,500	119,500	53,000
11.5 〃	65,500	77,500	119,000	61,500	141,000	68,000	124,000	54,500
12.0 〃	67,000	80,000	123,500	63,500	145,000	70,500	128,500	56,500
12.5 〃	69,000	83,000	128,000	65,500	149,500	72,500	133,000	58,500
13.0 〃	70,500	86,000	132,000	67,500	153,500	75,000	137,500	60,500
13.5 〃	71,500	89,000	136,500	69,500	157,500	77,500	142,000	62,500
14.0 〃	73,500	92,000	141,000	72,000	161,500	79,500	146,000	64,000
14.5 〃	75,000	94,500	145,500	74,000	166,000	82,000	150,500	66,000
15.0 〃	76,500	97,500	149,500	76,000	170,000	84,500	155,000	68,000
15.5 〃	78,000	100,500	154,000	78,000	174,000	86,500	159,500	70,000

중량단계 (kg)	특급우편 비서류 요금(원)							
	일본	말레이시아	뉴질랜드	필리핀	러시아	싱가포르	스페인	대만
16.0 〃	79,500	103,500	158,500	80,500	178,500	89,000	164,000	72,000
16.5 〃	81,000	106,000	163,000	82,500	182,500	91,000	168,500	73,500
17.0 〃	82,500	109,000	167,000	84,500	186,500	93,500	172,500	75,500
17.5 〃	84,000	112,000	171,500	86,500	191,000	96,000	177,000	77,500
18.0 〃	85,500	115,000	176,000	88,500	195,000	98,000	181,500	79,500
18.5 〃	87,000	117,500	180,500	91,000	199,000	100,500	186,000	81,500
19.0 〃	88,500	120,500	184,500	93,000	203,500	103,000	190,500	83,000
19.5 〃	90,000	123,500	189,000	95,000	207,500	105,000	195,000	85,000
20.0 〃	91,500	126,500	193,500	97,000	211,500	107,500	199,500	87,000
20.5 〃	93,000	129,500	197,500	99,000	215,500	110,000	203,500	89,000
21.0 〃	94,500	132,000	202,000	101,500	220,000	112,000	208,000	91,000
21.5 〃	96,000	135,000	206,500	103,500	224,000	114,500	212,500	92,500
22.0 〃	97,500	138,000	211,000	105,500	228,000	117,000	217,000	94,500
22.5 〃	99,000	141,000	215,000	107,500	232,500	119,000	221,500	96,500
23.0 〃	100,500	143,500	219,500	110,000	236,500	121,500	226,000	98,500
23.5 〃	102,000	146,500	224,000	112,000	240,500	124,000	230,000	100,000
24.0 〃	103,500	149,500	228,500	114,000	245,000	126,000	234,500	102,000
24.5 〃	105,000	152,500	232,500	116,000	249,000	128,500	239,000	104,000
25.0 〃	106,500	155,000	237,000	118,000	253,000	131,000	243,500	106,000
25.5 〃	108,000	158,000	241,500	120,500	257,500	133,000	248,000	108,000
26.0 〃	109,500	161,000	246,000	122,500	261,500	135,500	252,500	109,500
26.5 〃	111,000	164,000	250,000	124,500	265,500	138,000	257,000	111,500
27.0 〃	112,500	167,000	254,500	126,500	269,500	140,000	261,000	113,500
27.5 〃	114,000	169,500	259,000	129,000	274,000	142,500	265,500	115,500
28.0 〃	115,500	172,500	263,000	131,000	278,000	145,000	270,000	117,500
28.5 〃	117,000	175,500	267,500	133,000	282,000	147,000	274,500	119,000
29.0 〃	118,500	178,500	272,000	135,000	286,500	149,500	279,000	121,000
29.5 〃	120,000	181,000	276,500	137,000	290,500	151,500	283,500	123,000
30.0 〃	121,500	184,000	280,500	139,500	294,500	154,000	287,500	125,000

중량단계 (kg)	특급우편 비서류 요금(원)							
	태국	영국	미국	베트남	1지역	2지역	3지역	4지역
0.5 까지	18,500	33,000	26,500	17,500	20,500	20,500	30,500	33,000
0.75 〃	20,000	35,000	30,000	18,000	21,500	22,000	32,500	36,000
1.0 〃	21,000	37,000	33,500	19,000	22,500	23,500	34,500	39,000
1.25 〃	22,000	39,000	37,000	20,000	23,500	25,000	36,500	42,000
1.5 〃	23,000	41,000	40,500	21,000	24,500	26,500	38,500	45,000
1.75 〃	24,000	42,500	44,000	21,500	25,500	28,000	40,500	48,000
2.0 〃	25,000	44,500	47,500	22,500	26,500	29,500	42,500	51,000
2.5 〃	27,000	48,000	54,500	24,000	28,500	32,000	46,500	56,500
3.0 〃	29,000	51,500	61,000	25,500	30,500	35,000	50,000	62,000
3.5 〃	31,000	55,000	68,000	27,000	32,000	37,500	54,000	69,500
4.0 〃	33,000	58,500	74,500	28,500	34,000	40,500	58,000	77,000
4.5 〃	34,500	62,000	81,500	29,500	36,000	43,000	61,500	85,000
5.0 〃	36,500	65,500	88,000	31,000	38,000	46,000	65,500	92,500
5.5 〃	38,500	68,500	95,000	32,500	39,500	48,500	69,000	100,000
6.0 〃	40,500	72,000	102,000	34,000	41,500	51,000	73,000	107,500
6.5 〃	42,500	76,500	108,500	36,000	43,500	54,000	78,000	115,000
7.0 〃	44,000	80,500	115,500	37,500	45,500	56,500	83,000	123,000
7.5 〃	46,000	84,500	122,000	39,500	48,000	59,500	88,000	130,500
8.0 〃	48,500	89,000	129,000	41,500	50,500	61,000	93,000	138,000
8.5 〃	51,000	93,000	135,500	43,500	52,500	66,000	97,500	145,500
9.0 〃	53,000	97,500	142,500	45,500	55,000	70,500	102,500	153,000
9.5 〃	55,500	101,500	149,500	47,000	57,500	75,500	107,500	160,500
10.0 〃	58,000	105,500	156,000	49,000	60,000	80,500	112,500	168,500
10.5 〃	60,500	110,000	163,000	51,000	62,000	85,000	117,500	176,000
11.0 〃	63,000	114,000	169,500	53,000	64,500	90,000	122,500	183,500
11.5 〃	65,000	118,000	176,500	54,500	67,000	95,000	127,500	191,000
12.0 〃	67,500	122,500	183,500	56,500	69,000	99,500	132,500	198,500
12.5 〃	70,000	126,500	190,000	58,500	71,500	104,500	137,500	206,000
13.0 〃	72,500	131,000	197,000	60,500	74,000	109,000	142,500	214,000
13.5 〃	74,500	135,000	203,500	62,500	76,000	114,000	147,500	221,500
14.0 〃	77,000	139,000	210,500	64,000	78,500	119,000	152,500	229,000
14.5 〃	79,500	143,500	217,000	66,000	81,000	123,500	157,500	236,500
15.0 〃	82,000	147,500	224,000	68,000	83,000	128,500	162,000	244,000
15.5 〃	84,000	151,500	231,000	70,000	85,500	133,500	167,000	252,000

중량단계 (kg)	비서류 요금(원)							
	태국	영국	미국	베트남	1지역	2지역	3지역	4지역
16.0 〃	86,500	156,000	237,500	72,000	88,000	138,000	172,000	259,500
16.5 〃	89,000	160,000	244,500	73,500	90,000	143,000	177,000	267,000
17.0 〃	91,500	164,500	251,000	75,500	92,500	148,000	182,000	274,500
17.5 〃	94,000	168,500	258,000	77,500	95,000	152,500	187,000	282,000
18.0 〃	96,000	172,500	264,500	79,500	97,000	157,500	192,000	289,500
18.5 〃	98,500	177,000	271,500	81,500	99,500	162,000	197,000	297,500
19.0 〃	101,000	181,000	278,500	83,000	102,000	167,000	202,000	305,000
19.5 〃	103,500	185,000	285,000	85,000	104,500	172,000	207,000	312,500
20.0 〃	105,500	189,500	292,000	87,000	106,500	176,500	212,000	320,000
20.5 〃	108,000	193,500	298,500	89,000	109,000	181,500	217,000	327,500
21.0 〃	110,500	198,000	305,500	91,000	111,500	186,500	221,500	335,500
21.5 〃	113,000	202,000	312,000	92,500	113,500	191,000	226,500	343,000
22.0 〃	115,500	206,000	319,000	94,500	116,000	196,000	231,500	350,500
22.5 〃	117,500	210,500	326,000	96,500	118,500	200,500	236,500	358,000
23.0 〃	120,000	214,500	332,500	98,500	120,500	205,500	241,500	365,500
23.5 〃	122,500	218,500	339,500	100,000	123,000	210,500	246,500	373,000
24.0 〃	125,000	223,000	346,000	102,000	125,500	215,000	251,500	381,000
24.5 〃	127,000	227,000	353,000	104,000	127,500	220,000	256,500	388,500
25.0 〃	129,500	231,500	360,000	106,000	130,000	225,000	261,500	396,000
25.5 〃	132,000	235,500	366,500	108,000	132,500	229,500	266,500	403,500
26.0 〃	134,500	239,500	373,500	109,500	134,500	234,500	271,500	411,000
26.5 〃	136,500	244,000	380,000	111,500	137,000	239,500	276,500	418,500
27.0 〃	139,000	248,000	387,000	113,500	139,500	244,000	281,500	426,500
27.5 〃	141,500	252,000	393,500	115,500	141,500	249,000	286,000	434,000
28.0 〃	144,000	256,500	400,500	117,500	144,000	253,500	291,000	441,500
28.5 〃	146,500	260,500	407,500	119,000	146,500	258,500	296,000	449,000
29.0 〃	148,500	265,000	414,000	121,000	149,000	263,500	301,000	456,500
29.5 〃	151,000	269,000	421,000	123,000	151,000	268,000	306,000	464,500
30.0 〃	153,500	273,000	427,500	125,000	153,500	273,000	311,000	472,000

[별표6] 한 · 중 해상특송우편요금

(단위: kg, 원)

중량 (Kg)	요금 (원)	중량 (Kg)	요금 (원)
0.5	7,000	15.5	37,000
0.75	7,300	16.0	38,000
1.0	7,500	16.5	39,500
1.25	8,100	17.0	41,000
1.5	8,500	17.5	41,500
1.75	9,500	18.0	43,000
2.0	10,500	18.5	44,500
2.5	11,000	19.0	46,000
3.0	12,000	19.5	47,500
3.5	13,000	20.0	49,000
4.0	14,000	20.5	50,500
4.5	15,000	21.0	52,000
5.0	16,000	21.5	53,500
5.5	17,000	22.0	55,000
6.0	18,000	22.5	56,500
6.5	19,000	23.0	58,000
7.0	20,000	23.5	59,500
7.5	21,000	24.0	61,000
8.0	22,000	24.5	62,500
8.5	23,000	25.0	64,000
9.0	24,000	25.5	65,500
9.5	25,000	26.0	67,000
10.0	26,000	26.5	68,500
10.5	27,000	27.0	70,000
11.0	28,000	27.5	71,500
11.5	29,000	28.0	73,000
12.0	30,000	28.5	74,500
12.5	31,000	29.0	76,000
13.0	32,000	29.5	77,500
13.5	33,000	30.0	79,000
14.0	34,000		
14.5	35,000		
15.0	36,000		

[별표7] 보세화물우편요금

1. 특급우편(EMS)

[별표 5]의 특급우편(EMS)요금에 따름

2. K-Packet

[별표 4]의 K-Packet 우편요금에 따름

3. 등기소형포장물(일반소형포장물 제외)

[별표 1]의 5.항공소형포장물 우편요금에 따름(국제등기취급수수료 별도 부과)

4. 한 · 중해상특송

[별표 6]의 한 · 중해상특송우편요금에 따름

[별표8] 국제우편요금 적용지역별 국가명

1. 항공소포, 특급우편(EMS)

구분	국명
국가별 (20국)	호주, 브라질, 캐나다, 중국, 프랑스, 독일, 홍콩, 인도네시아, 일본, 말레이시아, 뉴질랜드, 필리핀, 러시아, 싱가포르, 스페인, 대만, 태국, 영국 미국, 베트남
1지역	마카오, 라오스, 캄보디아, 미얀마, 몽골
2지역	방글라데시, 브루나이, 인도, 네팔, 스리랑카, 몰디브, 부탄
3지역	• 서유럽 : 벨기에, 덴마크, 핀란드, 노르웨이, 포르투갈, 스위스, 스웨덴, 오스트리아 등 • 동유럽 : 루마니아, 폴란드, 헝가리, 체코, 구 소련연방 등 • 중동 : 바레인, 이란, 이라크, 이스라엘, 요르단, 터키, 쿠웨이트, 사우디아라비아, 카타르, 시리아 등 • 대양주 : 파푸아뉴기니, 괌, 사이판 등 • 아시아 : 아프가니스탄 등
4지역	• 아프리카 : 이집트, 케냐, 리비아 등 • 중남미 : 멕시코, 파나마, 아르헨티나, 우루과이, 페루 등 • 서인도제도 : 쿠바, 아이티, 도미니카 공화국 등 • 남태평양 : 피지, 키리바티, 솔로몬제도, 사모아 등

2. 항공통상(항공서간 및 항공엽서 제외), 선편소포

구분	국명
1지역	일본, 중국, 대만, 홍콩, 마카오
2지역	동남아시아 : 방글라데시, 브루나이, 미얀마, 캄보디아, 동티모르, 인도네시아, 라오스, 말레이시아, 필리핀, 싱가포르, 태국, 베트남, 몽골 등
3지역	• 북미 : 미국 본토(하와이, 알래스카포함), 캐나다 등 • 서유럽 : 벨기에, 덴마크, 핀란드, 프랑스 본토, 독일, 영국 본토, 그리스, 이탈리아, 룩셈부르크, 네덜란드 본토, 노르웨이, 포르투갈, 스페인, 스위스, 스웨덴, 오스트리아 등 • 동유럽 : 러시아, 루마니아, 폴란드, 헝가리, 체코, 구 소련연방 등 • 중동 : 바레인, 이란, 이라크, 이스라엘, 요르단, 터키, 쿠웨이트, 사우디아라비아, 카타르, 시리아 등 • 대양주 : 호주, 뉴질랜드 본토, 파푸아뉴기니, 괌, 사이판 등 • 아시아 : 아프가니스탄, 인도, 네팔, 파키스탄, 스리랑카 등
4지역	• 아프리카 : 이집트, 케냐, 리비아 등 • 중남미 : 멕시코, 파나마, 아르헨티나, 브라질, 우루과이, 페루 등 • 서인도제도 : 쿠바, 아이티, 도미니카 등 • 남태평양 : 피지, 키리바티, 솔로몬제도, 사모아 등

3. K-Packet

구분	국명
국가별 (17국)	뉴질랜드, 말레이시아, 미국, 베트남, 브라질, 싱가포르, 영국, 호주, 인도네시아, 일본, 중국, 캐나다, 태국, 대만, 프랑스, 필리핀, 홍콩

4. 한 · 중 해상특송 : 중국 전 지역(일부 자치구 제외)

※ 신장(新疆維, Xinjiang), 서장(西藏, Xizang 혹은 Tibet) 자치구 지역은 제외

5. 보세화물우편서비스

가. 특급우편(EMS) : EMS 적용국가

나. K-Packet : K-Packet 적용국가

다. 등기소형포장물 : 항공통상 적용국가(미국, 캐나다 제외)

라. 한 · 중 해상특송 : 중국

부 록

우편관련 법령

정인영 계리직 우편일반

- 우편법
- 우편법 시행령
- 우편법 시행규칙
- 우편업무 규정
- 국제우편규정

합격까지 박문각

부록 우편관련 법령

우편법

[시행 2024. 7. 24.] [법률 제20063호, 2024. 1. 23., 일부개정]

과학기술정보통신부(우정사업본부 우편정책과) 044-200-8162

제1장 총칙 〈개정 2011. 12. 2.〉

제1조 【목적】 이 법은 우편 이용에 관한 기본적인 사항을 정하여 공평하고 적정한 우편 역무를 제공함으로써 공공의 복지증진에 이바지함을 목적으로 한다.
[전문개정 2011. 12. 2.]

제1조의2 【정의】 이 법에서 사용하는 용어의 뜻은 다음과 같다.
1. "우편물"이란 통상우편물과 소포우편물을 말한다.
2. "통상우편물"이란 서신(書信) 등 의사전달물, 통화(송금통지서를 포함한다) 및 소형포장우편물을 말한다.
3. "소포우편물"이란 통상우편물 외의 물건을 포장한 우편물을 말한다.
4. "우편요금"이란 우편물의 발송인이나 수취인이 그 송달의 대가로 우편관서에 내야 하는 금액을 말한다.
5. "우표"란 우편요금의 선납과 우표수집 취미의 문화를 확산시키기 위하여 발행하는 증표를 말한다.
6. "우편요금을 표시하는 증표"란 우편엽서, 항공서신, 우편요금 표시 인영(印影)이 인쇄된 봉투(연하장이나 인사장이 딸린 것을 포함한다)를 말한다.
7. "서신"이란 의사전달을 위하여 특정인이나 특정 주소로 송부하는 것으로서 문자ㆍ기호ㆍ부호 또는 그림 등으로 표시한 유형의 문서 또는 전단을 말한다. 다만, 신문, 정기간행물, 서적, 상품안내서 등 대통령령으로 정하는 것은 제외한다.

[전문개정 2011. 12. 2.]

제2조 【경영주체와 사업의 독점 등】 ① 우편사업은 국가가 경영하며, 과학기술정보통신부장관이 관장한다. 다만, 과학기술정보통신부장관은 우편사업의 일부를 개인, 법인 또는 단체 등으로 하여금 경영하게 할 수 있으며, 그에 관한 사항은 따로 법률로 정한다. <개정 2013. 3. 23., 2017. 7. 26.>

② 누구든지 제1항과 제5항의 경우 외에는 타인을 위한 서신의 송달 행위를 업(業)으로 하지 못하며, 자기의 조직이나 계통을 이용하여 타인의 서신을 전달하는 행위를 하여서는 아니 된다.

③ 제2항에도 불구하고 서신(국가기관이나 지방자치단체에서 발송하는 등기취급 서신은 제외한다)의 중량이 350그램을 넘거나 제45조의2에 따라 서신송달업을 하는 자가 서신송달의 대가로 받는 요금이 대통령령으로 정하는 통상우편요금의 10배를 넘는 경우에는 타인을 위하여 서신을 송달하는 행위를 업으로 할 수 있다. <개정 2014. 6. 3.>

④ 누구든지 제2항 및 제3항을 위반하는 자에게 서신의 송달을 위탁하여서는 아니 된다. <개정 2014. 6. 3.>

⑤ 우편사업이나 우편창구업무의 위탁에 관한 사항은 따로 법률로 정한다. 다만, 과학기술정보통신부장관은 우편창구업무 외의 우편업무의 일부를 대통령령으로 정하는 바에 따라 다른 자에게 위탁할 수 있다. <개정 2013. 3. 23., 2017. 7. 26.>

⑥ 다음 각 호의 어느 하나에 해당하는 사람은 제5항 단서에 따라 과학기술정보통신부장관이 위탁하는 업무 중 우편물을 집배하는 업무에는 종사할 수 없다. <신설 2022. 6. 10.>

1. 다음 각 목의 어느 하나에 해당하는 죄를 범하여 금고 이상의 실형을 선고받고 그 집행이 끝나거나(집행이 끝난 것으로 보는 경우를 포함한다) 면제된 날부터 최대 20년의 범위에서 범죄의 종류, 죄질, 형기의 장단 및 재범위험성 등을 고려하여 대통령령으로 정하는 기간이 지나지 아니한 사람
   가. 「특정강력범죄의 처벌에 관한 특례법」 제2조제1항 각 호에 따른 죄
   나. 「특정범죄 가중처벌 등에 관한 법률」 제5조의2, 제5조의4, 제5조의5, 제5조의9 및 제11조에 따른 죄
   다. 「마약류 관리에 관한 법률」에 따른 죄
   라. 「성폭력범죄의 처벌 등에 관한 특례법」 제2조제1항제2호부터 제4호까지, 제3조부터 제9조까지 및 제15조(제14조의 미수범은 제외한다)에 따른 죄
   마. 「아동·청소년의 성보호에 관한 법률」 제2조제2호에 따른 죄
2. 제1호에 따른 죄를 범하여 금고 이상의 형의 집행유예를 선고받고 그 유예기간 중에 있는 사람

⑦ 과학기술정보통신부장관은 제6항에 따른 범죄경력을 확인하기 위하여 필요한 정보에 한정하여 경찰청장에게 범죄경력자료의 조회를 요청할 수 있다. <신설 2022. 6. 10.>

[전문개정 2011. 12. 2.]

제2조의2 삭제 <2014. 6. 3.>

제3조 【우편물 등의 비밀 보장】 우편업무 또는 제45조의2에 따른 서신송달업에 종사하는 자나 종사하였던 자는 재직 중에 우편 또는 서신에 관하여 알게 된 타인의 비밀을 누설하여서는 아니 된다. <개정 2014. 6. 3.>

[전문개정 2011. 12. 2.]

[제목개정 2014. 6. 3.]

제3조의2 【우편물의 운송 명령】 ① 과학기술정보통신부장관은 다음 각 호의 어느 하나에 해당하는 자에게 대통령령으로 정하는 바에 따라 우편물의 운송을 명할 수 있다. <개정 2013. 3. 23., 2017. 7. 26.>

1. 철도·궤도 사업을 경영하는 자
2. 일반 교통에 이용하기 위하여 노선을 정하여 정기적으로 또는 임시로 자동차·선박·항공기의 운송사업을 경영하는 자

② 과학기술정보통신부장관은 제1항에 따라 우편물을 운송한 자에게 정당한 보상을 하여야 한다. <개정 2013. 3. 23., 2017. 7. 26.>

[전문개정 2011. 12. 2.]

제3조의3 【우편물의 우선 취급】 ① 우편물을 운송하는 자는 해당 차량·선박·항공기에 실은 우편물을 그 목적지에서 내릴 때 또는 사고나 재해로 운송 도중에 바꿔 실을 때에는 다른 화물에 우선하여 내리거나 바꿔 실어야 한다.

② 우편물을 운송하는 자는 위험한 재난으로 인하여 부득이하게 화물을 처분하여야 하는 경우에는 우편물을 가장 나중에 처분하여야 한다.

[전문개정 2011. 12. 2.]

제4조 【운송원 등의 조력 청구권】 ① 우편업무를 집행 중인 우편운송원, 우편집배원과 우편물을 운송 중인 항공기·차량·선박 등이 사고를 당하였을 때에 우편운송원, 우편집배원 또는 우편관서의 공무원으로부터 도와줄 것을 요구 받은 자는 정당한 사유 없이 그 요구를 거부할 수 없다. 이 경우 우편관서는 도움을 준 자의 청구에 따라 적절한 보수를 지급하여야 한다. <개정 2014. 6. 3.>

② 전시·사변이나 이에 준하는 국가 비상사태 시에 국가기관과 지방자치단체 상호간에 주고 받는 행정우편을 취급하는 운송원 등은 우편관서 외의 다른 기관과 소속 직원에게 행정우편을 운송하기 위하여 필요한 교통수단의 제공이나 그 밖의 도움을 요구할 수 있다.

[전문개정 2011. 12. 2.]

第5조【우편운송원 등의 통행권】 ① 우편업무를 집행 중인 우편운송원, 우편집배원과 우편 전용 항공기·차량·선박 등은 도로의 장애로 통행이 곤란할 경우에는 담장이나 울타리가 없는 택지, 전답, 그 밖의 장소를 통행할 수 있다. 이 경우 우편관서는 피해자의 청구에 따라 손실을 보상하여야 한다.

② 우편업무를 집행 중인 우편운송원, 우편집배원과 우편 전용 항공기·차량·선박 등은 도선장(渡船場), 운하, 도로, 교량이나 그 밖의 장소를 통행할 때에 통행요금을 지급하지 아니하고 통행할 수 있다. 다만, 청구권자의 청구가 있을 때에는 우편관서는 정당한 보상을 하여야 한다.

③ 우편물을 운송 중인 우편운송원, 우편집배원은 언제든지 도선장에서 도선(渡船)을 요구할 수 있다.

④ 제3항의 요구를 받은 자는 정당한 사유 없이 이를 거부할 수 없다.

[전문개정 2011. 12. 2.]

第6조【이용 제한 및 업무 정지 등】 ① 과학기술정보통신부장관은 전시·사변이나 이에 준하는 국가 비상사태와 천재지변이나 그 밖의 부득이한 사유가 있을 경우에 우편운송원 및 우편집배원의 생명·신체를 보호하거나 중요한 우편물의 취급을 확보하기 위하여 필요하다고 인정될 때에는 우편물의 이용을 제한하거나 우편업무의 일부를 정지할 수 있다. <개정 2013. 3. 23., 2017. 7. 26., 2018. 2. 21.>

② 과학기술정보통신부장관은 제1항에 따라 우편업무의 일부가 정지된 우편운송원 및 우편집배원에 대하여 승진·전보·교육·포상 및 후생복지 등에서 불리한 처우를 하여서는 아니 된다. <신설 2018. 2. 21., 2020. 6. 9.>

③ 제1항에 따른 우편물의 이용 제한 및 우편업무의 일부 정지에 관한 기준은 대통령령으로 정한다. <신설 2018. 2. 21.>

[전문개정 2011. 12. 2.]

[제목개정 2018. 2. 21.]

第7조【우편 전용 물건 등의 압류 금지와 부과 면제】 ① 우편을 위한 용도로만 사용되는 물건과 우편을 위한 용도로 사용 중인 물건은 압류할 수 없다.

② 우편을 위한 용도로만 사용되는 물건(우편에 관한 서류를 포함한다)은 각종 세금 및 공과금의 부과 대상이 되지 아니한다. <개정 2020. 6. 9.>

③ 우편물과 그 취급에 필요한 물건은 해손(海損)을 부담하지 아니한다.

[전문개정 2011. 12. 2.]

第8조【우편물의 압류거부권】 우편관서는 우편물을 운송 중이거나 우편물의 발송 준비를 마친 후에만 그 압류를 거부할 수 있다.

[전문개정 2011. 12. 2.]

第9조【우편물의 검역】 우편물의 검역을 받아야 하는 경우에는 다른 물건에 우선하여 검역을 받는다.

[전문개정 2011. 12. 2.]

第10조【제한능력자의 행위에 관한 의제】 우편물의 발송·수취나 그 밖에 우편 이용에 관하여 제한능력자가 우편관서에 대하여 행한 행위는 능력자가 행한 것으로 본다. <개정 2019. 12. 10.>

[전문개정 2011. 12. 2.]

[제목개정 2019. 12. 10.]

第11조 삭제 <2011. 12. 2.>

제12조【「우편환법」의 적용】 우편에 의한 추심금(推尋金)의 지급이나 그 밖의 처분에 관하여는 이를 우편환금(郵便換金)으로 보고 「우편환법」을 적용한다. <개정 2021. 10. 19.>

[전문개정 2011. 12. 2.]

제12조의2【우편작업의 효율화를 위한 지원 등】 ① 과학기술정보통신부장관은 우편물의 수집·구분·운송·배달 등 우편 작업의 효율을 높이고 우편 이용자의 편의를 도모하기 위하여 해당 작업이나 이용에 관련되는 자 등에 대하여 대통령령으로 정하는 바에 따라 필요한 지원을 할 수 있다. <개정 2013. 3. 23., 2017. 7. 26.>

② 과학기술정보통신부장관은 우편 이용자의 편의를 도모하고 우편사업의 건전한 발전을 위하여 우편 관련 용품·장비의 개선 등에 관한 기술개발을 지원할 수 있다. <개정 2013. 3. 23., 2017. 7. 26.>

[전문개정 2011. 12. 2.]

제12조의3【권한의 위임】 이 법에 따른 과학기술정보통신부장관의 권한은 그 일부를 대통령령으로 정하는 바에 따라 그 소속 기관의 장에게 위임할 수 있다. <개정 2013. 3. 23., 2017. 7. 26.>

[전문개정 2011. 12. 2.]

제2장 우편역무 〈개정 2011. 12. 2.〉

제13조 삭제 <1997·8·28>

제14조【보편적 우편역무의 제공】 ① 과학기술정보통신부장관은 전국에 걸쳐 효율적인 우편송달에 관한 체계적인 조직을 갖추어 모든 국민이 공평하게 적정한 요금으로 우편물을 보내고 받을 수 있는 기본적인 우편역무(이하 "보편적 우편역무"라 한다)를 제공하여야 한다. <개정 2013. 3. 23., 2017. 7. 26.>

② 제1항에 따른 보편적 우편역무의 대상은 다음 각 호와 같다.

1. 2킬로그램 이하의 통상우편물
2. 20킬로그램 이하의 소포우편물
3. 제1호 또는 제2호의 우편물의 기록취급 등 특수취급우편물
4. 그 밖에 대통령령으로 정하는 우편물

③ 과학기술정보통신부장관은 과학기술정보통신부령으로 정하는 바에 따라 보편적 우편역무 제공에 필요한 우편물의 수집·배달 횟수, 우편물 송달에 걸리는 기간, 이용조건 등에 필요한 사항을 정하여 고시하여야 한다. <개정 2013. 3. 23., 2017. 7. 26.>

[전문개정 2011. 12. 2.]

제15조【선택적 우편역무의 제공】 ① 과학기술정보통신부장관은 고객의 필요에 따라 제14조에 따른 보편적 우편역무 외의 우편역무(이하 "선택적 우편역무"라 한다)를 제공할 수 있다. <개정 2013. 3. 23., 2017. 7. 26.>

② 제1항에 따른 선택적 우편역무의 대상은 다음 각 호와 같다.

1. 2킬로그램을 초과하는 통상우편물
2. 20킬로그램을 초과하는 소포우편물
3. 제1호 또는 제2호의 우편물의 기록취급 등 특수취급우편물
4. 우편과 다른 기술 또는 역무가 결합된 역무
5. 우편시설, 우표, 우편엽서, 우편요금 표시 인영이 인쇄된 봉투 또는 우편차량장비 등을 이용하는 역무
6. 우편 이용과 관련된 용품의 제조 및 판매
7. 그 밖에 우편역무에 부가하거나 부수하여 제공하는 역무

③ 선택적 우편역무의 종류와 그 이용조건은 과학기술정보통신부령으로 정한다. <개정 2013. 3. 23., 2017. 7. 26.>

[전문개정 2011. 12. 2.]

제15조의2【우편업무의 전자화】 ① 과학기술정보통신부장관은 우편업무를 효율적으로 처리하기 위하여 필요한 경우에는 종이문서나 그 밖에 전자적 형태로 작성되지 아니한 문서(이하 “전자화대상문서”라 한다)를 정보처리시스템이 처리할 수 있는 형태로 변환하여 처리할 수 있다.

② 제1항에 따라 정보처리시스템이 처리할 수 있는 형태로 변환한 문서(이하 “전자화문서”라 한다)가 다음 각 호의 요건을 모두 갖춘 경우에는 그 전자화문서를 보관함으로써 전자화대상문서의 보관을 갈음할 수 있다.

1. 전자화문서가 전자화대상문서와 그 내용 및 형태가 동일할 것
2. 전자화문서의 내용을 열람할 수 있을 것
3. 전자화문서가 작성 및 송신・수신된 때의 형태 또는 그와 같이 재현될 수 있는 형태로 보존되어 있을 것
4. 전자화문서의 작성자, 수신자 및 송신・수신 일시에 관한 사항이 포함되어 있는 경우에는 그 부분이 보존되어 있을 것

③ 과학기술정보통신부장관은 전자화문서를 출력한 문서가 제4항에 따른 전자우편서류관리시스템에 보관하고 있는 전자화문서와 일치하는지 여부를 확인할 수 있다.

④ 과학기술정보통신부장관은 전자화문서의 작성 및 보관, 제3항에 따른 동일성 확인, 그 밖에 우편업무의 전자적 처리를 효율적으로 수행하기 위하여 전자우편서류관리시스템(이하 “전자우편서류관리시스템”이라 한다)을 구축하여 운영할 수 있다.

⑤ 전자화문서의 작성 방법 및 절차와 보관, 제3항에 따른 동일성 확인, 전자우편서류관리시스템의 구축・운영, 그 밖에 필요한 사항은 대통령령으로 정한다.

[본조신설 2018. 2. 21.]

제16조【군사우편】 ① 과학기술정보통신부장관은 국방부장관의 요청에 따라 국군이 주둔하는 지역으로서 우체국의 기능이 미치지 아니하는 지역에 있는 부대(기관을 포함한다. 이하 같다)와 그 부대에 속하는 군인・군무원에 대한 우편역무(이하 “군사우편”이라 한다)를 제공할 수 있다. <개정 2013. 3. 23., 2017. 7. 26.>

② 군사우편물의 요금은 일반우편요금의 2분의 1로 한다.

③ 국방부장관은 군사우편을 취급하는 우체국(이하 “군사우체국”이라 한다)에 필요한 시설・장비를 제공하는 것 외에 용역의 일부를 지원할 수 있다. 부대의 이동에 따라 군사우체국을 이동하는 경우에도 또한 같다.

④ 국방부장관은 특별한 사유가 있는 경우 외에는 군사우체국 직원에게 영내(營內) 출입, 군(軍)주둔지역의 통행, 그 밖의 업무 수행에 필요한 편의를 제공하여야 한다.

⑤ 제2항부터 제4항까지에 규정된 것 외에 군사우편에 필요한 사항은 대통령령으로 정한다.

[전문개정 2011. 12. 2.]

제17조【우편금지물품, 우편물의 용적・중량 및 포장 등】 ① 과학기술정보통신부장관은 건전한 사회질서를 해치거나 우편물의 안전한 송달을 해치는 물건(음란물, 폭발물, 총기・도검, 마약류 및 독극물 등으로서 우편으로 취급하는 것이 부적절하다고 인정되는 물건을 말하며, 이하 “우편금지물품”이라 한다)을 정하여 고시하여야 한다. <개정 2013. 3. 23., 2017. 7. 26.>

② 과학기술정보통신부장관은 우편물의 취급 용적・중량 및 포장에 관한 사항을 정하여 고시하여야 한다. <개정 2013. 3. 23., 2017. 7. 26.>

③ 과학기술정보통신부장관은 우편금지물품과 제2항에 따라 고시한 기준에 맞지 아니한 물건에 대하여는 우편역무의 제공을 거절하거나 제한할 수 있다. <개정 2013. 3. 23., 2017. 7. 26.>

[전문개정 2011. 12. 2.]

제18조 삭제 <1997・8・28>

제3장 우편에 관한 요금 〈개정 2011. 12. 2.〉

제19조 【우편요금 등의 결정】 우편에 관한 요금과 우편 이용에 관한 수수료(이하 "요금등"이라 한다)는 과학기술정보통신부장관이 정한다. <개정 2013. 3. 23., 2017. 7. 26.>
[전문개정 2011. 12. 2.]

제20조 【요금등의 납부방법】 요금등은 다음 각 호의 방법으로 내게 할 수 있다. <개정 2019. 12. 10.>
1. 현금
2. 우표
3. 우편요금을 표시하는 증표
4. 「여신전문금융업법」에 따른 신용카드 또는 직불카드
4의2. 「전자금융거래법」에 따른 직불전자지급수단
5. 정보통신망을 이용한 전자화폐 또는 전자결제
6. 우편요금이 인쇄된 라벨 등 과학기술정보통신부령으로 정하는 납부방법
[전문개정 2011. 12. 2.]

제21조 【우표의 발행권】 ① 우표와 우편요금을 표시하는 증표는 과학기술정보통신부장관이 발행한다. <개정 2013. 3. 23., 2017. 7. 26.>
② 우표와 우편요금을 표시하는 증표의 판매, 관리와 그 밖의 필요한 처분 등에 관한 사항은 과학기술정보통신부령으로 정한다. <개정 2013. 3. 23., 2017. 7. 26.>
③ 우편엽서는 과학기술정보통신부령으로 정하는 바에 따라 제조하여 사용할 수 있다. <개정 2013. 3. 23., 2017. 7. 26.>
[전문개정 2011. 12. 2.]

제21조의2 삭제 <1997·8·28>

제22조 【우표의 효력】 오염이나 훼손된 우표와 우편요금을 표시하는 증표는 무효로 한다.
[전문개정 2011. 12. 2.]

제23조 【요금등의 제척기간】 요금등의 납부의무는 요금등을 내야 하는 날부터 6개월 내에 납부의 고지를 받지 아니한 경우에는 소멸한다. 다만, 불법으로 면탈한 요금에 대하여는 그러하지 아니하다.
[전문개정 2011. 12. 2.]

제24조 【체납 요금등의 징수방법】 ① 요금등의 체납 금액은 「국세징수법」에 따른 체납처분의 예에 따라 징수한다.
② 제1항의 경우 체납 요금등에 대하여는 대통령령으로 정하는 바에 따라 연체료를 가산하여 징수한다.
③ 제1항과 제2항의 체납 요금등과 연체료는 조세를 제외한 다른 채권에 우선한다.
[전문개정 2011. 12. 2.]

제25조 【기납·과납 요금의 반환 등】 우편에 관하여 이미 냈거나 초과하여 낸 요금은 대통령령으로 정하는 경우 외에는 되돌려 주지 아니한다.
[전문개정 2011. 12. 2.]

제26조 【무료 우편물】 다음 각 호의 우편물은 우편요금을 무료로 할 수 있다. <개정 2013. 3. 23., 2014. 6. 3., 2015. 12. 22., 2017. 7. 26.>
1. 과학기술정보통신부와 그 소속 기관이 발송하는 우편물 중 우편업무와 관련된 것
2. 과학기술정보통신부와 그 소속 기관으로 발송하는 우편물 중 우편물에 관한 손해배상, 우편요금 등의 반환 청구, 우편물에 관한 사고조회 및 과학기술정보통신부와 그 소속 기관의 우편업무상 의뢰에 의한 것
3. 재해복구를 위하여 설치된 구호기관이 이재민의 구호를 위하여 발송하는 것

4. 시각장애인용 점자 또는 시각장애인을 위한 법인·단체 또는 시설(법률에 따라 설치되거나 허가·등록·신고 등을 한 법인·단체 또는 시설만 해당한다)에서 시각장애인용 녹음물을 발송하는 것
5. 전쟁포로가 발송하는 것

[전문개정 2011. 12. 2.]

[제목개정 2014. 6. 3.]

제26조의2【요금등의 감액】 ① 과학기술정보통신부장관은 우편 이용의 편의와 우편물의 원활한 송달을 확보할 수 있는 방법으로 발송하는 다량의 우편물에 대하여는 그 요금등의 일부를 감액할 수 있다. <개정 2013. 3. 23., 2017. 7. 26.>

② 제1항에 따라 요금등을 감액할 수 있는 우편물의 종류, 수량, 취급 요건 및 감액 범위 등에 관한 사항은 과학기술정보통신부령으로 정한다. <개정 2013. 3. 23., 2017. 7. 26.>

[전문개정 2011. 12. 2.]

제4장 우편물의 취급 〈개정 2011. 12. 2.〉

제27조【우편물 내용의 신고와 개봉 요구】 ① 우편관서는 우편물을 접수할 때에 우편물 내용물의 종류와 성질에 대하여 발송인에게 신고를 받을 수 있다.

② 제1항의 경우 우편물의 내용이 발송인의 신고와 달라서 이 법 또는 대통령령으로 정한 규정을 위반한다고 인정되면 우편관서는 발송인에게 그 개봉을 요구할 수 있다.

③ 발송인이 제1항의 신고나 제2항의 개봉을 거부할 때에는 우편물은 접수하지 아니할 수 있다.

[전문개정 2011. 12. 2.]

제28조【법규 위반 우편물의 개봉】 ① 우편관서는 취급 중인 우편물의 내용이 이 법 또는 대통령령으로 정한 규정을 위반한 혐의가 있으면 발송인이나 수취인에게 그 우편물의 개봉을 요구할 수 있다.

② 발송인이나 수취인이 제1항의 개봉을 거부하였을 때 또는 발송인이나 수취인에게 그 개봉을 요구할 수 없을 때에는 과학기술정보통신부장관이 지정하는 우편관서의 장이 그 우편물을 개봉할 수 있다. 다만, 대통령령으로 정하는 봉함한 우편물은 개봉하지 아니한 채로 발송인에게 되돌려 보내야 한다. <개정 2013. 3. 23., 2017. 7. 26.>

[전문개정 2011. 12. 2.]

제29조【법규 위반 우편물의 반환】 우편관서는 취급 중인 우편물이 이 법 또는 대통령령으로 정한 규정을 위반하였을 때에는 발송인에게 되돌려 보내야 한다. 다만, 다른 법률에 따라 되돌려 보내지 아니할 수 있는 경우에는 그러하지 아니하다.

[전문개정 2011. 12. 2.]

[제목개정 2015. 12. 22.]

제30조 삭제 <1997·8·28>

제31조【우편물의 배달】 우편물은 그 표면에 기재된 곳에 배달한다. 다만, 대통령령으로 정하는 경우는 그러하지 아니하다.

[전문개정 2011. 12. 2.]

제31조의2【우편물의 전송】 ① 과학기술정보통신부장관은 우편물의 수취인이 주거를 이전하고 그 이전한 곳을 과학기술정보통신부령으로 정하는 바에 따라 신고한 경우에는 수취인이 이전한 곳으로 우편물을 무료로 전송하여야 한다. 다만, 주거이전을 신고한 날부터 3개월이 지난 후에 도착하는 우편물은 발송인에게 되돌려 보낼 수 있다. <개정 2017. 7. 26.>

② 제1항에도 불구하고 다음 각 호의 어느 하나에 해당하는 경우에 는 대통령령으로 정하는 바에 따라 수취인에게 수수료를 내게 하고 우편물을 전송할 수 있다.
1. 주거이전을 신고한 날부터 3개월이 지난 후에 도착하는 우편물을 수취인이 받기를 신고한 경우
2. 수취인이 주거를 이전한 곳에 우편물을 전송하는 데 상당한 비용이 소요되는 경우
[본조신설 2015. 1. 20.]

제32조 【반환우편물의 처리】 ① 수취인에게 배달할 수 없거나 수취인이 수취를 거부한 우편물은 발송인에게 되돌려 보낸다. 다만, 다음 각 호의 어느 하나에 해당하는 경우에는 그러하지 아니하다. <개정 2013. 3. 23., 2015. 12. 22., 2017. 7. 26., 2024. 1. 23.>
1. 발송인이 발송할 때에 과학기술정보통신부령으로 정하는 바에 따라 반환 거절의 의사를 우편물에 기재한 경우
2. 동시에 또는 일정 기간에 대량으로 발송되는 우편물로서 과학기술정보통신부령으로 정하는 우편물에 해당하는 경우. 다만, 발송인이 발송할 때에 과학기술정보통신부령으로 정하는 바에 따라 반환의사를 우편물에 기재한 경우는 제외한다.
② 제1항 본문의 경우에 발송인은 되돌아온 우편물의 수취를 정당한 사유 없이 거부할 수 없다.
③ 과학기술정보통신부장관은 제1항 본문에 따라 우편물을 발송인에게 되돌려 보낼 때에는 과학기술정보통신부령으로 정하는 바에 따라 되돌려 보내는 사유를 발송인에게 알려주어야 한다. <신설 2015. 1. 20., 2017. 7. 26.>
[전문개정 2011. 12. 2.]
[제목개정 2015. 12. 22.]

제33조 【우편관서의 증명 요구】 우편관서는 우편물 수취인의 진위를 확인하기 위하여 수취인에 대하여 필요한 증명을 요구할 수 있다.
[전문개정 2011. 12. 2.]

제34조 【정당 교부의 인정】 이 법 또는 이 법에 따른 명령으로 정한 절차를 밟아 우편물을 내주었을 때에는 정당하게 내준 것으로 본다.
[전문개정 2011. 12. 2.]

제35조 【반환 불능 우편물의 개봉】 발송인의 주소나 성명이 불분명하여 되돌려 보낼 수 없는 우편물은 그 주소·성명을 알기 위하여 필요한 경우에는 우편관서에서 이를 개봉할 수 있다.
[전문개정 2011. 12. 2.]
[제목개정 2015. 12. 22.]

제36조 【우편물의 처분】 ① 제35조에 따라 개봉하여도 배달하거나 되돌려 보낼 수 없는 우편물과 제32조제1항 단서에 따라 되돌려 보내지 아니하는 우편물은 해당 우편관서에서 보관한다. 이 경우 그 우편물이 유가물(有價物)이면 보관한 날부터 1개월간 해당 우편관서의 게시판 등에 그 사실을 게시하여야 한다.
② 제1항에 따라 보관한 우편물은 다음 각 호의 구분에 따라 처리하여야 한다. <개정 2014. 6. 3.>
1. 유가물이 아닌 경우: 보관하기 시작한 날부터 3개월 내에 내줄 것을 청구하는 자가 없을 때에는 폐기. 다만, 제32조제1항 단서에 따라 발송인에게 되돌려 보내지 아니하는 우편물은 1개월 내에 내줄 것을 청구하는 자가 없을 때에는 폐기한다.
2. 유가물로서 멸실 또는 훼손의 우려가 있는 것이나 보관비용이 지나치게 많이 드는 경우: 매각하여 그 대금을 보관하되 매각하는 데에 드는 비용은 매각한 대금으로 충당
③ 유가물과 매각대금은 그 우편물을 보관한 날부터 1년 내에 내줄 것을 청구하는 자가 없을 때에는 국고에 귀속한다.
[전문개정 2011. 12. 2.]

제37조 【우편사서함】 우편관서에 대통령령으로 정하는 바에 따라 우편사서함을 설치할 수 있다.
[전문개정 2011. 12. 2.]

제37조의2 【고층건물의 우편수취함 설치】 3층 이상의 고층건물로서 그 전부 또는 일부를 주택·사무소 또는 사업소로 사용하는 건축물에는 대통령령으로 정하는 바에 따라 우편수취함을 설치하여야 한다.
[전문개정 2011. 12. 2.]

제5장 손해배상 <개정 2011. 12. 2.>

제38조 【손해배상의 범위】 ① 과학기술정보통신부장관은 다음 각 호의 어느 하나에 해당하는 사유가 발생한 경우에는 그 손해를 배상하여야 한다. <개정 2013. 3. 23., 2017. 7. 26.>
1. 우편역무 중 취급과정을 기록취급하는 우편물을 잃어버리거나 못 쓰게 하거나 지연 배달한 경우
2. 우편역무 중 보험취급 우편물을 잃어버리거나 못 쓰게 하거나 지연 배달한 경우
3. 우편역무 중 현금추심 취급 우편물을 배달하면서 추심금액을 받지 아니하고 수취인에게 내준 경우
4. 제1호부터 제3호까지 외의 우편역무로서 대통령령으로 정하는 경우

② 제1항의 배상금액과 지연배달의 기준은 과학기술정보통신부령으로 정한다. <개정 2013. 3. 23., 2017. 7. 26.>
③ 국제우편물에 관한 손해배상액은 조약에서 정하는 손해배상액을 넘지 아니하는 범위에서 과학기술정보통신부장관이 정하여 고시한다. <개정 2013. 3. 23., 2017. 7. 26.>
④ 제2항과 제3항의 손해배상액은 대통령령으로 정하는 바에 따라 우편관서에서 즉시 지급할 수 있다.
[전문개정 2011. 12. 2.]

제39조 【책임 원인의 제한】 정부는 우편물의 손해가 발송인 또는 수취인의 잘못으로 인한 것이거나 해당 우편물의 성질, 결함 또는 불가항력으로 인하여 발생한 경우에는 제38조에도 불구하고 그 손해를 배상하지 아니한다.
[전문개정 2011. 12. 2.]

제40조 【손해배상의 한계】 우편물을 내줄 때에 외부에 파손 흔적이 없고 중량에 차이가 없는 경우에는 손해가 없는 것으로 본다.
[전문개정 2011. 12. 2.]

제41조 【우편물 수취거부권】 우편물의 발송인 또는 수취인은 그 우편물에 대하여 우편관서에서 배상하여야 할 손해가 있다고 인정될 때에는 우편물을 받는 것을 거부할 수 있다. 다만, 우편물을 받은 후에는 이의를 제기할 수 없다.
[전문개정 2011. 12. 2.]

제42조 【손해배상 청구권자】 제38조에 따른 손해배상을 청구할 수 있는 자는 그 우편물의 발송인이나 그 승인을 받은 수취인으로 한다.
[전문개정 2011. 12. 2.]

제43조 【배상 및 보수 등의 단기소멸시효】 이 법에 따른 보수 또는 손실보상, 손해배상의 청구권은 과학기술정보통신부장관이 지정한 우편관서에 대하여 다음 각 호의 구분에 따른 기간 내에 행사하지 아니하면 소멸시효가 완성된다. <개정 2013. 3. 23., 2017. 7. 26.>
1. 제4조제1항 후단에 따른 보수와 제5조제1항·제2항에 따른 보상은 그 사실이 있었던 날부터 1년
2. 제38조에 따른 배상은 우편물을 발송한 날부터 1년

[전문개정 2011. 12. 2.]

제44조 【보수 등의 결정에 대한 불복의 구제】 제4조제1항 후단에 따른 보수, 제5조제1항 · 제2항에 따른 보상 및 제38조에 따른 손해배상에 관한 과학기술정보통신부장관의 결정에 불복하는 자는 그 통지를 받은 날부터 3개월 내에 소송을 제기할 수 있다. <개정 2013. 3. 23., 2017. 7. 26.>
[전문개정 2011. 12. 2.]

제45조 【손해배상에 따른 대위】 우편관서는 손해배상을 한 후 그 우편물의 전부 또는 일부를 발견하였을 때에는 그 손해배상을 받은 자에게 통지하여야 한다. 이 경우 손해배상을 받은 자는 그 통지를 받은 날부터 3개월 내에 대통령령으로 정하는 바에 따라 배상금의 전부 또는 일부를 반환하고 그 우편물의 교부를 청구할 수 있다.
[전문개정 2011. 12. 2.]

부록

제6장 서신송달업자 등의 관리 〈신설 2014. 6. 3.〉

제45조의2 【서신송달업의 신고 등】 ① 제2조제3항에 따라 서신을 송달하는 업(이하 "서신송달업"이라 한다)을 하려는 자는 과학기술정보통신부장관에게 신고하여야 한다. 다만, 대통령령으로 정하는 기준에 해당하는 소규모 서신송달업을 하려는 자는 신고하지 아니하고 서신송달업을 할 수 있다. <개정 2017. 7. 26.>
② 제1항에 따른 신고를 하려는 자는 해당 신고서에 과학기술정보통신부령으로 정하는 사업계획서를 첨부하여 과학기술정보통신부장관에게 제출하여야 한다. <개정 2017. 7. 26.>
③ 제1항 본문에 따라 서신송달업의 신고를 한 자는 신고한 사항 중 과학기술정보통신부령으로 정하는 사항을 변경하려는 경우에는 변경신고를 하여야 한다. <개정 2017. 7. 26.>
④ 제1항 및 제3항에 따른 신고 및 변경신고에 필요한 사항은 과학기술정보통신부령으로 정한다. <개정 2017. 7. 26.>
[본조신설 2014. 6. 3.]

제45조의3 【유사명칭의 사용금지 등】 ① 제45조의2제1항 본문에 따라 서신송달업의 신고를 한 자와 같은 항 단서에 따라 신고하지 아니하고 서신송달업을 하는 자(이하 "서신송달업자"라 한다)는 서신송달업무의 운영과정에서 우편관서가 우편사업 운영과 관련하여 사용하는 우편, 우편물, 우체국 및 그와 유사한 명칭을 사용해서는 아니 된다.
② 서신송달업자는 타인에게 자기의 성명 또는 상호를 사용하여 서신송달업을 경영하게 해서는 아니 된다.
[본조신설 2014. 6. 3.]

제45조의4 【휴업 · 폐업 등의 신고】 서신송달업자(제45조의2제1항 본문에 따라 신고한 서신송달업자만 해당한다. 이하 제45조의5, 제45조의6 및 제45조의8에서 같다)가 그 영업을 30일 이상 휴업 또는 폐업하거나 휴업 후 재개하려는 경우에는 과학기술정보통신부령으로 정하는 바에 따라 과학기술정보통신부장관에게 신고하여야 한다. <개정 2017. 7. 26.>
[본조신설 2014. 6. 3.]

제45조의5 【사업개선명령】 과학기술정보통신부장관은 서신송달서비스의 개선과 서신송달업자에 대한 지도 · 감독을 위하여 과학기술정보통신부령으로 정하는 바에 따라 필요하다고 인정되는 경우 서신송달업자에게 다음 각 호의 사항을 명할 수 있다. <개정 2017. 7. 26.>
1. 사업계획의 변경
2. 영업소, 대리점 및 작업장 등 시설의 개선
3. 그 밖에 서신송달업자의 지도 · 감독을 위하여 필요한 사항
[본조신설 2014. 6. 3.]

제45조의6【영업소의 폐쇄 등】 ① 과학기술정보통신부장관은 서신송달업자가 다음 각 호의 어느 하나에 해당하면 영업소의 폐쇄를 명하거나 6개월 이내의 기간을 정하여 그 사업의 전부 또는 일부의 정지를 명할 수 있다. 다만, 제1호 또는 제5호에 해당하면 영업소의 폐쇄를 명하여야 한다. <개정 2017. 7. 26.>

1. 거짓으로 작성된 사업신고서를 제출한 경우
2. 제2조제3항의 중량 및 요금 기준을 위반하여 서신을 취급한 경우
3. 제45조의3제2항을 위반하여 타인에게 자기의 성명 또는 상호를 사용하여 서신송달업을 경영하게 한 경우
4. 제45조의5의 사업개선명령에 따르지 아니한 경우
5. 사업정지명령을 위반하여 사업정지기간에 사업을 경영한 경우

② 제1항에 따른 처분의 기준 및 절차와 그 밖에 필요한 사항은 과학기술정보통신부령으로 정한다. <개정 2017. 7. 26.>

[본조신설 2014. 6. 3.]

제45조의7【보고 및 조사 등】 ① 과학기술정보통신부장관은 서신송달업의 감독을 위하여 필요하다고 인정할 때에는 다음 각 호의 어느 하나에 해당하는 자에게 서신송달이나 서신송달 위탁 관련 업무 및 경영상황, 장부·서류, 전산자료, 그 밖에 과학기술정보통신부령으로 정하는 자료를 제출하게 하거나 보고하게 할 수 있다. <개정 2017. 7. 26.>

1. 서신송달업자
2. 서신송달을 위탁한 자

② 과학기술정보통신부장관은 제1항에 따른 제출 자료 또는 보고 내용을 검토한 결과 현장조사를 할 필요가 있다고 인정하는 경우에는 관계 공무원으로 하여금 영업소, 대리점 및 작업장 등 시설이나 그 밖에 필요한 장소에 출입하여 해당 시설이나 서류·장부, 그 밖의 물건을 조사하게 하거나 관계인에게 질문하게 할 수 있다. <개정 2017. 7. 26.>

③ 과학기술정보통신부장관은 제2항에 따른 출입·조사 또는 질문을 하려는 경우에는 출입·조사 또는 질문을 하기 7일 전까지 출입·조사 또는 질문의 일시·이유 및 내용 등을 포함한 계획을 조사대상자에게 통지하여야 한다. 다만, 긴급하거나 사전에 통지하면 증거인멸 등으로 출입·조사 또는 질문의 목적을 달성할 수 없다고 인정되는 경우에는 그러하지 아니하다. <개정 2017. 7. 26.>

④ 제2항에 따라 출입·조사 또는 질문을 하는 공무원은 그 권한을 표시하는 증표를 지니고 이를 관계인에게 보여 주어야 하며, 출입 시 해당 공무원의 성명, 출입 시간 및 출입 목적 등이 적힌 문서를 관계인에게 교부하여야 한다.

[본조신설 2014. 6. 3.]

제45조의8【청문】 과학기술정보통신부장관은 제45조의6제1항에 따라 서신송달업자의 영업소 폐쇄를 명하려면 청문을 하여야 한다. <개정 2017. 7. 26.>

[본조신설 2014. 6. 3.]

제7장 벌칙 〈개정 2011. 12. 2., 2014. 6. 3.〉

제46조【사업독점권 침해의 죄】 ① 제2조제2항 및 제3항을 위반하여 타인을 위한 서신의 송달 행위를 업으로 하거나 자기의 조직이나 계통을 이용하여 타인의 서신을 전달하는 행위를 한 자는 3년 이하의 징역 또는 3천만원 이하의 벌금에 처한다. <개정 2014. 6. 3.>

③ 제1항의 경우에 금품을 취득하였으면 그 금품을 몰수한다. 이를 몰수할 수 없을 때에는 그 가액을 추징한다.

④ 법인의 대표자, 대리인, 사용인, 그 밖의 종업원이 법인의 업무에 관하여 제1항의 위반행위를 하면 그 행위자를 벌하는 외에 그 법인에도 해당 조문의 벌금형을 과(科)한다. 다만, 법인이 그 위반행위를 방지하기 위하여 해당 업무에 관하여 상당한 주의와 감독을 게을리하지 아니한 때에는 그러하지 아니하다.

⑤ 개인의 대리인, 사용인, 그 밖의 종업원이 그 개인의 업무에 관하여 제1항의 위반 행위를 하면 그 행위자를 벌할 뿐만 아니라 그 개인에게도 해당 조문의 벌금형을 과한다. 다만, 개인이 그 위반행위를 방지하기 위하여 해당 업무에 관하여 상당한 주의와 감독을 게을리 하지 아니한 때에는 그러하지 아니하다.
[전문개정 2011. 12. 2.]

제47조 【우편특권 침해의 죄】 다음 각 호의 어느 하나에 해당하는 자는 100만원 이하의 벌금에 처한다.
1. 제3조의2제1항에 따른 우편물의 운송명령을 따르지 아니한 자
2. 제4조제1항 전단을 위반하여 정당한 사유 없이 우편운송원, 우편집배원 또는 우편관서 공무원의 조력요구를 거부한 자
3. 제5조제1항 · 제2항에 따른 통행을 방해한 자
4. 제5조제4항을 위반하여 정당한 사유 없이 도선 요구를 거부한 자
5. 제9조를 위반하여 우선 검역을 하지 아니한 자

[전문개정 2011. 12. 2.]

부록

제47조의2 【전시 우편특권 침해의 죄】 제4조제2항을 위반하여 우편운송원 등의 조력 요구를 거부한 자는 100만원 이하의 벌금에 처한다.
[전문개정 2011. 12. 2.]

제48조 【우편물 등 개봉 훼손의 죄】 ① 우편관서 및 서신송달업자가 취급 중인 우편물 또는 서신을 정당한 사유 없이 개봉, 훼손, 은닉 또는 방기(放棄)하거나 고의로 수취인이 아닌 자에게 내준 자는 3년 이하의 징역 또는 3천만원 이하의 벌금에 처한다. <개정 2014. 6. 3.>
② 우편업무 또는 서신송달업무에 종사하는 자가 제1항의 행위를 하였을 때에는 5년 이하의 징역 또는 5천만원 이하의 벌금에 처한다. <개정 2014. 6. 3.>
[전문개정 2011. 12. 2.]
[제목개정 2014. 6. 3.]

제49조 【우편전용 물건 손상의 죄】 ① 우편을 위한 용도로만 사용되는 물건이나 우편을 위한 용도로 사용 중인 물건에 손상을 주거나 그 밖에 우편에 장해가 될 행위를 한 자는 3년 이하의 징역 또는 3천만원 이하의 벌금에 처한다. <개정 2014. 6. 3.>
② 우편업무에 종사하는 자가 제1항의 행위를 하였을 경우에는 5년 이하의 징역 또는 5천만원 이하의 벌금에 처한다. <개정 2014. 6. 3.>
[전문개정 2011. 12. 2.]

제50조 【우편취급 거부의 죄】 우편업무에 종사하는 자가 정당한 사유 없이 우편물의 취급을 거부하거나 이를 고의로 지연시키게 한 경우에는 1년 이하의 징역 또는 1천만원 이하의 벌금에 처한다. <개정 2014. 6. 3.>
[전문개정 2011. 12. 2.]

제51조 【서신의 비밀침해의 죄】 ① 우편관서 및 서신송달업자가 취급 중인 서신의 비밀을 침해한 자는 3년 이하의 징역 또는 3천만원 이하의 벌금에 처한다. <개정 2014. 6. 3.>
② 우편업무 및 서신송달업무에 종사하는 자가 제1항의 행위를 하였을 경우에는 5년 이하의 징역 또는 5천만원 이하의 벌금에 처한다. <개정 2014. 6. 3.>
[전문개정 2011. 12. 2.]

제51조의2 【비밀 누설의 죄】 제3조를 위반하여 비밀을 누설한 자는 5년 이하의 징역 또는 5천만원 이하의 벌금에 처한다. <개정 2014. 6. 3.>
[전문개정 2011. 12. 2.]

第52조 【우편금지물품 발송의 죄】 우편금지물품을 우편물로서 발송한 자는 2년 이하의 징역 또는 2천만원 이하의 벌금에 처하고 그 물건을 몰수한다. <개정 2014. 6. 3.>

[전문개정 2011. 12. 2.]

第53조 삭제 <1997·8·28>

第54조 【우표를 떼어낸 죄】 ① 우편관서에서 취급 중인 우편물에 붙어 있는 우표를 떼어낸 자는 50만원 이하의 벌금에 처한다.

② 제1항의 경우에 소인(消印)이 되지 아니한 우표를 떼어낸 자는 1년 이하의 징역 또는 1천만원 이하의 벌금에 처한다. <개정 2014. 6. 3.>

[전문개정 2011. 12. 2.]

第54조의2 【과태료】 ① 제2조제4항을 위반하여 서신의 송달을 위탁한 자에게는 5천만원 이하의 과태료를 부과한다. <신설 2014. 6. 3.>

② 다음 각 호의 어느 하나에 해당하는 자에게는 1천만원 이하의 과태료를 부과한다. <개정 2014. 6. 3.>

1. 제45조의2제1항을 위반하여 신고를 하지 아니한 자
2. 제45조의3제1항을 위반하여 유사명칭을 사용한 자
3. 제45조의3제2항을 위반하여 타인에게 자기의 성명 또는 상호를 사용하여 서신송달업을 경영하게 한 자
4. 제45조의4를 위반하여 신고하지 아니하고 휴업·폐업 또는 휴업 후 재개업을 한 자
5. 제45조의7에 따른 자료제출·보고 또는 조사를 정당한 사유 없이 거부·방해 또는 기피한 자

③ 다음 각 호의 어느 하나에 해당하는 자에게는 50만원 이하의 과태료를 부과한다. <개정 2014. 6. 3., 2020. 6. 9.>

1. 제32조제2항을 위반하여 우편물의 수취를 거부한 자
2. 우편업무에 종사하는 자로서 중대한 과실로 인하여 우편물을 잃어버린 자

④ 제1항부터 제3항까지에 따른 과태료는 대통령령으로 정하는 바에 따라 과학기술정보통신부장관이 부과·징수한다. <개정 2013. 3. 23., 2014. 6. 3., 2017. 7. 26.>

[전문개정 2011. 12. 2.]

第55조 【미수죄의 처벌】 제46조, 제48조, 제49조, 제51조, 제52조 및 제54조의 미수범은 처벌한다.

[전문개정 2011. 12. 2.]

부칙 〈제20063호, 2024. 1. 23.〉

第1조 【시행일】 이 법은 공포 후 6개월이 경과한 날부터 시행한다.

第2조 【대량 발송 우편물 반환 방식 전환에 대한 적용례】 제32조제1항제2호의 개정규정은 이 법 시행 이후 접수되는 우편물부터 적용한다.

우편법 시행령

[시행 2022. 12. 11.] [대통령령 제33013호, 2022. 12. 6., 일부개정]

과학기술정보통신부(우정사업본부 우편정책과) 044-200-8162

제1조 【목적】 이 영은 「우편법」에서 위임된 사항과 그 시행에 관하여 필요한 사항을 정함을 목적으로 한다. <개정 1997. 12. 15., 2005. 8. 19.>

제2조 삭제 <2007. 4. 20.>

제3조 【서신 제외 대상】 「우편법」(이하 "법"이라 한다) 제1조의2제7호 단서에서 "신문, 정기간행물, 서적, 상품안내서 등 대통령령으로 정하는 것"이란 다음 각 호의 어느 하나를 말한다. <개정 2018. 8. 21.>

1. 「신문 등의 진흥에 관한 법률」 제2조제1호에 따른 신문
2. 「잡지 등 정기간행물의 진흥에 관한 법률」 제2조제1호가목에 따른 정기간행물
3. 다음 각 목의 요건을 모두 충족하는 서적
   가. 표지를 제외한 48쪽 이상인 책자의 형태로 인쇄·제본되었을 것
   나. 발행인·출판사나 인쇄소의 명칭 중 어느 하나가 표시되어 발행되었을 것
   다. 쪽수가 표시되어 발행되었을 것
4. 상품의 가격·기능·특성 등을 문자·사진·그림으로 인쇄한 16쪽 이상(표지를 포함한다)인 책자 형태의 상품안내서
5. 화물에 첨부하는 봉하지 아니한 첨부서류 또는 송장
6. 외국과 주고받는 국제서류
7. 국내에서 회사(「공공기관의 운영에 관한 법률」에 따른 공공기관을 포함한다)의 본점과 지점 간 또는 지점 상호 간에 주고받는 우편물로서 발송 후 12시간 이내에 배달이 요구되는 상업용 서류
8. 「여신전문금융업법」제2조제3호에 해당하는 신용카드

[전문개정 2011. 12. 2.]

제3조의2 【기본통상우편요금】 법 제2조제3항에서 "대통령령으로 정하는 통상우편요금"이란 제12조에 따라 고시한 통상우편물요금 중 중량이 5그램 초과 25그램 이하인 규격우편물의 일반우편요금을 말한다. <개정 2018. 8. 21.>

[본조신설 2011. 12. 2.]

제4조 【우편업무의 위탁】 ①과학기술정보통신부장관은 법 제2조제5항 단서에 따라 다음 각 호의 어느 하나에 해당하는 업무를 과학기술정보통신부령이 정하는 자에게 위탁한다. <개정 1998. 12. 31., 2007. 4. 20., 2008. 2. 29., 2010. 9. 1., 2011. 12. 2., 2013. 3. 23., 2017. 7. 26.>

1. 우편이용자를 방문하여 우편물을 접수하는 업무
2. 교통이 불편한 지역 기타 우편물의 집배업무·운송업무 또는 발착업무(우편물을 구분 및 정리하는 업무를 말한다. 이하 같다)상 특히 필요하다고 인정하는 지역에서 우편물을 집배·운송 또는 발착하는 업무
3. 우표류(우표, 우편요금을 표시하는 증표와 우표책, 우편물의 특수취급에 필요한 봉투 및 국제반신우표권을 말한다. 이하 같다)를 조제하는 업무
4. 그 밖에 우편이용의 편의, 우편물의 원활한 송달 및 우편사업 운영의 효율을 제고하기 위하여 과학기술정보통신부령이 정하는 업무

② 제1항제1호 및 제2호의 규정에 의한 우편물 방문접수업무와 집배업무를 위탁하는 때에는 과학기술정보통신부령이 정하는 바에 따라 당해 위탁업무를 행하는 지역을 구분하여 위탁방법을 달리 정할 수 있다. <개정 1998. 12. 31., 2008. 2. 29., 2013. 3. 23., 2017. 7. 26.>

③ 과학기술정보통신부장관은 제1항의 규정에 의하여 업무를 위탁받은 자(이하 "수탁자"라 한다)에 대하여 수수료 및 당해 업무의 수행에 직접 소요되는 경비를 지급할 수 있다. <개정 2008. 2. 29., 2013. 3. 23., 2017. 7. 26.>

④ 수탁자가 위탁받은 업무의 처리와 수탁자에게 지급하는 수수료 및 경비의 지급 등에 관하여 필요한 사항은 과학기술정보통신부령으로 정한다. <개정 2008. 2. 29., 2013. 3. 23., 2017. 7. 26.>

⑤ 법 제2조제6항제1호 각 목 외의 부분에서 "대통령령으로 정하는 기간"이란 다음 각 호의 기간을 말한다. <신설 2022. 12. 6.>

1. 「특정강력범죄의 처벌에 관한 특례법」 제2조제1항 각 호에 따른 죄: 20년
2. 「특정범죄 가중처벌 등에 관한 법률」 제5조의2, 제5조의4, 제5조의5, 제5조의9(제4항은 제외한다) 및 제11조에 따른 죄: 20년
3. 「특정범죄 가중처벌 등에 관한 법률」 제5조의9제4항에 따른 죄: 6년
4. 「마약류 관리에 관한 법률」 제58조부터 제60조까지의 규정에 따른 죄: 20년
5. 「마약류 관리에 관한 법률」 제61조제1항 각 호에 따른 죄 및 같은 조 제3항에 따른 그 각 미수죄(같은 조 제1항제2호, 제3호 및 제9호의 미수범은 제외한다): 10년
6. 「마약류 관리에 관한 법률」 제61조제2항에 따른 죄 및 같은 조 제3항에 따른 그 각 미수죄(같은 조 제1항제2호, 제3호 및 제9호의 미수범은 제외한다): 15년
7. 「마약류 관리에 관한 법률」 제62조제1항 각 호에 따른 죄 및 같은 조 제3항에 따른 그 각 미수죄: 6년
8. 「마약류 관리에 관한 법률」 제62조제2항에 따른 죄 및 같은 조 제3항에 따른 그 각 미수죄: 9년
9. 「마약류 관리에 관한 법률」 제63조제1항 각 호에 따른 죄 및 같은 조 제3항에 따른 그 각 미수죄(같은 조 제1항제2호부터 제5호까지, 제11호 및 제12호에 따른 죄의 미수범에 한정한다): 4년
10. 「마약류 관리에 관한 법률」 제63조제2항에 따른 죄 및 같은 조 제3항에 따른 그 각 미수죄(같은 조 제2항에 따른 죄의 미수범에 한정한다): 6년
11. 「마약류 관리에 관한 법률」 제64조 각 호에 따른 죄: 2년
12. 「성폭력범죄의 처벌 등에 관한 특례법」 제2조제1항제2호부터 제4호까지, 제3조부터 제9조까지 및 제15조(제14조의 미수범은 제외한다)에 따른 죄: 20년
13. 「아동·청소년의 성보호에 관한 법률」 제2조제2호에 따른 죄: 20년

[전문개정 1997. 12. 15.]

제4조의2【우편물의 운송요구등】 ①과학기술정보통신부장관이 법 제3조의2제1항의 규정에 의하여 우편물의 운송을 요구할 때에는 다음 각호의 사항을 기재한 우편물 운송요구서를 운송개시 5일전까지 운송을 하는 자에게 교부하여야 한다. 다만, 천재·지변 기타 특히 긴급을 요하는 경우에는 즉시 이를 요구할 수 있다. <개정 2008. 2. 29., 2013. 3. 23., 2017. 7. 26.>

1. 운송구간 및 운송횟수
2. 출발 및 도착일시
3. 우편물의 수량 또는 중량
4. 우편물의 인수인계 장소 및 방법
5. 운송료 및 그 지급방법
6. 우편물 운송도중 우편물의 망실 또는 훼손시 국가에 대하여 지불하여야 하는 손해배상 금액
7. 기타 우편물의 신속하고 안전한 운송을 위하여 필요한 사항

② 법 제3조의2제2항의 규정에 의하여 보상하여야 할 금액은 당해 운송구간에 적용되고 있는 운송요금 등이 고려되어야 한다.

[전문개정 1997. 12. 15.]

제5조 【우편구 및 우편번호의 지정】 ①과학기술정보통신부장관은 우편물의 배달지역을 구분하는 우편구 및 우편번호를 정할 수 있다. <개정 1990. 8. 8., 1997. 12. 15., 2008. 2. 29., 2013. 3. 23., 2017. 7. 26.>

② 과학기술정보통신부장관은 제1항의 규정에 의한 우편구와 우편구별 우편번호를 정한 때에는 미리 고시하여야 한다. 이를 변경한 때에도 또한 같다. <개정 1997. 12. 15., 2008. 2. 29., 2013. 3. 23., 2017. 7. 26.>

제6조 【우편물의 외부기재사항】 ①우편물의 외부에는 발송인 및 수취인의 성명·주소와 우편번호를 기재하여야 한다. 다만, 취급과정을 기록하는 우편물(이하 "등기우편물"이라 한다)을 제외한 우편물은 수취인의 성명을 생략할 수 있다. <개정 2010. 9. 1.>

② 제1항의 규정에 의한 기재사항외에 필요한 기재사항은 과학기술정보통신부령으로 정한다. <개정 1997. 12. 15., 2008. 2. 29., 2013. 3. 23., 2017. 7. 26.>

부록

제7조 【우편업무의 시험적 실시】 과학기술정보통신부장관은 우편업무에 관한 새로운 제도(제도의 변경을 포함한다)를 시험적으로 실시할 수 있다. <개정 1997. 12. 15., 2008. 2. 29., 2013. 3. 23., 2017. 7. 26.>

제7조의2 【수탁취급】 과학기술정보통신부장관은 국민의 편의를 위하여 필요한 경우에는 다른 국가기관·지방자치단체 또는 「공공기관의 운영에 관한 법률」에 따른 공공기관 등의 업무중 우편역무의 방법으로 취급할 수 있는 업무를 수탁할 수 있다. <개정 1997. 12. 15., 2008. 2. 29., 2010. 9. 1., 2013. 3. 23., 2017. 7. 26.>

[본조신설 1990. 8. 8.]

제8조 【보수 및 손실보상】 법 제4조제1항의 규정에 의한 운송원등의 조력자에 대한 보수와 법 제5조의 규정에 의한 운송원등의 통행에 따른 손실보상에 관한 사항은 과학기술정보통신부령으로 정한다. <개정 1997. 12. 15., 2008. 2. 29., 2013. 3. 23., 2017. 7. 26.>

제8조의2 【이용 제한 및 업무 정지 등】 ① 과학기술정보통신부장관은 법 제6조제1항에 따른 전시·사변이나 이에 준하는 국가 비상사태와 천재지변이나 그 밖의 부득이한 사유(이하 "비상사태등"이라 한다)가 있을 경우 안전사고 등이 발생할 우려가 높은 정도에 따라 집배구를 1급지부터 3급지까지 구분하여 위험등급을 지정할 수 있다.

② 과학기술정보통신부장관은 비상사태등이 발생할 경우 다음 각 호의 구분에 따라 우편업무를 정지하거나 이에 수반되는 우편물의 이용을 제한할 수 있으며, 해당 집배구의 상황을 고려하여 순차적으로 이를 해제할 수 있다.

1. 1급지 및 발생한 비상사태등의 정도가 심각하다고 인정되는 2급지 : 모든 집배업무 및 과학기술정보통신부장관이 정하여 고시하는 업무
2. 2급지(제1호에 따른 2급지는 제외한다) 및 3급지 : 과학기술정보통신부장관이 정하여 고시하는 범위의 집배업무 및 과학기술정보통신부장관이 정하여 고시하는 업무

③ 제1항에 따른 위험등급의 구분기준, 제2항제1호에 따른 비상사태등의 심각성 인정기준, 제1항 및 제2항에서 규정한 사항 외에 우편물의 이용 제한과 우편업무의 일부 정지에 필요한 사항은 과학기술정보통신부장관이 정하여 고시한다.

[본조신설 2018. 8. 21.]

제9조 【우편작업 효율화를 위한 지원대상 등】 ①법 제12조의2제1항의 규정에 의한 우편작업이나 이용에 관련되는 자 등은 다음 각 호의 어느 하나에 해당하는 자를 말한다. <개정 2008. 2. 29., 2013. 3. 23., 2017. 7. 26., 2018. 8. 21.>

1. 제4조제1항의 규정에 의하여 업무를 위탁받은 자
2. 제4조의2제1항의 규정에 의하여 우편물을 운송하는 자
3. 우편물의 발송 또는 제작 등을 대행하는 자
4. 우편물의 처리를 위한 관련 기기·장비 및 용기 등을 제조·판매하는 자
5. 우편관련 장비 및 기술개발을 담당하는 자
6. 우편에 사용되는 용품 등을 제조·판매하는 자
7. 기타 우편작업의 효율을 높이고 우편이용자의 편의를 도모하기 위하여 과학기술정보통신부장관이 필요하다고 인정하는 자

② 제1항의 규정에 해당하는 자에 대하여는 다음 각호의 지원을 할 수 있다. <개정 2008. 2. 29., 2013. 3. 23., 2017. 7. 26.>

1. 우편작업 관련기기·장비의 성능향상 및 기능개선을 위한 기술지원
2. 우편기술 개발을 위한 연구비 지원 및 기술정보의 제공
3. 우편물 처리 관련장비 및 용기 등의 대여
4. 기타 우편작업 효율화를 위하여 과학기술정보통신부장관이 필요하다고 인정하는 사항

[전문개정 1997. 12. 15.]

제9조의2【권한의 위임】 ①과학기술정보통신부장관은 법 제12조의3에 따라 다음 각 호의 권한을 우정사업본부장에게 위임한다. <개정 2008. 2. 29., 2011. 12. 2., 2013. 3. 23., 2014. 11. 11., 2017. 5. 8., 2017. 7. 26., 2018. 8. 21., 2020. 9. 8., 2022. 12. 6.>

1. 법 제2조제5항 단서에 따른 우편업무의 위탁

1의2. 법 제2조제7항에 따른 범죄경력자료의 조회 요청

2. 법 제3조의2에 따른 우편물의 운송 명령(제2항제1호의 업무는 제외한다)
3. 법 제6조에 따른 우편물이용의 제한 및 우편업무의 일부정지
4. 법 제12조의2에 따른 우편작업 효율화를 위한 지원 등
5. 법 제14조에 따른 보편적 우편역무의 제공
6. 법 제15조에 따른 선택적 우편역무의 제공

6의2. 법 제15조의2에 따른 우편업무의 전자화에 관한 업무

7. 법 제16조제1항에 따른 군사우편역무의 제공
8. 법 제17조에 따른 우편금지물품의 결정(변경결정을 포함한다. 이하 같다)·고시, 우편물의 취급용적·중량·포장의 결정·고시 및 우편역무의 제공거절·제한
9. 법 제21조제1항에 따른 우표와 우편요금을 표시하는 증표의 발행
10. 법 제26조의2제1항에 따른 우편물 요금등의 감액
11. 법 제28조제2항 본문에 따른 우편관서의 지정

11의2. 법 제31조의2에 따른 우편물의 전송

12. 법 제38조제3항에 따른 국제우편물에 관한 손해배상액의 결정 및 고시
13. 법 제43조에 따른 우편관서의 지정
14. 삭제 <2005. 8. 19.>
15. 제5조에 따른 우편번호의 결정·고시
16. 제7조에 따른 우편업무에 관한 새로운 제도(제도의 변경을 포함한다)의 시험적 실시
17. 제7조의2에 따른 업무수탁
18. 제9조제1항제7호 및 같은 조 제2항제4호에 따라 우편작업의 효율화를 위한 지원대상자 및 지원사항 인정
19. 제10조의3제1항에 따른 군사우편 요금수납

20. 제10조의5에 따른 해외특수지역 군사우편에 관한 업무
21. 제13조제1항 전단에 따른 우표류의 발행·판매에 관한 공고
22. 제25조제2항에 따른 우편요금등을 따로 납부할 수 있는 우편물의 종류·수량 및 취급우편관서 그 밖에 필요한 사항의 결정·고시
23. 제33조제2항에 따른 수취인으로부터의 우편요금등을 징수하고 우편물을 배달할 수 있는 경우의 인정
24. 다음 각 목의 사항의 결정·고시
   가. 제42조제3항제1호에 따라 무인우편물보관함 또는 전자 잠금장치가 설치된 우편수취함에서 제공하는 배달확인이 가능한 증명자료로 수령사실의 확인을 갈음할 수 있는 등기우편물에서 제외되는 우편물
   나. 제42조제3항제2호 후단에 따른 등기우편물의 배달방법, 증명자료 및 적용기간 등

24의2. 제42조제4항에 따른 등기우편물로서 소포우편물의 수령사실 확인방법의 결정·고시

25. 제43조제3호의2에 따른 무인우편물보관함에서 우편물을 교부하는 경우의 본인확인방법, 수취인에 대한 통지방법 및 보관기간 등의 결정·고시
26. 제43조제10호에 따른 수취인이 우편물의 표면에 기재된 곳 외의 곳으로 배달을 청구할 수 있는 우편물의 결정·고시
27. 제43조제4호에 따른 우편물배달 특례지역의 인정

② 과학기술정보통신부장관은 법 제12조의3에 따라 다음 각 호의 권한을 지방우정청장에게 위임한다. <개정 2005. 8. 19., 2008. 2. 29., 2011. 5. 30., 2013. 3. 23., 2014. 11. 11., 2017. 7. 26.>

1. 법 제3조의2에 따른 우편물의 운송 명령 중 국내우편물의 관내운송 명령

1의2. 삭제 <2014. 11. 11.>

2. 법 제45조의2에 따른 서신송달업의 신고 및 변경신고 수리
3. 법 제45조의4에 따른 서신송달업의 휴업·폐업 및 재개업 신고 수리
4. 법 제45조의5에 따른 서신송달업자에 대한 사업개선 명령
5. 법 제45조의6에 따른 서신송달업자에 대한 영업소 폐쇄 및 사업정지 명령
6. 법 제45조의7에 따른 서신송달업자 또는 서신송달을 위탁한 자의 보고 및 조사 등
7. 법 제45조의8에 따른 서신송달업자의 청문
8. 법 제54조의2에 따른 과태료의 부과·징수
9. 제5조에 따른 우편구의 지정·고시(변경하는 경우를 포함한다)

[전문개정 2000. 11. 9.]

제9조의3【우편업무의 전자화】 ① 과학기술정보통신부장관은 법 제15조의2제1항에 따른 전자화대상문서(이하 "전자화대상문서"라 한다)를 정보처리시스템이 처리할 수 있는 형태로 변환하여 처리하려는 경우에는 다음 각 호의 장치 또는 시설을 모두 갖추어야 한다.

1. 법 제15조의2제2항에 따른 전자화문서(이하 "전자화문서"라 한다)를 작성하는 데 사용되는 스캐너 등의 장치
2. 법 제15조의2제4항에 따른 전자우편서류관리시스템(이하 "전자우편서류관리시스템"이라 한다)
3. 보안시설

② 과학기술정보통신부장관은 제1항제1호에 따른 스캐너 등의 장치를 이용하여 전자화문서를 작성하여야 하며, 작성된 전자화문서가 전자화대상문서와 동일성이 확보되도록 기술적 조치를 하여 전자우편서류관리시스템에 보관하여야 한다.

③ 과학기술정보통신부장관은 전자화문서를 출력한 문서가 전자우편서류관리시스템에 보관하고 있는 전자화문서와 동일한지 여부에 대하여 발송인, 수취인 등이 확인을 요청한 경우에는 그 동일성을 확인하여 주어야 한다.

④ 과학기술정보통신부장관은 전자우편서류관리시스템에 보관하는 전자화문서의 유출 · 훼손 · 위조 · 변조 등을 방지하기 위하여 접근 권한자 지정, 방화벽 설치 및 암호화 소프트웨어의 활용 등 관리적 · 기술적 조치를 하여야 한다.

⑤ 제1항부터 제4항까지에서 규정한 사항 외에 우편업무의 전자화에 필요한 사항은 과학기술정보통신부장관이 정한다.

[본조신설 2018. 8. 21.]

제10조【고유식별정보의 처리】 과학기술정보통신부장관(제9조의2에 따라 과학기술정보통신부장관의 권한을 위임받은 자를 포함한다)은 법 제2조제5항 단서에 따른 우편업무의 위탁에 관한 사무를 수행하기 위하여 불가피한 경우 「개인정보 보호법 시행령」 제19조제1호에 따른 주민등록번호가 포함된 자료를 처리할 수 있다. <개정 2017. 7. 26.>

[본조신설 2014. 8. 6.]

제10조의2【군사우편물】 ①법 제16조제2항의 규정에 의한 군사우편물이라 함은 다음 각호의 우편물을 말한다.

1. 국방부장관이 지정하는 지역에 있는 부대(기관을 포함한다. 이하 같다) 및 그 부대에 속하는 군인 · 군무원이 발송하는 통상우편물
2. 제1호의 부대에 입영한 자의 소지품 및 의류 등을 발송하는 소포우편물

② 군사우편물을 발송하는 자는 군사우편물 표면에 "군사우편"이라 표시하여야 한다.

[본조신설 1997. 12. 15.]

제10조의3【군사우편 요금납부】 ①군사우편물의 요금은 발송인이 납부하지 아니하고 국방부장관이 과학기술정보통신부장관에게 분기별로 납부한다. <개정 2008. 2. 29., 2013. 3. 23., 2017. 7. 26.>

② 제1항의 납부액은 국방부소관 세출예산과 우편사업특별회계 세입예산간에 대체납입할 수 있다. <개정 2006. 12. 21., 2014. 11. 11.>

[본조신설 1997. 12. 15.]

제10조의4【군사우편업무 수행에 필요한 편의제공 등】 국방부장관은 법 제16조제4항에 따라 다음 각 호의 편의를 제공한다.

1. 전시작전지역에 있는 군사우체국에 근무하는 직원에 대한 의복대여 및 급식제공. 이 경우 급식비는 제10조의3제1항에 따라 납부하는 요금에서 이를 공제한다.
2. 전시작전지역 안에서 공무수행 중 부상을 입은 군사우체국 근무 직원에 대한 우선 응급치료 및 후방 요양기관에의 후송입원
3. 군사우체국에 근무하는 직원에 대한 종군확인증 발급

[전문개정 2021. 1. 5.]

제10조의5【해외특수지 군사우편】 해외특수지역에 주둔하는 부대 및 그 부대에 속하는 군인 · 군무원에 대한 군사우편에 대하여는 과학기술정보통신부장관이 국방부장관과 협의하여 정한다. <개정 2008. 2. 29., 2013. 3. 23., 2017. 7. 26.>

[본조신설 1997. 12. 15.]

제11조【우편역무 등의 이용에 따른 수수료】 우편이용자는 다음 각 호의 경우에는 수수료를 납부하여야 한다. <개정 2005. 8. 19., 2010. 9. 1., 2011. 12. 2., 2017. 5. 8.>

1. 법 제14조제2항제3호에 따른 보편적 우편역무와 법 제15조제2항에 따른 선택적 우편역무의 이용
2. 법 제32조제1항에 따른 반환우편물 중 등기우편물의 반환
3. 제29조제1항의 규정에 의한 수취인 부담 우편물의 취급
4. 제36조의2에 따른 수취인과 수취인 주소변경 또는 우편물 반환의 청구

5. 제38조제1항의 규정에 의한 사설우체통의 설치 · 이용
6. 제43조제10호에 따른 우편물 배달의 청구
[전문개정 1997. 12. 15.]
[제목개정 2011. 12. 2.]

제12조 【우편요금등의 고시】 과학기술정보통신부장관은 법 제19조의 규정에 의한 우편에 관한 요금 및 우편이용에 관한 수수료(이하 "우편요금등"이라 한다)를 고시하여야 한다. <개정 1997. 12. 15., 2008. 2. 29., 2013. 3. 23., 2017. 7. 26.>

제13조 【우표류의 발행】 ①과학기술정보통신부장관은 법 제21조제1항 및 제2항의 규정에 의하여 우표와 우편요금을 표시하는 증표를 발행하여 판매할 때에는 그 종류 · 액면 · 형식 · 판매기일 및 판매장소등을 그때마다 공고하여야 한다. 이 경우 우편요금표시인영이 인쇄된 봉투는 그 발행에 소요되는 비용을 우편요금과 합산한 금액으로 판매한다. <개정 1997. 12. 15., 2008. 2. 29., 2013. 3. 23., 2017. 7. 26.>
② 삭제 <1997. 12. 15.>

제14조 삭제 <1997. 12. 15.>

제15조 삭제 <1997. 12. 15.>

제15조의2 삭제 <1997. 12. 15.>

제16조 삭제 <1997. 12. 15.>

제17조 삭제 <1997. 12. 15.>

제18조 삭제 <1997. 12. 15.>

제19조 삭제 <1997. 12. 15.>

제20조 삭제 <1997. 12. 15.>

제21조 삭제 <1997. 12. 15.>

제22조 삭제 <1997. 12. 15.>

제23조 삭제 <2005. 8. 19.>

제24조 삭제 <1997. 12. 15.>

제25조 【우편요금등의 별납】 ①동일인이 동시에 우편물의 종류와 우편요금등이 동일한 우편물을 다량으로 발송할 때에는 그 우편요금등을 따로 납부할 수 있다.
② 제1항에 따라 우편요금등을 따로 납부할 수 있는 우편물의 종류 · 수량 및 취급우편관서, 그 밖에 필요한 사항은 과학기술정보통신부장관이 정하여 고시한다. <개정 2017. 5. 8., 2017. 7. 26.>

제26조 【우편요금표시기를 사용한 우편물 발송】 ①우편물 발송인은 우표를 부착하지 아니하고 우편요금 납부표시 인영을 인쇄하는 표시기(이하 "우편요금표시기"라 한다)를 사용하여 우편물을 발송할 수 있다. <개정 2018. 8. 21.>
② 제1항의 규정에 의한 우편요금표시기의 사용 및 취급에 관하여 필요한 사항은 과학기술정보통신부령으로 정한다. <개정 2008. 2. 29., 2013. 3. 23., 2017. 7. 26., 2018. 8. 21.>
[전문개정 1997. 12. 15.]
[제목개정 2018. 8. 21.]

제27조 삭제 <1997. 12. 15.>

제28조【우편관서에 설치된 우편요금표시기의 이용】 우편물의 발송 우편관서의 장은 해당 우편관서에 설치된 우편요금표시기에 의하여 그 우편요금을 납부하게 할 수 있다. <개정 1997. 12. 15., 2018. 8. 21.>

[제목개정 2018. 8. 21.]

제29조【우편요금등의 수취인 부담】 ①다음 각 호의 어느 하나에 해당하는 우편물은 우편요금등을 수취인의 부담으로 발송할 수 있다. <개정 2005. 8. 19., 2010. 9. 1.>

1. 우편물을 다량으로 수취하는 자가 자기부담으로 수취하기 위하여 발송하는 통상우편물
2. 우편요금등을 수취인이 지불하는 것에 대하여 발송인이 수취인의 승낙을 얻은 등기우편물. 다만, 통상우편물은 우편관서의 장과 발송인 간에 별도의 계약을 체결한 경우로 한정한다.

② 제1항의 규정에 의한 우편요금등은 수취인이 우편물을 받을 때에 납부한다. 다만, 제30조의 규정에 의하여 우편요금등을 후납하는 때에는 그러하지 아니하다. <개정 2005. 8. 19.>

③ 제1항제2호 본문에 따른 우편물의 우편요금등을 수취인이 납부하지 아니하는 때에는 발송인에게 그 우편물을 반환한다. 이 경우 발송인은 우편요금등 및 반환 수수료를 납부하여야 한다. <신설 2005. 8. 19., 2010. 9. 1., 2017. 5. 8.>

④ 제1항의 규정에 의한 우편요금등의 수취인 부담 우편물의 취급에 관하여 필요한 사항은 과학기술정보통신부령으로 정한다. <개정 2005. 8. 19., 2008. 2. 29., 2013. 3. 23., 2017. 7. 26.>

[전문개정 1997. 12. 15.]

[제목개정 2005. 8. 19.]

제30조【우편요금등의 후납】 우편물 발송인은 과학기술정보통신부령이 정하는 우편물의 우편요금등을 발송시에 납부하지 아니하고 일정기간이내에 후납할 수 있다. <개정 2008. 2. 29., 2013. 3. 23., 2017. 7. 26.>

[전문개정 1997. 12. 15.]

제31조 삭제 <1997. 12. 15.>

제32조 삭제 <1997. 12. 15.>

제33조【우편요금등의 미납 또는 부족한 우편물】 ①우편요금등을 미납하거나 부족하게 납부한 우편물은 이를 발송인에게 되돌려 준다. <개정 2017. 5. 8.>

② 제1항의 경우에 발송인의 성명 또는 주소의 불명 기타 사유로 인하여 우편물을 되돌려 줄 수 없거나 해외체류자 또는 해외여행자가 귀국하는 인편을 통하여 국내에서 발송한 경우 기타 과학기술정보통신부장관이 필요하다고 인정하는 경우에는 미납하거나 부족하게 납부한 우편요금등과 동액의 부가금을 합하여 수취인으로부터 징수하고 이를 배달할 수 있다. <개정 1997. 12. 15., 2008. 2. 29., 2013. 3. 23., 2017. 5. 8., 2017. 7. 26.>

③ 우편요금등의 미납 또는 부족이 우편관서의 과실로 인한 때에는 그 미납 또는 부족한 우편요금등을 징수하지 아니한다.

제34조【연체료】 ① 우편요금등의 납부의무자가 우편요금등을 납부기한까지 완납하지 아니하였을 때에는 법 제24조제2항에 따라 체납된 우편요금등의 100분의 3에 상당하는 연체료를 가산하여 징수하며, 납부기한이 지난 날부터 매 1개월이 지날 때마다 체납된 우편요금등의 1천분의 12에 상당하는 연체료를 추가로 가산하여 징수한다.

② 제1항에도 불구하고 체납된 우편요금등이 100만원 미만인 경우에는 체납기간에 관계없이 체납된 우편요금등의 100분의 3에 상당하는 연체료를 징수하며, 납부의무자가 주한외국공관이나 주한국제연합기관인 경우에는 연체료를 징수하지 아니한다.

③ 제1항에 따라 연체료를 추가로 가산하여 징수하는 기간은 60개월을 초과하지 못한다.

[전문개정 2018. 8. 21.]

제35조【우편요금등의 반환】 ①법 제25조의 규정에 의하여 납부인의 청구에 따라 되돌려 주는 우편요금등은 다음 각 호와 같다. <개정 1997. 12. 15., 2010. 9. 1., 2017. 5. 8.>

1. 우편관서의 과실로 인하여 과다징수한 우편요금등
2. 우편관서에서 우편물의 특수취급의 수수료를 받은 후 우편관서의 과실로 인하여 특수취급을 하지 아니한 경우 그 특수취급수수료
3. 사설우체통의 사용을 폐지하거나 사용을 폐지시킨 경우 그 폐지한 다음날부터의 납부수수료 잔액
4. 납부인이 우편물을 접수한 후 우편관서에서 발송이 완료되지 아니한 우편물의 접수를 취소한 경우

② 제1항의 규정에 의한 우편요금등의 반환청구는 다음 각 호의 기간내에 납부한 우편관서에 청구하여야 한다. <개정 2017. 5. 8.>

1. 제1항제1호 및 제2호의 경우에는 납부일로부터 60일
2. 제1항제3호의 경우에 폐지 또는 취소한 날로부터 30일

[제목개정 2017. 5. 8.]

제36조 삭제 <2014. 11. 11.>

제36조의2【우편물 주소 등의 변경 및 반환청구】 우편물 발송인은 우편관서에서 우편물을 배달하기 전 또는 제43조제6호 및 제7호의 규정에 의하여 배달우편관서의 창구에서 수취인에게 우편물을 교부하기 전에 한하여 수취인과 수취인 주소의 변경 또는 우편물의 반환을 우편관서에 청구할 수 있다. 이 경우 당해 우편관서의 장은 업무상 지장이 큰 것으로 판단하는 때에는 이에 응하지 아니할 수 있다. <개정 2017. 5. 8.>

[본조신설 1997. 12. 15.]

[제목개정 2017. 5. 8.]

제36조의3【열어보지 아니하고 되돌려 보내는 우편물의 범위】 법 제28조제2항 단서에서 "대통령령이 정하는 봉함한 우편물"이라 함은 서신, 통화가 들어 있는 봉함한 통상우편물을 말한다. <개정 2011. 12. 2.>

[본조신설 2007. 4. 20.]

[제목개정 2017. 5. 8.]

제37조 삭제 <1997. 12. 15.>

제38조【사설우체통의 설치 · 이용】 ①우편물 발송인은 자기부담으로 설치한 사설우체통을 이용하여 우편물을 발송할 수 있다.

② 제1항의 규정에 의한 사설우체통의 설치 및 이용에 관하여 필요한 사항은 사설우체통을 설치한 자와 당해 우체통의 우편물을 수집하는 우체국장간의 계약으로 정한다. <개정 1998. 12. 31.>

[전문개정 1997. 12. 15.]

제39조 삭제 <1997. 12. 15.>

제40조 삭제 <1997. 12. 15.>

제41조 삭제 <1997. 12. 15.>

제42조【우편물의 배달】 ①법 제31조 본문의 규정에 의하여 우편물은 관할 배달우편관서에서 그 우편물의 표면에 기재된 곳에 배달한다. 이 경우 2인이상을 수취인으로 정한 우편물은 그중 1인에게 배달한다. <개정 1997. 12. 15.>

② 우편사서함(이하 "사서함"이라 한다) 번호를 기재한 우편물은 당해 사서함에 배달한다.

③ 등기우편물은 수취인 · 동거인(동일 직장에서 근무하는 자를 포함한다) 또는 제43조제1호 및 제5호에 따른 수령인으로부터 그 수령사실의 확인을 받고 배달해야 한다. 다만, 다음 각 호의 어느 하나에 해당하는 경우에는 해당 증명자료로 그 수령사실의 확인을 갈음할 수 있다. <개정 1994. 7. 23., 1997. 12. 15., 2010. 9. 1., 2013. 3. 23., 2017. 5. 8., 2017. 7. 26., 2018. 8. 21., 2020. 9. 8.>

1. 등기우편물(법원의 송달서류, 현금, 유가증권 등을 발송하는 우편물로서 과학기술정보통신부장관이 정하여 고시하는 우편물은 제외한다. 이하 제2호 및 제43조제8호에서 같다)을 제43조제8호에 따라 무인우편물보관함(대면 접촉 없이 우편물을 수령하는 장치를 말한다. 이하 같다)에 배달하거나 전자 잠금장치가 설치된 우편수취함에 배달하고 해당 무인우편물보관함 또는 우편수취함에서 배달확인이 가능한 증명자료를 제공하는 경우
2. 「감염병의 예방 및 관리에 관한 법률」에 따른 감염병 확산으로 인해 「재난 및 안전관리 기본법」 제60조에 따른 특별재난지역으로 선포된 지역에서 감염병 확산 방지 및 예방을 위해 등기우편물을 대면 접촉 없이 우편수취함(무인우편물보관함 및 전자 잠금장치가 설치된 우편수취함은 제외한다)에 배달하고 배달안내문, 배달사진, 전화, 이메일 등에 의하여 배달확인이 가능한 증명자료를 제공하는 경우. 이 경우 구체적인 배달방법, 증명자료 및 적용기간 등은 과학기술정보통신부장관이 정하여 고시한다.

④ 등기우편물로서 소포우편물을 배달하는 경우에는 제3항에도 불구하고 과학기술정보통신부장관이 수령사실의 확인방법을 달리 정하여 고시할 수 있다. <신설 2018. 8. 21.>

제43조【우편물 배달의 특례】 법 제31조 단서에 따라 우편물을 해당 우편물의 표면에 기재된 곳 외의 곳에 배달할 수 있는 경우는 다음 각 호와 같다. <개정 1994. 7. 23., 1997. 12. 15., 2008. 2. 29., 2008. 12. 31., 2010. 9. 1., 2013. 3. 23., 2015. 6. 9., 2017. 5. 8., 2017. 7. 26., 2018. 8. 21.>

1. 동일건축물 또는 동일구내의 수취인에게 배달할 우편물로서 그 건축물 또는 구내의 관리사무소, 접수처 또는 관리인에게 배달하는 경우
2. 사서함을 사용하고 있는 수취인에게 배달할 우편물로서 사서함 번호를 기재하지 아니한 것을 그 사서함에 배달하는 경우
3. 우편물을 배달하지 아니하는 날에 수취인의 청구에 의하여 배달우편관서 창구에서 우편물을 교부하는 경우

3의2. 수취인의 일시부재나 그 밖의 사유로 우편물을 배달하지 못하여 배달우편관서 창구 또는 무인우편물보관함(과학기술정보통신부장관이 본인확인방법, 수취인에 대한 통지방법, 보관기간 등을 정하여 고시하는 기준에 적합한 무인우편물보관함을 말한다)에서 우편물을 교부하는 경우

4. 교통이 불편한 도서지역이나 농어촌지역 또는 과학기술정보통신부장관이 필요하다고 인정하는 지역으로 배달할 우편물을 과학기술정보통신부령이 정하는 바에 의하여 개별 또는 공동수취함을 설치하고 그 수취함에 배달하는 경우
5. 수취인이 동일 집배구(우편집배원이 우편물을 수집하고 배달하는 구역을 말한다. 이하 같다)에 거주하는 자를 대리수령인으로 지정하여 배달우편관서에 신고한 경우에는 그 대리수령인에게 등기우편물을 배달하는 경우
6. 우편물에 "우체국보관" 표시가 있는 것으로서 과학기술정보통신부령이 정하는 바에 의하여 당해 배달우편관서 창구에서 수취인에게 교부하는 경우
7. 교통이 불편하여 통상의 방법으로 우편물 배달이 어려운 지역에 배달할 우편물로서 과학기술정보통신부령이 정하는 바에 의하여 당해 배달우편관서 창구에서 수취인에게 교부하는 경우
8. 무인우편물보관함을 이용하는 수취인의 신청 또는 동의를 받아 그 수취인과 동일 집배구에 있는 무인우편물보관함에 등기우편물을 배달하는 경우
9. 법 제31조의2에 따라 수취인이 주거이전을 신고한 경우로서 우편물을 수취인이 신고한 곳으로 전송하는 경우
10. 수취인이 과학기술정보통신부장관이 정하여 고시하는 우편물에 대하여 우편물의 표면에 기재된 곳 외의 곳으로 배달을 청구하는 경우

[제목개정 2015. 6. 9.]

제44조【우편물의 전송 수수료】 법 제31조의2제2항에 따른 우편물의 전송 수수료는 우편물을 수취인이 주거를 이전한 곳으로 전송하는 거리에 따라 소요되는 비용 등을 고려하여 과학기술정보통신부장관이 정하여 고시한다. <개정 2017. 7. 26.>

[본조신설 2015. 6. 9.]

제45조 삭제 <1997. 12. 15.>

제46조【사서함의 설치 · 이용등】 ①우편관서는 법 제37조의 규정에 의하여 배달우편관서에 사서함을 설치할 수 있다. 다만, 관할 지방우정청장이 필요하다고 인정하는 경우에는 배달업무를 취급하지 아니하는 우편관서에도 사서함을 설치할 수 있다. <개정 1997. 12. 15., 2011. 5. 30.>

② 사서함의 이용 및 관리 등에 관하여 필요한 사항은 과학기술정보통신부령으로 정한다. <신설 1997. 12. 15., 2008. 2. 29., 2013. 3. 23., 2017. 7. 26.>

부록

제47조 삭제 <1997. 12. 15.>

제48조 삭제 <1997. 12. 15.>

제49조 삭제 <1997. 12. 15.>

제50조【고층건물의 우편수취함 설치】 ①법 제37조의2의 규정에 의한 건축물의 소유자 또는 관리인은 당해 건축물의 출입구에서 가까운 내부의 보기쉬운 곳에 그 건축물의 주거시설 · 사무소 또는 사업소별로 우편수취함을 설치하여야 한다.

② 제1항의 규정에 의한 우편수취함의 설치 및 관리등에 관하여 필요한 사항은 과학기술정보통신부령으로 정한다. <개정 1997. 12. 15., 2008. 2. 29., 2013. 3. 23., 2017. 7. 26.>

제51조【고층건물내의 우편물의 배달】 ①제50조제1항의 규정에 의한 건축물에 배달되는 우편물은 해당 건축물에 설치된 우편수취함에 배달한다. 다만, 제43조제1호의 규정에 의한 경우에는 그러하지 아니하다. <개정 1990. 8. 8., 2018. 8. 21.>

② 법 제37조의2의 규정에 의한 건축물에 우편수취함을 설치하지 아니한 경우에는 배달우편관서에서 우편물을 보관교부할 수 있다. <개정 1992. 5. 30., 1997. 12. 15., 2000. 11. 9.>

③ 제2항의 규정에 의한 보관교부는 그 실시일전 5일까지 그 건축물의 관리인 및 입주자에게 우편수취함설치의 촉구, 우편물의 보관사유 · 장소, 우편물의 수취요령등을 통지하여야 한다.

제52조【손해배상】 ① 삭제 <2005. 8. 19.>

② 법 제38조제4항의 규정에 의하여 손해배상액은 예산의 범위안에서 당해 우편관서에서 보유하고 있는 자금중에서 우선지급하고 이를 사후 보전할 수 있다.

[전문개정 1997. 12. 15.]

[제목개정 2005. 8. 19.]

제53조【손해배상금의 반환】 법 제45조의 규정에 의하여 우편물의 교부를 청구하고자 하는 자가 반환하여야 할 손해배상금은 다음 각호와 같다.

1. 우편물에 손해가 없는 경우에는 손해배상금의 전액
2. 우편물에 손해가 있는 경우에는 손해배상금중 실제 손해액을 뺀 금액

제53조의2【소규모 서신송달업자의 신고 면제】 법 제45조의2제1항 단서에서 "대통령령으로 정하는 기준에 해당하는 소규모 서신송달업을 하려는 자"란 「부가가치세법」 제61조에 따라 간이과세자에 관한 규정이 적용되는 사업자로서 서신송달업을 하려는 자를 말한다.

[본조신설 2014. 11. 11.]

제53조의3 【규제의 재검토】 과학기술정보통신부장관은 제54조 및 별표에 따른 과태료의 부과기준에 대하여 2015년 1월 1일을 기준으로 3년마다(매 3년이 되는 해의 1월 1일 전까지를 말한다) 그 타당성을 검토하여 개선 등의 조치를 하여야 한다. <개정 2017. 7. 26.>

[본조신설 2014. 11. 11.]

제54조 【과태료의 부과기준】 법 제54조의2에 따른 과태료의 부과기준은 별표와 같다.

[본조신설 2011. 12. 2.]

부칙 〈제33013호, 2022. 12. 6.〉

이 영은 2022년 12월 11일부터 시행한다.

■ 우편법 시행령 [별표] 〈개정 2019. 10. 8.〉

과태료의 부과기준(제54조 관련)

1. 일반기준

가. 위반행위의 횟수에 따른 과태료의 부과기준은 최근 1년간 같은 위반행위로 과태료 부과처분을 받은 경우에 적용한다. 이 경우 위반행위에 대하여 과태료 부과처분을 한 날과 다시 같은 위반행위를 하여 적발된 날을 각각 기준으로 하여 위반횟수를 계산한다.

나. 부과권자는 다음의 어느 하나에 해당하는 경우에는 제2호에 따른 과태료 금액의 2분의 1의 범위에서 그 금액을 감경할 수 있다. 다만, 과태료를 체납하고 있는 위반행위자의 경우에는 그러하지 아니하다.

1) 위반행위자가 「질서위반행위규제법 시행령」 제2조의2 제1항 각 호의 어느 하나에 해당하는 경우
2) 위반행위가 사소한 부주의나 오류로 인한 것으로 인정되는 경우
3) 위반행위자가 법 위반 상태를 시정하거나 해소하기 위한 노력이 인정되는 경우
4) 그 밖에 위반행위의 정도, 위반행위의 동기 및 그 결과 등을 고려하여 감경할 필요가 있다고 인정되는 경우

2. 개별기준

(단위: 만원)

<table>
<tr><th rowspan="2">위반행위</th><th rowspan="2">근거 법조문</th><th colspan="3">과태료 금액</th></tr>
<tr><th>1차 위반</th><th>2차 위반</th><th>3차 이상 위반</th></tr>
<tr><td>가. 법 제2조제4항을 위반하여 서신의 송달을 위탁한 경우</td><td rowspan="3">법 제54조의2 제1항</td><td></td><td></td><td></td></tr>
<tr><td>1) 해당 서신을 우편관서에 접수하는 경우의 우편요금이 1천만원 이하인 경우</td><td>750</td><td>1,000</td><td>2,000</td></tr>
<tr><td>2) 해당 서신을 우편관서에 접수하는 경우의 우편요금이 1천만원을 초과하는 경우</td><td colspan="3">5,000만원의 범위에서 해당 우편요금의 2배 이하의 금액</td></tr>
<tr><td>나. 법 제32조제2항을 위반하여 우편물의 수취를 거부한 경우</td><td>법 제54조의2 제3항제1호</td><td>50</td><td>50</td><td>50</td></tr>
<tr><td>다. 법 제45조의2제1항을 위반하여 신고를 하지 않은 경우</td><td>법 제54조의2 제2항제1호</td><td>300</td><td>600</td><td>1,000</td></tr>
<tr><td>라. 법 제45조의3제1항을 위반하여 유사명칭을 사용한 경우</td><td>법 제54조의2 제2항제2호</td><td>300</td><td>600</td><td>1,000</td></tr>
<tr><td>마. 법 제45조의3제2항을 위반하여 타인에게 자기의 성명 또는 상호를 사용하여 서신송달업을 경영하게 한 경우</td><td>법 제54조의2 제2항제3호</td><td>300</td><td>600</td><td>1,000</td></tr>
<tr><td>바. 법 제45조의4를 위반하여 신고하지 않고 휴업·폐업 또는 휴업 후 재개업을 한 경우</td><td>법 제54조의2 제2항제4호</td><td>300</td><td>600</td><td>1,000</td></tr>
<tr><td>사. 법 제45조의7에 따른 자료제출·보고 또는 조사를 정당한 사유 없이 거부·방해 또는 기피한 경우</td><td>법 제54조의2 제2항제5호</td><td>300</td><td>600</td><td>1,000</td></tr>
<tr><td>아. 우편업무에 종사하는 자가 중대한 과실로 인하여 우편물을 잃어버린 경우</td><td>법 제54조의2 제3항제2호</td><td>50</td><td>50</td><td>50</td></tr>
</table>

우편법 시행규칙

[시행 2024. 7. 24.] [과학기술정보통신부령 제129호, 2024. 7. 24., 일부개정]

과학기술정보통신부(우정사업본부 우편정책과) 044-200-8162

제1장 총칙

제1조 【목적】 이 규칙은 「우편법」 및 같은 법 시행령에서 위임된 사항과 그 시행에 관하여 필요한 사항을 규정함을 목적으로 한다. <개정 2005. 8. 4., 2007. 4. 20.>

제2조 【창구업무의 취급 등】 ①우체국의 창구에서 취급하는 우편업무의 범위와 취급시간은 우정사업본부장이 정하는 바에 의한다. 다만, 특별한 사정이 있는 때에는 우체국장은 필요하다고 인정하는 업무에 대하여 취급시간을 연장할 수 있다. <개정 1995. 12. 30., 2001. 4. 20.>

② 우편물의 수집·배달 및 운송의 횟수와 시간은 관할지방우정청장이 정한다. <개정 2014. 12. 4.>

③ 우체국장은 취급업무의 종류·취급시간, 우편물의 규격·중량·포장, 우편요금 및 우편이용수수료 등 우편이용자가 알아야 할 사항을 적은 안내판을 우체국안의 보기 쉬운 곳에 언제나 걸어 놓아야 한다. <개정 2019. 2. 8.>

[제목개정 2019. 2. 8.]

제2조의2 【우편주문판매 등의 위탁】 「우편법 시행령」(이하 "영"이라 한다) 제4조제1항제4호에서 "과학기술정보통신부령이 정하는 업무"라 함은 다음 각 호의 업무를 말한다. <개정 2001. 4. 20., 2007. 4. 20., 2008. 3. 3., 2013. 3. 24., 2015. 7. 21., 2017. 7. 26., 2018. 2. 19.>

1. 제25조제1항제10호의 우편주문판매 공급업체의 선정 및 관리 업무

1의2. 영 제4조제1항제3호에 따른 우표류(이하 "우표류"라 한다)를 이용한 제25조제1항제11호의 광고우편의 모집 및 대리점 선정·관리업무

2. 제25조제1항제12호의 전자우편물 내용의 출력·인쇄 업무 및 이를 봉투에 넣거나 봉함하는 업무

3. 제25조제1항제21호에 따른 우편물의 반환 정보 제공 업무

[본조신설 1997. 12. 31.]

[제목개정 2015. 7. 21.]

제2조의3 삭제 <2014. 12. 4.>

제3조 【방문접수업무와 집배업무 위탁방법】 영 제4조제2항에 따른 우편물 방문접수업무와 집배업무의 위탁방법은 해당 위탁업무를 하는 지역의 인구와 우편물의 증감 등을 고려하여 우정사업본부장이 정한다.

[전문개정 2014. 12. 4.]

제4조 【우편업무의 일부를 수탁할 수 있는 자의 자격】 ①영 제4조제1항제1호에 따른 우편물방문접수 업무를 위탁받을 수 있는 자는 다음 각 호와 같다. <개정 2005. 8. 4., 2014. 12. 4.>

1. 개인 : 18세 이상으로서 「국가공무원법」 제33조 각 호의 어느 하나에 해당하지 아니한 자

2. 법인 : 위탁업무의 수행에 필요한 시설·장비 및 인력 등 우정사업본부장이 정하는 요건을 갖춘 자

② 영 제4조제1항제2호에 따른 우편물의 집배업무·운송업무 및 발착업무를 위탁받을 수 있는 자는 다음 각 호의 구분에 따른다. <개정 1999. 1. 21., 2001. 4. 20., 2005. 8. 4., 2010. 9. 1., 2014. 12. 4., 2018. 2. 19.>

1. 우편물 집배업무 위탁의 경우

가. 개인 : 18세이상으로서 「국가공무원법」 제33조 각 호의 어느 하나에 해당하지 아니한 자

나. 법인: 위탁업무 수행에 필요한 시설·장비 및 인력등 우정사업본부장이 정하는 요건을 갖춘 자
다. 「우체국창구업무의 위탁에 관한 법률」 제4조에 따른 수탁자
라. 그 밖에 집배업무의 공익성·정시성(正時性) 등을 고려하여 우정사업본부장이 정하는 요건을 충족하는 자

2. 삭제 <2014. 12. 4.>
3. 우편물 운송업무 위탁의 경우: 우정사업본부장이 지정하는 비영리법인 또는 「화물자동차 운수사업법 시행령」 제3조제1호에 따른 일반화물자동차운송사업자
4. 우편물 발착업무 위탁의 경우: 우정사업본부장이 지정하는 비영리법인 또는 발착업무의 공익성·정시성 등을 고려하여 우정사업본부장이 정하는 요건에 적합한 자

부록

③ 영 제4조제1항제3호에 따른 우표류 조제업무를 위탁받을 수 있는 자는 우정사업본부장이 지정하는 비영리법인 또는 특별법에 의하여 설립된 법인으로 한다. <신설 1999. 1. 21., 2001. 4. 20., 2005. 8. 4., 2014. 12. 4.>

④ 제2조의2에 따른 업무를 위탁받을 수 있는 자는 위탁업무의 수행에 필요한 시설·장비 및 인력 등 우정사업본부장이 정하는 요건을 갖춘 법인으로 한다. <신설 2005. 8. 4., 2014. 12. 4.>

[전문개정 1997. 12. 31.]

제4조의2 【위탁지역의 우편물방문접수업무의 처리절차】 우편물방문접수업무의 처리절차는 우정사업본부장이 정하는 바에 따라 위탁지역을 관할하는 우체국장과 당해업무를 위탁받는 자와의 계약에 의하여 이를 정한다. <개정 2001. 4. 20., 2005. 8. 4.>

[본조신설 1997. 12. 31.]

제5조 【위탁지역의 우편물 집배·운송절차】 ①제3조에 따라 위탁한 우편물의 집배절차는 우정사업본부장이 정하는 바에 따라 관할지방우정청장 또는 관할우체국장과 집배업무를 위탁받는 자와의 계약으로 정한다. <개정 1995. 12. 30., 1999. 1. 21., 2001. 4. 20., 2010. 9. 1., 2014. 12. 4.>

② 삭제 <2014. 12. 4.>

③ 우편물위탁운송지역의 우편물의 운송절차는 우정사업본부장이 정하는 바에 따라 위탁지역 관할지방우정청장과 해당 업무를 위탁받는 자와의 계약으로 정한다. <개정 1995. 12. 30., 1999. 1. 21., 2001. 4. 20., 2014. 12. 4.>

④ 우편물 발착위탁업무의 처리절차는 우정사업본부장이 정하는 바에 따라 발착업무를 위탁하는 우체국장과 그 업무를 위탁받는 자와의 계약에 따라 정한다. <신설 2010. 9. 1.>

제5조의2 【우표류조제위탁업무의 처리절차】 우표류조제위탁업무의 처리절차는 우정사업본부장과 당해업무를 위탁받는 자와의 계약에 의하여 이를 정한다. <개정 2001. 4. 20.>

[본조신설 1997. 12. 31.]

제5조의3 【우편주문판매등의 위탁업무의 처리절차】 제2조의2의 규정에 의한 위탁업무의 처리절차는 우정사업본부장과 당해업무를 위탁받는 자와의 계약에 의하여 이를 정한다. <개정 2001. 4. 20.>

[본조신설 1997. 12. 31.]

제6조 【위탁업무의 취급수수료등】 ①영 제4조제4항에 따라 같은 조 제1항제1호·제3호 및 제4호의 위탁업무의 위탁수수료 및 경비는 우편의 공공성·신뢰성을 유지하기 위하여 소요되는 원가 등을 고려하여 산정·지급한다. <신설 1997. 12. 31., 2014. 12. 4.>

② 삭제 <2014. 12. 4.>

③ 우편물 집배업무, 운송업무와 발착(發着)업무의 위탁수수료는 우편물의 공공성·안전성 및 정시성을 유지하기 위하여 소요되는 원가를 고려하여 산정·지급한다. <개정 2010. 9. 1., 2014. 12. 4.>

[제목개정 1997. 12. 31.]

제7조 【손실보상등의 청구】 ①법 제4조제1항에 따른 우편운송등의 조력자에 대한 보수와 법 제5조에 따른 우편운송원등의 통행으로 인한 피해에 대한 손실보상을 청구하고자 하는 자는 다음 각 호의 사항을 기재한 청구서를 그 우편운송원등이 소속된 우체국장을 거쳐 관할지방우정청장에게 제출하여야 한다. <개정 2007. 4. 20., 2011. 12. 2., 2014. 12. 4.>

1. 청구인의 성명 · 주소
2. 청구사유
3. 청구금액

② 제1항의 경우 소속우체국장은 보수 또는 손실보상의 청구내용에 대한 의견서를 첨부하여야 한다.

③ 제1항 및 제2항에 따른 청구서 및 의견서를 받은 지방우정청장은 그 내용을 심사하여 청구내용이 정당하지 아니하다고 인정하여 청구금액을 지급할 수 없는 때에는 그 사유서를 청구인에게 송부하고, 청구내용이 정당하다고 인정하는 때에는 청구한 보수 또는 손실보상금을 청구인에게 지급하여야 한다. <개정 2014. 12. 4.>

④ 제1항에 따른 청구를 받은 지방우정청장은 필요하다고 인정하는 때에는 청구인의 출석을 요구하여 질문하거나 관계자료를 제출하게 할 수 있다. <개정 2014. 12. 4.>

제8조 【이용의 제한 및 업무의 정지】 우정사업본부장은 법 제6조의 규정에 의하여 우편이용을 제한하거나 우편업무의 일부를 정지한 때에는 이를 공고하여야 한다. <개정 1995. 12. 30., 2001. 4. 20.>

제9조 【우편구의 구별】 ①영 제5조제1항에 따른 우편구는 시내우편구와 시외우편구로 구분하되 시내우편구는 우체국의 소재지와 그 가까운 지역으로서 관할지방우정청장이 지정하는 지역으로 하고, 시외우편구는 시내우편구를 제외한 지역으로 한다. <개정 2014. 12. 4.>

② 지방우정청장은 제1항에 따라 시내우편구를 지정한 때에는 이를 고시하여야 한다. 이를 변경한 때에도 또한 같다. <개정 2014. 12. 4.>

제10조 【우편업무의 시험적 실시】 우정사업본부장은 영 제7조의 규정에 의하여 우편업무에 관한 새로운 제도를 시험적으로 실시하고자 할 때에는 그 명칭 또는 종류 · 내용 기타 필요한 사항을 미리 공고하여야 한다. <개정 1995. 12. 30., 2001. 4. 20.>

제11조 【수탁취급】 우정사업본부장은 영 제7조의2의 규정에 의하여 다른 국가기관 · 지방자치단체 또는 「공공기관의 운영에 관한 법률」에 따른 공공기관(이하 "공공기관"이라 한다) 등의 업무를 수탁취급하는 경우에는 그 업무의 종류 · 내용 기타 필요한 사항을 미리 공고하여야 한다. <개정 1995. 12. 30., 2001. 4. 20., 2010. 9. 1.>

제2장 우편역무 〈개정 1997. 12. 31.〉

제1절 보편적 우편역무 〈개정 1997. 12. 31., 2011. 12. 2.〉

제1관 통칙 〈신설 1997. 12. 31.〉

제12조 【보편적 우편역무의 제공기준 및 이용조건 등】 ① 과학기술정보통신부장관은 법 제14조제3항에 따라 보편적 우편역무의 제공을 위하여 1근무일에 1회 이상 우편물을 수집하고 배달하여야 한다. 다만, 지리, 교통, 사업환경 등이 열악하여 부득이한 경우에는 이를 조정할 수 있다. <개정 2011. 12. 2., 2013. 3. 24., 2017. 7. 26.>

② 제1항에 따라 수집하거나 우체국 창구에 접수한 우편물의 송달에 걸리는 기간(이하 "우편물 송달기준"이라 한다)은 수집이나 접수한 날의 다음 날부터 3일 이내로 한다. 이 경우 수집이나 접수한 날이란 우편물의 수집을 관할하는 우체국장이 관할지역의 지리 · 교통상황 · 우편물처리능력 및 다른 지역의 우편물송달능력 등을 참작하여 공고한 시간 내에 우체통에 투입되거나 우체국 창구에 접수한 경우를 말한다. <개정 2011. 12. 2.>

③ 「관공서의 공휴일에 관한 규정」에 의한 공휴일 기타 다른 법령에 의한 유급휴일 · 토요일 및 우정사업본부장이 배달하지 아니하기로 정한 날은 이를 우편물송달기준에 산입하지 아니한다. <개정 1995. 12. 30., 2001. 4. 20., 2005. 8. 4., 2006. 2. 9.>

④ 우정사업본부장은 우체국 및 우체통의 설치현황을 고시하여야 한다. <신설 2011. 12. 2.>

[제목개정 2011. 12. 2.]

제12조의2 【보편적 우편역무의 특수취급】 ① 법 제14조제2항제3호에 따른 특수취급은 제25조제1항, 제26조부터 제29조까지, 제46조부터 제55조까지, 제57조부터 제59조까지, 제61조, 제62조부터 제65조까지, 제70조의8, 제70조의11부터 제70조의17까지를 준용한다. <개정 2016. 3. 16., 2020. 2. 17.>

② 보편적 우편역무의 특수취급 종류와 이에 따른 우편물은 별표 1과 같다. <개정 2016. 3. 16.>

③ 보편적 우편역무에 부가할 수 있는 우편역무는 별표 2와 같다.

[본조신설 2011. 12. 2.]

부록

제13조 【도서 · 산간오지등의 우편물송달기준】 ①우정사업본부장은 도서 · 산간오지등 교통이 불편하여 우편물의 운송이 특히 곤란한 지역에 대하여는 제12조에도 불구하고 지역별 또는 지역상호간에 적용할 우편물송달기준을 달리 정할 수 있다. <개정 1995. 12. 30., 2001. 4. 20., 2014. 12. 4.>

② 제1항에 따라 우편물송달기준을 달리 정한 때에는 관할지방우정청장은 그 지역과 세부적인 우편물송달기준을 정하여 공고하여야 한다. <개정 2014. 12. 4.>

제14조 【우편물송달기준 적용의 예외】 「신문 등의 진흥에 관한 법률」 제9조에 따라 등록된 일간신문(주 5회 이상 발행되는 신문으로 한정한다) 및 관보를 제86조제1항에 따른 우편물정기발송계약에 따라 발송할 때에는 제12조제2항 전단에도 불구하고 접수한 날의 다음날까지 이를 송달할 수 있다. <개정 2018. 2. 19.>

[전문개정 2010. 9. 1.]

제15조 【우편물송달기준의 이행】 ①우정사업본부장은 우편물의 종류별 · 지역별로 우편물송달기준의 이행목표율을 정하여 고시하여야 한다. <개정 1995. 12. 30., 2001. 4. 20.>

② 우정사업본부장은 제1항의 규정에 의한 이행목표율의 달성도를 매년 1회이상 조사하여 그 결과를 공표하여야 한다. <개정 1995. 12. 30., 2001. 4. 20.>

③ 우정사업본부장은 법 제6조의 규정에 의하여 우편물의 이용을 제한하거나 우편업무의 일부를 정지하는 경우 또는 일시에 다량의 우편물이 접수되어 특별한 송달대책이 요구되는 경우 그 기간동안에는 제1항의 규정에 의한 이행목표율을 보다 낮은 수준으로 정하여 고시할 수 있다. <개정 1995. 12. 30., 2001. 4. 20.>

제15조의2 【이용자에 대한 실비의 지급】 ①우편관서의 장은 보편적 우편역무 및 선택적 우편역무의 제공과 관련하여 우정사업본부장이 공표하는 기준을 충족하지 못한 경우에는 예산의 범위안에서 해당 이용자에게 교통비 등 실비의 전부 또는 일부를 지급할 수 있다. <개정 2011. 12. 2.>

② 제1항의 규정에 의한 실비 지급의 절차는 우정사업본부장이 정하여 고시한다.

[본조신설 2001. 4. 20.]

제16조 【우편물의 외부 기재사항】 ① 영 제6조제2항에 따라 우편물의 외부에는 우편요금의 납부표시, 그 밖에 우편물의 취급을 위하여 이 규칙에서 정한 사항을 적어야 한다. <개정 2010. 9. 1.>

② 우편물의 발송인은 제1항의 기재사항외에 우편물의 취급에 지장이 없는 범위안에서 우정사업본부장이 정하여 고시하는 사항을 우편물의 외부에 표시하거나 부착할 수 있다. <개정 1995. 12. 30., 2001. 4. 20.>

③ 제1항 및 제2항의 규정에 의한 사항을 우편물의 외부에 기재하거나 표시 또는 부착하는 경우 그 방법 · 위치등은 우정사업본부장이 정하여 고시하는 요건에 적합하여야 한다. <개정 1995. 12. 30., 2001. 4. 20.>

제17조 【우편날짜도장의 사용】 ①우체국은 우편물의 접수확인 및 우표의 소인을 위하여 우편날짜도장을 찍는다. 다만, 영 제13조제1항에 따라 우정사업본부장이 발행하는 우편요금표시인영이 인쇄된 연하우편엽서와 연

하우편봉투 및 이 규칙에서 따로 정한 경우에는 그러하지 아니하다. <개정 1995. 12. 30., 2001. 4. 20., 2014. 12. 4.>

② 우편날짜도장의 종류 · 형식 및 사용범위에 관하여는 우정사업본부장이 정한다. <개정 1995. 12. 30., 1997. 12. 31., 2001. 4. 20., 2014. 12. 4.>

[제목개정 2014. 12. 4.]

제18조 삭제 <1997. 12. 31.>

제2관 통상우편물 〈개정 1997. 12. 31.〉

제19조 【통상우편물의 봉함 · 규격등】 ①통상우편물은 봉투에 넣어 봉함하여 발송해야 하며, 봉함하기가 적합하지 않은 우편물은 법 제17조제2항에 따라 우정사업본부장이 정하여 고시한 기준에 적합하도록 포장하여 발송할 수 있다. 다만, 다음 각 호의 어느 하나에 해당하는 우편물의 경우에는 그렇지 않다. <개정 1997. 12. 31., 2001. 4. 20., 2011. 12. 2., 2022. 1. 4.>

1. 우정사업본부장이 발행하는 우편엽서

1의2. 영 제3조제4호에 해당하는 우편물

2. 제20조의 규정에 의한 요건을 갖춘 사제엽서

3. 제25조제1항제9호에 따른 팩스우편물

4. 제25조제1항제12호의 규정에 의한 전자우편물

② 삭제 <1997. 12. 31.>

③ 우편엽서는 그 종류 · 규격 · 형식 · 발행방법등에 관하여 우정사업본부장이 정하여 고시하는 것으로 한다. <개정 1995. 12. 30., 2001. 4. 20.>

④ 우정사업본부장은 우편물의 안전한 송달과 취급을 위하여 필요한 경우에는 우편물의 규격을 정하여 고시할 수 있다. <개정 1995. 12. 30., 2001. 4. 20.>

제20조 【사제엽서의 제조요건】 법 제21조제3항에 따라 우편엽서를 개인, 기관 또는 단체가 조제하는 경우에는 제19조제3항에 따라 우정사업본부장이 정하여 고시하는 우편엽서의 종류 · 규격 · 형식 등에 적합하여야 한다. <개정 1995. 12. 30., 2001. 4. 20., 2014. 12. 4.>

1. 삭제 <2014. 12. 4.>
2. 삭제 <2014. 12. 4.>
3. 삭제 <2014. 12. 4.>
4. 삭제 <2014. 12. 4.>

제21조 【투명봉투의 사용】 통상우편물로서 무색 투명한 부분이 있는 봉투를 사용하는 경우에는 해당 봉투의 투명한 부분으로 발송인 또는 수취인의 성명 · 주소와 우편번호를 볼 수 있도록 하여야 한다. 이 경우 투명부분의 크기는 우편날짜도장의 날인, 우편요금의 납부표시, 우편물의 종류표시 그 밖의 우편물 취급에 지장이 없도록 하여야 한다. <개정 2014. 12. 4.>

제3관 소포우편물 〈개정 1997. 12. 31.〉

제22조 삭제 <2011. 12. 2.>

제23조 삭제 <1997. 12. 31.>

제24조 삭제 <1997. 12. 31.>

제2절 선택적 우편역무 〈개정 1997. 12. 31., 2011. 12. 2.〉

제1관 통칙 〈개정 1997. 12. 31.〉

제25조【선택적 우편역무의 종류 및 이용조건 등】 ① 법 제15조제3항에 따른 선택적 우편역무의 종류는 다음 각 호와 같이 구분한다. <개정 1999. 1. 21., 1999. 7. 20., 2001. 4. 20., 2005. 8. 4., 2006. 2. 9., 2007. 1. 10., 2010. 9. 1., 2011. 12. 2., 2014. 12. 4., 2015. 7. 21., 2016. 3. 16., 2018. 2. 19., 2020. 2. 17., 2021. 7. 1., 2022. 1. 4., 2024. 7. 24.>

1\. 등기취급
우편물의 접수에서 배달까지 모든 단계의 취급과정을 기록하는 우편물의 특수취급제도

1의2. 준등기취급
우편물의 접수에서 배달 전(前) 단계까지의 취급과정을 기록하는 우편물의 취급제도

1의3. 선택등기취급: 등기취급 및 제112조의2제1항에 따른 우편물의 반환거절을 전제로 우편물을 배달하되, 그 우편물을 수취인에게 배달할 수 없는 경우에는 준등기취급에 따라 우편물을 배달하는 특수취급제도

2\. 보험취급
가. 보험통상: 등기취급을 전제로 보험등기 취급용 봉투를 이용하여 유가증권, 통화 또는 소형포장우편물 등의 통상우편물을 배달하는 특수취급제도
나. 보험소포: 등기취급을 전제로 사회통념상 용적에 비하여 가격이 높다고 발송인이 신고한 것으로서 그 취급에 특히 유의할 필요가 있는 고가품 · 귀중품 등의 소포우편물을 배달하는 특수취급제도

3\. 삭제 <2020. 2. 17.>

4\. 증명취급
가. 내용증명: 등기취급을 전제로 우체국창구 또는 정보통신망을 통하여 발송인이 수취인에게 어떤 내용의 문서를 언제 발송하였다는 사실을 우체국이 증명하는 특수취급제도
나. 삭제 <2014. 12. 4.>
다. 배달증명: 등기취급을 전제로 우편물의 배달일자 및 수취인을 배달우체국에서 증명하여 발송인에게 통지하는 특수취급제도

5\. 국내특급우편
등기취급을 전제로 국내특급우편 취급지역 상호간에 수발하는 긴급한 우편물로서 통상적인 송달방법보다 빠르게 송달하기 위하여 접수된 우편물을 약속한 시간 내에 신속히 배달하는 특수취급제도

6\. 특별송달
등기취급을 전제로 「민사소송법」 제176조의 규정에 의한 방법으로 송달하는 우편물로서 배달우체국에서 배달결과를 발송인에게 통지하는 특수취급제도

7\. 민원우편
우정사업본부장이 정하여 고시하는 민원서류 발급을 위하여 등기취급을 전제로 우편 또는 정보통신망을 통하여 발급신청에 필요한 서류와 발급수수료를 송부하고 그에 따라 발급된 민원서류와 발급수수료 잔액 등을 우정사업본부장이 발행하는 민원우편봉투에 함께 넣어 송달하는 특수취급제도

8\. 삭제 <2014. 12. 4.>

9\. 팩스우편
우체국에서 서신 · 서류 · 도화 등의 통신문을 접수받아 수취인의 팩스에 전송하는 제도

10\. 우편주문판매
등기취급을 전제로 우체국 창구나 정보통신망, 방송채널 등을 통하여 전국 각 지역에서 생산되는 특산품이나 소상공인 및 중소 · 중견기업 제품 등을 생산자나 판매자에게 주문하고 생산자나 판매자는 우편을 통하여 주문자에게 직접 공급하는 제도

11. 광고우편
    우정사업본부장이 조제한 우표류 및 우편차량 또는 우편시설등에 개인 또는 단체로부터 의뢰받아 광고를 게재하거나 광고물을 부착하는 제도
12. 전자우편
    우체국 창구나 정보통신망을 통하여 전자적 형태로 접수된 통신문 등을 발송인이 의뢰한 형태로 출력·봉함하여 수취인에게 배달하는 제도
13. 우편물방문접수
    발송인의 요청 또는 발송인과 발송인 소재지역을 관할하는 우체국장과 사전계약에 따라 발송인을 방문하여 우편물을 접수하는 제도
14. 삭제 <2014. 12. 4.>
15. 삭제 <2014. 12. 4.>
16. 착불배달
    영 제29조제1항제2호에 따른 등기우편물에 대하여 그 요금을 배달 시 수취인으로부터 수납하는 특수취급제도
17. 계약등기
    등기취급을 전제로 우체국장과 발송인과의 별도의 계약에 따라 접수한 통상우편물을 배달하고 그 배달결과를 발송인에게 전자적 방법 등으로 통지하는 특수취급제도
18. 회신우편
    등기취급을 전제로 우체국장과 발송인과의 별도의 계약에 따라 수취인을 직접 대면하여 우편물을 배달하면서 서명이나 도장을 받는 등 응답을 필요로 하는 사항을 받거나 서류를 인수받아 발송인이나 발송인이 지정하는 자에게 회신하는 특수취급제도
19. 본인지정배달
    등기취급을 전제로 우편물을 수취인 본인에게만 배달하여 주는 특수취급제도
20. 우편주소 정보제공
    등기취급을 전제로 이사 등 거주지 이전으로 우편주소가 변경된 경우에 우편물을 변경된 우편주소로 배달하고 수취인의 동의를 받아 발송인에게 변경된 우편주소정보를 제공하는 특수취급제도
21. 우편물의 반환 정보 제공
    수취인에게 배달할 수 없거나 수취인이 수취를 거부하여 발송인에게 되돌려 보내는 우편물의 목록, 봉투를 스캔한 이미지 및 반환 사유 등 우편물의 반환 정보를 발송인에게 제공하는 제도
22. 선거우편
    「공직선거법」, 「국민투표법」, 그 밖에 선거 또는 투표 관련 법령에서 정하는 우편물로서 통상적인 우편물보다 정확하고 신속하게 송달하기 위하여 우선적으로 우편물을 취급 및 배달하는 특수취급제도
23. 복지우편
    등기취급을 전제로 우체국장과 발송인과의 별도의 계약에 따라 우편물을 배달하면서 수취인을 직접 대면하여 얻은 수취인의 건강상태 및 주거환경 등에 관한 정보를 발송인이나 발송인이 지정하는 자에게 회신하는 특수취급제도
24. 국제우편 연계 서비스
    국내외 물류 관련 사업자 등과 연계하여 우편물을 「관세법」에 따른 통관절차를 거쳐 수취인에게 배달하는 제도

② 선택적 우편역무의 종류에 따른 우편물은 별표 3과 같다. <개정 2016. 3. 16.>
③ 선택적 우편역무에 부가할 수 있는 우편역무는 별표 4와 같다. <개정 2016. 3. 16.>

[전문개정 1997. 12. 31.]
[제목개정 2011. 12. 2.]

제2관 등기취급 〈개정 1997. 12. 31.〉

제26조 【등기취급】 제25조제1항제1호의 등기취급(이하 "등기"라 한다)을 하는 우편물(이하 "등기우편물"이라 한다)에는 발송인이 그 표면의 왼쪽 중간에 "등기"의 표시를 하여야 한다. <개정 1997. 12. 31.>

제27조 【등기우편물의 접수】 ① 삭제 <1997. 12. 31.>
② 등기우편물을 접수한 때에는 발송인에게 접수번호를 기록한 특수우편물수령증을 교부하여야 한다.

제28조 【등기우편물 배달시의 수령사실확인등】 영 제42조제3항 본문에 따른 등기우편물 배달시의 수령사실확인은 특수우편물배달증에 수령인이 서명(전자서명을 포함한다) 또는 날인하는 것으로 한다. 다만, 수령인이 본인이 아닌 경우에는 수령인의 성명 및 본인과의 관계를 기재하고 서명(전자서명을 포함한다) 또는 날인하게 하여야 한다. <개정 2005. 8. 4., 2010. 9. 1.>

제2관의2 준등기취급 〈신설 2018. 2. 19.〉

제28조의2 【준등기취급】 제25조제1항제1호의2의 준등기취급(이하 "준등기"라 한다)을 하는 우편물(이하 "준등기우편물"이라 한다)에는 발송인이 그 표면의 왼쪽 중간에 "준등기"의 표시를 하여야 한다.
[본조신설 2018. 2. 19.]

제28조의3 【준등기우편물의 접수】 준등기우편물을 접수한 때에는 발송인에게 접수번호를 기록한 우편물수령증을 교부하여야 한다.
[본조신설 2018. 2. 19.]

제28조의4 【준등기우편물의 배달】 준등기우편물의 배달은 우편수취함 등에 투함함으로써 완료되며, 수령인의 수령사실을 확인하지 아니한다.
[본조신설 2018. 2. 19.]

제2관의3 선택등기취급 〈신설 2021. 7. 1.〉

제28조의5 【선택등기취급】 제25조제1항제1호의3의 선택등기취급(이하 "선택등기"라 한다)을 하는 우편물(이하 "선택등기우편물"이라 한다)에는 발송인이 그 표면의 왼쪽 중간에 "반환 불필요" 및 "선택등기"의 표시를 해야 한다.
[본조신설 2021. 7. 1.]

제28조의6 【선택등기우편물의 접수】 선택등기우편물을 접수한 때에는 발송인에게 접수번호를 기록한 우편물수령증을 교부해야 한다.
[본조신설 2021. 7. 1.]

제28조의7 【선택등기우편물의 배달】 선택등기우편물은 영 제42조제3항 및 이 규칙 제28조에 따라 배달한다. 다만, 선택등기우편물을 수취인에게 배달할 수 없는 경우에는 제28조의4에 따라 배달한다.
[본조신설 2021. 7. 1.]

제3관 보험취급 〈개정 1997. 12. 31.〉

제29조 【보험통상 및 보험소포의 취급조건 등】 ① 통화를 우편물로 발송하려는 경우에는 제25조제1항제2호가목에 따른 보험통상으로 한다. 다만, 제25조제1항제7호에 따른 민원우편의 경우에는 그러하지 아니하다.

② 제1항에서 규정한 사항 외에 제25조제1항제2호에 따른 보험통상 또는 보험소포 취급우편물의 세부종류, 취급한도, 취급방법 및 절차 등 보험취급에 필요한 사항은 우정사업본부장이 정하여 고시한다.

[전문개정 2018. 2. 19.]

제30조 삭제 <2018. 2. 19.>

제31조 삭제 <2018. 2. 19.>

제31조의2 삭제 <2018. 2. 19.>

제4관 삭제 〈2020. 2. 17.〉

제32조 삭제 <2020. 2. 17.>

제33조 삭제 <2020. 2. 17.>

제34조 삭제 <2020. 2. 17.>

제35조 삭제 <2020. 2. 17.>

제36조 삭제 <2020. 2. 17.>

제37조 삭제 <1997. 12. 31.>

제38조 삭제 <1997. 12. 31.>

제39조 삭제 <1997. 12. 31.>

제40조 삭제 <1997. 12. 31.>

제41조 삭제 <1997. 12. 31.>

제42조 삭제 <1997. 12. 31.>

제43조 삭제 <1997. 12. 31.>

제44조 삭제 <1997. 12. 31.>

제45조 삭제 <1997. 12. 31.>

제5관 증명취급 〈개정 1997. 12. 31.〉

제46조 【내용증명】 ① 제25조제1항제4호가목에 따른 내용증명우편물은 한글, 한자 또는 그 밖의 외국어로 자획을 명료하게 기재한 문서(첨부물을 포함한다. 이하 같다)인 경우에 한하여 취급하며, 공공의 질서 또는 선량한 풍속에 반하는 내용의 문서 또는 문서의 원본(사본을 포함한다. 이하 같다)과 등본이 같은 내용임을 일반인이 쉽게 식별할 수 없는 문서는 이를 취급하지 아니한다. <개정 1997. 12. 31., 2018. 2. 19.>

② 제1항에 따른 문서(이하 “내용문서”라 한다)에는 숫자 · 괄호 · 구두점이나 그 밖에 일반적으로 사용하는 단위등의 기호를 함께 기재할 수 있다. <개정 1997. 12. 31., 2018. 2. 19.>

제47조 【동문내용증명】 2인이상의 수취인에게 발송하는 내용증명우편물로서 그 내용문서가 동일한 것은 이를 동문내용증명으로 할 수 있다.

제48조【내용문서 원본 및 등본의 제출등】 ① 내용증명우편물을 발송하고자 하는 자는 내용문서 원본 및 그 등본 2통을 제출하여야 한다.

② 동문내용증명 우편물인 경우에는 각 수취인별・내용문서 원본과 수취인 전부의 성명 및 주소를 기재한 등본 2통을 제출하여야 한다.

③ 제1항 및 제2항에 따라 제출받은 등본 중 한통은 우체국에서 발송한 다음날부터 3년간 보관하고 나머지 한통은 발송인에게 이를 되돌려 준다. 다만, 발송인이 등본을 필요로 하지 아니하는 때에는 제1항 및 제2항에 따른 등본은 한통을 제출할 수 있다. <개정 2018. 2. 19.>

제49조【내용문서 원본 및 등본의 규격등】 ① 내용문서의 원본 및 등본은 「행정업무의 운영 및 혁신에 관한 규정」 제7조제6항에 따라 가로 210밀리미터, 세로 297밀리미터의 용지(이하 "기준용지"라 한다)를 사용하여 작성하되, 등본은 내용문서의 원본을 복사한 것이어야 한다. <개정 1997. 12. 31., 2005. 8. 4., 2018. 2. 19., 2024. 7. 24.>

② 삭제 <2001. 4. 20.>

부록

제50조【문자의 정정등】 ① 내용문서의 원본 또는 등본의 문자나 기호를 정정・삽입 또는 삭제한 때에는 "정정"・"삽입" 또는 "삭제"의 문자 및 자수를 난외 또는 말미여백에 기재하고 그 곳에 발송인의 도장 또는 지장을 찍거나 서명을 해야 한다. <개정 2018. 2. 19., 2022. 1. 4.>

② 제1항의 경우 정정 또는 삭제된 문자나 기호는 명료하게 판독할 수 있도록 남겨두어야 한다.

③ 내용증명우편물을 접수한 후에는 발송인 및 수취인의 성명・주소의 변경, 내용문서원본 또는 등본의 문자나 기호의 정정등을 청구할 수 없다.

제51조【발송인 및 수취인등의 성명・주소】 ① 내용증명우편물의 내용문서 원본, 그 등본 및 우편물의 봉투에 기재하는 발송인 및 수취인의 성명・주소는 동일하여야 한다.

② 제1항의 규정에 불구하고 다수인이 연명하여 동일인에게 내용증명우편물을 발송하는 때에는 연명자중 1인의 성명・주소만을 우편물의 봉투에 기재하여야 한다. <신설 1997. 12. 31.>

[제목개정 1997. 12. 31.]

제52조【내용문서의 증명】 ① 내용증명우편물을 접수할 때에는 접수우체국에서 내용문서 원본과 등본을 대조하여 서로 부합함을 확인한 후 내용문서 원본과 등본의 각통에 발송연월일 및 그 우편물을 내용증명우편물로 발송한다는 뜻과 우체국명을 기재하고 우편날짜도장을 찍는다. <개정 2014. 12. 4.>

② 수취인에게 발송할 내용문서의 원본, 우체국에서 보관할 등본 및 발송인에게 교부할 등본 상호간에는 우편날짜도장을 걸쳐 찍어야 한다. <개정 2014. 12. 4., 2022. 1. 4.>

③ 내용문서의 원본 또는 등본이 2매이상 합철되는 곳에는 우편날짜도장을 찍거나 구멍을 뚫는 방식 등으로 간인(間印)해야 하며, 제50조제1항에 따라 내용문서의 원본 또는 등본의 정정・삽입 또는 삭제를 기재한 곳에는 우편날짜도장을 찍어야 한다. <개정 2014. 12. 4., 2022. 1. 4.>

④ 제1항부터 제3항까지의 규정에 따라 증명한 내용문서의 원본은 우체국의 취급직원이 보는 곳에서 발송인이 수취인 및 발송인의 성명・주소를 기재한 봉투에 넣고 봉함하여야 한다. <개정 2014. 12. 4.>

제53조【내용증명 취급수수료의 계산방법】 ① 내용증명 취급수수료는 기준용지의 규격을 기준으로 내용문서의 매수에 따라 계산하되, 양면에 기재한 경우에는 이를 2매로 본다. <개정 1997. 12. 31.>

② 내용증명 취급수수료의 계산에 있어서 내용문서의 규격이 기준용지보다 큰 것은 기준용지의 규격으로 접어서 매수를 계산하고, 기준용지보다 작은 것은 기준용지로 매수를 계산한다.

제54조【발송후의 내용증명 청구】 ① 내용증명우편물의 발송인 또는 수취인은 내용증명우편물을 발송한 다음날부터 3년까지는 우체국에 특수우편물수령증・주민등록증등의 관계자료를 내보여 동 우편물의 발송인 또는 수취인임을 입증하고 내용증명의 재증명을 청구할 수 있다. <개정 2018. 2. 19.>

② 제1항에 따른 재증명 청구인은 우체국에서 보관 중인 최초의 내용문서 등본과 같은 등본을 우체국에 제출하여야 하며, 재증명 청구를 받은 우체국은 청구인이 제출한 내용문서를 재증명하여 내주어야 한다. 다만, 청구인이 분실 등의 사유로 내용문서를 제출하기 어려운 경우에는 우체국에서 보관 중인 내용문서를 복사한 후 재증명하여 내줄 수 있다. <개정 2018. 2. 19.>

③ 제49조·제50조·제52조제1항 내지 제3항 및 제53조의 규정은 제1항의 규정에 의한 재증명의 청구에 관하여 이를 준용한다.

제55조【등본의 열람청구】 내용증명우편물의 발송인 또는 수취인은 우편물을 발송한 다음 날부터 3년까지는 발송우체국에 특수우편물수령증·주민등록증등의 관계자료를 내보여 동 우편물의 발송인 또는 수취인임을 입증하고 내용문서 등본의 열람을 청구할 수 있다.

제56조 삭제 <2014. 12. 4.>

제57조【배달증명의 표시】 제25조제1항제4호 다목의 규정에 의한 배달증명우편물에는 발송인이 그 표면의 보기 쉬운 곳에 "배달증명"의 표시를 하여야 한다. <개정 1997. 12. 31.>

제58조【배달증명서의 송부】 배달증명우편물을 배달한 때에는 발송인에게 배달증명서를 우편으로 송부한다. 다만, 발송인이 원하는 경우에는 정보통신망을 통한 전자적 방법으로 송부할 수 있다. <개정 2005. 8. 4.>

제59조【발송후 배달증명 청구】 등기우편물의 발송인 또는 수취인은 우편물을 발송한 다음날부터 1년까지는 우체국에 당해 특수우편물수령증·주민등록증등의 관계자료를 내보여 동 우편물의 발송인 또는 수취인임을 입증하고 그 배달증명을 청구할 수 있다. 다만, 내용증명우편물에 대한 배달증명의 청구기간은 우편물을 발송한 다음 날부터 3년까지로 한다. <개정 1999. 1. 21., 2001. 4. 20.>

제6관 특급취급 〈개정 1997. 12. 31.〉

제60조 삭제 <2010. 9. 1.>

제61조【국내특급우편】 ①제25조제1항제5호에 따른 국내특급우편물에는 발송인이 그 표면의 보기 쉬운 곳에 "국내특급"의 표시를 하여야 한다. <개정 1997. 12. 31., 2010. 9. 1.>

② 삭제 <2014. 12. 4.>

③ 국내특급우편물의 배달은 다음 각 호의 기준에 따른다. <개정 2006. 2. 9., 2014. 12. 4., 2018. 2. 19.>

1. 도착된 특급우편물은 가장 빠른 배달편에 배달한다.
2. 수취인의 부재등의 사유로 1회에 배달하지 못한 특급우편물을 다시 배달하는 경우 2회째에는 제1호에 따른 배달의 예에 따르고, 3회째에는 통상적인 배달의 예에 따른다.
3. 수취인의 거주이전등으로 배달하지 못한 특급우편물을 전송하거나, 성명·주소등의 불명으로 반환하는 경우에는 전송 또는 반환하는 날의 다음날까지 송달한다.

④ 삭제 <1997. 12. 31.>

⑤ 삭제 <1997. 12. 31.>

⑥ 국내특급우편물의 취급지역·취급우체국·취급시간 그 밖에 필요한 사항은 관할지방우정청장이 정하여 고시한다. <개정 1995. 12. 30., 1997. 12. 31., 2014. 12. 4.>

제61조의2 삭제 <2010. 9. 1.>

제7관 특별송달 〈개정 1997. 12. 31.〉

제62조 【특별송달】 ① 다른 법령에 의하여 「민사소송법」이 정하는 방법으로 송달하여야 할 서류를 내용으로 하는 등기통상우편물은 이를 제25조제1항제6호의 규정에 의한 특별송달로 할 수 있다. <개정 1997. 12. 31., 2005. 8. 4.>

② 특별송달우편물을 발송할 때에는 그 표면의 왼쪽 중간에 "특별송달"의 표시를 하고, 그 뒷면에 송달상 필요한 사항을 기재한 우편송달통지서용지를 첨부하여야 한다.

제63조 【특별송달우편물의 배달】 ① 특별송달우편물을 배달하는 때에는 우편송달통지서의 해당란에 수령인의 서명(전자서명을 포함한다) 또는 날인을 받아야 한다. <개정 2005. 8. 4.>

② 특별송달우편물의 수령을 거부하는 때에는 다음 각호의 1에 해당하는 경우를 제외하고는 그 장소에 우편물을 두어 유치송달할 수 있다.

1. 수취인의 장기간 부재등으로 대리수령인이 그 우편물을 수취인에게 전달할 수 없는 사유가 입증된 경우
2. 우편물에 기재된 주소지에 수취인이 사실상 거주하지 아니하는 경우

③ 특별송달우편물을 배달한 때에는 배달우체국에서 당해우편물에 첨부된 우편송달통지서에 송달에 관한 사실(제2항의 경우에는 유치송달의 사유 또는 제2항 각호의 사유를 포함한다)을 기재하여 발송인에게 등기우편으로 송부하여야 한다. 다만, 발송인이 원하는 경우에는 정보통신망을 통한 전자적 방법으로 송부할 수 있다. <개정 2005. 8. 4.>

제8관 민원우편 〈신설 1997. 12. 31.〉

제64조 【민원우편물】 ① 제25조제1항제7호의 규정에 의한 민원우편에 의하여 민원서류를 발급받고자 하는 자는 민원서류의 발급에 필요한 서류와 발급수수료를 우정사업본부장이 발행하는 민원우편발송용 봉투에 함께 넣어 발송하여야 한다. 다만, 정보통신망을 통하여 민원서류를 발급받고자 하는 경우에는 우정사업본부장이 따로 정하는 방법에 의한다. <개정 1995. 12. 30., 1997. 12. 31., 2001. 4. 20., 2005. 8. 4.>

② 민원서류를 발급한 기관은 발급된 민원서류와 민원인으로부터 우편으로 송부된 통화중에서 발급수수료를 뺀 잔액의 통화를 우정사업본부장이 발행하는 민원우편회송용 봉투에 함께 넣어 회송해야 한다. <개정 1995. 12. 30., 2001. 4. 20., 2022. 1. 4.>

③ 민원우편물을 발송·회송 및 배달하는 경우에는 국내특급우편물로 취급하여야 한다. 민원우편물을 수취인부재등의 사유로 배달하지 못하여 다시 배달하는 경우 및 배달하지 못한 민원우편물을 전송 또는 반환하는 경우에도 또한 같다. <개정 2006. 2. 9., 2018. 2. 19.>

제65조 【민원우편물의 금액표기】 제64조제1항 및 제2항의 규정에 의하여 통화를 발송하거나 회송하는 경우에는 그 민원우편의 발송용봉투 또는 회송용봉투의 해당란에 그 금액을 기재하여야 한다.

제9관 삭제 〈2014. 12. 4.〉

제66조 삭제 <2014. 12. 4.>

제67조 삭제 <1997. 12. 31.>

제68조 삭제 <1997. 12. 31.>

제10관 팩스우편 〈개정 2022. 1. 4.〉

제69조 【팩스우편】 ① 제25조제1항제9호에 따른 팩스우편물을 우체국에서 발송하려는 자는 통신문 및 수취인 성명 등 팩스에 필요한 사항을 우체국에 제출해야 한다. <개정 2010. 9. 1., 2022. 1. 4.>

② 우체국은 발송인으로부터 제출 받은 통신문을 전송한 후에는 발송인에게 돌려주어야 한다. <개정 2010. 9. 1.>

③ 팩스우편의 취급지역·취급우체국 기타 필요한 사항은 우정사업본부장이 정하여 고시한다. <개정 1995. 12. 30., 1997. 12. 31., 2001. 4. 20., 2022. 1. 4.>

[제목개정 2022. 1. 4.]

제70조 삭제 <2014. 12. 4.>

제11관 우편주문판매 〈신설 1997. 12. 31.〉

제70조의2 【우편주문판매의 신청】 제25조제1항제10호에 따른 우편주문판매로 물품을 구매하려는 자는 우체국 창구, 정보통신망 또는 방송채널 등을 통하여 주문신청을 하고 그 대금을 지급하여야 한다. <개정 1999. 1. 21., 2015. 7. 21.>

[본조신설 1997. 12. 31.]

제70조의3 【우편주문판매 취급조건 등】 우정사업본부장은 우편주문판매로 취급하는 물품의 종류 및 주문방법 등에 관하여 필요한 사항을 인터넷 홈페이지 등에 게시하여야 한다.

[전문개정 2015. 7. 21.]

제12관 광고우편 〈신설 1997. 12. 31.〉

제70조의4 【광고우편의 광고금지】 다음 각호의 1에 해당하는 광고는 이를 광고우편으로 게재할 수 없다.

1. 공공의 질서와 선량한 풍속을 저해하는 광고
2. 국민의 건전한 소비생활을 저해하는 광고
3. 우편사업에 지장을 주는 광고
4. 특정단체의 정치적 목적을 위한 광고
5. 과대 또는 허위의 광고

[본조신설 1997. 12. 31.]

제70조의5 【광고우편의 이용조건】 광고우편의 이용조건등 역무제공에 관하여 필요한 사항은 우정사업본부장이 정한다. <개정 2001. 4. 20.>

[본조신설 1997. 12. 31.]

제13관 전자우편 〈신설 1997. 12. 31.〉

제70조의6 【전자우편의 접수】 제25조제1항제12호의 규정에 의한 전자우편은 우정사업본부장이 정하는 방식에 따라 우체국 창구 또는 정보통신망 등을 이용하여 접수하여야 한다.

[전문개정 2005. 8. 4.]

제70조의7 【전자우편물의 취급조건】 전자우편물의 인쇄·봉함 및 배달등 취급조건에 관하여는 우정사업본부장이 이를 정하여 고시한다. <개정 2001. 4. 20.>

[본조신설 1997. 12. 31.]

제14관 그 밖의 선택적 우편역무 〈신설 1997. 12. 31., 2011. 12. 2.〉

제70조의8 【우편물 방문접수의 이용조건】 제25조제1항제13호의 규정에 의한 우편물 방문접수의 대상우편물·통수 및 취급우체국등 우편물 방문접수에 관하여 필요한 사항은 우정사업본부장이 정하여 고시한다. <개정 2001. 4. 20.>
[본조신설 1997. 12. 31.]

제70조의9 【우편용품의 조제·판매】 우정사업본부장은 우편이용자의 편의를 도모하기 위하여 특수취급에 필요한 봉투 또는 우편물 포장상자등 우편관련 용품을 조제·판매할 수 있다. <개정 2001. 4. 20.>
[본조신설 1997. 12. 31.]

제70조의10 삭제 <2014. 12. 4.>

제70조의11 【착불배달의 취급범위 및 배달방법】 제25조제1항제16호에 따른 착불배달의 취급범위 및 배달방법 등에 관하여 필요한 사항은 우정사업본부장이 정하여 고시한다.
[본조신설 2010. 9. 1.]

제70조의12 【계약등기의 종류 및 취급관서】 제25조제1항제17호에 따른 계약등기의 종류, 취급관서 및 이용조건 등에 관하여 필요한 사항은 우정사업본부장이 정하여 고시한다.
[본조신설 2010. 9. 1.]

제70조의13 【회신우편의 회신방법】 제25조제1항제18호에 따른 회신우편의 회신방법 등에 관하여 필요한 사항은 우정사업본부장이 정하여 고시한다.
[본조신설 2010. 9. 1.]

제70조의14 【본인지정배달의 배달방법】 제25조제1항제19호에 따른 본인지정배달의 배달방법 등에 관하여 필요한 사항은 우정사업본부장이 정하여 고시한다.
[본조신설 2010. 9. 1.]

제70조의15 【우편주소 정보제공의 방법】 제25조제1항제20호에 따른 우편주소 정보제공의 방법 등에 관하여 필요한 사항은 우정사업본부장이 정하여 고시한다.
[본조신설 2010. 9. 1.]

제70조의16 【우편물 반환 정보 제공의 방법】 제25조제1항제21호에 따른 우편물의 반환 정보 제공의 방법 등에 관하여 필요한 사항은 우정사업본부장이 정하여 고시한다. <개정 2018. 2. 19.>
[본조신설 2015. 7. 21.]
[제목개정 2018. 2. 19.]

제70조의17 【선거우편의 취급 및 배달】 ① 제25조제1항제22호에 따른 선거우편(이하 이 조에서 “선거우편”이라 한다)은 우정사업본부장이 정하여 고시하는 우체국에서 접수한다.
② 선거우편의 취급절차 및 발송방법 등에 관하여 선거 또는 투표 관련 법령에서 특별히 정하는 경우를 제외하고는 우정사업본부장이 정한다.
[본조신설 2016. 3. 16.]

제70조의18 【복지우편의 이용조건】 제25조제1항제23호에 따른 복지우편의 이용조건 등에 관하여 필요한 사항은 우정사업본부장이 정하여 고시한다.
[본조신설 2024. 7. 24.]

제70조의19 【국제우편 연계 서비스의 이용조건】 제25조제1항제24호에 따른 국제우편 연계 서비스의 이용조건 등에 관하여 필요한 사항은 우정사업본부장이 정하여 고시한다.
[본조신설 2024. 7. 24.]

제3장 우편에 관한 요금 〈개정 1997. 12. 31.〉

제1절 우표류의 관리 및 판매

제71조【우표류의 판매기관등】 ① 우표류는 우체국과 다음 각 호의 자가 판매한다. <개정 2001. 4. 20., 2014. 12. 4.>

1. 우표류를 판매하고자 하는 장소의 소재지를 관할하는 우체국장(열차 또는 선박에서 우표류를 판매하고자 하는 자는 그 시발지, 종착지 또는 선적항을 관할하는 우체국장)과 국내에서의 우표류판매업무에 관한 계약을 체결한 자(이하 "국내판매인"이라 한다)
2. 우정사업본부장과 국내에서의 우표류 수집 및 취미우표등을 보급하는 업무(이하 "우취보급업무"라 한다)에 관한 계약을 체결한 자(이하 "국내보급인"이라 한다)
3. 우정사업본부장과 해외에서의 우취보급업무에 관한 계약을 체결한 자(이하 "국외보급인"이라 한다)

② 삭제 <2014. 12. 4.>

[전문개정 1997. 12. 31.]

제71조의2【국내판매인등의 자격요건】 ① 국내판매인이 되고자 하는 자는 다음 각호의 요건을 갖추어야 한다.

1. 우표류를 일반공중에게 판매하는 것을 목적으로 할 것
2. 계약신청일전 1년이내에 제81조제1항의 규정에 의한 계약해지를 받은 사실이 없을 것
3. 삭제 <2014. 12. 4.>

② 제1항의 요건을 갖춘 자로서 「장애인복지법」 제2조의 규정에 의한 장애인 또는 65세이상인 자가 국내 우표류판매업무계약을 신청하는 경우에는 우선적으로 계약할 수 있다. <개정 2005. 8. 4.>

③ 국내보급인은 우표문화의 향상과 우취보급업무를 목적으로 설립된 법인으로 한다.

④ 국외보급인은 다음 각호의 1에 해당하는 자로 한다. <개정 2001. 4. 20.>

1. 국외에 우표류 거래처를 100개소이상 가진 자로서 국외에서 우표류 및 우표류를 소재로 한 작품을 연간 미합중국통화 5만달러이상 판매한 실적이 있는 자
2. 국외에 지사를 5개소이상 가진 수출업자로서 연간 미합중국통화 1천만달러이상 수출실적이 있는 자
3. 우표문화의 향상과 우취보급업무를 위하여 우정사업본부장이 필요하다고 인정하는 법인 또는 단체

[본조신설 1997. 12. 31.]

제72조 삭제 <2014. 12. 4.>

제73조 삭제 <2014. 12. 4.>

제74조 삭제 <2014. 12. 4.>

제75조 삭제 <2014. 12. 4.>

제76조 삭제 <2014. 12. 4.>

제76조의2【우표류의 정가판매등】 ① 우표류는 제76조의3의 규정에 의한 할인판매의 경우외에는 정가로 판매하여야 한다. <개정 2001. 4. 20., 2024. 7. 24.>

② 우표류의 판매기관에서 판매한 우표류에 대하여는 환매 또는 교환의 청구를 할 수 없다. 다만, 다음 각호의 1에 해당하는 경우에는 동일한 금액에 해당하는 우표류로 교환의 청구를 할 수 있다. <개정 2001. 4. 20.>

1. 사용하지 아니한 우표류로서 더럽혀지거나 헐어 못쓰게 되지 아니한 경우
2. 우편요금이 표시된 인영외의 부분이 더럽혀지거나 헐어 못쓰게 되어 사용하지 아니한 우편엽서 및 항공서간으로서 우정사업본부장이 고시하는 교환금액을 납부한 경우. 이 경우 헐어 못쓰게 된 경우에는 그 남은 부분이 3분의 2이상이어야 한다.

③ 제2항 단서의 규정에 의하여 교환을 청구하고자 하는 자는 교환청구서에 교환하고자 하는 우표·우편엽서 또는 항공서간을 첨부하여 우체국에 제출하여야 한다.
[본조신설 1997. 12. 31.]

제76조의3 【우표류의 할인판매등】 ① 우체국은 별정우체국·우편취급국 및 판매인에게, 별정우체국은 우편취급국 및 국내판매인에게 우표류를 할인하여 판매할 수 있다. <개정 2014. 12. 4.>
② 제1항에 따른 우표류의 할인율은 다음 각 호의 범위에서 우정사업본부장이 정하여 고시한다. <개정 2001. 4. 20., 2014. 12. 4.>
1. 별정우체국·우편취급국·국내판매인 및 국내보급인: 월간 매수액의 100분의 15이내
2. 국외보급인: 매수액의 100분의 50이내
③ 제1항에 따라 할인하여 판매한 우표류는 다음 각호의 어느 하나에 해당하는 우표류에 한하여 환매 또는 교환할 수 있다. <개정 2014. 12. 4.>
1. 판매를 폐지한 우표류
2. 판매에 부적합한 우표류
3. 고의 또는 과실에 의하지 아니하고 더럽혀 못쓰게 된 우표류
④ 우정사업본부장은 제3항에도 불구하고 우표류의 원활한 보급을 위하여 특히 필요하다고 인정하는 경우에는 국내보급인 또는 국외보급인이 할인매수한 우표류를 교환할 수 있다. <개정 2001. 4. 20., 2014. 12. 4.>
⑤ 판매인이 계약을 해지하거나 사망한 때에는 본인 또는 상속인은 그 잔여 우표류에 대하여 매수당시의 실제매수가액으로 계약우체국(국내보급인 및 국외보급인의 경우에는 우표류를 매수한 우체국)에 그 환매를 청구할 수 있다.
[본조신설 1997. 12. 31.]

제77조 삭제 <2014. 12. 4.>

제78조 삭제 <2014. 12. 4.>

제79조 【별정우체국등의 우표류판매장소】 별정우체국 및 우편취급국은 매수한 우표류를 각각 해당 별정우체국 및 우편취급국의 창구에서만 판매하여야 한다. <개정 2014. 12. 4.>

제80조 【통신판매】 ① 우정사업본부장은 우표류를 수집하는 자의 구입편의를 위하여 새로 발행하는 우표류를 통신판매할 수 있다. <개정 1995. 12. 30., 2001. 4. 20.>
② 수취인의 주소불명등으로 배달할 수 없는 통신판매우표류는 법 제36조의 규정을 준용하여 처리한다.

제81조 【우표류 판매업무계약의 해지】 ① 계약우체국장은 국내판매인이 다음 각 호의 어느 하나에 해당하는 때에는 그 계약을 해지할 수 있다. <개정 2014. 12. 4., 2024. 7. 24.>
1. 제71조제1항제1호에 따른 계약을 위반한 경우
2. 제71조의2제1항에 따른 자격요건에 미달하게 된 경우
3. 제76조의2제1항에 따른 정가를 위반하여 우표류를 판매한 경우
② 우정사업본부장은 국내보급인 또는 국외보급인이 다음 각 호의 어느 하나에 해당하는 경우에는 그 계약을 해지할 수 있다. <개정 2014. 12. 4.>
1. 제71조제1항제2호 및 제3호에 따른 계약을 위반한 경우
2. 제71조의2제3항 및 제4항에 따른 자격요건에 미달하게 된 경우
3. 제1항제3호에 해당하는 경우
[전문개정 1997. 12. 31.]

제82조 【우표류의 관리등】 ① 우표류는 우정사업본부장이 지정하는 물품출납공무원 또는 물품운용관이 이를 관리한다. <개정 2001. 4. 20.>

② 제1항의 규정에 의한 물품출납공무원 또는 물품운용관이 관리하는 우표류를 망실한 때에는 그 정가에 해당하는 금액을, 더럽혀지거나 헐어 못쓰게 된 때에는 그 조제에 소요된 실비액을 변상하여야 한다.

③ 우표류의 출납·보관 기타 처분등에 관하여 필요한 사항은 우정사업본부장이 정한다. <개정 2001. 4. 20.>

[전문개정 1997. 12. 31.]

제82조의2【우표류의 기증 및 사용】 ① 우정사업본부장은 국제협력의 증진과 정보통신사업의 발전 및 우표문화의 보급등을 위하여 특히 필요하다고 인정하는 때에는 우표류 및 시험인쇄한 우표를 기증할 수 있다. <개정 1999. 1. 21., 2001. 4. 20.>

② 우표류는 그 조제를 위한 자료로 사용하거나 판매를 위한 견본으로 사용할 수 있다.

③ 제1항의 규정에 의한 우표류의 기증에 관하여 필요한 사항은 우정사업본부장이 정한다. <개정 2001. 4. 20.>

[본조신설 1997. 12. 31.]

제2절 수수료

제83조【우편역무수수료의 부가】 제25조제3항의 규정에 의하여 우편역무에 다른 우편역무를 부가한 경우에는 그 부가한 우편역무의 수수료를 가산하여 납부하여야 한다. <개정 2011. 12. 2.>

[전문개정 1997. 12. 31.]

[제목개정 2011. 12. 2.]

제84조【반환취급수수료】 ① 영 제11조제2호에 따라 등기우편물을 반환하는 경우에는 발송인으로부터 반환취급수수료를 징수한다. 다만, 배달증명우편물·특별송달우편물·민원우편물 및 회신우편물의 경우에는 그러하지 아니하다. <개정 2010. 9. 1., 2018. 2. 19.>

② 등기우편물의 반환 도중 반환취급수수료의 변동이 있는 경우에는 해당 등기우편물이 발송인의 주소지 배달우체국에 도착한 날을 기준으로 하여 이를 징수한다. <개정 2010. 9. 1., 2018. 2. 19.>

③ 제1항의 규정에 불구하고 우체국과 발송인과의 사전계약에 따라 발송하는 소포우편물 및 계약등기우편물을 반환하는 경우에는 그 계약에서 정한 반환취급수수료를 징수한다. <신설 2005. 8. 4., 2010. 9. 1., 2018. 2. 19.>

[제목개정 2018. 2. 19.]

제3절 우편요금등의 감액

제85조【우편요금등의 감액대상우편물】 법 제26조의2제2항에 따라 법 제19조에 따른 요금등(이하 "우편요금등"이라 한다)을 감액할 수 있는 우편물의 종류 및 수량은 다음과 같다. <개정 2001. 4. 20., 2010. 9. 1., 2011. 12. 2., 2014. 12. 4.>

1. 통상우편물
   가. 「신문 등의 진흥에 관한 법률」 제2조제1호에 따른 신문(그와 관련된 호외·부록 또는 증간을 포함한다)과 「잡지 등 정기간행물의 진흥에 관한 법률」 제2조제1호가목·나목 및 라목의 정기간행물(그와 관련된 호외·부록 또는 증간을 포함한다) 중 발행주기를 일간·주간 또는 월간으로 하여 월 1회 이상 정기적으로 발송하는 것으로서 중량과 규격이 같은 요금별납 또는 요금후납 일반우편물. 다만, 우정사업본부장이 공공성·최소발송부수 및 광고게재한도 등을 고려하여 고시하는 기준에 미달하는 것은 제외한다.
   나. 표지를 제외한 쪽수가 48쪽이상인 책자의 형태로 인쇄·제본되어 발행인·출판사 또는 인쇄소의 명칭 중 어느 하나와 쪽수가 각각 표시되어 발행된 서적으로서 요금별납 또는 요금후납 일반우편물(상품의 선전 및 그에 관한 광고가 전지면의 10분의 1을 초과하는 것을 제외한다)

다. 우편물의 종류와 중량 및 규격이 같은 우편물로서 우정사업본부장이 정하여 고시하는 수량(이하 "감액기준 수량"이라 한다) 이상 발송하는 요금별납 또는 요금후납 일반우편물

라. 「비영리민간단체지원법」 제4조에 따라 등록된 비영리민간단체가 공익활동을 위하여 발송하는 요금별납 또는 요금후납 일반우편물

마. 삭제 <2024. 7. 24.>

바. 감액기준 수량 이상 발송하는 요금별납 또는 요금후납 등기우편물

사. 상품의 광고에 관한 우편물로서 종류와 규격이 같고 감액기준 수량 이상 발송하는 요금별납 또는 요금후납 일반우편물

아. 영 제3조제4호에 해당하는 상품안내서로서 중량과 규격이 같고, 감액기준 수량 이상 발송하는 요금후납 일반우편물

2. 소포우편물

가. 우체국 창구에서 접수하는 우편물로서 감액기준 수량 이상 발송하는 일반 또는 등기 우편물

나. 발송인을 방문하여 접수하는 우편물로서 감액기준 수량 이상 발송하는 등기우편물

다. 삭제 <2014. 12. 4.>

[제목개정 2001. 4. 20.]

제86조 【우편요금등의 감액요건】 ① 제85조제1호 가목에 해당하는 우편물에 대하여 우편요금의 감액을 받고자 하는 자는 우정사업본부장이 정하여 고시하는 바에 따라 우체국과 우편물정기발송계약을 체결하고 그 계약내용에 적합하도록 우편물을 제출하여야 한다. <개정 1995. 12. 30., 2001. 4. 20.>

② 제85조제1호 나목 및 다목에 해당하는 우편물에 대하여 우편요금의 감액을 받고자 하는 자는 우정사업본부장이 정하여 고시하는 요건에 적합하도록 하여 지정된 우체국에 우편물을 제출하여야 한다. <개정 1995. 12. 30., 2001. 4. 20.>

③ 제85조제1호 라목에 해당하는 우편물에 대하여 우편요금의 감액을 받고자 하는 자는 우정사업본부장이 정하여 고시하는 요건에 적합하도록 하여 비영리 민간단체 등록증 사본을 우체국에 제출하여야 한다. <개정 1995. 12. 30., 2001. 4. 20., 2010. 9. 1.>

④ 제85조제1호사목 또는 아목에 해당하는 우편물에 대하여 우편요금의 감액을 받고자 하는 자는 우정사업본부장이 정하여 고시하는 요건에 적합하도록 하여 지정된 우체국에 우편물을 제출하여야 한다. <신설 1997. 12. 31., 2001. 4. 20., 2005. 8. 4., 2014. 12. 4., 2024. 7. 24.>

⑤ 제85조제1호 바목에 해당하는 우편물에 대하여 우편요금등의 감액을 받고자 하는 자는 우편물접수목록을 작성하여 우편물과 함께 우체국에 제출하는 등 우정사업본부장이 정하여 고시하는 요건에 적합한 방법에 의하여야 한다. <신설 2001. 4. 20.>

⑥ 제85조제2호 가목에 해당하는 우편물에 대한 우편요금 등의 감액요건은 우정사업본부장이 정하여 고시하며, 우편요금등의 감액을 받고자 하는 자는 우정사업본부장이 정하여 고시하는 우체국에 우편물을 제출하여야 한다. <개정 1995. 12. 30., 2001. 4. 20., 2010. 9. 1., 2020. 2. 17.>

⑦ 제85조제2호나목에 해당하는 우편물에 대한 우편요금등의 감액요건은 우정사업본부장이 정하여 고시한다. <신설 2001. 4. 20., 2010. 9. 1., 2014. 12. 4.>

⑧ 발송인이 제출한 우편물이 제1항부터 제7항까지의 규정에 따른 요건에 적합하지 아니하는 때에는 발송우체국장은 그 요건에 적합하도록 시정을 요구할 수 있으며 발송인이 이를 거절하는 때에는 우편물의 전부 또는 일부에 대하여 그 우편요금등을 감액하지 아니할 수 있다. <개정 1997. 12. 31., 2001. 4. 20., 2014. 12. 4.>

[제목개정 2001. 4. 20.]

제87조【우편요금등의 감액의 범위】 ① 제85조제1호 가목 또는 나목에 해당하는 우편물로서 제86조제1항 또는 제2항에 따른 요건을 갖춘 우편물에 대한 우편요금감액은 우정사업본부장이 정하여 고시한다. <개정 1995. 12. 30., 2001. 4. 20., 2014. 12. 4.>

② 제85조제1호 다목·라목 또는 사목에 해당하는 우편물로서 각각 제86조제2항부터 제4항까지의 규정에 따른 요건을 갖춘 우편물에 대한 우편요금감액률은 납부하여야 할 요금의 100분의 75의 범위안에서 우정사업본부장이 정하여 고시한다. <개정 1995. 12. 30., 1999. 7. 20., 2001. 4. 20., 2005. 8. 4., 2014. 12. 4.>

③ 제85조제1호바목 또는 아목에 해당하는 우편물로서 제86조제4항 또는 제5항에 따른 요건을 갖춘 우편물에 대한 우편요금감액은 우정사업본부장이 정하여 고시한다. <신설 1997. 12. 31., 2001. 4. 20., 2014. 12. 4., 2024. 7. 24.>

④ 제85조제2호 가목에 해당하는 우편물로서 제86조제6항에 따른 요건을 갖춘 우편물에 대한 우편요금등의 감액률은 납부하여야 할 우편요금등의 100분의 75의 범위안에서 우정사업본부장이 정하여 고시한다. <개정 2001. 4. 20., 2010. 9. 1., 2014. 12. 4.>

⑤ 제85조제2호나목에 해당하는 우편물로서 제86조제7항에 따른 요건을 갖춘 우편물에 대한 우편요금등의 감액률은 우정사업본부장이 정하여 고시한다. <신설 2001. 4. 20., 2010. 9. 1., 2014. 12. 4.>

⑥ 제1항부터 제5항까지의 규정에 따른 우편요금등의 감액의 계산에 있어서 10원미만의 단수는 이를 계산하지 아니한다. <개정 1997. 12. 31., 2001. 4. 20., 2014. 12. 4.>

⑦ 감액할 우편요금이 이미 납부된 때에는 우체국장은 다음에 납부하여야 할 우편요금에서 이를 차감할 수 있다.

[제목개정 2001. 4. 20.]

제3절의2 우편요금의 납부방법 〈신설 2020. 6. 16.〉

제87조의2【우편요금의 납부방법】 ① 법 제20조제6호에서 "우편요금이 인쇄된 라벨 등 과학기술정보통신부령으로 정하는 납부방법"이란 우편요금의 납부 용도로 우편요금이 인쇄되어 있는 라벨로서 우편물에 부착하는 라벨(이하 "선납라벨"이라 한다)을 말한다.

② 선납라벨의 종류 및 취급방법은 우정사업본부장이 정한다.

[본조신설 2020. 6. 16.]

제4절 우편요금등 납부의 특례

제1관 삭제 〈2018. 2. 19.〉

제88조 삭제 <2018. 2. 19.>

제89조 삭제 <2018. 2. 19.>

제2관 우편요금표시기의 사용 〈개정 2019. 2. 8.〉

제90조【우편요금표시기의 사용신청 등】 ① 영 제26조제1항의 규정에 의하여 우편요금표시기(이하 "표시기"라 한다)를 사용해 우편물을 발송하려는 자는 사전에 발송우체국장으로부터 인영번호를 부여받아 그 인영번호가 표시된 표시기와 다음 각 호의 사항을 기재 또는 첨부한 신청서를 발송우체국장에게 제출하여야 한다. <개정 2019. 2. 8.>

1. 표시기의 명칭·구조 및 조작방법
2. 표시기인영번호

3. 발송우체국명
4. 발송인의 성명 · 주소와 우편번호
5. 표시기인영의 견본 10매
② 제1항제5호의 표시기인영 견본은 다음 각호의 사항이 선명히 표시되어야 한다. <개정 2019. 2. 8.>
1. 우편요금등
2. 발송우체국명
3. 발송연월일
4. 표시기인영번호
[전문개정 1997. 12. 31.]
[제목개정 2019. 2. 8.]

부록

제91조 【표시기의 사용】 표시기를 사용하는 자는 사용 시 발송우체국장의 지시사항을 지켜야 한다. <개정 2019. 2. 8.>
[전문개정 1997. 12. 31.]
[제목개정 2019. 2. 8.]

제92조 【표시기사용우편물의 발송】 ① 표시기사용우편물에는 그 발송인이 우편물 표면의 오른쪽 윗부분에 표시기로 인영을 선명히 표시하여야 한다. <개정 2019. 2. 8.>
② 표시기사용우편물을 발송하는 때에는 표시기별납우편물발송표(이하 "발송표"라 한다)에 다음 각호의 사항을 기재하여 발송우체국에 제출하여야 한다. <개정 2019. 2. 8.>
1. 표시기의 번호와 명칭
2. 발송통수 및 요금(수수료를 포함한다. 이하 이 조에서 같다)
3. 표시기의 전회요금표시액
4. 표시기의 금회요금표시액
5. 사용하지 아니한 인영증지 · 인영봉투등의 매수와 합계금액
6. 발송일자
7. 발송인의 성명 · 주소
③ 표시기사용우편물의 발송인은 표시기사용우편물의 요금으로서 제2항제3호 및 제4호의 표시액의 차액을 현금으로 납부하여야 한다. 다만, 잘못 표시되거나 기타 부득이한 사정으로 요금납부에 사용하지 아니한 인영증지 · 인영봉투등이 있는 경우에는 그 표시된 금액을 납부할 요금에서 공제하여야 한다. 이 경우 사용하지 아니한 인영증지 · 인영봉투등을 발송표에 첨부하여야 한다. <개정 2019. 2. 8.>
④ 표시기에 의하여 표시된 금액이 납부할 요금보다 부족한 때에는 그 부족액에 해당하는 우표를 붙여야 한다. <개정 2019. 2. 8.>
⑤ 표시기사용우편물에는 제4항의 우표를 소인하는 경우를 제외하고는 우편날짜도장을 찍지 않는다. <개정 2014. 12. 4., 2019. 2. 8.>
⑥ 제2항 및 제3항의 규정에 불구하고 발송우체국에 정보통신망을 통하여 발송내역을 통보하고 요금을 별도로 납부하는 표시기를 이용하여 우편물을 발송하는 경우 그 발송조건 및 요금납부등에 관한 사항은 우정사업본부장이 정하여 고시한다. <신설 1997. 12. 31., 2001. 4. 20., 2005. 8. 4., 2019. 2. 8.>
[제목개정 2019. 2. 8.]

제93조 【다량의 표시기사용우편물】 ① 다량의 표시기사용우편물을 특수취급으로 하고자 할 때에는 발송우체국에서 교부하는 특수우편물수령증 및 그 원부에 발송인 및 수취인의 성명 · 주소와 기타 필요한 사항을 기재하여 제출하여야 한다. <개정 2019. 2. 8.>

② 발송우체국장은 다량의 표시기사용우편물의 발송인에게 그 취급장소를 따로 지정하거나 우편물의 종류별・지역별 또는 수취인 주소지의 우편번호별로 구분하여 발송하게 할 수 있다. <개정 2018. 2. 19., 2019. 2. 8.>

[제목개정 2019. 2. 8.]

제93조의2【표시기 사용계약의 해지】 발송우체국장은 표시기의 사용자가 다음 각 호의 어느 하나에 해당하는 때에는 그 이용계약을 해지할 수 있다. <개정 2019. 2. 8.>

1. 표시기를 부정하게 사용한 때
2. 표시기의 인영을 위조 또는 변조하여 사용한 때
3. 표시기의 인영을 분실하고 이를 즉시 통보하지 않은 때
4. 우편요금등의 납부를 게을리 한 때

[본조신설 1997. 12. 31.]

[제목개정 2019. 2. 8.]

제3관 우편요금 수취인 부담

제94조【우편요금등의 수취인 부담의 이용신청】 ① 영 제29조제1항제1호에 따른 우편요금등의 수취인 부담(이하 "요금수취인부담"이라 한다)의 이용신청, 우편물 표시・발송 등에 관한 사항은 우정사업본부장이 정하여 고시한다. <개정 2020. 2. 17.>

② 배달우체국장은 요금수취인부담과 관련된 우편요금등의 변동이 생긴 경우에는 제98조의2제2항에 따라 담보금액을 증감해야 한다. <개정 2020. 2. 17.>

③ 요금수취인부담우편물의 발송유효기간은 이용일부터 2년을 초과할 수 없다. 다만, 국가기관・지방자치단체 또는 공공기관의 경우에는 그러하지 아니하다. <개정 1997. 12. 31., 2010. 9. 1., 2020. 2. 17.>

[제목개정 2005. 8. 4.]

제95조 삭제 <2020. 2. 17.>

제96조 삭제 <2020. 2. 17.>

제97조【요금수취인부담 이용계약의 해지】 ① 배달우체국장은 요금수취인부담의 이용계약자가 다음 각호의 1에 해당하는 때에는 그 이용계약을 해지할 수 있다.

1. 제94조제2항의 규정에 의한 통보를 게을리 한 때
2. 정당한 사유없이 요금수취인부담우편물의 수취를 거부한 때
3. 수취인의 부재 기타 사유로 수취장소에 1월이상 배달할 수 없을 때
4. 2월이상 요금수취인부담우편물을 이용하지 아니한 때
5. 제102조제1항제2호의 규정에 해당되어 요금후납 이용계약을 해지한 때

② 요금수취인부담을 이용하는 자가 요금수취인부담 이용계약을 해지하고자 할 때에는 해지하기 15일전까지 배달우체국에 해지통보를 하여야 한다.

③ 제1항 또는 제2항의 규정에 의한 요금수취인부담 이용계약의 해지이후 발송유효기간내에 발송된 우편물은 수취인에게 배달하여야 한다. 이 경우 수취인은 우편물의 수취를 거부할 수 없다.

④ 제3항의 규정에 의하여 요금수취인부담의 이용계약이 해지된 우편물을 수취인에게 배달한 경우에는 제98조의2제1항의 규정에 의한 보증금에서 당해우편물의 우편요금등을 뺀 금액을 당해우편물의 발송유효기간이 만료된 후 신청인에게 환급한다.

[전문개정 1997. 12. 31.]

제4관 우편요금 후납

제98조【우편요금등의 후납】 ① 영 제30조에 따라 우편요금등의 후납(이하 “요금후납”이라 한다)을 할 수 있는 우편물은 다음 각 호와 같다. 다만, 국가 또는 지방자치단체에서 발송하는 우편물은 발송우체국장이 그 후납 조건을 따로 정할 수 있다. <개정 2018. 2. 19., 2019. 2. 8., 2022. 1. 4.>

1. 동일인이 매월 100통이상 발송하는 우편물
2. 법 제32조에 따른 반환우편물 중 요금후납으로 발송한 등기우편물
3. 삭제 <2010. 9. 1.>
4. 제25조제1항제9호에 따른 팩스우편물
5. 제25조제1항제12호의 규정에 의한 전자우편물
6. 제90조의 규정에 의한 표시기사용우편물
7. 제94조의 규정에 의한 우편요금수취인부담의 우편물
8. 우체통에서 발견된 습득물 중 우편물에서 이탈된 것으로 인정되지 아니하는 주민등록증

② 제1항에 따라 요금후납을 하려는 자는 발송우체국장에게 요금후납신청서를 제출해야 한다. <개정 2019. 2. 8.>

③ 요금후납을 하는 자는 매월 이용한 우편물의 우편요금등을 다음 달 20일까지 발송우체국에 납부해야 한다. 다만, 발송우체국장과 발송인과의 계약에 따라 접수하는 등기취급 소포우편물의 경우에는 다음 달 중에 그 계약서에 정한 날까지 납부할 수 있다. <개정 2019. 2. 8.>

④ 제1항부터 제3항까지에서 규정한 사항 외에 요금후납의 이용신청, 변경사항 통보, 우편물 표시 등 필요한 사항은 우정사업본부장이 정하여 고시한다. <개정 2019. 2. 8.>

⑤ 삭제 <2019. 2. 8.>

[전문개정 1997. 12. 31.]

제98조의2【담보금의 제공】 ① 요금후납을 하고자 하는 자는 그가 납부할 1월분 우편요금등의 예상금액의 2배 이상에 해당하는 금액의 보증금을 납부하거나 우정사업본부장이 지정하는 이행보증보험증권 또는 지급보증서를 제공하여야 한다. 다만, 국가·지방자치단체·공공기관·「은행법」에 따른 은행 및 특별법에 의하여 설립된 공공기관과 우정사업본부장이 정하여 고시하는 기준에 적합한 자에 대하여는 담보의 제공을 면제할 수 있다. <개정 1999. 7. 20., 2001. 4. 20., 2005. 8. 4., 2010. 9. 1.>

② 발송우체국장은 납부할 우편요금등의 변동에 따라 제1항의 규정에 의한 담보금액을 증감할 수 있다.

[본조신설 1997. 12. 31.]

제99조 삭제 <2019. 2. 8.>

제100조 삭제 <2019. 2. 8.>

제101조 삭제 <2019. 2. 8.>

제102조【요금후납 계약의 해지 등】 ① 발송우체국장은 요금후납을 하는 자가 다음 각 호의 어느 하나에 해당한 때에는 그 계약을 해지할 수 있다. <개정 2019. 2. 8.>

1. 매월 100통이상의 우편물을 발송할 것을 조건으로 우편요금등을 후납하는 자가 발송하는 우편물이 계속하여 2월이상 또는 최근 1년간 4월이상 월 100통에 미달한 때
2. 제98조제3항의 규정에 의한 우편요금등의 납부를 최근 1년간 3회이상 태만히 한 때
3. 제98조의2의 규정에 의한 담보금을 제공하지 않은 때

② 요금후납으로 우편물을 발송하는 자가 요금후납 계약을 해지하고자 할 때에는 이를 발송우체국에 통보하여야 한다.

③ 제1항 및 제2항의 규정에 의하여 요금후납 계약을 해지하고자 할 때에는 그 납부하여야 할 우편요금등을 즉시 납부하여야 한다.

[전문개정 1997. 12. 31.]

[제목개정 2019. 2. 8.]

제103조 【담보금의 반환】 요금후납계약을 해지한 경우 제98조의2에 따른 담보금은 납부하여야 할 우편요금등을 빼고 그 잔액을 되돌려 주어야 한다. <개정 1997. 12. 31., 2018. 2. 19.>

[제목개정 2018. 2. 19.]

제5절 삭제 〈2019. 2. 8.〉

제104조 삭제 <2019. 2. 8.>

제6절 무료우편물

제105조 【무료우편물의 발송】 ① 법 제26조에 따른 무료우편물에는 발송인이 그 우편물 표면의 윗부분 오른쪽에 다음 각 호의 구분에 따라 표시하여야 한다. <개정 2014. 12. 4.>

1. 법 제26조제1호 및 제2호에 해당하는 우편물: "우편사무"
2. 법 제26조제3호에 해당하는 우편물: "구호우편"
3. 법 제26조제4호에 해당하는 우편물: "시각장애인용우편"
4. 법 제26조제5호에 해당하는 우편물: "전쟁포로우편"

② 무료우편물의 발송인 또는 수취인이 국가·지방자치단체 또는 공무원인 경우에는 그 기관명 또는 직위 및 성명을, 개인, 기관 또는 단체인 경우에는 그 성명, 기관명 또는 단체명 및 주소를 우편물의 외부에 기재하여야 한다. <개정 2014. 12. 4.>

③ 제1항 및 제2항을 위반한 우편물은 무료우편물로 취급하지 아니한다. <개정 2014. 12. 4.>

④ 법 제26조제3호 및 제5호에 따른 무료우편물에 대해서는 우정사업본부장이 정하는 바에 따라 해당 발송기관의 장이 인정하는 것만 해당한다. <신설 2014. 12. 4.>

⑤ 제4항에 따른 무료우편물을 발송할 때에는 우편물의 종별 및 수량 등을 기재한 발송표를 발송우체국에 제출하여야 한다. <신설 2014. 12. 4.>

⑥ 무료우편물은 우정사업본부장이 특별히 정하는 것을 제외하고는 특수취급을 하지 아니한다. <신설 2014. 12. 4.>

⑦ 무료우편물의 발송에 관하여는 제100조제3항 및 제4항을 준용한다. 이 경우 "요금후납우편물"을 "무료우편물"로 본다. <신설 2014. 12. 4., 2018. 2. 19.>

제106조 삭제 <2016. 3. 16.>

제4장 우편물의 송달 〈개정 1997. 12. 31.〉

제1절 통칙

제107조 【우편물의 발송】 ① 특수취급이 아닌 통상우편물은 우체통(우정사업본부장이 설치한 무인우편물 접수기기를 포함한다)에 투입하여 발송하여야 한다. 다만, 우편물의 용적이 크거나 일시 다량발송으로 인하여 우체통(우정사업본부장이 설치한 무인우편물 접수기기를 포함한다)에 투입하기 곤란한 경우와 이 규칙에서 달리 정하는 경우에는 그러하지 아니하다. <개정 1997. 12. 31., 2001. 4. 20.>

② 소포우편물과 특수취급으로 할 통상우편물은 우체국 창구(우정사업본부장이 설치한 무인우편물 접수기기를 포함한다)에 이를 제출하여야 한다. <개정 1997. 12. 31., 2001. 4. 20.>

③ 제1항 및 제2항의 규정에 의하여 우편물을 발송하기 곤란한 특별한 사정이 있는 경우에는 우정사업본부장이 정하는 바에 따라 우편물 집배원에게 우편물의 발송을 의뢰할 수 있다. <개정 1995. 12. 30., 1997. 12. 31., 2001. 4. 20.>

제108조 삭제 <1997. 12. 31.>

제109조 삭제 <1997. 12. 31.>

제110조 【우편물의 전송을 위한 주거이전 신고 등】 ① 법 제31조의2제1항에 따라 주거이전을 신고하려는 자는 별지 제1호서식을 작성하여 우체국장에게 제출하여야 한다. 이 경우 우체국장은 다음 각 호의 서류를 확인하여야 한다.

1. 신고인이 본인임을 증명할 수 있는 서류
2. 주거이전을 증명할 수 있는 서류
3. 대리인이 신고하는 경우에는 위임받은 사실을 증명할 수 있는 서류

② 법 제31조의2제1항에 따라 주거이전을 신고한 자가 그 신고를 철회하려는 경우 또는 주거이전을 신고한 날부터 3개월이 지난 후에도 주거이전을 신고한 곳으로 도착하는 우편물을 받으려는 경우에는 별지 제1호서식을 작성하여 우체국장에게 신고하여야 한다. 이 경우 우체국장은 다음 각 호의 서류를 확인하여야 한다.

1. 신고인이 본인임을 증명할 수 있는 서류
2. 대리인이 신고하는 경우에는 위임받은 사실을 증명할 수 있는 서류

③ 우체국장은 제1항에 따라 주거이전을 신고한 자가 동의하는 경우에는 「전자정부법」 제36조제1항에 따라 행정정보의 공동이용을 통하여 주거이전을 증명할 수 있는 서류를 확인할 수 있다. <신설 2018. 2. 19.>

[전문개정 2015. 7. 21.]

제111조 【잘못 배달된 우편물의 반환등】 ① 잘못 배달된 우편물 또는 수취인이 주거를 이전한 우편물을 받은 자는 즉시 해당 우편물에 그 뜻을 기재한 쪽지를 붙여 우체통에 투입하거나 우체국에 돌려주어야 한다. <개정 1997. 12. 31., 1999. 1. 21., 2022. 1. 4.>

② 제1항의 경우 잘못하여 그 우편물을 개봉한 자는 다시 봉함한 후 그 사유를 쪽지에 적어 붙여야 한다. <개정 2022. 1. 4.>

[제목개정 1997. 12. 31.]

제112조 【우편물의 조사】 ① 우체국장은 업무상의 필요에 의한 관계자료로서 우편물의 봉투·포장지 또는 수취한 엽서등의 확인을 위하여 우편물 수취인에게 협조를 요청할 수 있다. <개정 1997. 12. 31.>

② 제1항의 규정에 의한 확인을 마친 경우에는 수취인에게 이를 반환하여야 한다.

제112조의2 【반환 거절의 의사 및 반환의사의 표시방법】 ① 법 제32조제1항제1호에 따라 반환 거절의 의사를 우편물에 기재하려는 자는 우편물 표면 좌측 중간에 "반환 불필요"라고 표시해야 한다.

② 법 제32조제1항제2호 본문에서 "과학기술정보통신부령으로 정하는 우편물"이란 통상우편물(취급과정을 기록취급하는 우편물은 제외한다)로서 다음 각 호에 해당하는 우편물을 말한다.

1. 영 제25조제1항에 따라 우편요금등을 따로 납부하는 우편물
2. 제98조제1항제1호에 따른 우편물

③ 법 제32조제1항제2호 단서에 따라 제2항에 따른 우편물에 반환의사를 기재하려는 자는 우편물 표면 좌측 중간에 "반환" 또는 "우편물 송달 불능 시 반환 필요"라고 표시해야 한다.

[전문개정 2024. 7. 24.]

제112조의3 【반환우편물의 처리】 법 제32조제3항에 따라 우편물을 발송인에게 되돌려 보낼 때에는 수취인불명, 수취거부 등의 반환사유를 우편물의 표면에 기재하여야 한다. <개정 2018. 2. 19.>
[본조신설 2015. 7. 21.]
[제목개정 2018. 2. 19.]

제2절 사설우체통

제113조 삭제 <1999. 1. 21.>

제114조 삭제 <1999. 1. 21.>

제115조 삭제 <1999. 1. 21.>

제116조 삭제 <1999. 1. 21.>

제117조 삭제 <1999. 1. 21.>

제118조 삭제 <1999. 1. 21.>

제119조 삭제 <1999. 1. 21.>

제120조 삭제 <1999. 1. 21.>

제121조 삭제 <1999. 1. 21.>

제2절의2 보관교부 〈신설 1997. 12. 31.〉

제121조의2 【우체국보관 우편물의 보관기간】 영 제43조제6호의 규정에 의한 우편물의 보관기간은 우편물이 도착한 다음 날부터 기산하여 10일로 한다. 다만, 교통이 불편하거나 그 밖의 사유로 인하여 수취인이 10일 이내에 우편물을 교부받을 수 없다고 인정될 때에는 20일의 범위안에서 이를 연장할 수 있다. <개정 2020. 2. 17.>
[본조신설 1997. 12. 31.]

제121조의3 【보관교부지 우편물의 교부】 ① 영 제43조제7호에 따른 교통이 불편하여 통상의 방법으로 우편물 배달이 어려운 지역(이하 "보관교부지"라 한다)에 송달하는 우편물은 배달우체국에서 보관하고 수취인의 청구에 따라 내준다. 다만, 보관교부지에 거주하는 자가 미리 당해배달우체국 관할구역안의 일정한 곳을 지정하여 배달할 것을 신청한 때에는 그 곳에 배달하여야 한다. <개정 2014. 12. 4.>
② 제1항에 따른 우편물의 보관기간은 우편물이 도착한 다음 날부터 기산하여 30일로 하고, 보관교부지는 관할지방우정청장이 정하여 공고하여야 한다. <개정 2014. 12. 4.>
[본조신설 1997. 12. 31.]

제121조의4 【보관교부우편물의 기재사항변경등】 ① 제121조의2 및 제121조의3의 규정에 의하여 우체국에서 보관·교부할 우편물에 대하여는 수취인이 아직 교부받지 아니한 경우에 한하여 보관우체국을 변경하거나 배달장소를 지정하여 그 곳에 배달하여 줄 것을 보관우체국장에게 청구할 수 있다.
② 제1항의 규정에 의한 보관우체국의 변경청구는 1회에 한한다.
③ 제121조의2 및 제121조의3제2항에 따른 보관기간이 경과된 우편물은 발송인에게 되돌려 주어야 한다. <개정 2018. 2. 19.>
[본조신설 1997. 12. 31.]

제3절 우편사서함

제122조 【우편사서함 사용신청 등】 ① 영 제46조제2항에 따라 우편사서함(이하 "사서함"이라 한다)을 사용하려는 자는 별지 제2호서식을 작성하여 사서함이 설치된 우체국의 우체국장에게 제출하여야 한다. <개정 2015. 7. 21.>

② 제1항의 신청을 받은 우체국장은 다음 각호의 순위에 따라 우선적으로 사서함 사용계약을 할 수 있다.

1. 국가기관 및 지방자치단체
2. 일일배달 예정물량이 100통이상인 다량 이용자
3. 우편물배달 주소지가 사서함 설치 우체국의 관할구역인 경우

[전문개정 1997. 12. 31.]

[제목개정 2015. 7. 21.]

제122조의2 【사서함의 사용】 ① 사서함은 2인이상이 공동으로 사용할 수 없다.

② 사서함 사용자는 계약우체국장이 정하는 기간 내에 사서함의 자물쇠 및 열쇠의 제작실비에 해당하는 금액을 납부하여야 한다. <개정 2010. 9. 1.>

③ 계약우체국장은 사서함을 관리함에 있어서 필요하다고 인정할 때에는 사서함 사용자(사용계약 신청중에 있는 자를 포함한다)의 주소·사무소 또는 사업소의 소재지를 확인할 수 있다.

[본조신설 1997. 12. 31.]

제122조의3 【사서함 사용자의 통보】 ① 사서함 사용자는 다음 각 호의 어느 하나의 내용이 변경된 경우에는 지체 없이 별지 제2호서식을 작성하여 계약우체국장에게 통보하여야 한다.

1. 사서함 사용자의 성명 또는 주소 등
2. 우편물의 대리수령인

② 사서함 사용자는 다음 각 호의 어느 하나에 해당하는 경우에는 지체 없이 별지 제2호서식을 작성하여 계약우체국장에게 통보하여야 한다.

1. 사서함이 훼손된 것을 발견한 경우
2. 사서함의 열쇠를 잃어버린 경우

[전문개정 2015. 7. 21.]

제123조 【열쇠의 교부등】 ① 계약우체국장은 사서함의 사용자에게 그 번호를 통지하고 사서함의 개폐에 사용하는 열쇠 한 개를 교부한다. 다만, 사용자의 요구가 있는 때에는 2개이상을 교부할 수 있다. <개정 1997. 12. 31.>

② 사서함의 사용자는 제1항에도 불구하고 계약우체국장과 협의하여 사서함의 열쇠를 직접 제작하여 사용할 수 있다. <개정 1997. 12. 31., 2022. 1. 4.>

③ 제1항 단서의 규정에 의하여 2개이상의 열쇠를 교부받고자 하는 자는 추가 개수의 열쇠제작실비를 납부하여야 한다. 열쇠의 분실로 인한 추가교부의 경우에도 또한 같다. <개정 1997. 12. 31.>

[제목개정 1997. 12. 31.]

제124조 삭제 <1997. 12. 31.>

제125조 【사서함앞 우편물의 배달】 ① 사서함의 사용자가 공공기관·법인 기타 단체인 경우에 그 소속직원에게 배달할 우편물은 당해 사서함에 배부할 수 있다.

② 사서함앞 우편물로서 등기우편물, 요금수취인부담우편물, 요금등이 미납되거나 부족한 우편물 또는 용적이 크거나 수량이 많아 사서함에 넣을 수 없는 우편물은 이를 따로 보관하고, 우편물배달증용지 또는 우편물을 따로 보관하고 있다는 뜻을 기재한 표찰을 사서함에 넣어야 한다.

제126조 삭제 <2010. 9. 1.>

제126조의2【사서함 사용계약 해지 등】 ① 계약우체국장은 사서함사용자가 다음 각 호의 어느 하나에 해당하는 때에는 사서함의 사용계약을 해지할 수 있다. <개정 2015. 7. 21.>

1. 사서함에 배달된 우편물을 정당한 사유없이 30일이상 수령하지 아니한 때
2. 최근 3월간 계속하여 사서함에 배달한 우편물의 통수가 월 30통에 미달한 때
3. 우편관계법령의 규정에 위반한 때
4. 공공의 질서 또는 선량한 풍속에 반하여 사서함을 이용한 때

② 제1항에 따라 계약이 해지된 사서함에 배달된 우편물은 그 해지통지를 한 날부터 10일 이내에 사서함을 사용하였던 자의 교부신청이 없는 때에는 발송인에게 이를 되돌려 주어야 한다. <개정 2015. 7. 21., 2018. 2. 19.>

③ 사서함 사용자가 사서함 사용계약을 해지하려는 경우에는 별지 제2호서식에 그 해지예정일 및 계약을 해지한 후의 우편물 수취장소 등을 기재하여 해지예정일 10일 전까지 계약우체국장에게 통보하여야 한다. <개정 2015. 7. 21.>

[본조신설 1997. 12. 31.]

[제목개정 2015. 7. 21.]

제127조 삭제 <2010. 9. 1.>

제4절 우편수취함

제128조【개별 또는 공동수취함의 설치】 영 제43조제4호의 규정에 의한 개별 또는 공동수취함(이하 "마을공동수취함"이라 한다)은 배달우체국장이 설치한다.

[전문개정 1999. 1. 21.]

제129조【마을공동수취함앞 우편물의 배달등】 마을공동수취함앞 우편물에 대한 배달 및 관리등은 우정사업본부장이 정하는 바에 따라 배달우체국장과 마을공동수취함을 관리하는 자와의 계약에 의하여 이를 정한다. <개정 1995. 12. 30., 2001. 4. 20.>

제130조【마을공동수취함의 관리수수료】 우정사업본부장은 마을공동수취함의 관리인에게 예산의 범위안에서 배달소요시간을 기준으로 한 실비를 수수료로 지급하여야 한다. <개정 1995. 12. 30., 2001. 4. 20.>

제131조【고층건물우편수취함의 설치】 영 제50조제1항의 규정에 의한 고층건물의 우편수취함(이하 "고층건물우편수취함"이라 한다)은 건물구조상 한 곳에 그 전부를 설치하기가 곤란한 경우에는 3층이하의 위치에 3개소이내로 분리하여 설치할 수 있다. 다만, 고층건물우편수취함 설치대상 건축물로서 그 1층 출입구, 관리사무실 또는 수위실등(출입구 근처에 있는 것에 한한다)에 우편물 접수처가 있어 우편물을 배달할 수 있는 경우에는 고층건물우편수취함을 설치하지 아니할 수 있다.

제132조【고층건물우편수취함등의 규격ㆍ구조등】 영 제50조제2항의 규정에 의한 고층건물우편수취함의 표준규격ㆍ재료ㆍ구조 및 표시사항은 우정사업본부장이 정하여 고시한다. <개정 1999. 1. 21., 2001. 4. 20.>

[전문개정 1995. 12. 30.]

제133조【고층건물우편수취함의 관리ㆍ보수】 ① 건축물의 관리책임자 또는 사용자는 설치된 고층건물우편수취함이 그 사용에 지장이 없도록 이를 관리하여야 한다. <개정 1995. 12. 30., 1999. 1. 21.>

② 고층건물우편수취함이 훼손된 경우 훼손된 날부터 15일이내에 이를 보수하지 아니한 때에는 이를 우편수취함으로 보지 아니한다. <개정 1995. 12. 30., 1999. 1. 21.>

[제목개정 1995. 12. 30., 1999. 1. 21.]

제134조 【고층건물우편수취함에 넣을 수 없는 우편물의 배달】 ① 다음 각 호의 어느 하나에 해당하는 경우에는 수취인에게 직접 배달해야 한다.
1. 요금수취인부담우편물
2. 양이 많거나 부피가 커서 고층건물우편수취함에 넣을 수 없는 우편물
② 제1항 각 호 외의 특수취급우편물은 수취인에게 직접 배달하는 것을 원칙으로 하되, 등기우편물은 영 제42조제3항 단서에 따라 전자 잠금장치가 설치된 고층건물우편수취함에 넣을 수 있다.
[전문개정 2019. 2. 8.]

제135조 【고층건물앞 우편물의 보관 및 반환】 ① 영 제51조제2항의 규정에 의하여 배달우체국에서 보관·교부할 우편물은 그 우편물이 배달우체국에 도착한 다음 날부터 10일간 이를 보관한다.
② 제1항에 따른 기간이 경과하여도 우편물의 수취청구가 없는 경우에는 발송인에게 이를 되돌려 준다. <개정 2018. 2. 19.>
[제목개정 2018. 2. 19.]

부록

제5장 손해배상등 〈개정 1997. 12. 31.〉

제135조의2 【우편물의 손해배상금액 및 지연배달의 기준】 ① 법 제38조제1항제1호 및 제2호에 따라 잃어버리거나 못쓰게 된 우편물의 손해배상금액은 다음과 같다. <개정 2018. 2. 19., 2021. 7. 1.>
1. 등기통상우편물: 10만원
2. 준등기통상우편물: 5만원
2의2. 선택등기통상우편물: 10만원
3. 등기소포우편물: 50만원
4. 민원우편물: 표기금액
5. 보험취급우편물: 신고가액
② 법 제38조제1항제3호의 규정에 의한 현금추심취급 우편물의 손해배상금액은 그 추심금액으로 한다.
③ 제1항 및 제2항의 경우에 실제 손해액이 손해배상금액보다 적을 때는 그 실제 손해액을 배상한다.
④ 법 제38조제1항제1호 및 제2호의 규정에 의하여 배상하는 지연배달의 기준 및 배상금액은 별표 5와 같다. <개정 2011. 12. 2.>
[전문개정 2005. 8. 4.]

제136조 【손해의 신고등】 ① 등기우편물의 배달(반환을 포함한다. 이하 같다)에 있어서 수취인 또는 발송인이 그 우편물에 손해가 있음을 주장하여 수취를 거부하고자 할 때에는 집배원 또는 배달우체국에 그 사유를 통보하여야 한다. <개정 2018. 2. 19.>
② 배달우체국장은 제1항에 따른 우편물이 외부에 파손의 흔적이 없고 중량에 차이가 없어 법 제40조에 해당한다고 인정하는 때에는 그 사유를 기재한 조서와 함께 수취를 거부한 자에게 우편물을 교부해야 하며, 그렇지 않다고 인정하는 때에는 수취를 거부한 다음 날부터 15일 이내에 기일을 정하여 수취를 거부한 자 또는 손해배상 청구권자의 출석을 요구하고 그 출석하에 해당 우편물을 개봉하여 손해의 유무를 검사해야 한다. <개정 2001. 4. 20., 2022. 1. 4.>
③ 제2항의 규정에 의한 검사결과 우편물에 손해가 없다고 인정하는 때에는 그 사유를 기재한 조서와 함께 동 우편물을 교부하고, 손해가 있다고 인정하는 때에는 손해조서를 작성하여 제135조의2의 규정에 의한 손해배상금을 지급한다. <개정 1995. 12. 30., 1997. 12. 31.>

제137조 【수취를 거부한 자가 출석하지 아니한 때의 처리】 제136조제2항의 경우에 수취를 거부한 자 또는 손해배상청구권자가 지정기일에 출석하지 아니한 때에는 당해인에게 그 우편물을 배달하여야 한다.

제138조 【손해배상청구의 취소】 우편물의 손해배상을 청구한 자가 그 청구를 취소한 때에는 우체국은 즉시 당해우편물을 청구인에게 교부하여야 한다.

제139조 【손해배상금의 반환통지】 손해를 배상한 우체국에서 법 제45조의 규정에 의한 통지를 하는 때에는 영 제53조의 규정에 의한 반환금액·반환방법 및 우편물의 청구방법을 명시하여야 한다.

제140조 삭제 <2014. 12. 4.>

제6장 서신송달업자 등의 관리 〈신설 2014. 12. 4.〉

제141조 【서신송달업자의 신고 등】 ① 법 제45조의2제1항에 따라 서신을 송달하는 업(이하 "서신송달업"이라 한다)을 신고하려는 자는 별지 제3호서식의 서신송달업 신고서에 사업계획서(사업운영 및 시설에 관한 사항, 수입·지출계산서 등을 포함한다)를 첨부하여 관할지방우정청장에게 제출하여야 한다. <개정 2015. 7. 21.>

② 제1항에 따라 신고를 받은 담당공무원은 「전자정부법」 제36조제1항에 따른 행정정보의 공동이용을 통하여 다음 각 호의 서류를 확인하여야 한다. 다만, 신고를 한 자가 제2호의 확인에 동의하지 아니하는 경우에는 해당 서류를 첨부하도록 하여야 한다. <개정 2015. 7. 21.>

1. 법인 등기사항증명서(신고를 한 자가 법인인 경우에 한정한다)
2. 사업자등록증명(신고를 한 자가 개인사업자인 경우에 한정한다)
3. 삭제 <2015. 7. 21.>

③ 서신송달업의 신고를 한 자의 상호, 소재지, 대표자 및 사업계획 등이 변경된 경우에는 별지 제3호서식의 서신송달업 변경신고서에 그 변경사실을 증명할 수 있는 서류를 첨부하여 관할지방우정청장에게 제출하여야 한다. <개정 2015. 7. 21.>

④ 관할지방우정청장은 제1항과 제3항에 따른 신고를 받은 경우에는 별지 제4호서식의 신고대장에 이를 기재하고 별지 제5호서식의 신고필증을 교부하여야 한다. <개정 2015. 7. 21.>

[본조신설 2014. 12. 4.]

제142조 【휴업·폐업 등의 신고】 법 제45조의4에 따라 서신송달업자가 그 영업을 30일 이상 휴업 또는 폐업하거나 휴업 후 재개하려는 경우에는 별지 제6호서식의 신고서를 지방우정청장(관할 지방우정청장 또는 그 밖의 지방우정청장 중 어느 한 지방우정청장을 말한다)에게 제출하여야 한다. 이 경우 관할 지방우정청장이 아닌 지방우정청장이 신고서를 제출받으면 이를 관할 지방우정청장에게 송부하여야 한다. <개정 2015. 7. 21., 2016. 12. 30.>

[본조신설 2014. 12. 4.]

제143조 【사업개선명령】 법 제45조의5에 따라 관할지방우정청장은 서신송달업자가 다음 각 호의 어느 하나에 해당할 때에는 그 시정을 명할 수 있다.

1. 법 제45조의2제3항에 따른 변경신고를 하지 아니하는 경우
2. 화재 등으로 인하여 서신송달서비스의 제공에 지장이 발생하였음에도 보수 등 필요한 조치를 하지 아니하는 경우
3. 작업장의 보안 등이 상당히 취약하여 서신의 비밀침해 등으로 이용자의 권익을 현저히 해친다고 인정되는 경우

[본조신설 2014. 12. 4.]

제144조 【행정처분의 기준】 ① 법 제45조의6제2항에 따른 서신송달업자에 대한 처분의 기준은 별표 6과 같다.

② 관할지방우정청장은 행정처분을 한 때에는 별지 제7호서식의 행정처분기록대장에 그 내용을 기록하여야 한다. <개정 2015. 7. 21.>

[본조신설 2014. 12. 4.]

제145조【규제의 재검토】 ① 삭제 <2024. 7. 24.>

② 과학기술정보통신부장관은 제143조에 따른 사업개선명령에 대하여 2015년 1월 1일을 기준으로 5년마다 (매 5년이 되는 해의 1월 1일 전까지를 말한다) 그 타당성을 검토하여 개선 등의 조치를 해야 한다.

[전문개정 2021. 7. 1.]

부칙 〈제129호, 2024. 7. 24.〉

이 규칙은 공포한 날부터 시행한다. 다만, 제25조제1항제1호의3 및 제112조의2의 개정규정은 2024년 7월 24일부터 시행한다.

부록

■ 우편법 시행규칙 [별표 1] 〈개정 2021. 7. 1.〉

보편적 우편역무의 특수취급 종류와 이에 따른 우편물(제12조의2제2항 관련)

특수취급 종류 \ 우편물	통상우편물	소포우편물
등기취급	○	○
준등기취급	○	
선택등기취급	○	
보험통상	○	
보험소포		○
내용증명	○	
배달증명	○	○
국내특급우편	○	○
특별송달	○	
민원우편	○	
우편물방문접수	○	○
착불배달	○	○
계약등기	○	
회신우편	○	
본인지정배달	○	
우편주소정보제공	○	
우편물의 반환정보제공	○	
선거우편	○	

■ 우편법 시행규칙 [별표 2] 〈개정 2021. 7. 1.〉

보편적 우편역무에 부가할 수 있는 우편역무(제12조의2제3항 관련)

구분	등기	준등기	선택등기	배달증명	국내특급우편	착불배달	회신우편	본인지정배달	우편주소정보제공
등기취급			○	○	○				○
보험통상	○			○	○				
보험소포	○			○	○				
내용증명	○			○	○				
배달증명	○		○		○				
국내특급우편	○		○	○					
특별송달	○				○				
민원우편	○				○				
우편물방문접수	○			○	○				
착불배달	○								
계약등기	○		○	○	○	○	○	○	○
선거우편	○	○							

비고: 선택등기역무를 부가한 배달증명 우편역무는 등기우편물의 배달방법으로 배달이 완료된 경우에 한정하여 배달 단계의 취급과정을 기록하고 배달을 증명한다.

■ 우편법 시행규칙 [별표 3] 〈개정 2024. 7. 24.〉

선택적 우편역무 종류에 따른 우편물(제25조제2항 관련)

우편물 종류	통상우편물	소포우편물
등기취급	○	○
준등기취급	○	
선택등기취급	○	
보험통상	○	
보험소포		○
내용증명	○	
배달증명	○	○
국내특급우편	○	○
특별송달	○	
민원우편	○	
팩스우편	○	
우편주문판매		○
광고우편	○	
전자우편	○	
우편물방문접수	○	○
착불배달	○	○
계약등기	○	
회신우편	○	
본인지정배달	○	
우편주소정보제공	○	
우편물의 반환정보제공	○	
선거우편	○	
복지우편	○	○
국제우편 연계서비스	○	○

■ 우편법 시행규칙 [별표 4] 〈개정 2024. 7. 24.〉

선택적 우편역무에 부가할 수 있는 우편역무(제25조제3항 관련)

구분	등기	준등기	선택 등기	내용 증명	배달 증명	국내 특급 우편	착불 배달	회신 우편	본인 지정 배달	우편 주소 정보 제공
등기취급			○	○	○	○				○
보험통상	○				○	○				
보험소포	○				○	○				
내용증명	○				○	○				
배달증명	○		○			○				
국내특급우편	○		○		○					
특별송달	○					○				
민원우편	○					○				
우편주문판매	○				○	○				
전자우편	○	○	○	○	○	○				
우편물방문접수	○				○	○				
착불배달	○									
계약등기	○		○		○	○	○	○	○	○
선거우편	○	○								
복지우편	○		○							
국제우편 연계 서비스	○	○								

비고: 선택등기역무를 부가한 배달증명 우편역무는 등기우편물의 배달방법으로 배달이 완료된 경우에 한정하여 배달 단계의 취급과정을 기록하고 배달을 증명한다.

■ 우편법 시행규칙 [별표 5] 〈개정 2014.12.4.〉

지연배달 기준 및 배상금액(제135조의2제4항 관련)

<table>
<tr><th colspan="3">구분</th><th>지연배달 기준</th><th>배상금액</th></tr>
<tr><td rowspan="5">통상 우편물</td><td colspan="2">등기취급</td><td>송달기준보다 2일 이상 지연배달</td><td>우편요금 및 등기취급 수수료</td></tr>
<tr><td rowspan="3">국내 특급 우편</td><td rowspan="2">당일 배달</td><td>다음 날 0시~20시 전까지 배달</td><td>국내특급수수료</td></tr>
<tr><td>다음 날 20시 이후 배달</td><td>우편요금 및 국내특급수수료</td></tr>
<tr><td>다음 날 배달</td><td>송달기준보다 2일 이상 지연배달</td><td>우편요금 및 국내특급수수료</td></tr>
<tr><td colspan="2">등기취급</td><td>송달기준보다 2일 이상 지연배달</td><td>우편요금 및 등기취급 수수료</td></tr>
<tr><td rowspan="2">소포 우편물</td><td rowspan="2">국내 특급 우편</td><td rowspan="2">당일 배달</td><td>다음 날 0시~20시 전까지 배달</td><td>국내특급수수료</td></tr>
<tr><td>다음 날 20시 이후 배달</td><td>우편요금 및 국내특급수수료</td></tr>
</table>

비고

다음 각 호의 어느 하나에 해당하는 경우에는 지연배달의 예외로 한다.

1. 설이나 추석 등에 우편물이 대량으로 늘어나 지연배달 되는 경우
2. 우편번호를 잘못 기재하거나 수취인이 부재 중인 경우 등 발송인 또는 수취인의 귀책사유로 인하여 지연배달 되는 경우
3. 천재지변 등 불가항력으로 인하여 지연배달 되는 경우

■ 우편법 시행규칙 [별표 6] 〈신설 2014.12.4.〉

행정처분의 기준(제144조제1항 관련)

1. 일반기준

가. 위반행위의 횟수에 따른 행정처분의 기준은 최근 1년간 같은 위반행위로 처분을 받은 경우에 적용한다. 이 경우 위반행위에 대하여 행정처분을 한 날과 다시 같은 위반행위를 적발한 날을 각각 기준으로 하여 위반횟수를 계산한다.

나. 위반행위가 둘 이상인 경우에는 그 중 중한 처분기준을 적용한다. 다만, 처분기준이 동일한 영업정지인 경우에는 각각의 처분기준을 합산한 기간을 넘지 않는 범위에서 중한 처분기준의 2분의 1까지 가중할 수 있으며, 가중하는 경우에도 총 영업정지 기간은 6개월을 초과할 수 없다.

다. 처분권자는 다음의 어느 하나에 해당하는 경우에는 처분기준의 2분의 1까지 감경할 수 있다. 다만, 처분기준이 영업소 폐쇄인 경우는 제외한다.

1) 위반행위가 고의나 중대한 과실이 아닌 사소한 부주의나 오류로 인한 것으로 인정되는 경우

2) 위반행위자가 해당 위반행위를 처음 한 경우로서, 지난 3년 이상 서신송달업을 모범적으로 운영해온 사실이 인정되는 경우

3) 그 밖에 위반행위의 동기, 방법 및 결과 등을 고려하여 처분을 감경할 필요가 있다고 인정되는 경우

2. 개별기준

위반행위	근거법조문	행정처분기준		
		1차 위반	2차 위반	3차 이상 위반
가. 거짓으로 작성된 사업신고서를 제출한 경우	법 제45조의6 제1호	영업소 폐쇄		
나. 법 제2조제3항의 중량 및 요금 기준을 위반하여 서신을 취급한 경우	법 제45조의6 제2호	영업정지 1개월	영업정지 3개월	영업정지 6개월
다. 법 제45조의3제2항을 위반하여 타인에게 자기의 성명 또는 상호를 사용하여 서신송달업을 경영하게 한 경우	법 제45조의6 제3호	영업정지 1개월	영업정지 3개월	영업정지 6개월
라. 법 제45조의5의 사업개선명령에 따르지 않은 경우	법 제45조의6 제4호	경고	영업정지 1개월	영업정지 3개월
마. 사업정지명령을 위반하여 사업정지기간에 사업을 경영한 경우	법 제45조의6 제5호	영업소 폐쇄		

우편업무 규정

[시행 2025. 2. 25.] [우정사업본부훈령 제961호, 2025. 2. 25., 타법개정.]

우정사업본부(우편정책과), 044-200-8162

제1편 총칙

제1조 【목적】 이 규정은 「우편법」(이하 "법"이라 한다), 「우편법 시행령」(이하 "영"이라 한다) 및 「우편법 시행규칙」(이하 "규칙"이라 한다), 기타 우편관계 법령에 의한 우편업무의 취급에 관하여 필요한 사항을 정함을 목적으로 한다.

제2조 【규정의 적용 특례】 이 규정의 적용에 있어서 「별정우체국법」에 의하여 지정받은 별정우체국과 「우체국창구업무의 위탁에 관한 법률」에 의하여 우체국창구업무를 위탁받은 우편취급국에서 행하는 우편업무는 법령에 특별한 규정이 있는 것을 제외하고는 6급 이하 공무원이 장인 우체국에서 행하는 업무로 본다.

제3조 【창구취급시간】 ① 규칙 제2조제1항에 따른 우편창구업무의 취급시간은 오전 9시부터 오후 6시까지로 하며, 지방우정청장은 사업 환경 등 제반여건을 고려하여 필요한 경우, 우정사업본부장(이하 "본부장"이라 한다)에게 보고 후 훈령으로 그 취급시간을 조정할 수 있다.

② 제1항에도 불구하고 특별한 사정이 있는 때에는 우체국장은 필요하다고 인정하는 업무에 대하여 취급시간을 연장할 수 있다.

③ 제1항과 제2항에 따라 정한 취급시간은 안내판에 적어 보기 쉬운 곳에 언제나 걸어 놓아야 한다.

제4조 【우편물 송달기준에 적용되는 접수마감시간의 안내】 우체국장은 규칙 제12조제2항의 우편물 송달기준에 적용되는 접수마감시간(이하 "우편물접수마감시간"이라 한다)을 우체국 창구에 게시하고 우체통에는 안내표지판을 부착하여야 한다.

제4조의2 【우편물 송달기준 적용의 제외】 규칙 제12조제3항에 따른 우정사업본부장이 배달하지 아니하기로 정한날은 법 제6조 및 영 제8조의2에 따라 우편업무가 정지된 날을 말한다.

제4조의3 【도서 · 산간오지등의 우편물 송달기준】 규칙 제13조제1항에 따른 우편물 송달기준은 수집이나 접수한 날의 다음 날부터 8일 이내로 한다.

제5조 【우편물의 비밀보장 등】 ① 법 제3조의 규정 중 "타인의 비밀"이라 함은 「개인정보보호법」 제2조제1호에 따른 발송인 및 수취인의 개인정보(주소 · 성명 등)와 우편물의 내용 · 취급년월일 · 발송통수 및 발송상황 등 우편업무의 취급 중에 알게 된 사항을 말한다.

② 법원 등 관계기관이 공무상 필요에 의하여 타인의 비밀이나 우편물 등의 압수 · 제출을 요구하는 때에는 다음 각 호의 어느 하나에 해당하는 경우에 대하여 제공할 수 있다.

1. 법원이 재판수행을 목적으로 법적근거, 사용목적, 요청내용 등이 명시된 문서를 제출하는 경우
2. 수사기관이 범죄수사 및 공소제기 · 유지를 목적으로 법적근거, 사용목적, 요청내용 등이 명시된 영장을 제시하는 경우
3. 선거관리위원회가 선거범죄 조사를 목적으로 법적근거, 사용목적, 요청내용 등이 명시된 문서를 제출하는 경우
4. 그 밖의 관계기관이 법률에서 정한 소관업무 수행을 목적으로 법적근거, 사용목적, 요청내용 등이 명시된 개인정보 보호위원회의 심의 · 의결문서를 제출하는 경우

③ 제2항 제1호와 제4호에 따라 해당 정보나 우편물 등을 제공한 때에는 제공한 날부터 30일 내에 관보나 해당 우편관서의 인터넷 홈페이지에 요청기관, 요청목적, 법적근거, 제공일자, 제공내용 등을 게재하고 인터넷 홈페이지에는 10일 이상 유지하여야 한다.

④ 제2항의 경우에 취급직원은 책임자(5급 이상 공무원을 장으로 하는 우체국의 과장 이상의 지위에 있는 자를 말한다.)의 참관 하에 해당 정보나 우편물 등 인도하여야 하며, 우편물을 압수당하거나 제출하는 경우에는 그 내용을 지체 없이 관할 지방우정청장에게 보고하여야 한다.

⑤ 제2항에 따라 압수 또는 제출되었던 우편물을 돌려 받은 경우에는 그 사유를 기재한 부전지를 해당 우편물에 붙여 송달하여야 한다. 이 경우 우편물이 훼손되었으면 훼손사유를 부전지에 명시하여야 한다.

제6조【책임자의 입회 및 확인】 우체국에서 다음 각 호의 업무를 수행하는 때에는 책임자가 직접 확인하거나 입회하여야 한다. 다만, 책임자가 지정하는 자가 이를 대리 할 수 있다.

1. 요금별납 및 요금후납우편물의 접수
2. 우표류와 수입인지 수수 및 보관
3. 우표류와 수입인지의 판매대금 기타 우편요금 등의 수수 및 보관
4. 등기취급우편물(이하 "등기우편물"이라 한다), 준등기취급우편물(이하 "준등기우편물"이라 한다) 또는 선택등기취급우편물(이하 "선택등기우편물"이라 한다)의 수수 및 보관
5. 우편자루 등 운송용기 체결 및 개봉
6. 통화등기송금통지서·동원부 등 주요 식지류의 수수
7. 기타 당해우체국장이 중요하다고 인정하는 우편업무

제7조【우편용품 및 장비의 일일점검】 우체국에서 일상 사용하는 다음 각 호의 우편용품 및 장비에 대하여는 일일점검을 실시하고 필요한 보수정비를 하여야 한다.

1. 계량용 저울류, 무인자동접수기기 및 우편업무관련 전산장비
2. 우편날짜도장 및 "요금별납"표시인 등 각종 도장류
3. 이륜차동차, 자동차, 컨베이어 등 각종 운송장비
4. 우편요금표시기(이하 "요금표시기"라 한다), 자동소인기, 구분기 등 우편기계류
5. 각종금고, 우체통 및 우편사서함
6. 기타 우체국장이 중요하다고 인정하여 지시하는 우편용품 및 장비

제8조【우편업무일지의 관리】 우체국에서는 우편업무일지(다른 일지와 병합하거나 다른 장부를 대용할 수 있다)를 비치하고 우편업무취급에 관한 주요상황 및 참고사항 등을 기재하여야 한다.

제9조【우편요금 등의 담보금의 처리】 ① 우편요금 등에 관한 담보금을 수납한 경우에는 「정부보관금취급규칙」 제4조의 규정에 의하여 세입세출 외 현금으로 한국은행에 예탁하여야 한다. 다만, 우체국장이 가장 가까운 거리에 있는 한국은행이 지리적 조건으로 보아 이용하기 어렵다고 인정하는 경우에는 우편대체계좌에 예탁할 수 있다. 또한 담보금을 이행보증보험증권이나 지급보증서(원본)로 받은 때에는 수입징수관이 이를 보관관리하여야 한다.

② 담보금을 발송우편물의 우편요금 등에 충당하고자 하는 경우에는 담보금을 반환받아 수입금으로 조정하여야 한다. 이 경우 담보금은 우편요금후납 등을 취소 또는 해지한 경우에 한하여 반환받을 수 있다.

제10조【우편물에 표시하는 도장류의 위치 및 관리】 ① 우편물 표면에 표시하는 각종 도장류의 표시 위치 및 날인방법은 법령 및 다른 훈령에서 특별히 정한 것을 제외하고는 다음 각 호와 같이 하여야 한다.

1. 등기우편물의 등기번호 및 부가취급표시인(전산 라벨 포함)은 우편물 왼쪽하단에 선명하게 표시하거나 부착한다.
2. 준등기우편물의 준등기번호는 우편물 왼쪽하단에 선명하게 표시하거나 부착한다.

3. 선택등기우편물의 등기번호 및 부가취급표시인(전산 라벨 포함)은 우편물 왼쪽하단에 선명하게 표시하거나 부착한다.
4. 일반우편물에 사용되는 우편요금증지는 우편물의 오른쪽 상단(우표부착위치)에 부착하거나 표시하여야 한다.
5. 인터넷우표 중 라벨형태(등기번호, 부가취급, 요금 등이 표시 된)의 경우에는 우편물의 오른쪽 하단(수취인 주소 위치)에 첨부하여 사용한다.

② 제4조의 접수마감시간이후에 접수한 등기 및 준등기우편물은 "마감후" 표시를 하여야 한다.

③ 각종 도장류를 찍을 때에는 다른 규정이 있는 경우를 제외하고는 흑색 또는 청색 계열 스탬프를 사용하여야 하며, 도장류 및 우편날짜도장은 인면을 항상 닦아서 보관 관리하여야 한다.

제11조【우편날짜도장의 사용】 ① 우표의 소인과 우편취급에 관한 확인・증거・보존 및 통지 등을 내용으로 하는 각종 증거서 및 장부류에는 법령이나 다른 훈령에서 특별히 정한 것을 제외하고는 우편날짜도장을 사용하여야 한다.

② 기념 및 관광우편날짜도장은 다음 각 호와 같이 사용하여야 한다.

1. 기념우편날짜도장은 각종 기념의 목적으로 그 때마다 정하는 기간 동안 통상우편물에 붙인 우표의 소인, 수집 또는 기념을 목적으로 날인하는 우편날짜도장으로 봉투에 넣어 봉함하여 발송하는 통상우편물의 최저요금이상에 해당하는 우표를 붙인 봉투 또는 대지 및 관제엽서의 날인용으로 사용한다.
2. 관광우편날짜도장은 특정지역의 관광물, 산물 기타 기념물의 안내를 목적으로 하는 제1호의 우편물의 소인 또는 날인용으로 사용한다.

③ 제1항에 따른 우편날짜도장의 활자(연도활자, 월 활자 및 일 활자를 말한다)는 일일업무 개시시간을 기준으로 하여 갈아 끼워야 하며, 제2항에 따른 우편날짜도장의 활자는 실제 소인이 필요한 경우에 갈아 끼워야 한다. 다만, 우편물 송달기준 적용을 위한 마감시간 이후에 접수되는 다른 지역행 익일특급우편물에 대하여는 일정장소 보관 후 다음날 업무개시시간과 동시에 소인하여야 하거나 관서형편에 따라 부득이 당일 우편날짜도장으로 소인하여야 할 경우에는 제10조제2항에 의한 "마감후" 표시를 하여야 한다.

④ 제3항에 따라 우편날짜도장의 활자를 갈아 끼웠을 때에는 우편날짜도장 검사부에 날인하고 책임자가 검사한 후 사용하여야 한다.

제2편 우편물의 접수

제1장 일반취급

제1절 통칙

제12조【우편물의 종류 · 중량 및 요금】 ① 우편물의 종류와 중량은 우편법령에 따라 접수우체국(이하 "접수국"이라 한다)에서 인정하는 바에 의한다.

② 삭제<2008. 1. 1.>

③ 도착된 우편물의 종류와 중량이 접수국의 인정내용과 다른 경우에 요금이 부족하여 등기(이하 "선택등기" 포함) 또는 준등기취급을 하지 않는 우편물의 처리는 제15조의 규정에 의하고, 등기 또는 준등기취급이 부가된 우편물의 처리는 우편물을 송달한 후 접수국에 그 사실을 통지하여 그 요금의 차액은 추징토록 한다.

④ 우편요금 및 각종 취급 · 청구수수료 등 우편에 관한 모든 요금은 우표로 납부하거나 현금, 신용카드 등으로 즉납 또는 후납으로 납부할 수 있다. 다만 관서장이 판단하여 업무에 특별히 지장이 있는 경우에는 일부를 제한할 수 있다.

⑤ 우표로 우편요금을 납부하는 경우, 법 제22조에서 명시한 오염 또는 훼손된 우표와 우편요금을 표시하는 증표 등의 범위는 다음의 각 호의 어느 하나에 해당하는 경우를 말한다.

1. 우표가 더렵혀져 표면의 액면가 · 국가명 또는 디자인 등이 식별되지 않는 등 우표로서의 기능을 할 수 없는 경우
2. 우표 표면에 접착제 등 이물질이 덧붙여져서 우편요금 납부증표로서의 기능을 할 수 없는 경우
3. 우표가 헐거나 손상되어 표면의 액면가 · 국가명 또는 디자인 등이 식별되지 않지 않는 등 우표로서의 기능을 할 수 없는 경우
4. 그 밖에 본부장이 오염 및 훼손으로 인하여 우표의 기능이 상실된 것으로 인정하는 경우

제12조의2【우편요금의 처리】 ① 우편물을 접수하는 때에는 우편요금 등을 현금으로(신용카드결제 등 포함) 수납하고 우편요금영수증은 발송인에게 교부한다.

② 제1항에 의하여 받은 우편요금 등은 다음 각 호와 같이 즉납 처리하여야 한다.

1. 현금출납시간 마감시간 전까지 수납한 것을 당일 즉납한다.
2. 현금출납시간 마감시간이후에 수납한 것은 시간외현금수수부에 기재하여 책임자가 보관하고 다음날 현금출납업무 개시 즉시 즉납한다.

제13조【소인할 수집우편물의 정리】 ① 수집한 일반통상우편물은 국제와 국내우편물을 가려내고, 우편물을 소인하기 편리하도록 종류 및 형태별로 분류한 후 우표 또는 요금인면을 바르게 간추린다.

② 수집우편물 중 등기 또는 준등기취급에 해당하는 우표가 붙어있는 우편물은 제16조의 규정에 의하고, 이탈물과 습득물은 제17조의 규정에 의하여 처리한다.

제14조【소인】 ① 우편물을 접수한 우체국은 우표 또는 요금인면에 3분의 1, 우편물 자체에 3분의 2가 걸치도록 선명하게 소인한다. 단, 필요한 경우 지방우정청장이 조정 시행할 수 있다.

② 우표를 재사용하거나 위조우표를 사용한 우편물에 대하여는 그 우표의 주위를 빨간색 선으로 표시하여 증거를 남기고, 그 옆에 우편날짜도장을 날인한 후에 요금미납 또는 요금부족우편물로 처리한다.

③ 반신용 우표에 잘못 소인한 경우 사유를 기재한 부전지를 붙여 송달한다.

④ 외국으로 가는 우편물의 소인은 국제용 우편날짜도장을 사용하여야 한다. 다만, 국제용 우편날짜도장이 없는 우체국에서는 국내용 우편날짜도장으로 소인할 수 있다.

⑤ 정당소인국이 아닌 국에서 소인누락우편물을 발견한 때에는 "다른국접수대인"의 표시를 하여 소인하고, 배달도중일 경우에는 우편물과 우표에 걸치도록 "소"자를 표시하여야 한다.

제2절 수집우편물의 처리

제15조【요금미납 또는 요금부족우편물의 처리】 ① 수집우편물중 요금미납 또는 요금부족우편물을 발견한 때에는 소인하지 않고 반환사유부전지와 함께 발송인에게 반환한다.

② 다만, 발송인이 불명확하거나 기타 사유로 반환할 수 없는 경우 요금미납부족 표시인을 날인하여 수취인에게 송달하고, 제408조제2항에 의해 처리한다.

제16조【취급 중 발견 등기우편물의 처리】 ① 수집우편물 중 등기 또는 준등기취급에 해당하는 우표가 붙어 있고 다른 규정에 위반되지 않은 우편물은 "취급 중 발견"이라 표시 후 접수하여 송달한다.

② "등기", "선택등기" 또는 "준등기"의 표시가 있는 것으로서 해당 취급의 우편요금 및 수수료에 미달되는 우표를 붙인 우편물은 발송인의 의사에 불구하고 일반통상우편물로 취급한다.

제17조【이탈품 및 습득물의 처리】 ① 우편물의 취급 중에 우편물에서 이탈된 것으로 인정되는 물건을 발견한 때에는 다음 각 호와 같이 처리하여야 한다.

1. 이탈품이 들어있던 우편물을 확인할 수 있는 경우에는 그 우편물에 다시 넣고 보수한 후에 그 사유를 명시한 부전지를 붙여 송달한다.
2. 이탈품이 들어있던 우편물을 확인할 수 없는 경우에는 발견일시, 장소(다른 우체국에서 도착된 운송용기에서 발견된 것을 발송우체국명, 발송편명 및 도착시간) 등 조사상 필요한 사항 및 "이탈품"이라 기재한 부전지를 붙여 반송불능우편물의 취급 예에 의하여 처리한다. 이 경우 반송불능우편물송부서원부의 비고란에 그 사실을 기재하여야 한다.

② 우체통에서 발견된 습득물 중 우편물에서 이탈된 것으로 인정되지 아니하는 것은 다음 각 호와 같이 처리하여야 한다.

1. 발견 즉시 책임자에게 인계하고 그 사실을 습득물처리부에 기재한다.
2. 공무원의 각종 신분증은 습득물송부서에 의하여 그 발행기관의 장 앞으로 송부한다.
3. 주민등록증은 주민등록증상의 주소지의 시・군・구청에 송부서 없이 봉투에 넣어 등기통상우편물로 발송하되, 봉투표면에는 "습득주민등록증재중"이라 빨간색으로 표시하고 요금미납 표시인을 날인하여 징수할 요금을 기재하여야 한다.

3의2. 여권은 습득우체국 인근 여권사무대행기관에 송부서 없이 봉투에 넣어 등기통상우편물로 발송하되, 봉투표면에는 "습득여권재중"이라 빨간색으로 표시하고 요금미납 표시인을 날인하여 징수할 요금을 기재하여야 한다.

4. 제2호 및 제3호, 제3-1호 이외의 여러 증명 기타 물건은 습득물송부서에 의하여 가까운 경찰서로 무료등기우편으로 송부하거나 직접 인계하여야 한다.
5. 우정관서에서 발행한 우편환증서 등 각종 증서 및 현금은 반송불능우편물의 취급 예에 의하여 처리한다.
6. 1개의 지갑(포장된 것을 포함한다)속에 제2호 내지 제5호의 물건이 함께 들어 있는 경우에는 1개의 물건으로 처리하고 현금, 유가증권, 귀금속 등 재산물건이 있는 경우 가까운 경찰서로 무료등기우편으로 송부하고, 유실물 중 주소파악이 가능한 비 재산물건에 대하여는 직접 유실자에게 송부한다.

제18조【우표가 떨어진 우편물의 취급】 ① 우편물의 취급 중에는 우표의 떨어짐 또는 일부러 떼어냄의 여부를 철저히 검사하고, 우표가 떨어진 흔적이 있는 우편물은 다음 각 호와 같이 처리하여야 한다.

1. 떨어진 우표가 있는 경우에는 해당 우편물을 확인하여 이를 원상태로 붙여서 송달하고, 떨어진 우표가 없는 경우에는 우편물의 표면에 "우표 떨어짐" 표시 인을 날인하여 송달한다.
2. 국제우편의 교환우체국에서 외국에서 도착하는 국제우편물중 우표가 떨어지거나 파손된 우편물을 발견한 경우에는 현상도착표시인을 날인하고 취급직원의 도장을 찍어 송달한다.

② 취급부서 간에 우편물을 수수할 때에 우표가 떨어지거나 일부러 떼어낸 것을 발견한 경우에는 그 사실을 우편물수수부에 기재하고 적의 조치하여야 한다.

③ 우표가 떨어진 우편물이 없는 경우에는 소인된 것과 소인되지 아니한 것을 구분하여 떨어진 우표처리부에 붙이고 발견 장소, 발견경위 및 발견일시(운송편명) 등을 기재하여 보관한 후 우표가 떨어졌다는 신고 또는 확인요청을 받은 경우에는 떨어진 우표처리부에서 확인하여 교부하고 동 처리부에 교부일시, 교부받은 사람의 주소·성명을 기재한다.

제19조【집배원의 우편물 접수】 ① 집배원은 집배업무수행중 이용자의 요구가 있을 때에는 우편물(등기우편물의 부가취급은 배달증명에 한 한다)을 접수할 수 있으며, 우편물접수에 필요한 물품과 우표류는 접수창구와 수수한다. 다만, 우편요금 감액대상 우편물은 접수할 수 없다.

② 집배원이 등기 및 준등기우편물을 접수하는 때에는 다음 각 호와 같이 처리하여야 한다.

1. 우편요금 등과 우편물을 받는다.
2. 접수한 등기 및 준등기우편물은 귀국 즉시 창구접수부서에 인계하여 접수하고 익일 배달시 우편물 접수영수증을 발송인에게 교부한다. 단, 발송인이 원하지 않는 경우 이를 생략할 수 있다.

제3절 군사우편물의 취급

제20조【군사우편물의 취급범위】 군인이 발송하는 군사우편물은 군부대장이 발행한 군사우편물 발송증을 첨부하여 관할 우체국 또는 군사우편물 취급지정우체국을 통하여 발송하는 일반통상우편물에 한하여 접수한다. 다만, 입영자 소포우편물은 그 우편물을 취급할 수 있도록 지정된 우체국에 접수할 때에는 군사우편물에 준하여 접수한다.

제21조【군사우편물의 발송명세의 대조 확인】 ① 군사우편물을 접수하는 때에는 그 때마다 발송부대장이 발행한 군사우편물발송증 2부를 발송할 우편물과 함께 제출하게 하고 군사우편물발송증의 명세와 우편물을 대조 확인한 후에 군사우편물 발송증의 접수날짜도장란에 우편날짜도장을 날인하여 1부는 해당 부대장에게 내어주고 1부는 군사우편물 접수국에서 보관한다.

② 군사우편물의 접수국에서는 매월 말일 군사우편물의 발송부대장에게 군사우편물 발송집계표(군사우편물 발송증의 서식을 사용한다) 2부를 제출하게 하여 당해 우체국에서 보관하고 있는 군사우편물 발송증의 합계명세와 대조 확인한 후에 군사우편물 발송집계표 접수날짜도장란에 우편날짜도장을 날인하여 1부는 해당 부대장에게 내어주어야 한다.

③ 입영자 소포우편물은 발송부대장과 후납계약을 체결 후 후납 발송방법 예에 준하여 처리하여야 한다.

제22조【군사우편물의 표시】 ① 군사우편물의 오른쪽 윗부분에는 "군사우편"이라 표시하여 제출하도록 하고 동 군사우편물의 "군사우편" 표시 밑에 우편날짜도장을 날인하여야 한다.

② 군사우편물이 입영자 소포인 경우에는 해당 우편물 오른쪽 윗부분에 "군사우편" 또는 "입영자 소포"의 표시를 하고 요금후납인을 날인하여 발송하여야 한다.

제23조【군사우편취급의 예외】 제20조의 군사우편물 취급범위에 해당되지 않거나 군사우편발송대상이 아닌 군인이 발송하는 우편물 및 제22조에 의한 "군사우편"의 표시가 없는 우편물은 군사우편물로 접수하여서는 아니 된다.

제4절 무료우편물의 취급

제24조【무료우편물의 기재요건】 ① 법 제26조에 따른 우편물의 표면에는 규칙 제105조제1항 및 제2항에 따른 표시 이외에 우편물의 표면 왼쪽 아랫부분에 내용품을 표시하여야 한다.

② 제1항에 따른 사항을 표시하지 아니한 경우에는 발송인으로 하여금 이를 기재하게 하거나 취급직원이 기재하여야 한다.

제25조 【법규위반 무료우편물의 처리】 우편물의 검사결과 규칙 제105조에 위반되는 무료우편물은 다음 각 호와 같이 처리하여야 한다.

1. 법규위반 무료우편물은 유료우편물로 취급한다. 다만, 수집우편물 중에서 발견된 법규위반 무료우편물은 그 사유를 명시한 부전지를 붙여 발송인에게 반송한다.
2. 무료 부가취급 우편물 중 제27조에 따른 부가취급 범위에 해당되지 아니하는 우편물은 무료일반우편물로 접수한다.
3. 제24조제1항에 따른 기재사항이 표시되지 아니한 부가취급 우편물은 이를 보완하여 제출하게 하여야 한다.

제26조 【무료우편물의 발송원칙】 ① 같은 관서 앞으로 발송되는 무료우편물이 2통 이상 되는 경우에는 이를 1통으로 통합하여 발송하여야 한다.

② 무료우편물은 산발적으로 접수하지 아니하고 발송책임자(특수취급의 경우에는 접수책임자)가 일괄 접수하여 발송하여야 한다.

③ 1개의 기관에서 무료우편물을 많이 발송하는 때에는 우편집중국별로 구분하여 묶어서 제출하게 할 수 있다.

제27조 【무료우편물의 부가취급 범위】 부가취급 수 있는 무료우편물의 범위는 다음 각 호와 같다.

1. 우표류 및 수입인지 등의 우편업무관련 유가증권류
2. 귀중품
   가. 귀금속
   나. 보석 및 옥석
   다. 기계부속품(형체에 비하여 가격이 비싼 것)
3. 통화
4. 특별송달우편물의 송달통지서
5. 우편부서에서 보내는 것으로 특히 관서장이 중요하다고 인정하는 문서류
6. 구호우편물(발송인의 요구가 있는 경우에 한 한다)
7. 시각장애인용 점자·녹음물 및 전쟁포로우편물(발송인의 요구가 있는 경우에 한 한다)
8. 그 밖의 법령에서 특별히 규정한 것

제28조 【무료우편물의 용적 및 중량의 제한】 우편관서 상호간에 송달할 수 있는 무료우편물의 용적은 일반우편자루 나호에 체결할 수 있는 범위로 하고, 중량은 20킬로그램 이내로 한다.

제29조 【무료물품등기우편물】 ① 제27조의 규정에 의한 무료우편물의 특수취급범위에 속하는 물품 중 우편관서 상호간에 송달하는 우표류 및 수입인지와 발송우편관서의 장이 특히 중요하다고 인정하는 물품은 무료물품등기우편물로 발송하여야 한다.

② 우표류 및 수입인지를 무료물품등기우편물로 접수하는 때에는 제79조에서 규정하는 바와 같이 포장하고 그 표면 또는 국명표에 중량 및 가액과 세로로 빨간색 줄이 2줄 표시되어 있는가를 검사하며, 무료물품등기우편물의 중량은 표시중량과 부합하는가를 대조 확인하여야 한다.

③ 발송우편관서의 장이 특히 중요하다고 인정하는 물품은 포장한 표면에 중량 및 내용품명을 기재하여야 한다.

④ 무료물품등기우편물의 영수증, 송달증 및 특수(소포)우편물 배달증(이하 "배달증"이라 한다)의 비고란 등에 "무료물품"이라 표시하여야 한다.

제30조 【시각장애인용 우편물의 무료취급】 무료로 발송하는 시각장애인용 점자 및 공인된 시각장애인복지 단체가 발송하는 시각장애인용 녹음우편물을 접수하는 때에는 우편물의 표면 오른쪽 윗부분에 "시각장애인용 우편"이라 표시하였는지 검사한다.

제31조【구호우편물의 무료취급】 ① 무료로 발송하는 구호우편물을 접수하는 때에는 발송기관장이 발행한 우편물의 종류별 수량을 명시한 발송표 2부를 우편물과 함께 제출하고 다음 각 호의 사항에 적합한가를 검사하여야 한다.

1. 구호기관(군, 행정기관 또는 이재민의 구호를 목적으로 하여 특별히 설치된 기관을 말한다. 이하 같다) 상호간 또는 구호기관에서 이재민에게 발송하는 우편물일 것
2. 우편물의 오른쪽 윗부분에 "구호우편"이라 표시할 것
3. 우편물의 표면에 발송기관명을 명시할 것

② 지방우정청장은 제1항 제1호의 구호기관을 그때마다 확인하여 소속우체국에 통보하여야 한다.

③ 구호특수취급우편물은 영수증, 송달증 및 배달증의 비고란에 "구호"라 표시되도록 해야 한다.

④ 접수국에서는 매 10일분의 발송표를 집계하여 관할 지방우정청장에게 보고하고 지방우정청장은 관내 분을 종합하여 본부장에게 보고하여야 한다.

제32조【전쟁포로우편물의 무료취급】 ① 무료로 발송하는 전쟁포로우편물을 접수하는 때에는 해당 전쟁포로를 수용한 기관의 장이 발행한 우편물의 종류별 수량을 명시한 발송표 2부를 우편물과 함께 제출하게 하고 다음 각 호의 사항에 적합한지를 검사하여야 한다.

1. 전쟁포로가 발송하거나 전쟁포로사무를 취급하는 기관에서 전쟁포로사무에 관하여 발송하는 우편물일 것
2. 우편물 표면의 오른쪽 윗부분에 "전쟁포로우편"이라 표시할 것
3. 발송인 또는 발송기관 및 수취인의 주소, 성명을 명확하게 기재할 것
4. 수취인의 주소지가 송달이 가능한 지역일 것

② 제1항제1호부터 제3호까지의 규정을 위반한 우편물은 보완하여 제출하게 하고, 제1항제4호를 위반한 우편물은 접수하지 아니한다.

③ 전쟁포로에게 가는 우편물은 유료, 무료를 불문하고 그 전쟁포로를 수용한 수용기관의 장에게 배달하여야 한다.

제5절 통신사무우편물의 취급

제33조【통신사무우편물의 개념】 ① 통신사무우편물이란 우정사업본부(이하 "본부"라 한다) 및 그 소속기관이 발송하는 우편물로서 "우편사무"와 관련이 없는 우편물로, 취급과정과 우편요금은 통상의 우편물과 동일하게 적용되며 요금납부방법만 다르고, 다음 각 호는 무료우편물의 규정을 준용한다.

1. 우편물의 기재요건
2. 우편물의 발송원칙
3. 우편물의 용적과 중량제한

② 책임직은 우편물류시스템에서 출력되는 통신사무우편물 발송증으로 접수내역의 정당여부를 확인하여야 한다.

제34조【통화등기 및 유가증권등기 우편물】 ① 우편관서 상호간에 자금송부 또는 과초금 납부를 위한 현금의 송달은 통화등기로, 수표는 유가증권등기로 발송하여야 한다.

② 통화등기 또는 유가증권등기를 접수할 때에는 각각의 자・과초금 송부용 봉투 또는 전용자루를 사용하여야 하며 봉투의 외부 또는 전용자루의 국명표에 중량, 통화등기 금액, 수령 우체국명, 우편번호 및 통신사무 등의 문자가 명확히 기재되어 있는지 확인하고, 봉함상태도 이상이 없는지를 확인하여야 한다.

제35조【일반사무용품 취급】 ① 우편관서 상호간에 송달하는 물품중 제27조 규정에 의해 특수취급 범위에 속하지 아니하는 사업용과 사무용의 물품은 다음 각 호와 같이 취급하여야 한다.

1. 일반우편물로 취급하되, 그 표면에 "사무용품"이라 표시하여 발송한다.

2. 같은 수취기관 앞으로 발송되는 물품이 많은 경우에는 우편자루에 넣어 접수하고, 국명표에는 발송기관명 · 수취기관명 및 중량을 정확하게 기재하고 빨간색 가로선 1선을 긋는다.

② 제1항 제2호에 의한 우편물은 우체국 창구에서 접수하지 아니하고 우편물 발송담당부서에서 직접 접수하여 발송한다.

제36조 【우정사업조달센터에서 발송하는 물품】 ① 우정사업조달센터(이하 "조달센터"라 한다)에서 발송하는 식지류 및 일반용품 우편물은 특별한 경우를 제외하고는 물품등기 및 안심소포로 접수하여야 하며 다음 각 호와 같이 처리하여야 한다.

1. 물품등기 및 안심소포는 제142조 및 제145조의2의 등기취급 예에 의하여 접수 처리한다.
2. 물품등기 및 안심소포우편물의 신고가액은 조달센터장이 정한다.
3. 식지 및 일반용품은 조달센터 전용우편자루에 넣어 직접 체결하며, 국명표에는 발송기관명 · 수신기관명 및 중량을 정확하게 기재하고 빨간색으로 세로선 1선을 긋는다.

② 조달센터에서 체결한 우편자루는 그 내역과 함께 인근 우체국 또는 집중국과 수수하여야 한다.

제36조의2 【우정정보관리원에서 발송하는 법원 진술최고서 답변 우편물】 우정정보관리원(이하 "정보관리원"이라 한다)에서 발송하는 법원 진술최고서 답변 우편물은 다음 각 호와 같이 처리하여야 한다.

1. 법원 진술최고서 답변 우편물은 제127조제1항의 등기취급 예에 의하여 접수처리 한다.
2. 법원으로부터 진술최고서와 함께 동봉하여 온 회신용 우표는 별도의 용지에 첩부하여 접수국에 제출하여야 하며, 접수국에서는 해당 우표를 소인하여 보관한다.

제37조 【요금정산】 통신사무우편물의 우편요금은 우편물 발송부서에서 납부하지 아니하고 본부에서 매월 결산 시 사업별 원가계산의 해당 사업비용 및 우편사업수익으로 계리한다. 다만. 우체국보험관련 통신사무의 우편요금은 본부에서 보험사업특별회계와 우편사업특별회계 간에 전출금으로 일괄 계산하여 징수하고, 정보관리원에서 발송하는 법원 진술최고서 답변 우편물 중 우표를 첩부한 경우의 우편요금은 통신사무 요금정산 시 징수대상에서 제외한다.

제6절 요금별납우편물의 취급

제38조 【요금별납우편물의 표시】 ① 요금별납우편물의 표면 오른쪽 윗부분에는 종별 및 「우편요금 등 납부의 특례 이용에 관한 고시」에 의한 요금별납의 표시를 하여야 한다. 이 경우 발송인이 그 표시를 하지 아니한 때에는 접수우체국에서 보관하고 있는 요금별납인으로 날인하게 할 수 있다.

② 요금별납인은 책임자가 보관하고 사용할 때마다 수수하여야 한다. 요금별납우편물 접수국에서는 우편물 발송인이 우편물에 표시한 요금별납의 규격이 「우편요금 등 납부의 특례 이용에 관한 고시」에 의한 규격에 맞지 아니할 경우에는 이를 편의 취급하고 발송인에게 주의를 촉구하여야 한다.

제39조 【요금별납우편물의 접수 및 입회 확인】 ① 요금별납우편물을 접수 시 그 우편물의 종별, 중량 및 통당 요금이 같고, 같은 사람이 동시에 발송하는 것인지를 확인하여야 한다.

② 요금별납우편물은 접수담당자가 책임자의 입회하에 확인 접수하고, 요금별납우편물 발송신청서에 상호 확인인을 날인하여야 한다.

③ 접수된 요금별납우편물을 접수담당책임자가 발송담당책임자에게 인계하는 때에는 발송담당책임자는 요금별납우편물 접수통지서의 기재내용과 우편물을 대조 확인하고 요금별납우편물발송신청서 및 요금별납우편물접수통지서에 확인인을 날인하여야 한다. 다만, 접수담당부서와 발송담당부서가 조직상 과를 달리하는 경우에는 요금별납우편물 접수통지서를 우편물과 함께 발송담당책임자에게 송부할 수 있다.

제40조 【요금별납우편물의 접수시간】 요금별납우편물의 접수는 창구업무 취급시간 내에 접수하여야 한다. 다만, 일간신문에 한하여 창구업무취급시간외에도 접수할 수 있다.

제41조 【요금별납우편요금의 처리】 ① 요금별납우편물을 접수한 때에는 요금별납우편물발송신청서는 접수담당부서에서, 요금별납우편물접수통지서는 발송담당부서에서 보관하여야 한다.

② 삭제<2017. 11. 9.>

제7절 요금표시기사용 우편물의 취급

제1관 요금표시기의 사용계약

제42조 【요금표시기의 인영번호 부여】 ① 발송우체국(이하 "발송국"이라 한다)장은 요금표시기를 사용하고자 하는 자로부터 요금표시기의 인영번호부여신청을 받은 때에는 일련번호에 의한 요금표시기의 인영번호를 부여하여야 한다.

② 제1항에 의하여 요금표시기의 인영번호를 부여한 때에는 그 사실을 요금표시기 인영번호부여원부에 기재하여야 한다.

③ 요금표시기의 인영 디자인은 초상권, 저작권 등 다른 사람의 권리를 침해하지 않아야 한다. 타인의 초상이나 저작물 등을 사용하는 경우에는 신청인은 인영 디자인 권리자 등의 사용동의서 등을 제출하여야 한다.

제43조 【요금표시기의 사용계약신청】 발송국에서는 영 제26조 및 규칙 제90조제1항에 따라 요금표시기 사용계약신청자에게 해당 신청서와 함께 제42조에서 부여받은 인영번호를 표시한 요금표시기를 제출하게 해야 한다.

제44조 【요금표시기의 계약을 위한 검사】 발송국장이 요금표시기의 사용계약 신청을 받은 때에는 다음 각 호의 사항을 검사하여 계약여부를 결정하고 이를 문서로서 요금표시기의 사용계약 신청자에게 통보하여야 한다.

1. 요금표시기사용계약신청서의 기재사항과 요금표시기의 내용이 상호 틀림없을 것
2. 요금표시기의 인영에 발송국명, 발송년월일 및 요금표시기의 인영번호 등이 바르게 나타날 것
3. 요금표시기는 취급에 지장이 없도록 원활하게 작동하는 것일 것

제45조 【요금표시기의 사용계약】 ① 발송국장이 요금표시기의 사용계약을 한 때에는 요금표시기사용계약서를 교부하고 이를 요금표시기사용계약원부에 기재하여야 한다.

② 요금표시기사용계약서는 제44조에 의한 요금표시기의 사용계약을 통보하는 문서에 첨부하여 교부하되, 계약통보문서에는 우편요금의 납부 등 필요한 사항을 명시하여야 한다.

제46조 【요금표시기 사용우편물의 후납계약】 규칙 제98조제3항의 규정에 의한 요금표시기사용우편물의 후납계약에 관하여는 제42조 내지 제45조, 제61조 내지 제64조의 규정을 준용한다.

제2관 요금표시기의 사용

제47조 【요금표시기의 사용】 ① 발송국장은 요금표시기의 사용계약자에게 사용할 요금표시기를 제출(요금표시기의 사용에 필요한 시동표찰을 포함한다)하게 하여 책임자 참관 하에 다음 각 호와 같이 요금표시기의 사용에 필요한 조치를 하여야 한다.

1. 요금표시기를 최초로 사용하는 경우
   가. 요금표시기에 표시되어 있는 금액을 요금표시기사용대장에 기재한다. 이 경우 요금표시기에 금액이 나타나 있지 아니한 것은 '0'이라 기재한다.
   나. 시동표찰을 사용하지 아니하는 요금표시기는 1회의 사용한도액까지 요금표시기를 사용할 수 있도록 조정하고 임의로 그 금액을 변경할 수 없도록 요금표시기의 종류별 성능에 따른 장치를 한 후 발송인에게 교부한다.

다. 시동표찰을 사용하는 요금표시기는 발송인이 납부한 1회의 사용한도액까지 사용할 수 있는 매수의 시동표찰을 제출받아 동 표찰에 요금표시기의 약칭 및 요금표시기 인영번호를 기입하고 우편날짜도장 및 취급직원의 도장을 날인하여 이를 요금표시기와 함께 발송인에게 내어준다.

2. 제2회 이후에 사용하는 경우

가. 요금표시기에 표시되어 있는 금액(요금표시기를 제출하지 아니한 경우에는 사용필의 시동표찰 또는 우편요금표시기록지에 표시된 금액)과 최종의 요금표시기사용 우편물 발송표에 표시되어 있는 금액을 대조 확인한다.

나. 시동표찰을 사용하지 아니하는 요금표시기는 1회의 사용한도액까지 계기를 사용할 수 있도록 요금표시기의 성능에 따르는 장치(기계조작 및 봉함 등을 말한다)를 하여 발송인에게 교부한다.

다. 시동표찰을 사용하는 요금표시기는 발송인으로부터 제출받은 1회의 사용한도액까지 사용할 수 있는 매수의 시동표찰을 제1호 다목에 의한 표시를 하여 요금표시기와 함께 발송인에게 교부한다.

라. 시동표찰을 사용하지 아니하는 요금표시기로서 그 형태가 커서 이를 제출할 수 없는 경우에는 소속공무원을 출장시켜 제1호 나목의 조치를 하게 하여야 한다.

② 제1항 제2호 가목의 경우 발송인이 제출한 사용필의 시동표찰 및 우편요금표시기록지는 따로 정리하여 보관하여야 한다.

③ 발송국장은 요금표시기사용자별로 요금표시기사용금액 설정기록부를 비치하고 사용금액 설정액의 변동내역 등 업무취급에 필요한 사항을 기재 관리하여야 한다.

제48조【요금표시기의 고장수리】 ① 요금표시기의 고장신고를 받은 때에는 발송인 입회하에 다음 사항을 검사하여야 한다.

1. 요금표시기의 봉함 및 잠금장치 등의 이상 유무
2. 요금표시기의 표시되어 있는 금액의 정당여부
3. 고장의 모양

② 검사담당직원은 제1항의 검사를 한 후에 요금표시기고장검사조서 2부를 작성하여 열쇠를 보관하고 있는 요금표시기의 경우에는 1부를 열쇠와 함께 요금표시기사용자에게 교부하고 고장수리를 하여야 한다.

③ 고장수리를 한 때에는 요금표시기고장검사조서에 해당사항을 기재 제출하게 하여 검사자, 입회자 및 요금표시기사용자가 상호 확인한 후에 제47조제1항의 규정에 의하여 처리하여야 한다.

제49조【요금표시기의 검사】 ① 발송국장은 요금표시기에 고장이 있는 것으로 인정되는 경우에는 즉시 해당 요금표시기를 제출하게 하여 제48조의 규정에 의하여 처리하여야 한다.

② 발송국장은 요금표시기사용자가 요금표시기를 부정사용하고 있는 것으로 의심되는 경우에는 담당공무원을 즉시 해당 요금표시기 설치장소에 보내어 필요한 사항을 조사하여야 한다.

제3관 요금표시기사용 우편물의 처리

제50조【접수검사】 ① 요금표시기사용 우편물을 발송할 때마다 발송인에게 요금표시기 우편물발송표를 제출하게 하고 다음 각 호의 사항에 적합한가를 검사하여야 한다.

1. 당해 우체국(이하 “당해국”이라 한다)을 발송국으로 하는 것일 것
2. 우편물의 표면 오른쪽 윗부분에 종별 및 영 제26조제2항의 규정에 의한 요금표시기의 인영이 선명히 표시되어 있고 요금표시기의 인영에 표시되어 있는 요금이 정당할 것
3. 요금표시기우편물발송표에 기재한 사항이 발송표에 기재한 사용우편물과 상호 틀림없을 것
4. 요금표시기사용우편물에 붙인 인영증지는 사용하지 아니한 것일 것
5. 요금표시기사용우편물 접수일과 요금표시기인영에 표시된 날짜가 일치할 것

② 제1항의 경우에 요금표시기사용 우편물 발송표에 기재한 사항에 잘못이 있는 것을 발견한 경우에는 발송인으로 하여금 이를 정정시키고 그 곳에 정정인을 날인하게 하여야 한다. 다만, 제1항 제5호의 날짜가 일치하지 아니하는 경우에는 우편물을 접수하지 아니한다.

제51조【요금표시기사용우편물발송표의 정리】 ① 제50조에 따른 검사를 마친 요금표시기사용우편물발송표에는 우편날짜도장을 날인하고 요금표시기사용자별 요금표시기사용 우편물발송실적을 관리하여야한다.

② 제1항의 요금표시기사용우편물발송표는 매월 요금표시기사용자별로 요금표시기사용 우편물발송표집계표를 작성하여 이에 첨부하여 보존하여야 한다.

③ 제2항의 경우에 규칙 제92조제3항에 따라 제출된 사용하지 아니한 인영증지, 인영봉투 등은 이를 해당 요금표시기사용우편물발송표에 첨부하거나 합철하여야 한다.

부록

제52조【요금표시기사용우편물의 요금징수】 ① 요금표시기사용 우편물의 요금후납계약을 한 경우에는 요금표시기사용 우편물 접수담당부서에서 매월 요금표시기사용자별 요금사용액을 수입징수관에게 통보하여야 한다.

② 수입징수관은 우편요금납부고지서를 발부하여 다음달 20일까지 납부토록 한다.

제53조【요금표시기사용의 정지 및 사용인가의 해지】 ① 요금표시기사용자가 우편요금 등의 납부를 태만히 한 경우에는 제63조의 규정을 준용한다.

② 제1항의 규정에 의하여 요금표시기사용을 정지 받은 다음날부터 기산하여 15일 이내에 우편요금 등을 납부하지 아니한 경우에는 그 사용계약을 해지하여야 한다.

제54조【요금표시기사용인가의 해지통지】 발송국장이 규칙 제93조의2 및 제53조제2항의 규정에 의하여 요금표시기사용계약을 해지한 때에는 요금표시기사용자에게 그 사실을 문서로서 통지하여야 한다.

제55조【우체국에 설치된 요금표시기의 사용】 ① 책임자는 영 제28조에 의하여 우체국에 설치된 요금표시기를 사용하기 전에 다음 각 호의 사항을 확인하여야 한다.

1. 요금표시기의 성능에 따른 잠금장치, 책임자 및 취급직원의 도장과 우편날짜도장을 날인한 봉함의 이상 유무
2. 요금표시기에 표시된 금액

② 요금표시기를 설치한 우체국에서는 표시기마다 요금표시기사용일계부를 비치하고 동 요금표시기의 사용 상황을 기재하여야 한다.

③ 요금표시기의 열쇠는 책임자가 보관하여야 한다.

제8절 우편요금수취인부담우편물의 취급

제56조【우편요금수취인부담의 이용계약】 ① 우체국에서 규칙 제94조의 규정에 의하여 요금수취인부담(이하 "요금수취인부담"이라 한다) 계약신청서를 접수한 때에는 다음 각 호 및 신용도 등이 적합한지를 검토한 후에 그 계약여부를 결정하여 요금수취인부담계약을 하고자 하는 자에게 문서로서 통보하여야 한다.

1. 견본으로 제출된 통상우편물의 봉투는 본부장이 정하여 고시한 규격봉투이어야 하며 우편엽서는 규칙 제20조의 규정에 위반되지 아니하는 것일 것
2. 발송유효기간은 규칙 제94조제3항의 규정에 적합하게 설정된 것일 것

② 요금수취인부담계약을 한 때에는 그 계약사항을 우편요금수취인부담계약원부에 기재하여야 한다.

제57조【요금수취인부담우편물의 표시】 제56조에 의하여 요금수취인부담계약을 한 때에는 당해 봉투 또는 우편엽서의 표면에 종별표시와 「우편요금 등 납부의 특례 이용에 관한 고시」에 의한 표시를 선명하게 한 견본 1매를 제출하게 하여 요금수취인부담계약원부에 첨부하여야 한다.

제58조 【요금수취인후납부담계약】 ① 규칙 제98조제4항의 규정에 의한 요금수취인후납부담계약에 관하여는 제56조, 제61조 내지 제64조의 규정을 준용한다.

② 요금수취인후납부담계약을 한 때에는 요금수취인부담계약원부에 "후납"이라 기재하고 당해 봉투 또는 우편엽서의 표면에 종별표시와 「우편요금 등 납부의 특례 이용에 관한 고시」에 의한 표시를 선명하게 한 견본 1매를 제출하게 하여 요금수취인부담계약원부에 첨부하여야 한다.

제59조 【수취인의 주소이전】 ① 요금수취인부담계약을 한 자가 다른 집배우체국(이하 "집배국"이라 한다)이 관할하는 지역으로 주소를 옮긴 때에는 요금수취인부담계약원부의 사본 및 견본을 새 주소지를 관할하는 집배국으로 송부하고 계약원부 변경사항 란에 관할 집배국 변경사항을 기재하여야 한다.

② 제1항의 규정에 의하여 관계서류를 송부 받은 집배국에서는 그 사항을 기록하고 당해국의 요금수취인부담계약원부에 요금수취인부담계약을 받은 자로부터 「우편요금 등 납부의 특례이용에 관한 고시」에 의한 표시 내용 중 계약우체국명을 정정하여 표시한 견본 1매를 제출받아 제1항의 견본과 함께 요금수취인부담계약원부에 첨부하여야 한다.

③ 종전의 계약우체국에서는 제1항 내지 제2항에 의한 처리가 끝난 이후 당해 국에 도착하는 요금수취인부담우편물을 새 주소를 관할하는 집배국으로 전송하여야 한다.

제60조 【요금수취인부담계약 해지후의 우편물 처리】 ① 규칙 제97조의 규정에 의하여 요금수취인부담계약을 해지한 경우에는 그 해지내용을 계약한 자에게 통지하여야 한다.

② 규칙 제97조의 규정에 의하여 요금수취인부담계약을 해지하는 경우 필요하다고 인정하는 때에는 그 의무를 이행할 것을 일정한 기간을 정하여 1차 촉구할 수 있다.

③ 요금수취인부담계약 해지 또는 해지 후 발송 유효 기간 내에 발송한 요금수취인부담 표시우편물은 수취인에게 배달하고 요금은 수취인으로부터 징수하되, 수취인이 요금납부를 거부하는 때에는 요금수취인후납부담의 경우는 규칙 제97조제4항의 규정에 의하여 처리하고, 요금수취인부담의 경우에는 반송불능의 예에 따른다.

제9절 우편요금 등의 후납우편물 취급

제1관 우편요금 등의 후납계약

제61조 【우편요금 등의 후납계약】 ① 우편요금 등의 후납(이하 "요금후납"이라 한다)취급 우체국에서 규칙 제98조의 규정에 의하여 요금후납계약서를 접수한 때에는 다음 각 호의 사항을 검토하여 그 계약여부를 결정해 요금후납계약을 하고자 하는 자에게 문서로서 통지하여야 한다.

1. 영 제30조의 요건을 갖춘 것일 것
2. 요금후납의 계약을 하고자 하는 자의 신용도 등으로 보아 우편요금 등의 납부의무를 태만히 할 자가 아니라고 인정될 것

② 발송국장이 요금후납계약을 한 때에는 계약체결 내역 및 사용자 서명표 등 계약사항을 배달국 관할 우편집중국에서도 확인이 가능하도록 전산시스템(POSTNET)에 등록하여 관리하여야 한다.

제61조의2 【배달국 관할 우편집중국 이용】 ① 우편집중국에 요금후납 계약을 체결한 자는 배달국 관할 우편집중국과 별도의 계약 체결 없이 구분 감액 적용을 받는 우편물을 접수할 수 있다.

② 요금후납 표시 인영은 우편물을 접수하는 우편집중국명으로 하고, 계약승인번호를 제출하여야 한다.

③ 우편요금납부는 계약체결 시 등록된 신용카드로 결제한다.

제62조 【담보금의 납부】 ① 제61조에 의하여 요금후납계약을 한 때에는 요금후납계약자에게 규칙 제98조의2의 규정에 의한 담보금을 요금후납계약통지를 받은 다음날부터 기산하여 7일 이내에 계약우체국에 납부하도록 하여야 한다.

② 발송우체국장은 규칙 제98조의2의 규정에 의한 요금후납계약자가 이미 납부한 담보금액이 1월분 발송 우편요금 등의 예상금액의 2배에 미달하거나 초과되는 경우에는 담보금액을 증감 조치하여야 한다.

③ 제1항 및 제2항의 담보금의 납부 및 반환에 관하여는 제9조의 규정에 의한다.

④ 요금수취인부담계약을 한 자가 다른 집배국이 관할하는 지역으로 주소를 옮긴 때에 담보금은 「정부보관금취급규칙」 제18조 내지 제19조의 규정에 의하여 새로 옮긴 집배국의 세입세출외 현금출납공무원에게 보관 전환하여야 한다.

제63조 【요금후납 취급의 정지 및 계약의 해지】 ① 요금후납우편물 발송인이 규칙 제98조제3항의 기한까지 우편요금 등을 납부하지 아니한 때에는 지체 없이 그 납부를 독촉하여야 한다.

② 다음 각 호의 1에 해당하는 경우에는 우편물의 요금후납취급을 정지하고 요금후납우편물 발송인에게 그 사실을 통지하여야 한다.

1. 제1항의 독촉 시에 지정한 납부기한까지 우편요금 등을 납부하지 아니한 때
2. 규칙 제101조의 규정에 의한 변경사항을 신고하지 아니한 때
3. 규칙 제98조의2의 규정에 의한 담보금의 증액납부 요구에 응하지 아니한 때

③ 규칙 제102조의 규정에 의하여 요금후납계약을 해지한 때에는 요금후납우편물 발송인에게 그 사실을 통지하여야 한다.

제64조 【요금후납계약사항의 변경 및 해지 등】 요금후납우편물 발송인이 요금후납계약사항을 변경하거나 요금후납계약우편물의 계약을 해지하고자 하는 때에는 요금후납계약사항변경(해지)신고서를 계약우체국장에게 제출하여야 한다.

제2관 요금후납우편물의 접수

제65조 【요금후납우편물발송표의 제출】 요금후납우편물을 접수한 때에는 요금후납우편물 발송표·요금후납우편물접수통지서 및 요금후납우편물 영수증을 상호 확인하여야 한다.

제66조 【요금후납우편물의 접수검사】 ① 요금후납우편물을 접수하는 때에는 다음 각 호의 사항에 적합한지를 검사하여야 한다.

1. 해당국을 발송국으로 하는 것일 것
2. 요금후납우편물발송표에 기재한 우편물의 종류, 수량, 중량 및 요금은 발송하는 요금후납우편물과 틀림이 없을 것
3. 우편물의 종별표시와 규칙 제99조에 따른 요금후납 표시를 선명하게 한 것일 것

② 제1항의 검사결과 요금후납우편물발송표의 기재가 잘못된 경우에는 요금후납우편물 발송인으로 하여금 그 사항을 정정하고 그 곳에 발송표에 날인된 발송인의 인장(서명)이나 정정신청인의 인장(서명)을 날인하도록 하여야 한다.

③ 제1항 및 제2항에 따라 검사·정정을 마친 요금후납우편물발송표는 우편날짜도장을 날인하여 접수부서에 보관하고 전산시스템 등록 후 출력되는 영수증은 발송인에게 내어주고 접수통지서는 발송담당부서에서 보관한다.

제67조 【요금후납우편물의 접수 및 입회확인】 요금후납우편물을 접수 및 입회 확인에 관하여는 제38조 내지 제39조의 규정을 준용한다.

제68조 【요금후납우편물 접수실적의 관리 및 통보】 ① 접수부서 책임자가 접수일계를 검사할 때에는 제65조에 의한 요금후납우편물발송표와 일일마감표의 발송실적을 대조 확인하여야 한다.

② 요금후납우편물 접수담당부서에서는 매월말일 기준으로 월별 요금후납발송내역과 세입 징수액을 확인하여 세입 재조정 후 수입징수관에게 징수요구를 하여야 한다.

③ 수입징수관은 제2항에 의한 징수요구 결의에 의해 우편요금납부고지서를 발부하여 다음달 20일까지 납부토록 한다.

④ 세입실적은 요금후납우편물을 접수한 우체국(우편집중국 포함)으로 처리한다.

제10절 발송후의 수취인의 주소 · 성명의 변경 및 반환 등의 청구

제69조 【접수국의 처리】 ① 접수국에서 우편물을 발송한 후에 영 제36조의2에 따라 발송인으로부터 수취인의 주소 · 성명의 변경이나 우편물의 반환 등의 청구는 다음 각 호에 따른다.

1. 접수국에서는 청구인과 대상우편물이 정당한지 확인한 후 취급수수료를 제출하게 하고, 전산시스템에 접수한 후 청구서를 출력하여 우편날짜도장을 날인한다.
2. 제1호의 취급수수료는 우표, 현금(신용카드결제 등 포함) 및 후납으로 납부할 수 있다.(이하 모든 청구에 동일 적용한다)
3. 발송한 우편물이 부가취급 우편물인 경우에는 영수증을 제출하게 한다.
4. 인터넷우표 첩부우편물은 수취인 주소 · 성명을 변경할 경우 2차원 바코드에 내장된 정보와 우편물에 표기된 주소가 일치하지 않게 됨으로 변경이 불가함을 안내한다.(반환청구인 경우는 일반우표 첩부우편물과 동일하게 처리한다.)

② 제1항의 청구를 받은 때에는 다음 각 호와 같이 처리하여야 한다.

1. 우편물의 발송준비 완료전일 경우에는 전산시스템에 청구내용을 입력하고 그 우편물을 찾아서 청구내용대로 처리하며 청구서는 접수국에서 보관한다.
2. 우편물의 발송준비 완료 후 또는 발송한 후인 경우에는 전산시스템에 청구내역을 입력하여 배달국 또는 중계국에 통보하고 청구서는 접수국에서 보관한다.
3. 삭제<20 18. 9. 12.>

③ 발송인이 제1항의 청구를 할 때에 업무상 특별한 지장이 있거나 우편물 송달기간을 고려하여 볼 때에 동 청구가 실효를 거둘 수 없다고 인정하는 경우에는 그 사유를 설명하고 이에 응하지 아니할 수 있다.

제70조 【배달국의 처리】 ① 배달국에서 제69조제2항의 규정에 의하여 청구내용을 전산시스템으로 통보받은 때에는 우편물의 배달준비 완료전인 경우에 한하여 그 우편물을 찾아서 청구내용대로 처리하여야 한다.

② 제1항의 경우에 배달준비를 완료한 이후라도 집배원이 우체국을 출발하기 전으로 업무에 지장이 없으면 이를 처리하여야 한다.

③ 우편물을 반환하는 때에는 그 사유를 기재한 부전지를 붙여야 한다.

④ 배달준비를 완료하거나 집배원이 이미 출발하여 청구에 응할 수 없는 경우에는 그 사유를 접수국을 경유하여 신청인에게 통보하여야 한다.

제70조의2 【수취인 요청에 의한 배달지 주소변경】 ① 영 제43조제10호에 따라 수취인이 우체국 창구, 인터넷우체국, 모바일 앱 등을 통해 배달지 주소 변경 요구가 있을 경우에는 변경된 주소지로 전송하여야 한다.

② 수취인이 제1항의 청구를 할 때에 업무상 특별한 지장이 있어 청구에 응할 수 없는 경우에는 그 사유를 수취인에게 통보하여야 한다.

제11절 우편요금 등의 영수증 발행

제71조 【영수증의 발행 책임자】 우편요금 등의 영수증은 국장명의로 발행하되, 그 발행책임자는 다음과 같다.

1. 5급 이상 공무원이 장인 우체국(총괄국) : 과장
2. 5급 또는 6급 이하 공무원이 장인 우체국(관내국) : 국장

제72조 【증인방법】 우편요금 등의 영수증은 전산시스템에서 출력한 후 날짜 및 금액 등을 확인한 후 교부하여야 한다.

제73조 【발행 종류】 우편요금 등의 영수증의 발행종류는 다음과 같다.

1. 우표류 및 수입인지판매대금의 영수증
   우표류 및 수입인지 구매자가 영수증을 청구할 때는 판매내역이 있는 영수증
2. 요금별납우편요금의 영수증
3. 우편요금 등 현금수납영수증(확인증)
   우편요금 등을 현금으로 수납한 경우의 영수증
4. 특수취급 우편물 영수증
   등기취급우편물 접수에 따른 현금 등 우편요금 수납한 경우의 영수증
5. 현금영수증
   1회 1원 이상의 현금결제 시 현금과 함께 카드(적립식 카드, 신용카드 등), 핸드폰번호 등을 제시하면 영수증을 발급하고 현금결제 건별 내역을 국세청에 통보하는 제도

제74조 【영수증의 사전발행】 규칙 제84조에 의한 등기우편물 반송취급수수료 징수에 있어서 영수증의 발행을 요구하는 자 또는 「국가재정법」의 적용을 받는 국가기관 등에 반환되는 반송취급수수료 징수대상우편물에 대하여는 우편요금영수증을 사전에 발행하여 해당 우편물에 첨부해 배달할 수 있다.

제12절 우편요금 등의 반환

제75조 【우편요금 등의 반환청구】 영 제35조제1항의 규정에 의한 사유로 우편요금 등의 반환을 청구하는 때에는 우편요금반환청구서에 증거서류를 첨부하여 제출하게 하여야 한다.

제76조 【우편요금 등의 반환】 ① 제75조의 청구자에게 우편요금 등을 반환하는 경우에는 영수증을 받고 당해 우편요금 등을 반환하여야 한다.

② 제1항의 경우에 우표로서 반환하는 경우에는 우선 창구보관 우표 중에서 반환한 후에 제88조제2항 및 제89조의 규정에 의하여 보충하고, 현금으로 반환하는 경우에는 지출관이 반환금 등에서 이를 반환하고 청구인으로부터 영수증을 받는다.

제13절 우표류 관리 및 출납

제77조 【보급기준】 ① 보급지원관서("물품관리관 배치관서"를 말한다. 이하 같다)는 청구보급 우표류를 원활하게 보급·지원하기 위하여 다음에 해당하는 우표의 정수를 유지·관리하여야 한다. 단, 다음 각 호의 정수를 유지할 수 없는 불가피한 사유가 발생할 때에는 조달센터장이 달리 정할 수 있다.

1. 우정사업물품관리관: 조달 목표 90일분
2. 물 품 운 용 관: 운용 목표 30일분

② 제1항의 보급기준은 물자의 품귀·물가의 상승 등이 예상되는 경우에는 이를 적용하지 아니할 수 있다.

제78조 【우표류의 청구】 ① 우표류의 청구는 지정일에 청구하는 정기청구와 긴급수요의 발생 시에 하는 특별청구로 구분한다.

② 정기청구는 매 정기청구일 마다 물품운용관이 조달센터 물품출납공무원에게 운용목표를 고려하여 정기적으로 청구하되, 전체 운용목표수량을 초과하지 않도록 노력하여야 한다.

③ 천재지변 또는 다량수요 등 특별한 사유로 인해 긴급수요가 발생할 경우에는 특별청구를 할 수 있다.

④ 본부장은 우표류 중 수요가 많은 것은 자동보급 권종으로 지정할 수 있다. 이때 자동보급 권종으로 지정된 우표류를 조달센터 물품출납공무원은 지정일에 보급하여야 한다.

제79조 【우표류의 포장 및 발송】 ① 발송대상 우표류는 훼손 또는 상호접착 등을 방지하기 위하여 2중로 포장하여 묶음처리 후 우표류 발송 전용 용기를 사용하여야 한다.

② 물품출납공무원이 우표류를 발송할 때에는 입회공무원을 선임하고, 그 포장한 봉함지에 입회공무원과 함께 3개처 이상을 날인하여야 한다. 다만, 한국조폐공사에서 봉함한 것으로 이상이 없다고 인정한 것은 그대로 발송할 수 있다.

제80조 【우표류의 수불】 ① 제79조에 의한 우표류의 발송은 무료물품등기우편으로 발송하되 청구 및 송증(출급증)을 동봉 또는 별도의 등기우편으로 발송하여야 한다.

② 물품출납공무원 또는 물품운용관이 우표류를 받았을 때에는 전산시스템의 우표류관리에서 수입거래를 하고, 내주었을 때에는 출급거래를 하여야 한다.

제81조 【우표류의 개봉】 ① 물품출납공무원 및 운용관서의 물품운용관이 우표류를 받았을 때에는 참관공무원(물품출납공무원 및 물품운용관 이외의 공무원)과 함께 포장의 이상 유무를 확인 · 점검하고, 이상이 있을 때에는 이를 손상되지 아니하도록 개봉하여야 한다.

② 한국조폐공사에서 봉함하여 발송된 것은 그 봉함의 이상 유무를 검사하고 이상이 없을 때에는 그대로 영수하고 봉함지 또는 대지(라벨지)에 영수당일의 날짜도장을 날인하여 보관하고 개봉할 경우에는 수량의 정확여부를 확인하여야 한다.

③ 한국조폐공사에서 봉함하여 발송된 것 그 봉함지에 이상이 있을 때에는 봉함지를 개봉하여 우표류 상태를 점검하고 훼손이 발생하였을 때에는 즉시 한국조폐공사에 연락하여 정품과 교환처리 하여야 한다.

제82조 【훼손품의 처리】 ① 제81조의 우표류를 수령하였을 때에는 입회공무원과 함께 청구 및 송증(출급증)을 대조하여 수량이 맞을 경우 즉시 전산시스템에서 수입거래를 하여야 하며 훼손품이 있을 때에는 전체수량을 수입거래한 후 훼손품에 대해서는 반납 및 인수증으로 반납거래를 하고 비고란에 훼손품임을 명시하여야 한다.

② 반납거래 완료 후 훼손품은 개봉당시의 상황을 자세히 기재한 훼손상황증명서에 입회공무원이 연서확인한 후 훼손품과 함께 발송관서로 반송하여야 한다.

③ 발송관서에서는 제2항에 의하여 반송된 훼손품을 수령하였을 때에는 즉시 정품으로 교환 · 발송하여야 하며 처리는 할당보급에 준하여 처리한다.

제83조 【현품의 미착과 과부족】 ① 청구 및 송증(출급증) 또는 반납 및 인수증 등의 증거서류는 도착하였으나 현품이 도착하지 않거나 수량에 과부족이 있을 때에는 발송관서에 즉시 조회하여야 한다.

② 조회결과 수량부족이 발송한 관서에 책임이 있는 경우에는 즉시 부족한 수량을 수령관서로 발송하여야 하며, 수량이 많은 경우에는 발송관서로 반납하여야 한다.

제84조 【국고귀속 우표류의 처리】 타 관청으로부터 국고에 귀속하는 우표류를 받았을 경우에는 전산시스템으로 수입처리 하되 그중 훼손품에 대하여는 망실 · 훼손 우표류에 준하여 처리한다.

제85조 【우표류의 보관】 ① 우표류는 종류별, 권종별 수량을 정산하여 잠금 장치가 견고한 창고 또는 보관상에 보관하고, 불출의 순위는 선입선출의 원칙에 의하여야 한다.

② 제1항에 의한 창고 또는 보관상에서 우표류를 수불할 때에는 다른 공무원으로 하여금 입회하게 하여야 한다.

③ 상호접착의 우려가 있는 우표류 등은 중첩하지 아니하게 보관하여야 한다.

④ 창구판매담당(이하 "판매담당"이라 한다)에게 불출한 우표류의 판매시간 후 보관은 제1항에 의하여 처리하여야 한다.

제86조 【우표류의 관리】 ① 물품운용관이 판매담당에게 불출한 우표류는 각 관서의 편의에 따라 별도의 기준에 의하여 불출할 수 있다.

② 물품운용관은 그 보관에 속하는 우표류를 망실 또는 훼손하였을 때에는 즉시, 그 사실을 조달센터 물품출납공무원에게 보고하여야 한다.

③ 삭제<2014. 7. 1.>

④ 회계연도 변경, 물품출납공무원 및 물품운용관 변경의 경우에는 그 날짜를 구분하여 처리한다.

제87조 삭제<2014. 7. 1.>

제88조【우표류의 교환】 ① 규칙 제76조의2제2항 및 제3항의 규정에 의하여 우표류의 교환을 청구하는 자가 있을 때에는 그 종류, 수량 및 청구사유 등을 기재한 청구서를 받아 이를 심사한 후 청구서 사본 1부와 현품을 교부하여야 한다.

② 물품운용관은 국제반신우표권의 교환에 필요한 우표는 판매담당이 보유한 우표류로 불출하고, 사용된 국제반신우표권에 근거하여 교환에 따른 부족우표를 판매담당에게 교부한다.

③ 물품운용관은 교환된 국제반신우표권은 반납 및 인수증을 첨부하여 조달센터 물품출납공무원에게 반납하여야 한다.

부록

제89조【반환우표의 처리】 ① 영 제35조제1항에 따라 운영관서에서 요금 반환 시 우표로 대지급한 경우에는 반환한 우표의 수량을 보전하기 위하여 청구 및 출급증 구분 란에 반환사유를 명시하여 조달센터 물품출납공무원에게 교부 청구 하여야 한다.

② 조달센터 물품출납공무원은 제1항에 따라 교부 청구를 받았을 때에는 이를 심사한 후 교부하여야 한다.

제90조【망실 · 훼손 우표류의 처리】 ① 망실 또는 훼손의 인정을 받기 위해서는 해당 우표류를 첨부용지에 첨부(망실인 경우 제외)하여야 하며, 교환 또는 환매한 것 중 사용하기 어려운 것도 이에 따라 처리한다.

② 물품운용관서 및 우표류 판매기관에서는 훼손 및 망실한 우표류에 대하여 동 사실을 인정받기 위하여 조달센터 물품출납공무원에게 객관적인 증거서류를 첨부하여 즉시 보고하여야 한다.

③ 조달센터 물품출납공무원은 제86조제2항의 보고를 받거나, 자기의 보관에 속하는 우표류 등을 망실 또는 훼손하였을 때에는 그 사실과 가격에 대하여 조달센터장의 인정을 받아야 한다.

④ 관서장이 망실 또는 훼손의 인정을 한 때에는 그 사실이 고의 또는 태만에 기인한 것은 본부장에게 보고하고 그 지시를 받아야 한다. 다만, 기타의 경우에는 그러하지 아니한다.

⑤ 물품운용관은 훼손으로 인정받은 우표류를 조달센터 물품출납공무원에게 반납하여야 한다.

제91조【재고 우표류의 처리 등】 ① 요금체계의 변경으로 현행 요금체계와 맞지 않아 판매가 곤란한 재고우표류는 요금체계변경 후 180일 이내에 조달센터로 반납하여야 한다. 단, (재)한국우편사업진흥원 보급인용은 별도의 기간을 설정할 수 있다.

② 교환 청구된 우표류가 현행 요금체계와 맞지 않아 재판매가 곤란할 경우 제1항의 반납시기에 맞춰 조달센터로 반납하여야 한다.

③ 조달센터로 반납된 재고 우표류는 반납완료 후 90일 이내에 불용 및 기타처분을 하여야 한다. 단, 요금체계 변경 시 마다 실시하기 곤란한 경우 별도의 기한을 정하여 처리할 수 있다.

④ 불용 및 기타 처분은 「우정사업 물품관리 규정」의 처분절차에 의하여 처리한다.

제92조 삭제<2016. 4. 28.>

제93조【출납 및 정산 검사】 ① 각 총괄관서의 장은 월 1회 이상 물품출납공무원이 아닌 공무원으로 하여금 소속 물품운용관의 우표류의 전산잔고와 현품을 대조 · 검사하게 하여야 한다.

② 삭제<2014. 7. 1.>

제94조【출납공무원의 교체인계】 물품출납공무원 또는 물품운용관이 교체된 경우에는 교체시점의 우표류 수불내역을 전산시스템에서 출력하여 현품과 함께 인수 · 인계하고, 비고란에는 전 · 후임공무원이 각각 날인하여야 한다.

제95조【관서폐지에 따른 처리】 관서가 폐지된 경우 폐지당일의 우표류 잔고는 그 사무를 인계 받은 관서장에게 관리전환 하여야 한다. 다만, 인계관서가 운용관서일 경우에는 이를 조달센터 물품출납공무원에게 반납하여야 한다.

제96조【우표류 배정 등】 우표류의 배정은 다음과 같다. 다만, 관서배정은 본부와 지방우정청에서 결정하고, 견본, 제조 및 기증은 본부에서 각각 이를 결정한다.

1. 수입 : 제조 · 환매 · 교환 및 관리전환 등
2. 불출 : 판매 · 교환 · 망실 · 소각 · 반납 · 견본 및 기증 등

제97조【출납】 ① 우표류를 출납할 때는 청구 및 송증(출급증)에 의하여 이를 집행하여야 한다. 다만, 수입의 경우에는 현품을 임시로 수령한 후 집행할 수 있다.

② 망실 · 소각 · 견본 · 기증 · 교환 및 반환 등으로 불출할 경우에는 각각 그 증빙서류를 첨부하고 청구 및 송증(출급증) 또는 반납 및 인수증의 비고란에 사유를 명시하여야 한다.

③ 청구 및 송증(출급증) 또는 반납 및 인수증은 장부 또는 관계서류로서 이를 대신할 수 있다.

제2장 우편날짜도장의 관리

제98조【목적】 우체국(출장소 및 우편취급국을 포함한다. 이하 같다)에서 우편물의 취급, 기념의 목적에 관하여 사용하는 날짜도장(이하 "우편날짜도장"이라 한다)의 종류, 활자규격, 비치기준, 사용범위, 사용방법 및 관리요령 등 필요한 사항을 정하여 우편날짜도장의 사용관리에 적정을 기함을 목적으로 한다.

제99조【정의】 이 규정에서 사용하는 활자라 함은 우편날짜도장의 인면에 갈아 끼울 수 있는 우체국명, 우편번호, 년. 월. 일, 영문 우리나라 명을 말한다.

제100조【우편날짜도장의 종류】 우편날짜도장의 종류는 다음과 같다.

종류	약칭	구분
제 1 호	스탬프 "알자"형	국내용 국제용
	청제 "알자"형	
제 2 호	철제 "기역자"형	국내용 국제용
제 3 호	롤러인	국내용 국제용
제 4 호	국제우편인	국제용
제 5 호	자동소인	국내용 국제용
제 6 호	기념인	기념용
제 7 호	관광인	관광용

제101조【우편날짜도장의 규격제정】 우편날짜도장의 규격은 <별표 5>에 의하되 문형 및 활자의 규격배열은 「우정사업 물품관리 규정」의 우정용품 규격서를 따른다. 다만, 제6호 및 제7호 우편날짜도장의 인면에는 도안내용의 명칭, 연월일, 국명을 기재하되, 제6호의 국제용 인면에는 도안내용의 명칭, 기간 그리고 "KOREA POST"를 기재한다.

제102조 【우편날짜도장 및 지환우편부전인의 비치기준】 우체국에 <별표 2>의 기준에 따른 우편날짜도장 및 지환우편부전인을 비치하여야 한다. 다만, 우체국의 편제규모, 청사구조, 취급업무량 및 취급업무 내용의 특수성에 따라 비치수량을 증감할 수 있다.

제103조 【활자의 모양 등】 우편날짜도장 활자의 문자 및 모양은 다음 각 호와 같이 조제하여야 한다.

1. 우체국명은 고유 명칭을 한글 또는 영문인쇄체 대문자로 표시한다. 다만, 군사우체국, 구내우체국, 출장소 등과 고유 명칭의 표기자수가 많아 활자면에 전부를 표각할 수 없는 국명은 <별표 3>의 기준에 따라 그 일부를 생략하거나 약칭 또는 약호를 표시할 수 있다.
2. 년, 월, 일 및 우편번호는 아라비아숫자로 표시한다.
3. 국제용 우편날짜도장의 나라명은 "KOREA"로 표시한다.
4. 국내용 우편날짜도장의 년, 월, 일 및 국제용 우편날짜도장의 월, 일 활자에는 반드시 점(.)을 찍어 구분하여야 한다.
5. 제3호 국내용 우편날짜도장의 우체국명과 우편번호 및 제3호 국제용 우편날짜도장의 우체국명은 인면에 고정 표각하여야 한다.
6. 우편날짜도장의 모든 활자체 또는 표각자체는 고딕체로 한다.

부록

제104조 【우편날짜도장의 활자 배열】 우편날짜도장의 활자는 날인된 인영이 <별표 5>의 도형과 같이 되도록 배열하여야 한다.

제105조 【우편날짜도장의 사용범위】 우편날짜도장의 사용범위는 다른 법령에 특별히 규정되어 있는 경우를 제외하고는 다음 각 호와 같다.

1. 제1호: 스탬프 "일자"형, 철제 "일자"형
   가. 국내용
      1) 창구접수 국내우편물(소포 및 대형우편물 제외)의 소인
      2) 우편요금 및 각종수수료의 영수증인
      3) 국내우편장부 및 서류(발착, 운송 및 집배 등)의 날인
      4) 다른 우편날짜도장의 사용범위에 속하지 아니하는 사항의 처리날인
   나. 국제용
      1) 창구접수의 외국행우편물(소형포장물 및 소포 제외)의 소인
      2) 국제우편요금 및 각종수수료의 영수증인
      3) 국제우편관계장부 및 서류 등 처리의 날인
2. 제2호: 철제 "기역자"형
   가. 국내용
      국내 통상우편물(대형우편물 제외)의 소인
   나. 국제용
      외국행 통상우편물(소형포장물 및 대형우편물 제외)의 소인
3. 제3호: 롤러인
   가. 국내용
      1) 국내 통상우편물중 대형우편물 및 국내소포우편물의 소인
      2) 제1호 및 제2호의 우편날짜도장으로 소인이 불편한 우편물의 소인
   나. 국제용
      1) 외국행 인쇄물, 소형포장물, 대형우편물 및 소포우편물의 소인
      2) 제1호 및 제2호의 우편날짜도장으로 소인이 불편한 우편물의 소인

4. 제4호 : 국제우편인
   국제우편 교환, 교환국간 문서 및 교환국업무용(우편물소인 제외)으로 사용
5. 제5호 : 자동소인
   가. 국내용
      국내우편물중 통상우편물과 같은 규격봉투의 접수소인
   나. 국제용
      국제우편물의(포장물 제외) 접수소인 및 도착우편물(규격우편물)의 날인
6. 제6호 : 기념인
   각종 기념의 목적으로 그때마다 정하는 기간 동안 우편물에 첩부된 우표의 소인과 수집 또는 기념을 목적으로 하는 관제엽서나 우표를 붙인 봉투 또는 대지의 날인
7. 제7호 : 관광인
   특정지역의 관광물, 산물 기타 기념물의 안내를 목적으로 우편물에 첩부된 우표의 소인과 수집 또는 기념을 목적으로 하는 관제엽서나 우표를 붙인 봉투 또는 대지의 날인

제106조【우편날짜도장 및 활자의 교체】 ① 우편날짜도장과 활자의 윤곽과 문자 등이 마모 또는 파손, 오손되어 날인된 인영이 선명하지 않을 때에는 즉시 교체하여야 한다.
② 우편날짜도장의 활자 중 년, 월, 일은 24시를 기준으로 갈아 끼워야 한다. 다만, 기념우편날짜도장 및 관광우편날짜도장은 실제 소인이 필요한 경우에 갈아 끼워야 한다.
③ 우편날짜도장은 당일 이외의 년, 월, 일 활자로 갈아 끼워서 사용할 수 없다.

제107조【우편날짜도장의 검사】 ① 제106조에 따라 우편날짜도장을 교체하거나 활자를 갈아 끼웠을 때에는 반드시 별도 서식의 우편날짜도장검사부에 날인하고 책임자가 검사한 후 사용하여야 한다.
② 제1항의 검사부는 과 편제가 있는 관서에서는 과, 그 이외의 우체국에서는 국 단위로 비치하는 것을 원칙으로 하되 필요에 따라 종류별 또는 부서별로 별도 비치할 수 있다.
③ 검사책임자는 과 편제가 있는 우체국에서는 과장, 그 이외의 우체국에서는 국장이 된다.
④ 검사 책임자가 검사를 할 때에는 다음 사항을 반드시 점검 확인하여야 한다.
1. 년, 월, 일 및 기타 활자의 배열과 위치의 적부
2. 인영의 선명도, 묵집의 농도 및 색도의 적부
3. 기타 손질상태와 구조상의 적부

제108조【우편날짜도장의 날인】 ① 우편날짜도장은 다른 법령에 특별히 규정되어 있는 경우와 제105조에 따른 사용범위에 한정하여 날인하여야 한다.
② 우편날짜도장은 반드시 관계직원이 날인하여야 하며 타인은 누구를 막론하고 임의로 이를 날인하거나 날인하게 할 수 없다. 다만, 선명한 날인 등을 위해 필요한 경우 직원의 참관 하에 타인이 날인할 수 있다.
③ 우편날짜도장은 그 윤곽과 문자 및 활자가 고르고 선명하게 나타나도록 날인하여야 한다.
④ 우편물 등에 첩부된 우표 및 엽서의 요금 인면의 소인은 우표를 재사용할 수 없고 우표가 탈락하더라도 소인한 흔적이 남을 수 있도록 우표 또는 요금인면에 3분의 1, 우편물 또는 지면자체에 3분의 2가 걸치도록 날인하여야 한다.

제109조【우편날짜도장의 인영의 색도】 우편날짜도장 인영의 색도는 다음 각 호의 것을 사용하여야 한다.
1. 철제 우편날짜도장 : 흑색 묵집
2. 고무제 우편날짜도장 : 흑색 또는 청남 계열 스탬프 잉크

제110조【우편날짜도장 및 지환우편부전인의 청구 · 보급】 ① 우편날짜도장 및 지환우편부전인은 정기청구(연 2회), 특별청구(연 6회)에 따라 보급하여야 한다.
② 우체국에서는 항상 우편날짜도장과 활자를 교체할 수 있는 예비품을 확보해 두어야 한다.

제111조 【우편날짜도장의 관리】 ① 사용 중에 있는 우편날짜도장은 감시와 사용이 편리한 위치에 놓아두어야 한다.

② 일과 시간 종료로 사용할 필요가 없게 된 우편날짜도장은 관계책임자 또는 주무자가 수합 점검하여 보관함에 넣고 잠금장치를 하여야 한다.

③ 년, 월, 일 활자는 각종 우편날짜도장 개당 각 1조씩 비치하여 월, 일순으로 정연하게 관리하고 제106조에 따라 우편날짜도장 활자를 갈아 끼운 후에는 관계 책임자 또는 주무자가 엄중하게 관리하여야 한다.

④ 파손, 오손 또는 마모 등으로 교체된 우편날짜도장과 활자는 그 명세서와 함께 지방우정청 물품관리담당부서에 반납하여야 한다.

⑤ 지방우정청 물품관리담당부서는 반납 받은 국명표기용품을 반기별로 제작업체에 일괄반납하고 폐기내역을 확인하여야 한다.

제3장 우표류 판매 계약 및 관리

제112조 【우표류의 판매인 및 취급관서 등】 ① 규칙 제71조에 따라 국내판매인, 국내보급인 및 국외보급인이 판매할 수 있는 우표류의 종류는 다음 각 호와 같다.

1. 국내판매인인 경우 : 우표・우편엽서・항공서간 그 밖에 본부장 또는 계약우체국장(우표류 판매 또는 우편물 접수 등과 관련하여 체결되는 계약의 일방 당사자인 우체국장을 말한다)이 필요하다고 인정하는 우표류
2. 국내보급인 및 국외보급인인 경우 : 우취보급용 우표류(국제반신우표권 및 우편물의 특수취급에 필요한 봉투를 제외한다)

② 국내에서의 우표류 판매업무에 관한 계약 체결, 설치장소 지정, 판매소의 관리, 판매인에 대한 우표류의 공급은 판매소를 관할하는 우편물의 집배사무를 취급하는 우체국(별정우체국을 포함한다)장이 행한다.

제112조의2 【국내판매인 등의 자격요건 확인】 ① 국내판매인이 되기를 신청하는 경우 다음 각 호의 요건을 갖추고 있는 지 확인하여야 한다.

1. 우표류를 일반공중에게 판매하는 것을 목적으로 할 것
2. 계약신청일전 1년 이내에 제120조제1항에 따라 계약해지가 된 사실이 없을 것

② 제1항의 요건을 갖춘 자로서 「장애인복지법」 제2조에 따른 장애인 또는 65세 이상인 자가 국내 우표류판매업무계약을 신청하는 경우에는 우선적으로 계약할 수 있다.

③ 국내보급인이 우표문화의 향상과 우취보급업무를 목적으로 설립된 법인인지 확인하여야 한다.

④ 국외보급인이 다음 각 호의 어느 하나에 해당하는 자인지 확인하여야 한다.

1. 국외에 우표류 거래처를 100개소 이상 가진 자로서 국외에서 우표류 및 우표류를 소재로 한 작품을 연간 미합중국통화 5만 달러 이상 판매한 실적이 있는 자
2. 국외에 지사를 5개소 이상 가진 수출업자로서 연간 미합중국통화 1천만 달러 이상 수출실적이 있는 자
3. 우표문화의 향상과 우취보급업무를 위하여 본부장이 필요하다고 인정하는 법인 또는 단체

제112조의3 【우표류 판매신청의 접수】 ① 판매 소재지를 관할하는 우체국장은 제112조의2제1항의 요건을 갖춘 자가 국내판매인이 되기를 신청하는 경우 다음 각 호의 사항을 기재한 신청서를 제출하도록 해야 한다. 다만, 열차 또는 선박에서 우표류를 판매하고자 하는 경우에는 그 시발지・종착지 또는 선적항을 관할하는 우체국장이 신청서를 제출받아야 한다.

1. 신청인의 성명・주소
2. 판매소의 설치장소

② 본부장은 제112조의2제3항의 요건을 갖춘 자가 국내보급인이 되기를 신청하는 경우, 법인의 명칭 및 소재지·대표자의 성명 및 주소·보급소의 설치장소를 기재한 신청서(전자문서로 된 신청서를 포함한다)에 다음 각 호의 서류(전자문서를 포함한다)를 첨부하여 제출하도록 해야 한다.

1. 정관
2. 국내우취보급사업계획서
3. 법인인감증명서
4. 사업자등록증

③ 본부장은 제112조의2제4항의 요건을 갖춘 자가 국외보급인을 신청하는 경우, 신청인의 성명 및 주소(법인인 경우에는 법인의 명칭 및 소재지를 말한다)·대표자의 성명 및 주소·보급소의 설치 장소를 기재한 신청서(전자문서로 된 신청서를 포함한다)에 다음 각 호의 서류(전자문서를 포함한다)를 첨부하여 제출하도록 하여야 한다.

1. 제112조의2제4항 각 호의 어느 하나에 해당하는 자임을 증명할 수 있는 서류
2. 국외우취보급사업계획서
3. 사업자등록증(법인인 경우에는 법인인감증명서)

제113조【판매업무의 계약】 ① 계약우체국의 장은 제112조의3제1항에 따른 신청서를 받았을 때에는 제112조의2에 따라 자격요건을 심사하여 신청인에게 통보하여야 한다.

② 삭제<2014. 12. 4.>

③ 제2항의 심사결과 판매 업무에 대한 계약여부를 결정하여 신청인에게 통보하고, 계약한 경우에는 신청인에게 계약서 1부를 송부한다.

④ 우표류판매업무를 계약한 때에는 관할우체국의 장은 전산시스템에 등록하고 변경사항이 있을 때에도 즉시 전산등록내용을 수정하여 현행으로 관리하여야 한다.

제114조【설치장소 지정】 ① 판매소의 설치장소는 다음 각 호에 적합하여야 한다.

1. 일반 공중이 쉽게 발견할 수 있는 장소일 것
2. 일반 공중이 접근을 회피하는 영업장소와 동일건물이 아닐 것

② 판매소의 설치장소로 지정할 장소가 우편구 관할지역의 경계지점에 있을 때에는 그 인접 관할우체국의 장과 미리 협의하여야 한다.

제115조【판매소 사이의 거리】 판매소 사이의 거리는 제한하지 아니한다. 다만, 관할우체국의 장이 필요하다고 인정되는 지역 또는 동일 건물 내에 2개소이상의 판매소는 설치는 제한할 수 있다.

제116조【판매소의 표지판】 판매소에는 본부장이 정하는 표지판을 게시하여야 한다.

제117조【우표류 판매업무의 승계】 ① 계약우체국장은 국내판매인이 그 사업을 양도하거나 사망하여 권리·의무를 승계하는 경우, 3개월 내에 양수인 또는 상속인에게서 승계신청서와 다음 각 호의 서류를 제출받아야 한다.

1. 사업양수의 경우에는 사업양수를 증명하는 서류
2. 상속의 경우에는 상속인임을 증명하는 서류

② 계약우체국장은 상속인이 제120조제1항제1호에 해당하는 때에는 상속일부터 3개월 내에 그 사업을 다른 사람에게 양도할 수 있음을 안내하여야 한다.

③ 계약우체국장은 제2항의 신청서를 받았을 때에는 제112조의2 및 제114조제1항에 적합한지의 여부를 심사하고, 그 승인여부를 결정하여 신청인에게 통보하여야 한다.

제118조【주소변경 또는 개명신고】 ① 판매인이 주소를 변경하고자 할 때에는 2일전에 계약우체국에 우표류판매업무신청서에 주소변경 내역을 기재하여 제출하여야 한다.

② 개명한 때에는 지체 없이 매수지정우체국에 신고에 의해 신고하여야 한다.

제119조【폐업신고】 판매인이 판매 업무를 폐업하고자 하는 때에는 우표류판매업무신청서 서식에 의한 폐지신고서를 제출케 해야 한다.

제120조【계약해지】 ① 계약우체국장은 국내판매인이 다음 각 호의 어느 하나에 해당하는 때에는 그 계약을 해지할 수 있으며 그 사유를 10일전에 해당 판매인에게 통보하여야 한다.

1. 제112조의2제1항 및 제2항에 따른 자격요건에 미달하게 된 때
2. 계약서에 따른 의무사항을 이행하지 않은 때
3. 규칙 제76조의2제1항에 따른 판매가를 위반하여 우표류를 판매한 때

② 본부장은 국내보급인 또는 국외보급인이 다음 각 호의 어느 하나에 해당하는 때에는 그 계약을 해지할 수 있다.

1. 제112조의2제3항 및 제4항에 따른 자격요건에 미달하게 된 때
2. 계약서에 따른 의무사항을 이행하지 않은 때
3. 제1항제3호에 해당한 때

제121조【우표류의 공급】 ① 관할우체국의 장은 판매인의 요청이 있을 때에는 우표류 전 품목을 공급을 하여야 한다. 다만, 보통우표를 제외한 기념우표류, 연하장 등은 해당 우체국의 배정량을 감안하여 공급하여야 한다.

② 관할우체국의 집배원은 배달과정에서 판매인으로부터 우표류 공급요청을 받은 경우 우표류를 공급하여야 하며 우표류를 공급할 수 있는 우편집배원(이하 “공급책임자”라 한다)을 다음 각 호와 같이 지정한다.

1. 우체통이 설치된 판매소는 당해 우체통의 우편물 수집원 또는 담당 집배원(수집구가 없는 우편구에 한함)
2. 우체통이 설치되지 아니한 판매소는 그 인근에 있는 우체통의 우편물 수집원 또는 담당 집배원(수집구가 없는 우편구에 한함)

제122조【공급회수 및 일자】 판매인에 대한 우표류의 공급은 관할우체국의 장이 당해 판매인과 협의하여 정한 공급회수 및 일자에 의하여야 한다. 다만, 우표류의 다량판매 등 특별한 사유가 발생한 때에는 그러하지 아니하다.

제123조【우표류의 매수 및 환매】 ① 관할우체국의 장은 판매인별로 우표류 공급에 관하여 필요한 사항을 전산시스템에 입력 후 관리하여야 한다.

② 제1항의 전산시스템에는 판매소의 위치, 인적사항, 공급회수, 공급일자 및 공급책임자 등 판매인 관리에 필요한 사항과 공급 상황을 공급할 때마다 입력하여야 한다.

③ 관할우체국의 장은 판매인에 의하여 청구된 우표류는 즉시 공급할 수 있도록 조치하여야 한다.

④ 관할우체국의 장은 판매질서유지에 필요하다고 인정되는 경우에는 판매소에 대하여 매수월액을 제한할 수 있다.

⑤ 판매인이 계약을 해지하거나 사망하여 본인 또는 상속인이 그 잔여 우표류에 대한 환매를 요청할 경우 관할우체국의 장은 판매당시의 실제 판매금액으로 환매할 수 있도록 조치하여야 한다.

제124조【판매소의 점검】 공급책임자는 판매소에 대하여 다음 각 호의 사항을 월 4회 이상 점검하고, 그 결과를 관할우체국의 장에게 보고하여야 한다.

1. 판매소의 표지판은 규정된 것을 적합한 위치에 게시하였는지의 여부
2. 이 규정에 의한 판매인의 의무를 준수하고 있는지의 여부
3. 판매시간의 불 준수, 수시 부재 및 불친절한 행위 등 이용자에게 불편을 주는 일은 없는지의 여부
4. 일반 공중을 판매대상으로 하는지의 여부
5. 계약서의 타인대여 여부
6. 판매장소 이외의 장소에서의 판매, 정가판매 불이행 및 효력 없는 우표류를 보관하고 있는지의 여부

7. 우표류의 품질여부
8. 기타 필요한 사항

第125조 【판매소 관리】 ① 관할우체국의 장은 판매소에 대하여 다음 각 호의 사항을 월 1회 이상 확인 점검하여야 한다.

1. 제124조 각 호의 사항
2. 판매인의 성실성 여부
3. 판매할 우표류의 보관상태
4. 매수공급에 관할 사항
5. 기타 우체국이 협조할 사항

② 지방우정청 및 관할우체국에서 관내 관서에 대한 업무확인지도를 할 때에는 제1항의 사항을 점검하여야 한다.

第126조 【판매인에 대한 통보】 판매인에 대한 계약, 판매소의 이전, 판매소의 계약해지 통보는 문서로 하여야 한다.

제4장 특수취급 부가우편물의 접수

제1절 등기우편물

第127조 【등기우편물의 종류 및 표시】 ① 규칙 제25조제1항 제1호의 등기우편물은 우편물의 취급과정을 기록에 의해 명확히 하는 특수취급제도로서, 보험취급, 증명취급, 특급취급, 기타 특수취급 등으로 나눠진다.

② 제1항의 등기우편물의 표면 왼쪽 아랫부분에는 국명과 등기번호가 바코드 등으로 표시된 등기번호표(이하 "등기번호표"라 한다)를 붙인다.

第127조의2 【계약등기우편물】 ① 동일 발송인이 매회, 매월 일정수 이상의 우편물을 발송함을 조건으로 우편관서는 특화된 서비스를 제공하며 월별 이용실적에 따라 요금을 정산한다.

② 제1항의 계약등기우편물에 배달증명, 국내특급우편, 착불배달, 회신우편, 본인지정배달, 우편주소 정보제공의 특수취급을 부가할 수 있다.

第128조 【등기번호의 부여】 ① 등기우편물의 등기번호는 중복되지 않게 부여하여야 한다.

② 등기번호는 우편물의 취급형태에 따라 구분하여 부여할 수 있다.

第129조 【영수증의 교부】 ① 등기우편물을 접수한 때에는 발송인에게 영수증을 교부하여야 한다.

② 1항의 영수증에는 배달증명, 특급취급 등 부가취급이 있는 경우 해당 부가취급명과 기타 필요사항을 표기하여야 한다.

第130조 【접수정보 기록관리】 등기우편물(다량접수우편물)에 대해서는 다음 각 호의 정보를 전산시스템에 반드시 입력하여 관리하여야 한다.

1. 등기번호, 종별, 중량 및 요금
2. 발송인 및 수취인의 정보
3. 부가취급명 등 기타 필요사항
4. 제4조의 접수마감시간이후에 접수한 때에는 "마감 후" 표기

第131조 삭제<2008. 1. 1.>

第132조 【영수증의 재발행】 ① 발송인으로부터 영수증의 망실 또는 훼손 등의 사유로 이의 재교부를 요청받은 때에는 접수원부의 보존 기간 내에 정당본인임을 확인하고 재발행하여야 한다.

② 삭제<2008. 1. 1.>

제133조 삭제<2008. 1. 1.>

제134조【등기번호의 사전교부】 다량우편물 발송 등의 사유로 등기번호의 사전교부 요청이 있는 경우에는 정당여부를 확인 후 등기번호를 선 출력하여 교부하고 선 출력 신청내역을 별도 관리하여야 한다. 단, 다량고객의 경우에는 1회에 50통 이상 발송하는 때에 한 한다.

제135조【통상우편물 등기번호표의 사제】 다량의 등기통상우편물을 계속적으로 보내는 사람은 관할 지방우정청의 승인을 받아 통상우편물 등기번호표를 사제하여 사용하게 할 수 있다.

제2절 준등기우편물

제135조의2【준등기우편물의 접수 및 표시】 ① 준등기우편물은 통상우편물의 규격요건을 적용하지 않으며 중량 200g까지의 우편물에 한하여 단일요금으로 접수한다.

② 준등기우편물의 표면 왼쪽 아랫부분에는 국명과 준등기번호가 바코드 등으로 표시된 준등기번호표(이하 "준등기번호표"라 한다)를 붙인다.

제135조의3【준등기번호의 부여】 ① 준등기우편물의 준등기번호는 중복되지 않게 부여하여야 한다.

② 준등기번호는 등기우편물의 등기번호와 구분하여 부여하여야 한다.

③ 준등기번호표는 등기우편물과 구분할 수 있도록 준등기우편물 표식을 달리하여야 한다.

제135조의4【영수증의 교부】 준등기우편물을 접수한 때에는 발송인에게 영수증을 교부하여야 한다.

제135조의5【접수정보 기록관리】 준등기우편물에 대해서는 다음 각 호의 정보를 전산시스템에 반드시 입력하여 관리하여야 한다.

1. 준등기번호, 중량, 요금, 내용품명
2. 발송인 및 수취인의 정보
3. 기타 필요사항
4. 제4조의 접수마감시간 이후에 접수한 때에는 "마감 후" 표기

제135조의6【영수증의 재발행】 발송인으로부터 영수증의 망실 또는 훼손 등의 사유로 이의 재교부를 요청받은 때에는 접수원부의 보존 기간내에 정당본인임을 확인하고 재발행 하여야 한다.

제135조의7【준등기번호의 사전교부】 다량우편물 발송 등의 사유로 준등기번호의 사전교부 요청이 있는 경우에는 정당여부를 확인 후 준등기번호를 선 출력하여 교부하고 선 출력 신청내역을 별도 관리하여야 한다. 단, 다량고객의 경우에는 1회에 10통 이상 발송하는 때에 한 한다.

제135조의8【부가우편역무 취급】 준등기우편물은 전자우편을 제외하고 「우편법 시행규칙」 제12조의2제3항 <별표 2>에 따라 등기취급 등을 부가하여 취급할 수 없다.

제3절 선택등기우편물

제135조의9【선택등기우편물의 접수 및 표시】 ① 「우편법 시행규칙」 제25조제1항제1호의3 선택등기우편물은 등기취급 및 우편물의 반환거절을 전제로 우편물을 배달하되, 그 우편물을 수취인에게 부재로 인해 배달할 수 없는 경우에는 준등기취급에 따라 우편물을 배달하는 특수취급제도로서, 발송인은 그 표면의 왼쪽 중간에 "반환불필요" 및 "선택등기"의 표시를 해야 한다.

② 선택등기우편물의 표면 왼쪽 아랫부분에는 국명과 선택등기번호가 바코드 등으로 표시된 선택등기번호표를 붙인다.

제135조의10【선택등기번호의 부여】 선택등기우편물의 선택등기번호는 등기우편물의 등기번호 등과 중복되지 않게 부여하여야 한다.

제135조의11【영수증의 교부】 선택등기우편물을 접수한 때에는 발송인에게 영수증을 교부하여야 한다.

제135조의12【접수정보 기록관리】 선택등기우편물에 대해서는 다음 각 호의 정보를 전산시스템에 입력하여 관리하여야 한다.

1. 선택등기번호, 중량, 요금, 내용품명
2. 발송인 및 수취인의 정보
3. 기타 필요사항
4. 제4조의 접수마감시간 이후에 접수한 때에는 "마감 후" 표기

제135조의13【영수증의 재발행】 발송인으로부터 영수증의 망실 또는 훼손 등의 사유로 이의 재교부를 요청받은 때에는 접수원부의 보존 기간내에 정당본인임을 확인하고 재발행 하여야 한다.

제135조의14【선택등기번호의 사전교부】 다량우편물 발송 등의 사유로 선택등기번호의 사전교부 요청이 있는 경우에는 정당여부를 확인 후 선택등기번호를 선 출력하여 교부하고 선 출력 신청내역을 별도 관리하여야 한다. 단, 다량고객의 경우에는 1회에 50통 이상 발송하는 때에 한 한다.

제135조의15【부가우편역무 취급】 선택등기우편물은 「우편법 시행규칙」 제12조의2제3항 <별표 4>에 따라 전자우편, 발송후 배달증명, 익일특급 등을 부가하여 취급할 수 있다.

제4절 보험취급 우편물

제1관 통화등기우편물

제136조【통화등기우편물의 접수】 ① 통화등기우편물에 서신을 넣어 발송하고자 하는 발송인에게는 서신을 보험등기봉투의 속봉투에 넣고 이를 봉함하여 제출하게 한다.

② 발송인이 통화등기우편물의 특급취급을 요구하는 때에 배달국에 도착하는 시간이 현금출납시간 마감 후이거나 자금사정 등으로 즉시 배달하지 못할 것이 예상되는 경우에는 발송인에게 다음날 배달하여도 좋다는 승낙을 받고 접수하여야 한다. 이 경우 발송인으로 하여금 보험등기봉투의 표면에 "마감 후"이라 기재하도록 하여야 한다.

제137조【통화등기송금통지서 및 통화등기송금통지서원부의 발행】 통화등기우편물을 접수한 때에는 통화등기송금통지서(이하 "송금통지서"라 한다) 및 통화등기송금통지서원부("이하 송금통지서원부"라 한다)를 발행하여 송금통지서는 보험등기봉투의 겉봉투에 넣어 봉함하여 발송하고 송금통지서원부는 현금출납증거서로 처리한다.

제138조【송금액의 처리】 ① 우편접수 창구에서 받은 통화등기우편물의 송금액은 현금출납시간 마감 전에 통화등기송금액수수부에 의하여 제137조의 송금통지서원부 및 현금을 현금출납공무원(보조자를 포함한다. 이하 같다)에게 인계하여야 한다.

② 현금출납시간 마감 후에 접수되는 것은 시간외 현금수수부에 의하여 통화등기 송금액수수부, 송금통지서원부 및 현금을 책임자에게 인계하여 보관하고 다음날 현금출납업무 개시 즉시 현금출납공무원에게 인계하여야 한다.

제139조【접수국 현금출납공무원의 처리】 제138조의 규정에 의하여 현금 등을 인계받은 현금출납공무원은 통화등기송금액수수부의 명세와 송금통지서원부 및 현금을 대조 확인하고 송금통지서원부의 수입날짜도장란에 수입날짜도장을 날인하여 우편환 취급 예에 따라 수입 처리한다.

제140조【송금통지서의 금액 오기】 송금통지서 및 송금통지서원부를 발행할 때에 그 금액을 오기한 경우에는 이를 폐지하고 제138조제1항의 통화등기송금액수수부의 통지서 번호 란에 "○○번 폐지"라고 표시한 후 폐지된 송금통지서 및 송금통지서원부를 첨부하여 현금출납공무원에게 인계하여야 한다.

제141조【규정의 준용】 송금통지서 및 송금통지서원부와 송금액의 처리에 관하여 이 규정에서 정하지 아니한 사항에 대하여는 「우편환업무 취급규정」 중 통상환의 취급에 관한 규정을 준용한다.

제2관 물품등기우편물

제142조【물품등기우편물의 접수】 물품등기우편물을 접수하는 때에는 다음 각 호와 같이 처리하여야 한다.

1. 발송인으로 하여금 보험등기봉투의 표면에 발송인 및 수취인의 주소, 성명과 발송하는 물품의 가액 및 기타 필요한 사항을 기재하고 봉함한 다음에 봉함부분이 표시된 곳에 봉함지를 붙인 후 그 봉함지와 봉투에 걸쳐 발송인의 도장이나 지장 또는 서명(자필성명 기재)으로 계인(契印)한다.
2. 물품을 보험등기봉투에 넣을 수 없는 경우 또는 물품등기우편물을 다량으로 발송할 때에는 보험등기봉투를 사용하지 않고 따로 포장지나 사제봉투를 사용하여 포장 또는 봉함하고 그 표면에는 내용·품명 및 금액을 명료하게 기재하여야 하며 봉함부분은 제1호의 방법으로 처리하게 한다.

제143조【물품가액의 판단】 ① 물품등기우편물로 접수되는 물품의 가액은 발송인이 정하는 금액으로 한다.

② 발송인이 물품을 보험등기봉투에 넣을 때 또는 따로 포장할 때에 접수취급직원의 입회를 요구하여도 접수취급직원은 이에 응하여서는 아니 된다.

제3관 유가증권등기우편물

제144조【유가증권등기우편물의 접수】 ① 유가증권등기우편물을 접수하는 때에는 발송하고자 하는 유가증권(이하 "증권"이라 한다)의 금액과 보험등기봉투의 표기 금액을 대조 확인한 후에 발송인으로 하여금 접수취급직원의 입회하에 증권을 봉투에 다시 넣어 봉함하되 봉함부분을 제142조제1호의 방법으로 처리한다.

② 증권의 금액이 유가증권등기우편물 취급한도액을 초과하는 경우이더라도 발송인이 보험등기봉투의 표기 금액란에 유가증권등기우편물 취급한도액의 가액을 표기하고 취급을 요구하는 때에는 이에 응할 수 있다.

제145조【증권의 명칭과 증권번호의 표기】 유가증권등기를 접수할 때에는 접수원부에 증권의 명칭과 증권번호가 표기되어야 한다.

제4관 안심소포우편물

제145조의2【안심소포우편물의 접수】 ① 안심소포우편물을 접수하는 때에는 발송인이 기재한 발송인·수취인의 주소, 성명, 내용품명, 종별표시 및 금액이 명확히 기재되었는가를 확인하고 소포우편물 표면에 부가서비스 안내 스티커를 부착한 후 물품가액을 기재하고 내용물의 성질에 따라 취급주의, 냉장, 냉동 스티커를 추가 부착한다.

② 발송할 물품의 가액이 취급한도액을 초과한 것이 아닌지 확인하여 접수한다. 다만 취급한도액을 초과하는 품목도 발송인이 취급한도액만을 기재하고 취급을 요구할 때에는 이에 응할 수 있다.

제145조의3【물품가액의 판단】 안심소포우편물의 물품가액 판단에 대해서는 제143조의 규정을 따른다.

제145조의4【외화등기우편물의 접수】 외화등기우편물을 접수하는 때에는 다음 각호와 같이 처리하여야 한다.

1. 외화등기우편물은 발송인과 계약에 의해 발송하는 계약등기로 보험등기봉투를 사용하지 않고 발송인이 전용봉투를 조제하여 사용하되, 봉투표면에는 외화등기우편물임을 알 수 있도록 표기하여야 한다.

2. 외화등기우편물을 접수하는 때에는 발송인의 입회하에 미봉인된 우편물 속의 외화 종류와 금액이 전산시스템의 임시접수정보 명세 및 봉투 속지에 표기된 외화 종류와 금액과 일치하는지 대조 확인하여야 한다.
3. 외화등기우편물의 일치 여부를 대조 확인 후 일치하는 경우에는 발송인의 입회하에 우편물을 봉함하고 봉함부분에는 우체국 및 발송인의 도장을 병행하여 날인한다. 불일치한 경우에는 전산시스템의 가접수를 취소 처리하고 당일에 접수할 수 없음을 발송인에게 안내하고 우편물을 반환한다.
4. 접수가 완료된 외화등기우편물은 배달국별로 운송용기에 넣어 직체결하며, 운송용기를 봉함 후에는 봉함부위에 보안테이프를 부착한다.

제145조의5 【가액의 판단】 외화등기우편물로 접수되는 외화의 가액은 최초 접수 시의 국내통화 기준 환산금액으로 한다.

제5절 삭제〈개정 2018.9.12., 폐지 2020.5.19.〉

제146조 삭제 <2020. 5. 19.>

제147조 삭제 <2020. 5. 19.>

제148조 삭제 <2020. 5. 19.>

제149조 삭제 <2020. 5. 19.>

제6절 증명취급우편물

제1관 내용증명우편물

제150조 【내용증명 취급수수료의 계산방법】 ① 내용증명취급수수료 계산에 있어서 내용문서(첨부물을 포함한다)의 규격이 규칙 제49조제1항의 기준용지(이하 "기준용지"라 한다)보다 작은 것은 기준용지로 계산하고 규격이 큰 것은 기준용지 단위로 접어서 매수를 계산한다. 이 경우 발송인 및 수취인의 주소, 성명을 별지에 부기하여 첨부한 경우에도 이를 계산한다.

② 내용문서의 매수가 2매이상일 경우에 2매부터 최초 1매의 반액으로 계산한다.

③ 동문 내용증명의 경우에는 내용문서 1통 초과마다 내용문서의 최초 1매의 금액으로 계산한다.

제151조 【증명절차】 ① 내용증명우편물을 접수할 때에는 다음 각 호와 같이 처리한다.

1. 내용문서의 원본 및 등본의 난외 또는 여백에 정정 삽입 또는 삭제 등의 문자와 그 자수를 기재한 경우에는 그 옆에 우편날짜도장을 찍고 발송인의 인장이나 지장을 찍거나 서명을 하여야 한다.
2. 내용문서의 매수가 2매이상일 경우에는 그 합철한 곳에 우편날짜도장을 찍거나 천공(穿孔) 방식 등으로 간인(間印)하여야 한다.
3. 규칙 제50조제1항에서 발송인이 재소자인 경우에는 재소자가 지장을 날인하고 내용문서 작성 시 참여한 교도관이 서명 및 날인하여 그 지장이 해당 재소자의 지장임을 증명하여 제출한 경우에도 접수할 수 있다.
4. 우체국에 보관하는 내용문서의 등본은 내용문서의 원본 및 발송인에게 내어주는 등본과 우편날짜도장으로 계인(契印)한다. 다만, 동문 내용증명인 경우에는 우체국에 보관하는 내용문서의 등본에 기재된 수취인의 주소, 성명 란에 걸치도록 각각 계인(契印)한다.
5. 대부분 인쇄된 내용문서에 금액, 일자, 수취인 등 필요한 사항을 동일하게 일부 필서하여 내용문서를 작성하여 제출할 때에는 원본과 등본을 상호대조하여 서로 같은 내용임이 확인되는 경우 "문자의 정정" 등으로 보지 아니하고 접수할 수 있다.
6. 다수인이 연명으로 발송하는 내용문서의 경우 그 1인을 대표자로 선정할 경우 규칙 제51조에 의한 발송인의 성명 · 주소는 그 대표자로 선정된 발송인의 성명 · 주소만으로 대신한다.

7. 내용문서의 원본과 등본의 여백 또는 뒷면에는 내용증명라벨을 부착한다.
8. 제4호의 경우에 동문 내용증명인 때에는 우체국에 보관하는 내용문서의 등본에 기재된 각 수취인 주소, 성명 란 말미 여백에 해당 등기번호를 기재한다.
9. 내용증명 취급수수료에 해당하는 증지 또는 우표는 우체국에 보관하는 내용문서의 등본의 여백에 붙이고 우표의 경우 이를 우편날짜도장으로 소인한다. 다만 후납계약자가 수수료를 후납으로 납부하는 때에는 등본의 여백에 "후납○○원"표시 후 우편날짜도장으로 확인한다. 이 경우 날짜가 표시되어 있는 후납인을 날인할 때는 우편날짜도장 날인을 생략한다.

② 발송인이 내용문서의 등본의 교부를 필요로 하지 아니하는 경우에는 우체국에 보관하는 내용문서의 등본의 여백에 그 내용을 기재하여야 한다.

제152조 【내용증명우편물의 표기】 내용증명 우편물을 접수한 때에는 봉투표면에 우편물에는 "특별"의 표기를 하여야 한다.

제153조 【내용증명의 재 증명 청구】 ① 규칙 제54조의 규정에 의하여 내용증명우편물의 발송인 또는 수취인이 내용증명에 재 증명을 청구하는 때에는 새로이 작성한 내용문서의 등본을 제출받아 자국에서 보관하고 있는 내용문서의 등본과 대조확인하고 제151조의 규정에 의하여 이를 증명하여 청구인에게 내어주어야 한다. 다만, 청구인이 내용문서를 새로 작성하거나 분실 등의 사유로 제출하기 어려운 경우에는 우체국에 보관중인 내용문서를 복사한 후 재 증명하여 내어줄 수 있다.

② 제1항의 재 증명의 경우에는 자국에 보관하는 내용문서의 등본의 말미여백 또는 뒷면에 "○년 ○월 ○일 등본 ○통 재 증명"이라 기재한 후에 재 증명 취급수수료를 제출하게 하고 이에 해당하는 증지 또는 우표는 우체국에 보관하는 내용문서의 등본의 여백에 붙이고 우표의 경우 이를 우편날짜도장으로 소인한다.

③ 제2항의 경우 동문 내용증명우편물로서 수취인을 달리하는 것마다 각각 작성한 내용문서의 등본을 제출하고 재 증명을 청구하는 때에는 "○년 ○월 ○일 수취인 ○○○ 앞 등본 ○통 재 증명"이라 기재하여야 한다.

④ 내용증명의 재 증명 취급수수료는 재 증명 당시의 내용증명 취급수수료의 반액으로 계산한다.

⑤ 타국에서 보관중인 재 증명 청구의 경우 등본보관국에서는 보관중인 내용문서를 복사한 후 재증명을 하여 청구인에게 익일특급우편으로 발송하여야 한다.

제154조 【열람청구】 내용증명우편물의 발송인 또는 수취인이 당해국에 보관하는 내용문서의 등본의 열람을 청구하는 때에는 영수증 또는 관계서류를 제출하게 한 후에 취급직원이 보는 곳에서 이를 열람하게 하고 내용문서의 등본의 여백에 "○년 ○월 ○일 ○○○(열람자 성명을 기재한다) 열람"이라 기재한 후에 열람수수료를 납부하게 한다.

제155조 【법원의 내용문서 등본의 제출요구 또는 열람청구】 법원으로부터 「민사소송법」 제355조 또는 동법 제356조의 규정에 의하여 내용문서의 등본의 제출을 명하거나 열람을 청구 받은 접수국에서는 관계문서를 제출하게 하고 그 요구에 응하여야 한다. 다만, 열람수수료는 받지 아니한다.

제2관 삭제〈2014. 12. 4.〉

제156조 삭제<2014. 12. 4.>

제3관 배달증명우편물

제157조 【배달증명우편물의 표기】 배달증명우편물을 접수할 때에는 우편물의 표면에 "배달증명"의 표기가 있어야 한다.

제158조【발송 후 배달증명 청구】 ① 등기우편물의 발송인 또는 수취인이 규칙 제59조의 규정에 의하여 발송 후 배달증명을 청구하는 때에는 정당 청구대상우편물인지 또한 청구인의 본인 정당여부를 확인한 후 우편물 배달증명서를 교부한다. 다만, 선택등기우편물은 발송 후 배달증명에 한해 가능하나, 우편수취함에 투함하여 배달 완료한 경우에는 청구대상에서 제외된다.

1. 삭제<20 11. 9. 30.>
2. 삭제<20 11. 9. 30.>

② 삭제<2011. 9. 30.>

③ 삭제<2011. 9. 30.>

제7절 특급취급우편물

제1관 국내특급우편물

제159조【국내특급우편물의 표기】 국내특급우편물을 접수할 때에는 우편물의 표면에 "익일특급"의 표기가 있어야 한다.

제160조【제한중량】 통상우편물의 취급제한중량은 30kg이다.

제160조의2【국내특급우편의 종류 및 송달기준】 국내특급우편은 익일특급(통상우편물 한)으로 구분되며 송달기준은 다음 각 호와 같다.

1. 삭제<2023. 4. 1.>
2. 삭제<2014. 2. 1.>
3. 익일특급 : 익일

제161조【국내특급 취급지역】 익일특급의 취급지역은 전국으로 하되, 접수한 날의 다음날까지 배달이 곤란한 지역에 대해서는 별도의 추가일수 및 사유 등을 관할 지방우정청장이 고시한다. 이 경우 익일특급 우편물의 송달기간에 토요일, 공휴일(일요일 포함)은 산입하지 아니한다.

제161조의2 삭제<2014. 12. 4.>

제2관 삭제〈2010. 9. 1.〉

제162조 삭제<2010. 9. 1.>

제8절 기타 특수취급우편물

제1관 특별송달우편물

제163조【우편물송달통지서의 검사】 ① 특별송달우편물을 접수하는 때에는 첨부된 우편물송달통지서의 기재사항이 정당하게 기재되었는지를 검사하여야 한다.

② 제1항의 경우 1통의 우편물에 첨부한 송달통지서가 2통 이상일 경우에는 그 통지서의 통수에 의하여 특별송달 취급수수료와 우편요금을 징수하여야 한다.

제164조【특별송달우편물의 표시】 ① 특별송달우편물을 접수할 때에는 봉투표면에 "특별송달"의 표시를 하여야 한다.

② 발송인이 우편송달부 및 우편송달부원부를 작성 제출한 경우에는 이의 기재내용과 우편물의 기재내용을 대조 확인한 후에 우편송달부 및 우편송달부원부에 등기번호를 기록하고 담당자인을 날인한 후에 우편송달부는 영수증에 갈음하여 발송인에게 교부하고 우편송달부원부는 접수원부로 대용한다.

제2관 민원우편물

제165조【우편으로 신청한 민원우편물의 접수】 ① 우편으로 신청한 민원우편물을 접수하는 때에는 민원우편물의 봉투표면의 기재사항과 민원우편신청서의 기재내용을 대조 확인하고 취급대상 민원의 정당 여부 및 민원수수료 등을 확인하여야 한다.

② 민원우편물은 취급직원 입회하에 민원우편신청서, 발급수수료 및 요금선납 날짜도장이 날인된 회송용봉투를 발송용 민원봉투에 함께 넣어 완전히 봉함하게 하고 봉함부분은 발송인의 인장으로 계인하도록 하여야 한다. 다만, 인장이 없을 때에는 지장 또는 서명(자필성명 기재)으로도 계인할 수 있다.

제166조 삭제<2008. 1. 1.>

제167조【민원우편물의 송달】 민원우편물은 익일특급의 취급 예에 의하여 송달한다.

제168조【훼손된 회송용 봉투의 처리】 ① 회송용 봉투가 훼손되어 사용이 불가능하게 된 경우에는 회송민원우편 접수국에서 요금선납여부를 확인하고 해당국에 보관되어 있는 회송용 봉투에 요금선납날짜도장을 날인하여 접수하여야 한다.

② 제1항의 경우 회송용 봉투의 표면에는 "자국분 대용"이라 기재하고 취급직원이 도장 등으로 확인하여야 하며, 훼손된 봉투는 해당국에서 폐기 처리한다.

제169조【요금선납날짜도장이 누락된 회송용 봉투의 처리】 민원우편물 접수국의 과오로 회송용 봉투에 요금선납날짜도장이 누락된 것은 회송민원우편 접수국에서 해당국 우편날짜도장으로 대인한 후 "요금선납확인필"이라 기재하고 취급직원이 도장 등으로 확인하여야 한다.

제169조의2 삭제<2014. 12. 4.>

제169조의3 삭제<2014. 12. 4.>

제3관 삭제〈2014. 12. 4.〉

제170조 삭제<2014. 12. 4.>

제171조 삭제<2014. 12. 4.>

제4관 기타 특수취급

제171조의2【착불배달우편물의 접수】 등기취급 소포우편물과 계약등기우편물에 대하여 발송인이 수취인의 승낙을 얻은 경우 착불로 접수할 수 있다.

제171조의3【착불배달우편물의 배달불능 시 처리】 ① 제171조의2의 경우 우편물이 수취인불명, 수취거절 등으로 반송되는 경우 발송인에게 우편요금 및 반환취급수수료를 징수한다.(영 제29조제3항)

② 발송인 또는 수취인이 수취거절, 반환취급수수료 납부거부 등의 사유로 배달할 수 없는 우편물은 법 제35조 및 제36조의 규정에 의한 반환불능우편물 처리 절차에 따라 처리한다.

제171조의4【회신우편물의 종류】 수취인에게 발송된 계약등기우편물에 부착 또는 동봉된 회송통지서이거나, 수취인이 제공한 우편물을 회신할 수 있다.

제171조의5【회신우편물의 처리】 회송통지서 및 수취인이 제공한 우편물은 계약등기우편물 발송인 또는 발송인이 지정한 장소로 회송한다.

제171조의6【우편주소 정보제공우편물의 대상】 계약등기우편물로 발송인이 사전에 서비스 제공에 대한 이용과 요금후납 계약이 되어 있고, 수취인의 변경된 주소정보를 발송인에게 통지함에 있어 배달시 수취인으로부터 동의를 받은 우편물에 한하여 서비스를 제공한다.

제171조의7 【우편주소 정보제공 수수료의 처리】 전산시스템에 등록된 변경된 수취인의 주소정보를 발송인에게 제공하고, 매월 제공 건수를 정산하여 그에 해당하는 수수료를 발송인으로부터 수납한다.

제171조의8 【반환취급 수수료 사전납부 우편물의 반환율 재 산정】 계약우체국은 반환취급 수수료 사전납부 우편물에 대하여 계약일로부터 1년 단위로 반환율을 재산정하여 재계약하여야 한다.

제171조의9 【복지우편의 종류 및 처리】 「우편법 시행규칙」 제70조의18에 의하여, 발송인과의 계약에 따라 복지등기통상우편물 또는 복지등기소포우편물을 배달하면서 수집한 수취인에 관한 정보를 발송인이나 발송인이 지정한 자에게 전자적 방법 등으로 통지한다.

제5장 기타 부가우편물의 접수

제1절 모사전송(팩스)우편물

제172조 【모사전송우편물의 접수】 ① 모사전송우편물을 접수한 때에는 발송인 및 수취인 성명, 수취모사전송번호 등을 확인하고, 발송에 필요한 사항 및 수수료 등을 전산시스템에 입력한 후 통신문을 전송한다.

② 통신문 발송 후에는 송신 및 수신 성공 여부를 확인하고 수수료를 징수한 후 영수증과 통신문을 내어준다.

③ 삭제<2014. 12. 4.>

④ 삭제<2014. 12. 4.>

⑤ 모사전송의 요금은 현금 등으로 수납하여 즉납 처리하되 즉납처리는 제12조의2제2항의 규정에 의한다.

제173조 삭제<2014. 12. 4.>

제2절 우체국쇼핑(우편주문판매)

제174조 【우체국쇼핑 신청절차】 우체국쇼핑은 우체국창구, 정보통신망 및 방송채널 등을 통해 주문할 수 있으며, 창구 접수 시에는 다음 각 호와 같이 처리한다.

1. 우체국쇼핑상품을 신청하는 자에 대하여는 주문신청서에 선택한 상품명과 수취하는 사람과 발송하는 사람의 주소, 성명, 전화번호 등을 기재하여 대금과 함께 우체국에 제출하도록 하여야 한다.
2. 접수담당자는 신청서와 함께 대금을 수납하고 상품정보 조회를 통하여 대금 및 주문가능 여부를 확인한 후 신청서에 우편날짜도장을 날인하고 주문등록한 후 주문신청서는 접수관서에서 보관하며 영수증 및 상세명세서를 신청인에게 내어준다.

제175조 【우체국쇼핑 공급절차】 ① 우체국쇼핑 공급국의 담당자는 상품주문내역을 수시로 확인하여 공급자에게 즉시 통보하고 기표지 등 발송 자료를 사전에 출력하여 공급 상품 도착 즉시 발송할 수 있도록 하여야 한다.

② 상품발송 시에는 우편물을 접수할 때 검사하는 사항 이외의 다음 사항을 검사한다.

1. 우편주문상품 목록에 표시된 중량과 접수우편물 중량의 적정여부
2. 주문 상품 내역과의 일치여부
3. 우편물 표면에 "우체국쇼핑"의 표시여부

③ 삭제<2008. 1. 1.>

④ 우체국쇼핑 접수 시 정보관리원은 상품대금을 공급업체, 공급우체국, 우체국쇼핑 위탁운영기관 등으로 정산 처리한다.

제3절 전자우편

제176조【전자우편의 접수 및 제작】 ① 전자우편은 고객이 내용문과 주소록을 우체국 창구에서 USB 등 전산매체에 담아 제출하거나 인터넷우체국에 접속하여 전자적으로 접수하여야 하며, 위탁제작하여 배달한다. 단, 지방우정청장의 승인을 받거나, 자국접수・자국배달 우편물 중 익일특급 및 관서장이 인정하는 긴급을 요하는 경우에는 우체국에서 직접 제작할 수 있다.

② 접수된 전자우편에 대해 우체국은 접수내역을 실시간으로 확인하여야 한다.

제177조【전자우편의 부가취급】 전자우편에 부가할 수 있는 내용은 다음 각 호와 같다.

1. 등기우편물은 발송 시 배달증명, 내용증명, 계약등기 등을 부가할 수 있다.
2. 삭제<20 24. 0. 00.>
3. 원하는 날짜에 배달하는 배달예약서비스는 부가취급이 없는 경조우편카드에 한 한다.

제178조【발송요건 및 취급요령】 전자우편의 발송요건은 다음 각 호에 따른다.

1. 내용문 파일은 한컴오피스, MS-WORD 등 워드프로세서로 작성되어 전산시스템에 등록할 수 있는 것인지 확인하여야 한다.
2. 주소록 파일은 excel, text 등의 파일로 작성되어 전산시스템에 등록할 수 있는 것인지를 확인하여 한다.

제4절 광고우편

제1관 삭제〈2024. 0. 00.〉

제179조 삭제<2024. 0. 00.>

제180조 삭제<2024. 0. 00.>

제181조 삭제<2024. 0. 00.>

제182조 삭제<2024. 0. 00.>

제183조 삭제<2024. 0. 00.>

제184조 삭제<2024. 0. 00.>

제185조 삭제<2024. 0. 00.>

제186조 삭제<2024. 0. 00.>

제187조 삭제<2024. 0. 00.>

제2관 나만의 우표

제188조【나만의 우표의 접수】 ① 나만의 우표는 우체국과 인터넷우체국에서 접수하며, 나만의 우표를 접수하는 경우 다음 각 호와 같이 처리한다.

1. 나만의 우표 접수 시에는 신청서와 함께 사진을 직접 혹은 전자적 방법으로 함께 제출받고, 출력된 사진인 경우 뒷면에 성명과 전화번호를 기재한다.
2. 나만의 우표의 사진은 신청자 본인의 것을 원칙으로 한다. 다만, 상대방의 초상권, 저작권 등을 소재로 하는 때에는 권리자의 사용동의서가 필요하다.

② 다음 각 호의 경우에는 접수를 거절해야 한다.

1. 공공의 질서와 선량한 풍속, 국민의 건전한 소비생활을 저해하는 경우
2. 국가정책을 비방하거나 우정사업에 장애가 되는 내용

3. 과대 또는 허위임이 명백한 내용, 타인을 모독 또는 명예를 훼손하는 내용
4. 사용동의서가 붙어 있지 않는 타인의 초상권, 저작권을 침해할 수 있는 내용
5. 기타 사회적으로 물의를 일으킬 수 있다고 판단되는 내용

제189조【신청서 송부 및 나만의 우표 발송】 ① 신청서의 고객용은 신청고객에게 교부하고 우체국용은 접수국에서 보관하며, 제작처용은 주문 란에 인쇄할 자료 등과 함께 동봉하여 무료익일특급으로 위탁기관에 발송하며, 발송 작업 시 접수국에서는 사진자료가 파손되지 않도록 유의해야 한다.

② 위탁기관에서는 제작이 완료된 나만의 우표를 익일특급우편으로 신청서의 배달희망 주소로 발송하며, 발송방법 등에 관하여 해당 접수국과 사전에 협의한다.

제190조【나만의 우표 소인】 나만의 우표가 통신용으로 사용되는 경우 다른 우편물과 구분하여 처리하고, 소인 시에는 주문 란에 인쇄되어 있는 인물사진 등이 손상되지 않도록 우표란 만 소인한다.

제3관 고객맞춤형 우편엽서

제191조【종류 및 접수】 ① 고객맞춤형 우편엽서는 우체국과 인터넷우체국에서 접수하며, 기본형과 부가형으로 나뉜다.

② 고객맞춤형 우편엽서를 신청한 경우 다음 각 호 사항을 검사하여야 한다.

1. 신청인이 제출하는 사진과 이미지 등이 신청인 본인의 것인지 여부
2. 상대방의 초상권, 저작권 등을 소재로 하는 때에는 권리자의 사용동의서를 징구되었는지 여부
3. 제188조제2항의 규정에 의한 접수거절에 관한 내용 등

제192조【신청 자료의 반환】 ① 신청인이 제출한 자료 중 사진 같은 실물자료는 반환을 원칙으로 한다. 다만, 디스켓으로 제출된 자료의 경우에는 신청인이 요청한 때에만 반환한다.

② 접수국에서는 신청자료 반환에 대한 내용을 사전에 설명하여 반환이 필요한 자료는 신청서 하단에 반환 여부를 기재하여야 한다.

제193조【교환】 고객맞춤형 우편엽서에 대한 교환업무는 다음 각 호와 같이 처리한다.

1. 기본형 고객맞춤형 우편엽서는 신청자가 원하는 내용으로 제작하여 납품하므로 신청자의 교환청구 시에는 훼손엽서 교환의 규정에 따라 교환금액을 수납하고, 액면금액에 해당하는 우표류로 교환 처리한다.
2. 부가형은 고객의 요청에 의하여 제작·발송되어 지정수취인에게 배달되므로 교환이 불가하나, 제작방법에 따른 유형에 따라 훼손엽서 교환 규정에 의해 교환 처리한다.

제194조【제작완료 엽서의 송달】 ① 기본형 고객맞춤형 우편엽서는 신청인 혹은 신청인이 지정한 발송인에게 우편사무 익일특급으로 송부한다.

② 부가형은 원칙적으로 엽서에 인쇄된 개별 수취인에게 일반우편으로 발송한다. 다만, 신청인 혹은 발송인이 직접 우편으로 보내기를 신청하는 경우에는 우편사무 익일특급으로 하나의 우편물로 포장해 신청인에게 발송한다.

제5절 우편물 방문접수

제195조【접수대상】 ① 우편물 방문접수의 대상은 규칙 제70조의8에 의거 본부장이 고시한 우편물에 한하여 접수할 수 있다.

② 방문접수 담당자는 공무원증 등 신분증을 소지하고 필요시 신청인에게 제시할 수 있도록 한다.

제196조【우편물의 접수】 방문접수 우편물을 접수하는 경우 다음 각 호에 따라 처리한다.

1. 운송장을 사용해서 접수하는 경우 소인은 생략하고, 접수운송장의 접수일자 기재로 대체한다.

2. 대상우편물이 소포인 경우 창구 접수 시 날인하는 "내용문의 끝냄"의 표시를 하지 않는다.
3. 접수번호는 우편물의 접수순서에 따라 부여하며, 각 국의 우편물량, 접수실태 등을 고려하여 별도부여 할 수 있다.
4. 접수운송장은 우편물 표면 주소를 가리지 않도록 중간부분에 부착하고, 발송인용은 떼어내어 내어주며, 접수우체국 보관용은 접수부서에서 보관 관리한다.

제6절 인터넷우표

제196조의2 【종류 및 접수】 ① 일반통상 인터넷우표와 등기통상 인터넷우표 두 종류가 있으며, 등기우편물인 경우 익일특급을 부가할 수 있다.

② 일반통상 인터넷우표 첩부우편물은 일반우표 첩부우편물과 동일하게 접수하며, 등기통상 인터넷우표 첩부우편물은 우체국을 방문하여 접수하는 것을 원칙으로 한다. 단 취급 중 우체통 등에서 발견한 등기우편물의 처리는 제16조에 따라 접수한다.

제196조의3 【재 출력 절차】 인터넷우표를 구매하였으나 출력이 정상적으로 되지 않은 경우 재 출력 기회를 부여하며, 절차는 다음과 같다.

1. 이용자가 재 출력 신청서를 작성하여 우체국에 제출한다.
2. 우체국에서는 신청서를 접수하여 심사한 후 심사결과를 이용자에게 안내한다.
3. 이용자는 안내받은 인터넷우표를 재 출력하여 사용한다.

제196조의4 【우표류 교환대상에서 제외】 인터넷우표는 수취인주소가 기재되어 있어 다른 이용자에게 판매할 수 없으므로 우표류 교환대상에서 제외한다.

제6장 소포우편물의 취급

제197조 【소포우편물의 접수검사】 ① 등기소포우편물을 접수하는 때에는 소포운송장의 내용품란의 내용품명 기재란을 참고하여 금지물품 여부를 확인한다. 단, 일반소포 우편물을 접수하는 때에는 금지물품 문의, 확인 후 "내용문의 끝냄"의 표시인을 날인하거나 부착한다.

② 제1항의 경우 발송인이 사실과 다르게 진술한다고 인정되는 경우에는 법 제27조제2항의 규정에 의하여 그 개피를 요구하고 발송인이 이를 거부하는 때에는 법 제27조제3항의 규정에 의하여 그 우편물을 접수하지 아니한다.

제198조 【소포우편요금 등】 소포 요금은 제12조제4항에 따라 우표로 납부하거나 현금, 신용카드 등으로 즉납 또는 후납으로 납부할 수 있다.

제199조 【소포우편물의 표시】 소포우편물에는 소포의 표시를 해야 하고, 등기소포의 경우 제127조의 규정에 의한 번호표를 부착한다.

제200조 【등기소포우편물의 영수증 및 접수정보 등의 기록】 등기소포우편물을 접수한 때에는 영수증은 발송인에게 교부하고, 접수정보기록관리는 제130조의 예에 따른다.

제3편 우편물의 발착업무

제1장 우편물의 구분

제1절 국내우편물의 구분

제1관 통칙

제201조【구분을 위한 기능별 지정】 우편물의 구분을 위하여 기능별로 다음과 같이 지정한다.

1. 우편집중국: 우편물의 발송 및 도착구분을 구분기계 등으로 집중 처리하는 국
2. 배달국: 우편물의 배달을 담당하는 국

제202조【우편물 구분선반의 비치】 ① 제201조의 각 국은 아래방법으로 구분선반을 비치하여야 한다.

1. 우편집중국: 발송구분선반 및 도착구분선반
2. 배달국: 집배원별 구분선반 및 우편집중국별 구분선반

② 삭제<2008. 1. 1.>

제203조【구분 칸의 지정】 ① 우편집중국의 발송구분 구분 칸은 본부장이, 도착구분 구분 칸은 관할 지방우정청장이 다음 각 호와 같이 지정하여야 한다.

1. 발송구분: 도착우편집중국별, 도착우편집중국의 배달국그룹별 또는 배달국별로 지정한다.
2. 도착구분: 배달국의 집배원별, 집배원그룹별 또는 동별, 배달국별로 지정한다.

② 배달국의 구분 칸은 배달국장이 다음 각 호와 같이 지정하여야 한다.

1. 배달우편물의 구분은 집배원별로 지정한다.
2. 오도착 및 반송우편물의 구분은 우편집중국별로 지정한다.

③ 구분 칸에는 국명과 우편번호를 함께 표시하여야 한다.

제204조【우편집중국의 구분기계 사용 등】 ① 우편집중국은 구분기계를 사용하여 우편물을 발송・도착 구분할 때에 다음 각 호와 같이 사용하고 우편물의 소통 및 기계여건 등의 이유로 구분기계 사용 용도를 달리 할 수 있다.

1. 소형통상구분기: 소형통상우편물 구분
2. 대형통상구분기: 대형통상우편물 구분
3. 소포구분기: 소포우편물 구분
4. 등기통상구분기: 소형등기통상우편물 구분

② 우편집중국의 우편물 구분, 발송, 운송 등의 업무범위는 본부장이 지정한다. 다만, 지방우정청 내의 우편집중국은 우편물의 처리용량, 운송선로 및 교통 여건 등을 고려하여 관할 지방우정청장이 업무범위를 지정할 수 있다.

제205조【우편물 구분을 위한 분류】 우편물 구분을 위하여 접수국에서는 기계구분우편물과 수구분우편물 등으로 분류하여야 한다.

제2관 우편물의 구분방법

제206조【우편물의 구분원칙】 ① 우편물은 주소에 의하여 구분한다. 다만, 기계구분 시 우편번호 또는 집배코드 등으로 구분할 수 있다.

② 우편물의 형태가 구분 칸에 구분하기가 부적합한 경우에는 운송용기에 직접 구분할 수 있다.

③ 우편집중국 및 배달국에서는 작업시간 등 소통여건을 고려하여 우편물의 종별(익일특급우편물, 일반등기・선택등기우편물, 준등기우편물, 일반우편물) 순으로 구분한다.

④ 우편물을 구분할 때는 오 구분이 발생하지 않도록 정확히 구분하여야 하고 오도착 우편물은 발견 즉시 최선 편에 연결될 수 있도록 우선 구분한다.

⑤ 배달국에서는 특급우편물이 송달기준일(시)까지 배달 가능하도록 도착 즉시 구분하여 집배원에게 인계한다.

제207조 【우편물의 구분방법】 제203조의 규정에 의하여 우편집중국 및 배달국은 지정된 구분 칸에 따라 우편물을 다음 각 호와 같이 구분한다.

1. 우편집중국
   가. 발송구분 : 도착우편집중국별, 도착우편집중국의 배달국그룹별 또는 배달국별로 우편물을 구분한다.
   나. 도착구분 : 배달국의 집배원별, 집배원 그룹별 또는 동별, 배달국별로 우편물을 구분한다.
2. 배달국
   가. 배달우편물 구분은 지정된 구분 칸에 의하여 우편물을 구분한다.
   나. 오도착 및 반송우편물 구분은 우편집중국별로 구분하되 재 오구분 되지 않도록 주소에 의하여 구분한다.

부록

제208조 【우편물의 별도구분 체결】 다음 각 호에 해당하는 우편물은 다른 우편물과 구별하여 해당 배달국 앞으로 별도구분 체결하여야 한다.

1. 삭제<20 23. 4. 1.>
2. 삭제<20 14. 12. 4.>
3. 본부장이 지정하는 긴급을 요하는 우편물 등

제2절 국제우편물의 구분

제209조 【발송우편물의 구분】 ① 국제우편물은 취급 편별로 항공편 또는 선편에 따라 해당 국제우편물의 교환우체국 앞으로 구분하되, 국제특급은 국내특급의 취급 예에 따르고 기타 국제우편물은 우편물 종류별로 별도 구분하여 발송한다. 단, 도서지역에서 발송하는 국제특급은 운송에 있어서 국내특급 취급 예에 의하지 아니할 수 있다.

1. 삭제<2018. 9. 12.>
2. 삭제<2018. 9. 12.>
3. 삭제<2018. 9. 12.>

② 국제우편물의 교환우체국에서는 그 행선지의 지정선로에 의하여 국제우편물발송편에 따라 구분하여야 한다.

제210조 【도착우편물의 구분】 외국에서 도착한 국제우편물의 구분은 제209조 규정의 취급 예에 의하여 구분한다.

제2장 우편물의 발송

제1절 통칙

제211조 【운송용기체결의 일반원칙】 제207조 규정에 의하여 구분한 우편물은 다음 각 호와 같이 체결한다.

1. 발송우편물을 체결할 때에는 제277조에서 규정한 운송용기를 사용하여야 한다.
2. 일반우편물과 등기 및 준등기우편물은 별도의 운송용기에 체결한다. 다만, 등기우편물과 준등기우편물은 동일 운송용기에 체결할 수 있으나, 혼합되지 않게 운송용기에 적재하여야 한다.
3. 발송할 운송용기는 수수시각 등을 고려하여 운송편의 연결에 지장이 없도록 체결하고 각 작업장마다 우편물 발착시각표를 게시하여야 한다.

제212조【운송용기 국명표의 작성】 ① 운송용기 국명표(이하 "국명표"라 한다)에 발송국명 · 도착국명 등 필요사항을 표기하여 체결된 운송용기 국명표집에 빠지지 않도록 끼워야 한다.

② 제1항의 경우에 국명표는 다음 각 호와 같이 표기하여야 한다.

1. 등기우편물, 준등기우편물 및 일반우편물이 들어있는 운송용기를 체결할 때에는 국명표에 "혼합", 소포우편물만을 체결할 때에는 "소포", 등기우편물만 체결할 때는 "등기", 준등기우편물만 체결할 때는 "준등기"를 표기하여야 한다. 다만, 국내특급우편물을 체결할 때에는 "익일특급" 이라 표기한다.
2. 우편물의 종별에 따라 체결된 운송용기 국명표의 색상은 다음과 같다.
   가. 보통우편물: 하얀색
   나. 특급우편물: 하늘색

제213조【운송용기의 우편물 적재】 ① 분류 및 구분한 우편물은 혼합되지 않게 운송용기에 적재하여야 한다. 다만, 여러 형태의 우편물을 함께 넣을 때에는 일반소포우편물, 등기소포우편물, 일반통상우편물, 등기통상 및 준등기우편물, 중계우편물의 순으로 적재하여야 한다.

② 삭제<2008. 1. 1.>

③ 소포우편물 적재 시에는 고중량 소포를 아래로 적재하고 저 중량 소포 및 취약소포를 위로 적재하여 우편물이 파손되지 않게 해야 한다.

제214조【우편물의 발송처리 기준】 발송할 우편물은 지정된 운송편에 의하여 발송하여야 한다.

제215조【운송송달증 및 용기송달증 작성】 ① 우편물을 담은 운송용기를 발송할 때에는 운송송달증 및 용기송달증을 생성하여 우편물과 함께 송부하여야 한다.

② 제1항의 송달증에는 도착국명, 발송국명, 수량 등의 정보가 등록되어야 한다.

제2절 특수취급우편물의 발송준비

제216조【특수우편물송달증 작성】 ① 특수취급우편물을 발송하고자 하는 때에는 종별로 운송용기에 적재하고 해당 국명표를 등록하여 특수우편물송달증을 생성하여야 한다.

② 제1항의 특수우편물송달증에는 발송국명, 도착국명, 수량 등의 정보가 등록되어야 한다.

제217조【특수취급우편물의 운송용기 체결】 ① 제216조에 의하여 작성한 특수우편물송달증은 우편상자와 우편물간 모자관계를 형성하여 운송용기에 체결한다.

② 특수취급우편물을 넣은 운송용기는 운송용기 묶음 끈으로 봉함한다.

③ 제1항 및 제2항의 경우 특수취급우편물을 운송용기에 체결할 때에는 책임자 또는 책임자가 지정하는 자가 입회하여 확인하여야 한다.

제218조【특수우편자루 대용봉투의 사용】 ① 등기통상우편물수가 적어 별도의 운송용기를 사용할 필요가 없다고 인정되거나 운송용기가 부족한 경우에는 특수우편자루 대용봉투를 사용할 수 있다.

② 제1항의 특수우편자루 대용봉투를 사용하는 경우에는 종별에 따라 익일특급등기는 하늘색 대용봉투를 보통등기는 주황색 대용봉투를 사용한다.

제219조【국내특급우편물의 발송준비】 국내특급우편물은 특수우편물송달증을 생성하고 우편물과 운송용기간 모자관계가 형성된 국명표에 "익일특급"이라 표시한다.

제3절 기타 우편물의 발송준비

제220조 【요금미납 또는 요금부족우편물】 ① 요금미납 또는 요금부족우편물을 발송하는 때에는 "요금미납 또는 요금부족○○통"이라 부전지에 기재하여 특수우편자루 대용봉투에 넣고 봉함한다.

② 제1항의 특수우편자루 대용봉투의 표면에는 "요금미납" 또는 "요금부족"이라고 빨간색으로 표시하여야 한다.

제221조 【도착 후 등기우편물】 외국에서 도착한 등기취급하지 아니한 국제우편물중 국제우편물의 교환우체국장이 필요하다고 인정하여 기록 취급하는 도착 후 등기는 등기우편물의 예에 의하여 취급한다.

부록

제3장 우편물의 도착

제222조 【운송용기의 도착검사】 ① 우편집중국 또는 배달국에 운송용기가 도착한 때에는 책임자 또는 책임자가 지정하는 자가 입회하고, 담당자는 다음 각 호의 사항에 적합한지의 여부를 검사하고 운송송달증에 담당자 및 입회자가 서명하여야 한다.

1. 운송송달증의 기재내용과 종류별 운송용기수는 일치하여야 한다.
2. 운송용기의 외장 및 봉함상태는 이상이 없어야 한다.

② 운송용기의 도착 검사가 끝난 후에 해당부서에 인계하고 중계우편물을 체결한 운송용기는 해당 운송편에 연결될 때까지 안전하게 보관한다.

③ 특수취급우편물을 체결한 운송용기는 해당부서에 지체 없이 인계하되 송달증에 의하여 수수하여야 한다.

제223조 【운송용기의 개봉】 ① 도착검사가 끝난 운송용기가 해당부서에 도착하면 운송용기에 부착된 국명표를 제거하고 다음 각 호와 같이 처리하여야 한다.

1. 특급우편물을 체결한 운송용기는 보통우편물을 체결한 운송용기에 우선하여 처리하여야 한다.
2. 특수취급우편물을 담은 운송용기의 개봉 시에는 책임자 또는 책임자가 지정하는 자가 입회하여 전산상의 특수우편물송달증 기재내역과 우편물의 등기번호 및 통수 등이 이상 없는지 확인하여야 한다.

② 개봉이 끝난 모든 운송용기는 운송용기 관리지침에 따르고, 우편자루는 뒤집어서 남은 우편물이 없는가를 확인하여야 한다.

제224조 【송달증 등의 처리】 송달증은 제229조의 규정에 의한 도착편별집계표와 함께 보관하여야 한다.

제4장 우편물의 수수 및 일계

제1절 우편물의 수수

제225조 【운송송달증에 의한 수수】 운송차량에 적재한 운반차 등의 내역을 수수하는 경우에 제215조에 의한 운송송달증에 의하여야 한다.

제226조 【용기송달증에 의한 수수】 체결된 운반차 등에 적재한 운송용기의 내역을 수수하는 경우에 제215조에 의한 용기송달증에 의하여야 한다.

제227조 【접수송달증에 의한 수수】 접수된 특수취급우편물 내역을 수수하는 경우에는 접수송달증에 의하여야 한다.

제228조 삭제<2008. 1. 1.>

제2절 우편물의 일계

제229조【우편물의 발송 · 도착편별 집계】 ① 담당부서에서는 발송 또는 도착하는 운송편마다 다음 각 호의 편별집계표를 작성하여야 한다.

1. 운송용기 발송 · 도착편별집계표
2. 등기 및 준등기우편물발송 · 도착편별집계표
3. 소포우편물발송 · 도착편별집계표(등기소포우편물에 한 한다)

② 제1항의 편별집계표는 발송편과 도착편을 각각 작성하여 발송편별집계표는 운송송달증 등 관계서류와 도착편별집계표는 운송송달증 등 관계서류와 함께 보관하고 그때마다 책임자가 대조 확인하여야 한다.

③ 1일에 발송 및 도착하는 운송편이 각각 2편을 초과하지 아니하는 우체국(우편집중국 포함)에서는 제1항에 의한 집계표를 작성하지 아니할 수 있다.

제230조【발송 · 도착우편물의 일계】 제229조제1항 각 호에 의한 편별집계표는 매일 업무개시시간을 기준으로 하여 당일 분을 종합하여 우편물발송 · 도착일계표, 등기 및 준등기우편물발송 · 도착일계표 및 소포우편물발송 · 도착일계표를 각각 작성하여 해당 편별집계표와 함께 보관하여야 한다.

제231조【일계부의 보관】 담당부서에서는 제230조에 의한 각종 일계표를 작성한 후에 다음 각 호의 일계부에 당일 발송 및 도착한 우편물의 내역을 기재하여 보관하여야 한다.

1. 운송용기발송 · 도착일계부
2. 등기 · 준등기 및 소포우편물일계부

제4편 우편물의 운송 및 운송용기관리

제1장 운송선로

제232조 【운송선로의 구분】 ① 우편물의 운송선로는 다음 각 호와 같이 구분한다.

1. 육로우편운송선로: 육로 편에 의하여 운송하는 운송선로
   가. 직영운송선로: 우체국 자체의 운송수단에 의하여 운송하는 운송선로
   나. 위탁운송선로
      (1) 전용위탁운송선로: 본부장의 지정을 받은 비영리 법인체 및 운송사업자에게 우편물을 위탁하여 운송하는 운송선로
      (2) 삭제<2017. 11. 9.>
      (3) 삭제<2008. 1. 1.>
2. 철도우편운송선로: 철도편에 위탁하여 운송하는 운송선로
3. 항공우편운송선로: 항공기편에 위탁하여 운송하는 운송선로
4. 수로우편운송선로: 선박편에 위탁하여 운송하는 운송선로

② 우편물량의 일시적인 폭주와 교통의 장애, 기타 특별한 사정이 있다고 인정되는 경우에는 전세차량·선박 및 항공기 등에 의하여 특별운송을 할 수 있다.

제233조 【육로우편운송선로의 운송망 구분】 육로우편운송선로의 운송망은 다음 각 호와 같이 구분한다.

1. 중부광역운송망: 집중국 및 타 권역 우체국과 중부권광역우편물류센터 간 연결 운송망
2. 집중국운송망: 우편집중국 상호간 운송망(청내집중국망, 청간집중국망)
3. 우체국운송망: 집중국 관할 권역국간 운송편으로 중부광역운송망, 집중국운송망을 제외한 운송망

제234조 【운송선로의 구간명칭 등】 운송선로의 구간·편 명칭은 <별표 7>의 방법에 의하여 정한다.

제235조 【우편물운송선로 조정】 지방우정청장은 예산의 범위 내에서 관할지역내 운송선로를 합리적으로 개설, 폐지 또는 변경할 수 있으며 그 내용을 본부장에게 보고하여야 한다.

제2장 운송계약 및 운송료

제1절 운송계약

제236조 【위탁운송 계약 및 요구】 ① 규칙 제5조제3항의 규정에 따라 우편물의 위탁운송계약은 다음 각 호와 같이 체결한다.

1. 우편물 위탁운송지역의 관할 지방우정청장이 우편물 위탁운송사업자와 계약을 할 경우에는 운송계약서에 의한 전용위탁운송계약을 체결하여야 한다.
2. 제1호의 계약 내용과 우편물 위탁운송구간의 증설, 개폐 등으로 재계약을 하였을 경우에는 그 결과를 본부장에게 보고하여야 한다.

② 영 제4조의2에 의하여 지방우정청장이 전용위탁운송 및 직영운송 이외의 운송사업자에게 우편물의 위탁운송을 하고자 할 때에는 우편물 운송요구서를 작성하여 운송사업자에게 송부한다.

제237조 【철도우편운송협정서의 체결】 경인지방우정청장은 철도운송사업자와 철도우편운송에 관한 철도우편운송구간의 증설·개편 등 중요한 사항 및 그 시행에 필요한 사항에 대하여 상호 협정을 체결하여야 하며 그 결과를 본부장에게 보고하여야 한다.

제238조 【운송차량의 지정】 운송계약이 체결된 운송업자가 운영하는 모든 차량, 항공기, 선박 등의 운행시각을 조사하여 우편물의 배달편 또는 다른 운송선로의 운송편에 가장 빨리 연결될 수 있는 시각에 운행하는 차량

으로 지정하여야 한다.

제239조 【우편물 운송원증의 발급】 ① 우편물 운송업무 확인 우체국(이하 "운송업무 확인국"이라 한다)장은 정당한 운송원임을 확인할 수 있도록 우편물 운송원증을 발급해야 한다.

② 제1항의 운송원증은 공무원증, 위탁운송업체의장이 발급한 신분증 또는 우편물 운송확인서로 대용할 수 있다.

제2절 운송료의 산출기준

제240조 【운송선로의 거리】 우편물운송료의 계산에 있어서 기초자료가 되는 운송선로 거리는 다음 각 호와 같이 정하여야 한다.

1. 육로우편운송선로의 거리는 지방우정청장과 전용위탁 운송업체가 상호 협의 하에 실제로 측정하여 산출한다. 도로신설, 교통량 변화 등으로 운송선로 변동이 있을 경우 재 측정하여 조정하여야 한다. 다만, 다른 행정기관에서 이미 측정한 것이 있는 경우에는 이에 의할 수 있다.
2. 삭제<20 08. 1. 1.>
3. 육로우편운송선로를 제외한 운송선로의 거리는 정부 또는 그 운송선로를 관리하는 자가 정한 거리로 한다.

제241조 【운송선로 거리의 환산】 제240조에 의하여 정한 운송선로의 거리 중 미터로 표시되지 아니한 것은 미터로 환산하여 표시하여야 한다.

제242조 【운송료의 계산 기준】 우편물운송료의 계산은 다음 각 호와 같이 하여야 한다.

1. 전용위탁운송료는 운송거리, 탑승인원수, 차량톤급을 기준으로 하되 규칙 제6조제1항에 따라 산출한다.
2. 철도우편운송료는 우편자루 또는 낱소포 수량을 기준으로 하되, 운송협정에 의하여 산출한다.
3. 육로우편운송 이외의 운송료는 중량과 운송거리, 우편자루 수에 의하여 산출한다. 다만, 항공 운송료는 중량에 의하여 산출한다.
4. 제1호, 제3호의 운송료 계산 시 중량은 1킬로그램을 단위로 하고 거리는 1킬로미터를 단위로 하여 산출한다.

제3절 전용위탁운송료의 지급

제243조 【전용위탁운송료 지불확정액 보고서의 작성】 ① 전용위탁에 의한 우편물의 운송업무 확인 국에서는 매월 말일을 기준으로 하여 익월 5일까지 우편물운송료지불확정액보고서 2부를 작성하여 1부는 관할 지방우정청으로 송부하고 1부는 운송담당부서에서 보관하여야 한다.

② 제1항의 경우에 우편물운송료지불확정액보고서의 집계내용이 위탁운송업자의 운송료 청구내용과 다를 때에는 이를 조정하여 다시 청구하도록 하여야 한다.

제244조 【전용위탁운송료의 지급】 지방우정청장은 전용위탁운송업자로부터 운송료를 청구 받은 때에는 다음 각 호의 사항을 검사하고 이를 지급하여야 한다.

1. 위탁운송업자가 청구한 운송료 산출내역이 전용위탁에 의한 운송업무 확인국에서 보고한 우편물운송료지불확정액보고서와 일치하는가를 대조 확인한다.
2. 운송요구서의 내용대로 운행하지 않고 운송편을 증편, 감편 또는 결편 운행한 사실유무를 확인한다.
3. 실제 운송거리 및 탑승인원수, 차량톤급에 의하여 요금이 산출되었는가 또는 거리별 지급운송료는 정확한가를 확인한다.
4. 우편물량의 과다로 임시 운송한 실적을 집계하고 임시운송이 과다 발생한 구간에 대하여는 이를 운송선로 조정의 자료로 참고하여 조정 시행한다.

제4절 철도우편운송료의 지급

제245조 【철도우편 운송료지불확정액 및 발생현황 보고서의 작성】 ① 철도운송업무확인국에서는 매월 말일을 기준으로 하여 다음달 7일까지 운송료발생현황 보고서를 경인지방우정청장에게 제출하여야 한다.

② 경인지방우정청장은 철도운송사업자가 요청한 철도우편운송료의 청구내용과 운송료발생현황 보고서의 산출내용이 다를 경우에는 조정하여 다시 청구하도록 하여야 한다.

제246조 【철도우편운송료의 지급】 경인지방우정청장은 철도운송사업자으로부터 철도우편운송료를 청구받은 경우에는 다음 각 호의 사항을 검사하고 지급하여야 한다.

1. 철도운송사업자가 지급청구한 청구서의 기재내용과 철도운송업무확인국에서 운송료발생현황 보고서의 기재내용을 대조 확인한다.
2. 운송협정의 내용대로 운행하지 아니한 운송편인지 확인한다.
3. 제1호 및 제2호의 사항을 확인한 다음에 철도우편운송료의 산출내용을 검토하여야 한다.

제247조 삭제<2008. 1. 1.>

제248조 삭제<2008. 1. 1.>

제249조 삭제<2008. 1. 1.>

제250조 삭제<2008. 1. 1.>

제5절 국내항공우편운송료의 지급

제251조 【국내항공우편물 발송상황보고서의 작성】 ① 국내항공우편물의 발송국은 매월 제269조에 의한 위탁우편물영수증을 국내항공우편물 발송상황보고서에 첨부하여 익월 5일까지 서울지방우정청장에게 제출하여야 한다. 이 경우 국내항공우편물의 발송국이 서울지방우정청 소속우체국이 아닌 경우에는 관할 지방우정청장을 경유하여 제출하여야 한다.

② 서울지방우정청장은 제1항의 국내항공우편물 발송상황보고서를 집계한 총중량에 의하여 국내항공우편운송료를 계산하여야 한다.

제252조 【국내항공우편운송료의 지급】 ① 서울지방우정청장은 항공운송업자로부터 항공우편운송료의 청구를 받은 때에는 국내항공우편물 발송상황보고서의 집계내용과 대사 확인하고 이를 지급하여야 한다.

② 제1항의 경우에 국내항공우편운송료의 청구내용이 국내항공우편물 발송상황보고서의 집계내용과 다를 때에는 이를 조정하여 다시 청구하도록 하여야 한다.

제6절 수로에 의한 우편운송료 지급

제253조 【수로 우편물 발송상황보고서의 작성】 ① 수로 운송편에 의한 우편물 발송국은 매월 제269조의 규정에 의한 위탁우편물영수증을 수로 우편물 발송상황보고서에 첨부하여 익월 5일까지 그 운송선로를 관할하는 운송업무 확인국에 제출하여야 한다.

② 운송업무 확인국에서는 수로 우편물 발송상황보고서의 보고내용과 당해 국의 발송내용을 종합하여 각 운송구간별로 운송거리 및 우편자루수, 중량을 집계하여야 한다.

제254조 【수로 우편물운송료의 지급】 ① 운송업무 확인국에서 수로에 의한 우편물운송료의 청구를 받은 때에는 제253조제2항에 의한 집계내용과 대사 확인한 후에 우편물 운송료 지급 확정액 보고서를 작성하여 이를 지급하여야 한다.

② 제1항의 경우 우편물 운송료 지급 확정액 보고서 3부를 작성하여 1부는 관할 지방우정청에 송부하고 1부는 당해국의 운송료지출 증빙서류로 사용하며 1부는 운송담당부서에서 보관하여야 한다.

제3장 우편물의 수수 및 운송방법 지정

제1절 수수장소, 절차 및 시각

제255조【우편물의 수수장소 및 절차】 ① 우편물의 수수장소와 절차는 다음의 각 호와 같다.

1. 전용위탁운송편 및 직영운송편의 수수장소는 우체국으로 한다.
2. 삭제<20 17. 11. 9.>
3. 철도운송편의 수수장소는 열차가 정차하는 역의 구내 또는 주차장으로 한다.
4. 항공운송편의 수수장소는 비행장의 구내 또는 그 영업장소로 한다.
5. 수로운송편의 수수장소는 배타는 곳 또는 그 영업장소로 한다.
6. 우편물을 수수할 때는 우편물 수량을 확인한 후 우편물 수수부에 상호 서명을 한다.

② 제1항의 기준과 달리하여 수수할 경우에는 지방우정청장이 이를 지정한다.

③ 우편물의 수수장소 및 절차를 정하는 때에는 해당 운송업자와 사전 협의하여야 하며, 지정한 후에는 이를 운송업자에게 통보하여야 한다.

제256조【우편물의 수수시각】 우편물의 수수는 특별한 사유가 없는 한 다음 각 호의 시각에 하여야 한다.

1. 발송우편물의 수수 및 수수장소 도착시각

운송면	구분	수수 및 수수장소 도착시간
육로 및 수로 운송편	시발지 수수국	운송편 출발시각 10분 전까지 수수
	중간수수국	운송편 도착시간 10분 전까지 수수
항공우편 운송편	비행장에서의 수수	항공기 출발시각 1시간 전까지 수수
	영업장소에서의 수수	항공회사 버스출발시각 1시간 전까지 수수

2. 도착우편물을 수수하는 경우에는 해당 운송편의 도착시각 10분전까지 지정된 수수장소에 도착하여 대기하여야 한다.
3. 철도우편물의 수수시각은 해당 운송편 열차의 출발시각 30분전까지로 한다.

제2절 운송방법 지정

제257조【전용위탁 운송】 ① 지방우정청장은 전용위탁 운송업체와 운송선로 수수국의 수수시각 및 수수장소 등 우편물운송방법에 관하여 협의하여 결정한다.

② 지방우정청장은 제1항에 의하여 협의된 우편물 운송방법 지정서를 운송업무 확인국 및 각 수수국에 시달하고 이의 변경이 있을 때에도 시달하여야 한다. 다만, 운송업자가 다를 경우에는 운송업자별로 작성하여 시달할 수 있다.

제258조【수로 우편운송】 ① 지방우정청장은 소속 운송업무 확인국에 수로 우편운송선로마다 우편물 운송방법 지정서를 시달하여야 한다. 다만, 운송업자가 다를 경우에는 운송업자별로 작성하여 시달할 수 있다.

② 제1항의 시달을 받은 운송업무 확인 국장은 그 우편운송선로의 연선에 있는 수수국에 대하여 제255조에 의한 수수장소와 제256조에 의한 수수시각 및 기타 필요한 사항을 정하여 통보하여야 한다.

③ 우편물운송의 지정을 받은 운송차량 또는 선박의 운행시각이 변경된 경우에는 운송업무 확인국에서 제1항 및 제2항에 의하여 조치하고 그 결과를 지방우정청장에게 보고하여야 한다.

④ 운송업무확인국장이 특별히 필요하다고 인정하여 운송차량 또는 선박의 변경이나 운송편의 증·개편을 하고자 하는 경우에는 관할 지방우정청장의 재지정을 받아 시행하여야 한다.

제259조 삭제<2008. 1. 1.>

제260조【직영운송】 ① 각 우체국 또는 우편집중국에서 보유하고 있는 차량에 의하여 우편물을 수수하는 경우에는 지방우정청장이 그 운송방법을 따로 정하여 시달하여야 한다.

② 제1항의 운송방법을 시달하는 경우에는 운송국의 운송차량 기타 장비의 보유상황을 검토하여 운송편과 배달편에 가장 신속하게 연결될 수 있도록 다음 각 호의 사항을 정하여 시달하여야 한다.

1. 운송국, 수수국 및 운송선로
2. 운송편명 및 운송방법
3. 운송회수
4. 우편물의 수수장소
5. 기타 필요한 사항

제261조【항공 운송방법】 ① 서울지방우정청장은 항공 우편운송선로(운송편을 포함한다)의 개폐와 운행시각의 변경이 있는 경우에는 다음 각 호의 사항을 수수국 관할 지방우정청장에게 지체 없이 통보하여야 한다.

1. 운송구간과 수수국
2. 항공기명과 그 수수시각
3. 기타 필요한 사항

② 제1항의 항공 우편운송선로의 수수국 관할 지방우정청장은 제1항 각 호의 내용과 제255조에 의한 수수장소, 제256조에 의한 수수시각 및 운송방법 등 필요한 사항을 정하여 해당국에 시달하여야 한다.

제4장 운송선로별 운송업무

제1절 통칙

제262조【운송원의 표시】 ① 운송원이 우편물을 운송하는 때에는 정규복장을 착용하여야 한다.

② 운송원이 우편물을 운송하는 때에는 제239조에 의한 운송원임을 확인할 수 있는 운송원증을 휴대하고 관계자의 확인 요구가 있으면 이를 제시하여야 한다.

제263조【운송업무 호송실시】 다음 각 호의 우편물을 운송하는 경우에는 당해 관서장이 지정하는 자로 호송시킬 수 있다.

1. 우표, 수입인지, 환증서, 수표류 등을 체결한 우편자루를 운송하는 경우
2. 야간 또는 외진 곳을 통과하여 우편물을 운송하는 경우
3. 기타 당해 국장이 특히 중요하다고 인정하는 우편물을 운송하는 경우

제264조【발송 및 도착 운송용기의 전담처리】 ① 같은 우체국내에 우편물 소통업무를 취급하는 부서가 2개 이상 있는 경우에는 체결 또는 도착된 운송용기의 수수업무는 1개의 운송업무 전담부서를 지정하여 일괄 처리토록 하여야 한다.

② 제1항의 경우 당해국에서 중계하는 운송용기가 있는 때에는 운송담당부서에서 보관하였다가 최선의 운송편에 발송하여야 한다.

제265조【우편물 발송의 우선순위】 ① 1편의 운송편에 발송 또는 운송할 우편물량이 많아서 일시에 발송 또는 운송할 수 없을 경우에는 다음 각 호의 규정순위에 의하여 처리하여야 한다.

1. EMS
2. 익일특급우편물, 등기소포우편물, 일반등기·선택등기우편물 및 준등기우편물, 국제항공우편물
3. 일반소포우편물, 일반통상우편물, 국제선편우편물
4. 삭제<20 11. 9. 30.>

② 제1항의 경우 1편의 운송편에 발송하고 잔량이 있는 경우 제1호 내지 제3호 우편물은 운송물량을 감안해서 별도의 운송편을 확보하여 즉시 발송하여야 한다.

제2절 수로, 항공, 철도 운송업무

제266조【운송차량 등의 운행여부 확인】 우편물을 발송할 때에는 사전에 선박, 항공기, 열차의 결편 등 운행여부를 확인하고 제255조 및 제256조에 의한 수수장소 및 수수시각에 따라 우편물을 수수한다.

제267조【같은 수수장소에서 교환하는 우편물의 발송】 같은 수수장소에서 2개 우체국이상 동시에 수수하는 경우 그 우체국 상호간에 발착하는 우편물은 그 운송편에 발송하여 상호 교환할 수 있다.

제268조【운송송달증에 의한 운송원과의 수수】 전용구간, 직영운송편에 의한 우편물을 발송국에서 운송원과 수수할 때에는 상호 운송용기의 외부상태 이상 유무와 운송송달증에 의한 수량을 확인하고 수수하여야 한다.

제269조【위탁우편물 영수증 및 운송증의 작성】 수로, 항공, 철도 우편물의 발송국에서는 위탁우편물 발송부를 비치하여 위탁운송구간별로 위탁우편물 영수증 및 운송증과 운송송달증을 각 1매씩 작성한다. 이 경우 위탁우편물 영수증 및 운송증은 위탁 운송구간별로 도착국명과 우편자루수, 중량 등을 기재한다. 다만, 항공운송의 경우 우편물 운송시간이 촉박한 경우 위탁 운송구간별로 발송우편자루수와 중량만을 합산 기재하여 우선 발송하고 그 세부내역을 추후 발송할 수 있다.

제270조【위탁우편물의 발송】 ① 수로, 항공, 철도 우편물을 발송하는 때에는 제269조에 의한 위탁우편물운송증과 우편물 도착 국별로 작성한 운송송달증을 우편물과 함께 당해 운송편의 운송업자에게 제출하고, 운송송달증은 마지막 운송용기에 첨부하는 방법 등으로 송부한다.

② 제1항의 우편물을 인도하는 때에는 위탁우편물영수증 및 위탁우편물운송증의 기재내역과 우편물을 대조확인하고 위탁우편물영수증에 운송원의 서명을 받아 발송국에서 보관하여야 한다.

제271조【위탁우편물의 수령】 ① 수로, 항공, 철도 우편물의 도착국에서 우편물을 수령할 때에는 운송송달증에 의한 운송용기의 이상 유무를 확인하여 수령하고 운송업자 또는 운송원이 가지고 있는 위탁우편물운송증의 도착국 수령인 란에 서명하여야 한다.

② 제1항의 경우 운송송달증의 내역과 운송용기 수가 틀릴 때에는 운송업자 또는 운송원이 가지고 있는 위탁우편물운송증과 대조하고 다음 각 호와 같이 처리하여야 한다.

1. 위탁우편물운송증의 내역과 운송용기수가 같고 운송송달증의 내역만이 틀릴 경우에는 운송송달증에 그 내용을 기재하고 우편물을 수령한 후에 발송국에 조회하여 운송송달증을 정정한다.
2. 운송송달증과 위탁우편물운송증 및 운송용기 수가 각각 틀릴 경우에는 위탁우편물운송증의 내역을 운송용기 수에 맞추어 정정하고 정정부분에 상호 서명하며, 운송송달증에 내용을 기재한 후 우편물을 수령하고 발송국에 조회하여 운송송달증을 정정한다.

제272조【임시운송편의 증회】 ① 발송할 우편물량이 많아서 정기운송편의 선박, 항공기 또는 열차에 실을 수 없는 경우에는 제265조에서 규정한 우선순위에 의하여 당해 편에 발송 가능한 물량을 발송하고 그 잔량은 다음 각 호와 같이 처리하여야 한다.

1. 당해 운송업자와 협의하여 임시 운송편을 증회한다.
2. 삭제<20 17. 11. 9.>

② 제1항의 경우 다음 운송편으로 발송하여도 우편물의 송달에 지장이 없는 경우에는 그 운송편으로 발송하여야 한다.

③ 제1항 각 호의 경우에는 해당 운송편의 각 수수국에 전화 또는 팩스를 이용하여 그 사실을 통보하여야 한다.

제3절 철도우편 운송업무

제273조【철도 운송방법】 경인지방우정청장은 철도운송선로(운송편을 포함한다.)의 개폐와 운행시각의 변경이 있는 경우에는 다음 각 호의 사항을 수수국 관할지방우정청장에게 지체없이 통보하여야 한다.

1. 운송편명과 구간
2. 열차명과 그 수수시각
3. 철도우편열차의 종류, 취급편별 및 수수국
4. 그 밖의 필요한 사항

제274조 삭제<2008. 1. 1.>

제5장 우편물 운송용기의 관리

제1절 운송용기의 관리국 및 임무

제275조【운송용기의 관리국】 ① 운송용기의 관리국은 다음 각 호와 같다.

1. 특별주관국: 중부권광역우편물류센터
2. 지방우정청<개정 2021. 4. 21.>
3. 보통주관국: 우편집중국
4. 일반국: 제1호, 제2호 이외의 우체국(우편취급국 포함)

② 제1항의 특별주관국, 지방우정청, 보통주관국의 지정과 그 관할범위는 본부장이 정한다.<개정 2021. 4. 21.>

제276조【운송용기의 관리국별 관장사무】 ① 특별주관국에서는 다음 각 호의 업무를 관장한다.

1. 운송용기 수급계획 총괄
2. 운송용기 수불상황의 총괄
3. 전국의 보통주관국의 운송용기 보유정수 산정 및 변경
4. 보통주관국 상호간 또는 보통주관국과 일반국 상호간 등의 운송용기 수수방법의 지정
5. 보통주관국, 일반국에 대한 운송용기의 공급 및 회수
6. 운송용기의 수리, 세탁 및 폐기
7. 보통주관국에 대한 운송용기 수급실태 확인 점검
8. 삭제<20 08. 1. 1.>
9. 제1호부터 제7호까지의 부대업무

② 지방우정청에서는 다음 각 호의 업무를 관장한다.<개정 2021. 4. 21.>

1. 관할 보통주관국의 운송용기 수불상황의 파악
2. 관할 보통주관국의 운송용기 보유정수 조정
3. 관할 보통주관국에 대한 운송용기 이동 실태 확인
4. 보유정수대비 운송용기 보유수량의 과부족 발생 시 특별주관국에 공급 및 반납요청

③ 보통주관국에서는 다음 각 호의 업무를 관장한다.

1. 자국, 관할 일반국의 운송용기 수불상황의 파악
2. 자국, 관할 일반국에 대한 운송용기 공급 및 회수
3. 보통주관국과 관할 일반국간의 운송용기 수수방법의 지정
4. 운송용기(운반차)의 수리
5. 삭제<20 08. 1. 1.>

6. 관할 일반국에 대한 운송용기 이동 실태 확인
7. 폐기대상 및 수리불가 운송용기 특별주관국으로 반납
8. 운송용기 관리자 지정
9. 보통주관국 관할 일반국의 보유정수 산정 및 변경
10. 제1호부터 제9호까지의 부대업무

④ 일반국에서는 다음 각 호의 업무를 관장한다.
1. 운송용기 수불상황 파악
2. 보통주관국에 운송용기 요구
3. 폐기 및 수리대상 운송용기 보통주관국으로 반납
4. 운송용기 관리자 지정

⑤ 보통주관국의 개국 등으로 관할 일반국이 변경된 때에는 별도의 지정 없이 운송용기 관할일반국의 변경도 이에 따른다.

제2절 운송용기의 사용

제277조【운송용기의 종류 및 용도】 운송용기의 종류와 용도는 다음 각 호와 같다.
1. 운반차
  가. 우편운반차(롤팔레트): 통상·소포우편물, 우편상자, 우편자루 적재 및 운반
  나. 우편운반대(평팔레트): 소포 등 규격화된 우편물 적재 및 운반
  다. 상자운반차(트롤리): 우편상자 적재 및 운반
2. 우편상자(트레이)
  가. 소형우편상자: 소형통상우편물 적재
  나. 중형우편상자: 얇은 대형통상우편물 적재
  다. 대형우편상자: 두꺼운 대형통상우편물 적재
3. 접수상자: 소형통상 다량우편물 접수, 소형통상 우편물 적재
4. 우편자루
  가. 일반우편자루(가호, 나호): 일반우편물(통상 및 소포) 적재
  나. 삭제<2008. 1. 1.>
  다. 특수우편자루(가호, 나호): 등기통상 및 준등기우편물 적재
  라. 삭제<2023. 4. 1.>

제278조【운송용기의 타 용도 사용금지】 운송용기는 제277조에 의한 우편물 적재 및 운송에만 사용하여야 하며 우편물 적재 및 운송 이외의 타 용도로 사용하여서는 아니 된다.

제279조【파손운송용기의 사용금지】 ① 파손 또는 훼손되었거나 우편물 운송 중 파손 또는 훼손될 우려가 있는 운송용기를 사용하여서는 아니 된다.
② 우편물 운송도중 파손되거나 훼손된 운송용기를 발견한 때에는 이를 보수하여 운송하여야 한다.

제3절 운송용기의 운영

제1관 운송용기 수불상황의 파악

제280조【운송용기 수불상황 관리】 ① 운송용기를 사용하는 우체국(우편취급국 포함) 또는 우편집중국에서는 운송용기의 수불상황을 전산시스템으로 등록 관리하여야 한다.

② 같은 우체국내 또는 우편집중국내에서 우편발착업무를 취급하는 부서가 2개 이상 되는 경우에는 운송용기 관리부서에서 이를 종합하여 관리하며 총괄관리자 지정·운영에 철저를 기하여야 한다.

제281조 삭제<2008. 1. 1.>

제282조【운송용기 수불상황 확인 점검】 ① 지방우정청과 특별주관국 및 보통주관국에서는 관내 자체점검 등을 필요에 따라 실시하여 운송용기의 운용실태, 실시간 전산잔고 대비 보유량 등을 점검하여야 한다.

② 보유정수 이상의 운송용기를 계속 잔류하고 있다고 판단될 때에는 그때마다 해당국의 수불상황을 확인할 수 있다.

③ 특별주관국은 전체 운송용기 수불상황과 실제수량을, 지방우정청은 관할 보통주관국의 운송용기 수불상황과 실제수량을, 보통주관국은 관할 일반국의 운송용기 수불상황과 실제수량을 확인하여 보유정수가 초과되었거나 다른 용도로 사용할 경우 운송용기를 회수 또는 재배치 할 수 있다.<개정 2021. 4. 21.>

부록

제283조【운송용기의 상비정수 산정 및 변경】 특별주관국을 제외한 각 청 및 국에서는 운송용기의 보유정수 내에서 운용하여야 하며, 보유정수는 특별주관국에서 지방우정청분을, 지방우정청에서 보통주관국분을, 보통주관국에서 일반국분을 일괄적으로 산정하여야 한다.<개정 2021. 4. 21.>

1. 각 청 및 국의 보유정수는 최근 1년간의 일평균 발송, 도착용기수량과 대여수량, 우편물량, 위탁배달원·관내우체국 사용분 등을 고려하여 산정하여야 한다.<개정 2021. 4. 21.>
2. 보유정수는 팔레트와 그 이외의 운송용기를 구분하여 별도로 산정한다.
3. 특별주관국을 제외한 각 청 및 국에서는 보유정수 이상을 잔고로 보관하여서는 아니 되며, 보유정수가 부적당하다고 판단되거나 증감요인이 발생할 때에는 일반국은 보통주관국에, 보통주관국은 지방우정청에, 지방우정청은 특별주관국에 합당한 근거를 제시하고 변경 요청하여 승인을 받아야 한다.<개정 2021. 4. 21.>
4. 특별주관국, 지방우정청, 보통주관국에서는 보유정수에 대한 변경요청이 합당한 경우에는 이를 변경하여 통보하고, 합당치 않은 경우에는 그 사유를 통보하여야 한다. 또한 우체국 및 우편집중국 등이 신설될 때에는 특별주관국, 지방우정청, 보통주관국은 운송용기 예상발송·도착수량 등을 고려하여 보유정수를 산정하고 해당청 및 국으로 통보하여야 한다.<개정 2021. 4. 21.>
5. 우편물 특별소통기간에는 특별주관국, 지방우정청, 보통주관국에서 운송용기의 보유정수를 별도로 조정·운영할 수 있다.<개정 2021. 4. 21.>

제2관 운송용기의 공급 및 반납

제284조【운송용기의 공급】 ① 운송용기를 청구할 때에는 일반국은 보통주관국에, 보통주관국은 지방우정청에, 지방우정청은 특별주관국에 전산, 전화 등으로 청구하고 전산으로 공급하여야 한다.

② 특별주관국에서는 운송용기 공급요청이 있는 경우 보통주관국과 일반국의 보유 및 수불현황 등을 확인하고 운송용기를 공급할 수 있으며, 부득이한 경우 특별주관국 비축수량으로 공급하여야 한다.

③ 지방우정청은 보통주관국에서 운송용기 공급요청이 있는 경우 다음 각 호와 같이 처리한다.<개정 2021. 4. 21.>

1. 관할 보통주관국의 보유 및 수불현황 등을 확인하고 운송용기를 공급할 수 있으면 수급조정을 한다.
2. 관할 내에서 운송용기를 공급할 수 없을 때에는 특별주관국에 공급을 요청한다.

④ 보통주관국에서 일반국으로 운송용기를 공급할 때에는 다음 각 호와 같이 처리한다.

1. 보통주관국에서 공급할 수 있을 때에는 자국 보유량으로 송부한다.
2. 보통주관국의 보유량이 부족하여 공급할 수 없을 때에는 인근 일반국의 운송용기 보유현황을 참고하여 청구한 우체국과 가까운 다른 우체국에서 송부하도록 한다.

제285조 【운송용기의 반납】 ① 운송용기를 취급하는 국에서는 운용정수를 초과하는 운송용기와 파손 등으로 사용할 수 없는 운송용기가 있을 때에는 직근 상위국에 반납한다.

② 운송용기를 반납할 때에는 반드시 전산으로 관리하여야 한다.

제286조 【운송용기의 대여】 ① 우편집중국 및 5급 이상 총괄국은 우편이용자가 운송용기를 사용하여 우편물을 제출하겠다는 의사표시를 할 때에는 적정량의 운송용기를 대여할 수 있다.

② 제1항으로 운송용기를 대여할 때에는 운송용기 대여계약을 체결하여 책임자 또는 책임자가 지정하는 자가 직접 확인하고 수불사항을 전산으로 등록 관리하고 운송용기 대여계약 준수사항에 대한 이행여부를 확인하여야 한다.

③ 운송용기 대여계약 해지 시에는 보유하고 있는 운송용기 전량을 반납조치토록 하여야 한다.

제3관 운송용기의 수리

제287조 【보통주관국에서의 수리】 ① 보통주관국에서의 운반차(우편운반차, 상자운반차)의 수리는 다음 각 호와 같다.

1. 고장이나 파손이 경미한 운반차는 보통주관국에서 수리하여 사용한다.
2. 보통주관국에서 수리 불가 및 사용할 수 없는 운송용기에 대해서는 수리 불가 내역서와 함께 특별주관국으로 보내야 한다.

② 일반국 및 보통주관국에서 파손 등으로 사용할 수 없는 우편자루를 발견한 경우에는 특별주관국으로 직접 보내야 한다.

제288조 【특별주관국에서의 수리 및 폐기】 특별주관국에서의 파손 운송용기 도착 시 처리는 다음 각 호와 같다.

1. 운반차

가. 운반차가 파손되었을 때에는 사용여부를 판단하여 수리하거나 폐기처분 한다.

나. 폐기대상 운반차중 재사용할 수 있는 부품은 운반차 수리 시 재사용한다.

2. 우편상자 및 우편자루

가. 우편상자가 훼손되었을 때에는 사용가능 여부를 판단하여 수리 또는 폐기처분한다.

나. 수리 또는 보수를 할 수 없는 우편자루는 폐기 처분하거나 재활용이 가능한 우편자루는 세탁하여 보수용으로 사용한다. 이 경우 폐기한 우편자루를 매각할 때에는 매수인이 물건을 담아 쓰지 못하도록 조각으로 잘라서 매각하여야 한다.

제289조 【운송용기 수리 및 폐기실적 관리】 특별주관국 및 보통주관국은 운송용기 수리실적을 전산으로 등록 관리하여야 하며, 특히 특별주관국에서는 우편자루 및 우편상자에 대한 폐기실적을 운송용기 폐기실적관리부에 기록 관리하고, 운반차 폐기의 경우는 그 실적을 전산등록 관리하여야 한다.

제5편 우편물의 집배업무

제1장 통칙

제290조 【우편집배표의 시달】 ① 지방우정청장은 우편집배에 관한 우편구 및 집배구수를 정하여 작성한 우편집배표를 관내 총괄국에 시달하여야 한다.

② 집배구는 일일집배거리·소요시간 및 지역적 특수성을 고려하여 집배원 1인당 업무량이 평준화 되도록 정하여야 한다.

제291조 【집배환경조서의 작성】 ① 집배국에서는 관내 각 집배구의 상황을 조사하여 기록한 집배환경조서를 비치하여야 한다.

② 집배환경조서는 다음 각 호에 따라 작성하여야 한다.

1. 호수 및 인구는 매년 12월의 관련기관 조사 통계에 따른다. 다만, 관련기관의 조사 미 시행 또는 지연으로 작성이 곤란한 경우에는 최근에 조사된 자료로 갈음할 수 있다.
2. 배달우편물수는 해당 연도의 일평균물수 및 월평균물수를 기재한다.
3. 기타 란에는 해당 집배구의 집배업무에 필요한 사항을 기재한다.

③ 삭제<2024. 0. 00.>

④ 삭제<2024. 0. 00.>

⑤ 집배환경조서의 작성 및 비치는 전자적 방법으로 갈음할 수 있다.

제292조 【집배구획도의 비치】 ① 집배국에서는 수집 및 배달현황이 나타날 수 있도록 다음사항에 적합한 집배구획도를 현행으로 작성하여 비치하여야 한다.

1. 수집구획도
   가. 수집구획 및 일일수집거리
   나. 무집배국, 우편취급국 및 우체통의 위치와 수집에 필요한 도로
   다. 수집순로에 따른 우체통의 위치까지 마다의 거리
   라. 하단여백에 범례 및 수집구별 현황 작성
2. 배달구획도
   가. 배달구획 및 일일배달거리
   나. 시·읍·면·동·리의 명칭 그 경계
   다. 우편배달에 필요한 도로
   라. 주요관공서, 단체 및 기업체 등의 위치와 명칭
   마. 무집배국 및 우편취급국의 위치
   바. 하단여백에 범례 및 배달구별, 집배방법별 일일배달내역
3. 시외집배구획도
   가. 집배구획 및 일일집배내역
   나. 읍·면의 명칭 및 그 경계와 마을의 위치 또는 명칭
   다. 무집배국, 우편취급국 및 우체통의 위치
   라. 도로, 산, 하천 기타 집배장애지역 표시
   마. 집배순로 및 집배순로에 따른 마을까지 마다의 배달방법별(보행, 이륜차, 차량 등) 주행의 표시와 그 거리
   바. 하단여백에 범례 및 집배구별, 집배방법별 일일집배내역 작성

② 집배구획도의 축척은 다음 각 호에 의한다. 다만, 지역이 특히 광범위한 집배구인 경우에는 적정하게 축소하여 조제할 수 있다.

1. 수집구획도 및 배달구획도: 5,000분의 1
2. 시외집배구획도: 50,000분의 1
③ 집배구획도의 작성 및 비치는 전자적 방법으로 갈음할 수 있다.

제293조【집배정밀도 비치】 ① 집배국에서는 모든 통상 배달구별로 집배정밀도를 작성하여 현행으로 비치하여야 하며 1개의 배달구를 배달순로에 따라 수개로 분할하여 작성할 수 있다.
② 집배정밀도에는 다음 각 호의 사항을 표시하여야 한다.
1. 정밀도 전면: 배달순로, 번지, 호수, 출발시각, 요소마다의 통과 시각 및 당해 순로의 끝지점 통과시각
2. 정밀도 이면: 당해 순로의 종합현황 및 세대주의 전화번호 등 배달에 필요한 특기사항 등
③ 집배정밀도의 작성 및 비치는 전자적 방법으로 갈음할 수 있다.

제294조【집배구의 신설·변경 및 폐지】 ① 총괄국장이 집배구의 신설 및 폐지를 요청하는 때에는 지방우정청장에게 문서로 요청한다.
② 집배구별 구수의 증감 없이 배달물량 등 집배여건을 감안하기 위한 집배구역만을 변경하는 경우에는 당해 총괄국장이 정하여 시행할 수 있다.
③ 지방우정청장은 제1항의 요청내용을 검토하여 우편집배표를 다시 시달하여야 한다. 다만, 인원 및 예산이 소요되는 경우에는 본부장의 승인을 받아야 한다.

제295조【특별집배구의 설정】 ① 총괄국장은 수집 또는 배달물량이 많거나 특별한 사유가 있는 국가기관, 단체 또는 법인 등의 우편물에 대하여 특히 신속히 송달할 필요가 있다고 인정되는 경우에는 기존의 집배구에 불구하고 특별집배구를 설정하여 수집 또는 배달하게 할 수 있다.
② 제1항의 경우에 인원 및 예산이 따로 소요되는 경우에는 본부장의 승인을 받아야 한다.

제296조【공휴일의 집배】 ① 공휴일에는 집배업무를 하지 아니한다.
② 공휴일이 2일 이상 연속되는 경우의 배달 업무는 집배국의 실정에 따라 필요한 경우에는 제1항의 규정에 불구하고 다음 각 호의 집배업무를 행한다.
1. 국민투표기간과 대통령, 국회의원, 지방의회의원 및 지방자치단체장 등 선거기간: 이 기간 중의 공휴일의 집배는 집배국의 실정에 따라 선거우편물의 집배업무에 한할 수 있다.
2. 특별소통기간: 이 기간 중의 공휴일의 집배는 집배국의 실정에 따라 집배회수를 증감할 수 있다.

제297조【보충집배】 천재지변, 기타의 사고로 인하여 정규의 집배일에 우편물의 집배를 하지 못한 다음날이 집배업무를 하지 아니하는 날일 경우에는 그날에 보충 집배할 수 있다.

제298조【집배업무의 위탁】 ① 지방우정청장은 우편물의 집배업무상 특히 필요하다고 인정되는 지역을 시간제위탁집배구 또는 일괄위탁집배구로 지정할 수 있다. 다만, 인력이나 예산의 증가를 가져오는 경우에는 본부장에게 요청하여야 한다.
② 삭 제<2020. 10. 26.>

제299조【집배업무의 위탁계약】 ① 규칙 제5조의 규정에 의하여 시간제위탁집배구 또는 일괄위탁집배구의 관할우체국장은 집배업무를 위탁받고자 하는 자와 계약을 체결한다.<단서 삭제 2018. 9. 12.>
② 집배업무를 위탁받고자 하는 자는 집배업무의 위탁계약체결 이전에 계약에 필요한 서류를 제출하여야 한다.

제300조【비정규집배원 및 위탁배달요원의 업무수행】 ① 비정규집배원 및 위탁배달요원은 지정된 장소에서 우체국에서 지정한 담당직원과 우편물을 수수하여야 한다.
② 제1항의 경우 지정된 장소에서 비정규집배원 및 위탁배달요원에게 우편물을 수수하는 자는 정규직원으로 배치하여야 하며, 그 직원의 임무는 다음 각 호와 같다. 단, 각 호는 비정규집배원에게 적용하며, 위탁배달요원의 업무수행은 위·수탁 계약서의 내용을 따른다.

1. 우편물의 수수
2. 비정규집배원의 집배업무 수행에 필요한 지도
3. 각종 지시사항의 전달
4. 수집편찰 수수
5. 집배용품의 보관상태 점검
6. 보관우표의 검사 및 당일 판매한 우표의 구입보충

③ 비정규집배원의 집배는 일반집배원의 집배방법에 의하여 행한다.

④ 삭제<2020. 10. 26.>

⑤ 삭제<2020. 10. 26.>

⑥ 삭제<2020. 10. 26.>

⑦ 삭제<2020. 10. 26.>

⑧ 삭제<2011. 9. 30.>

제301조【집배업무의 대행】 ① 집배원(비정규집배원을 포함한다)이 질병 기타 불의의 사고로 인하여 집배업무를 수행할 수 없는 경우에는 그 지역의 사정에 익숙한 집배원에게 이를 배달시켜야 한다.

② 제1항의 원활한 대무를 위하여 책임직은 평소 집배원간 통구훈련 등을 정기적으로 실시하여야 한다.

제302조【집배업무도중의 사고】 ① 집배원이 집배업무도중 발병 또는 기타의 사고로 인하여 집배업무를 수행할 수 없는 경우에는 우편물을 안전하게 보관하고 인근주민 등을 통하여 우체국에 그 사실을 통보하여 줄 것을 요구하여야 한다.

② 집배책임직은 다른 집배원으로 하여금 우편물을 인수토록하고 우편물을 인수한 집배원은 그 우편물을 신속하게 배달될 수 있도록 조치하여야 한다.

제303조【교통이 차단된 지역의 집배】 전염병의 발생 또는 기타 사유로 인하여 통행이 차단된 지역이 있는 경우에는 관계기관과 사전협의하여 집배업무를 수행하여야 한다.

제2장 우체통 설치 · 관리 및 수집

제1절 우체통설치 및 관리

제304조【취급관서】 우체통의 설치 · 관리에 관한 업무는 그 우체통의 설치장소를 관할하는 우편물의 집배사무를 취급하는 우체국(별정우체국을 포함한다. 이하 "관할우체국"이라 한다)의 장이 행한다.

제305조【설치기준】 우체통은 다음 각 호의 사항을 기준하여 설치하여야 한다. 다만, 관할우체국의 장이 지역적 특수여건상 필요하다고 인정하는 경우에는 그러하지 아니하다.

1. 우표류판매소로부터 가까운 거리에 있고 우편물의 투입과 수집이 편리한 곳
2. 차량 및 사람이 많이 왕래하는 도로변
3. 우표류판매소가 밀집되어 있는 지역은 그 중심지
4. 인근 우체통간 또는 우체국의 최단거리(통상 통행로)가 500미터 이상인 곳
5. 공중에게 잘 발견될 수 있고 우체통이 잘 보호될 수 있다고 인정되는 곳
6. 도로 통행상 지장이 없는 곳
7. 침습의 우려가 없는 곳

제305조의2【철거기준】 우체통은 다음 각 호의 사항을 기준으로 철거할 수 있다.

1. 3개월간 수집물량이 10통 이하인 경우
2. 통행방해 등으로 철거 요청 민원이 빈번한 경우

3. 집배구 운영상 우체통이 불필요한 경우
4. 기타 관할우체국장이 우체통 철거가 필요하다고 판단할 때

제305조의3【철거방법】 우체통을 철거하고자 할 때에는 해당 우체통에 <별표 11>의 철거안내문을 7일 이상 부착하여 고객에게 사전에 안내하여야 한다.

제306조【설치지역】 ① 우체통의 종류는 우체통 갑과 우체통 을로 구분한다.
② 우체통의 종류별 설치지역은 다음 각 호와 같다. 다만, 관할우체국의 장이 필요하다고 인정할 때에는 그러하지 아니하다.
1. 우체통 갑은 시내우편구, 관광지, 온천장 기타 우편이용도가 많은 지역에 설치한다.
2. 우체통 을은 제1호 이외의 지역에 설치한다.

제307조【사전협의】 ① 우체통을 설치하고자 할 때에는 그 설치장소의 토지 또는 가옥의 소유자 또는 관리자와 미리 협의를 하여야 한다.
② 우체통을 설치할 장소가 우편구 관할지역의 경계지점에 있을 때에는 그 인접 관할우체국의 장과 미리 협의하여야 한다.

제308조【우체통 점검 및 관리】 ① 우체통에 대하여 다음 각 호의 사항을 월 4회 이상 점검하고 그 결과를 관할우체국의 장에게 보고하여야 하며, 관할우체국의 장은 월 1회 이상 확인 점검하여야 한다,
1. 우체통 설치위치의 적정여부
2. 우체통 표기사항의 선명도 및 기타 도장상태
3. 잠금장치 및 근석타일의 이상 유무
4. 우체통의 청결 및 바른 자세 여부
5. 침수 기타 우편물의 훼손・망실 가능성 여부
6. 기타 필요한 사항
② 지방우정청 및 총괄우체국에서 관내 관서에 대한 업무확인지도를 할 때에는 제1항의 사항을 점검하여야 한다.

제309조【우체통 현황관리】 ① 우체통을 설치한 때에는 전산시스템에 반드시 입력하여 관리하여야 한다.
② 우체통을 철거한 경우에도 철거일자 등 관련정보를 전산시스템에 입력하여야 한다.

제310조【삭제, 2020. 5. 19.】

제2절 우체통의 수집

제311조【수집방법】 ① 수집원은 다음 각 호와 같이 우체통의 우편물을 수집하여야 한다.
1. 수집구내의 우체통을 배달순로에 따라서 수집시각을 정하고 그 시각에 맞추어 수집하여야 한다.
2. 우체통의 외관 및 잠금장치에 이상이 없는가를 확인한다.
3. 우체통에 투함된 우편물을 수집 시, PDA를 활용하여 수집 시각・결과를 등록하여야 하며, PDA 사용이 불가할 때에는 수집결과 등을 전산시스템에 직접 등록하여야 한다.
4. 우편물을 수집한 후에는 우체통을 잠가야 한다.
5. 수집과 배달을 겸행하는 때에는 수집우편물과 배달우편물이 혼합되지 아니하도록 하여야 한다.
② 수집우편물량이 특히 많아서 한꺼번에 수집 또는 운반할 수 없는 경우에는 다음 각 호와 같이 처리하여야 한다.
1. 즉시 소속국에 요청하여 지원 또는 지시를 받아야 한다.
2. 가까운 곳에 우체국이 있는 경우에는 수집우편물을 우체국에 일시보관하고 소속국에 지원을 요청한 후에 수집을 계속한다.

제312조 【수집업무의 확인】 ① 집배책임직은 매일 전산시스템에 등록된 우체통 수집상황을 확인하여야 한다.

② 국전함 등 집배원이 수집 하지 않는 우체통은 수집업무를 하는 관할우체국장이 수집상황을 매일 확인하여야 한다.

③ <삭제 2020. 5. 19.>

제313조 【우체통 열쇠의 관리】 ① 우체통의 열쇠는 책임자가 잠금장치가 되어있는 일정한 장소에 보관하고 집배원이 출발할 때마다 교부하여야 한다.

② 집배원이 우편물의 수집도중 우체통의 잠금장치가 고장인 것을 발견한 때에는 우체통의 우편물 투입구에 "고장"이라 써 붙이고 집배책임자에게 즉시 보고하여야 한다.

부록

제314조 【특수지계약집배원의 수집】 ① 특수지계약집배원이 수집한 우편물은 그 집배원에게 우편물을 수도하는 자에게 인계하여야 한다.<개정 2011. 9. 30.>

② 제1항의 특수지계약집배원이 제19조의 규정에 의하여 특수우편물을 접수한 경우에는 수수부에 의하여 이를 수수하여야 한다.

제315조 【국가기관 등의 구내우체통 우편물 수집】 ① 국가기관, 공공단체 및 법인 등 일정한 구내에 있는 우체통의 우편물 수집은 그 기관의 근무 시간 내에 하여야 한다.

② 우체통이 있는 기관의 장이 우체통까지의 통로를 개방하고 근무시간 후에도 수집을 요청하는 경우에는 이에 응하여야 한다.

제316조 【국내우편함 및 국전우체통의 우편물수집】 ① 국내우편함 및 국전 우체통의 우편물은 당일 우편물 최종 발송편 차량시각에 맞추어 수집시각을 정하고 수집하여야 한다.

② 시외우편구에 있는 무집배국의 국내함 및 국전우체통의 우편물은 해당우체국에서 수집하여야 하며, 그 지역을 통과하는 운송원 또는 집배원편에 우편물을 수집하여 발송할 수 있다.

제3절 사설우체통의 우편물수집

제317조 【사설우체통의 자물쇠 대여】 사설우체통의 설치 · 이용에 관한 계약을 한 때에는 그 설치자에게 자물쇠를 대여하고 보관증을 받아 관계서류에 첨부하여 보관하여야 한다.

제318조 【사설우체통원부의 비치】 수집우체국에서는 계약년월일, 계약번호, 설치자명, 설치장소, 1일 수집회수, 수집시각, 수집연거리 및 수수료를 기재한 사설우체통원부를 비치하고 계약사항에 대하여 전산 등록하여 관리에 철저를 기하여야 한다.

제319조 【사설우체통의 계약】 ① 수집우체국에서는 사설우체통의 설치 · 이용을 위하여 계약신청이 있는 경우에는 다음 각 호의 사항이 적합한지의 여부를 검사한 후 계약여부를 결정한다.

1. 사설우체통은 본부장이 정한 구조 및 규격에 적합하여야 한다.
2. 사설우체통이 본부장이 정한 구조 및 규격과 다를 경우에는 투입되는 우편물량 등을 고려하여 우편물의 보호에 지장이 없어야 한다.

② 제1항의 검사결과 우체통으로서 적당하지 아니하다고 인정되는 경우에는 기간을 정하여 개조하도록 하고 그 기간까지 개조하지 아니한 경우에는 사설우체통의 설치 · 이용에 관한 계약을 취소하여야 한다.

③ 제1항의 검사결과 사설우체통에 이상이 없거나 제2항의 기간 내에 사설우체통을 개조한 경우에는 그 사설우체통의 우편물 수집 개시일을 설치자에게 통지하여야 한다.

제320조 【사설우체통의 우편물 수집수수료의 징수】 ① 사설우체통의 우편물 수집수수료는 수집연거리에 따라 산정한다.

② 제1항의 수집연거리는 가장 가까운 곳에 있는 수집국에서 설치한 우체통으로부터 사설우체통의 설치장소까지의 왕복거리에 수집회수를 곱한 거리로 한다.

제321조 【사설우체통 이용계약의 해지】 영 제38조의 규정에 의하여 사설우체통의 설치·이용을 위한 계약해지를 하는 때에는 다음 각 호와 같이 처리하여야 한다.

1. 계약사항을 이행하지 않거나 납부기한까지 우편물 수집수수료를 납부하지 아니한 경우에는 기간을 정하여 그 이행을 촉구하여야 한다.
2. 제1호의 기간까지의 이행 촉구한 사항을 이행하지 아니한 경우에는 사설우체통의 투입구를 봉쇄하고 수집업무를 정지하되, 수집업무를 정지한 날로부터 기산하여 7일의 기간을 정하여 그 이행할 것을 다시 촉구하여야 한다.
3. 제2호의 기간까지 다시 이행 촉구한 사항을 이행하지 아니한 경우에는 사설우체통이용 계약을 해지한다.

제322조 【이용계약 해지할 때의 처리】 사설우체통의 이용계약을 취소한 때에는 다음 각 호와 같이 처리하여야 한다.

1. 사설우체통의 설치자 에게 그 사설우체통을 철거하도록 통지하고, 철거할 때까지 사설우체통의 투입구를 봉쇄한다.
2. 제1호의 경우 설치자가 계속하여 사설우체통을 철거하지 아니하는 경우에는 계약국이 이를 철거할 수 있다.
3. 사설우체통의 설치자에게 교부한 자물쇠는 회수하고, 그 보관증을 반환하여야 한다.

제323조 【사설우체통의 보수】 사설우체통이용의 계약국장은 사설우체통의 보수가 필요하다고 인정되는 경우에는 설치자 에게 그 사설우체통의 보수를 안내하여야 한다.

제324조 【사설우체통의 우편물수집】 사설우체통의 우편물 수집은 우체통 수집방법과 동일하게 수집한다.

제3장 우편물의 배달

제1절 배달의 원칙

제325조 【배달국】 우편물은 제378조 및 제391조에서 규정한 경우를 제외하고는 우편물의 표면에 표기된 수취인(반송하는 경우에는 발송인) 주소지를 관할하는 집배국에서 배달하여야 한다.

제326조 【우편물 배달처리 기준】 ① 일반우편물은 도착한 날에 순로 구분 후 그 다음날에 배달하여야 한다.(단, 순로구분기 보유관서의 오후시간대 도착 우편물은 도착한 다음날 순로구분하여 순로구분 다음날 배달한다.)

1. 삭제<20 17. 11. 9.>
2. 삭제<20 17. 11. 9.>

② 특수취급우편물의 배달은 「2회 배달, 4일 보관 후 반환」을 원칙으로 하며, 2회째 배달(재배달)의 경우 우편물의 표면에 표기된 수취인(반환하는 경우에는 발송인)이 보관기간 내 우체국영업일 중 특정일을 배달일로 정하여 우체국에 재배달 신청 시 1회 한해 실시한다. 단, 다음 각 호의 경우는 원칙의 예외로 하며, 예외우편물의 2회째 배달은 수취인(반환하는 경우에는 발송인)의 신청이 없어도 우체국에서 재배달 한다.

1. 특별송달 : 3회 배달 후 보관 없이 반환
2. 맞춤형 계약등기 (외화 제외) : 3회 배달, 2일 보관 후 반환
3. 외화 맞춤형 계약등기 : 2회 배달, 보관 없이 반환
4. 내용증명, 보험취급(외화제외), 선거우편, 등기소포 : 2회 배달, 2일 보관
5. 선택등기우편물, 복지등기통상우편물 : 2회 배달, 수취인 폐문부재 시 우편수취함 배달
6. 복지등기소포우편물 : 2회 배달, 수취인 폐문부재 시 주소지 문앞에 배달
7. 그 밖의 특별한 사유로 우정사업본부장이 정하는 경우
8. 그 밖의 특별한 사유로 관할지방우정청장이 정하는 경우

③ 제2항에도 불구하고 통상집배구 수 등을 고려하여 우정사업본부장이 승인하는 우체국은 「우편물 배달기준 처리의 예외 고시」에서 정하는 바에 따라 배달 및 보관의 원칙을 달리하여 운영할 수 있다.

④ 준등기우편물은 접수한 날의 다음날부터 3일 이내 배달하여야 한다. 다만, 특별한 사유로 관할 지방청장이 정하는 경우는 예외로 한다.

⑤ 국제우편물은 「국제우편규정」 제23조제1항에 따라 배달하되, 국제특급우편물의 배달은 국내특급우편물 배달의 예에 따른다. 단, 도서지역 배달하는 국제특급우편물은 국내특급우편물 취급 예에 의하지 아니할 수 있다.

제327조 【배달의 우선순위】 ① 배달할 우편물량이 많아서 분할하여 배달하는 경우에는 다음 각 호의 규정 순위에 의하여 배달하여야 한다.

1. 기록취급우편물·국제항공우편물
2. 준등기우편물, 일반통상우편물(국제선편통상우편물중 서장 및 엽서 포함)
3. 제1순위, 제2순위 외의 우편물
4. 삭제<20 11. 9. 30.>

② 제1항제1호부터 제3호까지 따른 우편물중 1회에 배달하지 못하고 잔량이 있는 경우에는 다음편에서 다른 우편물에 우선하여 배달하여야 한다.

제328조 【우편물중간보관】 ① 집배국장은 1회에 배달할 우편물량이 많아서 집배원이 배달할 장소까지 우편물을 운반하기 곤란하다고 인정되는 경우에는 일반통상우편물 및 소포우편물에 한하여 집배원이 지정하는 중간보관장소까지는 자동차 또는 기타 운반수단으로 우편물을 운반하여 그 장소에서 집배원이 우편물을 인수하여 배달하게 할 수 있다. 이 경우 집배원은 일정한 중간보관장소와 우편물을 보관할 자를 지정하여야 한다.

② 제1항의 경우 우편물을 우체국 또는 우편취급국으로 송부할 때에는 그 중간보관자루의 국명표에 "○○국보관"이라 표시하여 발송하여야 하며 당해 우체국 또는 우편취급국에서는 이를 보관하였다가 담당집배원이 도착하면 인도하여야 한다.

제329조 【무료우편자루의 배달】 ① 우편자루에 체결된 무료우편물을 1개의 우편물로 배달하여야 한다.

② 제1항의 경우에는 우편물의 수취인에게 우편자루보관증을 받고 배달한 후에 그 우편자루를 지체 없이 반환하게 하여야 한다.

제330조 【위탁배달요원과의 수수】 ① 위탁배달요원에게 우편물을 교부하는 때에는 다음 각 호와 같이 처리하여야 한다.

1. 우체국과 위탁배달요원이 협의한 장소에서 인계한다.
2. 각 호에서 규정하지 않은 수수방법에 대한 기타사항은 위·수탁계약서를 따른다.

② 위탁배달요원이 제1항에 의한 우편물을 수도하는 자로부터 우편물을 수수하는 때에는 우편자루의 이상유무를 확인한 후에 개낭하고 특수취급우편물 및 우표류는 수수부에 의하여 상호 확인하고 수수하여야 한다.

제331조 【배달 및 미배달우편물의 처리】 ① 집배원은 배달 및 미배달우편물의 명세를 전산시스템에 매일 등록하여야 한다.

② 제1항의 경우 일반통상우편물 및 일반소포우편물의 물수는 집배원이 전산등록하고 준등기 또는 선택등기우편물을 포함하여 등기우편물의 물수 및 미배달우편물의 물수는 전산시스템에 전송하여야 하며, 책임자는 이를 확인하여야 한다.

제2절 특수취급우편물의 배달

제1관 등기우편물의 배달

제332조【배달자료의 생성】 등기통상우편물 및 등기소포우편물을 배달하는 때에는 전산시스템에서 배달자료를 생성하여 당해 우편물과 함께 집배원에게 인계하여야 한다.

제333조【집배원등과의 수수】 ① 배달하여야 할 등기우편물을 집배원(취급구분에 따른 취급직원을 포함한다. 이하 이 절에서 같다)에게 인계하는 때에는 전산시스템에서 생성된 배달자료와 우편물을 대조 확인한 후 전산시스템을 통하여 수수한다.

② 배달하지 못한 우편물을 집배원이 반납한 때에는 배달결과를 전산시스템에 등록 처리하고 미배달우편물 명세와 우편물을 대조 확인한 후 수수하여야한다.

③ 국가기관, 공공단체, 법인 등 여러 사람으로 구성된 단체에서 그 단체 및 구성원에게 오는 우편물을 수령할 자를 선정하여 그 선정인의 확인을 받고 이를 배달할 수 있다.

제334조【수령인의 확인】 ① 등기우편물을 수취인 또는 그 동거인에게 배달(교부)한 때에는 영 제42조제3항 및 규칙 제28조에 따라 수령인의 확인을 받아야 한다. 다만, 등기우편물을 무인우편물보관함 또는 전자 잠금장치가 설치된 우편수취함에 배달하는 경우에는 무인우편물보관함 또는 해당 우편수취함에서 제공하는 배달 확인이 가능한 증명자료로 수령사실의 확인을 갈음할 수 있다.

② 제1항의 경우에 수령인은 도장을 찍거나 자필 성명 기재 또는 전자적인 방법으로 성명을 기재하여야 한다.

③ 선택등기우편물은 2회 배달시도하고, 폐문부재 사유로 수취인에게 배달할 수 없는 경우에는 수취인의 우편수취함(일반우편물 수취 장소)에 투함하여 배달한다.

④ 영 제42조제4항에 따라 등기소포우편물은 수취인으로부터 수령권한을 위임받은 대리인에게 제2항에 따라 배달할 수 있으며, 무인우편물보관함 등 수취인의 신청(동의)를 받아 수령희망장소에 배달하는 경우에는 문자메시지 등 전자적 방법에 의한 통보로 수령사실을 갈음할 수 있다.

제335조【우편물도착안내 방법】 수취인 부재로 인하여 등기우편물을 배달할 수 없는 경우와 대리수령인에게 배달한 경우에는 우편물도착안내서를 수취함 등에 투입 또는 수취인이 발견하기 쉬운 장소에 부착하거나 단문메세지서비스(SMS)를 통해 수취인에게 우편물 도착사실을 안내한다.

제336조【배달증의 처리】 ① 수령인의 확인을 받은 배달증을 집배원으로부터 받은 경우에는 수령인의 확인 및 동거인의 표시가 정당한지를 검사 확인하고 보관하여야 한다.

② 재배달을 필수로 처리하여야 할 등기우편물을 배달하지 못한 등기우편물의 경우에는 그 배달증의 여백에 “재 배달”이라고 표시하고 재배달 시 배달증을 다시 작성하여 배달하여야 하며, 전산처리할 경우 배달결과 등록을 “재 배달”이라고 표시하고 익일 재배달 시 배달자료를 다시 생성하여 배달하여야 한다.

③ 우편물 교부가 가능한 무인우편물 보관함에 보관한 경우에는 그 배달증의 여백에 “무인함 보관중”으로 표시하고, 수취인이 우편물을 수령하였을 때에는 제374조의4에 의해 처리한다.

④ 반송 또는 전송하는 우편물인 경우에는 그 배달증의 여백에 “반송” 또는 “○○국 전송”이라고 빨간색으로 표시하여야 하며, 전산처리할 경우 배달결과를 “반송” 또는 “전송”으로 등록한다.

제2관 준등기우편물의 배달

제336조의2【배달자료의 생성】 준등기우편물을 배달하는 때에는 전산시스템에서 배달자료를 생성하여 당해 우편물과 함께 집배원에게 인계하여야 한다.

제336조의3【집배원과의 수수】 배달하여야 할 준등기우편물을 집배원(취급구분에 따른 취급직원을 포함한다. 이하 이 절에서 같다)에게 인계하는 때에는 전산시스템에서 생성된 배달자료와 우편물을 대조 확인한 후 전산시스템을 통하여 수수한다.

제336조의4【우편수취함 등 배달】 ① 준등기우편물은 수취인의 확인이 필요하지 않은 비대면 배달우편물로서 우편수취함 등에 투함하여 배달을 완료한다.

② 준등기우편물을 우편수취함 등에 투함하여 배달완료시에는 배달결과를 전산으로 등록한다.

제336조의5【우편물 배달결과 안내 방법】 준등기우편물을 배달 한 경우에는 발송인에게 단문메세지서비스(SMS) 또는 이메일 등을 통해 배달결과를 안내한다.

제3관 보험취급우편물의 배달

제337조【통화등기우편물의 배달국 처리】 ① 통화등기우편물이 도착하면 다음 각 호와 같이 처리하여야 한다.

1. 배달책임자가 겉봉투만을 개피하고 송금통지서를 꺼낸다.
2. 제1호의 송금통지서의 내역을 통화등기송금액수수부에 기재하여 송금통지서와 함께 현금출납공무원에게 제출하고 현금을 수령하여 통화등기봉투에 다시 넣고 봉함한 후에 봉투를 계인하여 배달한다.
3. 제1호 및 제2호의 취급을 하는 경우에는 입회자를 선정하여 상호 확인하고 봉투의 표면에 처리자 및 입회자가 확인 인장을 날인한다.
4. 국내특급으로 취급된 통화등기우편물이 현금출납업무마감시간 이후 또는 공휴일에 도착한 때에는 시간외현금중에서 우선 대체하여 배달하고 시간외현금이 없는 경우에는 다음날 현금출납업무 개시즉시 제2호에 의하여 처리한다.

② 제1항제2호에 의하여 현금출납공무원이 인계받은 송금통지서는 현금출납증거서로 처리한다.

제338조【보험취급우편물의 집배원 처리】 ① 통화등기우편물을 배달하는 때에는 집배원이 보는 앞에서 수취인이 당해 우편물을 개피하여 내용금액을 표기금액과 대조 확인하도록 하여야 한다.

② 유가증권등기우편물을 배달하는 때에는 제1항에 의하여 개피하게 한 후에 표기된 증서의 명칭 및 금액과 내용을 대조 확인하도록 하여야 한다.

③ 물품등기우편물을 배달한 때에는 봉투와 포장상태의 이상 유무만을 확인하도록 하여야 한다.

④ 외화등기우편물을 배달하는 때에는 제1항에 의하여 수취인에게 개피하여 확인 한 후에 집배원의 개인휴대용단말기(PDA)상의 표기금액과 대조 확인하도록 하여야 하며, 외화등기우편물 봉투안의 외화 현금액을 개인휴대용단말기(PDA)에 입력한다.

제339조【통화등기우편물의 반송 또는 전송】 ① 통화등기우편물을 반송 또는 전송하는 때에는 반송 또는 전송하는 곳을 관할하는 집배국 앞으로 다시 송금통지서 및 동 원부를 발행하여 송금통지서를 우편물에 넣어 반송 또는 전송하여야 한다.

② 제1항의 송금통지서 및 동 원부의 금액란 말미와 통화등기송금액수수부의 비고란에는 "반송" 또는 "○○국 전송"이라 표시하여야 한다.

③ 제1항의 송금통지서 및 동 원부의 금액란 말미와 통화등기송금액수수부의 비고란에는 "반송" 또는 "○○국 전송"이라 표시하여야 한다.

제340조【반송불능 통화등기우편물의 처리】 반송불능 통화등기우편물은 통화를 넣은 채로 반송불능우편물로 처리하여야 한다.

제4관 배달증명우편물의 배달

제341조【배달증명서의 작성】 ① 배달증명서는 전산시스템에서 출력하여 발송인에게 무료등기우편물로 발송한다. 단, 시스템 장애 시 배달증과 배달증명서를 작성하여 우편물과 함께 집배원에게 교부한다.

② 전산등록을 할 수 없는 배달증명우편물을 배달하는 때에는 배달증과 배달증명서의 적요란에 수령자를 기재하고 수령인의 증인을 받아야 한다.

제342조 【수기배달증명서의 발송】 ① 배달증명우편물을 배달한 때에는 배달증명서는 무료보통등기우편물로 접수하여 최선편으로 발송인에게 송부하고 배달증에는 배달증명서의 무료등기번호를 기재하여 보관한다.

② 발송 후 배달증명청구인 경우에는 배달증명청구서의 도착 즉시 배달증명서를 작성하여 배달증을 확인한 후에 배달증명서를 무료등기우편물로 접수하여 송달하되, 배달증에는 "○년○월○일 발송 후 배달증명서 발송"이라 표시하고 배달증명서의 무료등기번호를 기재하여야 하며, 동 청구서에는 "○년○월○일 배달 증명서 발행"이라 기재한 후에 우편날짜도장을 날인하여 보관하여야 한다.

③ 제2항의 경우 해당 우편물이 반송된 때에는 그 사실을 청구자에게 통보하고, 전송된 때에는 배달증명청구서의 우체국 사용 란에 "○년○월○일○편에 ○○국으로 전송"이라 기재하여 해당 전송우체국으로 송부하여야 하며, 반송불능우편물로 처리한 때에는 그 사실을 청구자에게 통보하고 제413조에 따라 처리하여야 한다.

제343조 【전산시스템에 의한 배달증명 처리】 제341조, 제342조에 의한 배달증명서에 의한 배달결과는 전산시스템에서 출력하여 발송인에게 발송하거나 발송인과 우체국과의 상호 전산망에 의하여 전송할 수 있다.

제5관 삭제〈2020.5.19.〉

제344조 삭제<2011. 9. 30.>

제345조 삭제<2011. 9. 30.>

제346조 삭제<2020. 5. 19.>

제347조 삭제<2020. 5. 19.>

제348조 삭제<2020. 5. 19.>

제349조 삭제<2020. 5. 19.>

제6관 국내특급우편물의 배달

제350조 【배달시각의 확인】 ① 도착된 국내특급우편물은 가장 빠른 배달편에 의하여 배달하되, 제334조에 따라 수령인의 확인(전자서명 포함)을 받으면서 배달시각을 함께 확인 받아야 한다.

② 익일특급우편물은 접수다음날까지 수령인의 확인(전자서명 포함)을 받고 배달하며, 토・일・공휴일은 배달하지 않는다.

제351조 【익일배달승인우편물의 배달】 국내특급우편물 접수 마감시간 이후에 접수하여 우편물표면에 "마감 후"의 표시가 되어있는 국내특급우편물이 도착하는 경우에는 다음날의 가장 빠른 배달편에 즉시 배달하여야 한다.

제352조 삭제<2011. 9. 30.>

제353조 【국내특급우편물의 재 배달】 규칙 제61조제3항의 규정에 의하여 재배달하는 경우에는 배달증에 "재배달"의 표시와 그 사유를 기재하여야 한다.

제354조 【국내특급우편물의 반송 및 전송】 수취인에게 배달하지 못한 국내특급우편물을 반송 또는 전송 시에는 익일특급의 예에 의하여 송달한다.

제7관 삭제〈2010. 9. 1.〉

제355조 삭제<2010. 9. 1.>

제356조 삭제<2010. 9. 1.>

제357조 삭제<2010. 9. 1.>

제358조 삭제<2010. 9. 1.>

제8관 삭제〈2010. 9. 1.〉

제359조 삭제<2010. 9. 1.>

제360조 삭제<2010. 9. 1.>

제361조 삭제<2010. 9. 1.>

제9관 특별송달우편물의 배달

제362조 【배달증의 작성】 ① 특별송달우편물은 배달증을 작성하고 그 적요란에 "특송"이라 기재하여야 한다.
② 특별송달우편물의 배달물량이 많은 우체국에서는 처리상황을 분명히 하기 위하여 필요한 경우에는 제1항에 의한 배달증작성에 갈음하여 특별송달우편물 처리부를 비치하고 그 내역을 기재할 수 있다.

제363조 【특별송달우편물의 배달】 ① 특별송달우편물을 배달하는 때에는 우편송달통지서의 해당란에 수령자의 서명(자필 성명 기재)이나 도장 또는 지장을 받아야 한다(전자서명 포함).
② 특별송달우편물의 수취인이 부재 시에는 그 사무원, 고용인 또는 동거자에게 배달하여야 한다.
③ 수취인이 일시 부재중이고 사리를 판별할 수 없는 나이어린 사람만이 있는 경우에는 다음편에 다시 배달하여야 한다.
④ 군부대 또는 선박에 있는 자와 교도소 또는 구치소에 수감된 자에게 배달하는 특별송달우편물은 그 기관의 장 또는 접수처에 배달하여야 한다.
⑤ 특별송달우편물을 수령할 사람이 수령을 거절하는 경우에는 해당 특별송달우편물을 수령할 사람이 보는 곳에 두고 올 수 있다.
⑥ 그 밖의 특별송달우편물의 배달에 관한 사항은 대법원 "재판예규 제943-21호"를 따른다.

제364조 【우편송달통지서의 작성】 ① 특별송달우편물을 배달한 집배원은 우편송달통지서에 우편물을 받은 자의 성명 및 수취인과의 관계 기타 필요한 사항을 기재하고 서명 날인하여 집배책임자에게 제출하여야 한다.
② 우편송달통지서는 연필로 작성하여서는 아니 된다.
③ 특별송달우편물에 우편송달통지서가 붙어 있지 아니하거나, 우편송달통지서에 해당사항이 기재되지 아니한 경우에는 배달국에서 이를 조제하여 배달하고 그 사유를 접수국에 통지하여야 한다.
④ 우편송달통지서는 책임자가 기재사항의 정당여부를 검사한 후에 이를 특별등기우편물로 발송인에게 송부하고 등기번호는 배달증원부의 적요란 또는 특별송달우편물처리부의 해당란에 기재하여야 한다.
⑤ 발송기관과 전산시스템이 연계된 경우 특별송달우편물의 배달결과는 관련지침에 따른다.

제365조 【우편송달통지서의 발송】 우편송달통지서의 발송인 란에 발송기관명만을 기재한 것은 당해 기관으로, 발송기관의 과명까지 기재되어 있는 것은 당해 기관의 과로 발송하여야 한다. 이 경우 당일 분을 종합하여 1통의 우편물로 발송할 수 있다.

제366조 【특별한 방법으로 배달한 특별송달우편물의 배달증원부의 기재】 특별송달우편물을 배달장소 이외의 장소에 배달한 경우에는 그 장소를, 수취인 이외의 자에게 교부한 경우에는 그 자의 성명을 배달증원부의 적요란 또는 특별송달우편물처리부의 비고란에 기재하여야 한다.

제367조 【보관교부지에 배달하는 특별송달우편물】 보관교부지내에 거주하는 자에게 배달하는 특별송달우편물은 보관교부지에 가는 특별등기우편물의 배달 예에 의하여 배달한다.

제368조【배달할 수 없는 특별송달우편물】 특별송달우편물의 배달에 있어서 수취인의 장기부재 또는 수취인의 주소지가 교통이 차단된 지역에 있거나 배달할 수 없는 특별한 사유가 있는 경우에는 그 사유를 전산시스템에 입력하고 봉투뒷면에 인쇄된 부전사유의 해당란에 표시하여 발송인에게 반송하여야 한다.

제3절 등기우편물의 대리수령인 배달

제369조【대리수령인의 자격】 수취인이 지정하는 등기우편물 대리수령인은 동일집배구내에 거주하고 사리를 분별할 수 있는 사람으로 하여야 한다.

제370조【대리수령인의 지정 및 해지신고】 등기우편물 대리수령인을 지정하거나, 해지하고자 하는 사람은 등기우편물 대리수령인(지정, 해지) 신고서에 의하여 해당 우체국 또는 집배원에게 신고하여야 한다.

제371조【대리수령인의 지정신고 접수】 접수 시에는 등기우편물 대리수령인의 자격 및 신고인 신분 등 필요한 사항을 확인하여야 한다.

제372조【대리수령인 지정신고서의 관리】 ① 접수된 등기우편물 대리수령인 지정신고서는 신고인 및 대리수령인 주소지를 담당하는 집배원으로 하여금 열람케하고 여백에 서명날인토록 한다.
② 제1항에 의해 열람한 집배원은 그 사실을 관리부에 기록 관리하여야 한다.

제373조【대리수령인 배달방법】 ① 등기우편물은 신고 시에 지정한 배달방법에 따라 대리수령인에게 배달하여야 한다. 다만, 특별송달우편물은 대리수령인에게 배달하여서는 아니 되며, 일반적인 특별송달우편물의 배달방법에 의하여 배달하여야 한다.
② 대리수령인이 이사하였거나 대리수령을 거부하는 경우에는 그 사실을 신고서 여백에 기재한 후 책임직이 확인하고 대리수령인 지정이 자동해지된 것으로 처리한다.
③ 제2항의 경우와 대리수령인 장기부재 등으로 대리수령인에게 배달이 불가능한 경우 그 사유를 기재한 부전지를 당해 우편물에 붙여서 일반적인 등기우편물의 예에 의하여 원래의 수취인에게 배달한다.

제374조【대리수령사항 기록】 등기우편물을 대리수령인에게 배달한 경우 배달증의 여백에 "대리"라고 기록하거나 전산시스템에 "등기대리 수령인"이라고 등록한다.

제374조의2【무인우편물보관함의 형태 · 위치】 ① 무인우편물보관함은 수취인 또는 수취인의 동의를 받은 자만이 수령할 수 있도록 기계적 · 전자적으로 수령의 제한이 있어야 한다.
② 무인우편물보관함은 영수증 또는 모니터 화면 등 우편물 보관에 대한 증명자료가 제공되어야 한다.
③ 수취인이 우편물 배달을 신청 또는 동의한 무인우편물보관함은 수취인과 동일 집배구에 위치하여야 한다.

제374조의3【무인우편물보관함의 배달방법】 ① 수취인 부재로 무인우편물보관함에 배달할 때에는 수취인의 동의를 받은 후 배달하여야 한다. 다만 사전에 수취인이 무인우편물보관함에 배달해 줄 것을 신청한 경우에는 수취인을 방문하지 않고 배달할 수 있다.
② 무인우편물배달함 배달에 대한 수취인의 동의를 받지 않은 경우에도 영 제43조제3의2의 '우편물 교부가 가능한 무인우편물보관함'을 이용하여 수취인에게 우편물을 교부할 수 있다.
③ 특별송달, 보험등기 등 수취인의 직접 수령한 사실 확인이 필요한 우편물은 무인우편물보관함에 배달할 수 없다.

제374조의4【무인우편물보관함 배달 증명자료 보관】 ① 우편물 보관 후 무인우편물보관함에서 제공하는 영수증을 PDA(개인휴대용단말기)로 촬영하여 그 이미지를 보관한다.
② 영수증이 제공되지 않고 모니터로 보관내용이 표시되는 경우에는 모니터 화면을 PDA로 촬영하여 보관할 수 있다.

제374조의5【무인우편물보관함 배달사항 기록】 무인우편물보관함에 배달한 경우 배달증 여백에 "보관함"이라고 기록하거나 전산시스템에 "무인배달"이라고 등록한다.

제4절 우편물의 창구교부

제1관 보관우편물의 교부

제375조【보관우편물의 도착날짜도장】 보관우편물의 교부국에 보관우편물이 도착한 때에는 해당 우편물에 도착날짜도장을 날인하고 따로 보관하여야 한다.

제376조【배달증의 처리】 ① 등기 취급한 보관우편물의 배달증의 적요란에는 "보관"이라 기재하여야 한다.
② 제1항의 배달증은 수취인에게 교부할 때까지 우편물과 함께 보관한다.

제377조【보관교부지의 우편물】 ① 보관교부지에 배달하는 우편물은 배달국에서 규칙 제121조의2의 규정한 기간 동안 보관하고 수취인(수령대리인을 포함한다)이 우체국에 우편물을 수령하러 왔을 때 정당수취인 여부를 확인하고 우편물을 교부하여야 한다.
② 보관교부지에 거주하는 자가 일정한 장소를 지정하고 그 주소지와 세대주명을 명시하여 그곳에 배달할 것을 신청한 경우에는 도착우편물을 지정한 주소지에 배달하되, 등기우편물의 경우에는 그 배달증에 보관교부지에 거주하는 자가 신청한 주소지의 세대주 또는 그 동거인의 수령인(전자서명 포함)을 받아야 한다.
③ 보관교부지우편물의 교부국은 보관교부지에 가는 등기우편물에 대하여 우편물이 도착한 다음날부터 기산하여 30일 동안 당해 우체국에서 보관한다는 뜻을 발송인에게 통지하여야 한다.
④ 보관교부지에 가는 우편물의 취급은 제375조 및 제376조의 규정을 준용한다.

제378조【보관국 변경청구 또는 배달 청구한 우편물의 처리】 보관우편물의 수취인이 규칙 제121조의4의 규정에 의하여 보관국을 변경청구하거나 장소를 지정하여 배달을 청구한 경우에는 다음 각 호와 같이 처리하여야 한다.

1. 보관국 변경청구의 경우에는 그 사유를 기재한 부전지를 붙여 해당 우체국으로 전송한다.
2. 장소를 지정하여 배달 청구한 경우에는 지정한 주소지로 즉시 배달한다.
3. 무집배국 보관우편물을 배달 청구한 경우에는 그 사유를 기재한 부전지를 붙여 지정주소지 관할 배달국으로 전송한다.

제379조【보관기간이 경과한 우편물의 처리】 ① 수취인이 보관 기간 내에 보관우편물의 교부 또는 제377조에 의한 청구를 하지 아니한 때에는 그 사유를 기재하여 발송인에게 반송하여야 한다.
② 제1항의 우편물중 등기우편물은 그 배달증의 적요란에 그 내용을 기재하여야 한다.

제2관 수취인의 청구에 의한 우편물교부

제380조【배달하기전의 교부】 우편물을 배달하기 전에 수취인이 교부요청한 때에는 신분증 등으로 정당수취인 여부를 확인하고, 그 우편물을 교부하여야 한다.

제381조【배달하지 못한 우편물의 창구교부】 1회 배달하였던 우편물로서 수취인 부재 등 사유로 배달하지 못한 우편물의 수취인이 우체국에 와서 우편물의 교부를 요청한 때에는 정당수취인 여부를 확인하고 그 우편물을 교부하여야 한다.

제382조【선박 또는 등대앞 우편물의 창구교부】 선박 또는 등대로 가는 우편물로서 당해 우편물을 받을 자격이 있다고 인정되는 자가 우체국에 와서 우편물의 교부를 요청한 때에는 신분증 등으로 그 정당여부를 확인하고 우편물을 교부하여야 한다.

제383조【창구교부 등기우편물의 배달증의 기재】 제380조 내지 제381조에 의한 우편물 중 등기우편물의 경우에는 배달증의 적요란에 "창구교부"라 기재하여야 한다.

제5절 우편물의 사서함 교부

제1관 우편사서함의 사용계약 및 해지

제384조【우편사서함의 사용계약】 ① 우편사서함 설치우체국장이 규칙 제122조제1항의 규정에 의하여 우편사서함(이하 "사서함"이라 한다)사용을 계약한 때에는 계약사항을 관리(전산등록 포함)하고 사서함 사용 계약자에게 우편사서함사용계약서를 교부하여야 한다.

② 사서함은 그 번호의 순서에 따라 대여하여야 한다. 다만, 사용을 해지하였거나 계약을 취소한 사서함을 다시 대여하는 경우에는 그러하지 아니하다.

제385조【열쇠의 대여（교부）】 ① 규칙 제123조의 규정에 의하여 사서함 열쇠를 교부한 경우에는 그 보관증을 받아 당해 사서함사용자의 계약신청서에 첨부하여야 한다.

② 규칙 제123조제2항의 규정에 의하여 열쇠의 사제를 승인한 경우에는 우편사서함 사용자원부의 비고란에 그 내용을 기재하고 사제한 열쇠 1개를 받아 보관하여야 한다.

제386조【열쇠의 망실】 사서함 사용자가 교부받은 열쇠를 망실한 경우에는 다음 각 호와 같이 처리하여야 한다.

1. 자물쇠와 열쇠의 제작 실비를 징구한다.
2. 열쇠가 망실된 사서함에는 우편물을 투입하지 아니하고 "우편물 별도보관"이라 표시된 표찰을 투입한다.
3. 당해 우체국의 홍보판 및 사서함실에 그 사실을 공고한다.
4. 제1호에서 징수한 실비로 자물쇠는 개체하고 열쇠는 사서함 사용자에게 대여한다.

제387조【사용계약의 해지 시 열쇠수수】 사서함 사용계약을 해지한 때에는 사서함 사용자로부터 열쇠를 회수하지 않고, 그 사서함의 자물쇠와 열쇠를 교체한다.

제388조【우편사서함 사용자 원부의 비치】 사서함 설치우체국에서는 우편사서함 사용자원부를 비치하고 사서함의 계약 및 사용에 관한 사항을 기재하여야 한다.

제389조【우편물 수령인 관리】 ① 사서함 업무를 취급하는 우체국에서는 우편사서함 사용자(본인 및 대리수령인) 인적사항 및 서명표를 현행으로 관리하여야 한다.

② 삭제<2015. 8. 6.>

제2관 우편물의 사서함 교부

제390조【사서함 번호를 기재한 우편물】 ① 사서함에 교부하는 우편물은 운송편 또는 수집편이 도착할 때마다 구분하여 즉시 해당 사서함에 투입하여야 한다. 다만, 등기우편물・요금수취인부담우편물 및 요금미납부족우편물과 용적이 크거나 수량이 많아서 사서함에 투입할 수 없는 우편물은 이를 따로 보관하고 배달증과 우편물을 보관하고 있다는 내용을 기록한 표찰(사서함사용자가 외국인인 경우에는 "Please contact the counter for your mail"이라 표시한 표찰)을 사서함에 투입하여야 한다.

② 제1항 단서의 경우에는 사서함사용자로부터 당해 사서함에 투입된 표찰을 받고 따로 보관하고 있는 우편물을 교부하여야 한다.

③ 제391조 단서에 규정된 특수취급우편물로서 사서함번호만 기재한 우편물은 사서함에 배부하고 사서함번호와 수취인의 주소가 함께 기재된 우편물은 주소지에 배달하여야 한다.

④ 등기우편물은 우편사서함 계약 상의 우편물 정당수령인 여부를 확인하고 서명(전자서명 포함) 후 교부하여야 한다.

제391조【사서함 번호의 기재가 없는 우편물】 사서함 번호를 기재하지 아니한 우편물이라도 사서함 사용자가 확실한 경우에는 사서함에 투입할 수 있다. 다만, 특별송달우편물 등은 주소지에 배달하여야 한다.

제6절 배달하지 못한 우편물의 처리

제392조【미배달 처리】 ① 우편물을 배달함에 있어서 수취인 부재, 주소 및 이사불명 또는 수취거부 등으로 인하여 배달하지 못한 경우에는 해당 집배원이 미배달우편용 날짜도장을 우편물의 여백에 날인하고 그 사유를 표시하여야 한다. 다만, 특별송달 우편물은 우편송달통지서의 배달하지 못한 이유란에 사유를 표시하여야 한다.

② 우편물 미배달에 대하여 법령 또는 다른 훈령에서 특별히 규정한 이외에 제1항에 따른 미배달우편용 날짜도장으로 미배달 사유를 표시하기 곤란한 경우에는 부전지를 사용하여야 한다.

제393조【미배달 사유의 확인】 책임자가 집배원으로부터 제392조에 따라 미배달 처리한 우편물을 제출받은 때에는 배달하지 못한 사유를 검사(확인)하고 재조사할 필요가 있다고 인정되는 우편물에는 "재조사"라 표시하여 재 배달시켜야 한다. 다만, 재배달시에는 미배달우편용 날짜도장란의 "반송"표시를 지워야 한다.

제394조【재배달】 ① 제392조에서 재배달 우편물로 분류(재배달이 필수인 우편물과 재배달 신청된 우편물)된 것은 다음 편에 다시 배달하여야 한다.

② 제1항의 경우 등기우편물의 경우에는 배달증은 제336조에 준하여 처리한다.

③ 등기우편물에 전화번호가 기재된 것은 전화통화를 한 다음 재 배달할 수 있다.

제395조【수취인 장기부재시의 재 배달】 ① 수취인이 수취인 장기부재신고서에 의해 돌아올 날짜를 신고한 경우에는 그 돌아올 날짜의 다음날에 배달한다. 다만, 돌아올 날짜가 배달일로부터 15일이후인 경우에는 "수취인 장기부재"라 표시하여 반송하여야 한다.

② 수취인의 돌아올 날짜가 배달일로부터 15일 이내인 경우에는 돌아올 날의 익일부터 배달편마다 재 배달하되 재 배달 기간(2일) 동안 재배달하여도 배달하지 못한 경우에는 발송인에게 반송하여야 한다.

제7절 우편물의 전송

제396조【우편물의 전송】 ① 법 제31조의2에 따라 우편물을 전송하는 때에는 주거이전 신고 된 주소를 기재한 부전지를 해당 우편물에 붙여 관할 우체국으로 송부하여야 한다. 다만, 주거이전신고를 철회한 경우와 우편물 전송기간이 만료된 후에 도착하는 우편물은 발송인에게 반송할 수 있다.

② 우편물의 수취인이 해외 이주한 경우에는 우편물을 전송하지 아니하고 발송인에게 반송하여야 한다.

③ 삭제<개정 2015. 8. 6.>

④ 과학기술정보통신부장관이 정하여 고시하는 수수료를 수취인에게 내게하고 우편물을 전송하여야 할 경우는 다음 각 호와 같다.

1. 주거이전을 신고한 날부터 3개월이 지난 후에 도착하는 우편물을 수취인이 받기를 신고한 경우
2. 수취인이 주거를 이전한 곳에 우편물을 전송하는 데 상당한 비용이 소요되는 경우

⑤ 제4항에 따라 수수료를 내고 우편물을 전송받는 자가 해당 전송기간 중 철회를 요청할 경우에는 납입된 수수료에서 사용기간에 해당하는 금액을 일할 계산하여 공제하고 남은 금액을 되돌려 줘야 한다.

제397조【장기방치우편물의 처리】 ① 수취함에 투함된 우편물은 장기방치우편물(배달일로부터 15일이 경과된 우편물) 여부와 관계없이 그대로 두되, 고객의 요구 시나 이사 등으로 수취인이 없음을 확인하였을 경우에는 반송 또는 전송 처리한다.

② 반송함에 투함된 우편물 중 그 사유가 표시되어 있는 우편물은 즉시 전송 또는 반송처리하며, 반송사유를 확인할 수 없는 우편물은 오배달 사례를 방지하기 위하여 1회에 한하여 재 투함 한다.

제398조【일반통상우편물의 배달 후 전송】 ① 배달한 일반통상우편물에 대한 전송요청을 받은 때에는 배달한 다음날부터 7일이내의 개봉되지 않은 우편물에 한하여 이에 응할 수 있다. 이 경우 우편물의 표면 여백에 "배달 후 전송"이라 기재하여야 한다.

② 제1항의 경우 배달일자가 분명하지 아니한 우편물은 당해 우편물 접수후의 송달 소요일수를 고려하여 추정한 날을 배달한 날로 한다.

제399조【일반통상우편물 배달후의 재 접수】 ① 배달한 다음날부터 7일이 경과되거나 개봉된 일반통상우편물에 대한 전송요청을 받은 때에는 당해 우편물에 새로이 해당 우편요금의 우표를 붙여 제출하도록 하고 우편날짜도장으로 소인한 후에 그 옆에 "재접"이라 표시하여야 한다.

② 제1항의 경우 오배달로 인하여 정당주소지로 전송하는 우편물의 경우에는 제1항의 기간에 불구하고 우표첩부 없이 최선 편으로 배달한다.

제399조의2【준등기 또는 선택등기우편물의 우편수취함 배달 후 전송】 우편수취함에 배달한 준등기 또는 선택등기우편물에 대한 전송요청을 받은 때에는 배달한 다음날부터 기산하여 7일이내의 개봉되지 않은 우편물에 한하여 이에 응할 수 있다. 이 경우 우편물의 표면 여백에 "배달 후 전송"이라 기재하여야 한다.

제399조의3【준등기 또는 선택등기우편물의 우편수취함 배달 후 재 접수】 ① 우편수취함에 배달한 다음날부터 기산하여 7일이 경과되거나 개봉된 준등기 또는 선택등기우편물에 대한 전송요청을 받은 때에는 당해 우편물에 새로이 해당 우편요금의 우표를 붙여 제출하도록 하고 우편날짜도장으로 소인한 후에 그 옆에 "재접"이라 표시하여야 한다.

② 제1항의 경우 오배달로 인하여 정당주소지로 전송하는 우편물의 경우에는 제1항의 기간에 불구하고 우표첩부 없이 최선 편으로 배달한다.

제400조【등기우편물의 배달 후 전송 등】 ① 수취인에게 배달(대리 수령인 포함)한 등기우편물(선택등기우편물 포함)에 대한 전송 또는 반송요청을 받은 때에는 당해 우편물에 새로이 우편요금 등에 해당하는 현금수납 또는 우표를 붙여 제출하게 하고 다시 접수하되, 우편물의 표면여백과 영수증에 "재접"이라 표시하여야 한다.

② 제1항의 경우 오배달로 인하여 정당 주소지로 전송하는 우편물의 경우에는 제399조제2항의 규정에 의한다.

③ 국가기관, 공공단체, 법인 등 다수인이 근무하는 단체에 배달한 등기우편물에 대한 전송요청을 받은 때에는 당해 우편물을 배달한 다음 날부터 기산하여 7일이 경과하지 아니하고 우편물의 봉함 등에 흠이 없는 것에 한하여 응하되, 그 우편물의 전송은 제396조제1항의 규정에 의한다. 이 경우 원래의 배달증 및 동원부에는 "배달 후전송"이라 기재하여야 한다.

④ 전자 잠금장치가 설치된 우편수취함에 우편물을 배달한 다음 날부터 기산하여 7일이 경과하지 아니하고 우편물의 봉함 등에 흠이 없는 우편물에 대해 수취거절을 이유로 반송요청을 받은 경우 "전자 수취함 배달 후 반송(수취거절)"로 기재하고 반송하며, 그 우편물의 반송은 제401조의 규정에 의한다.

제8절 우편물의 반송

제401조【우편물의 반송】 ① 우편물을 반송하는 때에는 지환우편용부전인을 날인하고 반송사유를 표시하여 우편물 발송인의 주소지를 관할하는 배달국 또는 반송처가 기재되어 있는 경우는 반송처로 송부하여야 한다.

② 제1항의 우편물중 발송인으로부터 징수하여야 할 우편요금 등이 있는 경우에는 그 금액을 표시하여야 한다.

③ 등기우편물을 반송하는 때에는 배달증에 반송일자, 반송사유 및 반송취급수수료의 금액을 기재하여야 하며, 배달증명우편물의 배달증명서는 접수국으로 송부한다.

④ 제1항 및 제3항에 의해 우편물을 반송하는 때에는 일반우편에 준하여 처리한다.

제402조【발송인의 주소가 불명확한 우편물의 처리】 ① 반송하여야 하는 우편물로서 발송인의 주소 또는 성명이 불명확하여 발송인에게 반송할 수 없다고 인정되는 것은 즉시 반송불능우편물로 처리하여야 한다.

② 발송인의 주소가 명확하지 아니하더라도 그 지역적 사정 또는 발송인의 신분 등으로 보아 발송국에서 발송인에게 배달할 가능성이 있다고 판단되는 때에는 반송하여야 한다.

제403조【반송우편물의 배달】 ① 반송우편물의 배달은 수취인에게 배달하는 예에 의하여 발송인에게 배달하되 일반우편에 준하여 처리한다.

② 발송인에게 우편요금 등을 징수하여야 하는 우편물은 이를 징수하고 배달하여야 한다.

제404조【발송인의 수취거부시의 처리】 ① 발송인이 반송우편물을 수취 거부하는 때에는 법 제32조제2항 및 법 제54조의2의 규정을 설명하고 수취할 것을 권유하여야 하며, 이 경우에도 수취하지 아니하면 그 내용을 기재한 부전지를 우편물에 붙여 책임자에게 제출하여야 한다.

② 집배책임자가 제1항의 우편물을 받은 때에는 법 제32조제2항 및 법 제54조의2의 규정에 의하여 수취 거부할 수 없다는 뜻의 공문서 또는 부전지(직인을 날인하여야 함)를 붙여 재 배달하게 하여야 한다.

③ 제2항의 경우에도 발송인이 수취 거부하는 때에는 소속국장에게 보고하여 고발 등 필요한 조치를 하여야 한다.

부록

제405조 삭제<2008. 1. 1.>

제9절 배달 또는 반송하는 때의 우편요금 등의 징수

제406조【요금수취인부담 우편요금 등】 ① 규칙 제95조에 따른 요금수취인부담의 표시가 있는 우편물은 배달할 때마다 같은 수취인에게 가는 것을 합하여 요금수취인부담우편물 배달기록부에 기입한 후에 우편요금영수증 및 동 원부를 작성하여 우편요금영수증은 우편물과 함께 집배원에게 내어주고 우편요금영수증원부는 배달국에서 보관하여야 한다. 다만, 수취인의 요청이 있는 경우에는 수일분을 모아 함께 배달할 수 있다.

② 제1항에 따른 우편물을 배달하는 때에는 우편요금 등에 해당의 우표 또는 현금을 받고 요금수취인부담우편물과 함께 우편요금영수증을 내어주어야 한다. 이 경우 우표를 받은 때에는 우편요금영수증원부에 붙이고 소인하여야 하며 현금을 받은 때에는 즉납처리하고 우편요금영수증원부에 수납날짜도장을 받아야 한다.

③ 규칙 제98조제4항에 따라 우편요금 후납계약을 한 요금수취인부담우편물의 경우에는 우편요금영수증 및 동 원부를 작성하지 아니하고 요금수취인부담배달기록부의 비고란에 “후납”이라 기재하여야 하며 수취인 요구 시 우편물영수증을 받아 우편요금 후납 고지의 증거서로 하여야 한다.

제407조【반송취급수수료】 ① 규칙 제84조의 규정에 의한 반송취급수수료를 징수하여야 하는 등기우편물을 반송하는 때에는 발송인으로부터 반송취급수수료에 해당하는 우표 또는 현금 등을 받고 우편물을 배달 또는 교부하되, 반송취급수수료로 받은 우표는 배달증 또는 별지에 붙여 소인하여야 하며 현금으로 받은 경우에는 당일분을 수합하여 즉납처리한 후 우편요금즉납서를 배달증에 붙여야 한다. 이 경우 현금징수 당일에 현금출납시간 마감으로 인하여 즉납처리 못한 때에는 그 다음날 즉납처리한 후 그 내용을 우편요금즉납서의 여백에 기재하여야 한다.

② 제1항의 경우 배달증의 적용 란에는 “반송수수료 ○○원”이라 기재하여야 한다.

③ 배달증명, 특별송달, 민원우편, 회신우편, 반환취급 수수료를 사전에 납부 또는 맞춤형계약등기 우편물을 반송하는 때에는 반송취급수수료를 징수하지 아니한다.

④ 제1항에 의한 반송우편물을 집배원에게 교부할 때 또는 집배원이 반송수수료를 집배책임자에게 납부할 때에는 상호 확인하고 수수하여야 한다.

⑤ 제1항에도 불구하고 우체국과 발송인과의 사전 계약에 따라 발송하는 소포우편물 및 계약등기 우편물을 반송하는 경우에는 그 계약에서 정한 반송취급수수료를 징수한다.

제408조 【요금미납 또는 요금부족우편물의 우편요금 등】 ① 요금미납 또는 요금부족의 우편물에 대하여는 미납부족요금 영수증 및 동 원부를 작성하여 미납부족요금영수증은 우편물과 함께 집배원에게 교부하고 미납부족요금영수증원부는 배달국에서 보관한다.

② 제1항에 의한 우편물을 배달하는 때에는 미납 또는 부족한 요금의 2배에 해당하는 금액을 현금으로 받고 미납부족요금영수증을 해당우편물과 함께 배달하여야 한다.

③ 제1항에 의한 우편물을 집배원에게 교부할 때 또는 집배원이 제2항에 의한 우편요금 등을 집배책임자에게 납부할 때에는 수수부에 의하여 상호 확인하고 수수하여야 하며 우편물수취인으로부터 징수한 우편요금 등은 제12조2제2항에 의하여 즉납하여야 한다.

④ 요금미납 또는 요금부족우편물을 수취하는 자가 국가기관 및 공공단체인 경우에는 미납부족요금을 우표로 수납할 수 있으며 이 경우에는 그 우표를 미납부족요금 영수증원부에 붙여 소인하여야 한다.

제409조 【요금징수불능 우편물의 처리】 제406조 내지 제408조의 우편요금 등을 징수할 수 없는 경우에는 우편요금영수증, 배달증 또는 미납부족요금영수증의 여백에 그 사유를 기재하여 이를 각각 동 원부에 붙여야 한다.

제10절 반송불능우편물의 처리

제1관 우체국의 처리방법

제410조 【반송불능우편물의 송부】 반송할 수 없는 우편물(이하 "반송불능우편물"이라 한다)은 다음 각 호와 같이 처리하여야 한다.

1. 반송불능우편물에는 담당집배원이 미배달우편용 날짜도장을 날인하고 그 사유를 표시하여야 하며 책임자가 이를 확인 검사한다.
2. 제1호에 따른 검사가 끝난 반송불능우편물중 유가물(개피가 필요한 일반통상우편물, 준등기통상우편물 및 일반소포우편물)은 전산시스템에 도착등록한 후 그 종별과 수량을 기재한 반송불능우편물송부서와 우편물을 함께 관할 총괄국으로 송부한다(해당 우체국이 총괄국인 경우에는 반송불능우편물 전량을 반송불능우편 담당부서로 송부한다. 이하 같다).
3. 등기우편물은 기록취급반송불능우편물송부서 2통을 전산시스템에서 출력하여 1통은 해당 우편물과 함께 합봉하고 봉투표면에 "반송불능우편물"이라 주서하여 관할 총괄국에 송부하고 1통은 해당국에서 보관한다.
4. 통화가 들어 있는 반송불능우편물은 명세서와 함께 송부한다.
5. 배달증명서가 수취인(배달증명을 청구한 우편물의 발송인을 말한다) 불명 등으로 배달할 수 없는 때에는 접수국에 특별한 확인수단이 있는 경우를 제외하고 배달국에서 3개월간 보관한 후에도 청구자가 없는 경우에는 폐기한다.
6. 민원우편물로서 수취인불명 등으로 배달할 수 없는 때에는 접수국에 특별한 확인수단이 있는 경우를 제외하고는 배달국에서 3개월간 보관한 후에도 청구자가 없는 경우에는 제3호에 따라 처리한다.
7. 법 제32조제1항에 따라 반송거절의 의사를 우편물에 기재하여 발송인에게 되돌려 보내지 아니하는 우편물(반송함에서 발췌된 선택등기우편물 또는 폐문부재 외의 사유로 우편수취함에 배달하지 아니한 선택등기우편물 포함)은 1개월간 보관한 후 청구권자가 없는 경우 폐기한다.
8. 유가물이 아닌 반송불능우편물은 소속 배달우체국에서도 보관이 가능하다.

제411조 【반송불능우편물의 교부 청구】 접수국 또는 배달국에서 반송불능우편물의 교부 청구를 받은 때에는 법 제36조제2항의 보관기간이 경과하지 아니한 우편물에 한하여 이에 응하되, 전산시스템에 등록한 후 다음 각 호와 같이 처리하여야 한다.

1. 반송불능우편물반환청구서에 수수료에 해당하는 우표를 붙여 제출하게 하고 청구내용을 확인하여 당해국에서 보관하고 있는 우편물인 경우에는 우편물 창구교부의 예에 의하여 교부하되, 등기우편물을 교부하는 경우에는 제407조에 의한 반송취급수수료를 징수한다.
2. 청구내용을 확인하여 총괄국에 송부된 우편물인 경우에는 지체 없이 문서로 그 반환청구를 하되, 해당우편물에 대한 반송사유 및 반송불능우편물송부서의 번호를 기재하여야 한다.
3. 총괄국에서 반송되어온 반송불능우편물은 관계송부서에 처리내용을 기재하고 지체 없이 배달하되, 등기우편물의 경우에는 제407조에 의한 반송취급수수료를 징수한다.

제2관 총괄국의 처리방법

제412조 【송달할 수 있는 우편물의 처리】 ① 관내우체국(당해국을 포함한다)으로 부터 반송불능우편물의 송부를 받은 담당부서에서는 일반우편물. 준등기우편물, 등기우편물을 구별하여 전산시스템에 등록하고 반송불능우편물송부서의 기재내용과 우편물을 대조 확인한 후에 담당책임자가 총괄국장이 지정하는 직원 2인의 입회하에 이를 개피하여 송달방법을 조사하고 송달할 수 있는 것은 이를 송달하여야 한다. 다만, 등기우편물의 경우에는 문서로 배달국에 송부하고 배달국에서는 제411조제3호에 의하여 처리하여야 한다.

② 제1항의 경우에는 개피한 부분을 재 봉함한 후에 법 제35조의 규정에 의하여 개피하였다는 요지와 개피한 날짜 및 우체국명을 기재한 부전지를 당해 우편물에 붙여야 한다.

제413조 【송달할 수 없는 우편물 등의 처리】 ① 제412조에 따른 조사결과 송달할 방법이 없는 반송불능우편물 및 제17조에 따른 이탈품 및 습득물로서 유가물인 것은 다음 각 호와 같이 처리하여야 한다.

1. 유가물 중 우편환증서류가 아닌 것은 발송인과 수취인의 성명, 우편물의 종별, 내용품 및 금액(등기우편물인 경우에는 그 접수국명, 접수일자, 반송불능사유 등을 추가하여 기재한다) 등을 명기하여 회계담당부서로 송부하여야 하며, 전산시스템으로 이관 처리한다.
2. 제1호의 유가물을 송부 받은 회계담당부서는 법 제36조제2항 및 제3항에 따라 처리하되, 유가물을 매각 또는 폐기할 때에는 참관자를 선정하여 참관하도록 하여야 한다.
3. 우편환증서류는 반송불능우편물 담당부서에 도착한 날로부터 1개월간 보관한 후에도 청구자가 없는 경우에는 7일간 국전에 게시하고 온라인 환증서 반송처리절차에 따라 송금국에 송부하지 않고 자국 금융도착발행담당자에게 환증서를 인계하여 5년간 보관 후 폐기 처리한다.

② 유가물이 아닌 반송불능우편물은 담당부서에서 3개월간 보관한 후에 교부 청구자가 없는 경우 폐기하여야 한다. 다만, 발송인이 반송거절 의사를 표시한 반송불필요우편물은 1개월간 보관한 후에 교부 청구자가 없는 경우 폐기하여야 한다.

③ 반송불능우편물의 송부우체국으로부터 반송불능우편물의 반환청구가 있는 때에는 내용품을 확인하여 지체 없이 문서에 의하여 반송하고 관계 장부에 처리사항을 기재하여야 한다.

④ 총괄국에서는 반송불능우편물처리부 및 일계부를 비치하고 제1항부터 제3항까지의 처리상황을 기재 확인하여야 한다.

제11절 우편물의 배달일계표의 작성

제414조 【등기 및 준등기우편물배달일계표의 작성】 우편물의 배달담당부서에서는 매일 등기(등기소포 포함) 및 준등기우편물의 배달상황을 집계하여 등기 및 준등기우편물배달일계표를 작성하고 이를 배달증에 합철하여 보관하여야 한다.

제415조 【요금미납부족우편물의 배달일계】 요금미납부족우편물의 배달상황을 매일 집계하여 요금미납부족우편물 배달일계표를 작성하고 이를 요금미납부족우편물영수증 원부에 붙여서 보관하여야 한다.

제6편 우편사고 관리 및 확인 업무

제1장 법규위반우편물의 처리

제416조 【우편금지물품이 들어있는 우편물의 처리】 우편업무 수행 중 우편금지물품이 들어 있는 우편물을 발견한 때에는 다음 각 호와 같이 처리하여야 한다.

1. 취급직원, 시설 및 다른 우편물에 손상을 끼칠 염려가 있는 폭발성, 발화성 기타 위험성이 있는 물질이 들어있는 우편물은 즉시 안전한 장소에 옮겨 위험발생에 대비한 예방조치를 한다.
2. 제1호 이외의 금지물품이 들어있는 우편물은 주의문을 붙여 발송인에게 발송한다.
3. 우체국장은 제1호의 금지물품을 보낸 사람(보내려고 한 자를 포함한다)에 대하여는 법령에서 정하는 바에 따라 필요한 조치를 하고 그 사실을 즉시 관할 지방우정청장에게 보고하여야 한다.

제417조 【통화가 들어있는 우편물의 처리】 ① 우편업무 수행 중 통화가 들어있는 우편물이 발견된 때에는 수수부에 의하여 책임자에게 인계하여야 한다.

② 책임자가 제1항에 의하여 우편물을 인수한 때에는 다음 각 호와 같이 처리하여야 한다.

1. 규칙 제29조제2항에 의하여 통화가 들어있는 우편물을 발송인에게 반환할 때에는 우편물에 사유를 기재한 안내문을 붙여야 한다.
2. 제1호의 경우에 발송인의 주소 및 성명의 불명 등으로 반환할 수 없는 때에는 해당 통화등기수수료와 동액의 부가금을 합하여 우편물의 수취인으로부터 징수하고 배달하되, 우편물에 넣은 현금금액이 해당 통화등기수수료와 그 부가금을 합한 금액에 미달하는 경우에는 그 현금의 금액만을 징수한다.
3. 제1호 및 제2호의 경우에 통화가 들어있는 우편물을 발송국 또는 배달국에 송부할 때에는 무료등기우편물로 하여야 한다.

③ 제2항 제2호의 징수금은 제12조2제2항의 예에 따라 즉납처리 하여야 한다.

④ 제2항 제3호에 의한 무료등기우편물의 표면과 접수원부 및 배달증의 적요란에는 "법규위반"이라 표시하여야 한다.

⑤ 우체국에서는 제1항 내지 제4항의 처리사항을 법규위반우편물처리부 또는 업무일지에 기재하여야 한다.

제418조 【법규위반 의심 우편물의 처리】 ① 우편업무 취급 중에 있는 우편물의 내용품이 금지물품 또는 법규위반의 것으로 의심되는 때에는 다음 각 호와 같이 처리하여야 한다.

1. 일정한 기일(7일)을 정하여 발송인 또는 수취인에게 우편물의 내용확인을 위하여 우체국에 나올 것을 통지하고 발송인 또는 수취인으로 하여금 우편물을 열도록 한다.
2. 폭발성, 발화성 기타 위험성이 있다고 의심되는 우편물 및 제1호에 의한 발송인 또는 수취인이 기한 내에 우체국에 나오지 아니하거나 우편물의 개봉을 거부한 경우에는 당해우체국장(또는 국장이 지정하는 책임자)이 관계직원 2인 이상을 입회시키고 개봉할 수 있다.

② 우편물을 개봉한 때에는 우편업무일지에 다음 각 호의 사항을 기재하고 개봉한 자 및 입회인이 서명 날인하여야 한다.

1. 우편물의 발송인 및 수취인, 접수국명, 접수일자, 접수번호 등
2. 외장의 이상 유무 및 중량
3. 개봉검사 결과 및 조치내용 등 기타 필요한 사항

제419조 【개봉검사우편물의 처리】 제418조에 따라 우편물을 개봉하거나, 우체국에서 개봉 검사한 때에는 다음 각 호와 같이 처리하여야 한다.

1. 우편금지물품이 들어있는 우편물, 현금이 들어 있는 우편물은 제416조부터 제417조까지에 따라 처리한다.
2. 제1호 이외의 법규위반우편물은 그 사실을 기재한 안내문에 우편날짜도장을 날인하여 발송인에게 반환한다.

3. 법규에 위반되지 아니한 우편물은 이를 원상태로 봉함한 후에 그 사유를 기재한 안내문을 붙이고, 검사자 및 입회자가 서명한 후 송달한다.

제2장 우편에 관한 사고처리

제1절 통칙

제420조 【재해 · 범죄 등의 우편사고 보고】 ① 다음 각 호의 사고가 발생한 때에는 관계규정에 의하여 필요한 조치를 하고 그 상황 및 조치내용을 신속히 관할 지방우정청장에게 보고하여야 한다.

1. 우체국, 우체통 등 각종 우편시설 및 우편물의 화재
2. 우편물의 망실, 도난 및 소실 등의 사고
3. 우편물 운송선로의 사고

② 지방우정청장은 제1항의 사고내용이 중요하다고 판단되는 경우에는 본부장에게 보고하여야 한다.

부록

제421조 【재해 시 우편물의 보호】 ① 우체국이 재해를 당한 때에는 다른 물품에 우선하여 우편물을 보호하여야 한다.

② 제1항의 경우에는 등기 및 준등기우편물, 일반통상우편물, 일반소포우편물의 순으로 보호하여야 한다.

제422조 【운송사고 발생 시의 통보】 우편물 운송선로의 사고 또는 기타 운송사고가 발생한 때에는 이를 즉시 관계우체국에 통보하여야 한다.

제423조 【우편물 수수의 대행】 같은 우편물수수장소에서 2개국 이상이 수수하는 경우에 1국의 운송원이 도착하지 아니한 때에는 도착하지 아니한 국의 인접우체국의 운송원이 당해 우편물을 수수하여야 한다.

제424조 【우편업무취급상 과오취급의 통보】 ① 우편업무 취급 중 과오 취급한 것을 발견한 때에는 즉시 입회자와 함께 우편과오취급의 내용을 확인 · 검사하고 그 내용에 따라 필요한 조치를 한 후에 다음 각 호에 의하여 우편과오취급의 통보를 하여야 한다.

1. 중대한 과오로 처리할 사항
   가. 우편물의 수수 결행 및 수집을 결편한 경우
   나. 법규위반우편물을 접수한 경우
   다. 도착우편물 중 우편자루 등 운송용기, 등기 및 준등기우편물과 동 송달증과 내역이 일치하지 아니하는 경우
   라. 삭제<2008. 1. 1.>
   마. 우편물을 오구분 및 오송하거나 운송용기를 잘못 발송한 경우
   바. 기타 관서장이 중대한 과오로 판단한 경우
2. 경미한 과오로 처리할 사항
   가. 요금부족우편물을 접수한 경우(접수검사를 한 것에 한 한다)
   나. 등기 및 준등기우편물의 번호표 첩부누락, 등기소포우편물인 경우 중량의 기재누락 또는 중량이 기재내용과 틀리는 경우
   다. 특수취급의 표시누락 또는 표시내용이 틀리는 경우
   라. 등기 및 준등기우편물이 들어 있는 우편자루 등 운송용기를 봉함 또는 봉인을 하지 아니한 경우
   마. 기타 관서장이 경미한 과오라고 판단한 경우
3. 제1호의 중대한 과오취급을 발견한 때에는 우편과오취급내역을 전산입력한 후 과오취급발생국으로 신속히 통보하고, 제2호의 경미한 과오취급에 대하여는 과오취급발생국으로 통보한다.

② 제1항에 의하여 우편과오취급 발생국에 과오취급의 사항을 통보하는 때에는 가능한 증거품을 확보하여야 한다.

제425조【우편과오취급의 통보를 받은 우체국의 처리】 제424조의 통보를 받은 우편과오취급발생국은 다음 각 호와 같이 처리하여야 한다.

1. 제424조제1항 제1호의 중대한 과오로 통보를 받은 경우 즉시 우편과오취급의 원인을 조사하여 시정조치한 후 처리결과를 전산 등록하여야 한다.
2. 삭제<20 08. 1. 1.>
3. 오도착우편물이 과다하여 입증자료를 확보하기가 곤란하거나 입증자료 확인에 있어 상호간 분쟁이 있을 경우에는 발견국과 과오취급발생국 관할 지방우정청에서 협의하여 조치하여야 한다.

제426조【우편사고 및 과오취급 발견국 처리】 ① 우편물 취급 중 우편사고 또는 우편과오취급을 발견한 때에는 관계서류에 내용을 기재하거나 정정하고 필요하다고 인정하는 경우에는 관계우체국에 그 내용을 통보하여야 한다.

② 제1항의 경우에 과초금이 들어있는 우편물 및 긴급하게 처리하여야 할 경우에는 관계우체국에 그 내용을 전화, 팩스 또는 전산망 등으로 신속히 통보하고 필요하다고 인정되는 경우에는 관할 지방우정청에 보고하여야 한다.

제427조【지방우정청장의 처리】 지방우정청에서 우편사고보고서 및 우편과오취급시정통지서를 받은 때에는 다음 각 호와 같이 처리하여야 한다.

1. 제420조 및 제424조제1항 제3호에 의한 보고를 받은 때에는 처리사항을 지휘 감독하여야 한다.
2. 관할 지방우정청 내 우편과오취급 발생국에 대해서는 내용에 따라 중요한 사항은 직접 확인 점검 또는 검사를 하여 사실을 규명하여야 한다.
3. 삭제<20 08. 1. 1.>

제2절 우편물 운송사고

제428조 삭제<2008. 1. 1.>

제429조 삭제<2008. 1. 1.>

제430조【선박, 항공기 결항 시 등 운송】 선박·항공기의 결항 및 자동차 고장 등으로 우편물 운송이 불가능한 경우에는 운송하고 있는 우편물의 내용 및 복구예정시간 등을 도착국에 통보하고 다음 각 호와 같이 처리하여야 한다.

1. 선박·항공기 결항 시에는 차량 등을 이용하여 운송을 하거나, 운항을 기다려 최우선편으로 운송한다.
2. 운송도중 자동차의 고장으로 운송이 불가능한 경우에는 즉시 대체차량을 투입하거나 인근우체국에 협조 지원 요청하여 운송한다.
3. 우편물량 과다, 수수시간 부족 등으로 지정된 운송편에 연결하지 못한 경우에는 다음 편에 운송한다. 다만 긴급을 요하는 중요한 우편물에는 인편, 직영차 등 특별 운송하여야 한다.

제3절 재해지역의 운송 및 집배

제431조【장애구간의 운송】 ① 설해, 수해 및 기타 불의의 사고로 정상의 방법으로 운송이 불가능한 경우에는 다음 각 호와 같이 운송하여야 한다.

1. 위험을 예측하여 위탁자동차의 운행을 정지한 때에는 직영자동차 또는 전세차를 이용하여 운송한다.
2. 항공기 또는 선박의 운항을 정지한 때에는 제430조에 의하여 처리한다.
3. 도로의 일부 또는 다리가 파손되어 차량통행이 불가능한 경우에는 가능한 우회 운송하도록 한다.

4. 삭제<20 08. 1. 1.>
5. 제1호 내지 제4호의 조치가 불가능한 경우에는 당해 구간의 장애복구를 기다려 운송한다.

② 제1항 제5호의 경우에는 그 내용을 해당우체국 앞에 게시하거나 보도기관 등을 통하여 이용자에게 알려야 한다.

제432조【장애지역의 집배】 ① 설해, 수해 및 기타 불의의 사고로 정상의 방법으로 집배업무가 불가능한 경우에는 집배순로의 우회 기타 가능한 최선의 방법을 강구하고, 가능한 방법이 없는 때에는 장애의 복구를 기다려 집배업무를 수행하여야 한다.

② 제1항의 경우에 집배업무를 수행할 수 없는 때에는 그 사실을 당해우체국 앞 또는 우체국 홈페이지에 게시하여야 한다.

부록

제433조【장애발생 보고】 ① 설해, 수해 및 기타 불의의 사고로 우편물의 운송 및 집배업무의 장애가 발생하거나 이를 복구한 때에는 다음 각 호의 사항을 관할 지방우정청장에게 즉시 보고하고 전산등록 관리하여야 한다.

1. 장애발생 운송구간 및 운송망
2. 장애발생일시 및 장애복구 예정일시
3. 장애내용(발생사유) 및 장애지역
4. 장애 우편물량 및 장애용기

② 제1항의 장애로 인하여 전세차의 사용, 기타 비용의 부담이 있는 경우에는 보고서에 그 내용을 첨부하여야 한다.

③ 지방우정청장이 제1항 및 제2항에 의한 보고를 받은 때에는 즉시 필요한 조치를 하고 중요한 사항은 본부장에게 보고하여야 한다.

제4절 우편물에 관한 사고

제1관 흠있는 우편물 등 처리

제434조【흠있는 우편자루 등 처리】 흠있는 우편자루 등 운송용기 및 소포우편물을 발견한 때에는 다음 각 호와 같이 처리하여야 한다.

1. 책임자의 참관 하에 봉함모양, 우편자루 등 운송용기의 파손모양 및 중량의 이상 유무를 검사한 후에 개봉한다.
2. 개봉결과 우편자루 등 운송용기에 들어있는 우편물의 부족 또는 내용품의 손실 등의 사고가 있는 경우에는 발송국에 즉시 조회하여 그 원인을 조사하고 필요한 조치를 하여야 한다.
3. 제1호 및 제2호에 따른 참관 검사 및 사고조사의 내용을 업무일지에 기재하고, 제2호의 경우에는 해당 우편사고의 처리가 완결될 때까지 운송용기 국명표 및 봉인용 묶음끈 등 증거물은 보관한다.
4. 개봉결과 이상이 없는 경우에는 “개봉결과 이상 없음” 이라 기재한 안내문에 우편날짜도장을 날인한 후 우편자루 등 운송용기에 넣어 운송한다.
5. 내용품 이상이 있는 경우에는 발송국에 즉시 통보하여 필요한 조치를 하도록 한다.
6. 소포우편물 그 자체로 우편자루 대용으로 하는 경우에도 준용한다.

제435조【젖은 우편물의 처리】 ① 운송 중에 젖은 우편자루 또는 우편물을 발견한 경우에는 발견한 우체국에서 책임자의 입회하에 우편자루를 개봉한 후 젖은 우편물은 분리하여 다른 우편물에 피해가 없도록 하여야 한다.

② 젖은 우편물은 신속히 말려서 송달하되, 지연의 우려가 있는 경우에는 접수 및 배달우체국에 이를 통보하여야 한다.

제436조【파손우편물의 보수】 ① 등기 및 준등기우편물의 봉투 또는 포장이 파손되어 도착한 때에는 다음 각 호와 같이 처리하여야 한다.

1. 중량 계량 등 이상 유무를 확인하고 이상이 없는 것은 파손부분을 보수한 후에 검사자 및 입회자가 확인 서명하여 송달한다.
2. 중량에 이상이 있는 경우에는 "현상도착"이라 기재하고 내용품이 이탈되지 아니하도록 보수한 후에 검사자 및 입회자가 확인 날인하여 수취인에게 그 뜻을 설명하고 배달하되 수취를 거부한 경우에는 그 사유를 기재한 안내문을 당해우편물에 붙여 발송인에게 반환한다.

② 일반통상 및 일반소포우편물의 포장이 파손되어 도착한 때에는 파손부분을 보수한 후에 검사자 및 입회자가 확인 서명하여 송달하여야 한다.

제437조【보수우편물의 송달】 ① 제435조 및 제436조의 처리를 한 등기 및 준등기우편물의 배달증, 송달증, 접수대장 또는 업무일지 등에 그 사유를 기록 관리하여야 한다.

② 우편물이 훼손되어 수취인이 불명한 경우에는 수취인을 확인하여 송달하고 수취인 및 발송인이 불명한 경우에는 우체국 앞 또는 우체국 홈페이지에 그 내용을 게시하여야 한다.

③ 제1항의 우편물을 배달, 교부, 반송할 경우에는 당해 우편물을 수취하는 자에게 우편물이 젖었거나 파손된 사실을 알려야 한다.

제438조【불완전한 포장으로 인하여 훼손된 우편물의 처리】 우편물의 훼손이 불완전한 포장으로 인하여 발생한 것으로 인정되는 경우에는 제436조 및 제437조에 의하여 처리한 후에 당해 우편물의 접수국에 그 사실을 통보하여 주의를 촉구하여야 한다.

제439조【도착국이 불명인 우편자루 등 운송용기의 처리】 우편자루 등 운송용기의 도착국명이 기재되지 아니하거나 도착국명이 불명인 것을 발견한 때에는 이를 열어 도착국을 조사한 다음에 그 사유를 우편자루 등 운송용기 국명표에 표시하여 정당한 도착국으로 운송하여야 한다.

제440조【다른 우체국의 운송용기 개봉】 다른 우체국앞 우편자루 등 운송용기를 착오로 개봉한 때에는 그 사유를 우편자루 국명표에 표시하여 최선편으로 해당 우체국으로 발송하여야 한다.

제441조【등기 또는 준등기번호가 없어진 등기 및 준등기우편물의 처리】 등기 또는 준등기번호표가 훼손 또는 없어진 등기 및 준등기우편물을 발견한 때에는 수취인 또는 발송인의 성명으로 전산 조회하여 우편물의 표면에 그 등기 또는 준등기번호를 기재하여 송달하여야 한다.

제2관 미도착 또는 오송된 우편물 및 우편자루 등 운송용기의 처리

제442조【미도착 우편물 또는 우편자루 등 운송용기의 처리】 ① 우편물 및 우편자루 등 운송용기의 일부 또는 전부가 도착하지 아니한 때에는 신속히 그 원인과 소재를 조사하여야 한다.

② 제1항의 경우 도착하지 아니한 원인이 당해국의 사고로 인한 것이 아니라고 판단된 경우에는 제424조 및 제425조에 의하여 처리한다.

제443조【우편물의 송달조사의 청구】 ① 등기우편물의 발송인 또는 수취인으로부터 우편물의 미도착에 대한 조사의 청구를 받은 때에는 당해우편물의 도착 또는 발송여부를 전산 등을 통하여 확인한다.

② 제1항에 의한 확인결과 발송한 우편물이 수취인에게 배달되지 아니하였다고 인정되는 경우에는 우편물 송달순로에 따라 배달 모양을 조사하여야 한다.

제444조【우편물배달증명서의 미도착 신고】 발송인으로부터 "우편물배달증명서"가 도착하지 아니하였다는 신고를 받은 때에는 영수증을 제출하게 하여 우편물배달증명서를 청구한 것임을 확인한 후에 다음 각 호와 같이 처리한다.

1. 전산망을 통하여 배달내역 확인이 가능한 경우에는 신고접수국에서 발행하여 교부한다.
2. 삭제<20 08. 1. 1.>
3. 우편물배달증명서를 재발행한 경우에는 배달증명서 비고란 등에 그 사항을 기록하여야 한다.

제445조【잘못 도착된 우편물 및 운송용기의 처리】 ① 잘못 도착된 우편물 및 우편자루 등 운송용기는 최선편에 해당국으로 송달하여야 한다. 이 경우 묶음으로 된 우편물은 묶음표지에 그 내용을 표시하여야 한다.

② 우편자루 등 운송용기는 "○○국 오착"이라 기재하고 우편날짜도장을 날인한 표지를 부착하여 송달하며 빈 우편자루 등 운송용기에서 잔류우편물이 발견된 때에는 제1항에 따라 처리한다.

제3관 우편물의 손 · 망실

제446조【우편물의 손 · 망실 시 조치】 취급중의 우편물을 망실 또는 손실한 때에는 다음 각 호와 같이 처리하되 사고가 중대한 것은 관할 지방우정청장의 지휘를 받아 경찰관서에 그 사실을 신고하여야 한다.

1. 망실한 우편물의 발송인에게, 발송인이 불명인 경우에는 수취인에게 우편물이 망실된 사실을 통지한다.
2. 제1호의 경우 망실우편물이 다른 우체국에서 접수한 것인 경우에는 그 접수국을 경유하여 발송인에 우편물이 망실된 사실을 통지한다.
3. 발송인 및 수취인이 모두 불명인 경우에는 그 내용 및 개수(개수가 명확하지 아니할 경우에는 대략의 숫자)를 20일 동안 우체국 앞 또는 우체국 홈페이지에 게시한다.

제447조【망실우편물의 발견】 제446조에 따른 망실우편물을 발견한 때에는 다음 각 호와 같이 처리하여야 한다.

1. 등기우편물의 경우에는 그 사실을 관할 지방우정청장에게 보고하여 그 지휘를 받아야 한다.
2. 등기우편물 이외의 우편물인 경우에는 그 사실을 기재하고 우편날짜도장을 날인한 안내문을 해당 우편물에 붙인 후에 송달한다.
3. 제446조제1호에 따라 발송인 또는 수취인에게 우편물이 망실된 사실을 기재하고 우편날짜도장을 날인한 안내문을 해당 우편물에 붙인 후에 송달한다.
4. 경찰관서에 신고한 경우에는 그 사실을 해당 경찰관서에 통보한다.

제448조【운송중의 우편물 및 운송용기 망실】 운송중인 우편물을 사고로 우편물의 일부를 망실하고 남아있는 우편물만 운송한 경우에는 용기송달증 등에 그 사유를 기재하고 제446조의 취급 예에 의하여 처리한다.

제5절 송달증에 관한 사고

제449조【위탁운송편의 운송송달증을 분실한 경우의 처리】 ① 수로, 항공우편 및 철도우편운송편의 도착국에서 우편물을 수수할 때에 운송송달증을 발견할 수 없는 경우에는 운송증에 의하여 수수하고 도착 즉시 도착국에서 운송송달증을 재발행하여야 한다.

② 우편물을 수수한 후 운송송달증을 분실한 때에는 도착국에서 운송송달증을 재발행하여야 한다.

제450조 삭제<2008. 1. 1.>

제451조 삭제<2008. 1. 1.>

제3장 손실보상 및 손해배상

제1절 보수지급 및 손실보상

제452조 【보수지급 및 손실보상의 청구】 법 제4조제1항의 규정에 의한 보수와 법 제5조의 규정에 의한 손실보상을 규칙 제7조에 의하여 청구 받은 지방우정청장은 해당 소속국의 운송원 · 집배원 또는 항공기 · 차량 · 선박 등의 통행사실 및 사고내용을 조사 확인하여야 한다.

제453조 【보수 및 손실보상의 청구에 대한 심사】 ① 제452조에 의한 보수 및 손실보상의 청구에 대하여는 다음 각 호의 사항을 심사하여야 한다.

1. 보수 및 손실보상은 법 제43조제1호에 의한 기간 내에 청구하고 규칙 제7조에 의한 사항을 구비하였는지의 여부
2. 청구인이 입은 희생 및 조력의 내용에 관한 사항
3. 기타 보수액 및 보상금액의 결정에 필요한 사항

② 지방우정청장은 보수 및 손실보상의 청구에 대한 심사를 함에 있어서 필요하다고 인정하는 경우에는 청구인의 출석을 요구하여 질문하거나 관계 자료를 제출하도록 할 수 있다.

③ 보수 및 손실보상의 지급을 결정한 때에는 그 결정내용을 문서로써 보수 및 손실 보상청구서의 접수국을 경유하여 청구인에게 통지하여야 한다.

④ 지방우정청장은 보수 및 손실보상의 지급을 결정 받은 청구인의 지급청구가 있는 때에 그 금액을 지급한다.

제454조 【보수 및 손실보상금액의 산정】 ① 보수 및 손실보상금액은 제453조제1항 제2호에 의한 청구인이 입은 희생 및 조력의 정도에 따라 다음 각 호의 기준에 의하여 판단한 금액으로 결정하여야 한다.

1. 법 제4조제1항에 의한 조력자의 경우에는 일반노무비 · 교통비 및 조력에 소요된 실비
2. 법 제5조에 의한 택지 또는 전답을 통행한 경우에는 그 보수비 또는 피해를 입은 당시의 곡식 등의 가액
3. 도선 또는 유료 도로 등을 통행한 경우에는 그 도선료 또는 통행료
4. 운송의 편의를 위한 시설을 제공한 경우에는 그 보관료 또는 주차료 등

② 제1항의 보수 및 손실보상금액은 현금으로 일시불하여야 한다.

제2절 손해배상

제1관 우체국의 처리

제455조 【수취를 거부한 우편물의 처리】 수취인 또는 발송인이 등기 및 준등기우편물이 손해가 있다는 이유로 수취를 거부하고 집배원 또는 해당 배달국에 그 사실을 신고한 때에는 다음 각 호의 사항을 검사하여야 한다.

1. 손해발생의 원인이 취급우체국의 고의 또는 과실로 인한 것인지
2. 우편물의 외장 또는 중량에 이상이 있는지

제456조 【손해검사】 ① 제455조에 따른 검사결과 손해가 있다고 인정되는 경우에는 전산시스템에 사고명세를 등록하고 우편물의 수취를 거부한 다음 날부터 계산하여 15일이내의 기간을 정하여 우편물의 수취거부자에게 손해검사 참관을 위한 출석을 통지하여야 한다.

② 제1항의 경우에 우편물의 수취거부자가 출석한 때에는 그 우편물의 수취거부자 및 책임자의 참관 하에 우편물을 개피하고 손해유무를 신중히 검사한 후에 손해검사조사서를 등록 출력하여 우편물의 수취거부자의 서명 · 날인을 받아야 한다. 다만, 우편물의 수취거부자가 서명 · 확인을 거부한 경우에는 그 사실을 손해검사조사서의 비고란 또는 여백에 기록하여 관리하여야 한다.

③ 삭제<2008. 1. 1.>

④ 삭제<2008. 1. 1.>

⑤ 제1항의 경우에 출석 통지한 기간 내에 우편물의 수취거부자가 우체국에 나오지 아니하거나 손해검사에 참관하지 아니하는 경우에는 그 사실을 기재한 부전지를 우편물에 붙이고 우편날짜도장을 날인한 후 재배달하되 수취를 거부한 경우에는 다음 각 호와 같이 처리하여야 한다.

1. 수취인이 우편물을 수취 거부하다 때에는 발송인에게 반송한다.
2. 발송인이 반송된 우편물을 수취거부한 때에는 제1항 및 제2항에 따라 처리하며 우체국에 나오지 아니한 경우에는 반송불능우편물로 처리한다.

제457조【손해검사 우편물의 배달증 기재】 제456조에 의거 손해 검사한 우편물을 수취인에게 교부하거나 배달할 때에는 검사일시 및 손해유무 등을 배달증 등에 기재하여 배달하여야 한다.

제458조【손해검사조서 및 우편물의 처리】 제456조에 의하여 작성한 손해검사조서 및 당해우편물은 다음 각 호와 같이 처리하여야 한다.

1. 손해가 없는 것으로 판명된 경우에는 손해검사조서 1통을 당해우편물의 수취거부자에게 교부하고, 1통은 당해국에서 보관한다.
2. 삭제
3. 손해가 있다고 판명된 경우
   가. 우편물의 수취거부자가 손해검사조서에 서명날인한 때에는 손해검사조서 1통 및 당해 우편물을 우편물의 수취거부자에게 교부하고, 손해검사조서 1통은 당해국에서 보관한다.
   나. 우편물의 수취거부자가 손해검사조서에 서명날인을 거부한 때에는 사고내역 등록처리 후, 손해검사조서 1통은 수취거부자에게 교부하여야 하며 손해검사조서 1통은 당해국에서 보관한다.

제459조【손해가 있다고 신고한 우편물의 취급】 손해가 있다고 신고한 우편물을 당해국에서 보관하거나 총괄국에 송부하는 경우에는 수수당시의 현상이 손상되지 아니하도록 관계책임자가 확인 수수하여야 한다.

제460조【손해검사조서의 재교부】 손해검사조서의 망실 또는 훼손으로 인한 재교부 청구를 받은 때에는 사고등록 내역을 조회 후 청구인에게 재교부하여야 한다.

제461조 삭제<2020. 5. 19.>

제462조 <삭제>

제463조【손해배상한 후에 발견된 우편물의 처리】 ① 손해배상한 후에 망실된 우편물을 발견한 때에는 그 요지를 기재한 부전지를 해당 우편물에 붙이고 우편날짜도장을 날인하여 손해배상을 결정한 우체국에 송부하여야 한다.

② 삭제<2020. 5. 19.>

제2관 〈삭제 2020. 1. 3.〉

제464조【국내특급우편물 배달지연 시 처리】 발송인 또는 수취인으로부터 국내특급우편물이 정한 송달시간보다 24시간이상 지연 배달되어 신고한 때에는 제455조에 의거 신속히 조사한 후 손해배상지급절차의 예에 준하여 처리하여야 한다.

제465조【손해배상청구의 심사】 ① 제458조 및 제461조 내지 제463조에 의하여 우체국장이 손해배상청구서를 받은 때에는 다음 각 호의 사항에 적합한지의 여부를 심사하여야 한다.

1. 법 제43조제2호의 기간 내에 청구하여야 할 것
2. 법 제39조 및 제40조에 의한 책임원인과 손해배상의 제한사유가 없어야 할 것
3. 법 제41조 단서에 해당하지 아니할 것
4. 손해배상 청구권자는 법 제42조에 적합한 자일 것

② 제1항에 의한 심사를 할 때에는 취급우체국으로 하여금 필요한 자료를 제출하게 하여 이를 확인하여야 한다.

제466조【손해배상의 결정 및 손해배상금의 지급】 ① 손해배상을 결정한 때에는 그 결정내용을 손해배상결정서로써 청구인에게 통지하여야 한다.

② 우체국은 손해배상을 결정 받은 청구인의 지급청구가 있는 때에는 손해배상금지급요구서("체신세입금 과오납")를 작성 교부하여 금융부서에서 손해배상금을 지급받도록 한다.

③ 우체국은 금융부서로부터 지급통지서를 송부 받아 손해배상청구서와 함께 편철 보관한다.

제467조【손해배상금액의 감정】 손해배상금액을 결정하기 위하여 필요한 때에는 감정기관에 이를 감정 의뢰할 수 있다.

제468조【손해배상청구취소의 신고】 청구인으로부터 손해배상청구취소의 신고를 받은 때에는 접수한 손해배상청구서를 반환하고 그 요지를 업무일지 등에 기록하여야 한다.

제469조【손해 배상한 우편물의 처리】 파손·훼손 등으로 손해 배상한 우편물은 반송불능우편물의 처리 예에 의하여 처리하여야 한다. 다만 수리비용 등 일부에 대하여 배상한 경우에는 우편물을 교부할 수 있다.

제470조【망실우편물의 발견 및 수령 통보】 ① 우체국에서 제463조에 의하여 발견한 우편물 및 추징한 추심금을 송부 받은 때에는 다음 각 호와 같이 처리하여야 한다.

1. 우편물의 발견한 사실과 3개월 이내에 배상금을 반환하고 당해우편물을 수령할 의사가 있는지 등을 배상금수령자에게 통지하여야 한다.
2. 삭제<20 20. 5. 19.>

② 제1항 제1호에 의한 통보를 받은 배상금수령자로부터 우편물 교부 청구를 받은 경우에는 배상금을 반납받고 이를 교부하여야 한다. 이 경우에 반납 받은 배상금은 국고에 귀속한다.

③ 제1항 제1호에 의한 기간 내에 배상금수령자로부터 우편물 교부 청구가 없는 경우에는 반송불능 우편물의 처리 예에 의하여 취급하여야 한다.

제471조【등기우편물의 손·망실여부 통보】 ① 수취인 또는 발송인이 등기우편물이 손·망실되었다고 신고하거나 수취를 거부하는 때에는 접수국 또는 배달국에 그 사실을 통보하여야 한다.

② 제1항의 신고를 접수한 우체국에서는 우편물송달 순로에 따라 접수국, 배달국 또는 전송국에 그 사실을 확인 요청하여야 한다.

③ 제2항에 의하여 확인을 요청을 받은 우체국에서는 우편물의 손·망실여부 및 원인 등을 조사하여 그 결과를 확인 요청우체국에 문서로 통보하여야 한다.

제471조의2【선택등기우편물의 손해배상 처리】 선택등기우편물의 손해배상 처리는 등기우편물의 손해배상 처리에 따르되, 배달완료 후에 발생된 손·망실은 손해배상 대상에서 제외된다.

제471조의3【준등기우편물의 손·망실여부 통보】 ① 수취인 또는 발송인이 준등기우편물이 손·망실되었다고 신고한 경우에는 접수국 또는 배달국에 그 사실을 통보하여야 한다.

② 제1항의 신고를 접수한 우체국에서는 우편물송달 순로에 따라 접수국, 배달국 또는 전송국에 그 사실을 확인 요청하여야 한다.

③ 제2항에 의하여 확인을 요청을 받은 우체국에서는 우편물의 손·망실여부 및 원인 등을 조사하여 그 결과를 확인 요청우체국에 문서로 통보하여야 한다.

제3절 이용자 실비 지급

제472조 【실비지급신고 확인】 ① 규칙 제15조의2에 따라 불친절한 안내 등으로 2회 이상 우체국 방문으로 인한 실비지급신고를 받은 때에는 다음 각 호의 사항을 확인하여야 한다.

1. 지급사유 발생한 날로부터 15일 경과하지 아니하였을 것
2. 우편서비스 제공과 관련이 있는 것일 것
3. 정당한 실비지급신고자일 것

② 제1항의 대한 확인사항과 그에 대한 처리결과 등을 실비지급관리부에 기록 관리하여야 한다.

제473조 【실비지급 제한】 다음 각 호에 해당하는 경우에는 지급하지 아니한다.

1. 우편서비스 제공과 관계없이 이용자가 스스로 우체국을 방문할 때
2. 등기우편물의 지연배달이 다음 사유로 인한 것일 때
   가. 발송인 또는 수취인의 잘못 또는 책임으로 지연 배달
   나. 당해 우편물의 성질이나 결함으로 지연배달
   다. 천재지변 등 불가항력으로 인하여 지연배달

제474조 【실비지급】 ① 실비에 대한 지급금액 및 지급방법 등에 대하여는 본부장이 정하는 금액 한도와 예산의 범위 내에서 당해 우체국장이 따로 정하여 지급할 수 있다.

② 신고자에게 직접 지급이 곤란한 때에는 계좌입금처리하고 그 결과를 통보하여야 한다.

제4장 우편업무의 확인, 탐문 및 측정

제1절 우편물의 운송업무 확인

제475조 【운송업무 확인국의 지정】 지방우정청장은 운송편을 개설 또는 변경할 때마다 운송업무 확인국을 지정하여 그 운송편을 확인하게 하여야 한다.

제476조 【운송업무 확인자, 확인지역 및 확인회수】 ① 우편물의 운송업무 확인을 할 공무원, 업무확인지역 및 확인회수는 다음과 같다.

소속	확인공무원	확인지역	확인회수
우정사업본부	• 우편사업단장 • 물류기획과장 및 그 소속 공무원	전국 운송구간	필요시
지방우정청	우정사업국장(우정사업과장) 및 그 소속 공무원	관내 운송업무 확인국 관할 운송구간	반기 1회 이상
운송업무 확인국	• 국장 • 운송담당과장 및 계장	당해 관할 운송구간	분기 1회 이상

② 제1항의 운송업무 확인 공무원은 소속 관서장이 발행하는 운송확인공무원임을 증명할 수 있는 신분증을 휴대하여야 한다.

제477조 【운송업무 확인사항】 ① 운송업무 확인 공무원은 다음 각 호 업무를 수행하여야 한다.

1. 우편물 보관시설의 적정여부
2. 우편물 수수방법의 적정여부
3. 우편물 적재중의 관리의 적정여부
4. 우편물의 정시운행 여부

5. 운송요원의 복장, 운송표지판, 기타 대여물의 활용 및 보관의 적정여부
6. 운송원의 복무상태
7. 우편차량에 지정한 운송원 및 운송업무 확인 공무원 이외의 자의 탑승여부
8. 우편물을 운송하는 차량의 교통법규 준수여부
9. 기타 우편물의 안전, 정확, 신속한 운송에 필요한 사항의 이행여부

② 운송업무 확인원은 운송업자가 제1항의 규정에 위반한 사실을 발견한 때에는 당해 운송업자에게 시정을 요구하여야 한다.

제478조【지방우정청 보고】 운송업무 확인 국장은 다음 각 호의 사항을 관할 지방우정청장에게 보고하여야 한다.

1. 제477조제2항에 의하여 운송업자에게 시정을 요구한 사항이 특히 중요하다고 인정되거나 그 요구에 응하지 아니한 경우
2. 운송업자의 사업경영이 불성실하여 우편물 운송에 지장을 초래할 우려가 있다고 인정되는 경우
3. 운송업자의 변경, 운송선로의 개폐 또는 운송시각의 변경을 할 필요가 있다고 인정되는 경우

제479조【운송업무 통보】 운송업무 확인국 이외의 우체국장이 다음 사항을 발견한 때에는 즉시 당해 운송업무 확인 국장에게 이를 통보하여야 한다.

1. 제477조제1항에 위반된다고 인정되는 사항
2. 제478조제2호 및 제3호에 해당된다고 인정되는 사항

제2절 우편물의 집배업무확인

제480조【집배업무확인】 ① 집배국장 또는 집배국장이 정하는 책임자는 월 1회이상 관내의 집배구별 집배사항을 점검 확인하고, 그 때마다 업무일지에 기록하여야 한다.

② 집배업무확인공무원은 다음 각 호의 업무를 수행하여야 한다.

1. 집배업무수행에 관한 사항
2. 집배원의 복무기강에 관한 사항
3. 우편물 위탁업무에 관한 사항

③ 집배국장 또는 집배국장이 정하는 책임자는 필요시 우편물 분실 등 잦은 민원발생 지역을 대상으로 모의시험우편물을 이용하여 집배업무수행 실태를 확인하여야 한다.

제481조【집배업무 확인 시 유의할 사항】 집배업무확인공무원이 집배업무 확인을 수행할 때에는 집배업무에 필요한 다음 각 호의 사항을 종합적으로 파악하여야 한다.

1. 집배구는 인구, 지형 및 교통 등 제반여건에 비추어 합리적으로 설정되었는지의 여부
2. 집배순로의 적정여부
3. 우체통 위치의 적정여부
4. 국가기관, 공공단체, 법인 및 일반주민의 집배에 관한 여론
5. 기타 집배업무에 참고 되는 사항

제3절 별납·후납 우편요금 탐문 및 확인

제482조【관서장의 별납우편요금 탐문】 ① 총괄국장(우편집중국장 포함)은 매분기 당해국 및 관내국에서 접수한 요금별납우편물 중 다음 기준에 의한 우편물을 발췌하여 발송인에게 문서 또는 전화로 그 발송내역 및 우편요금 등을 조회 확인하여야 한다.

분기접수건수	발췌기준
100건 이상 ~ 300건 미만	5건이상
300건 이상 ~ 500건 미만	10건 이상
500건 이상 ~ 1,000건 미만	15건 이상
1,000건 이상	20건 이상

② 제1항의 경우 조회대상우편물의 발췌 및 대조확인업무를 보조자에게 대행시키는 때에는 우편물의 접수업무를 취급하지 아니하는 다른 부서의 책임자에게 이를 하게 하여야 한다.

제483조 【지방우정청장의 별납우편요금 탐문】 ① 요금별납우편물의 접수국에서는 매분기 요금별납우편물의 접수일자, 발송인의 주소 및 성명, 우편종별, 통당 요금, 총 요금을 구체적으로 기재한 접수실적을 아래의 기준에 의하여 보고하여야 한다.

1. 4, 5급 공무원이 배치된 관서: 1회 발송 1,000통 이상(관내국 포함) 지방우정청에 보고
2. 6급 이하 관서: 1회 발송 100통 이상 총괄국에 보고

② 제1항에 의하여 보고받은 요금별납우편물의 발송내역 중 다음 기준에 의한 우편물을 발췌하여 발송인에게 문서 또는 전화로서 그 발송내역 및 우편요금 등을 조회 확인하여야 한다.

당해청관내의 분기접수건수	발췌기준
500건 이상 ~ 1,000건 미만	5건이상
1,0000건 이상 ~ 2,000건 미만	10건 이상
2,000건 이상	20건 이상

제484조 【별 · 후납우편물의 접수 및 도착현장 확인】 ① 요금별납 및 요금후납 우편물의 접수국장은 요금별납 및 요금후납 우편물의 접수현장을 주 1회 이상 직접 확인하거나 우편물의 접수업무를 취급하지 아니하는 다른 부서의 책임자에게 확인하도록 하여야 한다.

② 총괄국장(우편집중국장 포함)은 관내국 또는 수용국 등에서 접수한 내역과 당해국에 도착한 별 · 후납우편물의 내역이 일치하는지를 주1회 이상 확인하여야 한다.

제485조 【후납우편요금의 조회확인】 요금후납우편물의 접수 및 우편요금 등의 계산에 의심이 있다고 인정되는 경우에는 당해국장 또는 세입징수관이 발송인에게 문서 또는 전화로서 발송내역 및 우편요금 등을 조회 확인하여야 한다.

제4절 우편물의 안전도 측정 및 송달기준 이행률 조사

제1관 우편물의 안전도 측정

제486조 【실시 기준】 지방우정청 및 총괄국에서는 연 1회 이상 안전도 측정을 위한 우편물(이하 "안전도측정우편물"이라 한다)을 발송하여 우편물 송달의 안전도를 측정하여야 한다.

제487조 【실시 방법】 제486조에 의한 안전도측정우편물은 다음 각 호에 의하여 발송하여야 한다.

1. 안전도측정우편물의 수취인은 실존인물 또는 가공인물로 하고, 발송인은 기재하지 아니할 수 있다.
2. 안전도측정우편물의 종류는 측정을 주관하는 책임자가 정하는 바에 따른다.
3. 안전도측정우편물은 유료로 취급하고 반신우표를 동봉할 수 있다.
4. 수취인이 실존인이며 발송인을 기재한 경우에는 점검표를 동봉하여 수취인의 의견을 받는다.

제488조 【결과 분석】 제487조에 의한 점검표가 도착한 때에는 다음 각 호의 사항을 검토하고 그 결과를 분석하여 필요한 조치를 하여야 한다.

1. 우편물의 분실 여부
2. 내용품의 이상 여부
3. 우편물의 포장 및 봉투 훼손 여부
4. 파손우편물 보수의 적정 여부
5. 우표 및 요금증지 탈락 여부
6. 기타 필요한 사항

제2관 우편물 송달기준의 이행상황 조사

제489조【송달기준 이행상황 조사】 ① 규칙 제15조제2항에 의한 송달기준 이행률의 달성도 공표를 위하여 본부에서는 자체적으로 조사하거나 외부기관에 조사를 의뢰할 수 있다.

② 지방우정청 및 5급 이상 집배국에서는 관할구역내의 우편물의 송달기준에 대한 이행상황을 자체적으로 시험통신우편물을 활용하여 조사한다.

제490조【조사결과 분석 및 보고】 조사관서에서는 조사결과를 철저히 분석하여 송달속도 이행목표율의 조정과 부진원인 분석 및 개선대책을 강구하여야 한다.

제5장 우편에 관한 서류 및 장부

제491조【장부류의 보존기간】 ① 우편에 관한 서류 및 장부류의 보존기간은 <별표 6>을 제외하고 1년으로 한다. 다만, 보존기간이 다른 서류 또는 장부를 합철한 경우에는 그중 최장의 보존기간으로 한다.

② 당해국장이 보존의 필요가 있다고 인정하는 것은 제1항에 불구하고 보존 기간을 연장할 수 있다.

제492조【장부류의 보존기간의 기산】 서류 및 장부류의 보존기간은 당해 서류 및 장부류의 사용을 종료한 날(수개월분을 합철한 경우에는 최후에 사용한 날로 한다)이 속하는 달의 다음달 1일부터 기산하여야 한다. 다만, 별도규정으로 기산일을 설정한 것은 제외한다.

제493조【장부류의 보존정리】 사용 종료한 서류 및 장부는 이를 편철하고 그 표면에 다음 사항을 기재한 표지를 붙여야 한다.

1. 명칭
2. 사용 및 보존 기간
3. 정리번호
4. 국명 또는 과명

제494조【재검토기한】 우정사업본부장은 이 규정에 대하여「훈령ㆍ예규 등의 발령 및 관리에 관한 규정」에 따라 2023년 7월 1일을 기준으로 매 3년이 되는 시점(매 3년째의 6월 30일까지를 말한다)마다 그 타당성을 검토하여 개선 등의 조치를 하여야 한다.

부칙 〈제961호, 2025. 2. 25.〉

제1조(시행일) 이 훈령은 2025년 2월 25일부터 시행한다.

제2조(다른 훈령의 개정) ①부터 ㉕까지 생략

㉖ 우편업무 규정 일부를 다음과 같이 개정한다.

제36조의2 제목 중 "우정사업정보센터"를 "우정정보관리원"으로 하고, 같은 조 각 호 외의 부분 중 "우정사업정보센터(이하 "정보센터"라 한다)"를 "우정정보관리원(이하 "정보관리원"라 한다)"로 한다.

제37조 중 "정보센터"를 "정보관리원"으로 하고, 제175조제4항 중 "정보센터는"을 "정보관리원은"으로 한다.

㉗ 생략

국제우편규정

[시행 2021. 1. 5.] [대통령령 제31380호, 2021. 1. 5., 타법개정]

과학기술정보통신부(우정사업본부 국제사업과) 044-200-8281, 8284

제1장 총칙

제1조【목적】 이 영은 우편에 관한 국제조약에 따라 우리나라와 외국 간에 교환하는 우편물의 이용 및 취급에 필요한 사항을 규정함을 목적으로 한다.

제2조【다른 법령과의 관계】 우리나라에서 외국으로 발송하는 우편물(이하 "발송우편물"이라 한다) 및 외국으로부터 우리나라에 도착한 우편물(이하 "도착우편물"이라 한다)의 취급에 관하여 우편에 관한 국제조약(이하 "협약"이라 한다)과 이 영에서 정한 것을 제외하고는 국내우편에 관한 법령에서 정하는 바에 따른다.

제2장 국제우편물의 종류 및 취급대상

제3조【국제우편물의 종류】 ① 우리나라와 외국 간에 교환하는 우편물(이하 "국제우편물"이라 한다)의 종류는 다음 각 호와 같다.

1. 통상우편물
2. 소포우편물
3. 특급우편물
4. 그 밖에 과학기술정보통신부장관이 필요하다고 인정하여 고시하는 우편물

② 제1항제4호에 따른 우편물의 이용조건 및 취급절차 등에 관하여 필요한 사항은 과학기술정보통신부장관이 정하여 고시한다.

제4조【통상우편물의 취급대상】 ① 통상우편물은 서류우편물과 비서류우편물로 구분한다.

② 서류우편물의 취급대상은 다음 각 호와 같다.

1. 「우편법」 제1조의2제7호에 따른 서신
2. 시각장애인을 위한 우편물
3. 여러 개의 동일한 사본으로 생산된 인쇄물
4. 하나의 주소지의 같은 수취인을 위한 신문, 정기간행물, 서적 및 상품안내서 등이 담긴 특별우편자루로서 30킬로그램 이하인 것
5. 우편엽서
6. 항공서간(航空書簡)

③ 비서류우편물의 취급대상은 제2항 각 호의 우편물을 제외한 2킬로그램 이하의 물품(이하 "소형포장물"이라 한다)으로 한다.

제5조【우편엽서와 항공서간】 ① 우편엽서와 항공서간은 정부가 발행하는 것과 정부 외의 자가 제조하는 것으로 구분한다.

② 정부가 발행하는 우편엽서와 항공서간에는 우편요금을 표시하는 증표를 인쇄할 수 있다.

③ 정부가 발행하는 우편엽서와 항공서간은 원형을 변경하여 사용할 수 없다.

④ 정부 외의 자가 제조하는 우편엽서와 항공서간은 제15조제1항에 따라 과학기술정보통신부장관이 고시한 우편물의 규격에 적합하여야 한다.

⑤ 정부 외의 자가 제조하는 우편엽서와 항공서간에는 우편요금을 표시하는 증표를 인쇄할 수 없다.
⑥ 제4항을 위반하여 제조된 우편엽서와 항공서간은 제4조제2항제1호에 따른 서신으로 본다.

제6조【소포우편물의 취급대상】 소포우편물의 취급대상은 제4조에 따른 통상우편물을 제외한 물품으로 한다.

제7조【특급우편물의 취급대상】 ① 특급우편물의 취급대상은 빠르게 해외로 배송하여야 하는 서류 및 물품으로 하며, 기록취급을 원칙으로 한다.
② 제1항에 따른 특급우편물의 이용조건 및 취급절차 등에 관하여 필요한 사항은 과학기술정보통신부장관이 정하여 고시한다.

제8조【국제우편물의 부가취급】 국제우편물에 대한 부가취급의 종류는 다음 각 호와 같다.
1. 등기(통상우편물만 해당한다)
2. 배달통지
3. 보험취급
4. 그 밖에 국제적으로 시행되고 있는 업무 중 과학기술정보통신부장관이 정하여 고시하는 업무

제3장 요금

제9조【국제우편요금 등】 ① 국제우편요금 및 국제우편 이용에 관한 수수료(이하 “국제우편요금등”이라 한다)는 협약에서 정한 범위에서 과학기술정보통신부장관이 정하여 고시한다.
② 제8조에 따른 부가취급에 관한 국제우편요금등에 대하여 협약에서 정하지 아니한 사항은 과학기술정보통신부장관이 정하여 고시한다.

제10조【국제우편요금등의 납부】 국제우편요금등은 다음 각 호의 어느 하나에 해당하는 방법으로 납부할 수 있다.
1. 현금
2. 우표
3. 우편요금을 표시하는 증표
4. 「여신전문금융업법」에 따른 신용카드 · 직불카드 · 선불카드(이하 “신용카드등”이라 한다)
5. 정보통신망을 이용한 전자화폐 또는 전자결제

제11조【국제우편요금등의 별납 또는 후납】 ① 발송우편물은 국내우편물 취급의 예에 따라 국제우편요금등을 별납 또는 후납할 수 있다. <개정 2021. 1. 5.>
② 국제우편요금등의 별납 및 후납의 표시와 취급우체국 등에 관한 사항은 과학기술정보통신부장관이 정하여 고시한다. <개정 2021. 1. 5.>
[제목개정 2021. 1. 5.]

제12조【국제우편요금등의 감액】 ① 국제우편요금등은 일부를 감액할 수 있다.
② 제1항에 따라 국제우편요금등을 감액할 수 있는 우편물의 종류 · 수량 · 취급요건 · 감액범위 등에 관한 사항은 협약에서 정한 범위에서 과학기술정보통신부장관이 정하여 고시한다.

제13조【국제회신우표권】 ① 외국에서 판매한 국제회신우표권은 국내우체국에서 제9조제1항에 따라 고시된 요금에 해당하는 우표류와 교환한다. <개정 2021. 1. 5.>
② 우리나라에서 판매한 국제회신우표권은 국내우체국에서 교환할 수 없다. <개정 2021. 1. 5.>
[제목개정 2021. 1. 5.]

제4장 발송

제14조【국제우편물의 발송】 ① 다음 각 호의 어느 하나에 해당하는 국제우편물을 발송하려는 경우에는 우체국에 직접 접수해야 한다. 다만, 제1호와 제8호에 해당하는 우편물은 발송인의 요청에 따라 발송인을 방문하여 접수할 수 있다. <개정 2021. 1. 5.>

1. 소포우편물 및 특급우편물
2. 제8조에 따른 부가취급이 필요한 우편물
3. 소형포장물
4. 통관을 하여야 하는 물품이 들어 있는 우편물
5. 제11조에 따라 국제우편요금등을 별납 또는 후납하는 우편물
6. 항공으로 취급하는 시각장애인을 위한 우편물
7. 협약 및 제12조에 따른 우편요금 감면대상 우편물
8. 제3조제1항제4호에 따른 우편물

② 제1항 각 호의 우편물 외의 국제우편물을 발송하려는 경우에는 우체통에 투입할 수 있다.

제15조【우편물의 규격·포장 및 외부기재사항 등】 ① 제14조에 따라 국제우편물을 발송하려는 자는 과학기술정보통신부장관이 정하여 고시하는 발송우편물의 규격·포장에 관한 사항 및 외부기재사항을 준수하여야 한다.

② 과학기술정보통신부장관은 협약 및 제1항에 따라 고시한 기준에 맞지 아니하는 우편물에 대해서는 발송인에게 보완하여 제출하게 하거나 우편물로서의 취급을 거절할 수 있다.

③ 발송인의 포장부실로 인하여 우편물의 송달과정에서 발생한 내용물의 파손·탈락 또는 다른 우편물의 파손, 그 밖의 모든 손해에 대해서는 발송인이 책임을 진다.

제16조【첨부물의 중량】 발송우편물에 붙인 부가표시물 및 서류의 중량은 그 우편물의 중량에 포함하여 계산한다. 다만, 우표, 운송장 및 통관을 위하여 붙인 서류의 중량은 포함하지 아니한다.

제17조【우편물의 접수증 등】 ① 기록취급 우편물을 발송하는 경우 발송인은 그 우편물의 접수증 또는 운송장 사본과 영수증을 교부받을 수 있으며, 발송일의 다음 날부터 1년 이내에 우편물을 접수한 우체국에 우편물의 접수증 또는 운송장 등본의 교부를 신청할 수 있다.

② 우편물을 발송한 후에 제1항에 따라 우편물의 접수증 또는 운송장 등본의 교부를 신청하는 경우에는 그 우편물의 영수증을 제시하여야 하며, 영수증을 제시할 수 없을 때에는 그 발송 사실을 소명하여야 한다.

③ 다량의 기록취급 우편물을 발송하는 자에게는 미리 잇따라 적는 방식으로 된 우편물 접수증 용지를 작성하도록 하고 우편물과 함께 제출하게 할 수 있다. <개정 2021. 1. 5.>

④ 인터넷 등 전자적 방법으로 접수한 우편물의 접수증은 전자적 방법으로 교부할 수 있다.

제18조【발송우편물의 외부기재사항 변경 또는 반환청구 등】 국제우편물의 발송인은 그 우편물의 외부기재사항의 변경·정정 또는 우편물의 반환을 우체국에 청구할 수 있다. 이 경우 제9조제1항에 따라 고시된 국제우편요금등을 납부하여야 한다.

제19조【국제우편요금등이 미납된 발송우편물의 처리】 ① 국제우편요금등의 전부 또는 일부가 납부되지 아니한 발송우편물에 대해서는 우편물을 접수한 우체국장이 그 납부되지 아니한 국제우편요금등(이하 "미납요금"이라 한다)을 발송인에게 통지하고, 발송인으로부터 미납요금을 징수한 후 발송한다.

② 발송인의 주소·성명이 명확하지 아니하거나 그 밖의 사유로 미납요금을 징수할 수 없는 경우에는 우편물 표면의 윗부분에 미납요금이 있는 우편물임을 표시하는 문자인 T(이하 "T"라 한다) 및 미납요금을 기재하여 발송한다.

제20조【발송상대국의 우편업무 일시정지】 발송상대국의 우편업무 일시정지로 인하여 발송할 수 없는 우편물은 그 상대국의 우편업무가 재개되면 지체 없이 발송하여야 한다.

제21조【국제우편금지물품】 ① 과학기술정보통신부장관은 음란물, 폭발물, 총기·도검, 마약류 및 독극물 등 우편으로 취급하는 것이 부적절하다고 인정되는 물품(이하 "우편금지물품"이라 한다)을 정하여 고시하여야 한다.

② 과학기술정보통신부장관은 제1항에 따라 고시된 물품에 대해서는 우편물로서의 취급을 거절할 수 있다.

제22조【예외적으로 허용되는 위험물질】 ① 제21조에도 불구하고 협약에서 예외적으로 허용한 위험물질은 우편물로서 취급할 수 있다.

② 제1항에 따른 우편물의 이용조건과 취급절차는 과학기술정보통신부장관이 정하여 고시한다.

제5장 배달

제23조【도착우편물의 배달】 ① 도착우편물의 배달에 관하여는 협약과 이 영에서 정한 것을 제외하고는 국내우편 배달의 예에 따른다. 다만, 보관교부 우편물의 보관기간은 30일로 한다.

② 협약에서 정한 규격을 위반한 우편물이나 우편금지물품이 들어있는 우편물이 외국에서 접수되어 우리나라에 도착하였으나 해당 우편물에 대하여 다른 법령에 압수 또는 반송에 관한 처리규정이 없는 경우에는 이를 수취인에게 배달할 수 있다.

제24조【통관우편물의 배달】 ① 통관절차를 거쳐야 하는 국제우편물은 통관우체국에 보관하고 통관우체국장은 국제우편물의 통관 안내서(이하 "안내서"라 한다)를 수취인에게 송달할 수 있다.

② 제1항에 따라 안내서를 송달받은 수취인은 제25조에 따른 보관기간 내에 부과된 세금 및 통관절차 대행수수료를 납부하고 해당 우편물을 수령하여야 한다.

제25조【보관기간】 도착우편물의 보관기간은 통관우체국장이 안내서를 발송한 날의 다음 날부터 15일간으로 한다. 다만, 통관절차나 그 밖의 부득이한 사유로 수취인의 청구가 있거나 통관우체국장이 필요하다고 인정할 때에는 45일의 범위에서 연장할 수 있다.

제26조【국제우편요금등이 미납된 도착우편물의 배달】 T 표시가 있는 도착우편물은 미납요금을 우리나라 통화로 환산하여 수취인으로부터 징수한 후 배달한다.

제27조【국제우편물의 전송】 도착우편물의 국내 간 전송에 관하여는 발송인이 이를 금지한 경우를 제외하고 국내우편물 전송의 예에 따른다.

제28조【종추적배달우편물의 배달】 종추적배달우편물(우편물의 접수에서 배달까지의 취급과정을 기록하나 서명 또는 기명날인을 받지 아니하고 배달하는 우편물을 말한다)을 배달할 때에는 국내 등기우편물 배달의 예에 따르되, 수령하는 사람의 서명 또는 기명날인은 생략한다.

제29조【배달통지서에의 서명·기명날인】 ① 배달통지 청구가 있는 도착우편물을 수령하는 사람은 배달통지서에 서명 또는 기명날인을 하여야 한다.

② 부득이한 사유로 제1항에 따른 서명 또는 기명날인을 받지 못한 경우에는 우편물을 배달한 우체국장이 그 배달 사실을 증명하여야 한다.

제30조【국제우편물의 탈락물 및 수취 포기 우편물 등의 처리】 ① 수취인을 확인할 수 없는 국제우편물의 탈락물은 다음 각 호의 방법에 따라 처리한다.

1. 탈락물을 발견한 우체국장은 우체국 내의 공중이 보기 쉬운 장소나 게시판에 그 내용을 1개월간 게시하고 보관한다.

2. 제1호의 게시기간 내에 정당한 권리자의 교부청구가 없는 경우에는 「우편법」 제36조제2항 및 제3항에 따른 절차를 준용하여 처리한다.

② 통관 대상인 도착우편물로서 수취인이 그 우편물의 전부(반송 또는 전송할 수 없는 것으로 한정한다) 또는 일부의 수취를 포기한 경우에는 「우편법」 제36조에 따른 절차를 준용하여 처리한다.

③ 외국으로부터 반송된 우편물은 다음 각 호의 어느 하나에 해당하는 방법에 따라 처리한다.

1. 통상우편물을 발송인에게 배달하는 경우에는 제23조제1항 본문 및 같은 조 제2항을 준용한다. 다만, 등기의 경우에는 국내 등기취급 수수료에 해당하는 금액을 징수한 후 배달한다.
2. 소포우편물은 반송료 및 그 밖의 요금을 징수한 후 발송인에게 배달한다.
3. 발송인의 주소불명이나 그 밖의 부득이한 사유로 반송할 수 없는 우편물과 내용품의 파손·변질 등의 사유로 발송인이 수취를 거절하는 우편물은 「우편법」 제36조에 따른 절차를 준용하여 처리한다.

제6장 통관

제31조 【국제우편물의 통관】 ① 제4조제2항제1호, 제5호 및 제6호에 따른 우편물을 제외한 국제우편물은 통관하여야 한다. 다만, 통관우체국장 또는 세관장이 필요하다고 인정하는 경우에는 제4조제2항제1호, 제5호 및 제6호에 따른 우편물도 통관할 수 있다.

② 제1항에 따른 통관절차에는 우체국 직원 또는 우체국의 위탁을 받은 업체의 직원이 참관해야 한다. <개정 2021. 1. 5.>

③ 통관우체국장은 특히 필요하다고 인정될 때에만 우편물의 수취인을 통관절차에 참관하게 할 수 있다. <개정 2021. 1. 5.>

④ 수취인에게 책임이 있는 사유로 제25조에 따른 보관기간 내에 통관절차를 끝내지 못한 도착우편물은 배달할 수 없는 우편물에 준하여 처리한다.

제32조 【통관절차 대행수수료의 납부】 ① 통관한 우편물의 수취인은 제10조제1호·제4호 또는 제5호의 방법 중 하나로 통관절차 대행수수료를 납부하여야 한다.

② 다음 각 호의 어느 하나에 해당하는 국제우편물에 대해서는 통관절차 대행수수료의 납부를 면제한다.

1. 전쟁포로 및 전쟁으로 인하여 억류된 민간인이 발송한 우편물
2. 시각장애인을 위한 우편물
3. 주한외교공관 및 그 공관에 근무하는 외교관과 이에 준하는 대우를 받는 국제기관 및 그 기관의 직원을 수취인으로 지정한 우편물
4. 국가원수를 수취인으로 지정한 우편물
5. 과학기술정보통신부장관이 인정하는 우편업무와 관련된 우편물 등
6. 그 밖에 관세가 부과되지 아니하는 우편물

제33조 【관세에 대한 불복의 신청에 따른 조치】 ① 세관장에게 「관세법」에 따른 이의신청·심사청구 또는 심판청구를 한 도착우편물의 수취인이 우편물의 반송 또는 관련 처분의 보류를 희망하는 경우에는 지체 없이 그 뜻을 통관우체국장에게 통지하여야 한다.

② 「관세법」에 따라 이의신청·심사청구 또는 심판청구를 한 날부터 결정일까지의 기간과 그 결정통지에 걸리는 기간(결정일부터 5일간을 말한다)은 제25조에 따른 보관기간에 산입하지 아니한다.

제34조 【재수출면세 또는 보세구역으로의 이송신청에 따른 조치】 ① 도착우편물의 재수출면세 또는 보세구역으로의 이송을 세관장에게 신청한 도착우편물의 수취인은 그 사실을 통관우체국장에게 통지하여야 한다.

② 제1항의 경우 제33조제2항을 준용한다.

제7장 책임

제35조【행방조사의 청구】 발송우편물 또는 도착우편물에 대하여 발송인 또는 수취인은 그 우편물을 발송한 다음 날부터 6개월 이내에 행방조사 청구를 할 수 있다. 다만, 특급우편물에 대한 행방조사 청구는 4개월 이내에 하여야 한다.

제36조【국제우편요금등의 반환】 ① 발송인은 다음 각 호의 어느 하나에 해당하는 국제우편요금등에 대하여 과학기술정보통신부장관에게 반환을 청구할 수 있다.

1. 우편관서의 과실로 과다징수한 경우: 과다징수한 국제우편요금등
2. 부가취급 국제우편물의 국제우편요금등을 받은 후 우편관서의 과실로 부가취급을 하지 아니한 경우: 부가취급 수수료
3. 항공서간을 선편으로 발송한 경우: 항공서간 요금과 해당 지역의 선편 보통서신 최저요금의 차액
4. 등기우편물·소포우편물 또는 보험취급된 등기우편물·소포우편물의 분실·전부도난 또는 완전파손 등의 경우: 납부한 국제우편요금등. 다만, 등기·보험취급 수수료는 제외한다.
5. 특급우편물 또는 보험취급된 특급우편물의 분실·도난 또는 파손 등의 경우: 납부한 국제우편요금등. 다만, 보험취급 수수료는 제외한다.
6. 행방조사청구에 따른 조사결과 우편물의 분실 등이 우편관서의 과실로 발생하였음이 확인된 경우: 행방조사청구료
7. 수취인의 주소·성명이 정확하게 기재된 우편물을 우편관서의 과실로 발송인에게 반환한 경우: 납부한 국제우편요금등
8. 외국으로 발송하는 부가취급되지 아니한 통상우편물이 우편관서의 취급과정에서 파손된 경우: 납부한 국제우편요금등

② 국제우편요금등을 완납한 발송우편물이 다른 법령에 따른 수출금지 대상이거나 그 밖의 부득이한 사유로 발송인에게 반환된 경우에는 발송인의 청구에 따라 완납한 국제우편요금등에서 해당 우편물의 반환에 따른 국내우편요금 및 수수료를 공제한 금액을 반환한다. 다만, 발송인의 고의 또는 중대한 과실이 있다고 인정되는 경우에는 반환하지 아니한다.

③ 제1항 및 제2항에 따라 반환하는 국제우편요금등은 현금으로 지급할 수 있다. 다만, 발송인이 국제우편요금등을 제10조제4호에 따라 신용카드등으로 납부한 경우에는 카드거래 취소로 대신할 수 있다.

④ 국제우편요금등의 반환청구는 발송한 다음 날부터 1년 이내에 하여야 한다.

⑤ 다른 법령 또는 상대국의 규정에 따라 압수되는 등의 사유로 반환되지 아니하는 우편물에 대한 국제우편요금등은 반환하지 아니한다.

부칙 〈제31380호, 2021. 1. 5.〉 (어려운 법령용어 정비를 위한 473개 법령의 일부개정에 관한 대통령령)

이 영은 공포한 날부터 시행한다. <단서 생략>

정인영

주요 약력

· 現) 박문각 공무원 계리직·헌법 강사
· 前) 에듀윌 공무원학원 행정법·헌법 전임
　　메가 공무원학원 행정법·헌법 전임
　　공단기 공무원학원 행정법·헌법 전임
　　윈플스 공무원학원 행정법·헌법 전임
　　윌비스 공무원학원 행정법·헌법 전임
　　베리타스 공무원학원 행정법·헌법 전임

주요 저서

· 박문각 계리직 정인영 우편일반 기본서

정인영 계리직 우편일반

초판 인쇄 2025. 4. 25. | **초판 발행** 2025. 4. 30. | **편저자** 정인영
발행인 박 용 | **발행처** (주)박문각출판 | **등록** 2015년 4월 29일 제2019-000137호
주소 06654 서울시 서초구 효령로 283 서경 B/D 4층 | **팩스** (02)584-2927
전화 교재 문의 (02)6466-7202

저자와의 협의하에 인지생략

정가 27,000원
ISBN 979-11-7262-787-4